2017

CHINA LABOUR STATISTICAL YEARBOOK

中国劳动统计年鉴

Compiled by
Department of Population and Employment Statistics
National Bureau of Statistics
Department of Planning and Finance,
Ministry of Human Resources and Social Security

国家统计局人口和就业统计司
人力资源和社会保障部规划财务司 编

中国统计出版社
China Statistics Press

图书在版编目（CIP）数据

中国劳动统计年鉴. 2017：汉英对照 / 国家统计局人口和就业统计司, 人力资源和社会保障部规划财务司编. -- 北京：中国统计出版社, 2018.1
ISBN 978-7-5037-8441-5

Ⅰ. ①中… Ⅱ. ①国… ②人… Ⅲ. ①劳动经济－统计资料－中国－2017－年鉴－汉、英 Ⅳ. ①F249.2-54

中国版本图书馆 CIP 数据核字（2018）第 023163 号

中国劳动统计年鉴—2017

作　　者 / 国家统计局人口和就业统计司，人力资源和社会保障部规划财务司编
责任编辑 / 高媛媛
封面设计 / 李雪燕
出版发行 / 中国统计出版社
通信地址 / 北京市丰台区西三环南路甲 6 号　邮政编码/100073
电　　话 / 邮购（010）63376909　书店（010）68783171
网　　址 / http://www.zgtjcbs.com/
印　　刷 / 河北鑫兆源印刷有限公司
经　　销 / 新华书店
开　　本 / 880×1230 毫米　1/16
字　　数 / 944 千字
印　　张 / 29.5
版　　别 / 2018 年 2 月第 1 版
版　　次 / 2018 年 2 月第 1 次印刷
定　　价 / 260.00 元

本书附同版本 CD-ROM 一张，光盘内容以书面文字为准。
中国统计版图书，如有印装错误，本社发行部负责调换。

《中国劳动统计年鉴-2017》编委会和编辑工作人员

编委会

主　任：李希如　王克良

副主任：彭永涛　张志斌　靳　宏

编　委：（以姓氏笔划为序）

孟灿文　贾毓慧　桑助来

编辑工作人员

总 编 辑：贾毓慧

副总编辑：桑助来

编辑工作人员：（以姓氏笔划为序）

丁成栋　于　丛　方继兴　孔里波　邓伟伟
刘　丹　刘　娟　杜淑晗　李　宏　李志龙
李珏滢　吴　珊　汪顺意　张　延　张倩颖
陈潇潇　季　金　项声闻　赵岩露　侯硕涵
饶志刚　夏　萍　徐晓雯　郭　航　郭　徽
康婷婷　崔　科

责任编辑：高媛媛

CHINA LABOUR STATISTICAL YEARBOOK-2017

Editorial Board and Staff

编辑说明

《中国劳动统计年鉴—2017》是一部全面反映中华人民共和国劳动经济情况的资料性年刊。本刊收集了2016年全国和各省、自治区、直辖市的有关劳动统计数据。主要指标还编有历年统计数据。

全书共分为13个部分：1.综合；2.就业与失业；3.城镇单位就业人员和工资总额；4.国有单位就业人员和工资总额；5.城镇集体单位就业人员和工资总额；6.其他单位就业人员和工资总额；7.职业培训与技能鉴定；8.劳动关系；9.社会保障；10.工会工作；11.香港资料；12.澳门资料；13.台湾资料。书末还附有国外有关资料和主要统计指标解释。

参与本书编辑或提供资料的单位除国家统计局、人力资源和社会保障部外，还有全国总工会。

本书资料的取得形式主要有国家和部门的报表统计、行政记录和抽样调查。全国劳动力、就业人员等资料是运用有关资料推算的，有的资料分项相加不等于总计。望读者使用时予以注意。

恳请广大读者对本书提出宝贵意见。

《中国劳动统计年鉴》编辑部

二〇一七年十月

PREFACE

China Labour Statistical Yearbook 2017 is an annual statistics publication, which is comprehensively reported the labour economic situation for 2016 and some main indicators series for historically years at nation and provinces, autonomous regions and municipalities levels and parts of cities.

The book is organized into 14 parts, which are:1.General Survey; 2.Employment and Unemployment; 3.Employment and Tatal Wages in Urban Units; 4.Employment and Tatal Wages in State-owned Units; 5.Employment and Tatal Wages in Urban Collective-owned Units; 6.Employment and Tatal Wages in Other Ownership Units; 7. Vocational Training and Skill Appraisal; 8.Labour Relation; 9.Social Security; 10.Trade Union Works; 11.Main Indicators of Hong Kong; 12.Main Indicators of Macao; 13.Main Indicators of Taiwan. In addition, Main Indicators of Other Countries and Explanatory Notes on Main Statistical Indicators are provided in the end of the book.

Besides National Bureau of Statistical and Ministry of Human Resources and Social Security, All-China Federation of Trade Unions also participate in the compiling work of this book.

Data resources of this book mainly come from state and departments reporting system, administration records and sampling surveys. Since the information of labor resources and employment for the whole country are calculated according to relevant data, they are not equal to the add-results of all sub-items.

China Labour Statistical Yearbook—2017 Editorial Staff

October 2017

图1 人口及就业情况
POPULATION AND EMPLOYMENT

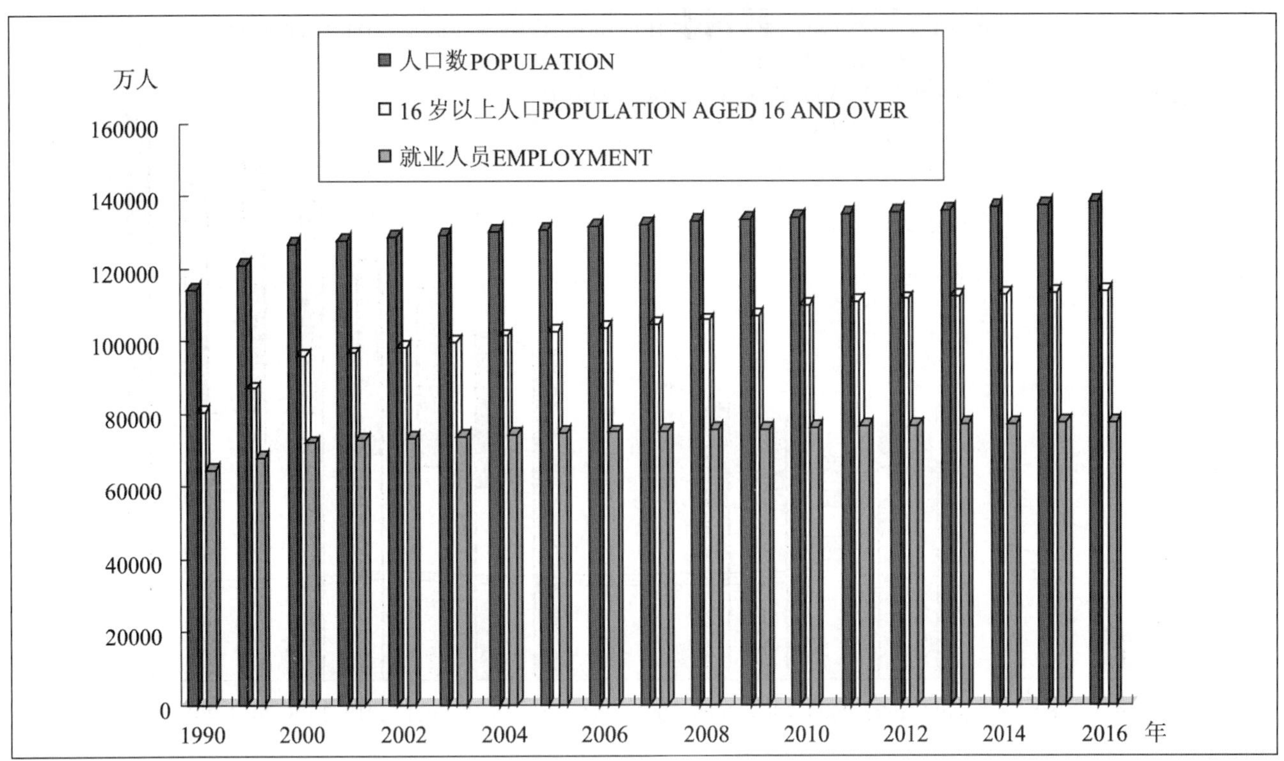

图2 就业人员产业构成
COMPOSITION OF EMPLOYMENT BY INDUSTRY

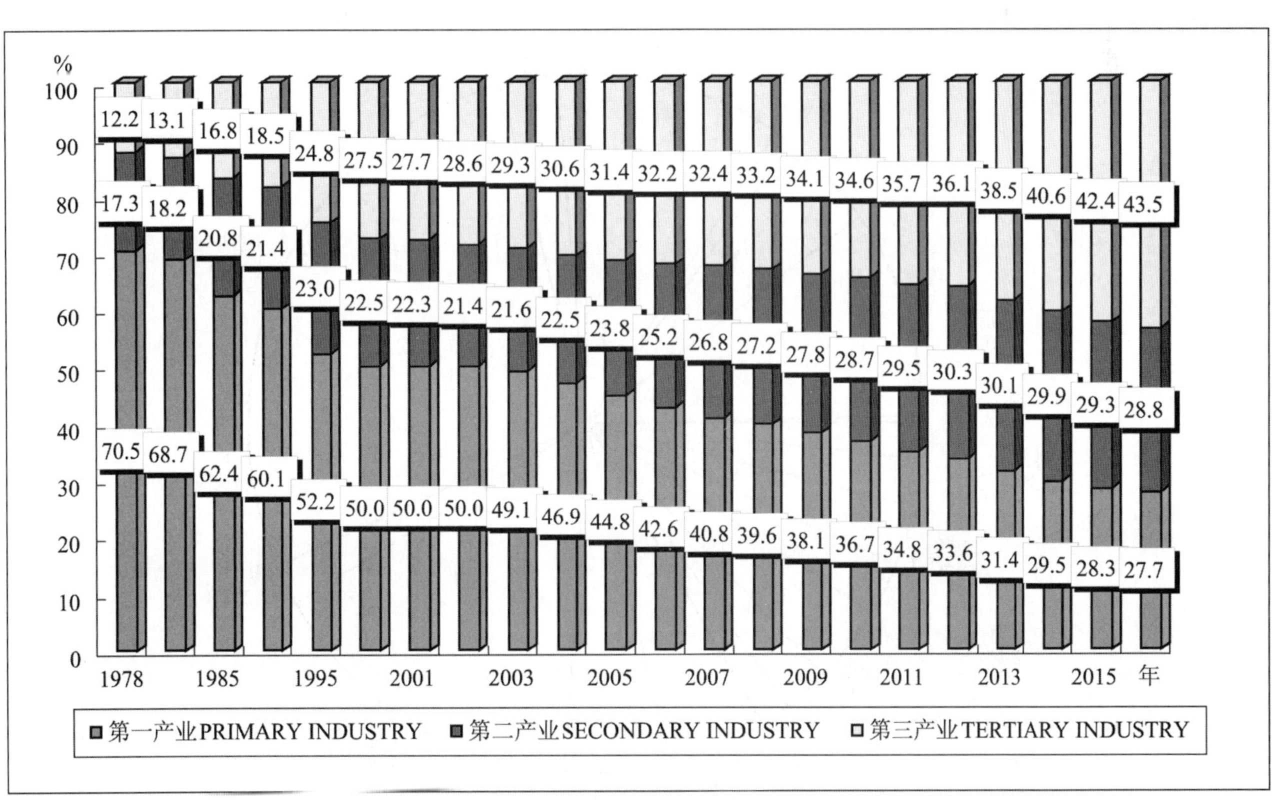

图3 城镇就业人员登记注册类型构成
COMPOSITION OF URBAN EMPLOYMENT BY OWNERSHIP

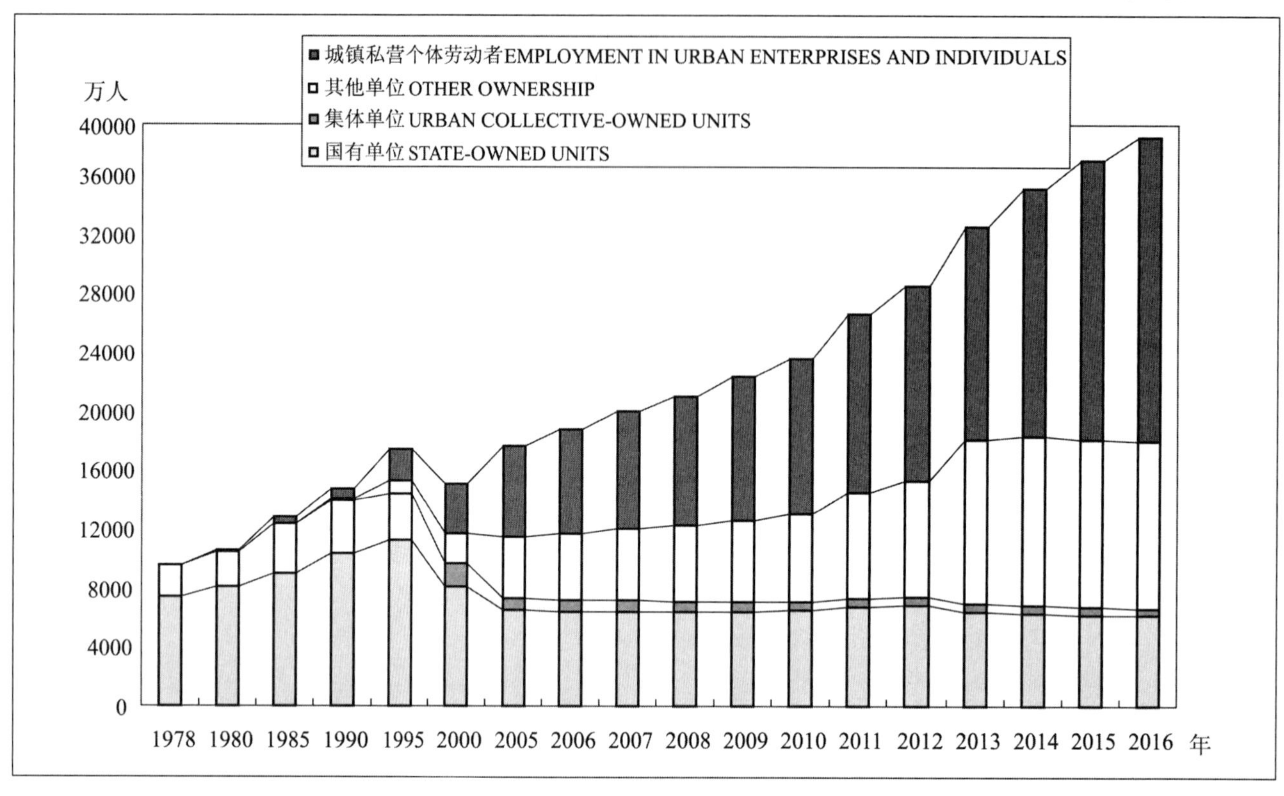

图4 2016年城镇单位就业人员行业构成
COMPOSITION OF EMPLOYMENT IN URBAN UNITS(2016)

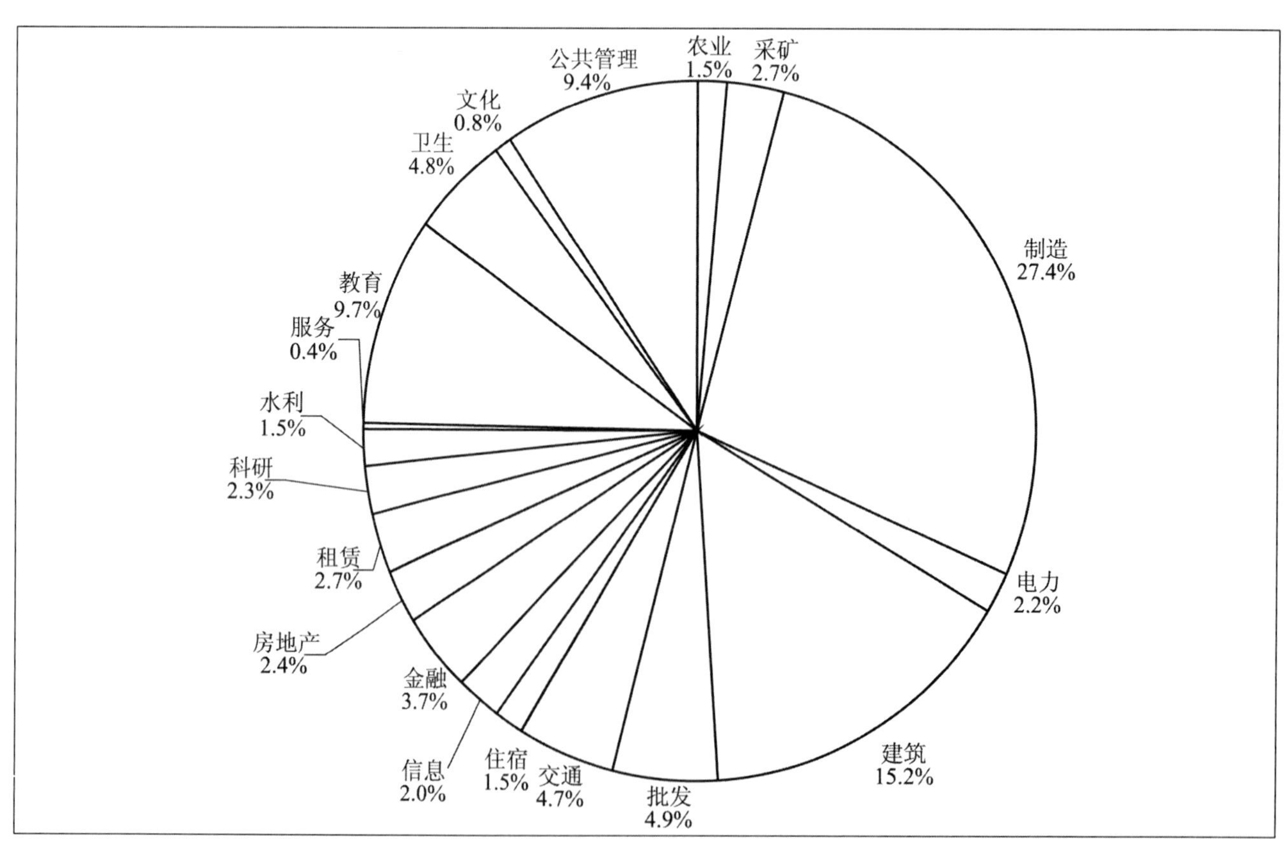

图5　2016年城镇单位女性就业人员占就业人员比重
PROPORTION OF FEMALE EMPLOYMENT IN URBAN UNITS BY SECTOR (2016)

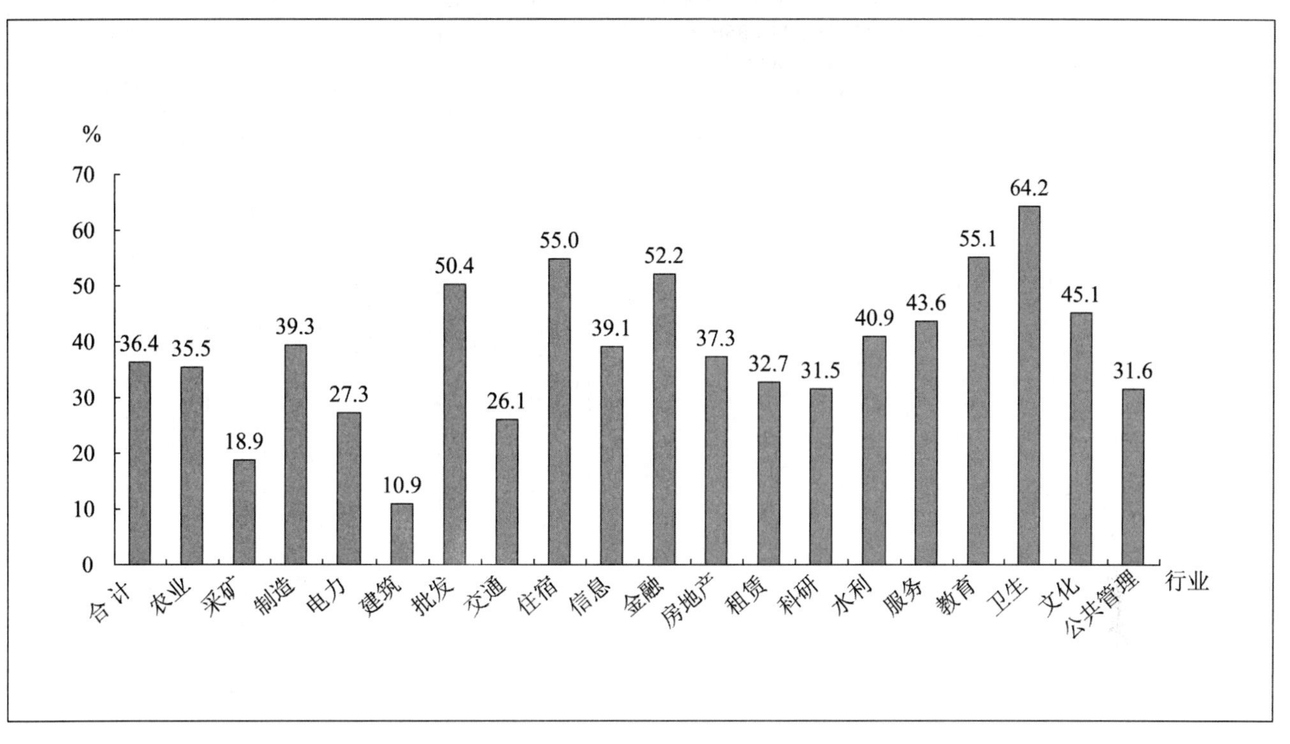

目　　录

CONTENTS

一、综　合

GENERAL SURVEY

二、就业与失业
EMPLOYMENT AND UNEMPLOYMENT

三、城镇单位就业人员和工资总额
EMPLOYMENT AND TOTAL WAGES IN URBAN UNITS

四、国有单位就业人员和工资总额
EMPLOYMENT AND TOTAL WAGES IN STATE-OWNED UNITS

五、城镇集体单位就业人员和工资总额
EMPLOYMENT AND TOTAL WAGES IN URBAN COLLECTIVE-OWNED UNITS

六、其他单位就业人员和工资总额
EMPLOYMENT AND TOTAL WAGES IN OTHER OWNERSHIP UNITS

七、职业培训与技能鉴定
VOCATIONAL TRAINING AND SKILL APPRAISAL

八、劳动关系
LABOUR RELATION

九、社会保障
SOCIAL SECURITY

十、工会工作
TRADE UNION WORKS

十一、香港资料
MAIN INDICATORS OF HONG KONG

十二、澳门资料
MAIN INDICATORS OF MACAO

十三、台湾资料
MAIN INDICATORS OF TAIWAN

附录一、国外有关资料
MAIN INDICATORS OF OTHER COUNTRIES

一、综　合

GENERAL SURVEY

1-1 全国劳动统计主要指标
MAIN INDICATORS OF NATIONAL LABOUR STATISTICS

指标	Item	2015	2016	2016年比上年增长 % Increase Rate (2015=100)
总人口(万人)	**Total Population (10 000 persons)**	**137462**	**138271**	**0.6**
16岁以上人口数(万人)	**Population Above 16(10 000 persons)**	**113296**	**113833**	**0.5**
经济活动人口(万人)	**Economically Active Population(10 000 persons)**	**80091**	**80694**	**0.8**
全国就业人员年末人数(万人)	**Employment (end of year, 10 000 persons)**	**77451**	**77603**	**0.2**
城镇就业人员	Urban Employment	40410	41428	2.5
城镇单位就业人员	Urban Unit Employment	18062.5	17888.1	-1.0
#国有单位	State-owned Units	6208.3	6170.0	-0.6
城镇集体单位	Urban Collective-owned Units	481.4	453.0	-5.9
其他单位	Other Ownership Units	11372.8	11264.9	-0.9
城镇私营和个体就业人员	Employment in Urban Private Enterprises and Individuals	18980	20710	9.1
乡村就业人员	Rural Employment	37041	36175	-2.3
城镇单位就业人员工资总额(亿元)	**Total Wages of the Urban Units Employment (100 million yuan)**	**112007.8**	**120074.8**	**7.2**
#国有单位	State-owned Units	40387.9	44462.9	10.1
城镇集体单位	Urban Collective-owned Units	2239.4	2268.6	1.3
其他单位	Other Ownership Units	69380.5	73343.3	5.7
城镇单位就业人员平均工资(元)	**Average Wage of the Urban Units Employment (yuan)**	**62029**	**67569**	**8.9**
#国有单位	State-owned Units	65296	72538	11.1
城镇集体单位	Urban Collective-owned Units	46607	50527	8.4
其他单位	Other Ownership Units	60906	65531	7.6
在岗职工平均工资(元)	**Average wage of staff and workers**	**63241**	**70254**	**11.1**
#国有单位	State-owned Units	68450	76255	11.4
城镇集体单位	Urban Collective-owned Units	48003	52250	8.8
其他单位	Other Ownership Units	62714	67538	7.7
城镇登记失业人员年末人数(万人)	**Urban Registered Unemployment (10 000 persons)**	**966**	**982**	**1.7**
非经济活动人口(万人)	**Noneconomically Active Population (10 000 persons)**	**33205**	**33139**	**-0.2**

注:1)自2009年始,"城镇单位就业人员工资总额"和"城镇单位就业人员平均工资"即为2008年及以前的"城镇单位就业人员劳动报酬"和"城镇单位就业人员平均劳动报酬"。往年本年鉴及相关资料中1994-2008年城镇单位就业人员劳动报酬和平均劳动报酬指标与此指标统计口径相同。

2)2013年部分经济类型单位、部分行业就业人员数、工资总额变动较大,系将原属于乡镇企业的规模以上法人单位纳入劳动工资统计范围所致(以下相关表同)。

a)Since 2009, "Total wages of the urban units employment" and "Average wage of the urban units employment" refer to "Earnings of the urban units employment" and "Average earning of the urban units employment" before 2008. Statistical coverage of "Earnings of the urban units employment" and "Average earning of the urban units employment" in this previous yearbook and relevant books from 1994 to 2008 are the same with the indicators above.

b)In 2013, some units by status of registration, some employment by industry, total wages bill changed greatly, because legal persons above designated size originally belonged to township enterprises were taken into statistics of labour wages. The same applies to the relevant tables following.

1-2　人口数及构成(年末数)
POPULATION AND COMPOSITION (End of Year)

单位：万人，%　　　　(10 000 persons,%)

年　份 Year	总人口 Total Population	按性别分 Grouped by Sex				按城乡分 Grouped by Residence			
		男　Male		女　Female		城镇　Urban		乡村　Rural	
		人口数 Population	比重 Proportion	人口数 Population	比重 Proportion	人口数 Population	比重 Proportion	人口数 Population	比重 Proportion
1952	57482	29833	51.9	27649	48.1	7163	12.5	50319	87.5
1957	64653	33469	51.8	31184	48.2	9949	15.4	54704	84.6
1962	67295	34517	51.3	32778	48.7	11659	17.3	55636	82.7
1965	72538	37128	51.2	35410	48.8	13045	18.0	59493	82.0
1970	82992	42686	51.4	40306	48.6	14424	17.4	68568	82.6
1971	85229	43819	51.4	41410	48.6	14711	17.3	70518	82.7
1972	87177	44813	51.4	42364	48.6	14935	17.1	72242	82.9
1973	89211	45876	51.4	43335	48.6	15345	17.2	73866	82.8
1974	90859	46727	51.4	44132	48.6	15595	17.2	75264	82.8
1975	92420	47564	51.5	44856	48.5	16030	17.3	76390	82.7
1976	93717	48257	51.5	45460	48.5	16341	17.4	77376	82.6
1977	94974	48908	51.5	46066	48.5	16669	17.6	78305	82.4
1978	96259	49567	51.5	46692	48.5	17245	17.9	79014	82.1
1979	97542	50192	51.5	47350	48.5	18495	19.0	79047	81.0
1980	98705	50785	51.5	47920	48.6	19140	19.4	79565	80.6
1981	100072	51519	51.5	48553	48.5	20171	20.2	79901	79.8
1982	101654	52352	51.5	49302	48.5	21480	21.1	80174	78.9
1983	103008	53152	51.6	49856	48.4	22274	21.6	80734	78.4
1984	104357	53848	51.6	50509	48.4	24017	23.0	80340	77.0
1985	105851	54725	51.7	51126	48.3	25094	23.7	80757	76.3
1986	107507	55581	51.7	51926	48.3	26366	24.5	81141	75.5
1987	109300	56290	51.5	53010	48.5	27674	25.3	81626	74.7
1988	111026	57201	51.5	53825	48.5	28661	25.8	82365	74.2
1989	112704	58099	51.6	54605	48.5	29540	26.2	83164	73.8
1990	114333	58904	51.5	55429	48.5	30195	26.4	84138	73.6
1991	115823	59466	51.3	56357	48.7	31203	26.9	84620	73.1
1992	117171	59811	51.0	57360	49.0	32175	27.5	84996	72.5
1993	118517	60472	51.0	58045	49.0	33173	28.0	85344	72.0
1994	119850	61246	51.1	58604	48.9	34169	28.5	85681	71.5
1995	121121	61808	51.0	59313	49.0	35174	29.0	85947	71.0
1996	122389	62200	50.8	60189	49.2	37304	30.5	85085	69.5
1997	123626	63131	51.1	60495	48.9	39449	31.9	84177	68.1
1998	124761	63604	51.0	61157	49.0	41608	33.4	83153	66.6
1999	125786	64126	51.0	61660	49.0	43748	34.8	82038	65.2
2000	126743	65437	51.6	61306	48.4	45906	36.2	80837	63.8
2001	127627	65672	51.5	61955	48.5	48064	37.7	79563	62.3
2002	128453	66115	51.5	62338	48.5	50212	39.1	78241	60.9
2003	129227	66556	51.5	62671	48.5	52376	40.5	76851	59.5
2004	129988	66976	51.5	63012	48.5	54283	41.8	75705	58.2
2005	130756	67375	51.5	63381	48.5	56212	43.0	74544	57.0
2006	131448	67728	51.5	63720	48.5	58288	44.3	73160	55.7
2007	132129	68048	51.5	64081	48.5	60633	45.9	71496	54.1
2008	132802	68357	51.5	64445	48.5	62403	47.0	70399	53.0
2009	133450	68647	51.4	64803	48.6	64512	48.3	68938	51.7
2010	134091	68748	51.3	65343	48.7	66978	49.9	67113	50.1
2011	134735	69068	51.3	65667	48.7	69079	51.3	65656	48.7
2012	135404	69395	51.3	66009	48.7	71182	52.6	64222	47.4
2013	136072	69728	51.2	66344	48.8	73111	53.7	62961	46.3
2014	136782	70079	51.2	66703	48.8	74916	54.8	61866	45.2
2015	137462	70414	51.2	67048	48.8	77116	56.1	60346	43.9
2016	138271	70815	51.21	67456	48.79	79298	57.35	58973	42.65

注：1.1981年及以前数据为户籍统计数；1982、1990、2000、2010年数据为当年人口普查数据推算数；其余年份数据为年度人口抽样调查推算数据(下相关表同)。

2.总人口和按性别分人口中包括现役军人，按城乡分人口中现役军人计入城镇人口。

a)Figures 1981 (includive) are from household registrations;for the year 1982,1990,2000 and 2010 are the census year estimate;the rest of the data covered in those tables have been estimated on the basis of the annual nationall sample surveys of population.The same applies to the relevant tables following.

b)Total population and population by sex include the military personnel of the Chinese People's Liberation Army, the military personnel are classified as urban population in the item of population by residence.

1-3 国内生产总值及构成
GROSS DOMESTIC PRODUCT AND COMPOSITION

年 份 Year	国内生产总值 Gross Domestic Product	第一产业 Primary Industry	第二产业 Secondary Industry	第三产业 Tertiary Industry
一、绝对数（亿元）				
Value (100 million yuan)				
1978	3678.7	1018.5	1755.2	905.1
1980	4587.6	1359.5	2204.7	1023.4
1985	9098.9	2541.7	3886.5	2670.7
1986	10376.2	2764.1	4515.2	3096.9
1987	12174.6	3204.5	5274.0	3696.2
1988	15180.4	3831.2	6607.4	4741.8
1989	17179.7	4228.2	7300.9	5650.6
1990	18872.9	5017.2	7744.3	6111.4
1991	22005.6	5288.8	9129.8	7587.0
1992	27194.5	5800.3	11725.3	9668.9
1993	35673.2	6887.6	16473.1	12312.6
1994	48637.5	9471.8	22453.1	16712.5
1995	61339.9	12020.5	28677.5	20641.9
1996	71813.6	13878.3	33828.1	24107.2
1997	79715.0	14265.2	37546.0	27903.8
1998	85195.5	14618.7	39018.5	31558.3
1999	90564.4	14549.0	41080.9	34934.5
2000	100280.1	14717.4	45664.8	39897.9
2001	110863.1	15502.5	49660.7	45700.0
2002	121717.4	16190.2	54105.5	51421.7
2003	137422.0	16970.2	62697.4	57754.4
2004	161840.2	20904.3	74286.9	66648.9
2005	187318.9	21806.7	88084.4	77427.8
2006	219438.5	23317.0	104361.8	91759.7
2007	270232.3	27788.0	126633.6	115810.7
2008	319515.5	32753.2	149956.6	136805.8
2009	349081.4	34161.8	160171.7	154747.9
2010	413030.3	39362.6	191629.8	182038.0
2011	489300.6	46163.1	227038.8	216098.6
2012	540367.4	50902.3	244643.3	244821.9
2013	595244.4	55329.1	261956.1	277959.3
2014	643974.0	58343.5	277571.8	308058.6
2015	689052.1	60862.1	282040.3	346149.7
2016	744127.2	63670.7	296236.0	384220.5

1-3 续表 continued

年 份 Year	国内生产总值 Gross Domestic Product	第一产业 Primary Industry	第二产业 Secondary Industry	第三产业 Tertiary Industry
二、构成(%)				
Composition (%)				
1978	100.0	27.7	47.7	24.6
1980	100.0	29.6	48.1	22.3
1985	100.0	27.9	42.7	29.4
1986	100.0	26.6	43.5	29.8
1987	100.0	26.3	43.3	30.4
1988	100.0	25.2	43.5	31.2
1989	100.0	24.6	42.5	32.9
1990	100.0	26.6	41.0	32.4
1991	100.0	24.0	41.5	34.5
1992	100.0	21.3	43.1	35.6
1993	100.0	19.3	46.2	34.5
1994	100.0	19.5	46.2	34.4
1995	100.0	19.6	46.8	33.7
1996	100.0	19.3	47.1	33.6
1997	100.0	17.9	47.1	35.0
1998	100.0	17.2	45.8	37.0
1999	100.0	16.1	45.4	38.6
2000	100.0	14.7	45.5	39.8
2001	100.0	14.0	44.8	41.2
2002	100.0	13.3	44.5	42.2
2003	100.0	12.3	45.6	42.0
2004	100.0	12.9	45.9	41.2
2005	100.0	11.6	47.0	41.3
2006	100.0	10.6	47.6	41.8
2007	100.0	10.3	46.9	42.9
2008	100.0	10.3	46.9	42.8
2009	100.0	9.8	45.9	44.3
2010	100.0	9.5	46.4	44.1
2011	100.0	9.4	46.4	44.2
2012	100.0	9.4	45.3	45.3
2013	100.0	9.3	44.0	46.7
2014	100.0	9.1	43.1	47.8
2015	100.0	8.9	40.9	50.2
2016	100.0	8.6	39.8	51.6

1-4 国内生产总值指数、城镇单位就业人员平均工资和城镇居民消费价格指数

INDICES OF GROSS DOMESTIC PRODUCT, AVERAGE WAGE IN URBAN UNITS AND URBAN CONSUMER PRICE INDEX

(上年=100) (preceding year=100)

年份 Year	国内生产总值指数 Indices of Gross Domestic Product	城镇单位就业人员平均工资指数 Index of Average Wage of the Urban Units Employment		城市居民消费价格指数 Urban Consumer Price Index
		货币工资 Money Wage	实际工资 Real Wage	
1979	107.6	108.6	106.7	101.9
1980	107.8	114.1	106.1	107.5
1981	105.1	101.3	98.9	102.5
1982	109.0	103.4	101.5	102.0
1983	110.8	103.5	101.4	102.0
1984	115.2	117.9	114.7	102.7
1985	113.4	117.9	105.3	111.9
1986	108.9	115.8	108.3	107.0
1987	111.7	109.8	101.0	108.8
1988	111.2	119.7	99.2	120.7
1989	104.2	110.8	95.2	116.3
1990	103.9	110.6	109.2	101.3
1991	109.3	109.3	104.0	105.1
1992	114.2	115.9	106.7	108.6
1993	113.9	124.3	107.1	116.1
1994	113.0	134.6	107.7	125.0
1995	111.0	118.9	101.8	116.8
1996	109.9	111.8	102.8	108.8
1997	109.2	107.8	104.5	103.1
1998	107.8	115.5	116.2	99.4
1999	107.7	111.7	113.2	98.7
2000	108.5	112.2	111.3	100.8
2001	108.3	116.1	115.3	100.7
2002	109.1	114.2	115.4	99.0
2003	110	112.9	111.9	100.9
2004	110.1	114.0	109.7	103.3
2005	111.4	114.3	112.5	101.6
2006	112.7	114.6	112.9	101.5
2007	114.2	118.5	113.4	104.5
2008	109.7	116.9	110.7	105.6
2009	109.4	111.6	112.6	99.1
2010	110.6	113.3	109.8	103.2
2011	109.5	114.4	108.6	105.3
2012	107.9	111.9	109.0	102.7
2013	107.8	110.1	107.3	102.6
2014	107.3	109.5	107.2	102.1
2015	106.9	110.1	108.5	101.5
2016	106.7	108.9	106.7	102.1

1-5 全国就业人员年末人数
NUMBER OF EMPLOYMENT AT THE YEAR-END

单位：万人，% (10 000 persons,%)

年 份 Year	就业人员 Employment		城镇就业人员 Urban Employment	乡村就业人员 Rural Employment	按三次产业分 Group by Industry			构成(以合计为100) Percentage(total=100)		
	合计 Total	占人口比重 Percentage of Total Population			第一产业 Primary Industry	第二产业 Secondary Industry	第三产业 Tertiary Industry	第一产业 Primary Industry	第二产业 Secondary Industry	第三产业 Tertiary Industry
1952	20729	36.1	2486	18243	17317	1531	1881	83.5	7.4	9.1
1953	21364	36.3	2754	18610	17747	1715	1902	83.1	8.0	8.9
1954	21832	36.2	2744	19088	18151	1882	1799	83.1	8.6	8.3
1955	22328	36.3	2802	19526	18592	1913	1823	83.3	8.6	8.1
1956	23018	36.6	2993	20025	18544	2468	2006	80.6	10.7	8.7
1957	23771	36.8	3205	20566	19309	2142	2320	81.2	9.0	9.8
1958	26600	40.3	5300	21300	15490	7076	4034	58.2	26.6	15.2
1959	26173	38.9	5389	20784	16271	5402	4500	62.2	20.6	17.2
1960	25880	39.1	6119	19761	17016	4112	4752	65.7	15.9	18.4
1961	25590	38.9	5336	20254	19747	2856	2987	77.2	11.2	11.6
1962	25910	38.5	4537	21373	21276	2059	2575	82.1	8.0	9.9
1963	26640	38.5	4603	22037	21966	2038	2636	82.5	7.6	9.9
1964	27736	39.3	4828	22908	22801	2183	2752	82.2	7.9	9.9
1965	28670	39.5	5136	23534	23396	2408	2866	81.6	8.4	10.0
1966	29805	40.0	5354	24451	24297	2600	2908	81.5	8.7	9.8
1967	30814	40.3	5446	25368	25165	2661	2988	81.7	8.6	9.7
1968	31915	40.6	5630	26285	26063	2743	3109	81.7	8.6	9.7
1969	33225	41.2	5825	27400	27117	3030	3078	81.6	9.1	9.3
1970	34432	41.5	6312	28120	27811	3518	3103	80.8	10.2	9.0
1971	35620	41.8	6868	28752	28397	3990	3233	79.7	11.2	9.1
1972	35854	41.1	7200	28654	28283	4276	3295	78.9	11.9	9.2
1973	36652	41.1	7388	29264	28857	4492	3303	78.7	12.3	9.0
1974	37369	41.1	7687	29682	29218	4712	3439	78.2	12.6	9.2
1975	38168	41.3	8222	29946	29456	5152	3560	77.2	13.5	9.3
1976	38834	41.4	8692	30142	29443	5611	3780	75.8	14.5	9.7
1977	39377	41.5	9127	30250	29340	5831	4206	74.5	14.8	10.7
1978	40152	41.7	9514	30638	28318	6945	4890	70.5	17.3	12.2
1979	41024	42.1	9999	31025	28634	7214	5177	69.8	17.6	12.6
1980	42361	42.9	10525	31836	29122	7707	5532	68.7	18.2	13.1
1981	43725	43.7	11053	32672	29777	8003	5945	68.1	18.3	13.6
1982	45295	44.6	11428	33867	30859	8346	6090	68.1	18.4	13.5
1983	46436	45.1	11746	34690	31151	8679	6606	67.1	18.7	14.2

注：全国就业人员1990年及以后的数据根据劳动力调查、人口普查推算，2001年及以后数据根据第六次人口普查数据重新修订(下表同)。

a) From 1990 to 2000, the total number of employed persons were estimated according to Labour Force Survey and Population Census, since 2001, were revised according to the 6th National Population Census. The same applies to the following tables.

1-5 续表 continued

单位：万人，% (10 000 persons,%)

年份 Year	就业人员 Employment 合计 Total	就业人员 Employment 占人口比重 Percentage of Total Population	城镇就业人员 Urban Employment	乡村就业人员 Rural Employment	按三次产业分 Group by Industry 第一产业 Primary Industry	按三次产业分 Group by Industry 第二产业 Secondary Industry	按三次产业分 Group by Industry 第三产业 Tertiary Industry	构成(以合计为100) Percentage(total=100) 第一产业 Primary Industry	构成(以合计为100) Percentage(total=100) 第二产业 Secondary Industry	构成(以合计为100) Percentage(total=100) 第三产业 Tertiary Industry
1984	48197	46.2	12229	35968	30868	9590	7739	64.0	19.9	16.1
1985	49873	47.1	12808	37065	31130	10384	8359	62.4	20.8	16.8
1986	51282	47.7	13292	37990	31254	11216	8811	60.9	21.9	17.2
1987	52783	48.3	13783	39000	31663	11726	9395	60.0	22.2	17.8
1988	54334	48.9	14267	40067	32249	12152	9933	59.3	22.4	18.3
1989	55329	49.1	14390	40939	33225	11976	10129	60.1	21.6	18.3
1990	64749	56.6	17041	47708	38914	13856	11979	60.1	21.4	18.5
1991	65491	56.5	17465	48026	39098	14015	12378	59.7	21.4	18.9
1992	66152	56.5	17861	48291	38699	14355	13098	58.5	21.7	19.8
1993	66808	56.4	18262	48546	37680	14965	14163	56.4	22.4	21.2
1994	67455	56.3	18653	48802	36628	15312	15515	54.3	22.7	23.0
1995	68065	56.2	19040	49025	35530	15655	16880	52.2	23.0	24.8
1996	68950	56.3	19922	49028	34820	16203	17927	50.5	23.5	26.0
1997	69820	56.5	20781	49039	34840	16547	18432	49.9	23.7	26.4
1998	70637	56.6	21616	49021	35177	16600	18860	49.8	23.5	26.7
1999	71394	56.8	22412	48982	35768	16421	19205	50.1	23.0	26.9
2000	72085	56.9	23151	48934	36043	16219	19823	50.0	22.5	27.5
2001	72797	57.0	24123	48674	36399	16234	20165	50.0	22.3	27.7
2002	73280	57.0	25159	48121	36640	15682	20958	50.0	21.4	28.6
2003	73736	57.1	26230	47506	36204	15927	21605	49.1	21.6	29.3
2004	74264	57.1	27293	46971	34830	16709	22725	46.9	22.5	30.6
2005	74647	57.1	28389	46258	33442	17766	23439	44.8	23.8	31.4
2006	74978	57.0	29630	45348	31941	18894	24143	42.6	25.2	32.2
2007	75321	57.0	30953	44368	30731	20186	24404	40.8	26.8	32.4
2008	75564	56.9	32103	43461	29923	20553	25087	39.6	27.2	33.2
2009	75828	56.8	33322	42506	28890	21080	25857	38.1	27.8	34.1
2010	76105	56.8	34687	41418	27931	21842	26332	36.7	28.7	34.6
2011	76420	56.7	35914	40506	26594	22544	27282	34.8	29.5	35.7
2012	76704	56.6	37102	39602	25773	23241	27690	33.6	30.3	36.1
2013	76977	56.6	38240	38737	24171	23170	29636	31.4	30.1	38.5
2014	77253	56.5	39310	37943	22790	23099	31364	29.5	29.9	40.6
2015	77451	56.3	40410	37041	21919	22693	32839	28.3	29.3	42.4
2016	77603	56.1	41428	36175	21496	22350	33757	27.7	28.8	43.5

1-6 各地区分登记注册类型城镇单位就业人员年末人数及构成(2016年)
URBAN EMPLOYMENT AND COMPOSITION AT THE YEAR-END BY REGISTRATION STATUS AND REGION (2016)

单位：万人 (10 000 persons)

地 区	Region	合 计 Total	国有单位 State-owned Units	城镇集体单位 Urban Collective-owned Units	其他单位 Other Ownership Units	构成（以合计为100） Composition(Total=100)		
						国有单位 State-owned Units	城镇集体单位 Urban Collective-owned Units	其他单位 Other Ownership Units
全国总计	**National**	**17888.1**	**6169.8**	**453.3**	**11264.9**	**34.5**	**2.5**	**63.0**
北 京	Beijing	791.5	188.1	13.9	589.5	23.8	1.8	74.5
天 津	Tianjin	286.0	68.7	5.7	211.6	24.0	2.0	74.0
河 北	Hebei	639.6	286.4	14.0	339.3	44.8	2.2	53.0
山 西	Shanxi	430.6	199.9	16.8	213.9	46.4	3.9	49.7
内蒙古	Inner Mongolia	293.2	167.8	5.8	119.6	57.2	2.0	40.8
辽 宁	Liaoning	560.4	261.6	24.4	274.4	46.7	4.4	49.0
吉 林	Jilin	322.1	163.1	6.1	152.9	50.6	1.9	47.5
黑龙江	Heilongjiang	424.9	263.7	12.2	149.0	62.1	2.9	35.1
上 海	Shanghai	627.8	100.5	12.8	514.4	16.0	2.0	81.9
江 苏	Jiangsu	1497.3	289.9	32.4	1175.1	19.4	2.2	78.5
浙 江	Zhejiang	1060.9	218.9	14.9	827.2	20.6	1.4	78.0
安 徽	Anhui	517.1	191.1	14.2	311.8	37.0	2.7	60.3
福 建	Fujian	668.8	158.4	10.7	499.8	23.7	1.6	74.7
江 西	Jiangxi	471.5	186.6	12.6	272.4	39.6	2.7	57.8
山 东	Shandong	1215.3	387.2	46.2	782.0	31.9	3.8	64.3
河 南	Henan	1145.0	366.8	34.2	744.0	32.0	3.0	65.0
湖 北	Hubei	719.3	277.4	13.0	428.9	38.6	1.8	59.6
湖 南	Hunan	568.4	242.3	19.2	306.9	42.6	3.4	54.0
广 东	Guangdong	1957.6	387.7	47.8	1522.0	19.8	2.4	77.7
广 西	Guangxi	401.4	201.8	13.2	186.4	50.3	3.3	46.4
海 南	Hainan	101.2	43.7	1.7	55.8	43.1	1.7	55.2
重 庆	Chongqing	412.9	119.4	8.7	284.8	28.9	2.1	69.0
四 川	Sichuan	787.5	343.4	26.3	417.8	43.6	3.3	53.1
贵 州	Guizhou	310.5	172.1	4.8	133.6	55.4	1.5	43.0
云 南	Yunnan	419.0	187.1	10.6	221.3	44.7	2.5	52.8
西 藏	Tibet	31.5	26.5	0.3	4.7	84.2	0.9	14.8
陕 西	Shaanxi	511.4	237.8	16.7	256.9	46.5	3.3	50.2
甘 肃	Gansu	261.0	155.5	9.2	96.2	59.6	3.5	36.9
青 海	Qinghai	63.1	34.8	1.1	27.2	55.1	1.8	43.0
宁 夏	Ningxia	70.7	35.4	0.7	34.5	50.1	1.0	48.8
新 疆	Xinjiang	320.5	206.3	3.0	111.2	64.4	0.9	34.7

1-7 分登记注册类型城镇单位就业人员年末人数及构成
EMPLOYMENT AND COMPOSITION IN URBAN UNITS BY REGISTRATION STATUS(End of Year)

单位：万人 (10 000 persons)

年 份 Yesr	合 计 Total	国有单位 State-owned Units	城镇集体单位 Urban Collective-owned Units	其他单位 Other Owner-ship Units	构成(以合计为100) Composition(Total=100)		
					国有单位 State-owned Units	城镇集体单位 Urban Collective-owned Units	其他单位 Other Owner-ship Units
1971	6787	5318	1469		78.4	21.6	
1975	8198	6426	1772		78.4	21.6	
1980	10444	8019	2425		76.8	23.2	
1981	10940	8372	2568		76.5	23.5	
1982	11281	8630	2651		76.5	23.5	
1983	11515	8771	2744		76.2	23.8	
1984	11890	8637	3216	37	72.6	27.0	0.3
1985	12358	8990	3324	44	72.7	26.9	0.4
1986	12809	9333	3421	55	72.9	26.7	0.4
1987	13214	9654	3488	72	73.1	26.4	0.5
1988	13608	9984	3527	97	73.4	25.9	0.7
1989	13742	10108	3502	132	73.5	25.5	1.0
1990	14059	10346	3549	164	73.6	25.2	1.2
1991	14508	10664	3628	216	73.5	25.0	1.5
1992	14792	10889	3621	282	73.6	24.5	1.9
1993	14849	10920	3393	536	73.5	22.9	3.6
1994	14849	10890	3211	747	73.3	21.6	5.0
1995	15301	11261	3147	894	73.6	20.6	5.8
1996	15221	11244	3016	962	73.9	19.8	6.3
1997	15036	11044	2883	1109	73.5	19.2	7.4
1998	12696	9058	1963	1675	71.3	15.5	13.2
1999	12130	8572	1712	1846	70.7	14.1	15.2
2000	11612	8102	1499	2011	69.8	12.9	17.3
2001	11166	7640	1291	2235	68.4	11.6	20.0
2002	10985	7163	1122	2700	65.2	10.2	24.6
2003	10970	6876	1000	3094	62.7	9.1	28.2
2004	11099	6710	897	3492	60.5	8.1	31.5
2005	11404	6488	810	4106	56.9	7.1	36.0
2006	11713	6430	764	4519	54.9	6.5	38.6
2007	12024	6424	718	4882	53.4	6.0	40.6
2008	12193	6447	662	5084	52.9	5.4	41.7
2009	12573	6420	618	5535	51.1	4.9	44.0
2010	13052	6516	597	5938	49.9	4.6	45.5
2011	14413	6704	603	7106	46.5	4.2	49.3
2012	15236	6839	590	7808	44.9	3.9	51.2
2013	18108	6365	566	11177	35.1	3.1	61.7
2014	18278	6312	537	11429	34.5	2.9	62.5
2015	18062	6208	481	11373	34.4	2.7	63.0
2016	17888	6170	453	11265	34.5	2.5	63.0

注:1994年及以前为职工数(以下各表同)。
a)Data before 1994 are staff and workers figures(The same as in the following tables).

1-8　分行业城镇单位就业人员年末人数
EMPLOYMENT IN URBAN UNITS BY SECTOR(End of Year)

单位：万人　　(10 000 persons)

年　份 Year	合　计 Total	农、林、牧、渔业 Farming, Forestry, Animal Husbandry and Fishery	采掘业 Mining and Quarrying	制造业 Manufacturing	电力、煤气及水的生产和供应业 Production and Supply of Electricity, Gas and Water	建筑业 Construction	地质勘查业、水利管理业 Geological Prospecting and Water Conservancy	交通运输、仓储及邮电通信业 Transport, Storage,Post and Tele-communications
1994	14848.7	679.7	904.2	5433.6	244.5	1072.4	137.5	835.1
1995	15300.8	669.4	921.4	5493.1	257.9	1090.1	134.6	848.5
1996	15221.1	631.3	891.8	5344.0	272.8	1069.7	128.9	853.2
1997	15036.2	629.2	856.8	5129.9	283.3	1037.4	129.0	850.5
1998	12695.7	562.5	707.3	3826.1	282.9	878.1	116.2	721.5
1999	12130.2	536.5	655.2	3554.3	285.0	814.8	111.4	704.2
2000	11612.5	516.4	585.2	3300.7	283.8	780.1	110.2	680.4
2001	11165.8	483.2	548.2	3070.1	287.8	774.0	104.9	651.6
2002	10985.2	455.2	542.7	2980.7	289.6	803.2	97.7	639.5

1-8　续表　continued

单位：万人　　(10 000 persons)

年　份 Year	批发和零售贸易、餐饮业 Wholesale and Retail Trade & Catering Services	金融、保险业 Finance and Insurance	房地产业 Real Estate Trade	社会服务业 Social Services	卫生、体育和社会福利业 Health Care, Sporting and Social Welfare	教育、文化艺术和广播电影电视业 Education, Culture and Arts, Radio, Film and Television	科学研究和综合技术服务业 Scientific Research and Polytechnical Services	国家机关政党机关和社会团体 Government Agencies, Party Agencies and Social Organizations	其　他 Others
1994	1832.7	260.8	72.1	446.6	427.5	1248.8	174.0	1016.5	62.6
1995	1855.9	276.3	79.6	461.4	444.3	1476.1	181.9	1041.7	68.8
1996	1830.0	291.9	84.3	472.1	457.5	1512.6	182.7	1092.6	105.8
1997	1796.1	308.2	86.9	494.3	471.1	1556.7	185.8	1093.1	127.8
1998	1286.6	313.5	93.7	470.4	477.7	1573.3	177.5	1096.5	111.9
1999	1141.5	328.5	96.6	476.0	482.0	1567.8	173.6	1102.1	100.9
2000	1009.5	326.8	100.4	483.5	488.1	1565.8	174.5	1103.8	103.1
2001	874.2	335.9	107.5	491.4	493.0	1567.9	165.0	1100.9	110.1
2002	774.5	339.8	118.4	521.0	493.2	1565.1	162.7	1074.7	127.0

1-9 分行业城镇单位就业人员(国有单位)

EMPLOYMENT IN URBAN UNITS BY SECTOR(State-owned Units,End of Year)

单位：万人 (10 000 persons)

年 份 Year	合 计 Total	农、林、牧、渔业 Farming, Forestry, Animal Husbandry and Fishery	采掘业 Mining and Quarrying	制造业 Manufacturing	电力、煤气及水的生产和供应业 Production and Supply of Electricity, Gas and Water	建筑业 Construction	地质勘查业、水利管理业 Geological Prospecting and Water Conservancy	交通运输、仓储及邮电通信业 Transport, Storage,Post and Tele-communications
1994	10890.1	653.2	820.1	3320.9	229.6	629.2	135.4	677.4
1995	11260.5	642.6	839.0	3347.9	238.3	627.9	132.5	699.1
1996	11243.6	605.5	813.6	3238.6	251.2	616.1	126.7	705.6
1997	11044.2	605.1	776.8	3028.2	258.0	598.0	125.9	706.1
1998	9058.1	541.1	600.7	1900.7	243.2	462.8	114.0	601.5
1999	8572.1	517.2	529.0	1665.2	240.1	419.0	109.2	585.8
2000	8101.9	496.2	451.3	1432.1	234.1	391.7	108.0	566.5
2001	7639.9	464.5	404.6	1210.0	231.9	357.6	102.8	536.2
2002	7162.9	433.4	350.4	994.9	223.5	320.6	95.6	518.2

1-9 续表 continued

单位：万人 (10 000 persons)

年 份 Year	批发和零售贸易、餐饮业 Wholesale and Retail Trade & Catering Services	金融、保险业 Finance and Insurance	房地产业 Real Estate Trade	社会服务业 Social Services	卫生、体育和社会福利业 Health Care, Sporting and Social Welfare	教育、文化艺术和广播电影电视业 Education, Culture and Arts, Radio, Film and Television	科学研究和综合技术服务业 Scientific Research and Polytechnical Services	国家机关政党机关和社会团体 Government Agencies, Party Agencies and Social Organizations	其 他 Others
1994	1053.7	196.3	58.6	307.6	367.9	1227.4	165.2	1007.4	40.2
1995	1072.2	204.8	62.9	321.0	383.2	1443.0	170.0	1033.1	43.1
1996	1064.7	210.7	64.6	335.4	394.8	1486.2	168.7	1084.3	76.9
1997	1045.7	217.6	65.3	352.6	407.6	1502.7	170.2	1087.2	97.2
1998	706.0	217.5	65.1	331.7	417.0	1519.7	159.5	1091.1	86.4
1999	620.3	226.5	64.0	330.7	422.6	1512.9	157.0	1097.2	75.4
2000	544.0	223.4	63.3	326.7	427.3	1508.4	151.2	1098.9	78.7
2001	460.6	221.7	63.4	322.6	433.4	1507.7	141.9	1097.0	83.9
2002	380.4	216.2	61.3	327.4	437.8	1497.2	139.1	1071.0	96.0

1-10　分行业城镇单位就业人员(城镇集体单位)
EMPLOYMENT IN URBAN UNITS BY SECTOR (Urban Collective-owned Units,End of Year)

单位：万人　　(10 000 persons)

年　份 Year	合　计 Total	农、林、牧、渔业 Farming, Forestry, Animal Husbandry and Fishery	采掘业 Mining and Quarrying	制造业 Manufacturing	电力、煤气及水的生产和供应业 Production and Supply of Electricity, Gas and Water	建筑业 Construction	地质勘查业、水利管理业 Geological Prospecting and Water Conservancy	交通运输、仓储及邮电通信业 Transport, Storage,Post and Tele-communications
1994	3211.3	23.9	80.9	1514.6	8.9	426.9	2.0	148.8
1995	3146.7	23.7	78.3	1438.3	9.2	440.3	2.0	139.5
1996	3015.8	21.8	73.8	1364.8	10.8	424.0	2.1	135.7
1997	2882.7	19.9	73.1	1261.3	11.3	404.1	3.0	127.0
1998	1963.2	16.2	49.3	758.4	10.8	321.4	2.1	81.3
1999	1711.8	14.6	42.5	636.8	9.7	291.2	2.0	69.1
2000	1499.3	13.9	35.1	531.7	9.4	272.5	1.9	58.4
2001	1291.0	11.8	30.9	437.1	8.4	255.2	1.6	49.1
2002	1122.0	10.9	30.7	357.1	7.1	231.3	1.4	41.4

1-10　续表　continued

单位：万人　　(10 000 persons)

年　份 Year	批发和零售贸易、餐饮业 Wholesale and Retail Trade & Catering Services	金融、保险业 Finance and Insurance	房地产业 Real Estate Trade	社　会服务业 Social Services	卫生、体育和社会福利业 Health Care, Sporting and Social Welfare	教育、文化艺术和广播电影电视业 Education, Culture and Arts, Radio, Film and Television	科学研究和综合技术服务业 Scientific Research and Polytechnical Services	国家机关政党机关和社会团体 Government Agencies, Party Agencies and Social Organizations	其　他 Others
1994	716.1	62.2	6.3	102.3	59.2	20.8	7.4	9.1	21.7
1995	707.3	67.5	6.7	99.3	60.7	32.1	8.7	8.7	24.3
1996	678.5	73.2	7.7	90.3	62.1	25.0	10.4	8.4	27.5
1997	647.6	77.4	7.9	90.4	62.8	52.6	10.5	5.9	27.8
1998	424.5	72.1	7.2	72.4	59.6	51.7	9.7	5.3	21.2
1999	355.0	71.8	7.5	68.9	58.2	52.2	8.3	4.8	19.2
2000	292.5	70.4	6.8	64.2	59.4	53.3	7.9	4.9	17.0
2001	223.2	69.1	6.9	59.1	57.7	55.2	5.3	3.9	16.6
2002	174.7	66.9	8.0	52.9	52.5	58.3	4.8	3.4	20.5

1-11　分行业城镇单位就业人员(其他单位)
EMPLOYMENT IN URBAN UNITS BY SECTOR
(Other Ownership Units,End of Year)

单位：万人　(10 000 persons)

年 份 Year	合 计 Total	农、林、牧、渔业 Farming, Forestry, Animal Husbandry and Fishery	采掘业 Mining and Quarrying	制造业 Manufacturing	电力、煤气及水的生产和供应业 Production and Supply of Electricity, Gas and Water	建筑业 Construction	地质勘查业、水利管理业 Geological Prospecting and Water Conservancy	交通运输、仓储及邮电通信业 Transport, Storage,Post and Tele-communications
1994	747.4	2.6	3.2	598.1	6.0	16.3	0.1	9.0
1995	893.6	3.2	4.0	706.8	10.3	22.0		9.8
1996	961.7	4.0	4.4	740.5	10.8	29.5		12.0
1997	1109.4	4.2	6.9	840.4	14.1	35.3		17.4
1998	1674.5	5.2	57.3	1167.1	28.9	93.8	0.1	38.7
1999	1846.3	4.8	83.7	1252.2	35.2	104.6	0.2	49.2
2000	2011.3	6.4	98.8	1336.9	40.4	115.9	0.3	55.6
2001	2234.9	6.9	112.7	1423.0	47.5	161.2	0.5	66.2
2002	2700.3	10.9	161.6	1628.7	58.9	251.3	0.7	79.8

1-11　续表　continued

单位：万人　(10 000 persons)

年 份 Year	批发和零售贸易、餐饮业 Wholesale and Retail Trade & Catering Services	金融、保险业 Finance and Insurance	房地产业 Real Estate Trade	社会服务业 Social Services	卫生、体育和社会福利业 Health Care, Sporting and Social Welfare	教育、文化艺术和广播电影电视业 Education, Culture and Arts, Radio, Film and Television	科学研究和综合技术服务业 Scientific Research and Polytechnical Services	国家机关政党机关和社会团体 Government Agencies, Party Agencies and Social Organizations	其 他 Others
1994	62.9	2.3	7.2	36.6	0.4	0.7	1.4		0.8
1995	76.3	3.9	9.9	41.2	0.4	0.9	3.1		1.4
1996	86.8	8.0	12.0	46.4	0.5	1.4	3.6		1.5
1997	102.8	13.3	13.7	51.3	0.6	1.5	5.1		2.7
1998	156.1	23.9	21.3	66.3	1.1	1.9	8.3		4.4
1999	166.3	30.2	25.1	76.4	1.2	2.7	8.3		6.3
2000	173.0	33.0	30.3	92.6	1.4	4.1	15.3		7.4
2001	190.4	45.1	37.2	109.7	1.9	5.0	17.8		9.7
2002	219.4	56.8	49.0	140.7	3.0	9.6	18.8		11.0

1-12 分行业城镇单位就业人员年末人数(2003-2011年)
URBAN UNITS EMPLOYMENT BY SECTOR(2003-2011)

单位：万人 (10 000 persons)

登记注册类型 Registration Status / 年 份 Year	合 计 Total	农、林、牧、渔业 Agriculture, Forestry, Farming of Animals and Fishery	采矿业 Mining	制造业 Manufacturing	电力、燃气及水的生产和供应业 Production and Distribution of Electricity, Gas and Water	建筑业 Construction
全 国 National						
2003	10969.7	484.5	488.3	2980.5	297.6	833.7
2004	11098.9	466.1	500.7	3050.8	300.6	841.0
2005	11404.0	446.3	509.2	3210.9	299.9	926.6
2006	11713.2	435.2	529.7	3351.6	302.5	988.7
2007	12024.4	426.3	535.0	3465.4	303.4	1050.8
2008	12192.5	410.1	540.4	3434.3	306.5	1072.6
2009	12573.0	373.7	553.7	3491.9	307.7	1177.5
2010	13051.5	375.7	562.0	3637.2	310.5	1267.5
2011	14413.3	359.5	611.6	4088.3	334.7	1724.8
国有单位 State-owned Units						
2003	6875.6	457.7	264.3	870.7	224.1	299.3
2004	6709.9	439.4	268.8	746.3	219.3	281.2
2005	6488.2	423.5	241.3	614.0	209.5	272.5
2006	6430.5	414.2	241.7	554.0	208.8	262.8
2007	6423.5	406.3	232.8	518.1	202.4	271.3
2008	6447.0	392.1	242.9	485.5	203.1	267.7
2009	6420.2	356.1	243.7	437.8	198.6	262.7
2010	6516.4	357.4	234.1	416.5	203.9	278.7
2011	6704.2	340.9	250.3	397.8	215.0	333.2
城镇集体单位 Urban Collective-owned units						
2003	999.9	14.1	27.7	296.6	7.0	217.3
2004	897.2	12.5	27.1	259.6	6.6	198.1
2005	809.9	9.1	24.8	221.9	6.1	186.9
2006	763.6	7.1	25.1	203.9	6.0	184.9
2007	718.4	6.0	23.2	182.1	5.6	181.5
2008	661.8	4.9	22.2	165.2	5.1	169.2
2009	618.1	4.9	17.6	148.5	5.1	163.7
2010	597.5	4.4	18.8	134.4	5.2	161.7
2011	603.1	4.0	20.4	124.1	5.5	187.4
其他单位 Other Ownership units						
2003	3094.3	12.7	196.3	1813.2	66.5	317.1
2004	3491.8	14.1	204.8	2044.9	74.7	361.7
2005	4105.9	13.7	243.1	2374.9	84.4	467.2
2006	4519.1	13.9	262.9	2593.7	87.8	540.9
2007	4882.4	14.1	279.0	2765.2	95.4	598.0
2008	5083.7	13.1	275.3	2783.6	98.4	635.6
2009	5534.7	12.6	292.4	2905.6	103.9	751.2
2010	5937.6	14.0	309.1	3086.2	101.4	827.1
2011	7106.0	14.6	340.9	3566.4	114.2	1204.2

1-12 续表 1 continued

单位：万人 (10 000 persons)

登记注册类型 Registration Status / 年份 Year	交通运输、仓储和邮政业 Traffic, Transport, Storage and post	信息传输、计算机服务和软件业 Information Transfer, Computer and Software	批发和零售业 Wholesale and Retail Trade	住宿和餐饮业 Accommodation and Restaurants	金融业 Finance	房地产业 Real Estate	租赁和商务服务业 Tenancy and Business Services
全 国 National							
2003	636.5	116.8	628.1	172.1	353.3	120.2	183.5
2004	631.8	123.7	586.7	177.1	356.0	133.4	194.4
2005	613.9	130.1	544.0	181.2	359.3	146.5	218.5
2006	612.7	138.2	515.7	183.9	367.4	153.9	236.7
2007	623.1	150.2	506.9	185.8	389.7	166.5	247.2
2008	627.3	159.5	514.4	193.2	417.6	172.7	274.7
2009	634.4	173.8	520.8	202.1	449.0	190.9	290.5
2010	631.1	185.8	535.1	209.2	470.1	211.6	310.1
2011	662.8	212.8	647.5	242.7	505.3	248.6	286.6
国有单位 State-owned Units							
2003	492.8	72.0	301.0	73.4	208.1	52.2	106.0
2004	473.4	74.1	259.6	70.5	196.4	50.9	107.9
2005	443.3	65.8	214.7	67.5	177.5	47.5	114.6
2006	433.0	65.6	186.7	63.8	165.1	45.0	121.0
2007	432.0	62.5	174.1	58.6	161.4	45.2	120.5
2008	424.5	63.0	160.7	56.6	155.4	43.5	125.9
2009	413.9	64.6	144.2	55.2	146.0	43.5	125.4
2010	403.3	62.5	137.3	54.6	144.3	45.4	131.5
2011	415.9	67.0	145.7	56.3	146.3	47.6	127.9
城镇集体单位 Urban Collective-owned units							
2003	38.7	1.8	128.6	16.2	67.0	7.4	30.2
2004	34.1	1.3	108.9	15.0	66.6	7.8	30.7
2005	30.6	1.4	89.9	13.7	63.8	8.2	35.2
2006	27.2	1.1	77.4	12.7	62.1	8.0	34.1
2007	24.6	0.9	69.0	11.6	61.3	7.7	34.4
2008	22.2	0.8	58.6	11.0	60.1	7.4	33.1
2009	20.6	1.1	52.5	10.4	53.1	8.7	36.7
2010	19.8	1.0	48.0	9.6	52.1	9.2	37.6
2011	17.5	1.3	46.8	10.0	50.2	8.6	31.8
其他单位 Other Ownership units							
2003	105.0	43.0	198.6	82.5	78.3	60.6	47.3
2004	124.4	48.3	218.3	91.6	93.1	74.7	55.8
2005	140.0	62.8	239.4	100.1	117.9	90.9	68.7
2006	152.6	71.5	251.6	107.3	140.2	101.0	81.6
2007	166.4	86.8	263.8	115.7	167.0	113.6	92.3
2008	180.6	95.7	295.0	125.6	202.0	121.8	115.7
2009	199.9	108.1	324.2	136.5	249.9	138.7	128.4
2010	208.0	122.3	349.9	145.1	273.7	157.1	140.9
2011	229.4	144.5	455.0	176.5	308.9	192.4	126.9

1-12 续表 2 continued

单位：万人 (10 000 persons)

登记注册类型 Registration Status 年份 Year	科学研究、技术服务和地质勘查业 Scientific Research, Technical Service and Geologic Perambulation	水利、环境和公共设施管理业 Management of Water Conservancy, Environment and Public Establishment	居民服务和其他服务业 Resident Services and Other Services	教育 Education	卫生、社会保障和社会福利业 Sanitation, Social Security and Social Welfare	文化体育和娱乐业 Culture, Sports and Entertainment	公共管理和社会组织 Public Management and Social Organization
全　国 National							
2003	221.9	172.5	52.8	1442.8	485.8	127.8	1171.0
2004	222.1	176.1	54.2	1466.8	494.7	123.4	1199.0
2005	227.7	180.4	53.9	1483.2	508.9	122.5	1240.8
2006	235.5	187.0	56.6	1504.4	525.4	122.4	1265.6
2007	243.4	193.5	57.4	1520.9	542.8	125.0	1291.2
2008	257.0	197.3	56.5	1534.0	563.6	126.0	1335.0
2009	272.6	205.7	58.8	1550.4	595.8	129.5	1394.3
2010	292.3	218.9	60.2	1581.8	632.5	131.4	1428.5
2011	298.5	230.3	59.9	1617.8	679.1	135.0	1467.6
国有单位 State-owned Units							
2003	185.1	155.3	22.1	1378.3	430.9	117.0	1165.1
2004	188.6	158.0	24.2	1409.7	437.9	111.9	1191.8
2005	188.5	161.0	24.9	1424.9	452.4	110.5	1234.3
2006	193.0	165.4	27.7	1448.0	466.8	110.1	1257.5
2007	197.5	169.8	28.7	1462.9	483.2	111.3	1285.0
2008	201.6	172.8	28.8	1481.9	501.2	110.9	1328.8
2009	209.4	178.3	28.3	1490.6	529.9	111.9	1380.0
2010	219.6	189.9	28.9	1517.4	562.6	113.1	1415.6
2011	218.2	198.0	30.7	1540.9	606.0	113.8	1452.7
城镇集体单位 Urban Collective-owned units							
2003	4.8	10.7	15.2	57.1	51.2	3.2	5.0
2004	4.5	10.2	13.5	43.1	50.0	2.8	4.8
2005	3.8	9.6	10.3	40.2	48.3	2.5	3.5
2006	3.5	10.0	9.8	36.0	48.8	2.3	3.6
2007	3.4	10.2	8.9	34.3	48.7	2.3	2.9
2008	3.4	10.8	8.8	24.6	49.8	2.3	2.4
2009	4.2	10.5	8.2	17.4	49.9	2.2	2.7
2010	4.2	10.5	7.8	17.5	51.4	2.2	2.2
2011	3.7	10.8	6.0	19.1	51.5	2.0	2.4
其他单位 Other Ownership units							
2003	32.0	6.5	15.6	7.4	3.6	7.5	0.8
2004	29.0	7.9	16.5	14.0	6.8	8.7	2.5
2005	35.5	9.8	18.7	18.1	8.2	9.6	3.0
2006	38.9	11.6	19.0	20.4	9.8	10.0	4.4
2007	42.5	13.5	19.8	23.7	11.0	11.5	3.3
2008	52.0	13.7	19.0	27.5	12.6	12.7	3.8
2009	59.0	16.8	22.3	42.3	16.0	15.4	11.6
2010	68.6	18.5	23.5	46.8	18.6	16.2	10.7
2011	76.5	21.5	23.1	57.7	21.6	19.2	12.5

1-13 分行业城镇单位就业人员年末人数(2012-2016年)
URBAN UNITS EMPLOYMENT BY SECTOR(2012-2016)

单位：万人 (10 000 persons)

登记注册类型 Registration Status 年份 Year	合计 Total	农、林、牧、渔业 Agriculture, Forestry, Animal Husbandry and Fishery	采矿业 Mining	制造业 Manufacturing	电力、热力、燃气及水生产和供应业 Production and Supply of Electricity,Heat, Gas and Water	建筑业 Construction
全 国						
National						
2012	15236.4	338.9	631.0	4262.2	344.6	2010.3
2013	18108.4	294.8	636.5	5257.9	404.5	2921.9
2014	18277.8	284.6	596.5	5243.1	403.7	2921.2
2015	18062.5	270.0	545.8	5068.7	396.0	2796.0
2016	17888.1	263.2	490.9	4893.8	387.6	2724.7
国有单位						
State-owned Units						
2012	6839.0	320.5	256.2	369.5	218.3	345.8
2013	6365.1	280.3	97.2	232.6	199.0	267.5
2014	6312.3	262.9	71.6	207.8	192.9	237.1
2015	6208.3	248.4	54.8	180.8	178.8	192.9
2016	6169.8	242.3	44.6	158.8	176.3	184.6
城镇集体单位						
Urban Collective-owned units						
2012	589.7	5.0	20.6	113.7	5.1	185.0
2013	566.2	2.5	15.8	97.4	4.2	181.6
2014	536.7	2.6	13.3	87.9	4.0	173.7
2015	481.4	2.1	10.7	74.4	3.8	154.7
2016	453.3	1.9	9.4	66.5	3.5	149.1
其他单位						
Other Ownership units						
2012	7807.7	13.4	354.2	3779.0	121.1	1479.4
2013	11177.2	12.1	523.4	4927.9	201.4	2472.8
2014	11428.8	19.1	511.7	4947.4	206.8	2510.3
2015	11372.8	19.4	480.3	4813.6	213.4	2448.4
2016	11264.9	19.0	436.9	4668.5	207.8	2391.1

1-13　续表 1　continued

单位：万人　　　　(10 000 persons)

登记注册类型 Registration Status 年　份 Year	批发和零售业 Wholesale and Retail Trades	交通运输、仓储和邮政业 Transport, Storage and Post	住宿和餐饮业 Hotels and Catering Services	信息传输、软件和信息技术服务业 Information Software and Information Technology	金融业 Financial Inter-mediation	房地产业 Real Estate	租赁和商务服务业 Leasing and Business Services
全　国							
National							
2012	711.8	667.5	265.1	222.8	527.8	273.7	292.3
2013	890.8	846.2	304.4	327.3	537.9	373.7	421.9
2014	888.6	861.4	289.3	336.3	566.3	402.2	449.4
2015	883.3	854.4	276.1	349.9	606.8	417.3	474.0
2016	875.0	849.5	269.7	364.1	665.2	431.7	488.4
国有单位							
State-owned Units							
2012	148.5	419.5	57.6	65.8	151.9	46.7	116.7
2013	110.1	410.3	45.7	49.5	147.9	37.1	123.6
2014	99.9	395.2	41.8	37.5	146.1	36.5	126.0
2015	90.8	373.4	37.4	35.5	146.6	33.1	120.6
2016	82.0	366.0	35.2	33.5	148.7	32.1	118.1
城镇集体单位							
Urban Collective-owned units							
2012	40.9	17.7	9.3	1.3	50.1	8.7	33.7
2013	38.3	19.0	10.0	0.9	48.7	8.3	38.1
2014	35.0	17.4	6.7	0.8	47.0	8.9	36.0
2015	31.7	14.8	5.4	0.7	46.5	8.0	31.8
2016	28.0	13.7	4.9	0.6	44.9	8.0	29.1
其他单位							
Other Ownership units							
2012	522.4	230.3	198.1	155.7	325.7	218.3	141.8
2013	742.4	417.0	248.7	276.9	341.3	328.3	260.2
2014	753.6	448.9	240.8	298.0	373.3	356.8	287.4
2015	760.9	466.2	233.3	313.6	413.7	376.2	321.7
2016	765.1	469.8	229.6	330.0	471.5	391.6	341.2

1-13 续表 2 continued

单位：万人 (10 000 persons)

登记注册类型 Registration Status 年份 Year	科学研究和技术服务业 Scientific Research, and Technical Services	水利、环境和公共设施管理业 Management of Water Conservancy, Environment and Public Facilities	居民服务、修理和其他服务业 Service to Households, Repair and Other Services	教育 Education	卫生和社会工作 Health and Social Service	文化、体育和娱乐业 Culture, Sports and Enter-tainment	公共管理、社会保障和社会组织 Public Management, Social Security and social Organization
全国 National							
2012	330.7	243.8	62.1	1653.4	719.3	137.7	1541.5
2013	387.8	259.2	72.3	1687.2	770.0	147.0	1567.0
2014	408.0	269.1	75.4	1727.3	810.4	145.5	1599.3
2015	410.6	273.3	75.2	1736.5	841.6	149.1	1637.8
2016	419.6	269.6	75.4	1729.2	867.0	150.8	1672.6
国有单位 State-owned Units							
2012	232.5	208.9	30.4	1567.2	639.5	115.0	1528.6
2013	223.7	207.7	22.9	1573.8	672.7	109.9	1553.6
2014	224.8	211.9	22.5	1602.7	703.9	106.3	1585.1
2015	213.2	210.7	22.0	1607.3	733.1	104.4	1624.4
2016	215.1	203.9	21.4	1593.9	752.5	102.6	1658.1
城镇集体单位 Urban Collective-owned units							
2012	5.4	10.6	6.1	19.0	52.6	2.5	2.3
2013	5.5	10.7	5.4	21.8	54.0	2.0	2.1
2014	5.4	11.2	5.7	22.2	54.9	1.9	2.1
2015	4.8	10.9	4.9	20.9	51.5	1.8	2.0
2016	4.6	10.6	4.2	19.0	51.2	1.8	2.3
其他单位 Other Ownership units							
2012	92.8	24.3	25.7	67.2	27.3	20.2	10.6
2013	158.5	40.8	44.1	91.6	43.3	35.0	11.3
2014	177.8	46.1	47.3	102.4	51.6	37.3	12.1
2015	192.6	51.7	48.3	108.3	57.0	42.8	11.4
2016	199.9	55.0	49.8	116.4	63.3	46.3	12.2

1-14　各地区分登记注册类型城镇单位女性就业人员年末人数
FEMALE EMPLOYMENT IN URBAN UNITS BY REGISTRATION STATUS AND REGION(End of Year)

单位：万人　　　　(10 000 persons)

年　份 Year	地　区 Region	合　计 Total	国有单位 State-owned Units	城镇集体单　位 Urban Collective-owned Units	其他单位 Other Ownership Units
	2011	5227.7	2522.4	195.9	2509.4
	2012	5458.9	2590.1	188.4	2680.4
	2013	6338.3	2472.3	179.1	3686.9
	2014	6546.2	2509.0	173.1	3864.1
	2015	6527.0	2531.9	156.5	3838.7
	2016	6517.6	2562.1	147.6	3807.8
北　京	Beijing	323.5	83.7	5.8	233.9
天　津	Tianjin	102.5	28.3	1.5	72.8
河　北	Hebei	237.4	129.6	5.4	102.3
山　西	Shanxi	147.7	84.8	7.1	55.7
内蒙古	Inner Mongolia	107.9	69.0	2.5	36.4
辽　宁	Liaoning	196.8	104.8	7.2	84.8
吉　林	Jilin	117.7	64.7	2.6	50.4
黑龙江	Heilongjiang	150.5	99.0	3.4	48.2
上　海	Shanghai	252.2	44.8	4.6	202.8
江　苏	Jiangsu	510.1	123.6	14.2	372.3
浙　江	Zhejiang	354.0	101.1	4.3	248.6
安　徽	Anhui	177.0	72.9	5.1	99.0
福　建	Fujian	247.9	67.7	4.4	175.9
江　西	Jiangxi	173.2	70.9	2.7	99.6
山　东	Shandong	435.9	158.3	13.8	263.8
河　南	Henan	417.6	154.3	12.5	250.8
湖　北	Hubei	245.8	105.1	4.4	136.3
湖　南	Hunan	196.6	95.7	4.4	96.5
广　东	Guangdong	789.0	166.1	15.9	607.0
广　西	Guangxi	155.0	92.5	3.2	59.2
海　南	Hainan	40.7	18.0	0.5	22.1
重　庆	Chongqing	139.4	50.9	2.5	86.0
四　川	Sichuan	280.8	138.7	7.6	134.5
贵　州	Guizhou	107.5	69.4	1.3	36.8
云　南	Yunnan	150.8	80.1	2.7	67.9
西　藏	Tibet	12.0	10.3	0.1	1.6
陕　西	Shaanxi	181.5	95.3	4.4	81.8
甘　肃	Gansu	86.7	58.0	1.9	26.8
青　海	Qinghai	23.5	14.7	0.4	8.4
宁　夏	Ningxia	27.0	15.9	0.2	10.9
新　疆	Xinjiang	129.4	93.6	1.1	34.7

1-15 各地区分行业城镇单位女性就业人员年末人数(2016年)
FEMALE EMPLOYMENT IN URBAN UNITS BY SECTOR AND REGION(2016)

单位：万人 (10 000 persons)

地区	Region	合计 Total	农、林、牧、渔业 Agriculture, Forestry, Animal Husbandry and Fishery	采矿业 Mining	制造业 Manufacturing	电力、热力、燃气及水生产和供应业 Production and Supply of Electricity, Heat,Gas and Water	建筑业 Construction	批发和零售业 Wholesale and Retail Trades
全国	**National**	**6517.6**	**93.5**	**92.9**	**1925.3**	**105.9**	**298.0**	**441.4**
北京	Beijing	323.5	1.4	0.7	29.7	2.5	8.8	36.5
天津	Tianjin	102.5	0.3	1.3	34.9	1.2	3.9	7.9
河北	Hebei	237.4	1.3	4.1	42.6	5.1	9.1	14.8
山西	Shanxi	147.7	0.5	15.6	20.2	3.7	4.7	6.9
内蒙古	Inner Mongolia	107.9	7.6	2.5	12.8	4.2	2.7	4.4
辽宁	Liaoning	196.8	9.1	5.6	37.0	3.6	8.7	12.0
吉林	Jilin	117.7	3.8	2.7	26.2	2.7	4.0	5.6
黑龙江	Heilongjiang	150.5	21.8	6.5	15.9	4.6	4.7	8.5
上海	Shanghai	252.2	0.7	0.0	67.0	1.0	4.3	44.0
江苏	Jiangsu	510.1	2.2	2.1	248.4	3.8	25.4	31.8
浙江	Zhejiang	354.0	0.1	0.1	131.9	2.9	22.5	19.3
安徽	Anhui	177.0	1.4	2.6	46.3	2.5	11.4	12.2
福建	Fujian	247.9	1.4	0.4	107.1	2.6	22.7	13.5
江西	Jiangxi	173.2	1.2	1.1	66.8	2.7	11.1	8.0
山东	Shandong	435.9	0.4	12.8	150.6	6.2	18.3	29.7
河南	Henan	417.6	0.7	7.9	148.3	7.2	21.2	26.4
湖北	Hubei	245.8	3.7	2.1	69.1	4.8	15.8	21.1
湖南	Hunan	196.6	0.7	1.1	39.1	4.8	10.7	10.3
广东	Guangdong	789.0	1.8	0.6	413.0	7.3	16.5	49.4
广西	Guangxi	155.0	3.0	0.8	28.9	3.8	6.5	6.6
海南	Hainan	40.7	2.8	0.1	3.0	0.6	0.8	2.8
重庆	Chongqing	139.4	0.3	0.6	33.3	2.1	11.9	11.5
四川	Sichuan	280.8	0.8	3.6	55.1	7.2	18.6	15.7
贵州	Guizhou	107.5	0.3	1.5	13.6	3.2	4.7	5.2
云南	Yunnan	150.8	2.0	2.0	22.4	3.0	10.1	12.9
西藏	Tibet	12.0	0.0	0.1	0.4	0.2	0.3	0.4
陕西	Shaanxi	181.5	0.8	6.5	32.8	4.1	8.2	13.5
甘肃	Gansu	86.7	1.5	1.9	9.8	3.9	4.9	4.3
青海	Qinghai	23.5	0.5	1.0	3.1	0.6	1.0	1.2
宁夏	Ningxia	27.0	0.5	0.9	3.7	1.0	0.6	1.4
新疆	Xinjiang	129.4	20.8	4.0	11.9	2.6	3.7	3.7

1-15　续表 1　continued

单位：万人　　(10 000 persons)

地　区	Region	交通运输、仓储和邮政业 Transport, Storage and Post	住宿和餐饮业 Hotels and Catering Services	信息传输、软件和信息技术服务业 Information Transmission, Software and Information Technology	金融业 Finance Intermediation	房地产业 Real Estate	租赁和商务服务业 Leasing and Business Services
全　国	**National**	**221.8**	**148.3**	**142.2**	**347.4**	**161.1**	**159.9**
北　京	Beijing	14.7	15.4	25.8	28.5	16.6	32.3
天　津	Tianjin	3.1	2.7	2.1	7.9	2.9	2.9
河　北	Hebei	7.7	3.1	3.3	17.1	4.9	3.0
山　西	Shanxi	5.6	2.2	2.2	9.1	1.4	2.4
内蒙古	Inner Mongolia	5.7	2.2	2.4	6.4	2.4	1.4
辽　宁	Liaoning	7.8	3.3	6.1	14.8	4.3	3.3
吉　林	Jilin	3.5	1.7	2.6	6.3	2.6	2.1
黑龙江	Heilongjiang	6.1	1.6	3.0	10.3	2.1	2.1
上　海	Shanghai	12.6	12.1	9.7	16.1	8.9	20.1
江　苏	Jiangsu	13.4	10.1	10.5	20.7	9.0	9.7
浙　江	Zhejiang	8.2	7.3	7.2	27.1	7.8	8.3
安　徽	Anhui	6.5	3.7	3.1	12.0	4.0	2.1
福　建	Fujian	6.1	5.2	3.3	10.7	5.8	4.4
江　西	Jiangxi	4.8	2.7	2.0	6.6	2.6	1.6
山　东	Shandong	12.8	8.0	7.7	22.8	9.6	6.6
河　南	Henan	12.6	6.2	5.5	12.5	8.4	6.1
湖　北	Hubei	9.7	5.7	4.5	11.0	5.6	3.5
湖　南	Hunan	6.6	4.6	2.9	14.1	4.5	3.3
广　东	Guangdong	21.5	18.9	16.0	27.1	20.9	22.7
广　西	Guangxi	5.1	2.7	1.7	7.9	3.1	3.0
海　南	Hainan	1.9	3.0	0.6	2.2	3.3	0.7
重　庆	Chongqing	6.8	3.9	1.6	6.7	5.4	3.2
四　川	Sichuan	12.5	5.0	7.2	16.5	7.6	4.0
贵　州	Guizhou	3.3	1.7	1.4	4.5	3.2	1.5
云　南	Yunnan	5.1	4.6	1.9	5.1	4.3	2.5
西　藏	Tibet	0.3	0.2	0.2	0.4	0.1	0.2
陕　西	Shaanxi	7.8	6.5	4.3	10.8	4.4	2.4
甘　肃	Gansu	3.5	2.0	1.2	3.8	1.9	1.2
青　海	Qinghai	1.3	0.4	0.4	1.2	0.4	0.3
宁　夏	Ningxia	1.1	0.4	0.4	1.7	0.6	0.5
新　疆	Xinjiang	4.2	1.3	1.4	5.5	2.3	2.5

1-15 续表 2 continued

单位：万人 (10 000 persons)

地区	Region	科学研究和技术服务业 Scientific Research and Technical Services	水利、环境和公共设施管理业 Management of Water Conservancy, Environment and Public Establishment	居民服务、修理和其他服务业 Services to Household, Repair and Other Services	教育 Education	卫生和社会工作 Health and Social Service	文化、体育和娱乐业 Culture, Sports and Entertainment	公共管理、社会保障和社会组织 Public Management, Social Security and Social Organization
全国	**National**	**132.0**	**110.3**	**32.9**	**952.0**	**556.9**	**68.1**	**527.7**
北京	Beijing	24.6	3.5	4.4	30.0	20.4	9.3	18.4
天津	Tianjin	3.1	1.4	2.9	11.1	6.8	1.0	5.2
河北	Hebei	4.9	4.5	1.0	55.9	24.7	2.4	27.7
山西	Shanxi	2.3	4.3	0.2	32.0	13.4	2.1	18.9
内蒙古	Inner Mongolia	1.9	3.7	0.4	20.5	9.7	1.7	15.6
辽宁	Liaoning	4.5	5.4	1.0	31.3	19.4	2.3	17.4
吉林	Jilin	2.5	3.3	1.3	21.2	12.1	1.6	12.0
黑龙江	Heilongjiang	3.0	3.9	1.8	24.5	14.5	1.6	13.9
上海	Shanghai	7.7	3.0	3.1	19.0	13.1	2.8	6.9
江苏	Jiangsu	6.7	6.3	1.1	52.8	32.2	3.7	20.1
浙江	Zhejiang	6.2	4.3	1.0	44.8	30.0	3.3	21.3
安徽	Anhui	2.4	2.9	0.3	29.6	18.9	1.5	13.5
福建	Fujian	2.6	2.2	1.5	29.5	15.1	1.9	11.8
江西	Jiangxi	1.7	3.1	0.3	25.3	15.2	1.8	14.4
山东	Shandong	5.5	7.1	1.2	60.1	38.9	3.0	34.7
河南	Henan	5.3	5.2	1.3	67.0	34.8	3.2	37.8
湖北	Hubei	4.2	4.4	0.7	32.7	25.5	2.7	19.1
湖南	Hunan	3.4	3.1	0.7	35.1	25.1	2.5	24.1
广东	Guangdong	10.4	7.0	3.4	73.5	41.4	4.9	32.5
广西	Guangxi	3.0	4.3	0.3	35.0	21.4	1.4	16.5
海南	Hainan	0.7	1.6	0.3	7.0	4.1	0.6	4.3
重庆	Chongqing	2.5	3.0	0.8	22.4	12.7	1.2	9.5
四川	Sichuan	6.4	6.3	1.0	48.8	30.5	2.8	31.3
贵州	Guizhou	2.2	2.8	0.7	27.0	13.2	1.0	16.4
云南	Yunnan	3.0	3.3	0.8	31.0	18.0	1.7	16.9
西藏	Tibet	0.4	0.1	0.2	2.5	1.1	0.3	4.7
陕西	Shaanxi	5.8	3.9	0.6	30.9	17.3	2.2	18.7
甘肃	Gansu	1.9	2.5	0.1	17.4	9.0	1.2	14.7
青海	Qinghai	0.7	0.5		4.1	2.5	0.4	4.0
宁夏	Ningxia	0.5	1.0		4.8	3.2	0.5	4.2
新疆	Xinjiang	2.2	2.5	0.4	25.1	12.9	1.4	21.0

1-16 分登记注册类型城镇单位就业人员工资总额及指数
TOTAL WAGES AND INDEX OF EMPLOYED PERSONS BY REGISTRATION STATUS

年 份 Year	工资总额(亿元) Total Wages (100 million yuan)				指数(以上年为100) Index (preceding year=100)			
	合 计 Total	国有单位 State-owned Units	城镇集体单位 Urban Collective-owned Units	其他单位 Other Owner-ship Units	合 计 Total	国有单位 State-owned Units	城镇集体单位 Urban Collective-owned Units	其他单位 Other Owner-ship Units
1965	282.3	235.3	47.0		107.1	105.0	118.4	
1970	334.3	277.5	56.8		103.6	105.5	95.3	
1975	463.5	386.1	77.4		104.9	104.1	109.0	
1980	772.4	627.9	144.5		119.4	118.6	123.3	
1981	820.0	660.4	159.6		106.2	105.2	110.4	
1982	882.0	708.9	173.1		107.6	107.3	108.5	
1983	934.6	748.1	186.5		106.0	105.5	107.7	
1984	1133.4	875.8	254.0	3.6	121.3	117.1	136.2	
1985	1383.0	1064.8	312.3	5.9	122.0	121.6	123.0	163.9
1986	1659.7	1288.5	362.8	8.4	120.0	121.0	116.2	142.4
1987	1881.1	1459.3	409.1	12.7	113.3	113.3	112.8	151.2
1988	2316.2	1807.1	487.6	21.5	123.1	123.8	119.2	169.3
1989	2618.5	2050.2	534.4	33.9	113.1	113.5	109.6	157.7
1990	2951.1	2324.1	581.0	46.0	112.7	113.4	108.7	135.7
1991	3323.9	2594.9	658.6	70.4	112.6	111.7	113.4	153.0
1992	3939.2	3090.4	743.2	105.6	118.5	119.1	112.8	150.0
1993	4916.2	3812.7	849.9	253.6	124.8	123.4	114.4	240.2
1994	6656.4	5177.4	1023.3	455.6	135.4	135.8	120.4	179.7
1995	8055.8	6172.6	1210.6	672.6	119.0	117.4	115.6	142.2
1996	8964.4	6893.3	1269.4	801.7	111.3	111.7	104.9	119.2
1997	9602.4	7323.9	1283.9	994.5	107.1	106.2	101.1	124.0
1998	9540.2	6934.6	1054.9	1550.7	99.4	94.7	82.2	155.9
1999	10155.9	7289.9	995.8	1870.1	106.5	105.1	94.4	120.6
2000	10954.7	7744.9	950.7	2259.1	107.9	106.2	95.5	120.8
2001	12205.4	8515.2	898.5	2791.7	111.4	109.9	94.5	123.6
2002	13638.1	9138.0	863.9	3636.2	111.7	107.3	96.1	130.3
2003	15329.6	9911.9	867.1	4550.6	112.4	108.5	100.4	125.1
2004	17615.0	11038.2	876.2	5700.6	114.9	111.4	101.0	125.3
2005	20627.1	12291.7	906.4	7429.0	117.1	111.4	103.4	130.3
2006	24262.3	13920.6	983.8	9357.9	117.6	113.3	108.5	126.0
2007	29471.5	16689.1	1108.1	11674.3	121.5	119.9	112.6	124.8
2008	35289.5	19487.9	1203.2	14598.4	119.7	116.8	108.6	125.0
2009	40288.2	21862.7	1273.3	17152.1	114.2	112.2	105.8	117.5
2010	47269.9	24886.4	1433.7	20949.7	117.3	113.8	112.6	122.1
2011	59954.7	28954.8	1737.4	29262.4	126.8	116.3	121.2	139.7
2012	70914.2	32950.0	1990.4	35973.8	118.3	113.8	114.6	122.9
2013	93064.3	33359.6	2195.8	57508.9	131.2	101.2	110.3	159.9
2014	102817.2	36106.6	2302.7	64408.0	110.5	108.2	104.9	112.0
2015	112007.8	40387.9	2239.4	69380.5	108.9	111.9	97.3	107.7
2016	120074.8	44462.9	2268.6	73343.3	107.2	110.1	101.3	105.7

1-17 分行业城镇单位就业人员工资总额（1995-2002年）
TOTAL WAGES OF EMPLOYED PERSONS IN URBAN UNITS BY SECTOR (1995-2002)

单位：亿元 (100 million yuan)

登记注册类型 Registration Status / 年份 Year	合计 Total	农、林、牧、渔业 Farming, Forestry, Animal Husbandry and Fishery	采掘业 Mining and Quarrying	制造业 Manufacturing	电力、煤气及水的生产和供应业 Production and Supply of Electricity, Gas and Water	建筑业 Construction	地质勘查业、水利管理业 Geological Prospecting and Water Conservancy	交通运输、仓储及邮电通信业 Transport, Storage, Post and Telecommunications
全 国 National								
1995	8055.8	234.1	519.0	2804.2	197.5	629.2	80.2	577.7
1996	8964.4	251.3	568.8	2984.0	235.6	668.3	84.4	659.8
1997	9602.4	269.7	577.9	3044.6	269.8	696.9	92.0	719.1
1998	9540.2	257.8	517.6	2792.1	294.8	659.6	92.7	708.5
1999	10155.9	260.4	498.6	2836.4	325.6	662.2	98.0	768.5
2000	10954.7	268.9	498.4	2966.7	363.3	699.1	108.4	837.7
2001	12205.4	278.5	531.1	3088.5	416.7	750.9	115.4	918.9
2002	13638.1	289.9	597.6	3343.9	470.8	838.0	118.6	1016.7
国有单位 State-owned Units								
1995	6172.6	225.2	489.6	1764.3	180.0	412.0	79.3	518.4
1996	6893.3	240.4	538.2	1855.7	214.1	436.0	83.4	593.4
1997	7323.9	258.9	544.5	1813.7	243.0	451.5	90.1	644.3
1998	6934.6	247.9	457.1	1368.3	249.6	388.4	91.1	619.8
1999	7289.9	250.1	415.6	1293.4	267.5	377.5	96.4	659.0
2000	7744.9	255.7	382.5	1260.0	291.0	389.0	106.6	711.9
2001	8515.2	265.7	387.7	1190.5	325.2	378.9	113.6	762.7
2002	9138.0	272.7	372.5	1098.9	349.0	365.1	115.9	821.9
城镇集体单位 Urban Collective-owned units								
1995	1210.6	6.8	27.4	523.7	6.7	202.5	0.8	49.0
1996	1269.4	8.0	28.3	534.1	8.9	212.1	1.0	52.1
1997	1283.9	7.7	29.8	513.5	9.9	218.8	1.9	51.0
1998	1054.9	7.0	22.3	389.3	10.1	188.7	1.5	42.0
1999	995.8	7.0	19.3	343.6	9.5	183.9	1.5	39.6
2000	950.7	7.7	17.5	309.3	9.9	188.7	1.4	34.5
2001	898.5	6.8	17.5	270.6	10.5	188.0	1.2	31.4
2002	863.9	7.0	18.6	244.8	9.1	179.0	1.4	28.8
其他单位 Other Ownership units								
1995	672.6	2.2	2.0	516.1	10.7	14.7		10.3
1996	801.7	2.8	2.3	594.3	12.6	20.2		14.3
1997	994.5	3.0	3.7	717.4	16.9	26.6		23.8
1998	1550.7	3.0	38.2	1034.5	35.0	82.5		46.7
1999	1870.1	3.4	63.7	1199.5	48.5	100.9	0.2	69.9
2000	2259.1	5.5	98.4	1397.3	62.4	121.4	0.4	91.3
2001	2791.7	6.1	125.8	1627.4	81.0	184.0	0.6	124.8
2002	3636.2	10.2	206.6	2000.2	112.7	293.9	1.4	166.1

1-17 续表 continued

单位：亿元 (100 million yuan)

登记注册类型 Registration Status 年 份 Year	批发和零售贸易、餐饮业 Wholesale and Retail Trade & Catering Services	金融、保险业 Finance and Insurance	房地产业 Real Estate Trade	社 会 服务业 Social Services	卫生、体育和社会福利业 Health Care, Sporting and Social Welfare	教育、文化艺术和广播电影电视业 Education, Culture and Arts, Radio, Film and Television	科学研究和综合技术服务业 Scientific Research and Polytechnical Services	国家机关政党机关和社会团体 Government Agencies, Party Agencies and Social Organizations	其 他 Others
全 国 National									
1995	771.9	199.6	56.8	274.2	256.0	727.1	123.4	563.1	41.5
1996	835.9	243.4	69.2	317.3	306.1	849.0	145.3	676.8	69.3
1997	864.0	295.3	78.7	372.0	351.6	970.0	165.6	748.6	86.7
1998	768.0	332.4	95.5	399.6	400.3	1106.7	179.1	840.8	94.8
1999	745.6	388.5	110.4	446.6	460.6	1275.0	200.6	977.5	101.5
2000	742.8	434.3	124.7	502.5	525.4	1435.9	233.7	1097.5	115.3
2001	732.5	524.7	149.0	587.9	629.3	1746.1	267.7	1325.6	142.4
2002	745.5	612.4	180.5	701.0	718.7	2033.7	304.5	1485.9	180.4
国有单位 State-owned Units									
1995	477.8	152.3	42.1	188	226.3	714.2	115.5	558.6	28.9
1996	514.2	181.5	49.7	220.7	271.2	836.2	134.0	672.7	52.2
1997	530.3	213.9	54.8	258.0	311.9	946.4	152.1	745.0	65.4
1998	438.9	235.3	60.4	269.8	358.0	1080.8	161.7	837.1	70.3
1999	417.5	267.0	65.5	296.6	413.4	1244.3	181.0	973.6	71.8
2000	410.0	300.4	72.1	319.0	473.6	1401.5	199.5	1093.1	78.9
2001	384.4	350.2	80.9	358.4	571.2	1699.0	229.6	1322.0	95.3
2002	365.8	398.1	86.2	392.6	658.0	1970.7	261.0	1482.1	127.7
城镇集体单位 Urban Collective-owned units									
1995	239.6	42.6	4.3	45.2	29.3	12.0	4.9	4.5	11.1
1996	254.8	49.4	5.0	44.1	34.3	11.6	6.6	4.1	15.0
1997	249.9	58.1	5.9	50.1	38.9	22.1	6.6	3.6	16.3
1998	196.0	58.4	6.3	44.6	40.4	23.6	6.2	3.7	15.0
1999	174.8	64.2	7.9	46.3	45.0	27.3	6.4	3.8	15.7
2000	154.6	67.4	7.1	46.6	49.4	29.6	7.0	4.3	15.5
2001	125.5	74.3	7.2	47.3	54.6	39.2	4.6	3.7	16.2
2002	107.9	81.9	9.0	46.5	56.0	46.3	4.6	3.4	19.6
其他单位 Other Ownership units									
1995	54.5	4.7	10.4	41.0	0.4	0.8	3.0		1.5
1996	67.0	12.5	14.5	52.5	0.6	1.3	4.7		2.1
1997	83.8	23.3	17.9	63.9	0.8	1.5	6.8		5.0
1998	133.1	38.7	28.8	85.2	1.9	2.3	11.3		9.5
1999	153.3	57.2	37.1	103.7	2.2	3.4	13.1		13.9
2000	178.3	66.5	45.5	136.8	2.4	4.8	27.2		21.0
2001	222.6	100.3	60.8	182.2	3.6	7.9	33.6		31.0
2002	271.8	132.4	85.3	261.9	4.7	16.7	38.8		33.5

1-18 分行业城镇单位就业人员工资总额（2003-2011年）
TOTAL WAGES OF EMPLOYED PERSONS IN URBAN UNITS BY SECTOR (2003-2011)

单位：亿元 (100 million yuan)

登记注册类型 Registration Status / 年份 Year	合计 Total	农、林、牧、渔业 Agriculture, Forestry, Farming of Animals and Fishery	采矿业 Mining	制造业 Manufacturing	电力、燃气及水的生产和供应业 Production & Distribution of Electricity Gas & Water	建筑业 Construction	交通运输、仓储和邮政业 Traffic, Transport, Storage and post
全国 National							
2003	15329.6	335.8	662.9	3772.7	552.0	965.9	1008.0
2004	17615.0	351.2	831.8	4316.4	646.8	1081.3	1144.7
2005	20627.1	368.7	1031.2	5056.6	741.8	1324.7	1279.5
2006	24262.3	403.3	1259.6	6035.8	858.0	1612.1	1471.5
2007	29471.5	464.6	1500.5	7241.2	1012.7	1946.2	1727.9
2008	35289.5	516.4	1847.3	8498.9	1180.4	2313.6	2006.3
2009	40288.2	537.4	2089.1	9302.2	1283.5	2837.9	2234.9
2010	47269.9	627.1	2458.8	11140.8	1468.3	3471.5	2541.9
2011	59954.7	697.7	3174.2	15031.4	1755.7	5596.4	3074.1
国有单位 State-owned Units							
2003	9911.9	314.4	368.5	1111.8	403.8	384.3	793.0
2004	11038.2	327.6	463.2	1082.7	459.1	404.6	853.6
2005	12291.7	346.5	500.3	1048.1	505.4	442.4	918.3
2006	13920.6	378.8	588.6	1126.3	586.1	488.3	1024.3
2007	16689.1	437.1	675.5	1231.2	673.6	571.1	1185.9
2008	19487.9	486.8	854.8	1353.5	781.8	643.8	1329.6
2009	21862.7	505.1	932.2	1391.9	836.7	731.9	1446.8
2010	24886.4	590.0	1041.5	1525.7	974.9	892.2	1612.6
2011	28954.8	654.1	1333.5	1720.5	1141.3	1218.4	1939.6
城镇集体单位 Urban Collective-owned units							
2003	867.1	8.6	19.9	227.8	10.2	180.2	31.6
2004	876.2	8.6	23.4	224.9	11.1	181.2	30.1
2005	906.4	7.2	27.9	215.6	11.1	188.9	30.3
2006	983.8	6.8	34.6	225.5	11.8	210.8	30.3
2007	1108.1	7.0	40.1	237.9	13.0	246.5	32.4
2008	1203.2	6.6	44.4	259.6	13.9	265.6	33.8
2009	1273.3	7.6	35.4	265.4	15.1	284.9	36.4
2010	1433.7	8.0	44.5	281.1	17.7	327.7	39.6
2011	1737.4	8.8	61.1	313.4	19.8	471.8	43.7
其他单位 Other Ownership units							
2003	4550.6	12.8	274.5	2433.0	138.0	401.4	183.4
2004	5700.6	15.0	345.3	3008.8	176.6	495.5	261.0
2005	7429.0	15.0	503.1	3792.9	225.4	693.3	330.9
2006	9357.9	17.7	636.3	4683.9	260.2	913.0	416.9
2007	11674.3	20.5	784.9	5772.0	326.1	1128.6	509.6
2008	14598.4	23.0	948.0	6885.9	384.7	1404.2	643.0
2009	17152.1	24.7	1121.5	7644.9	431.6	1821.1	751.7
2010	20949.7	29.1	1372.8	9334.0	475.7	2251.6	889.8
2011	29262.4	34.7	1779.6	12997.5	594.7	3906.2	1090.7

1-18　续表 1　continued

单位：亿元　　(100 million yuan)

登记注册类型 Registration Status / 年份 Year	信息传输、计算机服务和软件业 Information Transfer, Computer and Software	批发和零售业 Wholesale and Retail Trade	住宿和餐饮业 Accommodation and Restaurants	金融业 Finance	房地产业 Real Estate	租赁和商务服务业 Tenancy and Business Services	科学研究、技术服务和地质勘查业 Scientific Research, Technical Service & Geologic Perambulation
全　国 National							
2003	356.0	696.3	190.9	734.4	202.7	305.2	454.4
2004	404.3	770.5	221.2	866.7	243.3	351.4	514.6
2005	491.8	832.0	249.8	1047.7	293.0	449.8	614.0
2006	587.4	920.0	280.0	1292.9	338.4	565.6	736.9
2007	699.1	1061.8	314.6	1670.3	426.2	668.9	923.9
2008	862.8	1323.9	371.2	2202.9	520.8	893.7	1154.6
2009	996.2	1509.2	418.9	2658.8	607.8	1021.4	1350.6
2010	1171.7	1783.0	484.6	3219.0	745.6	1198.5	1619.3
2011	1475.6	2594.8	655.2	4007.0	1052.5	1325.3	1879.6
国有单位 State-owned Units							
2003	179.0	338.0	76.6	447.4	82.2	157.7	368.5
2004	200.6	336.7	85.5	497.2	87.3	174.9	426.6
2005	193.8	338.2	90.2	542.1	92.2	213.0	488.3
2006	212.6	349.9	95.5	573.8	96.0	246.3	575.5
2007	223.9	376.0	96.6	697.9	112.0	281.2	713.0
2008	242.5	423.6	108.8	805.6	121.6	344.3	850.4
2009	273.2	451.6	117.4	822.5	132.6	380.2	980.1
2010	289.8	499.6	130.8	940.3	152.9	435.3	1151.7
2011	336.9	607.8	161.8	1077.7	205.1	498.8	1294.2
城镇集体单位 Urban Collective-owned units							
2003	2.3	87.0	13.8	93.9	8.8	32.5	6.2
2004	2.3	80.8	14.1	107.8	9.9	35.2	6.1
2005	3.4	74.6	13.8	118.6	11.0	45.3	6.8
2006	2.9	71.8	14.6	134.8	12.4	47.9	8.2
2007	2.6	74.0	14.8	157.7	14.0	54.6	8.4
2008	2.2	76.4	16.8	187.1	15.3	57.1	10.4
2009	3.5	78.3	17.4	197.1	19.5	69.3	14.1
2010	3.8	80.9	18.1	228.3	22.7	77.8	15.5
2011	5.3	93.1	23.4	263.5	25.2	77.7	17.7
其他单位 Other Ownership units							
2003	174.7	271.3	100.5	193.2	111.7	115.1	79.7
2004	201.4	353.1	121.6	261.7	146.0	141.2	82.0
2005	294.5	419.2	145.8	386.9	189.8	191.5	118.8
2006	372.0	498.3	170.0	584.3	230.0	271.3	153.2
2007	472.6	611.8	203.1	814.8	300.2	333.1	202.6
2008	618.2	823.9	245.7	1210.3	383.9	492.3	293.9
2009	719.5	979.3	284.0	1639.2	455.7	571.9	356.4
2010	878.1	1202.5	335.7	2050.4	570.0	685.4	452.1
2011	1133.4	1893.8	470.0	2665.8	822.3	748.8	567.7

1-18 续表 2 continued

单位：亿元 (100 million yuan)

登记注册类型 Registration Status 年 份 Year	水利、环境和公共设施管理业 Management of Water Conservancy, Environment & Public Establishment	居民服务和其他服务业 Resident Services and Other Services	教 育 Education	卫生、社会保障和社会福利业 Sanitation, Social Security and Social Welfare	文化体育和娱乐业 Culture, Sports and Entertainment	公共管理和社会组织 Public Management and Social Organization
全 国 National						
2003	202.6	66.4	2035.9	782.1	217.9	1787.6
2004	226.1	71.8	2346.2	902.3	251.5	2072.7
2005	257.3	85.1	2690.8	1047.8	275.8	2489.6
2006	289.8	102.5	3127.8	1226.1	314.9	2839.7
2007	352.2	115.8	3917.2	1496.6	378.1	3553.8
2008	413.8	132.1	4556.1	1789.3	429.3	4276.0
2009	474.3	146.8	5338.6	2095.3	488.5	4896.8
2010	555.9	168.4	6136.5	2506.4	543.7	5428.8
2011	659.8	197.9	6938.8	3078.6	642.1	6118.1
国有单位 State-owned Units						
2003	182.5	32.6	1970.1	717.2	202.5	1781.7
2004	202.3	37.4	2274.2	827.5	233.2	2064.1
2005	229.0	43.3	2604.2	962.0	253.6	2480.9
2006	254.4	57.4	3027.3	1121.2	288.9	2829.5
2007	308.0	62.5	3782.4	1371.4	345.6	3544.3
2008	360.7	75.8	4416.4	1637.6	386.9	4263.5
2009	411.9	81.7	5154.6	1910.9	432.3	4869.2
2010	481.2	92.6	5919.7	2277.1	478.5	5400.2
2011	566.0	113.8	6651.3	2803.9	550.1	6079.9
城镇集体单位 Urban Collective-owned units						
2003	10.6	13.1	53.0	59.4	3.0	5.2
2004	10.5	12.1	45.2	64.3	3.1	5.5
2005	10.4	11.3	50.8	71.3	3.4	4.6
2006	11.8	12.2	55.1	83.9	3.2	5.1
2007	13.4	12.8	71.6	98.6	4.0	5.0
2008	16.5	14.2	55.6	118.6	4.6	4.7
2009	17.8	15.2	48.0	136.2	5.0	7.1
2010	19.4	16.4	54.7	166.3	5.4	5.9
2011	22.5	14.9	68.2	192.9	6.1	8.4
其他单位 Other Ownership units						
2003	9.5	20.7	12.8	5.4	12.3	0.7
2004	13.3	22.4	26.8	10.4	15.3	3.1
2005	17.9	30.5	35.8	14.5	18.8	4.1
2006	23.6	33.0	45.4	21.0	22.7	5.1
2007	30.8	40.6	63.2	26.6	28.6	4.5
2008	36.6	42.1	84.1	33.1	37.9	7.8
2009	44.6	50.0	136.1	48.1	51.1	20.6
2010	55.3	59.5	162.1	63.0	59.9	22.7
2011	71.3	69.2	219.3	81.8	85.9	29.8

1-19 分行业城镇单位就业人员工资总额(2012-2016年)
TOTAL WAGES OF EMPLOYED PERSONS IN URBAN UNITS BY SECTOR (2012-2016)

单位: 亿元 (100 million yuan)

登记注册类型 Registration Status 年 份 Year	合 计 Total	农、林、牧、渔业 Agriculture, Forestry, Animal Husbandry and Fishery	采矿业 Mining	制造业 Manufacturing	电力、热力、燃气及水生产和供应业 Production and Supply of Electricity,Heat, Gas and Water	建筑业 Construction
全 国 National						
2012	70914.2	760.8	3600.7	17668.1	1999.6	7392.7
2013	93064.3	758.0	3833.2	24566.6	2715.3	12315.1
2014	102817.2	808.9	3728.2	27011.4	2965.8	13389.4
2015	112007.8	862.6	3318.2	28341.6	3137.4	13619.3
2016	120074.8	882.1	3038.1	29088.9	3235.7	13969.2
国有单位 State-owned Units						
2012	32950.0	713.5	1513.3	1765.0	1278.7	1422.7
2013	33359.6	709.9	550.2	1288.9	1361.9	1166.2
2014	36106.6	730.5	433.6	1313.8	1454.0	1133.0
2015	40387.9	776.4	332.0	1207.7	1442.2	951.5
2016	44462.9	797.4	285.8	1148.4	1479.2	946.3
城镇集体单位 Urban Collective-owned units						
2012	1990.4	10.8	73.6	339.3	20.3	550.6
2013	2195.8	6.6	60.6	342.2	18.9	610.8
2014	2302.7	7.9	55.5	342.1	19.7	648.0
2015	2239.4	8.4	45.4	316.9	20.6	605.8
2016	2268.6	8.2	39.8	298.9	20.2	601.6
其他单位 Other Ownership units						
2012	35973.8	36.5	2013.8	15563.7	700.7	5419.4
2013	57508.9	41.4	3222.4	22935.5	1334.5	10538.1
2014	64408.0	70.4	3239.0	25355.6	1492.1	11608.4
2015	69380.5	77.8	2940.8	26817.0	1674.6	12062.0
2016	73343.3	76.5	2712.5	27641.6	1736.4	12421.2

1-19 续表 1 continued

单位：亿元 (100 million yuan)

登记注册类型 Registration Status / 年 份 Year	批发和零售业 Wholesale and Retail Trades	交通运输、仓储和邮政业 Transport, Storage and Post	住宿和餐饮业 Hotels and Catering Services	信息传输、软件和信息技术服务业 Information Software and Information Technology	金融业 Financial Inter-mediation	房地产业 Real Estate	租赁和商务服务业 Leasing and Business Services
全 国 National							
2012	3271.3	3531.5	824.4	1769.4	4669.0	1271.3	1531.2
2013	4451.9	4834.6	1038.3	2957.7	5269.0	1882.3	2629.4
2014	4931.4	5435.4	1079.1	3375.8	6017.4	2220.5	2985.9
2015	5324.6	5898.0	1130.0	3912.7	6730.1	2493.0	3399.9
2016	5681.2	6238.7	1167.9	4431.8	7557.3	2802.1	3704.3
国有单位 State-owned Units							
2012	708.9	2258.7	192.5	372.4	1237.8	204.3	517.8
2013	622.7	2388.4	168.0	298.3	1288.8	168.3	580.9
2014	643.0	2585.2	169.7	239.0	1374.5	183.7	617.3
2015	631.1	2671.5	164.5	252.9	1453.6	184.9	662.7
2016	608.7	2769.9	166.3	258.7	1499.0	199.7	686.4
城镇集体单位 Urban Collective-owned units							
2012	94.4	50.4	25.8	4.8	305.6	30.0	98.2
2013	99.9	60.4	40.3	3.5	339.3	31.2	127.2
2014	101.7	60.9	23.7	3.5	359.9	36.1	132.5
2015	100.0	55.9	20.4	3.7	383.3	35.4	128.5
2016	93.7	56.3	20.6	3.2	401.4	37.7	131.6
其他单位 Other Ownership units							
2012	2467.9	1222.3	606.2	1392.2	3125.6	1037.0	915.2
2013	3729.3	2385.8	830.1	2655.9	3640.9	1682.8	1921.3
2014	4186.8	2789.2	885.8	3133.3	4283.0	2000.7	2236.0
2015	4593.5	3170.6	945.1	3656.1	4893.2	2272.8	2608.7
2016	4978.8	3412.5	981.0	4169.8	5656.9	2564.7	2886.2

1-19　续表 2　continued

单位：亿元　　(100 million yuan)

登记注册类型 Registration Status 年　份 Year	科学研究和技术服务业 Scientific Research, and Technical Services	水利、环境和公共设施管理业 Management of Water Conservancy, Environment and Public Facilities	居民服务、修理和其他服务业 Service to Households, Repair and Other Services	教　育 Education	卫生和社会工作 Health and Social Service	文化、体育和娱乐业 Culture, Sports and Enter-tainment	公共管理、社会保障和社会组织 Public Management, Social Security and social Organization
全　国							
National							
2012	2259.4	784.6	217.1	7851.0	3718.5	735.4	7058.3
2013	2940.3	933.7	277.2	8721.1	4397.8	867.8	7675.0
2014	3339.7	1049.9	312.9	9722.5	5057.8	936.8	8448.6
2015	3665.8	1177.7	336.1	11492.1	5941.3	1086.0	10141.4
2016	4037.3	1278.2	357.8	12787.1	6825.6	1204.4	11787.2
国有单位							
State-owned Units							
2012	1477.6	669.0	113.9	7486.8	3373.4	624.6	7019.0
2013	1546.2	728.4	96.4	8193.9	3924.3	651.4	7626.4
2014	1664.7	803.2	102.8	9093.1	4490.5	683.3	8391.6
2015	1717.5	894.5	108.9	10780.4	5309.9	767.4	10078.4
2016	1915.3	955.9	117.3	11992.4	6109.5	814.6	11712.0
城镇集体单位							
Urban Collective-owned units							
2012	24.9	25.7	16.6	77.3	224.3	8.2	9.5
2013	28.6	29.5	16.5	102.7	260.4	7.7	9.6
2014	30.9	34.9	21.3	112.6	293.1	8.1	10.4
2015	28.3	35.6	20.8	115.7	294.6	9.1	11.0
2016	30.7	38.8	17.9	120.6	322.9	10.4	14.1
其他单位							
Other Ownership units							
2012	756.8	89.9	86.6	286.8	120.7	102.6	29.9
2013	1365.5	175.7	164.3	424.6	213.1	208.7	39.0
2014	1644.1	211.8	188.7	516.8	274.2	245.4	46.6
2015	1920.0	247.6	206.4	596.0	336.8	309.4	52.1
2016	2091.2	283.5	222.6	674.1	393.2	379.5	61.1

1-20 分登记注册类型城镇单位就业人员平均工资及指数
AVERAGE WAGE AND INDEX OF EMPLOYED PERSONS BY REGISTRATION STATUS

年 份	平均工资(元) Average Wage (yuan)				指数（以上年为100） Index (preceding year=100)			
Year	合 计 Total	国有单位 State-owned Units	城镇集体单 位 Urban Collective-owned Units	其他单位 Other Ownership Units	合 计 Total	国有单位 State-owned Units	城镇集体单 位 Urban Collective-owned Units	其他单位 Other Ownership Units
1965	590	652	398		100.7	98.6	111.2	
1970	561	609	405		97.6	98.5	92.3	
1975	580	613	453		99.3	98.6	102.7	
1980	762	803	623		114.1	113.9	114.9	
1981	772	812	642		101.3	101.1	103.0	
1982	798	836	671		103.4	103.0	104.5	
1983	826	865	698		103.5	103.5	104.0	
1984	974	1034	811	1048	117.9	119.5	116.2	
1985	1148	1213	967	1436	117.9	117.3	119.2	137.0
1986	1329	1414	1092	1629	115.8	116.6	112.9	113.4
1987	1459	1546	1207	1879	109.8	109.3	110.5	115.3
1988	1747	1853	1426	2382	119.7	119.9	118.1	126.8
1989	1935	2055	1557	2707	110.8	110.9	109.2	113.6
1990	2140	2284	1681	2987	110.6	111.1	108.0	110.3
1991	2340	2477	1866	3468	109.3	108.5	111.0	116.1
1992	2711	2878	2109	3966	115.9	116.2	113.0	114.4
1993	3371	3532	2592	4966	124.3	122.7	122.9	125.2
1994	4538	4797	3245	6302	134.6	135.8	125.2	126.9
1995	5348	5553	3934	7728	118.9	117.3	121.1	119.9
1996	5980	6207	4312	8521	111.8	111.8	109.6	110.3
1997	6444	6679	4516	9092	107.8	107.6	104.7	106.7
1998	7446	7579	5314	9241	115.5	113.5	117.7	101.6
1999	8319	8443	5758	10142	111.7	111.4	108.4	109.8
2000	9333	9441	6241	11238	112.2	111.8	108.4	110.8
2001	10834	11045	6851	12437	116.1	117.0	109.8	110.7
2002	12373	12701	7636	13486	114.2	115.0	111.5	108.4
2003	13969	14358	8627	14843	112.9	113.0	113.0	110.1
2004	15920	16445	9723	16519	114.0	114.5	112.7	111.3
2005	18200	18978	11176	18362	114.3	115.4	114.9	111.2
2006	20856	21706	12866	21004	114.6	114.4	115.1	114.4
2007	24721	26100	15444	24271	118.5	120.2	120.0	115.6
2008	28898	30287	18103	28552	116.9	116.0	117.2	117.6
2009	32244	34130	20607	31350	111.6	112.7	113.8	109.8
2010	36539	38359	24010	35801	113.3	112.4	116.5	114.2
2011	41799	43483	28791	41323	114.4	113.4	119.9	115.4
2012	46769	48357	33784	46360	111.9	111.2	117.3	112.2
2013	51483	52657	38905	51453	110.1	108.9	115.2	111.0
2014	56360	57296	42742	56485	109.5	108.8	109.9	109.8
2015	62029	65296	46607	60906	110.1	114.0	109.0	107.8
2016	67569	72538	50527	65531	108.9	111.1	108.4	107.6

1-21　分行业城镇单位就业人员平均工资（1995-2002年）
AVERAGE WAGE OF EMPLOYED PERSONS IN URBAN UNITS BY SECTOR (1995-2002)

单位：元 (yuan)

登记注册类型 Registration Status / 年　份 Year	合　计 Total	农、林、牧、渔业 Farming, Forestry, Animal Husbandry and Fishery	采掘业 Mining and Quarrying	制造业 Manufacturing	电力、煤气及水的生产和供应业 Production and Supply of Electricity, Gas and Water	建筑业 Construction	地质勘查业、水利管理业 Geological Prospecting and Water Conservancy	交通运输、仓储及邮电通信业 Transport, Storage, Post and Telecommunications
全　国 National								
1995	5348	3516	5743	5199	7829	5755	5953	6910
1996	5980	4045	6477	5673	8803	6242	6571	7833
1997	6444	4306	6825	5979	9641	6652	7147	8527
1998	7446	4532	7228	7118	10457	7434	7916	9714
1999	8319	4808	7507	7874	11487	7945	8793	10825
2000	9333	5142	8317	8836	12801	8668	9590	12170
2001	10834	5676	9541	9891	14471	9415	10904	13987
2002	12373	6314	10992	11152	16296	10212	12226	15818
国有单位 State-owned Units								
1995	5553	3520	5933	5347	7720	6453	5977	7511
1996	6207	4031	6709	5792	8686	6961	6601	8482
1997	6679	4297	7086	6006	9527	7363	7166	9189
1998	7579	4525	7485	6950	10298	8129	7934	10180
1999	8443	4787	7718	7578	11210	8686	8815	11141
2000	9441	5087	8258	8513	12419	9431	9617	12418
2001	11045	5633	9426	9550	14001	10189	10952	14099
2002	12701	6234	10580	10825	15636	11139	12219	15758
城镇集体单位 Urban Collective-owned units								
1995	3934	2926	3675	3730	7438	4673	4283	3593
1996	4312	3805	3956	4018	8315	5103	4780	3977
1997	4516	3939	4160	4134	9045	5476	6343	4067
1998	5314	4359	4577	5004	9434	5940	6966	5130
1999	5758	4863	4556	5326	9795	6279	7555	5682
2000	6241	5529	4867	5726	10680	6822	7464	5807
2001	6851	5626	5515	6101	12233	7225	7622	6311
2002	7636	6434	6036	6757	12912	7698	9579	6895
其他单位 Other Ownership units								
1995	7728	7264	5221	7483	10740	6862	5503	10825
1996	8521	7514	5238	8175	12036	7044	5870	12240
1997	9092	7192	5385	8640	12204	7617	5961	14095
1998	9241	5817	6745	8797	12179	8988	7070	12077
1999	10142	6877	7646	9592	13843	9508	8953	14366
2000	11238	8600	9827	10450	15513	10330	13483	16399
2001	12437	8649	11087	11361	17192	11120	11583	18826
2002	13486	9392	12846	12338	19212	11291	18115	20900

1-21 续表 continued

单位：元 (yuan)

登记注册类型 Registration Status 年 份 Year	批发和零售贸易、餐饮业 Wholesale and Retail Trade & Catering Services	金融、保险业 Finance and Insurance	房地产业 Real Estate Trade	社 会 服务业 Social Services	卫生、体育和社会福利业 Health Care, Sporting and Social Welfare	教育、文化艺术和广播电影电视业 Education, Culture and Arts, Radio, Film and Television	科学研究和综合技术服务业 Scientific Research and Polytechnical Services	国家机关政党机关和社会团体 Government Agencies, Party Agencies and Social Organizations	其 他 Others
全 国 National									
1995	4260	7357	7351	6037	5831	4999	6818	5484	6250
1996	4674	8402	8405	6839	6758	5699	7981	6286	7143
1997	4872	9665	9269	7642	7566	6332	8953	6939	6862
1998	5884	10595	10402	8523	8445	7101	10112	7721	8497
1999	6436	11901	11579	9393	9625	8188	11501	8920	10153
2000	7188	13178	12551	10386	10832	9224	13374	9978	11205
2001	8207	15628	14074	11996	12821	11210	16220	12061	12862
2002	9439	18023	15384	13582	14652	13073	18792	13844	14212
国有单位 State-owned Units									
1995	4567	7558	6861	5932	5980	5026	6807	5486	6827
1996	4941	8638	7861	6676	6932	5714	7941	6296	7563
1997	5141	9904	8554	7406	7757	6402	8921	6943	6854
1998	6132	10801	9368	8142	8651	7182	10061	7725	8178
1999	6647	11865	10374	8975	9856	8278	11440	8925	9635
2000	7364	13215	11462	9709	11156	9341	13059	9983	10049
2001	8162	15678	12897	11130	13243	11339	16048	12071	11293
2002	9371	18313	14144	12067	15121	13237	18792	13858	13258
城镇集体单位 Urban Collective-owned units									
1995	3461	6432	6643	4659	4869	3722	5871	5213	4848
1996	3838	6858	6740	4979	5602	4609	6738	5009	5667
1997	3901	7570	7654	5676	6264	4226	6805	6166	5761
1998	4530	8074	9056	6195	6846	4556	7000	6952	7049
1999	4820	8941	10391	6640	7775	5310	7921	7922	8124
2000	5110	9571	10270	7221	8347	5642	9198	8811	9007
2001	5450	10707	10516	7902	9474	7192	9522	9304	9638
2002	6017	12283	11315	8849	10680	8042	10228	10199	9642
其他单位 Other Ownership Units									
1995	7403	13035	10996	10189	9518	9149	10080		11629
1996	7976	16495	12426	11708	12182	9592	13372		14185
1997	8264	18194	13726	12747	13914	10386	14659		18939
1998	8492	16419	14142	13012	16691	12367	14773		22038
1999	9137	19375	15021	13777	18281	13477	16240		22977
2000	10235	20904	15402	15086	18158	12413	18916		28972
2001	11634	23300	16791	16839	18482	16449	19523		32267
2002	12349	23772	17613	18947	16114	17854	20879		31279

1-22　分行业城镇单位就业人员平均工资（2003-2011年）
AVERAGE WAGE OF EMPLOYED PERSONS IN URBAN UNITS BY SECTOR (2003-2011)

单位：元　(yuan)

登记注册类型 Registration Status / 年　份 Year	合　计 Total	农、林、牧、渔业 Agriculture, Forestry, Farming of Animals and Fishery	采矿业 Mining	制造业 Manufacturing	电力、燃气及水的生产和供应业 Production & Distribution of Electricity, Gas & Water	建筑业 Construction	交通运输、仓储和邮政业 Traffic, Transport, Storage and post
全　国 National							
2003	13969	6884	13627	12671	18574	11328	15753
2004	15920	7497	16774	14251	21543	12578	18071
2005	18200	8207	20449	15934	24750	14112	20911
2006	20856	9269	24125	18225	28424	16164	24111
2007	24721	10847	28185	21144	33470	18482	27903
2008	28898	12560	34233	24404	38515	21223	32041
2009	32244	14356	38038	26810	41869	24161	35315
2010	36539	16717	44196	30916	47309	27529	40466
2011	41799	19469	52230	36665	52723	32103	47078
国有单位 State-owned Units							
2003	14358	6819	13819	12520	18030	12495	15973
2004	16445	7417	17198	14374	20933	14076	17938
2005	18978	8122	20843	16831	24105	16032	20716
2006	21706	9145	24827	20117	28145	18166	23723
2007	26100	10706	29177	23671	33355	20963	27606
2008	30287	12384	35564	27471	38567	23394	31259
2009	34130	14160	38626	31142	42160	27750	34976
2010	38359	16522	44904	36386	47724	31777	40097
2011	43483	19253	53387	43031	53333	36071	47318
城镇集体单位 Urban Collective-owned units							
2003	8627	6127	7194	7594	14774	8311	8100
2004	9723	7027	8628	8581	16898	9111	8777
2005	11176	8042	11067	9671	18323	10071	9920
2006	12866	9789	13626	10978	19880	11428	11062
2007	15444	11490	17131	12985	23237	13611	13102
2008	18103	13546	19813	15455	27603	15641	15062
2009	20607	15392	20075	17620	29369	17565	17538
2010	24010	18156	23791	20841	33851	20210	19882
2011	28791	21887	30114	25031	36122	25027	24927
其他单位 Other Ownership units							
2003	14843	10077	14285	13596	20805	12227	17573
2004	16519	10332	17308	14944	23757	13271	21165
2005	18362	10952	21044	16294	26822	14593	23968
2006	21004	12677	24513	18394	29663	16780	27578
2007	24271	14686	28291	21210	34314	18825	30892
2008	28552	17400	34246	24401	38968	21767	36041
2009	31350	19456	38640	26617	41931	24325	37883
2010	35801	21359	44907	30609	47164	27522	43176
2011	41323	23851	52703	36360	52377	32097	48362

1-22 续表 1 continued

单位：元 (yuan)

登记注册类型 Registration Status 年 份 Year	信息传输、计算机服务和软件业 Information Transfer, Computer and Software	批发和零售业 Wholesale and Retail Trade	住宿和餐饮业 Accommo-dation and Restaurants	金融业 Finance	房地产业 Real Estate	租赁和商务服务业 Tenancy and Business Services	科学研究、技术服务和地质勘查业 Scientific Research, Technical Service & Geologic Perambulation
全 国 National							
2003	30897	10894	11198	20780	17085	17020	20442
2004	33449	13012	12618	24299	18467	18723	23351
2005	38799	15256	13876	29229	20253	21233	27155
2006	43435	17796	15236	35495	22238	24510	31644
2007	47700	21074	17046	44011	26085	27807	38432
2008	54906	25818	19321	53897	30118	32915	45512
2009	58154	29139	20860	60398	32242	35494	50143
2010	64436	33635	23382	70146	35870	39566	56376
2011	70918	40654	27486	81109	42837	46976	64252
国有单位 State-owned Units							
2003	24969	10937	10482	21267	15749	15042	19775
2004	27389	12724	12137	25063	17215	16470	22711
2005	29935	15492	13428	30396	19449	19076	25989
2006	32747	18444	14851	34727	21324	20804	30023
2007	36277	21450	16432	43465	25073	23800	36456
2008	38947	25983	19091	52309	27683	27418	42643
2009	42379	30908	21177	56719	30800	30431	47277
2010	46402	35814	23864	66014	33967	33680	53235
2011	50401	41337	28756	74650	43814	39447	60316
城镇集体单位 Urban Collective-owned units							
2003	12486	6610	8356	14023	12002	10896	12962
2004	17633	7312	9311	16209	12793	11639	13441
2005	24524	8261	10145	18560	13259	13230	18053
2006	24058	9256	11453	21694	15625	14204	23058
2007	24875	10686	12897	25881	18557	16329	24823
2008	27892	12906	15149	31358	20856	17547	29988
2009	30904	14777	16569	37453	22516	19276	33025
2010	37576	16816	18808	44154	24617	20981	37538
2011	40344	19982	23327	52984	29661	24499	47764
其他单位 Other Ownership units							
2003	41911	13665	12425	25374	18898	25742	25591
2004	43474	16265	13553	28513	19933	27581	29233
2005	48602	17709	14692	33307	21331	29040	34523
2006	53807	19959	15922	42687	23181	34514	40707
2007	56392	23594	17780	51553	27004	37443	48861
2008	65686	28358	19800	62044	31556	43406	57827
2009	68067	30717	21064	67574	33311	45078	61697
2010	74178	35109	23505	77445	37102	50179	67716
2011	81005	42596	27313	88882	43183	60406	76446

1-22　续表 2　continued

单位：元　(yuan)

登记注册类型 Registration Status 年　份 Year	水利、环境和公共设施管理业 Management of Water Conservancy, Environment and Public Establishment	居民服务和其他服务业 Resident Services and Other Services	教　育 Education	卫生、社会保障和社会福利业 Sanitation, Social Security and Social Welfare	文化体育和娱乐业 Culture, Sports and Entertainment	公共管理和社会组织 Public Management and Social Organization
全　国 National						
2003	11774	12665	14189	16185	17098	15355
2004	12884	13680	16085	18386	20522	17372
2005	14322	15747	18259	20808	22670	20234
2006	15630	18030	20918	23590	25847	22546
2007	18383	20370	25908	27892	30430	27731
2008	21103	22858	29831	32185	34158	32296
2009	23159	25172	34543	35662	37755	35326
2010	25544	28206	38968	40232	41428	38242
2011	28868	33169	43194	46206	47878	42062
国有单位 State-owned Units						
2003	11782	14419	14371	16741	17340	15382
2004	12850	16366	16217	19061	20955	17406
2005	14254	17323	18388	21500	23110	20270
2006	15517	20548	21027	24298	26374	22608
2007	18293	21744	25997	28719	31210	27790
2008	21000	26443	29925	33075	34993	32350
2009	23161	28874	34678	36575	38749	35491
2010	25478	32417	39166	41112	42367	38387
2011	28812	36923	43436	47185	48690	42230
城镇集体单位 Urban Collective-owned units						
2003	10030	8683	9330	11610	9424	10293
2004	10433	8910	10559	12869	10953	11454
2005	11051	10690	12670	14826	13635	12906
2006	11948	12170	15338	17325	14169	14129
2007	13312	14476	21010	20442	17414	17002
2008	15413	16412	22645	24028	19686	18941
2009	16891	18509	27515	27618	22177	26039
2010	18551	20818	31486	32645	24796	26957
2011	20987	24834	36355	37853	30051	35277
其他单位 Other Ownership units						
2003	14392	14038	17986	15110	16565	8763
2004	16645	13893	19964	15789	18002	12617
2005	18681	16502	20664	18084	19926	14036
2006	20388	17410	23099	21225	22712	11765
2007	23390	21014	27494	24600	25384	13994
2008	26869	20566	31211	28831	29567	21586
2009	27154	22877	32663	30579	32898	17849
2010	30217	25536	35282	34672	37107	21392
2011	33331	30287	38912	38803	44958	23891

1-23 分行业城镇单位就业人员平均工资(2012-2016年)
AVERAGE WAGE OF EMPLOYED PERSONS IN URBAN UNITS BY SECTOR (2012-2016)

单位：元 (yuan)

登记注册类型 Registration Status 年 份 Year	合 计 Total	农、林、牧、渔业 Agriculture, Forestry, Animal Husbandry and Fishery	采矿业 Mining	制造业 Manufacturing	电力、热力、燃气及水生产和供应业 Production and Supply of Electricity,Heat, Gas and Water	建筑业 Construction
全 国 National						
2012	46769	22687	56946	41650	58202	36483
2013	51483	25820	60138	46431	67085	42072
2014	56360	28356	61677	51369	73339	45804
2015	62029	31947	59404	55324	78886	48886
2016	67569	33612	60544	59470	83863	52082
国有单位 State-owned Units						
2012	48357	22484	58534	47367	58589	40116
2013	52657	25444	56317	54094	68146	43849
2014	57296	27782	59765	61600	74914	46409
2015	65296	31374	59673	64931	80066	49544
2016	72538	33069	61638	71130	83931	52551
城镇集体单位 Urban Collective-owned units						
2012	33784	22592	35953	29538	39587	29607
2013	38905	26754	39007	34689	45082	33893
2014	42742	30809	41092	38350	49023	36932
2015	46607	39049	42900	42026	54395	39276
2016	50527	41121	42768	44753	57804	41141
其他单位 Other Ownership units						
2012	46360	27612	57001	41453	58293	36476
2013	51453	34310	61475	46297	66489	42476
2014	56485	35689	62481	51163	72330	46367
2015	60906	38153	59729	55162	78327	49442
2016	65531	39606	60802	59278	84245	52725

1-23 续表 1 continued

单位：元 (yuan)

登记注册类型 Registration Status 年 份 Year	批发和零售业 Wholesale and Retail Trades	交通运输、仓储和邮政业 Transport, Storage and Post	住宿和餐饮业 Hotels and Catering Services	信息传输、软件和信息技术服务业 Information Software and Information Technology	金融业 Financial Inter-mediation	房地产业 Real Estate	租赁和商务服务业 Leasing and Business Services
全 国							
National							
2012	46340	53391	31267	80510	89743	46764	53162
2013	50308	57993	34044	90915	99653	51048	62538
2014	55838	63416	37264	100845	108273	55568	67131
2015	60328	68822	40806	112042	114777	60244	72489
2016	65061	73650	43382	122478	117418	65497	76782
国有单位							
State-owned Units							
2012	47377	54342	33376	57056	82040	43464	44875
2013	55980	59516	36298	60182	87732	45435	46542
2014	64186	65417	40103	63629	94943	50597	49286
2015	69300	70908	43621	69858	100672	55922	55016
2016	74088	75878	46953	77402	102117	62560	58828
城镇集体单位							
Urban Collective-owned units							
2012	23096	28474	27535	38770	61756	34365	29583
2013	26200	31772	39491	40268	70249	37155	33296
2014	29069	35018	34925	42253	77236	40429	36833
2015	31804	37461	37197	50901	82944	44062	40731
2016	33629	40771	41873	53981	89811	47305	45810
其他单位							
Other Ownership units							
2012	47882	53592	30827	90839	97706	47983	65637
2013	50700	57720	33400	96618	109161	52052	74632
2014	55971	62749	36830	105724	117537	56459	78859
2015	60433	68138	40436	117076	123640	60976	82287
2016	65237	72883	42862	127198	125115	66112	85638

1-23 续表 2 continued

单位：元 (yuan)

登记注册类型 Registration Status 年 份 Year	科学研究和技术服务业 Scientific Research, and Technical Services	水利、环境和公共设施管理业 Management of Water Conservancy, Environment and Public Facilities	居民服务、修理和其他服务业 Service to Households, Repair and Other Services	教 育 Education	卫生和社会工作 Health and Social Service	文化、体育和娱乐业 Culture, Sports and Entertainment	公共管理、社会保障和社会组织 Public Management, Social Security and social Organization
全 国 National							
2012	69254	32343	35135	47734	52564	53558	46074
2013	76602	36123	38429	51950	57979	59336	49259
2014	82259	39198	41882	56580	63267	64375	53110
2015	89410	43528	44802	66592	71624	72764	62323
2016	96638	47750	47577	74498	80026	79875	70959
国有单位 State-owned Units							
2012	64206	32152	37642	47995	53653	54398	46207
2013	69501	35155	41416	52283	59200	59437	49371
2014	73844	38008	45242	56974	64631	64245	53230
2015	80409	42705	49144	67442	73490	73447	62452
2016	89093	47154	54178	75710	82522	79538	71122
城镇集体单位 Urban Collective-owned units							
2012	46890	24432	27415	41061	43265	33433	41285
2013	52204	27855	31005	47610	48990	37715	45859
2014	56711	31291	37642	51166	54122	41647	48465
2015	58849	33262	41566	55810	57917	49577	55179
2016	66959	36706	43106	64833	63920	56222	60861
其他单位 Other Ownership units							
2012	83362	37466	33992	43473	45020	51217	28113
2013	87590	43213	37738	47194	50173	60288	34486
2014	93884	46682	40752	51494	54309	65926	38391
2015	100210	49130	43131	55937	60027	72093	45462
2016	105510	52119	45060	59216	63362	81552	50677

1-24　分行业城镇单位就业人员平均货币工资指数（1995-2002年）
INDICES OF MONEY AVERAGE EARNING OF EMPLOYED PERSONS IN URBAN UNITS BY SECTOR (1995-2002)

上年=100　　(preceding year=100)

登记注册类型 Registration Status 年　份 Year	合　计 Total	农、林、牧、渔业 Farming, Forestry, Animal Husbandry and Fishery	采掘业 Mining and Quarrying	制造业 Manufacturing	电力、煤气及水的生产和供应业 Production and Supply of Electricity, Gas and Water	建筑业 Construction	地质勘查业、水利管理业 Geological Prospecting and Water Conservancy	交通运输、仓储及邮电通信业 Transport, Storage, Post and Telecommunications
全　国 National								
1995	118.9	124.5	123.2	121.2	127.3	118.1	109.5	121.9
1996	111.8	115.0	112.8	109.1	112.4	108.5	110.4	113.4
1997	107.8	106.5	105.4	105.4	109.5	106.6	108.8	108.9
1998	115.5	105.2	105.9	119.1	108.5	111.8	110.8	113.9
1999	111.7	106.1	103.9	110.6	109.8	106.9	111.1	111.4
2000	112.2	106.9	110.8	112.2	111.4	109.1	109.1	112.4
2001	116.1	110.4	114.7	111.9	113.0	108.6	113.7	114.9
2002	114.2	111.2	115.2	112.7	112.6	108.5	112.1	113.1
国有单位 State-owned Units								
1995	117.3	124.6	122.4	118.8	126.3	118.3	109.4	121.6
1996	111.8	114.5	113.1	108.3	112.5	107.9	110.4	112.9
1997	107.6	106.6	105.6	103.7	109.7	105.8	108.6	108.3
1998	113.5	105.3	105.6	115.7	108.1	110.4	110.7	110.8
1999	111.4	105.8	103.1	109.0	108.9	106.9	111.1	109.4
2000	111.8	106.3	107.0	112.3	110.8	108.6	109.1	111.5
2001	117.0	110.7	114.1	112.2	112.7	108.0	113.9	113.5
2002	115.0	110.7	112.2	113.4	111.7	109.3	111.6	111.8
城镇集体单位 Urban Collective-owned units								
1995	121.1	116.2	131.5	121.1	129.9	118.7	115.9	115.5
1996	109.6	130.0	107.6	107.7	111.8	109.2	111.6	110.7
1997	104.7	103.5	105.2	102.9	108.8	107.3	132.7	102.3
1998	117.7	110.7	110.0	121.0	104.3	108.5	109.8	126.1
1999	108.4	111.6	99.5	106.4	103.8	105.7	108.5	110.8
2000	108.4	113.7	106.8	107.5	109.0	108.6	98.8	102.2
2001	109.8	101.8	113.3	106.5	114.5	105.9	102.1	108.7
2002	111.5	114.4	109.4	110.8	105.6	106.5	125.7	109.3
其他单位 Other Ownership units								
1995	119.9	129.2	123.1	120.8	131.6	116.0	126.2	120.3
1996	110.3	103.4	100.3	109.2	112.1	102.7	106.7	113.1
1997	106.7	95.7	102.8	105.7	101.4	108.1	101.6	115.2
1998	101.6	80.9	125.3	101.8	99.8	118.0	118.6	85.7
1999	109.8	118.2	113.4	109.0	113.7	105.8	126.6	119.0
2000	110.8	125.1	128.5	108.9	112.1	108.6	150.6	114.2
2001	110.7	100.6	112.8	108.7	110.8	107.6	85.9	114.8
2002	108.4	108.6	115.9	108.6	111.7	101.5	156.4	111.0

1-24 续表 continued

上年=100 (preceding year=100)

登记注册类型 Registration Status 年 份 Year	批发和零售贸易、餐饮业 Wholesale and Retail Trade & Catering Services	金融、保险业 Finance and Insurance	房地产业 Real Estate Trade	社 会 服务业 Social Services	卫生、体育和社会福利业 Health Care, Sporting and Social Welfare	教育、文化艺术和广播电影电视业 Education, Culture and Arts, Radio, Film and Television	科学研究和综合技术服务业 Scientific Research and Polytech-nical Services	国家机关政党机关和社会团体 Government Agencies, Party Age-ncies and Social Or-ganizations	其 他 Others
全 国 National									
1995	120.3	109.9	117.1	119.3	114.4	111.2	111.3	111.5	120.5
1996	109.7	114.2	114.3	113.3	115.9	114.0	117.1	114.6	114.3
1997	104.2	115.0	110.3	111.7	112.0	111.1	112.2	110.4	96.1
1998	120.8	109.6	112.2	111.5	111.6	112.1	112.9	111.3	123.8
1999	109.4	112.3	111.3	110.2	114.0	115.3	113.7	115.5	119.5
2000	111.7	110.7	108.4	110.6	112.5	112.7	116.3	111.9	110.4
2001	114.2	118.6	112.1	115.5	118.4	121.5	121.3	120.9	114.8
2002	115.0	115.3	109.3	113.2	114.3	116.6	115.9	114.8	110.5
国有单位 State-owned Units									
1995	118.5	108.3	115.0	116.7	114.1	111.4	110.1	111.4	119.3
1996	108.2	114.3	114.6	112.5	115.9	113.7	116.7	114.8	110.8
1997	104.0	114.7	108.8	110.9	111.9	112.0	112.3	110.3	90.6
1998	119.3	109.1	109.5	109.9	111.5	112.2	112.8	111.3	119.3
1999	108.4	109.9	110.7	110.2	113.9	115.3	113.7	115.5	117.8
2000	110.8	111.4	110.5	108.2	113.2	112.8	114.2	111.9	104.3
2001	110.8	118.6	112.5	114.6	118.7	121.4	122.9	120.9	112.4
2002	114.8	116.8	109.7	108.4	114.2	116.7	117.1	114.8	117.4
城镇集体单位 Urban Collective-owned units									
1995	122.2	114.0	126.8	125.7	115.6	109.1	125.5	120.8	120.1
1996	110.9	106.6	101.5	106.9	115.1	123.8	114.8	96.1	116.9
1997	101.6	110.4	113.6	114.0	111.8	91.7	101.0	123.1	101.7
1998	116.1	106.7	118.3	109.1	109.3	107.8	102.9	112.7	122.4
1999	106.4	110.7	114.7	107.2	113.6	116.5	113.2	114.0	115.3
2000	106.0	107.0	98.8	108.8	107.4	106.3	116.1	111.2	110.9
2001	106.7	111.9	102.4	109.4	113.5	127.5	103.5	105.6	107.0
2002	110.4	114.7	107.6	112.0	112.7	111.8	107.4	109.6	100.0
其他单位 Other Ownership Units									
1995	112.2	120.7	113.3	115.7	130.8	111.0	125.3		117.6
1996	107.7	126.5	113.0	114.9	128.0	104.8	132.7		122.0
1997	103.6	110.3	110.5	108.9	114.2	108.3	109.6		133.5
1998	102.8	90.2	103.0	102.1	120.0	119.1	100.8		116.4
1999	107.6	118.0	106.2	105.9	109.5	109.0	109.9		104.3
2000	112.0	107.9	102.5	109.5	99.3	92.1	116.5		126.1
2001	113.7	111.5	109.0	111.6	101.8	132.5	103.2		111.4
2002	106.1	102.0	104.9	112.5	87.2	108.5	106.9		96.9

1-25　分行业城镇单位就业人员平均货币工资指数（2004-2011年）
INDICES OF MONEY AVERAGE EARNING OF EMPLOYED PERSONS IN URBAN UNITS BY SECTOR (2004-2011)

上年=100　　(preceding year=100)

登记注册类型 Registration Status / 年份 Year	合计 Total	农、林、牧、渔业 Agriculture, Forestry, Farming of Animals and Fishery	采矿业 Mining	制造业 Manufacturing	电力、燃气及水的生产和供应业 Production & Distribution of Electricity, Gas & Water	建筑业 Construction	交通运输、仓储和邮政业 Traffic, Transport, Storage and post
全　国 National							
2004	114.0	108.9	123.1	112.5	116.0	111.0	114.7
2005	114.3	109.5	121.9	111.8	114.9	112.2	115.7
2006	114.6	112.9	118.0	114.4	114.8	114.5	115.3
2007	118.5	117.0	116.8	116.0	117.8	114.3	115.7
2008	116.9	115.8	121.5	115.4	115.1	114.8	114.8
2009	111.6	114.3	111.1	109.9	108.7	113.8	110.2
2010	113.3	116.4	116.2	115.3	113.0	113.9	114.6
2011	114.4	116.5	118.2	118.6	111.4	116.6	116.3
国有单位 State-owned Units							
2004	114.5	108.8	124.5	114.8	116.1	112.7	112.3
2005	115.4	109.5	121.2	117.1	115.2	113.9	115.5
2006	114.4	112.6	119.1	119.5	116.8	113.3	114.5
2007	120.2	117.1	117.5	117.7	118.5	115.4	116.4
2008	116.0	115.7	121.9	116.1	115.6	111.6	113.2
2009	112.7	114.3	108.6	113.4	109.3	118.6	111.9
2010	112.4	116.7	116.3	116.8	113.2	114.5	114.6
2011	113.4	116.5	118.9	118.3	111.8	113.5	118.0
城镇集体单位 Urban Collective-owned units							
2004	112.7	114.7	119.9	113.0	114.4	109.6	108.4
2005	114.9	114.4	128.3	112.7	108.4	110.5	113.0
2006	115.1	121.7	123.1	113.5	108.5	113.5	111.5
2007	120.0	117.4	125.7	118.3	116.9	119.1	118.4
2008	117.2	117.9	115.7	119.0	118.8	114.9	115.0
2009	113.8	113.8	113.8	113.8	113.8	113.8	113.8
2010	116.5	118.0	118.5	118.3	115.3	115.1	113.4
2011	119.9	120.5	126.6	120.1	106.7	123.8	125.4
其他单位 Other Ownership units							
2004	111.3	102.5	121.2	109.9	114.2	108.5	120.4
2005	111.2	106.0	121.6	109.0	112.9	110.0	113.2
2006	114.4	115.8	116.5	112.9	110.6	115.0	115.1
2007	115.6	115.8	115.4	115.3	115.7	112.2	112.0
2008	117.6	118.5	121.0	115.0	113.6	115.6	116.7
2009	109.8	111.8	112.8	109.1	107.6	111.8	105.1
2010	114.2	109.8	116.2	115.0	112.5	113.1	114.0
2011	115.4	115.4	115.4	115.4	115.4	115.4	115.4

1-25 续表 1 continued

上年=100 (preceding year=100)

登记注册类型 Registration Status 年份 Year	信息传输、计算机服务和软件业 Information Transfer, Computer and Software	批发和零售业 Wholesale and Retail Trade	住宿和餐饮业 Accommodation and Restaurants	金融业 Finance	房地产业 Real Estate	租赁和商务服务业 Tenancy and Business Services	科学研究、技术服务和地质勘查业 Scientific Research, Technical Service & Geologic Perambulation
全 国 National							
2004	108.3	119.4	112.7	116.9	108.1	110.0	114.2
2005	116.0	117.2	110.0	120.3	109.7	113.4	116.3
2006	111.9	116.6	109.8	121.4	109.8	115.4	116.5
2007	109.8	118.4	111.9	124.0	117.3	113.5	121.5
2008	115.1	122.5	113.3	122.5	115.5	118.4	118.4
2009	105.9	112.9	108.0	112.1	107.1	107.8	110.2
2010	110.8	115.4	112.1	116.1	111.3	111.5	112.4
2011	110.1	120.9	117.6	115.6	119.4	118.7	114.0
国有单位 State-owned Units							
2004	109.7	116.3	115.8	117.8	109.3	109.5	114.8
2005	109.3	121.8	110.6	121.3	113.0	115.8	114.4
2006	109.4	119.1	110.6	114.2	109.6	109.1	115.5
2007	110.8	116.3	110.6	125.2	117.6	114.4	121.4
2008	107.4	121.1	116.2	120.3	110.4	115.2	117.0
2009	108.8	119.0	110.9	108.4	111.3	111.0	110.9
2010	109.5	115.9	112.7	116.4	110.3	110.7	112.6
2011	108.6	115.4	120.5	113.1	129.0	117.1	113.3
城镇集体单位 Urban Collective-owned units							
2004	141.2	110.6	111.4	115.6	106.6	106.8	103.7
2005	139.1	113.0	109.0	114.5	103.6	113.7	134.3
2006	98.1	112.0	112.9	116.9	117.8	107.4	127.7
2007	103.4	115.4	112.6	119.3	118.8	115.0	107.7
2008	112.1	120.8	117.5	121.2	112.4	107.5	120.8
2009	110.8	114.5	109.4	119.4	108.0	109.9	110.1
2010	121.6	113.8	113.5	117.9	109.3	108.8	113.7
2011	107.4	118.8	124.0	120.0	120.5	116.8	127.2
其他单位 Other Ownership units							
2004	103.7	119.0	109.1	112.4	105.5	107.1	114.2
2005	111.8	108.9	108.4	116.8	107.0	105.3	118.1
2006	110.7	112.7	108.4	128.2	108.7	118.8	117.9
2007	104.8	118.2	111.7	120.8	116.5	108.5	120.0
2008	116.5	120.2	111.4	120.3	116.9	115.9	118.4
2009	103.6	108.3	106.4	108.9	105.6	103.9	106.7
2010	109.0	114.3	111.6	114.6	111.4	111.3	109.8
2011	109.2	121.3	116.2	114.8	116.4	120.4	112.9

1-25 续表 2 continued

上年=100 (preceding year=100)

登记注册类型 Registration Status 年份 Year	水利、环境和公共设施管理业 Management of Water Conservancy, Environment and Public Establishment	居民服务和其他服务业 Resident Services and Other Services	教育 Education	卫生、社会保障和社会福利业 Sanitation, Social Security and Social Welfare	文化体育和娱乐业 Culture, Sports and Entertainment	公共管理和社会组织 Public Management and Social Organization
全国 National						
2004	109.4	108.0	113.4	113.6	120.0	113.1
2005	111.2	115.1	113.5	113.2	110.5	116.5
2006	109.1	114.5	114.6	113.4	114.0	111.4
2007	117.6	113.0	123.9	118.2	117.7	123.0
2008	114.8	112.2	115.1	115.4	112.3	116.5
2009	109.7	110.1	115.8	110.8	110.5	109.4
2010	110.3	112.1	112.8	112.8	109.7	108.3
2011	113.0	117.6	110.8	114.8	115.6	110.0
国有单位 State-owned Units						
2004	109.1	113.5	112.8	113.9	120.8	113.2
2005	110.9	105.8	113.4	112.8	110.3	116.5
2006	108.9	118.6	114.4	113.0	114.1	111.5
2007	117.9	105.8	123.6	118.2	118.3	122.9
2008	114.8	121.6	115.1	115.2	112.1	116.4
2009	110.3	109.2	115.9	110.6	110.7	109.7
2010	110.0	112.3	112.9	112.4	109.3	108.2
2011	113.1	113.9	110.9	114.8	114.9	110.0
城镇集体单位 Urban Collective-owned units						
2004	104.0	102.6	113.2	110.8	116.2	111.3
2005	105.9	120.0	120.0	115.2	124.5	112.7
2006	108.1	113.8	121.1	116.9	103.9	109.5
2007	111.4	118.9	137.0	118.0	122.9	120.3
2008	115.8	113.4	107.8	117.5	113.0	111.4
2009	109.6	112.8	121.5	114.9	112.7	137.5
2010	109.8	112.5	114.4	118.2	111.8	103.5
2011	113.1	119.3	115.5	116.0	121.2	130.9
其他单位 Other Ownership units						
2004	115.7	99.0	111.0	104.5	108.7	144.0
2005	112.2	118.8	103.5	114.5	110.7	111.2
2006	109.1	105.5	111.8	117.4	114.0	83.8
2007	114.7	120.7	119.0	115.9	111.8	118.9
2008	114.9	97.9	113.5	117.2	116.5	154.3
2009	101.1	111.2	104.7	106.1	111.3	82.7
2010	111.3	111.6	108.0	113.4	112.8	119.8
2011	110.3	118.6	110.3	111.9	121.2	111.7

1-26 分行业城镇单位就业人员平均货币工资指数(2013-2016年)
INDICES OF MONEY AVERAGE EARNING OF EMPLOYED PERSONS IN URBAN UNITS BY SECTOR (2013-2016)

上年=100 (preceding year=100)

登记注册类型 Registration Status 年份 Year	合计 Total	农、林、牧、渔业 Agriculture, Forestry, Animal Husbandry and Fishery	采矿业 Mining	制造业 Manufacturing	电力、热力、燃气及水生产和供应业 Production and Supply of Electricity,Heat, Gas and Water	建筑业 Construction
全国 National						
2013	110.1	113.8	105.6	111.5	115.3	115.3
2014	109.5	109.8	102.6	110.6	109.3	108.9
2015	110.1	112.7	96.3	107.7	107.6	106.7
2016	108.9	105.2	101.9	107.5	106.3	106.5
国有单位 State-owned Units						
2013	108.9	113.2	96.2	114.2	116.3	109.3
2014	108.8	109.2	106.1	113.9	109.9	105.8
2015	114.0	112.9	99.8	105.4	106.9	106.8
2016	111.1	105.4	103.3	109.5	104.8	106.1
城镇集体单位 Urban Collective-owned units						
2013	115.2	118.4	108.5	117.4	113.9	114.5
2014	109.9	115.2	105.3	110.6	108.7	109.0
2015	109.0	126.7	104.4	109.6	111.0	106.3
2016	108.4	105.3	99.7	106.5	106.3	104.7
其他单位 Other Ownership units						
2013	111.0	124.3	107.8	111.7	114.1	116.4
2014	109.7	104.0	101.6	110.5	108.8	109.2
2015	107.8	106.9	95.6	107.8	108.3	106.6
2016	107.6	103.8	101.8	107.5	107.6	106.6

1-26 续表 1 continued

上年=100 (preceding year=100)

登记注册类型 Registration Status 年份 Year	批发和零售业 Wholesale and Retail Trades	交通运输、仓储和邮政业 Transport, Storage and Post	住宿和餐饮业 Hotels and Catering Services	信息传输、软件和信息技术服务业 Information Software and Information Technology	金融业 Financial Inter-mediation	房地产业 Real Estate	租赁和商务服务业 Leasing and Business Services
全 国							
National							
2013	108.6	108.6	108.9	112.9	111.0	109.2	117.6
2014	111.0	109.4	109.5	110.9	108.7	108.9	107.3
2015	108.0	108.5	109.5	111.1	106.0	108.4	108.0
2016	107.8	107.0	106.3	109.3	102.3	108.7	105.9
国有单位							
State-owned Units							
2013	118.2	109.5	108.8	105.5	106.9	104.5	103.7
2014	114.7	109.9	110.5	105.7	108.2	111.4	105.9
2015	108.0	108.4	108.8	109.8	106.0	110.5	111.6
2016	106.9	107.0	107.6	110.8	101.4	111.9	106.9
城镇集体单位							
Urban Collective-owned units							
2013	113.4	111.6	143.4	103.9	113.8	108.1	112.6
2014	111.0	110.2	88.4	104.9	109.9	108.8	110.6
2015	109.4	107.0	106.5	120.5	107.4	109.0	110.6
2016	105.7	108.8	112.6	106.1	108.3	107.4	112.5
其他单位							
Other Ownership units							
2013	105.9	107.7	108.3	106.4	111.7	108.5	113.7
2014	110.4	108.7	110.3	109.4	107.7	108.5	105.7
2015	108.0	108.6	109.8	110.7	105.2	108.0	104.3
2016	107.9	107.0	106.0	108.6	101.2	108.4	104.1

1-26 续表 2 continued

上年=100 (preceding year=100)

登记注册类型 Registration Status 年 份 Year	科学研究和技术服务业 Scientific Research, and Technical Services	水利、环境和公共设施管理业 Management of Water Conservancy, Environment and Public Facilities	居民服务、修理和其他服务业 Service to Households, Repair and Other Services	教 育 Education	卫生和社会工作 Health and Social Service	文化、体育和娱乐业 Culture, Sports and Entertainment	公共管理、社会保障和社会组织 Public Management, Social Security and social Organization
全 国 National							
2013	110.6	111.7	109.4	108.8	110.3	110.8	106.9
2014	107.4	108.5	109.0	108.9	109.1	108.5	107.8
2015	108.7	111.0	107.0	117.7	113.2	113.0	117.3
2016	108.1	109.7	106.2	111.9	111.7	109.8	113.9
国有单位 State-owned Units							
2013	108.2	109.3	110.0	108.9	110.3	109.3	106.8
2014	106.2	108.1	109.2	109.0	109.2	108.1	107.8
2015	108.9	112.4	108.6	118.4	113.7	114.3	117.3
2016	110.8	110.4	110.2	112.3	112.3	108.3	113.9
城镇集体单位 Urban Collective-owned units							
2013	111.3	114.0	113.1	115.9	113.2	112.8	111.1
2014	108.6	112.3	121.4	107.5	110.5	110.4	105.7
2015	103.8	106.3	110.4	109.1	107.0	119.0	113.9
2016	113.8	110.4	103.7	116.2	110.4	113.4	110.3
其他单位 Other Ownership units							
2013	105.1	115.3	111.0	108.6	111.4	117.7	122.7
2014	107.2	108.0	108.0	109.1	108.2	109.4	111.3
2015	106.7	105.2	105.8	108.6	110.5	109.4	118.4
2016	105.3	106.1	104.5	105.9	105.6	113.1	111.5

1-27　分行业城镇单位就业人员平均实际工资指数（1995-2002年）
INDICES OF REAL AVERAGE WAGE OF EMPLOYED PERSONS IN URBAN UNITS BY SECTOR (1995-2002)

上年=100　　(preceding year=100)

登记注册类型 Registration Status 年　份 Year	合　计 Total	农、林、牧、渔业 Farming, Forestry, Animal Husbandry and Fishery	采掘业 Mining and Quarrying	制造业 Manufacturing	电力、煤气及水的生产和供应业 Production and Supply of Electricity, Gas and Water	建筑业 Construction	地质勘查业、水利管理业 Geological Prospecting and Water Conservancy	交通运输、仓储及邮电通信业 Transport, Storage, Post and Telecommunications
全　国 National								
1995	101.8	106.6	105.5	103.8	109.0	101.1	93.8	104.3
1996	102.8	105.7	103.7	100.3	103.3	99.7	101.5	104.2
1997	104.5	103.3	102.2	102.2	106.2	103.4	105.5	105.6
1998	116.2	105.9	106.5	119.8	109.1	112.4	111.4	114.6
1999	113.2	107.5	105.2	112.1	111.3	108.3	112.5	112.9
2000	111.3	106.1	109.9	111.3	110.6	108.2	108.2	111.5
2001	115.3	109.6	113.9	111.2	112.3	107.9	112.9	114.1
2002	115.4	112.4	116.4	113.9	113.7	109.6	113.3	114.2
国有单位 State-owned Units								
1995	100.4	106.7	104.8	101.7	108.1	101.2	93.7	104.1
1996	102.7	105.3	103.9	99.6	103.4	99.1	101.5	103.8
1997	104.4	103.4	102.4	100.6	106.4	102.6	105.3	105.1
1998	114.2	105.9	106.3	116.4	108.7	111.1	111.4	111.5
1999	112.9	107.2	104.5	110.5	110.3	108.3	112.6	110.9
2000	110.9	105.4	106.1	111.4	109.9	107.7	108.2	110.6
2001	116.2	110.0	113.4	111.4	112.0	107.3	113.1	112.7
2002	116.2	111.8	113.4	114.5	112.8	110.4	112.7	112.9
城镇集体单位 Urban Collective-owned units								
1995	103.7	99.5	112.6	103.7	111.3	101.6	99.2	98.8
1996	100.7	119.5	98.9	99.0	102.7	100.4	102.6	101.7
1997	101.6	100.4	102.0	99.8	105.5	104.1	128.7	99.2
1998	118.4	111.3	110.7	121.8	104.9	109.1	110.5	126.9
1999	109.8	113.0	100.9	107.8	105.2	107.1	109.9	112.2
2000	107.5	112.8	106.0	106.7	108.2	107.8	98.0	101.4
2001	109.0	101.0	112.5	105.8	113.7	105.2	101.4	107.9
2002	112.6	115.5	110.6	111.9	106.6	107.6	126.9	110.4
其他单位 Other Ownership units								
1995	102.6	110.6	105.4	103.4	112.7	99.3	108.1	103.0
1996	101.3	95.1	92.2	100.4	103.0	94.3	98.0	103.9
1997	103.5	92.8	99.7	102.5	98.3	104.9	98.5	111.7
1998	102.3	81.4	126.0	102.4	100.4	118.7	119.3	86.2
1999	111.2	119.8	114.9	110.5	115.2	107.2	128.3	120.5
2000	109.9	124.1	127.5	108.1	111.2	107.8	149.4	113.2
2001	109.9	99.9	112.0	108.0	110.1	106.9	85.3	114.0
2002	109.5	109.7	117.0	109.7	112.9	102.6	158.0	112.1

1-27 续表 continued

上年=100 (preceding year=100)

登记注册类型 Registration Status 年份 Year	批发和零售贸易、餐饮业 Wholesale and Retail Trade & Catering Services	金融、保险业 Finance and Insurance	房地产业 Real Estate Trade	社会服务业 Social Services	卫生、体育和社会福利业 Health Care, Sporting and Social Welfare	教育、文化艺术和广播电影电视业 Education, Culture and Arts, Radio, Film and Television	科学研究和综合技术服务业 Scientific Research and Polytech-nical Services	国家机关政党机关和社会团体 Government Agencies, Party Age-ncies and Social Or-ganizations	其他 Others
全国									
National									
1995	103.0	94.1	100.3	102.1	97.9	95.2	95.3	95.4	103.1
1996	100.8	105.0	105.1	104.1	106.5	104.8	107.6	105.4	105.0
1997	101.1	111.6	107.0	108.4	108.6	107.8	108.8	107.1	93.2
1998	121.5	110.3	112.9	112.2	112.3	112.8	113.6	111.9	124.6
1999	110.8	113.8	112.8	111.7	115.5	116.8	115.2	117.1	121.1
2000	110.8	109.9	107.5	109.7	111.6	111.8	115.4	111.0	109.5
2001	113.4	117.8	111.4	114.7	117.5	120.7	120.4	120.0	114.0
2002	116.2	116.5	110.4	114.4	115.4	117.8	117.0	115.9	111.6
国有单位									
State-owned Units									
1995	101.5	92.7	98.4	100.0	97.7	95.4	94.3	95.3	102.1
1996	99.4	105.0	105.3	103.4	106.5	104.5	107.2	105.5	101.8
1997	100.9	111.2	105.5	107.6	108.5	108.7	109.0	107.0	87.9
1998	120.0	109.7	110.2	110.6	112.2	112.9	113.5	111.9	120.0
1999	109.8	111.3	112.2	111.7	115.4	116.8	115.2	117.1	119.4
2000	109.9	110.5	109.6	107.3	112.3	111.9	113.2	111.0	103.5
2001	110.1	117.8	111.7	113.8	117.9	120.5	122.0	120.1	111.6
2002	116.0	118.0	110.8	109.5	115.3	117.9	118.3	116.0	118.6
城镇集体单位									
Urban Collective-owned units									
1995	104.6	97.6	108.6	107.6	99.0	93.4	107.5	103.4	102.8
1996	101.9	98.0	93.3	98.2	105.7	113.8	105.5	88.3	107.4
1997	98.6	107.1	110.1	110.6	108.5	88.9	98.0	119.4	98.6
1998	116.8	107.3	119.0	109.8	110.0	108.5	103.5	113.4	123.1
1999	107.8	112.2	116.3	108.6	115.1	118.1	114.6	115.5	116.8
2000	105.2	106.2	98.1	107.9	106.5	105.4	115.2	110.3	110.0
2001	105.9	111.1	101.7	108.7	112.7	126.6	102.8	104.9	106.3
2002	111.5	115.9	108.7	113.1	113.9	112.9	108.5	110.7	101.1
其他单位									
Other Ownership Units									
1995	96.0	103.4	97.0	99.0	112.0	95.0	107.3		100.7
1996	99.0	116.3	103.9	105.6	117.6	96.4	121.9		112.1
1997	100.5	107.0	107.1	105.6	110.8	105.0	106.3		129.5
1998	103.4	90.8	103.7	102.7	120.7	119.8	101.4		117.1
1999	109.0	119.6	107.6	107.3	111.0	110.4	111.4		105.6
2000	111.1	107.0	101.7	108.6	98.5	91.4	115.6		125.1
2001	112.9	110.7	108.3	110.8	101.1	131.6	102.5		110.6
2002	107.2	103.1	106.0	113.7	88.1	109.6	108.0		97.9

1-28 分行业城镇单位就业人员平均实际工资指数（2004-2011年）
INDICES OF REAL AVERAGE EARNING OF EMPLOYED PERSONS IN URBAN UNITS BY SECTOR (2004-2011)

上年=100 (preceding year=100)

登记注册类型 Registration Status 年 份 Year	合 计 Total	农、林、牧、渔业 Agriculture, Forestry, Farming of Animals and Fishery	采矿业 Mining	制造业 Manufacturing	电力、燃气及水的生产和供应业 Production & Distribution of Electricity, Gas & Water	建筑业 Construction	交通运输、仓储和邮政业 Traffic, Transport, Storage and post
全 国 National							
2004	110.3	105.4	119.2	108.9	112.3	107.5	111.1
2005	112.5	107.7	120.0	110.0	113.1	110.4	113.9
2006	112.9	111.3	116.3	112.7	113.2	112.9	113.6
2007	113.4	112.0	111.8	111.0	112.7	109.4	110.8
2008	110.7	109.7	115.0	109.3	109.0	108.7	108.7
2009	112.6	115.3	112.1	110.8	109.6	114.8	111.2
2010	109.8	112.8	112.6	111.7	109.5	110.4	111.0
2011	108.6	110.6	112.2	112.6	105.8	110.7	110.5
国有单位 State-owned Units							
2004	110.9	105.3	120.5	111.1	112.4	109.1	108.7
2005	113.6	107.8	119.3	115.2	113.3	112.1	113.7
2006	112.7	111.0	117.4	117.8	115.1	111.7	112.9
2007	115.1	112.0	112.5	112.6	113.4	110.4	111.4
2008	109.8	109.5	115.4	109.9	109.5	105.7	107.2
2009	113.7	115.3	109.5	114.3	110.3	119.6	112.9
2010	108.9	113.1	112.6	113.2	109.7	111.0	111.1
2011	107.7	110.7	112.9	112.3	106.1	107.8	112.1
城镇集体单位 Urban Collective-owned units							
2004	109.1	111.0	116.1	109.4	110.7	106.1	104.9
2005	113.1	112.6	126.2	110.9	106.7	108.8	111.2
2006	113.4	120.0	121.3	111.9	106.9	111.8	109.9
2007	114.8	112.3	120.3	113.2	111.9	114.0	113.4
2008	111.0	111.6	109.5	112.7	112.5	108.8	108.9
2009	114.8	114.8	114.8	114.8	114.8	114.8	114.8
2010	112.9	114.3	114.8	114.6	111.7	111.5	109.9
2011	113.9	114.5	120.2	114.1	101.3	117.6	119.1
其他单位 Other Ownership units							
2004	107.7	99.3	117.3	106.4	110.5	105.1	116.6
2005	109.4	104.3	119.7	107.3	111.1	108.2	111.5
2006	112.7	114.1	114.8	111.2	109.0	113.3	113.4
2007	110.6	110.9	110.5	110.4	110.7	107.4	107.2
2008	111.4	112.2	114.6	108.9	107.5	109.5	110.5
2009	110.8	112.8	113.8	110.0	108.5	112.7	106.0
2010	110.7	106.4	112.6	111.4	109.0	109.6	110.4
2011	109.6	109.6	109.6	109.6	109.6	109.6	109.6

1-28 续表 1 continued

上年=100 (preceding year=100)

登记注册类型 Registration Status 年份 Year	信息传输、计算机服务和软件业 Information Transfer, Computer and Software	批发和零售业 Wholesale and Retail Trade	住宿和餐饮业 Accommo-dation and Restaurants	金融业 Finance	房地产业 Real Estate	租赁和商务服务业 Tenancy and Business Services	科学研究、技术服务和地质勘查业 Scientific Research, Technical Service & Geologic Perambulation
全　国 National							
2004	104.8	115.6	109.1	113.2	104.6	106.5	110.6
2005	114.2	115.4	108.2	118.4	107.9	111.6	114.5
2006	110.3	115.0	108.2	119.7	108.2	113.8	114.8
2007	105.1	113.3	107.1	118.7	112.3	108.6	116.2
2008	109.0	116.0	107.3	116.0	109.3	112.1	112.1
2009	106.8	113.8	108.9	113.0	108.0	108.8	111.1
2010	107.4	111.9	108.6	112.5	107.8	108.0	108.9
2011	104.5	114.8	111.6	109.8	113.4	112.8	108.2
国有单位 State-owned Units							
2004	106.2	112.6	112.1	114.1	105.8	106.0	111.2
2005	107.6	119.8	108.9	119.4	111.2	114.0	112.6
2006	107.8	117.3	109.0	112.6	108.0	107.5	113.8
2007	106.0	111.3	105.9	119.8	112.5	109.5	116.2
2008	101.7	114.7	110.0	114.0	104.6	109.1	110.8
2009	109.7	120.0	111.9	109.4	112.2	111.9	111.8
2010	106.1	112.3	109.2	112.8	106.9	107.2	109.1
2011	103.2	109.6	114.4	107.4	122.5	111.2	107.6
城镇集体单位 Urban Collective-owned units							
2004	136.7	107.1	107.9	111.9	103.2	103.4	100.4
2005	136.9	111.2	107.2	112.7	102.0	111.9	132.2
2006	96.7	110.4	111.2	115.2	116.1	105.8	125.8
2007	98.9	110.5	107.8	114.2	113.7	110.0	103.0
2008	106.2	114.4	111.2	114.7	106.4	101.8	114.4
2009	111.8	115.5	110.4	120.5	108.9	110.9	111.1
2010	117.8	110.3	110.0	114.2	105.9	105.5	110.1
2011	102.0	112.8	117.8	114.0	114.4	110.9	120.8
其他单位 Other Ownership units							
2004	100.4	115.2	105.6	108.8	102.1	103.7	110.6
2005	110.0	107.2	106.7	115.0	105.3	103.6	116.2
2006	109.1	111.1	106.8	126.3	107.1	117.1	116.2
2007	100.3	113.1	106.9	115.6	111.5	103.8	114.9
2008	110.3	113.8	105.5	114.0	110.7	109.8	112.1
2009	104.5	109.3	107.3	109.9	106.5	104.7	107.6
2010	105.6	110.8	108.1	111.1	107.9	107.9	106.4
2011	103.7	115.2	110.4	109.0	110.5	114.3	107.2

1-28 续表 2 continued

上年=100 (preceding year=100)

登记注册类型 Registration Status 年 份 Year	水利、环境和公共设施管理业 Management of Water Conservancy, Environment and Public Establishment	居民服务和其他服务业 Resident Services and Other Services	教 育 Education	卫生、社会保障和社会福利业 Sanitation, Social Security and Social Welfare	文化体育和娱乐业 Culture, Sports and Entertainment	公共管理和社会组织 Public Management and Social Organization
全 国 National						
2004	105.9	104.6	109.7	110.0	116.2	109.5
2005	109.4	113.3	111.7	111.4	108.7	114.6
2006	107.5	112.8	112.9	111.7	112.4	109.8
2007	112.6	108.1	118.5	113.2	112.7	117.7
2008	108.7	106.3	109.0	109.3	106.3	110.3
2009	110.7	111.1	116.8	111.8	111.5	110.3
2010	106.9	108.6	109.3	109.3	106.3	104.9
2011	107.3	111.7	105.3	109.1	109.8	104.5
国有单位 State-owned Units						
2004	105.6	109.9	109.2	110.2	117.0	109.5
2005	109.2	104.2	111.6	111.0	108.5	114.6
2006	107.3	116.9	112.7	111.4	112.5	109.9
2007	112.8	101.3	118.3	113.1	113.3	117.6
2008	108.7	115.2	109.0	109.1	106.2	110.2
2009	110.7	111.1	116.8	111.8	111.5	110.3
2010	106.6	108.8	109.4	108.9	105.9	104.8
2011	107.4	108.2	105.3	109.0	109.1	104.5
城镇集体单位 Urban Collective-owned units						
2004	100.7	99.3	109.6	107.3	112.5	107.7
2005	104.3	118.1	118.1	113.4	122.5	110.9
2006	106.5	112.2	119.3	115.1	102.4	107.9
2007	106.6	113.8	131.1	112.9	117.6	115.2
2008	109.6	107.4	102.1	111.3	107.1	105.5
2009	110.6	113.8	122.6	116.0	113.7	138.7
2010	106.4	109.0	110.9	114.5	108.3	100.3
2011	107.4	113.3	109.7	110.1	115.1	124.3
其他单位 Other Ownership units						
2004	112.0	95.8	107.5	101.2	105.2	139.4
2005	110.5	116.9	101.9	112.7	108.9	109.5
2006	107.6	104.0	110.2	115.7	112.3	82.6
2007	109.8	115.5	113.9	110.9	107.0	113.8
2008	108.8	92.7	107.5	111.0	110.3	146.1
2009	102.0	112.2	105.6	107.0	112.3	83.4
2010	107.8	108.2	104.7	109.9	109.3	116.1
2011	104.8	112.6	104.7	106.3	115.1	106.1

1-29 分行业城镇单位就业人员平均实际工资指数(2013-2016年)
INDICES OF REAL AVERAGE EARNING OF EMPLOYED PERSONS IN URBAN UNITS BY SECTOR (2013-2016)

上年=100 (preceding year=100)

登记注册类型 Registration Status 年份 Year	合计 Total	农、林、牧、渔业 Agriculture, Forestry, Animal Husbandry and Fishery	采矿业 Mining	制造业 Manufacturing	电力、热力、燃气及水生产和供应业 Production and Supply of Electricity,Heat, Gas and Water	建筑业 Construction
全国 National						
2013	107.3	110.9	102.9	108.7	112.3	112.4
2014	107.2	107.6	100.4	108.4	107.1	106.6
2015	108.5	111.0	94.9	106.1	106.0	105.2
2016	106.7	103.0	99.8	105.3	104.1	104.3
国有单位 State-owned Units						
2013	106.1	110.3	93.8	111.3	113.4	106.5
2014	106.6	106.9	103.9	111.5	107.7	103.7
2015	112.3	111.3	98.4	103.8	105.3	105.2
2016	108.8	103.2	101.2	107.3	102.7	103.9
城镇集体单位 Urban Collective-owned units						
2013	112.2	115.4	105.7	114.5	111.0	111.6
2014	107.6	112.8	103.2	108.3	106.5	106.7
2015	107.4	124.9	102.9	108.0	109.3	104.8
2016	106.2	103.1	97.6	104.3	104.1	102.6
其他单位 Other Ownership units						
2013	108.2	121.1	105.1	108.9	111.2	113.5
2014	107.4	101.9	99.5	108.2	106.5	106.9
2015	106.2	105.3	94.2	106.2	106.7	105.1
2016	105.4	101.7	99.7	105.3	105.3	104.4

1-29 续表 1 continued

上年=100 (preceding year=100)

登记注册类型 Registration Status 年 份 Year	批发和零售业 Wholesale and Retail Trades	交通运输、仓储和邮政业 Transport, Storage and Post	住宿和餐饮业 Hotels and Catering Services	信息传输、软件和信息技术服务业 Information Software and Information Technology	金融业 Financial Inter-mediation	房地产业 Real Estate	租赁和商务服务业 Leasing and Business Services
全 国 National							
2013	105.8	105.9	106.1	110.1	108.2	106.4	114.7
2014	108.7	107.1	107.2	108.6	106.4	106.6	105.1
2015	106.4	106.9	107.9	109.5	104.4	106.8	106.4
2016	105.6	104.8	104.1	107.1	100.2	106.5	103.7
国有单位 State-owned Units							
2013	115.2	106.7	106.0	102.8	104.2	101.9	101.1
2014	112.3	107.7	108.2	103.6	106.0	109.1	103.7
2015	106.4	106.8	107.2	108.2	104.5	108.9	110.0
2016	104.7	104.8	105.4	108.5	99.3	109.6	104.7
城镇集体单位 Urban Collective-owned units							
2013	110.6	108.8	139.8	101.2	110.9	105.4	109.7
2014	108.7	107.9	86.6	102.8	107.7	106.6	108.3
2015	107.8	105.4	104.9	118.7	105.8	107.4	108.9
2016	103.6	106.6	110.3	103.9	106.1	105.2	110.2
其他单位 Other Ownership units							
2013	103.2	105.0	105.6	103.7	108.9	105.7	110.8
2014	108.1	106.5	108.0	107.2	105.5	106.2	103.5
2015	106.4	107.0	108.2	109.1	103.6	106.4	102.8
2016	105.7	104.8	103.8	106.4	99.1	106.2	101.9

1-29 续表 2 continued

上年=100 (preceding year=100)

登记注册类型 Registration Status 年份 Year	科学研究和技术服务业 Scientific Research, and Technical Services	水利、环境和公共设施管理业 Management of Water Conservancy, Environment and Public Facilities	居民服务、修理和其他服务业 Service to Households, Repair and Other Services	教育 Education	卫生和社会工作 Health and Social Service	文化、体育和娱乐业 Culture, Sports and Enter-tainment	公共管理、社会保障和社会组织 Public Management, Social Security and social Organization
全国							
National							
2013	107.8	108.9	106.6	106.1	107.5	108.0	104.2
2014	105.2	106.3	106.7	106.7	106.9	106.3	105.6
2015	107.1	109.4	105.4	116.0	111.5	111.4	115.6
2016	105.9	107.4	104.0	109.6	109.4	107.5	111.5
国有单位							
State-owned Units							
2013	105.5	106.6	107.2	106.2	107.5	106.5	104.1
2014	104.1	105.9	107.0	106.7	106.9	105.9	105.6
2015	107.3	110.7	107.0	116.6	112.0	112.6	115.6
2016	108.5	108.1	108.0	110.0	110.0	106.1	111.5
城镇集体单位							
Urban Collective-owned units							
2013	108.5	111.1	110.2	113.0	110.4	109.9	108.3
2014	106.4	110.0	118.9	105.3	108.2	108.2	103.5
2015	102.2	104.7	108.8	107.5	105.4	117.3	112.2
2016	111.4	108.1	101.6	113.8	108.1	111.1	108.0
其他单位							
Other Ownership units							
2013	102.4	112.4	108.2	105.8	108.6	114.7	119.6
2014	105.0	105.8	105.8	106.9	106.0	107.1	109.0
2015	105.2	103.7	104.3	107.0	108.9	107.7	116.7
2016	103.1	103.9	102.3	103.7	103.4	110.8	109.2

1-30　全国各地区就业人员受教育程度构成
EDUCATIONAL ATTAINMENT COMPOSITION OF EMPLOYMENT BY REGION

单位：%　　　　(%)

地　区	Region	合　计 Total	男 Male	女 Female	未上过学 Illiterate	小　学 Primary School	初　中 Junior School	普通高中 Senior School	中等职业教育 Medium Vocational Education	高等职业教育 High Vocational Education	大学专科 College	大学本科 University	研究生 Graduate
全　国	**National**	**100.0**	**56.9**	**43.1**	**2.6**	**17.5**	**43.3**	**12.3**	**4.9**	**1.3**	**9.6**	**7.7**	**0.8**
北　京	Beijing	100.0	60.0	40.0	0.2	2.4	22.0	12.1	7.5	1.7	19.7	27.6	6.8
天　津	Tianjin	100.0	58.3	41.7	0.5	8.5	33.7	11.3	9.9	1.8	14.5	17.6	2.2
河　北	Hebei	100.0	58.3	41.7	1.1	12.9	50.4	12.8	5.3	1.1	9.5	6.2	0.5
山　西	Shanxi	100.0	61.5	38.5	1.3	11.6	46.2	13.2	5.5	0.9	11.4	9.2	0.7
内蒙古	Inner Mongolia	100.0	59.6	40.4	2.1	16.0	45.7	11.8	3.6	0.7	11.5	8.0	0.5
辽　宁	Liaoning	100.0	57.4	42.6	0.5	12.6	49.7	9.6	5.4	1.5	10.4	9.5	0.8
吉　林	Jilin	100.0	55.5	44.5	0.9	17.7	46.6	14.0	3.9	1.1	7.7	7.5	0.5
黑龙江	Heilongjiang	100.0	58.7	41.3	0.7	15.2	50.1	12.1	3.1	1.1	8.8	8.2	0.7
上　海	Shanghai	100.0	58.3	41.7	0.6	4.7	29.4	12.4	6.4	1.8	16.5	23.4	4.7
江　苏	Jiangsu	100.0	55.5	44.5	2.1	13.1	38.4	13.5	6.0	2.2	13.3	10.3	1.0
浙　江	Zhejiang	100.0	57.2	42.8	2.1	16.0	38.2	13.4	3.7	1.4	12.4	11.8	1.0
安　徽	Anhui	100.0	56.9	43.1	7.1	20.3	45.8	8.7	3.4	0.9	7.7	5.6	0.5
福　建	Fujian	100.0	59.3	40.7	2.7	21.6	38.8	11.3	5.7	1.1	9.4	8.7	0.6
江　西	Jiangxi	100.0	56.9	43.1	2.3	20.5	46.3	13.7	4.1	1.2	7.1	4.5	0.3
山　东	Shandong	100.0	56.9	43.1	2.5	14.3	48.1	12.2	6.4	1.3	8.4	6.2	0.6
河　南	Henan	100.0	55.1	44.9	2.5	15.3	50.1	13.9	3.7	1.3	8.1	4.7	0.4
湖　北	Hubei	100.0	55.3	44.7	2.9	17.8	42.3	13.4	5.7	1.5	9.0	6.5	1.0
湖　南	Hunan	100.0	58.6	41.4	1.6	16.9	44.2	16.3	4.1	1.3	8.6	6.4	0.6
广　东	Guangdong	100.0	57.7	42.3	0.7	11.1	42.9	17.7	6.8	2.2	11.0	7.1	0.5
广　西	Guangxi	100.0	55.5	44.5	1.5	19.8	49.9	9.5	5.0	1.2	7.8	4.9	0.5
海　南	Hainan	100.0	56.0	44.0	2.2	13.0	51.4	12.4	5.6	1.0	8.0	6.2	0.2
重　庆	Chongqing	100.0	55.6	44.4	2.4	27.4	33.5	11.8	4.1	1.4	10.9	7.8	0.8
四　川	Sichuan	100.0	54.7	45.3	3.9	29.4	39.1	9.6	3.7	1.1	7.8	5.1	0.4
贵　州	Guizhou	100.0	53.9	46.1	9.7	32.5	37.8	6.2	3.0	0.5	5.2	4.8	0.2
云　南	Yunnan	100.0	54.4	45.6	5.5	34.0	41.3	5.7	3.4	0.7	4.7	4.3	0.4
西　藏	Tibet	100.0	59.5	40.5	23.1	46.5	12.8	3.2	2.0	0.3	6.3	5.6	0.2
陕　西	Shaanxi	100.0	58.5	41.5	2.5	13.4	45.1	14.7	3.9	1.5	10.6	7.6	0.7
甘　肃	Gansu	100.0	56.0	44.0	5.3	26.7	38.1	11.4	3.5	0.9	7.3	6.4	0.4
青　海	Qinghai	100.0	56.7	43.3	6.9	26.0	35.0	9.1	3.0	0.8	10.5	8.4	0.2
宁　夏	Ningxia	100.0	57.7	42.3	6.4	17.0	40.4	10.3	3.9	0.8	11.0	9.7	0.6
新　疆	Xinjiang	100.0	56.7	43.3	2.1	17.5	41.5	10.0	5.0	1.0	11.8	10.4	0.9

注：劳动力调查自2015年开始使用新的受教育程度分类(下同)。
资料来源：2016年劳动力调查资料(下同)。
a)The new classification of education attaiment has been used since 2015 in the Labour Force Survey (same as below).
Data Resource: 2015 Labour Force Survey (the same as below).

1-31 全国各地区男性就业人员受教育程度构成
EDUCATIONAL ATTAINMENT COMPOSITION OF MALE EMPLOYMENT BY REGION

单位：% (%)

地 区	Region	合 计 Total	未上过学 Illiterate	小 学 Primary School	初 中 Junior School	高 中 Senior School	中等职业教育 Medium Vocational Education	高等职业教育 High Vocational Education	大学专科 College	大学本科 University	研究生 Graduate
全 国	**National**	**100.0**	**1.4**	**15.1**	**45.6**	**14.0**	**5.0**	**1.4**	**9.3**	**7.4**	**0.8**
北 京	Beijing	100.0	0.2	2.3	23.6	13.3	8.2	1.9	18.4	25.6	6.5
天 津	Tianjin	100.0	0.5	8.3	35.5	12.7	10.6	2.1	13.7	14.7	1.8
河 北	Hebei	100.0	0.6	11.3	53.2	14.0	5.3	1.0	8.5	5.5	0.5
山 西	Shanxi	100.0	0.8	10.0	49.0	14.5	5.4	1.0	10.9	7.8	0.6
内蒙古	Inner Mongolia	100.0	1.1	14.7	48.6	12.6	3.7	0.8	11.1	7.0	0.4
辽 宁	Liaoning	100.0	0.4	11.4	51.8	10.5	5.6	1.6	9.6	8.4	0.6
吉 林	Jilin	100.0	0.8	16.3	47.7	15.4	3.9	1.2	7.5	6.8	0.5
黑龙江	Heilongjiang	100.0	0.5	13.9	52.5	12.7	3.0	1.1	8.4	7.2	0.7
上 海	Shanghai	100.0	0.3	3.9	30.6	14.6	6.8	2.1	15.8	21.3	4.6
江 苏	Jiangsu	100.0	1.0	10.8	39.7	15.3	6.4	2.3	13.3	10.1	1.1
浙 江	Zhejiang	100.0	1.2	15.4	39.5	15.2	3.7	1.5	11.6	10.9	1.0
安 徽	Anhui	100.0	3.5	17.6	49.6	10.7	3.7	0.9	7.8	5.7	0.5
福 建	Fujian	100.0	1.2	18.6	42.6	13.0	5.5	1.1	9.0	8.4	0.7
江 西	Jiangxi	100.0	1.0	16.3	48.9	16.1	4.0	1.2	7.4	4.8	0.3
山 东	Shandong	100.0	1.2	11.3	50.4	14.0	6.6	1.5	8.2	6.2	0.6
河 南	Henan	100.0	1.4	13.1	51.9	15.6	3.8	1.3	8.1	4.4	0.3
湖 北	Hubei	100.0	1.4	14.1	45.3	15.7	5.9	1.7	8.7	6.3	1.0
湖 南	Hunan	100.0	0.8	14.8	46.1	18.2	4.1	1.2	8.1	6.1	0.6
广 东	Guangdong	100.0	0.3	8.6	43.8	20.1	6.8	2.3	10.5	7.0	0.6
广 西	Guangxi	100.0	0.7	16.3	52.8	11.0	5.1	1.3	7.6	4.7	0.5
海 南	Hainan	100.0	0.7	9.8	52.1	15.5	5.5	1.1	8.6	6.4	0.2
重 庆	Chongqing	100.0	1.0	25.6	35.3	13.0	4.3	1.5	10.6	8.0	0.8
四 川	Sichuan	100.0	2.3	26.6	41.6	11.1	3.9	1.0	7.9	5.1	0.4
贵 州	Guizhou	100.0	4.1	29.8	44.1	7.5	3.1	0.5	5.5	4.9	0.3
云 南	Yunnan	100.0	3.0	31.1	46.2	6.3	3.5	0.8	4.4	4.4	0.4
西 藏	Tibet	100.0	18.5	51.6	13.1	2.8	1.6	0.3	5.9	5.9	0.3
陕 西	Shaanxi	100.0	1.6	11.7	47.3	16.0	3.9	1.5	10.3	7.1	0.7
甘 肃	Gansu	100.0	2.8	22.8	41.6	13.8	3.5	0.9	7.6	6.6	0.4
青 海	Qinghai	100.0	4.2	24.5	38.5	10.1	3.1	0.9	10.5	7.9	0.3
宁 夏	Ningxia	100.0	4.1	15.4	44.2	11.7	4.0	0.8	10.3	9.0	0.5
新 疆	Xinjiang	100.0	1.9	16.0	43.5	10.9	5.1	0.9	11.5	9.4	0.8

1-32 全国各地区女性就业人员受教育程度构成
EDUCATIONAL ATTAINMENT COMPOSITION OF FEMALE EMPLOYMENT BY REGION

单位：%　　　　(%)

地 区	Region	合 计 Total	未上过学 Illiterate	小 学 Primary School	初 中 Junior School	高 中 Senior School	中等职业教育 Medium Vocational Education	高等职业教育 High Vocational Education	大学专科 College	大学本科 University	研究生 Graduate
全 国	**National**	**100.0**	**4.2**	**20.7**	**40.1**	**10.1**	**4.7**	**1.3**	**9.9**	**8.2**	**0.8**
北 京	Beijing	100.0	0.3	2.5	19.6	10.4	6.5	1.4	21.6	30.5	7.2
天 津	Tianjin	100.0	0.6	8.8	31.3	9.3	8.8	1.3	15.6	21.8	2.6
河 北	Hebei	100.0	1.6	15.1	46.6	11.2	5.4	1.3	11.0	7.2	0.6
山 西	Shanxi	100.0	2.1	14.3	41.6	11.0	5.6	0.9	12.3	11.4	0.8
内蒙古	Inner Mongolia	100.0	3.7	17.9	41.6	10.5	3.5	0.6	12.2	9.6	0.6
辽 宁	Liaoning	100.0	0.7	14.2	46.9	8.3	5.1	1.4	11.4	11.1	0.9
吉 林	Jilin	100.0	1.0	19.6	45.3	12.3	3.9	1.0	7.9	8.4	0.6
黑龙江	Heilongjiang	100.0	1.0	17.0	46.6	11.2	3.1	1.2	9.5	9.6	0.8
上 海	Shanghai	100.0	1.1	5.8	27.8	9.5	5.8	1.5	17.5	26.3	4.8
江 苏	Jiangsu	100.0	3.5	16.0	36.8	11.2	5.5	2.2	13.4	10.6	0.9
浙 江	Zhejiang	100.0	3.3	16.7	36.5	11.0	3.8	1.3	13.5	12.9	1.0
安 徽	Anhui	100.0	12.0	23.8	40.7	6.0	3.1	0.9	7.5	5.5	0.4
福 建	Fujian	100.0	4.9	25.9	33.3	9.0	6.0	1.1	10.0	9.2	0.6
江 西	Jiangxi	100.0	4.1	26.0	42.8	10.5	4.2	1.2	6.8	4.2	0.3
山 东	Shandong	100.0	4.2	18.2	45.2	9.7	6.1	1.2	8.8	6.1	0.6
河 南	Henan	100.0	3.9	18.1	47.9	11.7	3.6	1.3	8.1	5.1	0.4
湖 北	Hubei	100.0	4.7	22.4	38.6	10.7	5.4	1.2	9.3	6.7	1.0
湖 南	Hunan	100.0	2.8	19.7	41.6	13.6	4.2	1.3	9.3	6.9	0.5
广 东	Guangdong	100.0	1.3	14.5	41.6	14.5	6.8	2.0	11.6	7.2	0.5
广 西	Guangxi	100.0	2.5	24.0	46.4	7.7	4.8	1.1	8.1	5.1	0.4
海 南	Hainan	100.0	4.1	17.0	50.4	8.5	5.7	0.9	7.2	6.0	0.2
重 庆	Chongqing	100.0	4.1	29.8	31.2	10.4	3.8	1.3	11.2	7.5	0.8
四 川	Sichuan	100.0	5.7	32.7	36.1	7.8	3.4	1.2	7.8	5.0	0.3
贵 州	Guizhou	100.0	16.2	35.7	30.5	4.7	2.8	0.5	4.8	4.8	0.1
云 南	Yunnan	100.0	8.4	37.6	35.6	5.0	3.3	0.6	5.0	4.2	0.4
西 藏	Tibet	100.0	30.0	39.0	12.4	3.6	2.5	0.5	7.0	5.0	0.1
陕 西	Shaanxi	100.0	3.9	15.8	41.9	12.9	3.9	1.6	11.0	8.2	0.8
甘 肃	Gansu	100.0	8.5	31.7	33.6	8.2	3.6	0.8	7.0	6.0	0.4
青 海	Qinghai	100.0	10.5	27.9	30.4	7.7	2.9	0.7	10.7	9.0	0.2
宁 夏	Ningxia	100.0	9.5	19.2	35.1	8.4	3.8	0.8	11.9	10.7	0.6
新 疆	Xinjiang	100.0	2.3	19.4	38.8	8.9	4.8	1.0	12.1	11.6	1.0

1-33 全国按年龄、性别分的就业人员受教育程度构成
EDUCATIONAL ATTAINMENT COMPOSITION OF EMPLOYMENT BY AGE AND SEX

单位：%　　　　(%)

年龄 Age	合计 Total	未上过学 Illiterate	小学 Primary School	初中 Junior School	高中 Senior School	中等职业教育 Medium Vocational Education	高等职业教育 High Vocational Education	大学专科 College	大学本科 University	研究生 Graduate
总计 Total	**100.0**	**2.6**	**17.5**	**43.3**	**12.3**	**4.9**	**1.3**	**9.6**	**7.7**	**0.8**
16-19	100.0	0.3	5.0	61.1	16.6	11.1	2.0	3.0	0.8	0.0
20-24	100.0	0.2	3.2	39.2	16.1	10.0	2.4	18.2	10.5	0.2
25-29	100.0	0.3	4.0	37.9	14.7	7.4	2.2	17.7	14.5	1.2
30-34	100.0	0.5	5.5	42.0	12.6	6.8	1.8	14.4	14.3	2.0
35-39	100.0	0.8	9.1	46.0	12.8	7.2	1.6	11.2	10.0	1.4
40-44	100.0	1.1	15.5	50.8	12.0	4.3	1.3	8.2	6.2	0.7
45-49	100.0	1.7	20.4	50.9	11.8	2.8	0.9	6.3	4.8	0.5
50-54	100.0	2.3	23.7	49.2	13.1	1.9	0.8	4.9	3.8	0.4
55-59	100.0	5.8	34.2	38.8	14.3	1.4	0.5	3.1	1.7	0.2
60-64	100.0	10.8	52.2	29.9	5.5	0.6	0.2	0.6	0.3	0.1
65+	100.0	19.0	60.6	17.6	1.9	0.4	0.1	0.2	0.2	0.0
男 Male	**100.0**	**1.4**	**15.1**	**45.6**	**14.0**	**5.0**	**1.4**	**9.3**	**7.4**	**0.8**
16-19	100.0	0.3	5.7	64.1	16.5	8.9	1.7	2.4	0.5	
20-24	100.0	0.2	3.4	43.0	18.0	9.8	2.2	15.1	8.2	0.2
25-29	100.0	0.3	3.7	39.8	16.0	7.9	2.3	16.3	12.8	0.9
30-34	100.0	0.4	4.8	42.8	13.6	7.1	1.8	14.0	13.7	1.8
35-39	100.0	0.5	7.5	46.9	13.7	7.2	1.6	11.1	10.0	1.5
40-44	100.0	0.6	12.5	52.1	13.0	4.5	1.4	8.6	6.6	0.8
45-49	100.0	0.9	16.1	53.0	13.4	3.0	1.0	6.8	5.3	0.6
50-54	100.0	0.9	17.5	51.5	16.3	2.2	0.9	5.7	4.5	0.5
55-59	100.0	2.3	25.6	43.5	18.8	1.9	0.7	4.6	2.4	0.3
60-64	100.0	4.7	46.8	38.3	7.9	0.8	0.3	0.8	0.4	0.1
65+	100.0	10.6	62.3	23.1	2.7	0.6	0.1	0.3	0.2	0.0
女 Female	**100.0**	**4.2**	**20.7**	**40.1**	**10.1**	**4.7**	**1.3**	**9.9**	**8.2**	**0.8**
16-19	100.0	0.2	4.0	56.8	16.9	14.2	2.5	4.0	1.3	0.1
20-24	100.0	0.2	2.9	34.1	13.6	10.2	2.7	22.3	13.7	0.2
25-29	100.0	0.3	4.3	35.5	13.1	6.9	2.1	19.4	16.8	1.5
30-34	100.0	0.6	6.4	41.1	11.5	6.4	1.7	15.0	15.1	2.2
35-39	100.0	1.1	11.1	44.8	11.7	7.2	1.5	11.3	10.1	1.2
40-44	100.0	1.7	19.0	49.3	10.7	4.0	1.1	7.8	5.7	0.5
45-49	100.0	2.7	25.5	48.4	9.8	2.5	0.8	5.8	4.1	0.3
50-54	100.0	4.3	33.1	45.6	8.2	1.4	0.6	3.7	2.8	0.2
55-59	100.0	11.5	48.3	31.0	7.0	0.6	0.2	0.7	0.6	0.0
60-64	100.0	19.0	59.5	18.5	2.2	0.3	0.0	0.2	0.2	0.0
65+	100.0	31.5	58.0	9.3	0.8	0.2	0.0	0.1	0.1	0.0

1-34 全国按受教育程度、性别分的就业人员年龄构成
AGE COMPOSITION OF EMPLOYMENT BY EDUCATIONAL ATTAINMENT AND SEX

单位：% (%)

年 龄 Age	合 计 Total	未上过学 Illiterate	小 学 Primary School	初 中 Junior School	高 中 Senior School	中等职业教育 Medium Vocational Education	高等职业教育 High Vocational Education	大学专科 College	大学本科 University	研究生 Graduate
总计 Total	**100.0**	**100.0**	**100.0**	**100.0**	**100.0**	**100.0**	**100.0**	**100.0**	**100.0**	**100.0**
16-19	1.4	0.2	0.4	2.0	1.9	3.2	2.1	0.4	0.1	0.0
20-24	7.5	0.5	1.4	6.8	9.9	15.5	13.7	14.3	10.3	1.9
25-29	12.9	1.5	2.9	11.3	15.4	19.7	21.5	23.8	24.3	19.3
30-34	12.8	2.4	4.0	12.4	13.1	17.9	17.0	19.3	23.8	31.9
35-39	11.3	3.3	5.9	12.0	11.7	16.6	13.4	13.2	14.7	19.7
40-44	14.7	6.4	13.0	17.2	14.3	12.9	14.0	12.6	11.8	12.4
45-49	12.7	8.3	14.8	14.9	12.1	7.2	8.6	8.4	7.9	7.8
50-54	11.1	9.6	15.1	12.7	11.8	4.4	6.5	5.8	5.5	5.2
55-59	5.8	12.8	11.3	5.2	6.7	1.7	2.3	1.9	1.3	1.4
60-64	5.3	21.8	15.7	3.6	2.3	0.6	0.6	0.3	0.2	0.4
65+	4.5	33.1	15.7	1.8	0.7	0.4	0.3	0.1	0.1	0.1
男 Male	**100.0**	**100.0**	**100.0**	**100.0**	**100.0**	**100.0**	**100.0**	**100.0**	**100.0**	**100.0**
16-19	1.4	0.4	0.5	2.0	1.7	2.6	1.8	0.4	0.1	
20-24	7.6	1.1	1.7	7.2	9.8	15.0	12.3	12.4	8.5	1.8
25-29	12.8	2.6	3.2	11.2	14.7	20.2	21.3	22.5	22.2	15.6
30-34	12.4	3.4	3.9	11.6	12.0	17.5	16.3	18.6	23.0	28.4
35-39	11.0	4.1	5.5	11.3	10.7	15.8	13.1	13.1	14.9	20.8
40-44	14.1	6.4	11.6	16.1	13.1	12.6	14.1	13.0	12.7	14.2
45-49	12.3	8.1	13.1	14.3	11.7	7.3	8.7	9.0	8.9	9.4
50-54	11.9	8.0	13.8	13.4	13.8	5.2	7.7	7.3	7.2	7.1
55-59	6.3	10.7	10.7	6.0	8.5	2.4	3.3	3.1	2.1	2.4
60-64	5.3	18.4	16.4	4.5	3.0	0.8	1.0	0.5	0.3	0.4
65+	4.8	37.1	19.6	2.4	0.9	0.6	0.4	0.2	0.1	0.1
女 Female	**100.0**	**100.0**	**100.0**	**100.0**	**100.0**	**100.0**	**100.0**	**100.0**	**100.0**	**100.0**
16-19	1.3	0.1	0.2	1.8	2.2	4.0	2.5	0.5	0.2	0.1
20-24	7.4	0.3	1.0	6.3	10.0	16.2	15.8	16.6	12.4	2.0
25-29	13.0	1.1	2.7	11.4	16.8	19.1	21.8	25.3	26.7	24.2
30-34	13.3	2.0	4.1	13.6	15.1	18.3	18.0	20.1	24.6	36.4
35-39	11.7	3.0	6.3	13.0	13.5	17.9	13.9	13.3	14.4	18.3
40-44	15.4	6.4	14.2	19.0	16.4	13.2	13.8	12.1	10.8	10.0
45-49	13.2	8.4	16.4	16.0	12.8	7.1	8.4	7.7	6.7	5.7
50-54	10.2	10.3	16.3	11.6	8.3	3.1	4.8	3.8	3.5	2.8
55-59	5.1	13.8	11.9	3.9	3.5	0.7	0.9	0.4	0.4	0.2
60-64	5.2	23.2	14.9	2.4	1.1	0.3	0.2	0.1	0.1	0.3
65+	4.2	31.5	11.9	1.0	0.3	0.2	0.1	0.0	0.0	0.1

1-35 全国按行业、性别分的就业人员受教育程度构成
EDUCATIONAL ATTAINMENT COMPOSITION OF EMPLOYMENT BY SECTOR AND SEX

单位：% (%)

受教育程度	Educational Attainment	合计 Total	农、林、牧、渔业 Farming, Forestry, Animal Husbandry and Fishery	采矿业 Mining	制造业 Manufacturing	电力、热力、燃气及水生产和供应业 Production and Supply of Electricity, Heat, Gas and Water	建筑业 Construction	批发和零售业 Wholesale and Retail Trades
总 计	**Total**	**100.0**	**100.0**	**100.0**	**100.0**	**100.0**	**100.0**	**100.0**
未上过学	Illiterate	2.6	7.1	0.5	0.8	0.4	1.1	0.7
小 学	Primary School	17.5	38.7	6.9	10.0	3.8	18.0	7.9
初 中	Junior School	43.3	47.3	43.5	49.4	26.5	59.0	43.8
高 中	Senior School	12.3	5.2	17.0	15.4	18.0	10.3	20.1
中等职业教育	Medium Vocational Education	4.9	0.8	9.0	6.8	8.9	2.7	7.4
高等职业教育	High Vocational Education	1.3	0.1	1.6	1.8	2.5	0.8	2.1
大学专科	College	9.6	0.6	12.7	9.7	22.4	5.0	12.2
大学本科	University	7.7	0.2	8.2	5.6	16.3	3.0	5.6
研究生	Graduate	0.8	0.0	0.5	0.5	1.3	0.1	0.3
男	**Male**	**100.0**	**100.0**	**100.0**	**100.0**	**100.0**	**100.0**	**100.0**
未上过学	Illiterate	1.4	3.9	0.5	0.4	0.3	1.0	0.4
小 学	Primary School	15.1	35.4	7.2	7.8	3.8	17.1	7.6
初 中	Junior School	45.6	51.6	46.7	47.4	29.6	60.9	42.4
高 中	Senior School	14.0	7.0	17.1	17.7	19.1	10.8	21.0
中等职业教育	Medium Vocational Education	5.0	1.0	8.6	7.7	8.6	2.6	6.9
高等职业教育	High Vocational Education	1.4	0.2	1.6	2.0	2.4	0.7	2.2
大学专科	College	9.3	0.7	11.3	10.5	20.3	4.3	12.7
大学本科	University	7.4	0.2	6.7	6.1	14.7	2.5	6.4
研究生	Graduate	0.8	0.0	0.4	0.5	1.3	0.1	0.4
女	**Female**	**100.0**	**100.0**	**100.0**	**100.0**	**100.0**	**100.0**	**100.0**
未上过学	Illiterate	4.2	10.1	0.7	1.3	0.6	2.2	0.9
小 学	Primary School	20.7	41.8	5.5	13.2	3.5	24.4	8.2
初 中	Junior School	40.1	43.3	28.7	52.3	17.1	46.2	44.9
高 中	Senior School	10.1	3.5	16.8	12.2	14.9	6.7	19.4
中等职业教育	Medium Vocational Education	4.7	0.6	10.7	5.6	9.6	3.0	7.7
高等职业教育	High Vocational Education	1.3	0.1	1.9	1.5	3.0	1.0	2.1
大学专科		9.9	0.4	19.4	8.5	28.7	9.7	11.7
大学本科	University	8.2	0.1	15.4	5.0	21.4	6.3	4.8
研究生	Graduate	0.8	0.0	0.8	0.4	1.4	0.4	0.2

1-35 续表 1 continued

单位：% (%)

受教育程度	Educational Attainment	交通运输、仓储和邮政业 Transport, Storage and Post	住宿和餐饮业 Hotels and Catering Services	信息传输、软件和信息技术服务业 Information Transmission, Software and Information Technology	金融业 Finance Inter-mediation	房地产业 Real Estate	租赁和商务服务业 Leasing and Business Services	科学研究和技术服务业 Scientific Research and Technical Services
总 计	**Total**	**100.0**	**100.0**	**100.0**	**100.0**	**100.0**	**100.0**	**100.0**
未上过学	Illiterate	0.5	1.1	0.2	0.1	0.6	0.4	0.2
小 学	Primary School	7.7	10.5	1.1	0.8	6.1	5.5	1.4
初 中	Junior School	49.7	56.1	11.6	10.8	27.7	28.8	10.9
高 中	Senior School	18.0	16.9	11.1	12.0	18.4	15.3	10.2
中等职业教育	Medium Vocational Education	6.7	5.8	7.1	6.3	8.0	6.8	5.2
高等职业教育	High Vocational Education	1.8	1.6	2.1	2.0	2.8	2.4	1.9
大学专科	College	9.9	5.8	30.0	29.7	22.0	21.0	22.9
大学本科	University	5.5	2.2	33.0	34.7	13.7	18.1	38.2
研究生	Graduate	0.3	0.1	3.7	3.7	0.7	1.8	9.3
男	**Male**	**100.0**	**100.0**	**100.0**	**100.0**	**100.0**	**100.0**	**100.0**
未上过学	Illiterate	0.5	0.5	0.1	0.1	0.3	0.3	0.2
小 学	Primary School	7.9	7.3	1.2	0.6	5.6	5.7	1.3
初 中	Junior School	52.7	56.0	12.4	10.6	29.9	32.7	12.2
高 中	Senior School	18.3	19.1	11.0	12.7	20.9	17.0	11.3
中等职业教育	Medium Vocational Education	6.5	6.5	6.5	5.9	7.7	6.6	5.2
高等职业教育	High Vocational Education	1.6	1.9	1.9	1.9	2.9	2.4	1.8
大学专科	College	8.0	6.2	28.9	30.0	19.5	18.1	21.8
大学本科	University	4.2	2.4	34.0	33.9	12.5	15.6	37.0
研究生	Graduate	0.2	0.1	3.9	4.1	0.7	1.6	9.3
女	**Female**	**100.0**	**100.0**	**100.0**	**100.0**	**100.0**	**100.0**	**100.0**
未上过学	Illiterate	0.8	1.5	0.3	0.1	1.2	0.5	0.1
小 学	Primary School	6.7	13.4	1.0	0.9	6.7	5.2	1.6
初 中	Junior School	32.4	56.2	10.3	11.0	24.3	23.2	8.3
高 中	Senior School	16.2	14.9	11.5	11.3	14.4	12.7	8.1
中等职业教育	Medium Vocational Education	7.8	5.1	8.1	6.6	8.4	7.2	5.3
高等职业教育	High Vocational Education	2.5	1.4	2.5	2.1	2.7	2.3	2.0
大学专科		20.6	5.4	31.7	29.4	26.0	25.3	25.0
大学本科	University	12.6	2.1	31.3	35.4	15.5	21.6	40.4
研究生	Graduate	0.4	0.1	3.3	3.3	0.7	2.0	9.3

1-35 续表 2 continued

单位：% (%)

受教育程度	Educational Attainment	水利、环境和公共设施管理业 Management of Water Conservancy, Environment and Public Establishment	居民服务、修理和其他服务业 Services to Household, Repair and Other Services	教育 Education	卫生和社会工作 Health and Social Service	文化、体育和娱乐业 Culture Sports and Entertainment	公共管理、社会保障和社会组织 Public Management, Social Security and Social Organization	国际组织 International Organizations
总　计	**Total**	**100.0**	**100.0**	**100.0**	**100.0**	**100.0**	**100.0**	**100.0**
未上过学	Illiterate	2.7	2.3	0.2	0.3	0.4	0.3	
小　学	Primary School	15.8	14.1	1.8	3.1	4.3	2.5	3.5
初　中	Junior School	34.6	48.9	9.9	11.7	26.1	13.5	38.8
高　中	Senior School	13.8	16.3	7.7	8.6	15.4	13.7	5.0
中等职业教育	Medium Vocational Education	5.1	5.8	7.2	13.3	8.3	6.0	
高等职业教育	High Vocational Education	1.9	1.5	2.5	2.6	2.5	1.9	
大学专科	College	15.2	7.2	24.8	29.6	20.6	28.4	11.4
大学本科	University	10.1	3.7	39.0	27.4	20.3	31.2	26.2
研究生	Graduate	0.7	0.2	6.9	3.5	2.0	2.4	15.0
男	**Male**	**100.0**	**100.0**	**100.0**	**100.0**	**100.0**	**100.0**	**100.0**
未上过学	Illiterate	1.4	1.0	0.2	0.3	0.3	0.2	
小　学	Primary School	13.4	11.4	1.9	3.5	3.4	2.6	4.4
初　中	Junior School	35.6	50.8	9.6	15.5	25.0	14.7	48.7
高　中	Senior School	15.2	18.2	8.6	11.3	17.4	15.0	6.2
中等职业教育	Medium Vocational Education	5.9	6.1	5.9	11.8	9.7	6.0	
高等职业教育	High Vocational Education	1.9	1.7	2.4	1.9	2.7	2.0	
大学专科	College	16.3	7.0	23.8	22.3	20.3	27.6	12.5
大学本科	University	9.5	3.6	38.9	28.3	19.5	29.6	9.4
研究生	Graduate	0.8	0.1	8.7	5.1	1.7	2.3	18.8
女	**Female**	**100.0**	**100.0**	**100.0**	**100.0**	**100.0**	**100.0**	**100.0**
未上过学	Illiterate	5.0	3.8	0.2	0.4	0.5	0.4	
小　学	Primary School	20.1	17.3	1.8	2.9	5.6	2.4	
初　中	Junior School	32.7	46.6	10.2	9.5	27.5	11.2	
高　中	Senior School	11.3	14.0	7.1	7.0	12.9	11.2	
中等职业教育	Medium Vocational Education	3.6	5.5	7.9	14.1	6.5	6.0	
高等职业教育	High Vocational Education	1.9	1.4	2.6	2.9	2.2	1.9	
大学专科		13.4	7.4	25.4	33.7	20.9	30.0	7.4
大学本科	University	11.2	3.8	39.0	26.8	21.4	34.2	92.7
研究生	Graduate	0.7	0.2	5.8	2.7	2.5	2.7	

1-36　全国按职业、性别分的就业人员受教育程度构成
EDUCATIONAL ATTAINMENT COMPOSITION OF EMPLOYMENT BY OCCUPATION AND SEX

单位：%　　(%)

受教育程度	Educational Attainment	合　计 Total	单　位负责人 Unit Heads	专业技术人员 Professional and Technical Personnel	办事人员和有关人员 Clerk and Related Workers	商业、服务业人员 Business Service Personnel	农林牧渔水利业生产人员 Agriculture and Water Conservancy Labors	生产运输设备操作人员及有关人员 Production, Transport Equipment Operators and Related Workers	其　他 Others
总　计	**Total**	**100.0**	**100.0**	**100.0**	**100.0**	**100.0**	**100.0**	**100.0**	**100.0**
未上过学	Illiterate	2.6	0.3	0.5	0.3	1.1	7.1	0.9	1.2
小　学	Primary School	17.5	4.9	3.8	3.9	9.9	38.7	13.5	11.5
初　中	Junior School	43.3	28.8	17.8	20.8	47.2	47.4	57.6	51.7
高　中	Senior School	12.3	18.7	10.6	15.4	18.3	5.2	13.8	17.8
中等职业教育	Medium Vocational Education	4.9	6.1	7.9	7.3	6.8	0.8	5.3	3.9
高等职业教育	High Vocational Education	1.3	2.8	2.3	2.3	1.8	0.1	1.2	1.3
大学专科	College	9.6	19.5	24.4	24.9	10.0	0.5	5.4	7.6
大学本科	University	7.7	17.0	28.6	23.2	4.6	0.2	2.1	4.6
研究生	Graduate	0.8	1.9	4.1	1.8	0.2	0.0	0.1	0.3
男	**Male**	**100.0**	**100.0**	**100.0**	**100.0**	**100.0**	**100.0**	**100.0**	**100.0**
未上过学	Illiterate	1.4	0.2	0.4	0.4	0.6	3.9	0.7	0.9
小　学	Primary School	15.1	4.7	4.4	4.7	8.5	35.6	12.0	9.8
初　中	Junior School	45.6	28.7	22.2	23.8	47.0	51.6	57.4	51.5
高　中	Senior School	14.0	19.3	12.0	16.9	19.6	6.9	14.9	20.5
中等职业教育	Medium Vocational Education	5.0	5.9	7.0	6.8	6.7	1.0	5.7	4.0
高等职业教育	High Vocational Education	1.4	2.8	2.2	2.1	1.9	0.2	1.3	1.4
大学专科	College	9.3	19.4	21.0	22.5	10.4	0.6	5.7	6.5
大学本科	University	7.4	16.8	26.4	21.2	5.1	0.2	2.2	5.0
研究生	Graduate	0.8	2.0	4.3	1.7	0.2	0.0	0.1	0.4
女	**Female**	**100.0**	**100.0**	**100.0**	**100.0**	**100.0**	**100.0**	**100.0**	**100.0**
未上过学	Illiterate	4.2	0.6	0.6	0.3	1.6	10.1	1.7	1.6
小　学	Primary School	20.7	5.2	3.1	2.6	11.3	41.7	17.4	13.7
初　中	Junior School	40.1	28.9	13.3	15.8	47.4	43.4	58.1	52.0
高　中	Senior School	10.1	16.9	9.2	13.0	17.1	3.5	10.7	14.3
中等职业教育	Medium Vocational Education	4.7	6.7	8.8	8.1	6.9	0.6	4.3	3.7
高等职业教育	High Vocational Education	1.3	2.6	2.4	2.7	1.8	0.1	1.0	1.3
大学专科	College	9.9	19.9	27.9	29.0	9.7	0.4	4.6	9.0
大学本科	University	8.2	17.5	30.9	26.5	4.2	0.1	2.0	4.1
研究生	Graduate	0.8	1.7	3.8	2.1	0.2	0.0	0.1	0.2

1-37 全国按受教育程度、性别分的就业人员职业构成
OCCUPATION COMPOSITION OF EMPLOYMENT BY EDUCATIONAL ATTAINMENT AND SEX

单位：% (%)

受教育程度	Educational Attainment	合 计 Total	单 位 负责人 Unit Heads	专业技术人员 Professional and Technical Personnel	办事人员和有关人员 Clerk and Related Workers	商业、服务业人员 Business Service Personnel	农林牧渔水利业生产人员 Agriculture and Water Conservancy Labors	生产运输设备操作人员及有关人员 Production, Transport Equipment Operators and Related Workers	其 他 Others
总 计	**Total**	**100.0**	**2.0**	**11.4**	**9.9**	**25.2**	**27.5**	**23.5**	**0.5**
未上过学	Illiterate	100.0	0.3	2.2	1.3	10.7	76.6	8.7	0.2
小 学	Primary School	100.0	0.6	2.5	2.2	14.5	61.6	18.4	0.3
初 中	Junior School	100.0	1.3	4.7	4.7	27.4	30.0	31.2	0.6
高 中	Senior School	100.0	3.0	9.7	12.2	37.0	11.4	26.0	0.7
中等职业教育	Medium Vocational Education	100.0	2.5	18.1	14.7	34.6	4.4	25.4	0.4
高等职业教育	High Vocational Education	100.0	4.1	19.6	16.9	34.8	2.9	21.3	0.5
大学专科	College	100.0	4.0	28.9	25.7	26.2	1.5	13.3	0.4
大学本科	University	100.0	4.4	42.7	30.1	15.3	0.5	6.6	0.3
研究生	Graduate	100.0	4.9	60.7	23.8	6.7	0.6	3.2	0.2
男	**Male**	**100.0**	**2.6**	**10.2**	**10.9**	**22.0**	**23.5**	**30.3**	**0.5**
未上过学	Illiterate	100.0	0.5	3.1	2.9	9.6	68.9	14.7	0.3
小 学	Primary School	100.0	0.8	3.0	3.4	12.5	55.6	24.3	0.3
初 中	Junior School	100.0	1.6	5.0	5.7	22.7	26.5	38.0	0.6
高 中	Senior School	100.0	3.5	8.7	13.0	30.6	11.5	32.0	0.7
中等职业教育	Medium Vocational Education	100.0	3.0	14.2	14.7	29.1	4.6	34.0	0.4
高等职业教育	High Vocational Education	100.0	5.2	16.2	16.2	30.5	3.1	28.2	0.5
大学专科	College	100.0	5.4	23.1	26.4	24.5	1.6	18.7	0.3
大学本科	University	100.0	5.9	37.0	31.7	15.4	0.6	9.0	0.3
研究生	Graduate	100.0	6.7	57.9	24.4	6.8	0.5	3.4	0.3
女	**Female**	**100.0**	**1.2**	**12.9**	**8.6**	**29.4**	**32.7**	**14.7**	**0.5**
未上过学	Illiterate	100.0	0.2	1.9	0.7	11.1	79.8	6.2	0.2
小 学	Primary School	100.0	0.3	1.9	1.1	16.3	67.4	12.6	0.3
初 中	Junior School	100.0	0.8	4.2	3.4	34.5	35.2	21.2	0.6
高 中	Senior School	100.0	1.9	11.5	10.8	48.5	11.2	15.2	0.7
中等职业教育	Medium Vocational Education	100.0	1.6	23.6	14.6	42.3	4.1	13.3	0.4
高等职业教育	High Vocational Education	100.0	2.4	24.3	18.0	40.7	2.5	11.6	0.5
大学专科	College	100.0	2.4	35.9	24.9	28.4	1.2	6.7	0.5
大学本科	University	100.0	2.6	49.4	28.3	15.3	0.5	3.7	0.3
研究生	Graduate	100.0	2.6	64.2	23.0	6.6	0.6	2.9	0.1

1-38 全国按年龄、性别分的就业人员就业身份构成
COMPOSITION OF EMPLOYMENT STATUS BY AGE AND SEX

单位：% (%)

年龄 Age	合 计 Total	雇 员 Employee	雇 主 Employer	自营劳动者 Self-employed	家庭帮工 Unpaid Familial Worker
总计 Total	**100.0**	**56.4**	**2.8**	**37.7**	**3.0**
16-19	100.0	73.9	0.6	20.3	5.2
20-24	100.0	79.3	1.2	16.6	2.9
25-29	100.0	73.7	2.5	20.9	2.9
30-34	100.0	68.4	3.5	25.6	2.5
35-39	100.0	62.6	4.1	30.9	2.5
40-44	100.0	57.2	3.8	36.4	2.6
45-49	100.0	53.3	3.3	40.6	2.8
50-54	100.0	46.3	2.9	47.8	3.0
55-59	100.0	37.3	1.9	57.0	3.8
60-64	100.0	21.4	1.2	73.1	4.3
65+	100.0	11.2	0.7	82.7	5.4
男 Male	**100.0**	**59.2**	**3.5**	**35.9**	**1.5**
16-19	100.0	72.0	0.6	22.2	5.2
20-24	100.0	78.8	1.4	17.1	2.7
25-29	100.0	74.4	2.9	20.9	1.8
30-34	100.0	69.1	4.4	25.6	0.9
35-39	100.0	63.3	5.1	30.9	0.7
40-44	100.0	59.0	4.7	35.6	0.8
45-49	100.0	56.8	4.2	38.0	0.9
50-54	100.0	54.2	3.6	41.1	1.2
55-59	100.0	48.2	2.5	47.5	1.8
60-64	100.0	28.9	1.7	67.0	2.5
65+	100.0	14.6	1.0	80.9	3.5
女 Female	**100.0**	**52.8**	**2.0**	**40.1**	**5.1**
16-19	100.0	76.7	0.5	17.6	5.2
20-24	100.0	80.1	0.8	15.9	3.2
25-29	100.0	72.7	1.9	21.0	4.3
30-34	100.0	67.5	2.5	25.6	4.4
35-39	100.0	61.7	2.8	30.8	4.7
40-44	100.0	55.1	2.7	37.5	4.7
45-49	100.0	48.9	2.2	43.7	5.2
50-54	100.0	34.1	1.8	58.2	5.9
55-59	100.0	19.3	1.0	72.6	7.0
60-64	100.0	11.3	0.5	81.4	6.8
65+	100.0	6.2	0.4	85.3	8.1

1-39 全国按就业身份、性别分的就业人员年龄构成
AGE COMPOSITION OF EMPLOYMENT BY EMPLOYMENT STATUS AND SEX

单位：% (%)

年龄 Age	合 计 Total	雇 员 Employee	雇 主 Employer	自营劳动者 Self-employed	家庭帮工 Unpaid Familial Worker
总计 Total	**100.0**	**100.0**	**100.0**	**100.0**	**100.0**
16-19	1.4	1.8	0.3	0.7	2.4
20-24	7.5	10.6	3.1	3.3	7.3
25-29	12.9	16.8	11.4	7.1	12.2
30-34	12.8	15.5	16.0	8.7	10.6
35-39	11.3	12.5	16.2	9.2	9.3
40-44	14.7	14.9	19.6	14.2	12.4
45-49	12.7	12.0	14.8	13.7	11.9
50-54	11.1	9.1	11.3	14.1	11.2
55-59	5.8	3.8	4.0	8.8	7.2
60-64	5.3	2.0	2.2	10.2	7.5
65+	4.5	0.9	1.2	9.9	8.1
男 Male	**100.0**	**100.0**	**100.0**	**100.0**	**100.0**
16-19	1.4	1.8	0.3	0.9	5.1
20-24	7.6	10.2	3.1	3.6	14.0
25-29	12.8	16.2	10.8	7.5	15.4
30-34	12.4	14.5	15.5	8.9	7.8
35-39	11.0	11.7	16.0	9.5	5.3
40-44	14.1	14.1	18.9	14.0	7.5
45-49	12.3	11.8	15.0	13.0	7.4
50-54	11.9	10.9	12.1	13.6	9.5
55-59	6.3	5.2	4.5	8.4	7.6
60-64	5.3	2.6	2.5	9.9	9.0
65+	4.8	1.2	1.3	10.7	11.4
女 Female	**100.0**	**100.0**	**100.0**	**100.0**	**100.0**
16-19	1.3	1.9	0.3	0.6	1.3
20-24	7.4	11.2	3.2	2.9	4.7
25-29	13.0	17.8	12.8	6.8	11.0
30-34	13.3	17.1	17.2	8.5	11.6
35-39	11.7	13.6	16.4	8.9	10.8
40-44	15.4	16.1	21.3	14.4	14.3
45-49	13.2	12.2	14.5	14.4	13.6
50-54	10.2	6.6	9.4	14.7	11.9
55-59	5.1	1.9	2.7	9.2	7.0
60-64	5.2	1.1	1.4	10.5	6.9
65+	4.2	0.5	0.8	9.0	6.8

1-40 全国按受教育程度、性别分的就业人员就业身份构成
COMPOSITION OF EMPLOYMENT STATUS BY EDUCATIONAL ATTAINMENT AND SEX

单位：% (%)

受教育程度	Educational Attainment	合 计 Total	雇 员 Employee	雇 主 Employer	自营劳动者 SelfEmployed	家庭帮工 Unpaid Familial Worker
总 计	**Total**	**100.0**	**56.4**	**2.8**	**37.7**	**3.0**
未上过学	Illiterate	100.0	14.8	0.7	78.4	6.1
小 学	Primary School	100.0	26.1	1.3	68.1	4.5
初 中	Junior School	100.0	50.1	3.1	43.4	3.4
高 中	Senior School	100.0	67.3	4.5	25.3	2.9
中等职业教育	Medium Vocational Education	100.0	80.7	3.2	14.2	2.0
高等职业教育	High Vocational Education	100.0	81.3	4.2	12.6	1.9
大学专科	College	100.0	88.6	3.1	7.2	1.1
大学本科	University	100.0	93.9	2.0	3.6	0.5
研究生	Graduate	100.0	96.6	1.3	2.0	0.1
男	**Male**	**100.0**	**59.2**	**3.5**	**35.9**	**1.5**
未上过学	Illiterate	100.0	22.2	1.3	72.9	3.5
小 学	Primary School	100.0	31.2	1.8	64.7	2.3
初 中	Junior School	100.0	52.7	3.7	42.1	1.5
高 中	Senior School	100.0	66.6	5.1	26.8	1.6
中等职业教育	Medium Vocational Education	100.0	79.4	3.6	15.8	1.2
高等职业教育	High Vocational Education	100.0	79.5	5.0	14.1	1.3
大学专科	College	100.0	87.1	3.8	8.4	0.8
大学本科	University	100.0	92.6	2.6	4.4	0.4
研究生	Graduate	100.0	96.1	1.7	2.0	0.1
女	**Female**	**100.0**	**52.8**	**2.0**	**40.1**	**5.1**
未上过学	Illiterate	100.0	11.6	0.5	80.8	7.1
小 学	Primary School	100.0	21.1	0.9	71.3	6.7
初 中	Junior School	100.0	46.1	2.3	45.3	6.2
高 中	Senior School	100.0	68.5	3.6	22.7	5.2
中等职业教育	Medium Vocational Education	100.0	82.4	2.5	11.9	3.2
高等职业教育	High Vocational Education	100.0	83.8	3.2	10.4	2.6
大学专科	College	100.0	90.6	2.1	5.8	1.5
大学本科	University	100.0	95.5	1.2	2.6	0.6
研究生	Graduate	100.0	97.2	0.7	1.9	0.2

1-41 全国按就业身份、性别分的就业人员受教育程度构成
EDUCATIONAL ATTAINMENT COMPOSITION BY EMPLOYMENT STATUS AND SEX

单位：% (%)

受教育程度	Educational Attainment	合　计 Total	雇　员 Employee	雇　主 Employer	自营劳动者 SelfEmployed	家庭帮工 Unpaid Familial Worker
总　计	**Total**	**100.0**	**100.0**	**100.0**	**100.0**	**100.0**
未上过学	Illiterate	2.6	0.7	0.6	5.4	5.2
小　学	Primary School	17.5	8.1	8.2	31.6	26.2
初　中	Junior School	43.3	38.4	47.8	49.8	48.1
高　中	Senior School	12.3	14.7	19.8	8.3	11.6
中等职业教育	Medium Vocational Education	4.9	6.9	5.4	1.8	3.2
高等职业教育	High Vocational Education	1.3	1.9	2.0	0.4	0.8
大学专科	College	9.6	15.1	10.4	1.8	3.4
大学本科	University	7.7	12.9	5.3	0.7	1.3
研究生	Graduate	0.8	1.3	0.4	0.0	0.0
男	**Male**	**100.0**	**100.0**	**100.0**	**100.0**	**100.0**
未上过学	Illiterate	1.4	0.5	0.5	2.8	3.3
小　学	Primary School	15.1	8.0	7.7	27.3	24.1
初　中	Junior School	45.6	40.7	48.3	53.6	45.5
高　中	Senior School	14.0	15.8	20.3	10.5	14.9
中等职业教育	Medium Vocational Education	5.0	6.7	5.2	2.2	3.9
高等职业教育	High Vocational Education	1.4	1.9	2.0	0.5	1.3
大学专科	College	9.3	13.7	10.2	2.2	4.9
大学本科	University	7.4	11.5	5.5	0.9	2.1
研究生	Graduate	0.8	1.3	0.4	0.0	0.1
女	**Female**	**100.0**	**100.0**	**100.0**	**100.0**	**100.0**
未上过学	Illiterate	4.2	0.9	1.0	8.5	6.0
小　学	Primary School	20.7	8.3	9.5	36.7	27.0
初　中	Junior School	40.1	35.1	46.9	45.3	49.1
高　中	Senior School	10.1	13.1	18.6	5.7	10.4
中等职业教育	Medium Vocational Education	4.7	7.3	5.9	1.4	3.0
高等职业教育	High Vocational Education	1.3	2.0	2.1	0.3	0.7
大学专科	College	9.9	17.1	10.8	1.4	2.9
大学本科	University	8.2	14.8	5.0	0.5	1.0
研究生	Graduate	0.8	1.5	0.3	0.0	0.0

1-42 城镇按年龄、性别分的就业人员就业身份构成
COMPOSITION OF URBAN EMPLOYMENT STATUS BY AGE AND SEX

单位：% (%)

年龄 Age	合 计 Total	雇 员 Employee	雇 主 Employer	自营劳动者 SelfEmployed	家庭帮工 Unpaid Familial Worker
总计 Total	**100.0**	**73.3**	**4.0**	**20.0**	**2.7**
16-19	100.0	85.4	0.7	8.7	5.1
20-24	100.0	87.4	1.4	8.3	2.9
25-29	100.0	82.1	3.1	12.1	2.6
30-34	100.0	77.8	4.4	15.7	2.1
35-39	100.0	74.4	4.8	18.7	2.1
40-44	100.0	71.9	5.0	20.8	2.3
45-49	100.0	70.0	4.6	22.8	2.6
50-54	100.0	66.6	4.2	26.2	3.0
55-59	100.0	62.3	3.4	30.6	3.6
60-64	100.0	39.6	2.5	51.5	6.4
65+	100.0	25.9	1.9	65.1	7.1
男 Male	**100.0**	**73.3**	**4.7**	**20.8**	**1.3**
16-19	100.0	82.8	0.8	11.1	5.4
20-24	100.0	85.7	1.7	9.5	3.0
25-29	100.0	81.1	3.7	13.5	1.7
30-34	100.0	76.5	5.3	17.4	0.7
35-39	100.0	73.0	5.9	20.6	0.6
40-44	100.0	70.8	6.0	22.5	0.6
45-49	100.0	70.2	5.6	23.5	0.7
50-54	100.0	70.8	4.7	23.5	1.0
55-59	100.0	70.3	3.7	24.5	1.5
60-64	100.0	47.9	3.2	45.5	3.4
65+	100.0	31.2	2.1	62.2	4.5
女 Female	**100.0**	**73.4**	**3.0**	**18.9**	**4.7**
16-19	100.0	89.1	0.7	5.3	4.8
20-24	100.0	89.4	1.1	6.8	2.7
25-29	100.0	83.3	2.5	10.4	3.7
30-34	100.0	79.4	3.3	13.6	3.7
35-39	100.0	76.2	3.5	16.3	4.0
40-44	100.0	73.1	3.7	18.7	4.4
45-49	100.0	69.8	3.2	21.9	5.1
50-54	100.0	58.5	3.3	31.5	6.8
55-59	100.0	40.1	2.6	47.8	9.5
60-64	100.0	25.4	1.4	61.8	11.4
65+	100.0	16.8	1.5	70.1	11.6

1-43 城镇按就业身份、性别分的就业人员年龄构成 AGE COMPOSITION OF URBAN EMPLOYMENT BY EMPLOYMENT STATUS AND SEX

单位：% (%)

年龄 Age	合计 Total	雇员 Employee	雇主 Employer	自营劳动者 SelfEmployed	家庭帮工 Unpaid Familial Worker
总计 Total	**100.0**	**100.0**	**100.0**	**100.0**	**100.0**
16-19	1.1	1.2	0.2	0.5	2.0
20-24	7.9	9.4	2.9	3.3	8.4
25-29	14.7	16.5	11.7	8.9	14.2
30-34	15.8	16.7	17.4	12.4	12.2
35-39	13.2	13.4	16.1	12.3	10.2
40-44	15.8	15.5	19.9	16.5	13.6
45-49	13.1	12.5	15.1	15.0	12.7
50-54	10.2	9.3	10.8	13.4	11.2
55-59	4.2	3.5	3.6	6.4	5.6
60-64	2.4	1.3	1.5	6.3	5.7
65+	1.6	0.6	0.8	5.1	4.1
男 Male	**100.0**	**100.0**	**100.0**	**100.0**	**100.0**
16-19	1.1	1.2	0.2	0.6	4.6
20-24	7.6	8.9	2.8	3.5	18.2
25-29	14.1	15.6	11.0	9.2	18.9
30-34	14.9	15.6	16.9	12.5	8.7
35-39	12.7	12.7	15.9	12.6	5.7
40-44	15.2	14.7	19.5	16.5	7.7
45-49	12.9	12.4	15.4	14.6	7.0
50-54	11.7	11.3	11.7	13.3	9.6
55-59	5.3	5.1	4.2	6.3	6.4
60-64	2.7	1.7	1.8	5.8	7.2
65+	1.7	0.7	0.8	5.2	6.0
女 Female	**100.0**	**100.0**	**100.0**	**100.0**	**100.0**
16-19	1.0	1.3	0.3	0.3	1.1
20-24	8.3	10.1	3.0	3.0	4.8
25-29	15.5	17.6	13.2	8.5	12.4
30-34	16.9	18.3	18.6	12.1	13.6
35-39	13.9	14.4	16.6	12.0	11.9
40-44	16.6	16.6	21.0	16.4	15.8
45-49	13.5	12.8	14.5	15.6	14.8
50-54	8.1	6.5	8.9	13.5	11.8
55-59	2.6	1.4	2.3	6.6	5.3
60-64	2.1	0.7	1.0	7.0	5.2
65+	1.4	0.3	0.7	5.1	3.4

1-44 城镇按受教育程度、性别分的就业人员就业身份构成
COMPOSITION OF URBAN EMPLOYMENT STATUS BY EDUCATIONAL ATTAINMENT AND SEX

单位：% (%)

受教育程度	Educational Attainment	合 计 Total	雇 员 Employee	雇 主 Employer	自营劳动者 SelfEmployed	家庭帮工 Unpaid Familial Worker
总 计	**Total**	**100.0**	**73.3**	**4.0**	**20.0**	**2.7**
未上过学	Illiterate	100.0	32.5	2.4	57.9	7.3
小 学	Primary School	100.0	44.4	3.1	46.8	5.7
初 中	Junior School	100.0	62.0	4.7	29.3	3.9
高 中	Senior School	100.0	73.3	5.4	18.6	2.7
中等职业教育	Medium Vocational Education	100.0	82.8	3.6	11.6	2.0
高等职业教育	High Vocational Education	100.0	82.2	4.8	11.2	1.8
大学专科	College	100.0	89.4	3.3	6.4	0.9
大学本科	University	100.0	94.1	2.0	3.4	0.4
研究生	Graduate	100.0	96.9	1.3	1.6	0.1
男	**Male**	**100.0**	**73.3**	**4.7**	**20.8**	**1.3**
未上过学	Illiterate	100.0	41.6	4.2	51.0	3.2
小 学	Primary School	100.0	48.2	3.8	45.5	2.5
初 中	Junior School	100.0	62.7	5.4	30.2	1.7
高 中	Senior School	100.0	72.7	6.0	19.9	1.4
中等职业教育	Medium Vocational Education	100.0	81.6	4.2	13.2	1.0
高等职业教育	High Vocational Education	100.0	80.6	5.5	12.8	1.0
大学专科	College	100.0	87.9	4.0	7.5	0.6
大学本科	University	100.0	92.8	2.7	4.2	0.3
研究生	Graduate	100.0	96.4	1.8	1.7	0.1
女	**Female**	**100.0**	**73.4**	**3.0**	**18.9**	**4.7**
未上过学	Illiterate	100.0	28.0	1.4	61.2	9.3
小 学	Primary School	100.0	40.4	2.5	48.1	9.0
初 中	Junior School	100.0	61.0	3.7	28.0	7.3
高 中	Senior School	100.0	74.4	4.4	16.2	5.1
中等职业教育	Medium Vocational Education	100.0	84.4	2.8	9.5	3.2
高等职业教育	High Vocational Education	100.0	84.5	3.7	8.8	3.0
大学专科	College	100.0	91.3	2.4	5.1	1.3
大学本科	University	100.0	95.8	1.2	2.4	0.6
研究生	Graduate	100.0	97.6	0.8	1.5	0.1

1-45 城镇按就业身份、性别分的就业人员受教育程度构成
EDUCATIONAL ATTAINMENT COMPOSITION OF URBAN EMPLOYMENT BY EMPLOYMENT STATUS AND SEX

单位：% (%)

受教育程度	Educational Attainment	合 计 Total	雇 员 Employee	雇 主 Employer	自营劳动者 SelfEmployed	家庭帮工 Unpaid Familial Worker
总 计	**Total**	**100.0**	**100.0**	**100.0**	**100.0**	**100.0**
未上过学	Illiterate	1.0	0.4	0.6	2.8	2.6
小 学	Primary School	8.1	4.9	6.4	18.9	16.9
初 中	Junior School	34.4	29.1	41.2	50.4	49.6
高 中	Senior School	16.3	16.3	22.3	15.1	16.5
中等职业教育	Medium Vocational Education	7.2	8.1	6.5	4.2	5.2
高等职业教育	High Vocational Education	2.1	2.3	2.5	1.2	1.4
大学专科	College	15.9	19.4	13.2	5.1	5.5
大学本科	University	13.7	17.6	7.0	2.3	2.2
研究生	Graduate	1.5	1.9	0.5	0.1	0.1
男	**Male**	**100.0**	**100.0**	**100.0**	**100.0**	**100.0**
未上过学	Illiterate	0.5	0.3	0.5	1.3	1.3
小 学	Primary School	7.2	4.7	5.8	15.7	14.2
初 中	Junior School	35.6	30.5	41.1	51.7	46.1
高 中	Senior School	17.9	17.7	22.9	17.2	19.6
中等职业教育	Medium Vocational Education	7.1	7.9	6.3	4.5	5.8
高等职业教育	High Vocational Education	2.1	2.3	2.5	1.3	1.7
大学专科	College	15.3	18.3	13.0	5.5	7.6
大学本科	University	12.9	16.4	7.4	2.6	3.5
研究生	Graduate	1.4	1.9	0.5	0.1	0.1
女	**Female**	**100.0**	**100.0**	**100.0**	**100.0**	**100.0**
未上过学	Illiterate	1.5	0.6	0.7	4.9	3.0
小 学	Primary School	9.3	5.1	7.8	23.6	17.9
初 中	Junior School	32.7	27.2	41.3	48.3	50.9
高 中	Senior School	14.1	14.3	20.8	12.1	15.3
中等职业教育	Medium Vocational Education	7.2	8.3	6.9	3.7	5.0
高等职业教育	High Vocational Education	2.0	2.3	2.5	0.9	1.3
大学专科	College	16.8	20.9	13.4	4.5	4.7
大学本科	University	14.8	19.3	6.2	1.9	1.8
研究生	Graduate	1.5	2.0	0.4	0.1	0.0

1-46　城镇按年龄、性别分的就业人员行业构成
SECTOR COMPOSITION OF URBAN EMPLOYMENT BY AGE AND SEX

单位：%　　　　　　　　　　　　　　　　　　　　　　　　(%)

年龄　Age	合　计 Total	农、林、牧、渔业 Farming, Forestry, Animal Husbandry and Fishery	采矿业 Mining	制造业 Manufacturing	电力、热力、燃气及水生产和供应业 Production and Supply of Electricity, Heat, Gas and Water	建筑业 Construction	批发和零售业 Wholesale and Retail Trades
总计　Total	**100.0**	**7.8**	**1.6**	**20.0**	**1.5**	**7.2**	**18.1**
16-19	100.0	5.3	0.2	28.0	0.0	4.0	19.6
20-24	100.0	2.9	0.6	23.3	0.9	5.9	19.5
25-29	100.0	3.0	1.3	22.2	1.2	6.4	20.3
30-34	100.0	3.3	1.4	21.4	1.6	5.9	20.6
35-39	100.0	4.4	1.7	20.2	1.7	6.6	20.1
40-44	100.0	6.0	2.2	20.1	1.9	8.3	18.6
45-49	100.0	8.3	2.2	19.7	1.9	8.6	16.9
50-54	100.0	12.4	2.2	17.1	1.7	9.2	13.9
55-59	100.0	19.4	1.4	14.9	1.9	8.2	11.5
60-64	100.0	40.4	0.4	10.5	0.5	7.9	10.5
65+	100.0	56.8	0.3	7.4	0.3	3.9	8.9
男　Male	**100.0**	**6.7**	**2.2**	**21.2**	**2.0**	**10.7**	**14.5**
16-19	100.0	6.6	0.3	31.8	0.0	6.3	13.3
20-24	100.0	3.0	0.9	26.6	1.3	8.8	16.2
25-29	100.0	2.7	1.8	25.1	1.6	9.7	16.1
30-34	100.0	3.0	1.9	23.0	2.0	9.1	16.5
35-39	100.0	3.8	2.4	21.2	2.1	9.9	15.7
40-44	100.0	5.1	2.9	20.5	2.4	12.4	14.3
45-49	100.0	6.6	3.1	19.9	2.3	12.8	13.8
50-54	100.0	8.7	3.0	18.5	2.2	12.5	12.1
55-59	100.0	12.9	1.8	16.4	2.5	10.5	10.4
60-64	100.0	31.8	0.7	12.6	0.8	12.0	10.2
65+	100.0	51.2	0.4	8.4	0.5	5.8	9.1
女　Female	**100.0**	**9.4**	**0.8**	**18.2**	**1.0**	**2.5**	**23.1**
16-19	100.0	3.5	0.1	22.5	0.1	0.8	28.7
20-24	100.0	2.8	0.3	19.0	0.5	2.3	23.5
25-29	100.0	3.5	0.7	18.7	0.8	2.3	25.4
30-34	100.0	3.6	0.8	19.5	1.1	2.1	25.7
35-39	100.0	5.1	0.9	19.1	1.2	2.4	25.6
40-44	100.0	7.1	1.3	19.7	1.3	3.1	24.0
45-49	100.0	10.5	1.0	19.5	1.3	3.0	20.9
50-54	100.0	19.7	0.6	14.4	0.8	2.6	17.5
55-59	100.0	37.6	0.4	10.7	0.3	1.9	14.7
60-64	100.0	55.1	0.1	6.9	0.1	0.9	10.8
65+	100.0	66.3	0.0	5.9	0.0	0.5	8.6

1-46 续表 1 continued

单位：% (%)

年龄 Age	交通运输、仓储和邮政业 Transport, Storage and Post	住宿和餐饮业 Hotels and Catering Services	信息传输、软件和信息技术服务业 Information Transmission, Software and Information Technology	金融业 Finance Inter-mediation	房地产业 Real Estate	租赁和商务服务业 Leasing and Business Services	科学研究和技术服务业 Scientific Research and Technical Services
总计 Total	**5.9**	**5.3**	**2.0**	**2.8**	**1.7**	**2.3**	**0.8**
16-19	2.5	15.7	1.6	0.8	1.1	1.7	0.3
20-24	4.4	6.9	3.9	3.8	2.0	3.2	0.9
25-29	5.1	5.3	3.5	4.2	1.8	3.2	1.1
30-34	5.6	5.2	3.1	3.6	1.6	2.7	1.2
35-39	6.4	5.1	2.0	2.5	1.5	2.2	1.0
40-44	7.0	5.2	1.2	2.5	1.3	1.8	0.7
45-49	6.9	5.4	0.9	2.4	1.5	1.8	0.7
50-54	6.5	4.7	0.6	1.8	1.8	1.7	0.7
55-59	5.8	4.2	0.5	1.4	2.3	1.9	0.7
60-64	2.4	3.4	0.2	0.4	1.8	1.5	0.2
65+	1.4	1.6	0.2	0.2	1.1	1.1	0.2
男 Male	**8.4**	**4.4**	**2.2**	**2.4**	**1.7**	**2.3**	**1.0**
16-19	3.1	17.3	1.4	0.5	1.4	1.6	0.4
20-24	5.6	7.2	4.1	3.2	2.1	2.9	1.1
25-29	7.3	5.1	3.8	3.6	1.8	3.0	1.1
30-34	8.2	4.8	3.6	3.1	1.7	2.6	1.3
35-39	9.7	4.4	2.3	2.1	1.5	2.2	1.2
40-44	10.4	3.8	1.3	2.2	1.4	1.9	0.8
45-49	10.1	3.5	1.0	2.1	1.5	1.8	0.7
50-54	8.9	3.3	0.7	1.7	1.9	2.0	0.8
55-59	7.4	3.1	0.5	1.6	2.7	2.2	0.9
60-64	3.6	2.8	0.2	0.4	2.3	1.8	0.3
65+	2.0	1.6	0.2	0.3	1.3	1.3	0.3
女 Female	**2.4**	**6.5**	**1.8**	**3.3**	**1.5**	**2.3**	**0.7**
16-19	1.7	13.4	1.9	1.1	0.6	1.8	0.2
20-24	2.8	6.5	3.7	4.5	1.9	3.5	0.7
25-29	2.4	5.5	3.2	4.8	1.9	3.4	1.0
30-34	2.4	5.7	2.5	4.1	1.5	2.7	1.0
35-39	2.3	6.0	1.7	3.0	1.6	2.2	0.7
40-44	2.8	7.0	1.0	2.9	1.3	1.7	0.5
45-49	2.7	8.0	0.7	2.8	1.5	1.7	0.5
50-54	1.8	7.5	0.4	2.1	1.6	1.3	0.5
55-59	1.1	7.1	0.2	0.7	1.4	1.2	0.4
60-64	0.5	4.4	0.1	0.3	1.1	1.0	0.1
65+	0.2	1.7	0.2	0.1	0.6	0.7	0.0

1-46 续表 2 continued

单位：% (%)

年龄 Age	水利、环境和公共设施管理业 Management of Water Conservancy Environment and Public Establishment	居民服务、修理和其他服务业 Services to Household, Repair and Other Services	教 育 Education	卫生和社会工作 Health and Social Service	文化、体育和娱乐业 Culture Sports and Entertainment	公共管理、社会保障和社会组织 Public Management, Social Security and Social Organization	国际组织 International Organizations
总计 Total	**0.8**	**5.8**	**5.4**	**3.1**	**1.1**	**6.9**	**0.0**
16-19	0.3	10.2	2.9	2.6	1.5	1.5	
20-24	0.5	6.3	4.9	3.8	1.9	4.3	
25-29	0.5	5.3	4.6	3.7	1.5	5.8	0.0
30-34	0.5	5.2	5.8	3.5	1.4	6.4	0.0
35-39	0.8	5.1	7.1	3.3	1.0	7.3	0.0
40-44	0.8	5.6	5.6	2.8	0.9	7.7	0.0
45-49	0.9	5.7	5.3	2.6	0.8	7.7	
50-54	1.0	6.1	5.8	2.7	0.8	9.1	0.0
55-59	1.4	7.0	4.5	2.5	0.9	9.6	
60-64	1.9	9.2	1.9	2.1	0.5	4.3	0.0
65+	1.4	8.6	1.1	2.2	0.5	2.8	0.0
男 Male	**0.8**	**5.4**	**3.5**	**1.9**	**1.1**	**7.7**	**0.0**
16-19	0.5	11.2	0.5	0.3	1.7	1.8	
20-24	0.5	7.1	1.6	1.3	1.9	4.6	
25-29	0.5	5.4	2.1	1.5	1.6	6.1	
30-34	0.6	5.2	3.3	1.9	1.4	6.8	0.0
35-39	0.8	4.9	4.5	2.3	1.0	8.1	0.0
40-44	0.7	4.8	3.9	1.9	0.9	8.6	0.0
45-49	0.9	4.6	4.0	1.8	0.7	8.6	
50-54	1.0	5.0	4.8	2.0	0.7	10.0	0.0
55-59	1.4	6.2	4.9	2.3	0.9	11.6	
60-64	1.9	8.5	2.4	2.1	0.4	5.4	0.0
65+	1.4	8.2	1.4	2.5	0.6	3.6	0.0
女 Female	**0.7**	**6.3**	**7.9**	**4.8**	**1.2**	**5.8**	**0.0**
16-19	0.1	8.9	6.3	5.8	1.3	1.2	
20-24	0.5	5.4	9.0	7.1	2.0	4.1	
25-29	0.4	5.3	7.7	6.3	1.4	5.5	0.0
30-34	0.4	5.2	8.9	5.3	1.4	5.9	
35-39	0.7	5.3	10.3	4.5	1.1	6.4	
40-44	0.8	6.5	7.7	3.9	0.9	6.7	0.0
45-49	0.8	7.0	6.9	3.6	0.9	6.6	
50-54	0.9	8.4	7.7	4.0	0.9	7.1	
55-59	1.5	9.4	3.5	3.2	0.9	3.9	
60-64	2.1	10.5	1.1	2.0	0.5	2.3	
65+	1.5	9.4	0.7	1.7	0.4	1.4	

1-47 城镇按行业、性别分的就业人员年龄构成
AGE COMPOSITION OF URBAN EMPLOYMENT BY SECTOR AND SEX

单位：% (%)

年龄 Age	合计 Total	农、林、牧、渔业 Farming, Forestry, Animal Husbandry and Fishery	采矿业 Mining	制造业 Manufacturing	电力、热力、燃气及水生产和供应业 Production and Supply of Electricity, Heat, Gas and Water	建筑业 Construction	批发和零售业 Wholesale and Retail Trades
总计 Total	**100.0**	**100.0**	**100.0**	**100.0**	**100.0**	**100.0**	**100.0**
16-19	1.1	0.7	0.1	1.5	0.0	0.6	1.2
20-24	7.9	2.9	3.0	9.2	4.8	6.5	8.5
25-29	14.7	5.7	11.8	16.4	11.7	12.9	16.5
30-34	15.8	6.6	13.6	16.9	16.1	13.0	18.0
35-39	13.2	7.4	14.0	13.4	14.3	12.1	14.7
40-44	15.8	12.1	21.3	15.9	19.6	18.1	16.3
45-49	13.1	13.9	17.8	13.0	15.8	15.6	12.3
50-54	10.2	16.2	13.8	8.7	11.4	13.0	7.8
55-59	4.2	10.3	3.6	3.1	5.1	4.8	2.6
60-64	2.4	12.6	0.7	1.3	0.8	2.7	1.4
65+	1.6	11.4	0.3	0.6	0.3	0.8	0.8
男 Male	**100.0**	**100.0**	**100.0**	**100.0**	**100.0**	**100.0**	**100.0**
16-19	1.1	1.1	0.1	1.6	0.0	0.6	1.0
20-24	7.6	3.4	3.1	9.6	4.9	6.3	8.5
25-29	14.1	5.6	11.5	16.6	11.4	12.7	15.7
30-34	14.9	6.7	12.8	16.2	15.1	12.7	17.0
35-39	12.7	7.3	13.4	12.7	13.6	11.8	13.8
40-44	15.2	11.6	20.0	14.7	18.6	17.7	15.1
45-49	12.9	12.8	17.9	12.1	15.1	15.4	12.3
50-54	11.7	15.4	15.8	10.2	13.1	13.7	9.8
55-59	5.3	10.2	4.2	4.1	6.7	5.2	3.8
60-64	2.7	12.7	0.8	1.6	1.0	3.0	1.9
65+	1.7	13.2	0.3	0.7	0.5	0.9	1.1
女 Female	**100.0**	**100.0**	**100.0**	**100.0**	**100.0**	**100.0**	**100.0**
16-19	1.0	0.4	0.1	1.3	0.1	0.4	1.3
20-24	8.3	2.5	2.6	8.6	4.6	7.7	8.4
25-29	15.5	5.7	12.9	15.9	12.6	14.3	17.1
30-34	16.9	6.6	16.5	18.1	18.7	14.7	18.8
35-39	13.9	7.5	16.5	14.5	16.3	13.6	15.4
40-44	16.6	12.6	26.1	18.0	22.3	20.9	17.3
45-49	13.5	15.0	17.5	14.4	17.8	16.7	12.2
50-54	8.1	17.0	6.4	6.4	6.6	8.7	6.2
55-59	2.6	10.4	1.2	1.5	0.8	2.0	1.7
60-64	2.1	12.5	0.2	0.8	0.2	0.8	1.0
65+	1.4	9.7	0.1	0.4	0.0	0.3	0.5

1-47　续表 1　continued

单位：%　　(%)

年龄 Age	交通运输、仓储和邮政业 Transport, Storage and Post	住宿和餐饮业 Hotels and Catering Services	信息传输、软件和信息技术服务业 Information Transmission, Software and Information Technology	金融业 Finance Inter-mediation	房地产业 Real Estate	租赁和商务服务业 Leasing and Business Services	科学研究和技术服务业 Scientific Research and Technical Services
总计　Total	**100.0**	**100.0**	**100.0**	**100.0**	**100.0**	**100.0**	**100.0**
16-19	0.5	3.2	0.9	0.3	0.7	0.8	0.4
20-24	5.9	10.3	15.6	10.7	9.7	11.0	8.5
25-29	12.9	14.7	26.1	22.1	16.4	20.5	18.4
30-34	15.0	15.5	24.8	20.3	15.5	18.4	21.9
35-39	14.4	12.8	13.2	11.9	12.4	12.7	15.0
40-44	18.9	15.6	9.2	14.1	12.9	12.7	12.3
45-49	15.5	13.5	5.8	11.2	11.7	10.4	10.2
50-54	11.4	9.1	3.2	6.8	11.2	7.7	8.7
55-59	4.1	3.3	1.0	2.1	5.9	3.5	3.6
60-64	1.0	1.6	0.2	0.3	2.7	1.6	0.6
65+	0.4	0.5	0.1	0.1	1.0	0.8	0.4
男　Male	**100.0**	**100.0**	**100.0**	**100.0**	**100.0**	**100.0**	**100.0**
16-19	0.4	4.3	0.7	0.2	0.9	0.8	0.5
20-24	5.1	12.4	14.5	10.2	9.4	9.8	8.5
25-29	12.3	16.3	25.1	21.5	14.8	18.5	16.2
30-34	14.6	16.2	25.3	19.5	14.5	17.0	20.6
35-39	14.7	12.7	13.4	11.0	11.3	12.3	15.5
40-44	18.8	13.1	9.2	13.7	12.2	13.0	12.4
45-49	15.6	10.2	6.2	11.1	11.0	10.5	10.1
50-54	12.5	8.8	4.0	8.5	12.9	10.1	10.3
55-59	4.7	3.8	1.3	3.6	8.2	5.0	4.7
60-64	1.1	1.7	0.2	0.5	3.5	2.0	0.8
65+	0.4	0.6	0.1	0.2	1.3	1.0	0.5
女　Female	**100.0**	**100.0**	**100.0**	**100.0**	**100.0**	**100.0**	**100.0**
16-19	0.7	2.1	1.1	0.3	0.4	0.8	0.3
20-24	9.8	8.3	17.4	11.2	10.0	12.6	8.4
25-29	15.9	13.2	27.7	22.7	18.8	23.3	22.5
30-34	17.4	14.8	23.9	21.1	17.0	20.3	24.3
35-39	13.4	12.9	12.9	12.9	14.1	13.2	14.2
40-44	19.7	17.9	9.2	14.5	13.9	12.3	12.2
45-49	15.2	16.7	5.1	11.4	12.9	10.2	10.4
50-54	6.1	9.4	1.9	5.1	8.7	4.5	5.8
55-59	1.2	2.8	0.4	0.6	2.3	1.4	1.5
60-64	0.4	1.4	0.2	0.2	1.5	0.9	0.3
65+	0.1	0.4	0.1	0.0	0.5	0.4	0.0

1-47 续表 2 continued

单位：% (%)

年龄 Age	水利、环境和公共设施管理业 Management of Water Conservancy Environment and Public Establishment	居民服务、修理和其他服务业 Services to Household, Repair and Other Services	教 育 Education	卫生和社会工作 Health and Social Service	文化、体育和娱乐业 Culture Sports and Entertainment	公共管理、社会保障和社会组织 Public Management, Social Security and Social Organization	国际组织 International Organizations
总计 Total	**100.0**	**100.0**	**100.0**	**100.0**	**100.0**	**100.0**	**100.0**
16-19	0.5	1.9	0.6	0.9	1.5	0.2	
20-24	4.8	8.7	7.2	9.8	13.7	5.0	
25-29	8.9	13.6	12.6	17.4	19.2	12.4	17.2
30-34	11.1	14.2	17.2	17.6	19.7	14.6	28.7
35-39	13.2	11.6	17.4	14.0	12.2	14.1	11.0
40-44	15.9	15.2	16.4	14.3	12.3	17.8	24.8
45-49	15.0	12.8	12.9	11.0	9.2	14.7	
50-54	13.6	10.8	10.9	8.8	7.3	13.4	1.8
55-59	7.8	5.1	3.5	3.4	3.3	5.8	
60-64	6.3	3.9	0.9	1.6	1.0	1.5	7.0
65+	3.0	2.4	0.3	1.1	0.7	0.6	9.4
男 Male	**100.0**	**100.0**	**100.0**	**100.0**	**100.0**	**100.0**	**100.0**
16-19	0.7	2.2	0.2	0.2	1.7	0.3	
20-24	4.2	10.0	3.6	5.3	13.5	4.5	
25-29	9.3	14.1	8.5	11.5	19.9	11.2	
30-34	11.9	14.2	14.1	15.5	19.0	13.2	38.8
35-39	13.0	11.4	16.2	15.4	11.7	13.4	14.8
40-44	13.7	13.5	16.9	15.3	11.9	17.1	21.7
45-49	13.9	11.0	14.8	12.5	8.1	14.4	
50-54	15.0	10.7	15.9	12.6	8.0	15.3	2.4
55-59	9.1	6.1	7.4	6.4	4.3	8.0	
60-64	6.1	4.1	1.8	3.0	1.0	1.9	9.5
65+	3.0	2.6	0.7	2.3	0.9	0.8	12.7
女 Female	**100.0**	**100.0**	**100.0**	**100.0**	**100.0**	**100.0**	**100.0**
16-19	0.1	1.5	0.8	1.3	1.1	0.2	
20-24	5.6	7.2	9.4	12.3	13.8	5.8	
25-29	8.2	13.0	15.1	20.6	18.2	14.5	66.5
30-34	9.7	14.1	19.0	18.7	20.6	17.1	
35-39	13.5	11.7	18.2	13.2	13.0	15.3	
40-44	19.4	17.2	16.1	13.7	12.9	19.0	33.6
45-49	16.8	15.0	11.7	10.2	10.7	15.2	
50-54	11.2	10.8	7.9	6.8	6.4	9.9	
55-59	5.8	3.9	1.2	1.8	1.9	1.7	
60-64	6.6	3.6	0.3	0.9	1.0	0.9	
65+	3.1	2.1	0.1	0.5	0.5	0.3	

1-48　城镇按受教育程度、性别分的就业人员行业构成
SECTOR COMPOSITION OF URBAN EMPLOYMENT BY EDUCATIONAL ATTAINMENT AND SEX

单位：%　　(%)

受教育程度	Educational Attainment	合　计 Total	农、林、牧、渔业 Farming, Forestry, Animal Husbandry and Fishery	采矿业 Mining	制造业 Manufacturing	电力、热力、燃气及水生产和供应业 Production and Supply of Electricity, Heat, Gas and Water	建筑业 Construction	批发和零售业 Wholesale and Retail Trades
总　计	**Total**	**100.0**	**7.8**	**1.6**	**20.0**	**1.5**	**7.2**	**18.1**
未上过学	Illiterate	100.0	50.5	0.5	10.5	0.3	6.3	9.6
小　学	Primary School	100.0	32.1	0.8	17.3	0.3	11.6	13.4
初　中	Junior School	100.0	11.2	1.7	23.7	0.8	10.8	20.2
高　中	Senior School	100.0	3.5	1.9	22.2	1.8	6.1	24.7
中等职业教育	Medium Vocational Education	100.0	1.7	2.6	24.3	2.2	4.3	21.3
高等职业教育	High Vocational Education	100.0	1.2	1.6	22.5	2.2	4.2	21.7
大学专科	College	100.0	0.7	1.7	16.9	2.5	4.2	16.5
大学本科	University	100.0	0.4	1.3	12.3	2.2	3.3	9.3
研究生	Graduate	100.0	0.3	0.7	10.2	1.7	1.5	4.3
男	**Male**	**100.0**	**6.7**	**2.2**	**21.2**	**2.0**	**10.7**	**14.5**
未上过学	Illiterate	100.0	40.5	1.3	11.2	0.7	14.5	8.9
小　学	Primary School	100.0	27.4	1.2	15.9	0.5	18.8	11.4
初　中	Junior School	100.0	9.9	2.1	22.9	1.1	16.2	14.9
高　中	Senior School	100.0	3.4	2.4	24.0	2.2	8.6	18.8
中等职业教育	Medium Vocational Education	100.0	1.9	3.5	27.9	2.8	6.2	15.9
高等职业教育	High Vocational Education	100.0	1.3	2.1	26.5	2.5	5.6	17.5
大学专科	College	100.0	0.9	2.2	19.7	3.1	5.5	14.5
大学本科	University	100.0	0.5	1.6	14.5	2.7	4.4	9.0
研究生	Graduate	100.0	0.3	0.9	11.7	2.2	1.9	4.8
女	**Female**	**100.0**	**9.4**	**0.8**	**18.2**	**1.0**	**2.5**	**23.1**
未上过学	Illiterate	100.0	55.4	0.1	10.2	0.2	2.2	10.0
小　学	Primary School	100.0	37.1	0.3	18.7	0.1	4.0	15.6
初　中	Junior School	100.0	13.2	0.5	24.8	0.4	2.8	28.2
高　中	Senior School	100.0	3.6	1.0	19.1	1.1	1.8	35.0
中等职业教育	Medium Vocational Education	100.0	1.5	1.3	19.5	1.4	1.8	28.6
高等职业教育	High Vocational Education	100.0	1.0	0.9	16.8	1.7	2.2	27.7
大学专科	College	100.0	0.5	1.1	13.4	1.8	2.4	19.0
大学本科	University	100.0	0.3	1.0	9.6	1.6	2.0	9.6
研究生	Graduate	100.0	0.3	0.5	8.2	1.1	1.0	3.7

1-48 续表 1 continued

单位: % (%)

受教育程度	Educational Attainment	交通运输、仓储和邮政业 Transport, Storage and Post	住宿和餐饮业 Hotels and Catering Services	信息传输、软件和信息技术服务业 Information Transmission Software and Information Technology	金融业 Finance Inter-mediation	房地产业 Real Estate	租赁和商务服务业 Leasing and Business Services	科学研究和技术服务业 Scientific Research and Technical Services
总 计	**Total**	**5.9**	**5.3**	**2.0**	**2.8**	**1.7**	**2.3**	**0.8**
未上过学	Illiterate	2.2	5.0	0.2	0.3	1.0	1.0	0.1
小 学	Primary School	4.1	5.6	0.2	0.2	1.1	1.2	0.1
初 中	Junior School	7.0	7.8	0.4	0.7	1.2	1.6	0.2
高 中	Senior School	7.7	6.5	1.3	2.0	1.9	2.2	0.5
中等职业教育	Medium Vocational Education	6.8	5.2	1.8	2.3	1.9	2.3	0.6
高等职业教育	High Vocational Education	6.6	5.5	2.1	2.6	2.3	2.9	0.8
大学专科	College	4.8	2.5	4.0	5.4	2.4	3.3	1.2
大学本科	University	3.2	1.2	5.2	7.4	1.8	3.5	2.5
研究生	Graduate	1.4	0.3	5.8	7.8	0.9	3.2	5.9
男	**Male**	**8.4**	**4.4**	**2.2**	**2.4**	**1.7**	**2.3**	**1.0**
未上过学	Illiterate	5.1	3.3	0.2	0.5	0.8	1.3	0.1
小 学	Primary School	6.9	3.7	0.2	0.2	1.2	1.4	0.1
初 中	Junior School	10.4	6.1	0.4	0.5	1.3	1.7	0.2
高 中	Senior School	10.4	5.5	1.3	1.6	2.1	2.3	0.6
中等职业教育	Medium Vocational Education	9.7	4.9	1.9	1.8	1.9	2.2	0.7
高等职业教育	High Vocational Education	8.9	5.1	2.0	2.2	2.4	2.9	0.9
大学专科	College	6.0	2.4	4.3	4.8	2.4	3.1	1.4
大学本科	University	3.8	1.1	6.3	6.7	1.9	3.3	2.9
研究生	Graduate	1.9	0.3	6.8	7.5	1.0	3.1	6.9
女	**Female**	**2.4**	**6.5**	**1.8**	**3.3**	**1.5**	**2.3**	**0.7**
未上过学	Illiterate	0.8	5.8	0.3	0.1	1.1	0.8	0.0
小 学	Primary School	1.1	7.6	0.2	0.2	1.0	1.0	0.1
初 中	Junior School	1.9	10.3	0.4	0.9	1.0	1.3	0.1
高 中	Senior School	3.0	8.2	1.4	2.6	1.6	2.1	0.4
中等职业教育	Medium Vocational Education	2.9	5.6	1.8	2.9	1.8	2.3	0.5
高等职业教育	High Vocational Education	3.3	6.1	2.2	3.3	2.1	2.8	0.8
大学专科	College	3.4	2.7	3.5	6.0	2.5	3.6	1.1
大学本科	University	2.5	1.3	4.0	8.2	1.8	3.8	2.0
研究生	Graduate	0.8	0.4	4.6	8.2	0.9	3.4	4.7

1-48　续表 2　continued

单位：%　(%)

受教育程度	Educational Attainment	水利、环境和公共设施管理业 Management of Water Conservancy Environment and Public Establishment	居民服务、修理和其他服务业 Services to Household, Repair and Other Services	教　育 Education	卫生和社会工作 Health and Social Service	文化、体育和娱乐业 Culture Sports and Entertainment	公共管理、社会保障和社会组织 Public Management, Social Security and Social Organization	国际组织 International Organizations
总　计	**Total**	**0.8**	**5.8**	**5.4**	**3.1**	**1.1**	**6.9**	**0.0**
未上过学	Illiterate	1.6	7.5	0.8	0.6	0.3	1.8	
小　学	Primary School	1.0	7.7	0.7	0.8	0.5	1.4	
初　中	Junior School	0.7	7.4	1.1	0.8	0.7	2.0	0.0
高　中	Senior School	0.7	6.8	2.2	1.5	1.1	5.4	
中等职业教育	Medium Vocational Education	0.6	5.9	4.3	4.9	1.4	5.7	
高等职业教育	High Vocational Education	0.9	6.0	5.5	3.6	1.5	6.4	
大学专科	College	0.9	3.6	8.4	6.1	1.6	13.2	0.0
大学本科	University	0.7	2.2	17.1	7.2	1.9	17.3	0.0
研究生	Graduate	0.5	1.0	30.2	9.2	1.8	12.9	0.0
男	**Male**	**0.8**	**5.4**	**3.5**	**1.9**	**1.1**	**7.7**	**0.0**
未上过学	Illiterate	1.2	6.8	0.7	0.1	0.4	2.6	
小　学	Primary School	1.0	6.9	0.6	0.6	0.4	1.7	
初　中	Junior School	0.7	6.9	0.7	0.6	0.6	2.3	0.0
高　中	Senior School	0.8	6.3	1.5	1.1	1.1	5.9	
中等职业教育	Medium Vocational Education	0.7	5.7	2.2	2.4	1.6	6.4	
高等职业教育	High Vocational Education	1.0	5.7	3.4	1.6	1.5	7.0	
大学专科	College	1.1	3.4	5.4	3.0	1.6	15.1	0.0
大学本科	University	0.8	2.1	11.7	4.9	1.9	19.7	0.0
研究生	Graduate	0.6	0.8	25.1	8.4	1.6	14.1	0.0
女	**Female**	**0.7**	**6.3**	**7.9**	**4.8**	**1.2**	**5.8**	**0.0**
未上过学	Illiterate	1.8	7.8	0.9	0.8	0.2	1.3	
小　学	Primary School	1.1	8.6	0.9	1.0	0.5	1.0	
初　中	Junior School	0.6	8.3	1.7	1.1	0.9	1.6	
高　中	Senior School	0.6	7.6	3.4	2.1	1.1	4.4	
中等职业教育	Medium Vocational Education	0.4	6.2	7.2	8.2	1.1	4.8	
高等职业教育	High Vocational Education	0.7	6.3	8.6	6.5	1.5	5.5	
大学专科	College	0.7	3.7	12.2	9.9	1.6	10.8	0.0
大学本科	University	0.6	2.3	23.4	9.9	1.9	14.4	0.0
研究生	Graduate	0.4	1.3	36.8	10.2	2.1	11.4	

1-49 城镇按行业、性别分的就业人员受教育程度构成

EDUCATIONAL ATTAINMENT COMPOSITION OF URBAN EMPLOYMENT BY SECTOR AND SEX

单位：% (%)

受教育程度	Educational Attainment	合计 Total	农、林、牧、渔业 Farming, Forestry, Animal Husbandry and Fishery	采矿业 Mining	制造业 Manufacturing	电力、热力、燃气及水生产和供应业 Production and Supply of Electricity, Heat, Gas and Water	建筑业 Construction	批发和零售业 Wholesale and Retail Trades
总 计	**Total**	**100.0**	**100.0**	**100.0**	**100.0**	**100.0**	**100.0**	**100.0**
未上过学	Illiterate	1.0	6.2	0.3	0.5	0.2	0.8	0.5
小 学	Primary School	8.1	33.1	3.8	7.0	1.8	12.9	6.0
初 中	Junior School	34.3	49.4	35.2	40.7	18.6	51.3	38.4
高 中	Senior School	16.3	7.2	19.2	18.1	19.0	13.8	22.3
中等职业教育	Medium Vocational Education	7.2	1.6	11.2	8.7	10.1	4.3	8.4
高等职业教育	High Vocational Education	2.1	0.3	2.0	2.3	2.9	1.2	2.5
大学专科	College	15.9	1.5	16.6	13.5	26.0	9.2	14.5
大学本科	University	13.7	0.7	11.0	8.4	19.7	6.2	7.0
研究生	Graduate	1.5	0.1	0.7	0.7	1.6	0.3	0.4
男	**Male**	**100.0**	**100.0**	**100.0**	**100.0**	**100.0**	**100.0**	**100.0**
未上过学	Illiterate	0.5	3.3	0.3	0.3	0.2	0.7	0.3
小 学	Primary School	7.2	29.3	4.0	5.3	2.0	12.5	5.6
初 中	Junior School	35.6	52.8	38.6	38.4	20.8	53.7	36.6
高 中	Senior School	17.9	9.1	19.4	20.2	20.3	14.4	23.3
中等职业教育	Medium Vocational Education	7.1	2.0	11.0	9.3	10.0	4.1	7.8
高等职业教育	High Vocational Education	2.1	0.4	1.9	2.6	2.7	1.1	2.6
大学专科	College	15.3	2.1	15.0	14.2	24.3	7.9	15.3
大学本科	University	12.9	0.9	9.2	8.9	18.0	5.3	8.0
研究生	Graduate	1.4	0.1	0.6	0.8	1.6	0.3	0.5
女	**Female**	**100.0**	**100.0**	**100.0**	**100.0**	**100.0**	**100.0**	**100.0**
未上过学	Illiterate	1.5	9.0	0.2	0.9	0.3	1.4	0.7
小 学	Primary School	9.3	36.7	3.1	9.6	1.3	15.1	6.3
初 中	Junior School	32.7	46.1	22.1	44.4	12.7	36.8	40.0
高 中	Senior School	14.1	5.4	18.4	14.8	15.2	10.5	21.4
中等职业教育	Medium Vocational Education	7.2	1.2	12.2	7.7	10.5	5.3	9.0
高等职业教育	High Vocational Education	2.0	0.2	2.2	1.8	3.5	1.8	2.4
大学专科	College	16.8	0.9	22.9	12.3	30.7	16.7	13.9
大学本科	University	14.8	0.4	18.0	7.8	24.2	11.9	6.1
研究生	Graduate	1.5	0.1	0.9	0.7	1.6	0.6	0.2

1-49　续表 1　continued

单位：%　　(%)

受教育程度	Educational Attainment	交通运输、仓储和邮政业 Transport, Storage and Post	住宿和餐饮业 Hotels and Catering Services	信息传输、软件和信息技术服务业 Information Transmission, Software and Information Technology	金融业 Finance Inter-mediation	房地产业 Real Estate	租赁和商务服务业 Leasing and Business Services	科学研究和技术服务业 Scientific Research and Technical Services
总　计	**Total**	**100.0**	**100.0**	**100.0**	**100.0**	**100.0**	**100.0**	**100.0**
未上过学	Illiterate	0.4	0.9	0.1	0.1	0.6	0.4	0.1
小　学	Primary School	5.7	8.5	0.8	0.6	5.3	4.2	0.8
初　中	Junior School	40.9	50.6	7.5	8.5	24.7	23.6	8.0
高　中	Senior School	21.4	20.0	10.7	11.5	19.1	15.9	9.9
中等职业教育	Medium Vocational Education	8.3	7.0	6.6	6.0	8.1	7.1	5.3
高等职业教育	High Vocational Education	2.3	2.1	2.1	2.0	2.8	2.6	2.0
大学专科	College	13.1	7.6	31.7	30.8	23.6	23.0	23.4
大学本科	University	7.5	3.1	36.1	36.5	15.1	21.1	40.2
研究生	Graduate	0.4	0.1	4.3	4.1	0.8	2.1	10.3
男	**Male**	**100.0**	**100.0**	**100.0**	**100.0**	**100.0**	**100.0**	**100.0**
未上过学	Illiterate	0.3	0.4	0.0	0.1	0.3	0.3	0.1
小　学	Primary School	5.9	6.0	0.7	0.5	4.8	4.3	0.7
初　中	Junior School	44.1	49.3	7.4	8.1	26.4	26.9	8.8
高　中	Senior School	22.1	22.5	10.6	12.1	21.9	18.0	10.9
中等职业教育	Medium Vocational Education	8.2	7.8	6.1	5.4	7.8	6.8	5.2
高等职业教育	High Vocational Education	2.2	2.4	2.0	1.9	2.9	2.7	1.9
大学专科	College	10.9	8.2	30.7	31.0	21.3	20.5	22.3
大学本科	University	5.9	3.3	37.9	36.3	13.9	18.5	39.7
研究生	Graduate	0.3	0.1	4.5	4.5	0.8	2.0	10.4
女	**Female**	**100.0**	**100.0**	**100.0**	**100.0**	**100.0**	**100.0**	**100.0**
未上过学	Illiterate	0.5	1.4	0.2	0.1	1.1	0.6	0.1
小　学	Primary School	4.4	10.8	1.0	0.7	5.9	4.1	1.0
初　中	Junior School	25.7	51.8	7.6	8.8	22.0	19.1	6.6
高　中	Senior School	17.7	17.7	10.9	11.0	14.8	13.1	8.0
中等职业教育	Medium Vocational Education	8.9	6.2	7.5	6.5	8.4	7.4	5.5
高等职业教育	High Vocational Education	2.8	1.9	2.4	2.0	2.7	2.5	2.1
大学专科	College	23.9	7.1	33.5	30.6	27.2	26.4	25.3
大学本科	University	15.5	3.0	33.1	36.6	17.0	24.5	41.2
研究生	Graduate	0.5	0.1	3.9	3.7	0.8	2.3	10.0

1-49 续表 2 continued

单位：% (%)

受教育程度	Educational Attainment	水利、环境和公共设施管理业 Management of Water Conservancy Environment and Public Establishment	居民服务、修理和其他服务业 Services to Household, Repair and Other Services	教 育 Education	卫生和社会工作 Health and Social Service	文化、体育和娱乐业 Culture Sports and Entertainment	公共管理、社会保障和社会组织 Public Management, Social Security and Social Organization	国际组织 International Organizations
总 计	**Total**	**100.0**	**100.0**	**100.0**	**100.0**	**100.0**	**100.0**	**100.0**
未上过学	Illiterate	2.0	1.2	0.1	0.2	0.2	0.2	
小 学	Primary School	11.1	10.7	1.1	2.1	3.2	1.6	
初 中	Junior School	29.9	44.1	7.2	8.6	21.6	10.0	32.6
高 中	Senior School	15.8	19.2	6.6	7.7	15.3	12.7	
中等职业教育	Medium Vocational Education	5.4	7.3	5.8	11.4	8.6	5.9	
高等职业教育	High Vocational Education	2.4	2.1	2.1	2.4	2.8	1.9	
大学专科	College	19.3	9.8	25.1	31.3	22.7	30.4	14.7
大学本科	University	13.0	5.3	43.7	31.9	23.1	34.5	33.6
研究生	Graduate	1.0	0.3	8.3	4.4	2.4	2.7	19.2
男	**Male**	**100.0**	**100.0**	**100.0**	**100.0**	**100.0**	**100.0**	**100.0**
未上过学	Illiterate	0.8	0.7	0.1	0.0	0.2	0.2	
小 学	Primary School	8.9	9.0	1.2	2.4	2.4	1.6	
初 中	Junior School	29.4	44.9	7.5	11.1	19.8	10.8	44.0
高 中	Senior School	17.9	20.9	7.6	10.2	17.3	13.8	
中等职业教育	Medium Vocational Education	6.3	7.4	4.4	9.3	10.1	5.9	
高等职业教育	High Vocational Education	2.5	2.2	2.1	1.8	2.9	1.9	
大学专科	College	20.9	9.5	23.5	24.5	22.8	30.0	17.2
大学本科	University	12.4	5.1	43.3	34.2	22.5	33.3	12.9
研究生	Graduate	1.1	0.2	10.3	6.5	2.1	2.6	25.9
女	**Female**	**100.0**	**100.0**	**100.0**	**100.0**	**100.0**	**100.0**	**100.0**
未上过学	Illiterate	4.1	1.9	0.2	0.3	0.3	0.4	
小 学	Primary School	14.8	12.7	1.0	2.0	4.3	1.6	
初 中	Junior School	30.8	43.2	7.0	7.3	24.0	8.8	
高 中	Senior School	12.4	17.2	6.0	6.3	12.9	10.7	
中等职业教育	Medium Vocational Education	4.1	7.1	6.6	12.5	6.6	6.0	
高等职业教育	High Vocational Education	2.1	2.0	2.2	2.7	2.5	1.9	
大学专科	College	16.8	10.1	26.0	35.0	22.7	31.2	7.4
大学本科	University	14.0	5.5	43.9	30.7	23.9	36.7	92.7
研究生	Graduate	0.9	0.3	7.0	3.2	2.8	2.9	

1-50 城镇按年龄、性别分的就业人员职业构成
OCCUPATION COMPOSITION OF URBAN EMPLOYMENT BY AGE AND SEX

单位：% (%)

年龄 Age	合计 Total	单位负责人 Unit Heads	专业技术人员 Professional and Technical Personnel	办事人员和有关人员 Clerk and Related Workers	商业、服务业人员 Business Service Personnel	农林牧渔水利业生产人员 Agriculture and Water Conservancy Labors	生产运输设备操作人员及有关人员 Production, Transport Equipment Operators and Related Workers	其他 Others
总计 Total	**100.0**	**3.2**	**17.0**	**15.9**	**32.8**	**7.6**	**23.0**	**0.6**
16-19	100.0	0.3	9.4	7.2	47.5	5.2	29.5	0.8
20-24	100.0	1.1	20.1	14.4	36.8	2.8	23.9	0.8
25-29	100.0	2.3	20.8	16.9	34.4	2.9	22.3	0.5
30-34	100.0	3.5	20.9	17.2	33.4	3.1	21.4	0.5
35-39	100.0	4.0	19.4	16.2	33.3	4.2	22.3	0.6
40-44	100.0	3.8	16.0	15.5	33.2	5.7	25.2	0.6
45-49	100.0	3.9	14.3	15.2	32.5	8.0	25.6	0.6
50-54	100.0	3.9	13.5	17.0	29.1	12.1	23.8	0.6
55-59	100.0	3.1	10.3	18.9	27.0	18.8	21.0	0.9
60-64	100.0	1.9	5.5	9.9	26.8	39.3	15.8	0.7
65+	100.0	1.0	4.8	6.5	22.3	56.0	8.9	0.5
男 Male	**100.0**	**4.1**	**14.6**	**16.9**	**28.1**	**6.4**	**29.4**	**0.6**
16-19	100.0	0.2	5.8	7.2	42.8	6.4	37.1	0.5
20-24	100.0	1.3	14.9	12.9	35.0	2.9	32.1	0.8
25-29	100.0	2.8	17.2	16.0	30.8	2.6	30.2	0.5
30-34	100.0	4.3	17.8	16.9	29.6	2.8	28.2	0.5
35-39	100.0	5.2	16.5	16.9	28.5	3.6	28.6	0.6
40-44	100.0	5.1	13.9	17.0	27.0	4.8	31.5	0.6
45-49	100.0	5.0	12.9	17.3	26.0	6.3	31.8	0.6
50-54	100.0	4.7	12.8	20.0	24.2	8.4	29.2	0.7
55-59	100.0	3.8	11.4	23.5	23.1	12.5	24.8	0.9
60-64	100.0	2.7	6.4	13.7	24.2	30.9	21.3	0.7
65+	100.0	1.3	5.7	9.2	21.8	50.3	11.0	0.6
女 Female	**100.0**	**2.0**	**20.4**	**14.4**	**39.2**	**9.1**	**14.2**	**0.6**
16-19	100.0	0.5	14.6	7.2	54.1	3.5	18.6	1.3
20-24	100.0	0.9	26.7	16.3	39.0	2.8	13.6	0.8
25-29	100.0	1.6	25.2	18.0	38.8	3.3	12.5	0.5
30-34	100.0	2.5	24.6	17.7	38.1	3.5	13.1	0.5
35-39	100.0	2.5	22.9	15.3	39.3	4.9	14.5	0.6
40-44	100.0	2.2	18.5	13.6	40.9	6.8	17.3	0.6
45-49	100.0	2.4	16.1	12.4	41.0	10.1	17.4	0.6
50-54	100.0	2.2	15.0	11.2	38.9	19.2	13.0	0.5
55-59	100.0	1.3	7.2	6.0	37.9	36.6	10.1	0.8
60-64	100.0	0.6	4.0	3.4	31.2	53.7	6.4	0.7
65+	100.0	0.5	3.3	1.7	23.1	65.6	5.4	0.4

1-51 城镇按职业、性别分的就业人员年龄构成
AGE COMPOSITION OF URBAN EMPLOYMENT BY OCCUPATION AND SEX

单位：% (%)

年龄 Age	合计 Total	单位负责人 Unit Heads	专业技术人员 Professional and Technical Personnel	办事人员和有关人员 Clerk and Related Workers	商业、服务业人员 Business Service Personnel	农林牧渔水利业生产人员 Agriculture and Water Conservancy Labors	生产运输设备操作人员及有关人员 Production, Transport Equipment Operators and Related Workers	其他 Others
总计 Total	**100.0**	**100.0**	**100.0**	**100.0**	**100.0**	**100.0**	**100.0**	**100.0**
16-19	1.1	0.1	0.6	0.5	1.6	0.7	1.4	1.5
20-24	7.9	2.7	9.3	7.2	8.9	3.0	8.3	11.0
25-29	14.7	10.4	17.9	15.6	15.4	5.6	14.2	12.3
30-34	15.8	17.1	19.3	17.1	16.1	6.5	14.6	12.5
35-39	13.2	16.6	15.0	13.5	13.4	7.3	12.8	12.3
40-44	15.8	18.8	14.9	15.5	16.1	11.9	17.4	16.5
45-49	13.1	15.9	11.0	12.6	13.0	13.9	14.6	13.1
50-54	10.2	12.4	8.1	10.9	9.1	16.3	10.6	10.3
55-59	4.2	4.1	2.5	5.0	3.4	10.4	3.8	6.3
60-64	2.4	1.5	0.8	1.5	2.0	12.7	1.7	2.8
65+	1.6	0.5	0.4	0.6	1.1	11.7	0.6	1.4
男 Male	**100.0**	**100.0**	**100.0**	**100.0**	**100.0**	**100.0**	**100.0**	**100.0**
16-19	1.1	0.1	0.4	0.5	1.7	1.1	1.4	0.9
20-24	7.6	2.5	7.8	5.8	9.5	3.4	8.4	10.7
25-29	14.1	9.7	16.7	13.3	15.4	5.6	14.4	10.7
30-34	14.9	15.7	18.3	14.9	15.7	6.6	14.3	11.6
35-39	12.7	16.3	14.4	12.7	12.9	7.2	12.4	11.7
40-44	15.2	19.0	14.6	15.3	14.7	11.4	16.4	15.8
45-49	12.9	15.9	11.4	13.2	12.0	12.7	14.0	12.6
50-54	11.7	13.7	10.3	13.8	10.1	15.4	11.7	12.8
55-59	5.3	4.9	4.2	7.4	4.4	10.3	4.5	8.4
60-64	2.7	1.8	1.2	2.2	2.3	12.8	1.9	3.1
65+	1.7	0.5	0.7	0.9	1.3	13.5	0.6	1.7
女 Female	**100.0**	**100.0**	**100.0**	**100.0**	**100.0**	**100.0**	**100.0**	**100.0**
16-19	1.0	0.3	0.8	0.5	1.5	0.4	1.4	2.3
20-24	8.3	3.5	10.9	9.4	8.3	2.5	7.9	11.5
25-29	15.5	12.4	19.2	19.4	15.4	5.7	13.7	14.5
30-34	16.9	20.9	20.4	20.7	16.4	6.5	15.6	13.6
35-39	13.9	17.4	15.6	14.8	13.9	7.5	14.1	13.1
40-44	16.6	18.2	15.1	15.7	17.4	12.3	20.2	17.5
45-49	13.5	16.0	10.6	11.6	14.1	15.0	16.4	13.7
50-54	8.1	8.8	5.9	6.3	8.1	17.1	7.4	7.0
55-59	2.6	1.7	0.9	1.1	2.5	10.5	1.9	3.4
60-64	2.1	0.6	0.4	0.5	1.7	12.6	1.0	2.4
65+	1.4	0.3	0.2	0.2	0.8	9.9	0.5	1.0

1-52 城镇按受教育程度、性别分的就业人员职业构成
OCCUPATION COMPOSITION OF URBAN EMPLOYMENT BY EDUCATIONAL ATTAINMENT AND SEX

单位：% (%)

受教育程度	Educational Attainment	合计 Total	单位负责人 Unit Heads	专业技术人员 Professional and Technical Personnel	办事人员和有关人员 Clerk and Related Workers	商业、服务业人员 Business Service Personnel	农林牧渔水利业生产人员 Agriculture and Water Conservancy Labors	生产运输设备操作人员及有关人员 Production, Transport Equipment Operators and Related Workers	其他 Others
总 计	**Total**	**100.0**	**3.2**	**17.0**	**15.9**	**32.8**	**7.6**	**23.0**	**0.6**
未上过学	Illiterate	100.0	0.8	3.0	4.3	26.7	49.8	15.1	0.4
小 学	Primary School	100.0	1.4	3.4	5.0	31.0	31.1	27.6	0.5
初 中	Junior School	100.0	2.2	5.7	7.4	39.7	10.7	33.6	0.8
高 中	Senior School	100.0	3.6	10.7	14.6	42.3	3.2	24.9	0.7
中等职业教育	Medium Vocational Education	100.0	2.9	17.9	16.2	36.6	1.4	24.5	0.5
高等职业教育	High Vocational Education	100.0	4.6	18.9	17.9	37.1	1.0	20.2	0.3
大学专科	College	100.0	4.3	28.6	27.2	26.2	0.5	12.6	0.5
大学本科	University	100.0	4.6	42.7	30.9	15.0	0.3	6.2	0.3
研究生	Graduate	100.0	5.0	61.2	24.0	6.5	0.2	2.9	0.2
男	**Male**	**100.0**	**4.1**	**14.6**	**16.9**	**28.1**	**6.4**	**29.4**	**0.6**
未上过学	Illiterate	100.0	1.3	4.7	8.1	22.3	39.7	23.5	0.4
小 学	Primary School	100.0	1.8	3.9	7.2	25.3	26.6	34.5	0.5
初 中	Junior School	100.0	2.7	5.8	8.8	31.6	9.4	40.9	0.8
高 中	Senior School	100.0	4.3	9.6	15.8	35.2	3.2	31.3	0.7
中等职业教育	Medium Vocational Education	100.0	3.6	13.8	16.6	30.9	1.6	33.0	0.6
高等职业教育	High Vocational Education	100.0	5.8	15.7	17.4	32.3	1.0	27.5	0.3
大学专科	College	100.0	5.7	23.0	28.0	24.5	0.7	17.6	0.5
大学本科	University	100.0	6.2	37.1	32.5	15.0	0.3	8.5	0.3
研究生	Graduate	100.0	6.9	58.5	24.6	6.5	0.1	3.2	0.3
女	**Female**	**100.0**	**2.0**	**20.4**	**14.4**	**39.2**	**9.1**	**14.2**	**0.6**
未上过学	Illiterate	100.0	0.5	2.2	2.4	28.8	54.7	10.9	0.3
小 学	Primary School	100.0	0.8	2.9	2.7	36.9	35.7	20.3	0.6
初 中	Junior School	100.0	1.5	5.5	5.3	51.4	12.5	22.9	0.8
高 中	Senior School	100.0	2.4	12.6	12.7	54.3	3.3	14.0	0.6
中等职业教育	Medium Vocational Education	100.0	1.9	23.2	15.7	44.2	1.3	13.2	0.5
高等职业教育	High Vocational Education	100.0	3.0	23.4	18.6	43.9	0.8	10.0	0.3
大学专科	College	100.0	2.6	35.6	26.1	28.3	0.4	6.5	0.5
大学本科	University	100.0	2.7	49.3	29.0	15.1	0.2	3.5	0.3
研究生	Graduate	100.0	2.7	64.8	23.2	6.6	0.2	2.4	0.1

1-53 城镇按职业、性别分的就业人员受教育程度构成
EDUCATIONAL ATTAINMENT COMPOSITION OF URBAN EMPLOYMENT BY OCCUPATION AND SEX

单位：% (%)

受教育程度	Educational Attainment	合 计 Total	单 位 负责人 Unit Heads	专业技 术人员 Professional and Technical Personnel	办事人员 和有关人员 Clerk and Related Workers	商业、服 务业人员 Business Service Personnel	农林牧渔 水 利 业 生产人员 Agriculture and Water Conservancy Labors	生产运输设 备操作人员 及有关人员 Production, Transport Equipment Operators and Related Workers	其 他 Others
总 计	**Total**	**100.0**	**100.0**	**100.0**	**100.0**	**100.0**	**100.0**	**100.0**	**100.0**
未上过学	Illiterate	1.0	0.2	0.2	0.3	0.8	6.3	0.6	0.6
小 学	Primary School	8.1	3.5	1.6	2.5	7.5	33.5	9.6	7.4
初 中	Junior School	34.3	24.6	11.7	16.2	41.6	49.8	50.3	45.6
高 中	Senior School	16.3	18.7	10.5	15.3	21.0	7.1	17.7	18.2
中等职业教育	Medium Vocational Education	7.2	6.6	7.7	7.5	8.0	1.4	7.6	6.5
高等职业教育	High Vocational Education	2.1	3.0	2.3	2.3	2.3	0.3	1.8	1.0
大学专科	College	15.9	21.6	26.9	27.3	12.5	1.1	8.6	13.3
大学本科	University	13.7	19.6	34.0	26.3	6.1	0.5	3.6	6.9
研究生	Graduate	1.5	2.3	5.2	2.2	0.3	0.0	0.2	0.5
男	**Male**	**100.0**	**100.0**	**100.0**	**100.0**	**100.0**	**100.0**	**100.0**	**100.0**
未上过学	Illiterate	0.5	0.2	0.2	0.3	0.4	3.4	0.4	0.4
小 学	Primary School	7.2	3.3	1.9	3.1	6.4	30.0	8.4	6.3
初 中	Junior School	35.6	24.2	14.4	18.7	40.2	53.2	49.5	45.2
高 中	Senior School	17.9	19.3	11.9	16.9	22.5	9.0	19.1	20.8
中等职业教育	Medium Vocational Education	7.1	6.4	6.9	7.1	7.8	1.7	8.0	6.9
高等职业教育	High Vocational Education	2.1	3.0	2.3	2.2	2.4	0.3	1.9	1.1
大学专科	College	15.3	21.6	24.1	25.3	13.2	1.6	9.0	12.2
大学本科	University	12.9	19.7	32.6	24.5	6.7	0.7	3.6	6.5
研究生	Graduate	1.4	2.4	5.7	2.0	0.3	0.0	0.2	0.6
女	**Female**	**100.0**	**100.0**	**100.0**	**100.0**	**100.0**	**100.0**	**100.0**	**100.0**
未上过学	Illiterate	1.5	0.4	0.2	0.3	1.1	9.2	1.1	0.9
小 学	Primary School	9.3	3.9	1.3	1.7	8.5	36.9	12.9	8.8
初 中	Junior School	32.7	25.5	9.1	12.3	42.9	46.4	52.6	46.1
高 中	Senior School	14.1	17.0	9.0	12.8	19.6	5.3	13.9	14.8
中等职业教育	Medium Vocational Education	7.2	7.0	8.5	8.1	8.1	1.1	6.7	6.0
高等职业教育	High Vocational Education	2.0	3.0	2.3	2.6	2.2	0.2	1.4	1.0
大学专科	College	16.8	21.8	29.6	30.6	11.9	0.7	7.6	14.7
大学本科	University	14.8	19.5	35.3	29.3	5.5	0.3	3.5	7.4
研究生	Graduate	1.5	1.9	4.7	2.4	0.2	0.0	0.2	0.3

1-54 城镇就业人员调查周平均工作时间
WEEKLY WORKING HOURS IN URBAN AREA

单位：小时／周 (hours/per week)

分 组	Group	2011	2012	2013	2014	2015	2016
全 部	**Total**	**46.2**	**46.3**	**46.6**	**46.6**	**45.5**	**46.1**
一、按年龄分组	**By Age**						
	16-19	48.0	47.7	49.3	49.3	48.4	48.4
	20-24	46.8	47.1	47.6	47.7	46.2	46.7
	25-29	46.6	46.8	47.0	47.2	45.8	46.3
	30-34	47.0	46.9	47.2	47.0	45.7	46.4
	35-39	47.2	47.3	47.6	47.5	45.9	46.4
	40-44	46.9	47.1	47.6	47.5	46.1	46.6
	45-49	46.0	46.2	46.8	46.7	45.7	46.3
	50-54	44.8	45.2	45.5	45.6	44.9	45.6
	55-59	43.4	43.6	43.8	44.1	43.9	44.7
	60-64	40.1	41.4	41.2	41.2	42.4	42.8
	65+	35.0	35.7	35.7	35.6	37.2	38.4
二、按职业分组	**By Occupation**						
单位负责人	Unit Head	47.7	48.2	48.4	48.4	46.9	47.8
专业技术人员	Professional and Technical Personnel	43.7	43.7	43.9	43.9	42.9	43.4
办事人员和有关人员	Clerk and Related Workers	43.9	44.0	44.0	43.8	43.1	43.7
商业、服务业人员	Business Service Personnel	49.5	49.6	49.9	49.9	47.7	48.4
农林牧渔水利业生产人员	Agrecultrre and Water Conservancy Labor	38.2	38.3	38.2	37.6	38.9	39.4
生产、运输设备操作人员及有关人员	Production, Transport Equipment Operators and Related Workers	48.7	48.8	49.5	49.5	47.9	48.5
其 他	Others	47.7	49.8	49.2	44.0	44.6	50.6
三、按受教育程度分组	**By Educational Attainment**						
未上过学	Illiterate	40.1	39.8	39.6	40.1	42.1	41.9
小 学	Primary School	45.0	44.5	44.8	44.6	45.3	46.1
初 中	Junior School	48.1	48.2	48.8	48.7	48.1	48.6
高 中	Senior School	47.1	47.4	47.6	47.8	46.2	47.0
中等职业教育	Medium Vocational Education					45.6	46.1
高等职业教育	High Vocational Education					44.6	45.2
大 专	College	43.8	44.0	44.3	44.5	43.2	43.8
大学本科	University	42.4	42.4	42.5	42.6	41.7	42.3
研究生	Graduate	41.7	41.6	41.8	41.4	41.0	41.7

1-55 城镇男性就业人员调查周平均工作时间
MALE WEEKLY WORKING HOURS IN URBAN AREA

单位：小时／周 (hours/per week)

分组	Group	2011	2012	2013	2014	2015	2016
全 部	**Total**	**47.0**	**47.1**	**47.5**	**47.5**	**46.1**	**46.8**
一、按年龄分组	**By Age**						
	16-19	48.0	47.9	49.5	49.8	49.1	48.9
	20-24	47.5	47.7	48.5	48.5	46.9	47.5
	25-29	47.4	47.7	47.8	48.1	46.6	47.1
	30-34	47.8	47.6	47.9	47.8	46.4	47.2
	35-39	48.0	48.0	48.3	48.2	46.5	47.2
	40-44	47.9	47.9	48.4	48.3	46.7	47.2
	45-49	46.8	47.1	47.7	47.7	46.2	46.9
	50-54	45.5	46.0	46.4	46.5	45.3	46.1
	55-59	44.8	45.2	45.4	45.5	44.6	45.3
	60-64	42.1	44.0	43.8	43.8	44.2	44.6
	65+	37.4	38.0	38.3	37.9	39.0	40.1
二、按职业分组	**By Occupation**						
单位负责人	Unit Head	47.7	48.2	48.5	48.5	47.0	47.8
专业技术人员	Professional and Technical Personnel	44.2	44.2	44.6	44.5	43.4	44.0
办事人员和有关人员	Clerk and Related Workers	44.4	44.5	44.6	44.4	43.6	44.3
商业、服务业人员	Business Service Personnel	50.1	50.1	50.3	50.3	48.2	49.0
农林牧渔水利业生产人员	Agrecultrre and Water Conservancy Labor	40.6	40.8	40.8	40.5	40.9	41.3
生产、运输设备操作人员及有关人员	Production, Transport Equipment Operators and Related Workers	48.9	48.9	49.7	49.6	47.9	48.6
其　他	Others	49.2	50.2	48.9	45.6	45.2	51.1
三、按受教育程度分组	**By Educational Attainment**						
未上过学	Illiterate	42.6	43.7	42.9	43.3	44.3	44.7
小　学	Primary School	46.8	46.3	46.8	46.3	46.3	47.2
初　中	Junior School	48.9	49.1	49.7	49.8	48.7	49.3
高　中	Senior School	47.4	47.8	48.1	48.2	46.5	47.4
中等职业教育	Medium Vocational Education					46.2	46.7
高等职业教育	High Vocational Education					45.1	45.5
大　专	College	44.5	44.4	44.7	44.9	43.7	44.3
大学本科	University	42.6	42.8	42.9	43.0	42.0	42.6
研究生	Graduate	41.8	41.9	42.4	41.5	41.2	42.0

1-56　城镇女性就业人员调查周平均工作时间
FEMALE WEEKLY WORKING HOURS IN URBAN AREA

单位：小时／周　　(hours/per week)

分　组	Group	2011	2012	2013	2014	2015	2016
全　部	**Total**	**45.2**	**45.2**	**45.5**	**45.5**	**44.7**	**45.2**
一、按年龄分组	**By Age**						
	16-19	48.1	47.4	49.2	48.5	47.6	47.7
	20-24	46.1	46.3	46.7	46.7	45.4	45.7
	25-29	45.8	45.7	46.0	46.1	44.8	45.3
	30-34	46.1	46.0	46.3	46.2	44.8	45.4
	35-39	46.2	46.4	46.6	46.6	45.2	45.5
	40-44	45.8	46.2	46.6	46.6	45.2	45.8
	45-49	45.0	45.0	45.6	45.5	45.1	45.6
	50-54	43.1	43.5	43.7	44.0	44.0	44.6
	55-59	40.1	40.1	40.2	40.8	42.0	42.9
	60-64	36.6	37.2	36.9	37.0	39.1	39.8
	65+	31.2	31.8	31.4	31.9	33.9	35.5
二、按职业分组	**By Occupation**						
单位负责人	Unit Head	47.8	48.2	48.1	48.2	46.7	47.9
专业技术人员	Professional and Technical Personnel	43.2	43.2	43.3	43.4	42.3	42.8
办事人员和有关人员	Clerk and Related Workers	43.0	43.1	43.0	42.8	42.3	42.7
商业、服务业人员	Business Service Personnel	49.0	49.1	49.4	49.5	47.2	47.8
农林牧渔水利业生产人员	Agrecultrre and Water Conservancy Labor	35.7	35.8	35.6	34.9	37.1	37.5
生产、运输设备操作人员及有关人员	Production, Transport Equipment Operators and Related Workers	48.4	48.6	49.0	49.1	47.7	48.1
其　他	Others	44.9	49.2	49.6	42.0	43.9	49.8
三、按受教育程度分组	**By Educational Attainment**						
未上过学	Illiterate	38.9	37.7	38.0	38.4	41.0	40.6
小　学	Primary School	43.1	42.6	42.9	42.9	44.3	44.9
初　中	Junior School	47.1	46.9	47.5	47.3	47.3	47.6
高　中	Senior School	46.5	46.7	46.8	47.3	45.6	46.2
中等职业教育	Medium Vocational Education					44.7	45.3
高等职业教育	High Vocational Education					43.8	44.7
大　专	College	43.0	43.6	43.8	44.0	42.7	43.2
大学本科	University	42.0	42.0	42.1	42.0	41.2	41.9
研究生	Graduate	41.4	41.1	41.0	41.2	40.8	41.3

1-57 城镇按行业、性别分的就业人员调查周平均工作时间
WEEKLY WORKING HOURS IN URBAN AREA BY SECTOR AND SEX

单位：小时／周 (hours/per week)

行 业	Sector	2016	男 Male	女 Female
总 计	**National Total**	**46.1**	**46.8**	**45.2**
农、林、牧、渔业	Farming,Forestry,Animal Husbandry and Fishery	39.4	41.3	37.4
采矿业	Mining	45.5	46.3	42.5
制造业	Manufacturing	47.7	47.8	47.5
电力、热力、燃气及水生产和供应业	Production and Supply of Electricity,Heat,Gas and Water	43.1	43.6	41.8
建筑业	Construction	48.1	48.5	45.4
批发和零售业	Wholesale and Retail Trades	48.9	49.6	48.3
交通运输、仓储和邮政业	Transport,Storage and Post	47.7	48.3	44.5
住宿和餐饮业	Hotels and Catering Services	50.5	51.2	49.9
信息传输、软件和信息技术服务业	Information Transmission, Software and Information Technology	43.4	43.8	42.8
金融业	Financial Intermediation	42.7	42.9	42.4
房地产业	Real Estate	45.7	46.6	44.2
租赁和商务服务业	Leasing and Business Services	44.9	45.8	43.6
科学研究和技术服务业	Scientific Research and Technical Service	42.8	43.1	42.3
水利、环境和公共设施管理业	Management of Water Conservancy,Environment and Public Establishment	45.3	45.6	44.9
居民服务、修理和其他服务业	Services to Household,Repair and Other Services	47.6	48.6	46.6
教育	Education	41.8	42.1	41.6
卫生和社会工作	Health and Social Service	44.1	45.0	43.7
文化体育和娱乐业	Culture, Sports and Entertainment	45.4	45.6	45.2
公共管理、社会保障和社会组织	Public Management,Social Security and Social Organization	41.8	42.1	41.1
国际组织	International Organizations	44.8	46.5	40.0

1-58 城镇按年龄、性别分的就业人员工作时间构成
COMPOSITION OF URBAN EMPLOYMENT WORKING HOURS BY AGE AND SEX

单位：% (%)

年龄 Age	合 计 Total	1-8小时 1-8 Hours	9-19小时 9-19 Hours	20-39小时 20-39 Hours	40小时 40 Hours	41-48小时 41-48 Hours	48小时以上 48 Hours+
总计 Total	**100.0**	**1.1**	**1.1**	**5.4**	**42.4**	**18.4**	**31.5**
16-19	100.0	1.0	1.2	5.0	28.1	23.0	41.7
20-24	100.0	1.0	0.7	3.8	40.0	22.4	32.1
25-29	100.0	0.9	0.8	3.5	44.3	19.9	30.6
30-34	100.0	0.9	0.7	3.5	45.7	18.4	30.8
35-39	100.0	1.0	0.7	4.1	44.8	18.1	31.4
40-44	100.0	1.1	0.9	4.7	42.5	17.8	33.0
45-49	100.0	1.0	1.0	5.4	42.5	17.7	32.4
50-54	100.0	1.2	1.4	7.3	42.4	16.4	31.4
55-59	100.0	1.5	1.9	10.1	40.3	16.6	29.6
60-64	100.0	2.4	4.3	18.2	27.3	16.3	31.5
65+	100.0	4.0	8.0	27.0	22.4	14.2	24.4
男 Male	**100.0**	**1.0**	**0.9**	**4.7**	**41.4**	**18.1**	**33.9**
16-19	100.0	0.9	1.1	5.5	25.6	22.8	44.0
20-24	100.0	0.9	0.7	3.7	37.1	22.2	35.5
25-29	100.0	0.8	0.8	3.0	41.8	19.8	33.8
30-34	100.0	0.9	0.6	2.9	43.3	18.1	34.1
35-39	100.0	0.9	0.6	3.4	43.0	17.7	34.3
40-44	100.0	1.0	0.8	4.1	41.5	17.6	35.0
45-49	100.0	0.9	0.8	4.4	42.2	17.5	34.3
50-54	100.0	1.0	1.0	5.6	44.1	16.2	32.1
55-59	100.0	1.2	1.4	7.2	44.3	16.5	29.5
60-64	100.0	1.9	3.1	14.6	28.4	17.1	35.0
65+	100.0	3.3	6.9	24.7	22.5	15.1	27.6
女 Female	**100.0**	**1.2**	**1.4**	**6.5**	**43.9**	**18.7**	**28.3**
16-19	100.0	1.2	1.2	4.2	31.8	23.3	38.3
20-24	100.0	1.1	0.8	4.0	43.6	22.7	27.8
25-29	100.0	1.0	0.9	4.1	47.4	20.0	26.6
30-34	100.0	0.9	0.7	4.2	48.6	18.8	26.8
35-39	100.0	1.1	0.8	4.9	47.1	18.5	27.6
40-44	100.0	1.2	1.1	5.6	43.8	18.0	30.4
45-49	100.0	1.1	1.3	6.8	42.9	17.9	29.9
50-54	100.0	1.5	2.2	10.6	39.2	16.6	29.9
55-59	100.0	2.2	3.5	18.1	29.0	17.2	30.0
60-64	100.0	3.4	6.3	24.5	25.4	14.9	25.5
65+	100.0	5.3	9.9	31.0	22.1	12.8	18.9

1-59 城镇按受教育程度、性别分的就业人员工作时间构成
COMPOSITION OF URBAN EMPLOYMENT WORKING HOURS BY EDUCATIONAL ATTAINMENT AND SEX

单位：% (%)

受教育程度	Educational Attainment	合 计 Total	1-8小时 1-8 Hours	9-19小时 9-19Hours	20-39小时 20-39 Hours	40小时 40 Hours	41-48小时 41-48 Hours	48小时以上 48 Hours+
总 计	**Total**	**100.0**	**1.1**	**1.1**	**5.4**	**42.4**	**18.4**	**31.5**
未上过学	Illiterate	100.0	3.3	6.0	22.0	21.6	15.1	32.1
小 学	Primary School	100.0	2.0	3.3	14.2	21.9	17.6	40.9
初 中	Junior School	100.0	1.2	1.5	6.6	26.7	19.4	44.6
高 中	Senior School	100.0	1.1	0.8	3.9	39.5	21.1	33.7
中等职业教育	Medium Vocational Education	100.0	1.4	0.7	3.0	44.6	21.4	28.9
高等职业教育	High Vocational Education	100.0	1.0	0.6	3.0	49.0	22.2	24.3
大学专科	College	100.0	0.7	0.4	2.9	60.4	18.1	17.5
大学本科	University	100.0	0.6	0.3	2.9	72.4	12.2	11.6
研究生	Graduate	100.0	0.6	0.5	3.4	77.2	7.0	11.4
男	**Male**	**100.0**	**1.0**	**0.9**	**4.7**	**41.4**	**18.1**	**33.9**
未上过学	Illiterate	100.0	2.7	4.5	17.2	22.1	15.5	37.9
小 学	Primary School	100.0	1.7	2.7	12.6	21.6	17.2	44.1
初 中	Junior School	100.0	1.1	1.3	5.6	26.2	18.9	46.9
高 中	Senior School	100.0	1.0	0.7	3.4	39.1	20.5	35.3
中等职业教育	Medium Vocational Education	100.0	1.4	0.7	2.8	43.2	20.3	31.7
高等职业教育	High Vocational Education	100.0	0.9	0.7	2.8	48.2	22.1	25.3
大学专科	College	100.0	0.7	0.3	2.6	58.9	18.2	19.3
大学本科	University	100.0	0.6	0.2	2.7	70.9	12.8	12.8
研究生	Graduate	100.0	0.3	0.6	2.9	76.5	7.4	12.2
女	**Female**	**100.0**	**1.2**	**1.4**	**6.5**	**43.9**	**18.7**	**28.3**
未上过学	Illiterate	100.0	3.5	6.7	24.3	21.3	14.9	29.2
小 学	Primary School	100.0	2.2	4.0	15.9	22.2	18.1	37.5
初 中	Junior School	100.0	1.3	1.7	8.1	27.4	20.3	41.2
高 中	Senior School	100.0	1.2	0.9	4.6	40.1	22.3	30.9
中等职业教育	Medium Vocational Education	100.0	1.4	0.7	3.4	46.3	22.9	25.2
高等职业教育	High Vocational Education	100.0	1.2	0.5	3.3	50.0	22.2	22.8
大学专科	College	100.0	0.8	0.4	3.3	62.2	18.1	15.2
大学本科	University	100.0	0.7	0.4	3.1	74.1	11.6	10.1
研究生	Graduate	100.0	0.9	0.3	3.9	78.1	6.5	10.2

1-60　城镇按户口性质、性别分的就业人员工作时间构成
COMPOSITION OF URBAN EMPLOYMENT WORKING HOURS BY REGISTRATION TYPE AND SEX

单位：%　　(%)

户口性质	Registration Type	合　计 Total	1-8小时 1-8 Hours	9-19小时 9-19Hours	20-39小时 20-39 Hours	40小时 40 Hours	41-48小时 41-48 Hours	48小时以上 48 Hours+
总　计	**Total**	**100.0**	**1.1**	**1.1**	**5.4**	**42.4**	**18.4**	**31.5**
农业	Agriculture	100.0	1.5	2.2	9.7	24.6	19.7	42.3
非农业	Non-Agriculture	100.0	0.9	0.6	3.4	50.8	17.7	26.5
男	**Male**	**100.0**	**1.0**	**0.9**	**4.7**	**41.4**	**18.1**	**33.9**
农业	Agriculture	100.0	1.3	1.7	7.9	23.7	19.5	45.9
非农业	Non-Agriculture	100.0	0.9	0.6	3.1	50.0	17.5	28.1
女	**Female**	**100.0**	**1.2**	**1.4**	**6.5**	**43.9**	**18.7**	**28.3**
农业	Agriculture	100.0	1.8	2.9	12.3	25.9	20.1	37.0
非农业	Non-Agriculture	100.0	1.0	0.7	4.0	52.0	18.0	24.4

注：农业人口是指本人户口所在家庭拥有农村土地承包权的人口。
Agricultural population refer to the people who register in the families which own farmland contracts.

1-61　城镇按就业身份、性别分的就业人员工作时间构成
COMPOSITION OF URBAN EMPLOYMENT WORKING HOURS BY EMPLOYMENT STATUS AND SEX

单位：%　　(%)

就业身份	Employment Status	合　计 Total	1-8小时 1-8 Hours	9-19小时 9-19Hours	20-39小时 20-39 Hours	40小时 40 Hours	41-48小时 41-48 Hours	48小时以上 48 Hours+
总　计	**Total**	**100.0**	**1.1**	**1.1**	**5.4**	**42.4**	**18.4**	**31.5**
雇　员	Employee	100.0	0.9	0.5	3.3	49.0	19.5	26.8
雇　主	Employer	100.0	1.0	0.9	3.8	29.3	14.8	50.3
自营劳动者	Self-Employed	100.0	1.8	3.1	12.3	23.8	15.6	43.4
家庭帮工	Unpaid Familial Worker	100.0	1.7	3.1	14.7	22.5	13.6	44.2
男	**Male**	**100.0**	**1.0**	**0.9**	**4.7**	**41.4**	**18.1**	**33.9**
雇　员	Employee	100.0	0.9	0.5	3.1	47.5	19.0	29.0
雇　主	Employer	100.0	0.9	0.8	3.5	29.5	14.8	50.5
自营劳动者	Self-Employed	100.0	1.4	2.3	9.8	23.4	16.1	47.0
家庭帮工	Unpaid Familial Worker	100.0	2.5	3.6	15.1	23.3	13.4	42.1
女	**Female**	**100.0**	**1.2**	**1.4**	**6.5**	**43.9**	**18.7**	**28.3**
雇　员	Employee	100.0	0.9	0.5	3.6	50.9	20.1	23.9
雇　主	Employer	100.0	1.1	0.9	4.5	28.8	14.8	49.9
自营劳动者	Self-Employed	100.0	2.3	4.3	16.1	24.5	14.9	37.9
家庭帮工	Unpaid Familial Worker	100.0	1.5	2.9	14.6	22.2	13.7	45.0

1-62 城镇按行业、性别分的就业人员工作时间构成

单位：%

项　目	Item	合　计 Total
总　计	**National Total**	**100.0**
农、林、牧、渔业	Farming,Forestry,Animal Husbandry and Fishery	100.0
采矿业	Mining	100.0
制造业	Manufacturing	100.0
电力、热力、燃气及水生产和供应业	Production and Supply of Electricity,Heat,Gas and Water	100.0
建筑业	Construction	100.0
批发和零售业	Wholesale and Retail Trades	100.0
交通运输、仓储和邮政业	Transport,Storage and Post	100.0
住宿和餐饮业	Hotels and Catering Services	100.0
信息传输、软件和信息技术服务业	Information Transmission, Software and Information Technology	100.0
金融业	Financial Intermediation	100.0
房地产业	Real Estate	100.0
租赁和商务服务业	Leasing and Business Services	100.0
科学研究和技术服务业	Scientific Research and Technical Service	100.0
水利、环境和公共设施管理业	Management of Water Conservancy,Environment and Public Establishment	100.0
居民服务、修理和其他服务业	Services to Household,Repair and Other Services	100.0
教育	Education	100.0
卫生和社会工作	Health and Social Service	100.0
文化体育和娱乐业	Culture, Sports and Entertainment	100.0
公共管理、社会保障和社会组织	Public Management,Social Security and Social Organization	100.0
国际组织	International Organizations	100.0
男	**Male**	**100.0**
农、林、牧、渔业	Farming,Forestry,Animal Husbandry and Fishery	100.0
采矿业	Mining	100.0
制造业	Manufacturing	100.0
电力、热力、燃气及水生产和供应业	Production and Supply of Electricity,Heat,Gas and Water	100.0
建筑业	Construction	100.0
批发和零售业	Wholesale and Retail Trades	100.0
交通运输、仓储和邮政业	Transport,Storage and Post	100.0
住宿和餐饮业	Hotels and Catering Services	100.0
信息传输、软件和信息技术服务业	Information Transmission, Software and Information Technology	100.0
金融业	Financial Intermediation	100.0

COMPOSITION OF URBAN EMPLOYMENT WORKING HOURS BY SECTOR AND SEX

(%)

1-8小时 1-8 Hours	9-19小时 9-19 Hours	20-39小时 20-39 Hours	40小时 40 Hours	41-48小时 41-48 Hours	48小时以上 48 Hours+
1.1	**1.1**	**5.4**	**42.4**	**18.4**	**31.5**
3.4	6.5	24.2	24.7	16.5	24.7
1.3	0.6	3.9	50.1	14.7	29.6
0.8	0.6	2.6	37.2	24.7	34.1
1.1	0.3	3.3	65.7	13.2	16.3
0.9	1.1	5.8	30.7	18.1	43.4
1.0	0.7	3.7	32.7	19.9	41.9
0.9	0.8	4.1	39.2	17.2	37.8
1.0	1.0	3.7	27.4	18.5	48.4
0.7	0.3	2.1	65.1	15.5	16.3
0.6	0.4	3.3	67.7	15.1	12.9
0.6	0.5	2.7	49.4	22.4	24.5
1.0	0.5	3.7	53.5	17.5	23.8
0.5	0.2	2.8	70.9	11.6	14.1
0.8	0.4	4.5	51.3	17.1	25.9
1.1	1.4	6.7	33.5	18.2	39.1
1.1	0.5	4.6	71.5	10.4	12.0
0.9	0.4	4.0	54.9	19.8	19.9
0.8	0.8	4.1	51.5	15.7	27.1
0.9	0.3	4.4	74.5	9.2	10.7
			61.9	16.1	22.0
1.0	**0.9**	**4.7**	**41.4**	**18.1**	**33.9**
2.9	5.0	20.7	25.2	17.6	28.7
1.3	0.6	3.6	46.2	15.0	33.4
0.7	0.5	2.3	37.8	24.4	34.3
1.1	0.3	3.0	63.7	13.7	18.2
0.9	1.0	5.7	29.0	18.0	45.5
1.0	0.7	3.0	32.6	18.4	44.3
0.9	0.8	4.0	36.4	16.9	40.9
0.9	1.1	3.2	26.6	17.0	51.2
0.6	0.2	2.1	63.4	16.1	17.5
0.6	0.3	3.2	67.7	14.6	13.6

1-62 续表

单位：%

项　目	Item	合　计 Total
房地产业	Real Estate	100.0
租赁和商务服务业	Leasing and Business Services	100.0
科学研究和技术服务业	Scientific Research and Technical Service	100.0
水利、环境和公共设施管理业	Management of Water Conservancy,Environment and Public Establishment	100.0
居民服务、修理和其他服务业	Services to Household,Repair and Other Services	100.0
教育	Education	100.0
卫生和社会工作	Health and Social Service	100.0
文化体育和娱乐业	Culture, Sports and Entertainment	100.0
公共管理、社会保障和社会组织	Public Management,Social Security and Social Organization	100.0
国际组织	International Organizations	100.0
女	**Female**	**100.0**
农、林、牧、渔业	Farming,Forestry,Animal Husbandry and Fishery	100.0
采矿业	Mining	100.0
制造业	Manufacturing	100.0
电力、热力、燃气及水生产和供应业	Production and Supply of Electricity,Heat,Gas and Water	100.0
建筑业	Construction	100.0
批发和零售业	Wholesale and Retail Trades	100.0
交通运输、仓储和邮政业	Transport,Storage and Post	100.0
住宿和餐饮业	Hotels and Catering Services	100.0
信息传输、软件和信息技术服务业	Information Transmission, Software and Information Technology	100.0
金融业	Financial Intermediation	100.0
房地产业	Real Estate	100.0
租赁和商务服务业	Leasing and Business Services	100.0
科学研究和技术服务业	Scientific Research and Technical Service	100.0
水利、环境和公共设施管理业	Management of Water Conservancy,Environment and Public Establishment	100.0
居民服务、修理和其他服务业	Services to Household,Repair and Other Services	100.0
教育	Education	100.0
卫生和社会工作	Health and Social Service	100.0
文化体育和娱乐业	Culture, Sports and Entertainment	100.0
公共管理、社会保障和社会组织	Public Management,Social Security and Social Organization	100.0
国际组织	International Organizations	100.0

continued

(%)

1-8小时 1-8 Hours	9-19小时 9-19 Hours	20-39小时 20-39 Hours	40小时 40 Hours	41-48小时 41-48 Hours	48小时以上 48 Hours+
0.6	0.4	2.0	46.6	22.5	27.9
1.0	0.6	3.1	49.7	17.9	27.8
0.6	0.2	2.8	68.7	11.7	15.9
0.5	0.4	3.9	51.8	17.3	26.0
1.1	1.2	5.2	32.1	18.0	42.3
1.1	0.5	4.7	70.1	10.5	13.2
0.9	0.2	3.9	52.6	19.3	23.1
1.0	0.8	3.7	50.6	15.9	28.1
0.8	0.3	4.0	73.1	10.0	11.8
			48.6	21.7	29.7
1.2	**1.4**	**6.5**	**43.9**	**18.7**	**28.3**
3.9	8.0	27.7	24.2	15.4	20.8
1.2	0.5	5.3	65.1	13.3	14.6
0.8	0.6	3.2	36.2	25.3	33.9
1.3	0.4	4.0	71.3	11.9	11.1
1.0	1.3	6.8	41.2	19.0	30.6
1.1	0.7	4.2	32.9	21.3	39.9
0.8	0.5	4.6	53.0	18.6	22.5
1.0	0.9	4.2	28.2	19.9	45.8
0.8	0.3	2.1	68.0	14.4	14.3
0.6	0.5	3.4	67.6	15.6	12.3
0.6	0.6	3.6	53.7	22.3	19.1
0.9	0.5	4.6	58.9	16.8	18.3
0.2	0.2	2.8	74.8	11.3	10.7
1.2	0.3	5.6	50.4	16.8	25.7
1.1	1.6	8.4	35.3	18.3	35.3
1.1	0.6	4.5	72.3	10.3	11.3
1.0	0.5	4.1	56.2	20.0	18.2
0.6	0.7	4.6	52.7	15.5	25.9
0.9	0.4	5.3	77.2	7.6	8.6
			100.0		

1-63 城镇按职业、性别分的就业人员工作时间构成
COMPOSITION OF URBAN EMPLOYMENT WORKING HOURS BY OCCUPATION AND SEX

单位：%　　(%)

职　业	Occupation	合 计 Total	1-8小时 1-8 Hours	9-19小时 9-19 Hours	20-39小时 20-39 Hours	40小时 40 Hours	41-48小时 41-48 Hours	48小时以上 48 Hours+
合　计	**Total**	**100.0**	**1.1**	**1.1**	**5.4**	**42.4**	**18.4**	**31.5**
单位负责人	Unit Heads	100.0	0.6	0.8	2.3	46.1	14.7	35.5
专业技术人员	Professional and Technical Personnel	100.0	1.0	0.5	3.6	61.6	15.7	17.5
办事人员和有关人员	Clerk and Related Workers	100.0	0.8	0.4	3.2	63.0	15.3	17.3
商业、服务业人员	Business Service Personnel	100.0	1.1	0.9	4.6	33.4	19.5	40.6
农林牧渔水利业生产人员	Agriculture and Water Conservancy Labors	100.0	3.2	6.5	24.3	24.4	16.6	25.0
生产运输设备操作人员及有关人员	Production,Transport Equipment Operators and Related Workers	100.0	0.8	0.8	4.0	32.2	21.7	40.6
其　他	Others	100.0			1.8	25.6	25.4	47.1
男	**Male**	**100.0**	**1.0**	**0.9**	**4.7**	**41.4**	**18.1**	**33.9**
单位负责人	Unit Heads	100.0	0.6	0.6	2.2	46.4	14.8	35.5
专业技术人员	Professional and Technical Personnel	100.0	0.9	0.4	3.4	59.1	15.7	20.4
办事人员和有关人员	Clerk and Related Workers	100.0	0.8	0.3	2.9	60.6	15.6	19.8
商业、服务业人员	Business Service Personnel	100.0	1.1	0.9	4.0	32.9	18.5	42.8
农林牧渔水利业生产人员	Agriculture and Water Conservancy Labors	100.0	2.6	5.0	20.9	25.0	17.7	28.8
生产运输设备操作人员及有关人员	Production,Transport Equipment Operators and Related Workers	100.0	0.8	0.8	3.8	32.3	21.0	41.3
其　他	Others	100.0			3.0	25.6	22.3	49.1
女	**Female**	**100.0**	**1.2**	**1.4**	**6.5**	**43.9**	**18.7**	**28.3**
单位负责人	Unit Heads	100.0	0.8	1.3	2.7	45.2	14.3	35.6
专业技术人员	Professional and Technical Personnel	100.0	1.0	0.5	3.8	64.1	15.7	14.7
办事人员和有关人员	Clerk and Related Workers	100.0	0.8	0.4	3.5	67.1	14.8	13.4
商业、服务业人员	Business Service Personnel	100.0	1.1	0.8	5.2	33.9	20.6	38.4
农林牧渔水利业生产人员	Agriculture and Water Conservancy Labors	100.0	3.8	7.9	27.6	23.9	15.6	21.2
生产运输设备操作人员及有关人员	Production,Transport Equipment Operators and Related Workers	100.0	0.8	0.8	4.4	31.8	23.7	38.4
其　他	Others	100.0				25.6	30.5	43.9

1-64 城镇按年龄、性别分的失业人员未工作原因构成
UNEMPLOYED REASON COMPOSITION OF URBAN UNEMPLOYMENT BY AGE AND SEX

单位：% (%)

年龄 Age	合 计 Total	正在上学 Studying	毕业后未工作 Job-off after Graduated	因单位原因失去工作 Lose Job for Working Unit Reasons	因个人原因失去工作 Lose Job for Individual Reasons	承包土地被征用 Land Expropriated	离退休 Retired	料理家务 Take Care of Housework	其 他 Others
总计 Total	**100.0**	**2.0**	**16.1**	**16.2**	**29.0**	**1.1**	**3.4**	**19.6**	**12.5**
16–19	100.0	13.2	55.8	2.3	14.5			1.9	12.2
20–24	100.0	6.8	54.4	3.9	20.0	0.2		4.6	10.1
25–29	100.0	1.2	18.2	9.8	39.0	0.6		18.1	13.1
30–34	100.0	0.1	3.0	13.1	40.1	1.3		30.5	11.9
35–39	100.0		2.0	18.6	34.2	0.6	0.0	31.1	13.5
40–44	100.0	0.0	0.8	25.3	30.5	1.5	0.2	28.2	13.6
45–49	100.0	0.0	0.4	30.5	27.1	1.8	2.3	24.7	13.3
50–54	100.0		0.3	28.4	23.8	2.4	15.5	15.9	13.8
55–59	100.0		0.1	30.7	20.0	3.0	17.8	15.6	12.8
60–64	100.0			7.3	10.6	3.0	48.6	18.8	11.7
65+	100.0		0.2	6.6	14.4	1.9	44.0	16.3	16.6
男 Male	**100.0**	**2.4**	**19.1**	**21.4**	**32.3**	**1.5**	**3.0**	**3.0**	**17.2**
16–19	100.0	14.2	57.6	2.4	14.3			1.5	10.0
20–24	100.0	6.5	54.2	4.8	21.4	0.2		0.4	12.5
25–29	100.0	1.0	22.9	12.8	44.0	0.8		1.0	17.4
30–34	100.0		2.9	22.0	51.7	2.5		2.8	18.0
35–39	100.0		2.1	27.6	43.6	0.9	0.0	4.0	21.8
40–44	100.0	0.0	0.4	32.8	35.9	2.7	0.3	5.4	22.5
45–49	100.0	0.0	0.3	39.6	32.8	2.1	0.1	4.8	20.2
50–54	100.0		0.3	40.2	29.6	3.0	3.9	3.8	19.3
55–59	100.0		0.2	38.9	22.5	2.7	10.9	8.5	16.3
60–64	100.0			8.1	13.3	2.8	55.7	5.6	14.5
65+	100.0		0.3	7.6	14.8	2.1	47.5	8.4	19.2
女 Female	**100.0**	**1.7**	**13.5**	**11.7**	**26.1**	**0.8**	**3.8**	**34.1**	**8.4**
16–19	100.0	11.7	53.0	2.1	14.9			2.5	15.8
20–24	100.0	7.2	54.7	2.9	18.3	0.2		9.7	7.0
25–29	100.0	1.3	14.4	7.4	34.9	0.4		31.9	9.6
30–34	100.0	0.1	3.1	8.3	34.0	0.7		45.2	8.6
35–39	100.0		1.9	13.6	28.8	0.4		46.5	8.8
40–44	100.0		1.0	20.5	27.1	0.8	0.1	42.7	7.9
45–49	100.0		0.4	24.0	23.0	1.5	3.8	38.9	8.5
50–54	100.0		0.2	12.4	15.9	1.6	31.1	32.3	6.4
55–59	100.0			8.8	13.3	4.0	36.2	34.4	3.4
60–64	100.0			5.7	5.1	3.4	34.1	45.8	6.0
65+	100.0			4.5	13.4	1.4	36.8	32.6	11.3

1-65 城镇按未工作原因、性别分的失业人员年龄构成
AGE COMPOSITION OF URBAN UNEMPLOYMENT BY UNEMPLOYED REASON AND SEX

单位：% (%)

年龄 Age	合计 Total	正在上学 Studying	毕业后未工作 Job-off after Graduated	因单位原因失去工作 Lose Job for Working Unit Reasons	因个人原因失去工作 Lose Job for Individual Reasons	承包土地被征用 Land Expropriated	离退休 Retired	料理家务 Take Care of Housework	其他 Others
总计 Total	**100.0**	**100.0**	**100.0**	**100.0**	**100.0**	**100.0**	**100.0**	**100.0**	**100.0**
16-19	4.0	26.2	13.8	0.6	2.0			0.4	3.9
20-24	18.9	63.8	63.8	4.6	13.1	3.5		4.4	15.2
25-29	15.8	9.2	17.8	9.6	21.2	8.4		14.6	16.5
30-34	12.5	0.6	2.3	10.1	17.3	14.7		19.6	11.9
35-39	10.4		1.3	12.0	12.3	5.3	0.0	16.6	11.2
40-44	12.8	0.1	0.6	19.9	13.4	17.3	0.6	18.4	13.8
45-49	11.1	0.1	0.3	20.9	10.4	17.4	7.4	14.1	11.9
50-54	8.4		0.1	14.7	6.9	17.9	38.0	6.8	9.3
55-59	3.5		0.0	6.6	2.4	9.3	18.1	2.8	3.5
60-64	1.9			0.8	0.7	4.9	26.4	1.8	1.7
65+	0.7		0.0	0.3	0.4	1.2	9.4	0.6	1.0
男 Male	**100.0**	**100.0**	**100.0**	**100.0**	**100.0**	**100.0**	**100.0**	**100.0**	**100.0**
16-19	5.2	31.6	15.7	0.6	2.3			2.7	3.0
20-24	22.3	61.4	63.3	5.0	14.8	3.3		2.8	16.3
25-29	15.1	6.7	18.0	9.1	20.6	8.3		4.9	15.2
30-34	9.3		1.4	9.6	14.9	15.5		8.7	9.7
35-39	8.1		0.9	10.4	10.9	4.6	0.1	10.6	10.2
40-44	10.6	0.2	0.2	16.3	11.8	18.5	1.1	18.9	13.9
45-49	9.9	0.2	0.2	18.4	10.1	13.9	0.3	15.6	11.6
50-54	10.3		0.2	19.4	9.4	20.1	13.2	12.9	11.5
55-59	5.4		0.1	9.9	3.8	9.5	19.6	15.2	5.1
60-64	2.7			1.0	1.1	4.9	49.2	4.9	2.2
65+	1.0		0.0	0.4	0.5	1.4	16.5	2.9	1.2
女 Female	**100.0**	**100.0**	**100.0**	**100.0**	**100.0**	**100.0**	**100.0**	**100.0**	**100.0**
16-19	2.9	19.7	11.3	0.5	1.6			0.2	5.4
20-24	15.9	66.7	64.5	3.9	11.2	4.0		4.5	13.3
25-29	16.4	12.3	17.5	10.3	21.9	8.7		15.4	18.9
30-34	15.4	1.3	3.5	10.9	20.0	13.2		20.4	15.8
35-39	12.5		1.7	14.5	13.8	6.6		17.1	13.1
40-44	14.6		1.1	25.6	15.2	15.3	0.3	18.3	13.8
45-49	12.2		0.4	25.0	10.7	23.4	12.4	14.0	12.3
50-54	6.7		0.1	7.1	4.1	14.1	55.4	6.4	5.1
55-59	1.8			1.3	0.9	9.1	17.1	1.8	0.7
60-64	1.1			0.6	0.2	5.0	10.4	1.5	0.8
65+	0.4			0.2	0.2	0.8	4.4	0.4	0.6

1-66　城镇按受教育程度、性别分的失业人员未工作原因构成
UNEMPLOYED REASON COMPOSITION OF URBAN UNEMPLOMENT BY EDUCATIONAL ATTAINMENT AND SEX

单位：%　　　　(%)

受教育程度	Educational Attainment	合　计 Total	正在上学 Studying	毕业后未工作 Job-off after Graduated	因单位原因失去工作 Lose Job for Working Unit Reasons	因个人原因失去工作 Lose Job for Individual Reasons	承包土地被征用 Land Expropriated	离退休 Retired	料理家务 Take Care of Housework	其　他 Others
总　计	**Total**	**100.0**	**2.0**	**16.1**	**16.2**	**29.0**	**1.1**	**3.4**	**19.6**	**12.5**
未上过学	Illiterate	100.0			7.0	22.5	2.9	2.3	44.3	20.9
小　学	Primary School	100.0	0.2	1.6	12.8	25.8	3.8	4.6	32.2	19.1
初　中	Junior School	100.0	0.1	6.0	17.7	30.5	1.7	3.8	25.2	15.0
高　中	Senior School	100.0	1.2	10.4	20.5	29.4	0.7	5.9	19.6	12.4
中等职业教育	Medium Vocational Education	100.0	1.9	17.5	19.4	32.0	0.4	2.0	16.0	10.8
高等职业教育	High Vocational Education	100.0	4.4	20.6	16.2	32.0	0.3	2.0	13.5	10.9
大学专科	College	100.0	3.4	31.7	13.0	29.4	0.3	1.7	11.3	9.3
大学本科	University	100.0	9.0	47.4	7.9	21.9	0.1	0.9	6.7	6.1
研究生	Graduate	100.0	15.0	51.7	6.7	16.4		1.1	4.2	4.8
男	**Male**	**100.0**	**2.4**	**19.1**	**21.4**	**32.3**	**1.5**	**3.0**	**3.0**	**17.2**
未上过学	Illiterate	100.0			16.3	31.2	1.7	1.2	9.2	40.5
小　学	Primary School	100.0	0.1	1.2	20.0	33.4	4.9	5.4	7.5	27.6
初　中	Junior School	100.0	0.2	7.7	24.3	36.2	2.6	3.7	3.8	21.7
高　中	Senior School	100.0	1.5	13.8	26.5	31.9	0.8	4.3	3.6	17.5
中等职业教育	Medium Vocational Education	100.0	2.2	22.1	23.9	36.1	0.6	1.4	1.0	12.7
高等职业教育	High Vocational Education	100.0	5.7	27.3	20.6	31.7	0.8	0.5	0.7	12.6
大学专科	College	100.0	4.1	37.6	15.6	28.7	0.1	1.6	1.2	11.2
大学本科	University	100.0	9.3	49.5	9.0	21.9	0.2	0.9	1.4	7.9
研究生	Graduate	100.0	22.1	51.2	11.4	10.1		1.1	1.3	2.8
女	**Female**	**100.0**	**1.7**	**13.5**	**11.7**	**26.1**	**0.8**	**3.8**	**34.1**	**8.4**
未上过学	Illiterate	100.0			3.0	18.7	3.5	2.8	59.7	12.3
小　学	Primary School	100.0	0.2	1.9	6.6	19.3	2.9	3.8	53.5	11.8
初　中	Junior School	100.0	0.0	4.5	12.2	25.6	1.0	4.0	43.4	9.3
高　中	Senior School	100.0	0.9	7.2	14.7	27.1	0.6	7.4	34.8	7.4
中等职业教育	Medium Vocational Education	100.0	1.5	13.3	15.3	28.2	0.1	2.5	29.8	9.1
高等职业教育	High Vocational Education	100.0	3.4	15.2	12.8	32.3		3.2	23.6	9.6
大学专科	College	100.0	2.8	26.6	10.7	30.0	0.5	1.8	20.0	7.7
大学本科	University	100.0	8.7	45.6	7.0	22.0		0.9	11.5	4.3
研究生	Graduate	100.0	9.5	52.1	3.1	21.3		1.1	6.5	6.4

1-67 城镇按未工作原因、性别分的失业人员受教育程度构成
EDUCATIONAL ATTAINMENT COMPOSITION OF URBAN UNEMPLOYMENT BY UNEMPLOYED REASON AND SEX

单位：% (%)

受教育程度	Educational Attainment	合计 Total	正在上学 Studying	毕业后未工作 Job-off after Graduated	因单位原因失去工作 Lose Job for Working Unit Reasons	因个人原因失去工作 Lose Job for Individual Reasons	承包土地被征用 Land Expropriated	离退休 Retired	料理家务 Take Care of Housework	其他 Others
总 计	**Total**	**100.0**	**100.0**	**100.0**	**100.0**	**100.0**	**100.0**	**100.0**	**100.0**	**100.0**
未上过学	Illiterate	0.7			0.3	0.5	1.7	0.4	1.5	1.1
小 学	Primary School	6.4	0.6	0.6	5.0	5.7	21.6	8.6	10.5	9.8
初 中	Junior School	37.2	1.7	13.8	40.8	39.1	57.1	41.8	48.0	44.5
高 中	Senior School	18.7	10.8	12.1	23.6	19.0	11.2	32.2	18.7	18.5
中等职业教育	Medium Vocational Education	9.2	8.5	10.0	11.0	10.1	3.0	5.4	7.5	7.9
高等职业教育	High Vocational Education	2.0	4.3	2.5	2.0	2.2	0.6	1.2	1.3	1.7
大学专科	College	15.5	25.9	30.4	12.4	15.7	4.1	7.7	9.0	11.5
大学本科	University	9.8	43.6	28.7	4.8	7.4	0.8	2.7	3.3	4.7
研究生	Graduate	0.6	4.6	2.0	0.3	0.4		0.2	0.1	0.2
男	**Male**	**100.0**	**100.0**	**100.0**	**100.0**	**100.0**	**100.0**	**100.0**	**100.0**	**100.0**
未上过学	Illiterate	0.4			0.3	0.4	0.5	0.2	1.3	1.0
小 学	Primary School	6.3	0.3	0.4	5.9	6.5	20.2	11.4	15.6	10.1
初 中	Junior School	36.7	2.9	14.8	41.7	41.0	62.1	44.4	45.5	46.1
高 中	Senior School	19.5	12.1	14.1	24.2	19.3	10.2	28.2	23.4	19.9
中等职业教育	Medium Vocational Education	9.4	8.8	10.8	10.5	10.5	3.7	4.3	3.1	6.9
高等职业教育	High Vocational Education	1.9	4.5	2.6	1.8	1.8	0.9	0.3	0.4	1.4
大学专科	College	15.2	26.4	29.9	11.1	13.5	1.1	7.9	5.9	9.9
大学本科	University	10.0	39.5	25.8	4.2	6.7	1.2	3.1	4.6	4.6
研究生	Graduate	0.6	5.4	1.5	0.3	0.2		0.2	0.2	0.1
女	**Female**	**100.0**	**100.0**	**100.0**	**100.0**	**100.0**	**100.0**	**100.0**	**100.0**	**100.0**
未上过学	Illiterate	0.9			0.2	0.6	3.8	0.6	1.5	1.3
小 学	Primary School	6.5	0.9	0.9	3.6	4.8	23.9	6.6	10.2	9.1
初 中	Junior School	37.7	0.2	12.5	39.3	37.1	48.4	39.9	48.2	41.7
高 中	Senior School	17.9	9.4	9.5	22.5	18.6	13.0	35.0	18.3	15.9
中等职业教育	Medium Vocational Education	9.0	8.1	8.9	11.7	9.7	1.7	6.1	7.9	9.8
高等职业教育	High Vocational Education	2.0	4.0	2.3	2.2	2.5		1.7	1.4	2.3
大学专科	College	15.7	25.3	31.0	14.4	18.1	9.2	7.5	9.2	14.5
大学本科	University	9.6	48.5	32.3	5.8	8.1		2.4	3.2	5.0
研究生	Graduate	0.7	3.6	2.5	0.2	0.5		0.2	0.1	0.5

1-68　城镇按年龄、性别分的失业人员受教育程度构成
EDUCATIONAL ATTAINMENT COMPOSITION OF URBAN UNEMPLOYMENT BY AGE AND SEX

单位：%　　(%)

年龄 Age	合　计 Total	未上过学 Illiterate	小　学 Primary School	初　中 Junior School	高　中 Senior School	中等职业教　育 Medium Vocational Education	高等职业教　育 High Vocational Education	大　专 College	大学本科 University	研究生 Graduate
总计 Total	**100.0**	**0.7**	**6.4**	**37.2**	**18.7**	**9.2**	**2.0**	**15.5**	**9.8**	**0.6**
16-19	100.0		1.2	37.1	26.4	21.3	3.0	7.2	3.7	
20-24	100.0	0.1	1.2	17.9	11.9	10.7	2.2	29.6	25.8	0.6
25-29	100.0	0.1	2.3	29.2	15.7	11.0	2.9	22.1	14.3	2.2
30-34	100.0	0.3	3.3	38.5	16.2	11.2	2.3	18.4	9.1	0.6
35-39	100.0	0.6	6.1	40.0	20.3	11.2	2.3	14.5	5.0	0.2
40-44	100.0	0.9	8.8	49.4	21.1	7.9	1.5	7.7	2.5	0.2
45-49	100.0	0.9	11.6	52.4	20.5	5.2	0.9	6.4	2.1	0.1
50-54	100.0	1.2	10.9	49.9	27.0	3.1	1.1	4.5	2.0	0.3
55-59	100.0	1.7	14.4	43.0	32.5	2.3	0.8	4.1	1.4	
60-64	100.0	3.8	32.8	37.3	17.7	2.4	0.4	2.7	2.7	0.2
65+	100.0	10.0	38.6	37.3	6.0	3.8		3.8	0.5	
男 Male	**100.0**	**0.4**	**6.3**	**36.7**	**19.5**	**9.4**	**1.9**	**15.2**	**10.0**	**0.6**
16-19	100.0		0.9	33.9	29.8	22.9	2.6	6.6	3.3	
20-24	100.0	0.1	1.2	19.3	13.4	11.7	2.5	28.8	22.5	0.5
25-29	100.0	0.1	2.8	29.2	15.0	11.3	2.8	20.7	15.9	2.2
30-34	100.0	0.1	4.7	37.7	15.1	11.7	2.4	19.3	8.6	0.4
35-39	100.0	0.6	6.3	40.3	20.0	10.5	2.0	12.7	7.3	0.1
40-44	100.0	1.0	9.0	49.4	20.4	7.3	1.3	8.5	2.8	0.2
45-49	100.0	0.2	10.7	50.2	22.3	6.1	0.7	7.3	2.4	0.1
50-54	100.0	0.9	9.2	50.5	27.5	3.0	1.0	4.7	2.6	0.4
55-59	100.0	0.6	11.2	45.7	34.3	2.0	0.5	4.1	1.6	
60-64	100.0	1.4	25.8	41.3	21.1	2.7	0.4	3.7	3.3	0.2
65+	100.0	3.4	36.8	41.9	7.8	3.9		5.5	0.7	
女 Female	**100.0**	**0.9**	**6.5**	**37.7**	**17.9**	**9.0**	**2.0**	**15.7**	**9.6**	**0.7**
16-19	100.0		1.6	42.3	21.0	18.9	3.6	8.2	4.4	
20-24	100.0		1.2	16.1	10.2	9.4	2.0	30.6	29.9	0.8
25-29	100.0	0.1	2.0	29.2	16.4	10.7	2.9	23.3	13.1	2.3
30-34	100.0	0.5	2.5	39.0	16.8	10.9	2.3	18.0	9.3	0.7
35-39	100.0	0.5	6.0	39.7	20.4	11.5	2.4	15.5	3.7	0.2
40-44	100.0	0.9	8.6	49.4	21.5	8.3	1.7	7.2	2.3	0.1
45-49	100.0	1.3	12.2	54.0	19.2	4.6	1.0	5.7	1.9	0.1
50-54	100.0	1.7	13.2	49.0	26.4	3.2	1.3	4.1	1.1	0.1
55-59	100.0	4.5	23.0	35.7	27.5	2.8	1.6	4.0	0.8	
60-64	100.0	8.9	47.1	29.3	10.8	1.6	0.3	0.6	1.4	
65+	100.0	23.6	42.2	27.7	2.4	3.6		0.5		

1-69 城镇按受教育程度、性别分的失业人员年龄构成
AGE COMPOSITION OF URBAN UNEMPLOYMENT BY EDUCATIONAL ATTAINMENT AND SEX

单位：% (%)

年龄 Age	合计 Total	未上过学 Illiterate	小学 Primary School	初中 Junior School	高中 Senior School	中等职业教育 Medium Vocational Education	高等职业教育 High Vocational Education	大专 College	大学本科 University	研究生 Graduate
总计 Total	**100.0**	**100.0**	**100.0**	**100.0**	**100.0**	**100.0**	**100.0**	**100.0**	**100.0**	**100.0**
16-19	4.0		0.7	4.0	5.6	9.3	6.1	1.8	1.5	
20-24	18.9	1.6	3.5	9.1	12.1	22.0	21.7	36.2	50.0	19.4
25-29	15.8	2.6	5.8	12.4	13.3	18.9	23.2	22.5	23.1	56.9
30-34	12.5	6.7	6.4	13.0	10.9	15.3	15.1	14.9	11.7	11.3
35-39	10.4	8.8	9.9	11.2	11.3	12.7	12.0	9.8	5.3	3.1
40-44	12.8	18.5	17.5	16.9	14.4	11.0	10.1	6.3	3.3	3.4
45-49	11.1	14.9	20.2	15.7	12.2	6.4	5.2	4.6	2.4	1.4
50-54	8.4	16.0	14.3	11.2	12.1	2.8	4.8	2.4	1.7	4.0
55-59	3.5	8.8	7.8	4.0	6.0	0.9	1.4	0.9	0.5	
60-64	1.9	10.9	9.5	1.9	1.8	0.5	0.3	0.3	0.5	0.5
65+	0.7	11.2	4.4	0.7	0.2	0.3		0.2		
男 Male	**100.0**	**100.0**	**100.0**	**100.0**	**100.0**	**100.0**	**100.0**	**100.0**	**100.0**	**100.0**
16-19	5.2		0.7	4.8	8.0	12.8	7.3	2.3	1.7	
20-24	22.3	5.3	4.2	11.7	15.3	27.9	29.8	42.3	50.4	20.1
25-29	15.1	3.8	6.7	12.0	11.6	18.3	23.0	20.5	24.0	57.3
30-34	9.3	2.2	7.0	9.6	7.2	11.6	11.8	11.8	8.1	5.7
35-39	8.1	11.6	8.1	8.9	8.2	9.1	8.8	6.7	5.9	2.0
40-44	10.6	25.3	15.2	14.3	11.1	8.3	7.7	5.9	3.0	4.6
45-49	9.9	5.0	16.8	13.6	11.3	6.5	4.0	4.7	2.3	1.5
50-54	10.3	22.4	14.9	14.2	14.5	3.3	5.7	3.2	2.7	7.8
55-59	5.4	7.5	9.6	6.7	9.5	1.2	1.3	1.5	0.9	
60-64	2.7	8.6	10.9	3.0	2.9	0.8	0.5	0.6	0.9	1.1
65+	1.0	8.3	6.1	1.2	0.4	0.4		0.4	0.1	
女 Female	**100.0**	**100.0**	**100.0**	**100.0**	**100.0**	**100.0**	**100.0**	**100.0**	**100.0**	**100.0**
16-19	2.9		0.7	3.2	3.4	6.1	5.1	1.5	1.3	
20-24	15.9		2.9	6.8	9.0	16.6	15.4	30.9	49.6	18.9
25-29	16.4	2.1	5.0	12.7	15.0	19.6	23.3	24.3	22.3	56.6
30-34	15.4	8.6	6.0	15.9	14.4	18.6	17.6	17.6	15.0	15.6
35-39	12.5	7.6	11.6	13.2	14.2	16.0	14.6	12.3	4.8	3.9
40-44	14.6	15.6	19.4	19.2	17.6	13.5	12.1	6.7	3.5	2.5
45-49	12.2	19.2	23.1	17.5	13.1	6.2	6.2	4.4	2.4	1.3
50-54	6.7	13.2	13.7	8.7	9.9	2.4	4.2	1.8	0.7	1.1
55-59	1.8	9.4	6.3	1.7	2.7	0.6	1.4	0.5	0.2	
60-64	1.1	11.9	8.4	0.9	0.7	0.2	0.2		0.2	
65+	0.4	12.5	2.9	0.3	0.1	0.2				

1-70 城镇按年龄、性别分的失业人员寻找工作方式构成
SEEKING JOB METHOD COMPOSITION OF URBAN UNEMPLOYMENT BY AGE AND SEX

单位：% (%)

年龄 Age	合 计 Total	在职业介绍机构登记 Register in Employment Agency Office	委托亲友找工作 Ask Friends Relatives about Job	直接与单位或雇主联系 Contact Directly with Employers	应答或刊登广告 Answer or Advertise	浏览招聘广告 Scan and Want Ads	参加招聘会 Take Part in Employment Advertise Meeting	为自己经营作准备 Prepare for Own Business	其他 Others
总计 Total	**100.0**	**5.8**	**46.7**	**6.8**	**0.6**	**13.5**	**7.3**	**5.8**	**13.5**
16-19	100.0	5.0	50.4	6.0	0.3	14.5	7.7	2.7	13.3
20-24	100.0	8.8	34.1	8.0	0.7	15.7	18.6	3.8	10.3
25-29	100.0	6.7	39.5	7.9	0.8	17.1	9.2	6.5	12.3
30-34	100.0	4.8	44.1	6.0	0.9	17.1	5.1	8.6	13.4
35-39	100.0	4.7	47.2	5.9	0.8	14.6	3.9	7.7	15.2
40-44	100.0	5.2	53.4	6.6	0.5	10.7	2.8	6.5	14.2
45-49	100.0	5.2	55.8	5.7	0.5	10.2	3.0	5.8	13.9
50-54	100.0	3.9	58.7	6.3	0.3	7.7	2.3	4.8	16.0
55-59	100.0	4.7	58.6	8.5	0.3	6.8	1.5	3.6	16.0
60-64	100.0	1.6	59.5	6.1	1.1	6.2	0.7	3.9	21.0
65+	100.0	0.3	58.3	4.0	0.3	5.8	0.7	2.1	28.5
男 Male	**100.0**	**6.0**	**45.3**	**8.0**	**0.6**	**12.0**	**7.4**	**7.5**	**13.1**
16-19	100.0	1.7	55.1	5.5	0.4	13.5	6.7	2.2	14.7
20-24	100.0	8.9	34.7	9.1	0.6	15.4	17.0	4.2	10.1
25-29	100.0	6.9	38.4	8.8	0.9	15.4	9.8	8.8	11.0
30-34	100.0	6.8	42.1	7.5	0.7	13.6	5.3	14.0	10.0
35-39	100.0	5.5	44.9	7.3	0.8	12.4	3.1	12.1	13.9
40-44	100.0	5.3	49.1	8.8	0.5	8.7	2.4	9.6	15.6
45-49	100.0	5.1	51.7	6.8	0.4	9.4	3.5	8.3	14.7
50-54	100.0	4.4	56.4	6.9	0.1	7.8	2.7	6.4	15.2
55-59	100.0	5.2	56.4	9.2	0.5	6.5	1.8	4.3	16.2
60-64	100.0	1.9	57.4	8.3	0.7	7.1	1.0	3.6	20.0
65+	100.0		56.8	3.4	0.4	7.5	0.7	2.4	28.8
女 Female	**100.0**	**5.5**	**47.8**	**5.8**	**0.7**	**14.7**	**7.2**	**4.3**	**13.9**
16-19	100.0	10.2	43.0	6.8		16.1	9.4	3.4	11.1
20-24	100.0	8.7	33.3	6.8	0.8	16.1	20.6	3.2	10.6
25-29	100.0	6.5	40.4	7.1	0.7	18.4	8.8	4.7	13.3
30-34	100.0	3.7	45.1	5.3	1.0	18.9	5.1	5.7	15.2
35-39	100.0	4.3	48.5	5.1	0.8	15.9	4.3	5.1	15.9
40-44	100.0	5.1	56.1	5.3	0.5	12.0	3.1	4.5	13.3
45-49	100.0	5.2	58.7	4.9	0.6	10.7	2.6	4.0	13.3
50-54	100.0	3.2	61.8	5.5	0.5	7.6	1.6	2.6	17.2
55-59	100.0	3.3	64.5	6.9		7.6	0.6	1.5	15.6
60-64	100.0	0.9	63.8	1.6	1.9	4.2	0.1	4.4	23.1
65+	100	1.1	61.4	5.0		2.4	0.8	1.5	27.9

1-71 城镇按受教育程度、性别分的失业人员寻找工作方式构成
SEEKING JOB METHOD COMPOSITION OF URBAN UNEMPLOYMENT BY EDUCATIONAL ATTAINMENT AND SEX

单位：% (%)

受教育程度	Educational Attainment	合计 Total	在职业介绍机构登记 Register in Employment Agency Office	委托亲友找工作 Ask Friends Relatives about Job	直接与单位或雇主联系	应答或刊登广告 Answer or Advertise	浏览招聘广告 Scan and Want Ads	参加招聘会 Take Part in Employment Advertise Meeting	为自己经营作准备 Prepare for Own Business	其他 Others
总计	**Total**	**100.0**	**5.8**	**46.7**	**6.8**	**0.6**	**13.5**	**7.3**	**5.8**	**13.5**
未上过学	Illiterate	100.0	0.5	61.4	6.7	0.8	6.5	0.1	2.9	21.1
小　学	Primary School	100.0	2.5	58.4	7.4	0.5	6.2	1.5	4.9	18.7
初　中	Junior School	100.0	4.1	55.7	7.0	0.5	8.9	2.3	5.8	15.8
高　中	Senior School	100.0	5.1	50.5	6.6	0.5	13.5	4.6	5.7	13.6
中等职业教育	Medium Vocational Education	100.0	7.5	41.6	8.3	0.6	17.0	7.2	6.8	11.1
高等职业教育	High Vocational Education	100.0	10.7	38.7	7.1	0.8	16.6	7.1	7.4	11.7
大学专科	College	100.0	8.6	34.6	5.3	1.1	20.2	14.4	6.2	9.5
大学本科	University	100.0	8.3	24.4	7.5	0.9	20.6	23.1	4.8	10.4
研究生	Graduate	100.0	13.8	7.8	3.5		23.2	33.9	8.1	9.7
男	**Male**	**100.0**	**6.0**	**45.3**	**8.0**	**0.6**	**12.0**	**7.4**	**7.5**	**13.1**
未上过学	Illiterate	100.0		46.1	12.9	1.8	4.5		5.1	29.5
小　学	Primary School	100.0	2.0	58.0	8.3		4.5	1.5	6.6	19.1
初　中	Junior School	100.0	4.3	54.6	8.1	0.3	7.4	2.1	7.5	15.8
高　中	Senior School	100.0	5.5	48.0	7.5	0.8	12.8	4.8	6.9	13.8
中等职业教育	Medium Vocational Education	100.0	6.8	42.0	9.8	0.5	15.5	7.7	8.3	9.5
高等职业教育	High Vocational Education	100.0	13.4	38.3	8.9	0.1	10.5	10.2	12.5	6.2
大学专科	College	100.0	9.7	32.4	6.4	0.9	18.2	15.8	8.2	8.4
大学本科	University	100.0	7.7	24.4	9.3	1.2	19.3	22.0	6.6	9.5
研究生	Graduate	100.0	20.0	4.7	1.8		26.9	16.8	15.5	14.3
女	**Female**	**100.0**	**5.5**	**47.8**	**5.8**	**0.7**	**14.7**	**7.2**	**4.3**	**13.9**
未上过学	Illiterate	100.0	0.7	68.1	4.0	0.4	7.3	0.1	1.9	17.4
小　学	Primary School	100.0	2.9	58.7	6.6	0.9	7.7	1.5	3.3	18.3
初　中	Junior School	100.0	4.0	56.6	6.1	0.6	10.2	2.4	4.4	15.8
高　中	Senior School	100.0	4.6	52.9	5.8	0.3	14.1	4.4	4.6	13.4
中等职业教育	Medium Vocational Education	100.0	8.1	41.2	6.9	0.8	18.4	6.7	5.3	12.6
高等职业教育	High Vocational Education	100.0	8.5	38.9	5.6	1.3	21.5	4.7	3.3	16.2
大学专科	College	100.0	7.7	36.4	4.4	1.2	21.9	13.2	4.5	10.5
大学本科	University	100.0	8.8	24.4	5.8	0.7	21.7	24.1	3.3	11.2
研究生	Graduate	100.0	9.1	10.2	4.8		20.3	47.1	2.4	6.2

1-72　城镇按年龄、性别分的失业人员行业构成
SECTOR COMPOSITION OF URBAN UNEMPLOYMENT BY AGE AND SEX

单位：%　　　　(%)

年龄 Age	合　计 Total	农、林、牧、渔业 Farming, Forestry, Animal Husbandry and Fishery	采矿业 Mining	制造业 Manufacturing	电力、热力、燃气及水生产和供应业 Production and Supply of Electricity, Heat, Gas and Water	建筑业 Construction	批发和零售业 Wholesale and Retail Trades
总计 Total	**100.0**	**4.2**	**2.1**	**24.1**	**0.6**	**8.0**	**24.5**
16-19	100.0	6.9	1.3	18.5	0.7	2.0	20.7
20-24	100.0	3.4	0.3	22.1	0.3	6.9	22.1
25-29	100.0	2.9	1.0	21.0	0.1	6.7	28.5
30-34	100.0	2.7	0.9	19.3	0.7	6.7	33.2
35-39	100.0	3.5	2.3	21.4	0.6	6.2	30.0
40-44	100.0	3.5	2.2	25.9	0.8	8.7	25.7
45-49	100.0	4.5	3.5	28.9	0.8	8.6	21.5
50-54	100.0	6.3	4.4	30.5	0.9	10.9	15.1
55-59	100.0	6.0	2.7	29.7	1.2	12.7	12.4
60-64	100.0	11.4	3.6	24.0	1.4	9.9	9.2
65+	100.0	18.7	1.9	22.8		20.2	7.8
男 Male	**100.0**	**4.0**	**3.2**	**25.9**	**0.9**	**13.5**	**14.7**
16-19	100.0	7.0	2.1	22.1		3.4	14.0
20-24	100.0	3.4	0.5	24.8	0.5	10.8	14.5
25-29	100.0	2.2	2.1	21.7	0.3	12.3	17.9
30-34	100.0	2.7	2.3	23.1	0.7	13.7	18.1
35-39	100.0	3.1	4.3	23.6	0.9	11.9	14.7
40-44	100.0	4.4	3.0	25.5	1.4	16.2	15.3
45-49	100.0	3.6	4.8	28.6	1.2	15.6	14.8
50-54	100.0	5.7	5.8	32.0	1.1	14.0	12.0
55-59	100.0	3.9	3.2	32.6	1.3	15.4	10.5
60-64	100.0	8.4	4.9	23.6	2.0	11.8	8.0
65+	100.0	18.4	2.7	22.7		21.2	6.0
女 Female	**100.0**	**4.3**	**1.0**	**22.5**	**0.4**	**3.0**	**33.6**
16-19	100.0	6.6		13.0	1.7		30.8
20-24	100.0	3.4		18.1		1.4	33.1
25-29	100.0	3.5	0.1	20.5		2.0	37.3
30-34	100.0	2.7		16.9	0.7	2.4	42.6
35-39	100.0	3.7	0.9	20.0	0.4	2.3	40.3
40-44	100.0	2.8	1.6	26.2	0.4	3.3	33.2
45-49	100.0	5.2	2.5	29.2	0.5	3.1	26.7
50-54	100.0	7.0	2.4	28.2	0.5	6.4	19.6
55-59	100.0	12.3	1.1	21.5	1.1	4.9	17.9
60-64	100.0	18.8	0.3	24.9		5.1	12.3
65+	100.0	19.2		23.2		18.0	11.9

1-72 续表 1 continued

单位：% (%)

年龄 Age	交通运输、仓储和邮政业 Transport, Storage and Post	住宿和餐饮业 Hotels and Catering Services	信息传输、软件和信息技术服务业 Information Transmission, Software and Information Technology	金融业 Finance Inter-mediation	房地产业 Real Estate	租赁和商务服务业 Leasing and Business Services	科学研究和技术服务业 Scientific Research and Technical Services
总计 Total	**5.2**	**7.8**	**1.4**	**2.2**	**1.8**	**2.4**	**0.5**
16-19	1.8	17.8	2.2	0.3	1.1	2.5	
20-24	2.3	9.3	2.9	3.9	1.7	3.2	0.2
25-29	3.8	7.7	2.3	3.5	2.4	2.9	0.8
30-34	5.2	7.0	2.2	2.7	2.0	3.0	0.5
35-39	5.6	8.7	1.6	1.9	1.6	2.8	0.5
40-44	6.0	8.7	0.6	1.4	1.6	1.6	0.4
45-49	5.7	7.9	0.6	1.8	1.5	2.0	0.3
50-54	6.9	6.0	0.4	1.2	1.5	1.4	0.4
55-59	7.9	5.4	0.1	1.2	2.3	1.7	0.7
60-64	7.2	2.9		0.9	0.9	2.0	0.2
65+	2.6	1.9		0.4	2.8	0.6	1.6
男 Male	**8.3**	**6.3**	**1.5**	**2.0**	**1.9**	**2.3**	**0.5**
16-19	3.0	13.8	1.4	0.4	1.7	2.9	
20-24	3.4	8.8	3.1	4.3	2.0	3.0	0.1
25-29	5.6	7.2	3.4	3.2	3.2	2.8	1.1
30-34	9.4	6.2	1.9	2.9	2.0	2.8	0.4
35-39	12.3	8.5	1.8	0.9	1.1	3.4	0.5
40-44	9.9	5.4	0.8	1.1	1.7	2.3	0.3
45-49	9.6	6.1	0.6	1.4	1.5	1.6	0.2
50-54	9.2	3.7	0.3	1.1	1.4	1.0	0.6
55-59	9.9	4.1		0.9	2.8	2.1	0.9
60-64	8.6	1.6		1.3	0.9	2.0	0.3
65+	3.8	1.4			3.8	0.3	1.7
女 Female	**2.3**	**9.2**	**1.3**	**2.4**	**1.6**	**2.4**	**0.4**
16-19		24.0	3.4			1.9	
20-24	0.7	10.1	2.7	3.4	1.4	3.6	0.4
25-29	2.2	8.1	1.4	3.8	1.8	2.9	0.6
30-34	2.6	7.5	2.4	2.6	2.1	3.2	0.5
35-39	1.1	8.9	1.4	2.5	1.9	2.4	0.4
40-44	3.2	11.0	0.5	1.6	1.5	1.1	0.5
45-49	2.7	9.3	0.6	2.2	1.5	2.2	0.4
50-54	3.4	9.2	0.4	1.4	1.6	2.1	0.1
55-59	1.9	9.0	0.5	1.8	0.7	0.6	
60-64	3.5	6.3			1.0	1.8	
65+		3.2		1.4	0.5	1.4	1.2

1-72 续表 2 continued

单位：%　　　　(%)

年龄 Age	水利、环境和公共设施管理业 Management of Water Conservancy Environment and Public Establishment	居民服务、修理和其他服务业 Services to Household, Repair and Other Services	教　育 Education	卫生和社会工作 Health and Social Service	文化、体育和娱乐业 Culture Sports and Entertainment	公共管理、社会保障和社会组织 Public Management, Social Security and Social Organization	国际组织 International Organizations
总计 Total	**0.6**	**6.9**	**2.7**	**1.1**	**1.3**	**2.6**	**0.0**
16–19	0.3	11.4	6.2	0.5	0.4	5.5	
20–24	0.3	6.4	7.3	1.3	2.5	3.5	0.0
25–29	0.2	6.9	3.2	1.4	2.1	2.5	
30–34	0.6	5.8	2.6	1.4	1.4	2.2	0.0
35–39	0.7	6.5	2.1	0.9	1.1	2.1	
40–44	0.5	6.8	1.6	0.8	0.9	2.3	
45–49	0.4	7.1	1.4	0.8	1.1	1.7	
50–54	1.1	7.5	1.4	0.9	0.7	2.6	
55–59	1.5	7.3	1.6	1.3	0.6	3.7	
60–64	2.1	11.0	5.6	1.5	0.5	5.8	
65+	1.5	10.9	0.9	1.4		3.9	
男 Male	**0.6**	**7.0**	**1.9**	**0.6**	**1.4**	**3.5**	**0.0**
16–19	0.5	12.6	5.4		0.4	9.2	
20–24	0.0	7.9	4.8	0.7	2.5	5.0	0.0
25–29	0.2	7.7	2.1	0.4	2.5	3.9	
30–34	1.3	5.9	0.9	0.6	2.2	2.9	
35–39	0.2	6.1	1.2	0.6	1.3	3.4	
40–44	0.6	6.3	1.6	0.5	0.7	3.0	
45–49	0.3	6.5	0.4	0.3	0.9	2.0	
50–54	1.3	6.5	0.9	0.5	0.7	2.2	
55–59	1.0	6.2	1.1	0.6	0.4	3.1	
60–64	2.2	10.1	5.6	1.1	0.6	6.9	
65+	0.3	9.7	1.0	1.8		5.2	
女 Female	**0.5**	**6.9**	**3.5**	**1.6**	**1.2**	**1.7**	**0.0**
16–19		9.7	7.3	1.3	0.3		
20–24	0.6	4.2	11.0	2.2	2.6	1.3	
25–29	0.2	6.2	4.2	2.1	1.7	1.4	
30–34	0.1	5.7	3.6	1.8	0.9	1.7	0.1
35–39	1.0	6.7	2.7	1.1	1.0	1.1	
40–44	0.4	7.2	1.6	1.0	1.1	1.8	
45–49	0.4	7.6	2.2	1.1	1.2	1.4	
50–54	0.8	9.0	2.2	1.6	0.6	3.3	
55–59	3.1	10.5	3.0	3.4	1.2	5.6	
60–64	2.0	13.3	5.4	2.4		2.9	
65+	4.1	13.6	0.6	0.6		1.0	

1-73 城镇按受教育程度、性别分的失业人员行业构成 SECTOR COMPOSITION OF URBAN UNEMPLOYMENT BY EDUCATIONAL ATTAINMENT AND SEX

单位：% (%)

受教育程度	Educational Attainment	合计 Total	农、林、牧、渔业 Farming, Forestry, Animal Husbandry and Fishery	采矿业 Mining	制造业 Manufacturing	电力、热力、燃气及水生产和供应业 Production and Supply of Electricity, Heat, Gas and Water	建筑业 Construction	批发和零售业 Wholesale and Retail Trades
总　计	**Total**	**100.0**	**4.2**	**2.1**	**24.1**	**0.6**	**8.0**	**24.5**
未上过学	Illiterate	100.0	24.1	2.2	15.1		15.1	13.1
小　学	Primary School	100.0	13.9	1.7	21.1	0.4	15.1	11.8
初　中	Junior School	100.0	5.5	2.5	25.8	0.6	9.7	22.8
高　中	Senior School	100.0	2.5	2.0	26.0	0.8	6.7	28.7
中等职业教育	Medium Vocational Education	100.0	0.9	2.2	26.6	0.5	4.2	28.8
高等职业教育	High Vocational Education	100.0	1.2	1.7	22.7	0.7	4.4	27.4
大学专科	College	100.0	0.7	1.2	20.4	0.5	5.4	28.2
大学本科	University	100.0	0.7	1.4	16.7	0.9	4.8	22.6
研究生	Graduate	100.0		1.6	6.7		5.2	17.0
男	**Male**	**100.0**	**4.0**	**3.2**	**25.9**	**0.9**	**13.5**	**14.7**
未上过学	Illiterate	100.0	21.8	4.9	10.2		30.5	4.3
小　学	Primary School	100.0	13.5	2.6	18.6	0.7	24.3	7.3
初　中	Junior School	100.0	5.3	3.9	25.9	1.0	16.8	12.3
高　中	Senior School	100.0	2.5	3.0	30.0	1.3	10.7	17.8
中等职业教育	Medium Vocational Education	100.0	0.8	3.1	32.8	0.2	7.0	14.9
高等职业教育	High Vocational Education	100.0		2.9	30.3	0.2	6.6	14.7
大学专科	College	100.0	0.7	2.2	21.7	0.7	8.8	20.1
大学本科	University	100.0	0.4	2.1	19.4	1.0	7.3	19.2
研究生	Graduate	100.0		3.7	9.4		4.1	13.0
女	**Female**	**100.0**	**4.3**	**1.0**	**22.5**	**0.4**	**3.0**	**33.6**
未上过学	Illiterate	100.0	25.3	0.8	17.7		6.8	17.9
小　学	Primary School	100.0	14.3	0.6	23.7	0.1	5.2	16.7
初　中	Junior School	100.0	5.8	1.2	25.7	0.3	3.1	32.8
高　中	Senior School	100.0	2.6	0.9	21.9	0.4	2.7	39.6
中等职业教育	Medium Vocational Education	100.0	1.0	1.3	20.8	0.9	1.6	41.8
高等职业教育	High Vocational Education	100.0	2.0	0.8	17.5	1.0	2.9	36.1
大学专科	College	100.0	0.8	0.4	19.3	0.3	2.8	34.4
大学本科	University	100.0	0.9	0.8	14.2	0.8	2.5	25.8
研究生	Graduate	100.0			4.7		6.0	20.0

1-73 续表 1 continued

单位：% (%)

受教育程度	Educational Attainment	交通运输、仓储和邮政业 Transport, Storage and Post	住宿和餐饮业 Hotels and Catering Services	信息传输、软件和信息技术服务业 Information Transmission, Software and Information Technology	金融业 Finance Inter-mediation	房地产业 Real Estate	租赁和商务服务业 Leasing and Business Services	科学研究和技术服务业 Scientific Research and Technical Services
总 计	**Total**	**5.2**	**7.8**	**1.4**	**2.2**	**1.8**	**2.4**	**0.5**
未上过学	Illiterate	3.9	6.7			2.3	2.2	
小 学	Primary School	5.4	9.2	0.1	0.9	1.4	2.1	0.1
初 中	Junior School	5.8	9.7	0.5	0.9	1.2	1.5	0.3
高 中	Senior School	5.8	7.2	0.8	1.7	1.7	1.9	0.4
中等职业教育	Medium Vocational Education	5.1	7.1	1.5	2.8	1.6	3.5	0.4
高等职业教育	High Vocational Education	2.6	10.1	2.2	2.0	1.2	4.4	
大学专科	College	3.5	4.5	4.3	5.3	3.2	3.5	1.0
大学本科	University	3.4	2.6	4.7	7.6	3.8	5.3	1.5
研究生	Graduate	2.6	6.9	7.7	3.5	1.8	1.4	6.1
男	**Male**	**8.3**	**6.3**	**1.5**	**2.0**	**1.9**	**2.3**	**0.5**
未上过学	Illiterate	8.0	4.0			2.7		
小 学	Primary School	8.5	4.2	0.2	0.1	2.1	2.3	
初 中	Junior School	9.7	7.3	0.4	0.7	1.4	1.7	0.3
高 中	Senior School	9.1	5.5	0.7	1.3	1.2	2.2	0.4
中等职业教育	Medium Vocational Education	7.8	7.6	1.5	3.2	2.4	4.6	0.6
高等职业教育	High Vocational Education	2.8	14.0	0.3	1.0	1.1	3.0	
大学专科	College	4.5	5.4	5.0	5.4	3.1	2.3	0.9
大学本科	University	4.8	2.2	7.1	7.3	4.8	4.0	1.5
研究生	Graduate	1.4		6.4	8.2	4.1	1.3	10.4
女	**Female**	**2.3**	**9.2**	**1.3**	**2.4**	**1.6**	**2.4**	**0.4**
未上过学	Illiterate	1.7	8.2			2.0	3.4	
小 学	Primary School	2.0	14.6		1.8	0.6	1.9	0.1
初 中	Junior School	2.2	12.0	0.5	1.1	1.1	1.4	0.2
高 中	Senior School	2.4	8.8	1.0	2.0	2.1	1.6	0.4
中等职业教育	Medium Vocational Education	2.7	6.7	1.5	2.5	0.8	2.4	0.3
高等职业教育	High Vocational Education	2.4	7.5	3.5	2.6	1.3	5.4	
大学专科	College	2.7	3.8	3.7	5.2	3.2	4.4	1.1
大学本科	University	2.1	3.0	2.4	7.9	2.9	6.6	1.4
研究生	Graduate	3.5	12.1	8.7			1.5	2.8

1-73 续表 2 continued

单位：% (%)

受教育程度	Educational Attainment	水利、环境和公共设施管理业 Management of Water Conservancy Environment and Public Establishment	居民服务、修理和其他服务业 Services to Household, Repair and Other Services	教育 Education	卫生和社会工作 Health and Social Service	文化、体育和娱乐业 Culture Sports and Entertainment	公共管理、社会保障和社会组织 Public Management, Social Security and Social Organization	国际组织 International Organizations
总　计	**Total**	**0.6**	**6.9**	**2.7**	**1.1**	**1.3**	**2.6**	**0.0**
未上过学	Illiterate		11.6	1.7			2.1	
小　学	Primary School	1.6	10.2	1.4	0.8	1.0	2.0	
初　中	Junior School	0.5	7.8	1.3	0.6	1.1	1.8	
高　中	Senior School	0.4	6.9	1.8	0.8	0.9	3.0	
中等职业教育	Medium Vocational Education	0.7	4.9	2.9	1.8	2.0	2.4	
高等职业教育	High Vocational Education	0.9	8.3	4.7	1.1	1.8	2.6	
大学专科	College	0.4	5.1	5.0	2.2	2.2	3.5	
大学本科	University	0.5	4.0	10.9	2.1	1.6	4.7	0.1
研究生	Graduate	1.8		22.0	4.8		10.9	
男	**Male**	**0.6**	**7.0**	**1.9**	**0.6**	**1.4**	**3.5**	**0.0**
未上过学	Illiterate		9.6				3.9	
小　学	Primary School	1.1	9.7	0.8	0.6	0.9	2.5	
初　中	Junior School	0.7	7.7	0.9	0.4	1.2	2.6	
高　中	Senior School	0.5	6.9	1.3	0.3	0.8	4.4	
中等职业教育	Medium Vocational Education	0.8	4.3	1.7	0.5	2.3	3.9	
高等职业教育	High Vocational Education	1.3	9.8	3.1	1.4	3.6	3.7	
大学专科	College	0.5	5.8	3.9	1.1	2.9	5.0	
大学本科	University		4.7	7.5	1.1	1.4	4.3	0.0
研究生	Graduate	4.3		22.2	7.2		4.3	
女	**Female**	**0.5**	**6.9**	**3.5**	**1.6**	**1.2**	**1.7**	**0.0**
未上过学	Illiterate		12.6	2.6			1.1	
小　学	Primary School	2.1	10.7	2.0	1.0	1.2	1.4	
初　中	Junior School	0.4	7.9	1.7	0.8	1.0	1.1	
高　中	Senior School	0.4	6.8	2.3	1.3	1.1	1.7	
中等职业教育	Medium Vocational Education	0.6	5.5	4.0	3.0	1.6	1.0	
高等职业教育	High Vocational Education	0.7	7.2	5.8	0.9	0.6	1.9	
大学专科	College	0.3	4.6	5.8	3.1	1.6	2.4	
大学本科	University	0.9	3.3	14.1	3.1	1.8	5.2	0.2
研究生	Graduate			21.9	2.9		15.8	

1-74 城镇按年龄、性别分的失业人员职业构成
OCCUPATION COMPOSITION OF URBAN UNEMPLOYMENT BY AGE AND SEX

单位：% (%)

年龄 Age	合 计 Total	单 位 负责人 Unit Heads	专业技术人员 Professional and Technical Personnel	办事人员和有关人员 Clerk and Related Workers	商业服务人员 Business Service Personnel	农林牧渔水利业生产人员 Agriculture and Water Conservancy Labors	生产运输设备操作人员及有关人员 Production, Transport Equipment Operators and Related Workers	其 他 Others
总计 Total	**100.0**	**1.6**	**11.2**	**11.3**	**42.9**	**4.1**	**28.2**	**0.6**
16-19	100		8.1	12.2	50.9	6.9	22.0	0.1
20-24	100.0	0.9	17.8	12.4	40.3	3.5	24.8	0.4
25-29	100.0	1.2	13.3	12.5	46.2	2.8	23.4	0.6
30-34	100.0	1.5	12.7	12.5	48.9	2.9	20.7	0.7
35-39	100.0	1.8	9.8	11.1	48.2	3.4	24.9	0.8
40-44	100.0	1.7	9.3	8.9	45.7	3.4	30.4	0.6
45-49	100.0	2.0	8.9	8.8	42.0	4.1	33.7	0.5
50-54	100.0	2.5	8.2	10.9	33.1	6.1	38.5	0.7
55-59	100.0	2.5	9.5	13.5	29.0	5.9	39.0	0.5
60-64	100.0	0.9	13.4	17.6	28.6	10.5	28.7	0.2
65+	100.0	2.1	8.8	11.2	21.9	18.1	37.8	0.1
男 Male	**100.0**	**2.3**	**10.2**	**12.7**	**32.3**	**3.9**	**38.1**	**0.5**
16-19	100		8.4	16.0	40.9	7.0	27.7	
20-24	100.0	0.8	15.6	12.3	35.1	3.5	31.9	0.8
25-29	100.0	1.3	12.4	13.0	38.9	2.2	31.8	0.3
30-34	100.0	2.3	11.7	13.0	35.7	2.9	33.7	0.6
35-39	100.0	2.8	8.7	11.3	35.1	3.2	38.3	0.6
40-44	100.0	2.4	9.2	10.6	31.6	4.3	41.2	0.6
45-49	100.0	3.0	7.4	11.1	32.1	3.0	43.0	0.4
50-54	100.0	3.7	7.1	12.2	24.3	5.7	46.3	0.7
55-59	100.0	3.0	8.2	15.6	24.0	3.7	44.8	0.6
60-64	100.0	1.3	11.4	21.9	24.7	7.5	33.0	0.1
65+	100.0	3.1	9.6	15.2	15.0	17.6	39.3	0.3
女 Female	**100.0**	**1.1**	**12.2**	**10.0**	**52.7**	**4.2**	**19.1**	**0.7**
16-19	100		7.6	6.3	65.9	6.6	13.3	0.3
20-24	100.0	1.2	20.8	12.4	47.5	3.4	14.5	0.2
25-29	100.0	1.0	14.1	12.0	52.1	3.3	16.4	1.0
30-34	100.0	1.1	13.4	12.2	57.1	2.9	12.6	0.8
35-39	100.0	1.2	10.6	10.9	56.9	3.5	15.9	1.0
40-44	100.0	1.1	9.4	7.7	55.8	2.7	22.6	0.7
45-49	100.0	1.3	10.0	7.0	49.6	5.0	26.5	0.6
50-54	100	0.6	9.8	9.1	45.7	6.8	27.3	0.7
55-59	100	1.1	13.4	7.4	43.4	12.2	22.0	0.5
60-64	100		18.4	7.0	38.2	17.8	18.2	0.4
65+	100		7.0	2.3	37.4	19.2	34.2	

1-75 城镇按受教育程度、性别分的失业人员职业构成
OCCUPATION COMPOSITION OF URBAN UNEMPLOYMENT BY EDUCATIONAL ATTAINMENT AND SEX

单位：% (%)

受教育程度	Educational Attainment	合计 Total	单位负责人 Unit Heads	专业技术人员 Professional and Technical Personnel	办事人员和有关人员 Clerk and Related Workers	商业服务人员 Business Service Personnel	农林牧渔水利业生产人员 Agriculture and Water Conservancy Labors	生产运输设备操作人员及有关人员 Production, Transport Equipment Operators and Related Workers	其他 Others
总计	**Total**	**100.0**	**1.6**	**11.2**	**11.3**	**42.9**	**4.1**	**28.2**	**0.6**
未上过学	Illiterate	100.0	2.4	1.7	7.7	34.6	25.0	28.7	
小学	Primary School	100.0	1.8	4.3	6.7	38.3	13.2	35.1	0.5
初中	Junior School	100.0	1.2	5.8	7.5	44.4	5.4	34.9	0.7
高中	Senior School	100.0	1.7	9.9	10.4	45.7	2.5	29.3	0.6
中等职业教育	Medium Vocational Education	100.0	1.4	12.7	13.8	45.1	0.8	25.5	0.7
高等职业教育	High Vocational Education	100.0	2.1	15.3	14.7	47.2	1.2	18.8	0.7
大专	College	100.0	2.3	22.8	19.4	39.3	0.8	14.5	0.8
大学本科	University	100.0	2.8	31.6	22.3	33.2	0.8	8.9	0.4
研究生	Graduate	100.0	5.9	44.5	18.3	27.2	2.3	1.8	
男	**Male**	**100.0**	**2.3**	**10.2**	**12.7**	**32.3**	**3.9**	**38.1**	**0.5**
未上过学	Illiterate	100.0	6.7	3.4	3.8	19.0	24.2	42.9	
小学	Primary School	100.0	2.3	4.1	9.4	27.0	12.3	44.4	0.4
初中	Junior School	100.0	1.8	5.7	10.7	30.1	5.2	45.6	0.9
高中	Senior School	100.0	2.6	9.4	13.0	32.7	2.3	39.7	0.3
中等职业教育	Medium Vocational Education	100.0	1.3	12.0	14.6	36.1	0.5	34.9	0.6
高等职业教育	High Vocational Education	100.0	1.4	14.8	13.3	45.5		24.3	0.7
大专	College	100.0	3.7	18.0	17.8	36.9	0.9	22.1	0.6
大学本科	University	100.0	3.0	32.2	16.7	34.9	0.9	12.1	0.2
研究生	Graduate	100.0	4.3	39.9	10.0	36.1	5.4	4.3	
女	**Female**	**100.0**	**1.1**	**12.2**	**10.0**	**52.7**	**4.2**	**19.1**	**0.7**
未上过学	Illiterate	100.0		0.8	9.8	43.0	25.3	21.0	
小学	Primary School	100.0	1.2	4.6	3.8	50.5	14.2	25.0	0.6
初中	Junior School	100.0	0.6	6.0	4.6	57.9	5.6	24.8	0.5
高中	Senior School	100.0	0.9	10.3	7.7	58.7	2.6	18.9	0.9
中等职业教育	Medium Vocational Education	100.0	1.4	13.4	13.1	53.6	1.0	16.7	0.8
高等职业教育	High Vocational Education	100.0	2.5	15.6	15.7	48.5	2.0	14.9	0.7
大专	College	100.0	1.2	26.7	20.6	41.2	0.7	8.7	0.9
大学本科	University	100.0	2.5	31.1	27.5	31.6	0.7	6.0	0.6
研究生	Graduate	100.0	7.1	47.9	24.6	20.4			

1-76 城镇按受教育程度、性别分的失业人员未工作时间构成
UNEMPLOYMENT DURATION OF URBAN UNEMPLOYED PERSONS BY EDUCATIONAL ATTAINMENT AND SEX

单位：% (%)

受教育程度	Educational Attainment	城镇失业人员 Urban Unemployed Persons	1个月 1 Month	2-3个月 2-3 Months	4-6个月 4-6 Months	7-12个月 7-12 Months	13-24个月 13-24 Months	25个月以上 25+ Months+
总 计	**Total**	**100.0**	**9.5**	**18.7**	**15.5**	**24.6**	**14.9**	**16.8**
未上过学	Illiterate	100.0	10.9	14.4	18.2	21.4	13.4	21.7
小 学	Primary School	100.0	10.6	17.2	16.7	23.8	12.5	19.2
初 中	Junior Secondary School	100.0	8.5	17.6	15.1	25.3	15.1	18.4
高 中	Senior Secondary School	100.0	8.1	15.9	15.1	26.5	15.6	18.7
中等职业教育	Medium Vocational Education	100.0	8.7	17.5	16.0	25.7	14.0	18.2
高等职业教育	High Vocational Education	100.0	7.1	17.9	16.5	23.9	20.6	14.1
大学专科	College	100.0	10.5	22.1	16.0	22.6	15.9	12.8
大学本科	University	100.0	14.4	24.8	15.4	21.7	12.9	10.9
研究生及以上	Graduate and Higher Level	100.0	12.1	27.8	15.0	21.8	12.0	11.3
男	**Male**	**100.0**	**11.0**	**21.1**	**17.0**	**24.4**	**13.6**	**12.7**
未上过学	Illiterate	100.0	14.8	18.9	22.6	21.5	7.1	15.1
小 学	Primary School	100.0	12.5	17.5	19.1	22.5	12.0	16.3
初 中	Junior Secondary School	100.0	10.2	19.5	17.2	25.0	13.8	14.4
高 中	Senior Secondary School	100.0	8.8	18.0	16.4	27.0	15.3	14.6
中等职业教育	Medium Vocational Education	100.0	11.4	21.8	17.8	25.0	10.8	13.2
高等职业教育	High Vocational Education	100.0	8.4	20.8	16.3	24.0	20.5	10.0
大学专科	College	100.0	12.4	26.0	17.6	23.0	12.9	8.0
大学本科	University	100.0	15.3	27.7	14.6	20.4	14.0	8.0
研究生及以上	Graduate and Higher Level	100.0	14.4	26.8	18.0	23.3	9.8	7.7
女	**Female**	**100.0**	**8.2**	**16.6**	**14.1**	**24.8**	**16.0**	**20.4**
未上过学	Illiterate	100.0	9.1	12.4	16.3	21.4	16.1	24.7
小 学	Primary School	100.0	9.0	17.0	14.6	24.8	13.0	21.7
初 中	Junior Secondary School	100.0	7.1	16.0	13.3	25.6	16.2	21.8
高 中	Senior Secondary School	100.0	7.5	14.0	13.8	26.1	15.9	22.6
中等职业教育	Medium Vocational Education	100.0	6.2	13.5	14.4	26.2	16.8	22.9
高等职业教育	High Vocational Education	100.0	6.0	15.6	16.6	23.7	20.6	17.4
大学专科	College	100.0	8.9	18.9	14.6	22.3	18.3	16.9
大学本科	University	100.0	13.6	22.1	16.1	22.8	11.8	13.6
研究生及以上	Graduate and Higher Level	100.0	10.4	28.6	12.7	20.6	13.8	14.0

1-77 城镇按年龄、性别分的失业人员未工作时间构成
UNEMPLOYMENT DURATION OF URBAN UNEMPLOYED PERSONS BY AGE AND SEX

单位：% (%)

年 龄 Age	城 镇 失业人员 Urban Unemployed Persons	1个月 1 Month	2-3个月 2-3 Months	4-6个月 4-6 Months	7-12个月 7-12 Months	13-24个月 13-24 Months	25个月以上 25+ Months+
总计 Total	**100.0**	**9.5**	**18.7**	**15.5**	**24.6**	**14.9**	**16.8**
16-19	100.0	17.0	30.6	15.5	21.3	9.1	6.6
20-24	100.0	14.5	27.5	18.6	21.7	10.9	6.8
25-29	100.0	8.1	19.3	14.6	24.6	17.6	15.8
30-34	100.0	8.9	17.0	15.8	24.6	15.6	18.3
35-39	100.0	7.5	14.5	15.4	28.7	14.6	19.3
40-44	100.0	8.1	16.0	15.3	24.7	15.6	20.4
45-49	100.0	7.9	15.5	13.9	24.7	16.2	21.8
50-54	100.0	6.5	13.8	13.9	26.1	16.7	23.1
55-59	100.0	6.5	10.8	13.3	27.9	17.0	24.5
60-64	100.0	8.7	11.0	12.9	27.7	18.7	20.9
65+	100.0	9.1	11.8	13.8	20.4	13.7	31.0
男 Male	**100.0**	**11.0**	**21.1**	**17.0**	**24.4**	**13.6**	**12.7**
16-19	100.0	17.5	28.9	16.2	23.1	8.0	6.3
20-24	100.0	15.2	29.5	18.1	20.6	10.6	6.0
25-29	100.0	9.9	22.6	17.1	24.3	15.3	10.9
30-34	100.0	12.0	21.2	20.7	23.7	12.9	9.5
35-39	100.0	9.3	18.0	19.2	31.2	12.5	9.8
40-44	100.0	9.7	18.7	18.0	25.4	14.3	14.0
45-49	100.0	9.7	18.3	14.3	24.7	14.8	18.2
50-54	100.0	6.9	13.6	14.6	25.2	16.5	23.2
55-59	100.0	6.6	11.0	13.6	28.1	17.5	23.2
60-64	100.0	8.3	11.1	13.8	27.9	20.6	18.3
65+	100.0	7.5	11.5	14.3	20.5	15.3	30.9
女 Female	**100.0**	**8.2**	**16.6**	**14.1**	**24.8**	**16.0**	**20.4**
16-19	100.0	16.1	33.4	14.4	18.3	10.7	7.0
20-24	100.0	13.5	25.2	19.2	23.0	11.2	7.9
25-29	100.0	6.7	16.6	12.5	24.9	19.4	19.9
30-34	100.0	7.2	14.7	13.2	25.1	17.0	22.9
35-39	100.0	6.5	12.6	13.3	27.2	15.7	24.7
40-44	100.0	7.1	14.3	13.6	24.3	16.4	24.4
45-49	100.0	6.6	13.6	13.5	24.7	17.2	24.4
50-54	100.0	6.0	13.9	12.9	27.4	17.0	22.9
55-59	100.0	6.3	10.2	12.6	27.3	15.7	27.8
60-64	100.0	9.4	10.7	11.1	27.3	15.0	26.4
65+	100.0	12.4	12.6	12.9	20.2	10.6	31.4

1-78　各地区居民消费价格指数和商品零售价格指数
CONSUMER PRICE INDICES AND RETAIL PRICE INDICES BY REGION

(上年=100)　　　　(preceding year=100)

年　份 Year / 地　区 Region		居民消费价格 Consumer Price Index			商品零售价格 Retail Price Index	
	总指数 General	城　市 Urban Household	农　村 Rural Household	总指数 General	城　市 Urban Household	农　村 Rural Household
1994	124.1	125.0	123.4	121.7	120.9	122.9
1995	117.1	116.8	117.5	114.8	113.5	116.4
1996	108.3	108.8	107.9	106.1	105.8	106.4
1997	102.8	103.1	102.5	100.8	100.8	100.7
1998	99.2	99.4	99.0	97.4	97.4	97.6
1999	98.6	98.7	98.5	97.0	97.0	97.1
2000	100.4	100.8	99.9	98.5	98.5	98.5
2001	100.7	100.7	100.8	99.2	98.9	99.6
2002	99.2	99.0	99.6	98.7	98.5	99.1
2003	101.2	100.9	101.6	99.9	99.6	100.5
2004	103.9	103.3	104.8	102.8	102.1	104.2
2005	101.8	101.6	102.2	100.8	100.5	101.4
2006	101.5	101.5	101.5	101.0	100.9	101.4
2007	104.8	104.5	105.4	103.8	103.3	104.9
2008	105.9	105.6	106.5	105.9	105.5	106.7
2009	99.3	99.1	99.7	98.8	98.7	99.0
2010	103.3	103.2	103.6	103.1	102.8	103.6
2011	105.4	105.3	105.8	104.9	104.7	105.5
2012	102.6	102.7	102.5	102.0	101.9	102.2
2013	102.6	102.6	102.8	101.4	101.3	101.8
2014	102.0	102.1	101.8	101.0	101.0	101.0
2015	101.4	101.5	101.3	100.1	100.0	100.3
2016	102.0	102.1	101.9	100.7	100.7	100.9
北　京 Beijing	101.4	101.4		98.1	98.1	
天　津 Tianjin	102.1	102.1		100.5	100.5	
河　北 Hebei	101.5	101.5	101.5	101.2	101.1	101.3
山　西 Shanxi	101.1	101.1	101.1	100.5	100.5	100.4
内蒙古 Inner Mongolia	101.2	101.2	101.1	100.6	100.6	100.4
辽　宁 Liaoning	101.6	101.5	101.8	101.0	101.0	100.9
吉　林 Jilin	101.6	101.5	101.9	101.3	101.4	100.8
黑龙江 Heilongjiang	101.5	101.2	102.1	101.1	101.1	101.3
上　海 Shanghai	103.2	103.2		100.8	100.8	
江　苏 Jiangsu	102.3	102.4	101.8	100.8	100.7	101.3
浙　江 Zhejiang	101.9	102.0	101.8	101.0	101.0	101.0
安　徽 Anhui	101.8	101.8	101.6	100.8	100.9	100.8
福　建 Fujian	101.7	101.8	101.5	100.7	100.7	101.0
江　西 Jiangxi	102.0	102.0	101.9	100.6	100.5	100.8
山　东 Shandong	102.1	102.2	101.8	101.3	101.4	101.0
河　南 Henan	101.9	101.9	102.0	100.3	100.3	100.3
湖　北 Hubei	102.2	102.1	102.2	100.8	100.7	100.9
湖　南 Hunan	101.9	101.9	101.9	101.0	101.0	101.1
广　东 Guangdong	102.3	102.4	102.0	100.8	100.8	101.0
广　西 Guangxi	101.6	101.6	101.7	100.4	100.4	100.3
海　南 Hainan	102.8	102.9	102.5	101.0	100.8	102.3
重　庆 Chongqing	101.8	101.8		101.3	101.3	
四　川 Sichuan	101.9	102.0	101.7	100.8	100.8	100.9
贵　州 Guizhou	101.4	101.5	101.1	100.2	100.3	100.0
云　南 Yunnan	101.5	101.4	101.7	100.7	100.6	101.2
西　藏 Tibet	102.5	102.6	102.5	102.1	102.1	102.2
陕　西 Shaanxi	101.3	101.3	101.2	100.3	100.3	100.7
甘　肃 Gansu	101.3	101.2	101.5	100.9	100.8	101.0
青　海 Qinghai	101.8	101.8	101.8	100.4	100.2	101.5
宁　夏 Ningxia	101.5	101.6	101.2	100.7	100.7	100.0
新　疆 Xinjiang	101.4	101.4	101.3	100.5	100.5	100.5

1-79 商品零售价格分类指数（2016年）
RETAIL PRICE INDICES BY CATEGORY (2016)

(上年=100) (preceding year=100)

项目	Item	全国 National Indices	城市 Urban Indices	农村 Rural Indices
商品零售价格指数	**Retail Price Index**	**100.7**	**100.7**	**100.9**
食品	**Food**	**103.9**	**103.9**	**104.3**
粮食	Grain	100.4	100.5	100.2
食用油	Edible Oil and Fats	101.2	101.0	101.8
菜	Vegetables	110.7	110.7	111.0
畜肉类	Meat of Livestock	110.8	110.5	112.2
禽肉类	Meat of Poultry	101.3	101.3	101.0
水产品	Aquatic Products	104.5	104.7	103.6
蛋类	Eggs	96.7	96.7	96.7
奶类	Milk	99.6	99.5	99.9
干鲜瓜果类	Dried and Fresh Melons and Fruits	97.9	97.9	97.6
糖果糕点类	Candy and Cake	100.8	100.8	100.9
调味品	Flavoring	102.1	102.2	101.6
其他食品类	Other Foods	101.5	101.6	101.0
在外餐饮	Dining Out	102.5	102.4	102.8
饮料、烟酒	**Beverages, Tobacco and Liquor**	**101.2**	**101.2**	**101.2**
茶及饮料	Tea and Beverages	100.3	100.3	100.4
酒类	Liquor	100.3	100.3	100.1
服装、鞋帽	**Garments, Shoes and Hats**	**101.3**	**101.3**	**101.3**
服装	Garments	101.4	101.4	101.4
鞋帽袜	Footgear and Hat	101.3	101.3	101.3
纺织品	**Textiles**	**100.5**	**100.6**	**100.2**
服装材料	Clothing	101.5	101.7	101.0
床上用品	Bedding	100.2	100.3	99.9
家用电器及音像器材	**Household Appliances, Music and Video Equipment**	**98.2**	**98.1**	**98.5**
文化办公用品	**Cultural and Office Appliances**	**98.9**	**98.9**	**99.4**
日用品	**Articles for Daily Use**	**100.2**	**100.2**	**100.2**
日用百货	General Merchandise for Daily Use	100.1	100.1	99.8
体育娱乐用品	**Sports and Recreation Articles**	**100.4**	**100.4**	**100.5**
交通、通信用品	**Transportation and Communication Appliances**	**97.8**	**97.8**	**98.1**
家具	**Furniture**	**100.7**	**100.7**	**100.5**
化妆品	**Cosmetics**	**101.1**	**101.2**	**100.3**
金银饰品	**Gold and Silver Ornaments**	**106.8**	**107.1**	**104.2**
中西药品及医疗保健用品	**Traditional Chinese and Western Medicines and Health Care Articles**	**104.1**	**104.1**	**103.8**
医疗卫生器具	Medical Instrument	101.1	101.1	101.3
中药	Traditional Chinese Medicines	104.6	104.7	103.6
西药	Western Medicines	103.7	103.6	104.2
书报杂志及电子出版物	**Books, Newspapers, Magazines and Electronic Publications**	**101.3**	**101.3**	**101.4**
燃料	**Fuels**	**97.0**	**97.1**	**96.6**
建筑材料及五金电料	**Building Materials and Hardware**	**100.3**	**100.3**	**100.2**
建筑装璜材料	Building Decoration Materials	100.2	100.3	100.1
五金水暖	Hardware	100.5	100.5	100.4

1-80 各地区商品零售价格分类指数(2016年)
RETAIL PRICE INDICES BY CATEGORY OF COMMODITIES BY REGION (2016)

(上年=100) (preceding year=100)

地 区	Region	总指数 General Index	食品 Food	#粮食 Grain	#菜 Vegetables	#畜肉 Meat of Livestock	#禽肉 Meat of Poultry	#水产品 Aquatic Products	#蛋 Eggs
全 国	**National**	**100.7**	**103.9**	**100.4**	**110.7**	**110.8**	**101.3**	**104.5**	**96.7**
北 京	Beijing	98.1	103.2	99.1	109.9	106.5	101.3	103.9	96.7
天 津	Tianjin	100.5	102.3	100.8	107.0	107.3	101.0	106.7	95.4
河 北	Hebei	101.2	102.8	99.3	109.6	110.6	100.9	99.7	96.4
山 西	Shanxi	100.5	102.9	99.6	111.1	110.8	100.3	103.2	94.9
内蒙古	Inner Mongolia	100.6	102.7	101.4	111.9	104.2	100.6	102.7	96.8
辽 宁	Liaoning	101.0	102.9	100.3	107.0	107.7	100.5	106.5	96.8
吉 林	Jilin	101.3	103.2	100.3	108.3	109.1	99.5	101.6	97.8
黑龙江	Heilongjiang	101.1	102.7	100.6	106.3	110.9	99.0	103.2	97.3
上 海	Shanghai	100.8	104.1	100.9	110.6	108.3	101.6	107.8	98.4
江 苏	Jiangsu	100.8	104.2	100.3	109.9	110.9	101.1	106.8	96.5
浙 江	Zhejiang	101.0	104.7	100.7	112.9	111.6	102.5	104.6	96.6
安 徽	Anhui	100.8	104.1	99.6	110.9	112.9	98.7	106.3	94.2
福 建	Fujian	100.7	104.4	100.2	114.5	111.5	99.5	103.9	96.9
江 西	Jiangxi	100.6	105.2	101.2	112.2	113.7	102.6	106.2	96.9
山 东	Shandong	101.3	104.0	99.7	108.2	113.4	101.3	104.0	96.2
河 南	Henan	100.3	103.4	100.1	110.8	112.6	100.0	100.9	96.3
湖 北	Hubei	100.8	104.7	100.5	114.9	111.4	101.4	105.8	96.6
湖 南	Hunan	101.0	104.4	100.9	110.2	112.0	101.2	102.0	98.3
广 东	Guangdong	100.8	104.8	100.7	115.0	110.3	103.4	104.3	97.5
广 西	Guangxi	100.4	103.9	100.6	109.4	111.3	100.1	104.1	98.3
海 南	Hainan	101.0	105.6	101.1	117.4	108.5	102.7	106.7	99.7
重 庆	Chongqing	101.3	104.0	102.4	108.7	111.9	100.3	104.7	96.4
四 川	Sichuan	100.8	104.5	101.1	107.3	112.8	99.7	103.2	96.7
贵 州	Guizhou	100.2	104.2	101.1	107.3	111.5	100.2	102.6	97.7
云 南	Yunnan	100.7	103.8	100.2	108.1	110.7	101.1	102.3	98.2
西 藏	Tibet	102.1	105.2	104.8	108.1	103.5	99.5	101.5	101.9
陕 西	Shaanxi	100.3	103.2	100.2	113.5	109.2	100.4	103.7	94.4
甘 肃	Gansu	100.9	103.0	101.3	110.9	106.2	102.3	102.2	98.7
青 海	Qinghai	100.4	102.2	100.5	109.5	104.7	96.5	101.9	97.2
宁 夏	Ningxia	100.7	102.5	100.6	112.7	104.5	100.0	100.9	97.0
新 疆	Xinjiang	100.5	102.1	101.8	111.0	100.1	99.5	98.9	96.8

1-80 续表 1 continued

(上年=100) (preceding year=100)

地 区	Region	#干 鲜 瓜 果 Dried and Fresh Melons and Fruits	饮料烟酒 Beverages, Tobacco and Liquor	服装鞋帽 Garments, Shoes and Hats	纺 织 品 Textiles	家用电器及音像器材 Household Appliances, Music and Video Equipment	文化办公用 品 Cultural and Office Appliances	日 用 品 Articles for Daily Use	体育娱乐用 品 Sports and Recreation Articles
全 国	**National**	**97.9**	**101.2**	**101.3**	**100.5**	**98.2**	**98.9**	**100.2**	**100.4**
北 京	Beijing	98.2	100.8	100.2	95.5	94.0	95.1	99.1	100.5
天 津	Tianjin	97.6	101.1	100.0	101.2	98.5	100.3	99.6	102.1
河 北	Hebei	97.3	101.7	101.6	99.7	100.1	100.2	100.4	100.2
山 西	Shanxi	95.9	101.4	100.9	100.0	98.6	98.9	100.3	100.9
内蒙古	Inner Mongolia	97.9	101.5	101.6	100.3	98.6	101.1	100.0	99.9
辽 宁	Liaoning	98.7	101.7	101.3	99.9	98.3	100.4	100.2	100.0
吉 林	Jilin	100.6	101.5	101.3	99.7	98.9	98.5	100.4	100.6
黑龙江	Heilongjiang	96.7	101.0	101.1	101.7	97.8	102.4	100.6	100.8
上 海	Shanghai	101.8	102.0	100.7	102.4	99.2	103.2	100.4	99.5
江 苏	Jiangsu	97.1	101.0	102.0	101.6	99.5	97.9	101.0	100.7
浙 江	Zhejiang	98.3	101.8	101.5	99.7	98.5	98.4	99.9	99.7
安 徽	Anhui	95.2	101.1	100.8	100.4	98.5	98.8	100.3	101.3
福 建	Fujian	95.9	101.2	100.3	100.1	96.4	98.8	100.0	100.4
江 西	Jiangxi	95.8	101.2	100.5	99.3	97.8	100.6	99.9	100.7
山 东	Shandong	96.8	101.5	101.8	101.3	99.9	98.8	100.0	100.7
河 南	Henan	96.3	100.0	100.6	100.1	95.6	100.7	100.2	100.1
湖 北	Hubei	97.5	101.3	101.9	101.1	98.0	99.7	100.7	101.5
湖 南	Hunan	98.9	100.8	101.6	100.4	100.0	99.8	100.4	99.8
广 东	Guangdong	99.4	100.9	102.8	101.7	96.2	97.8	100.0	100.3
广 西	Guangxi	98.7	100.8	102.1	101.3	98.1	99.8	99.5	100.8
海 南	Hainan	102.9	102.0	96.8	99.3	98.1	99.6	100.7	101.4
重 庆	Chongqing	97.8	99.9	102.4	101.1	97.9	102.4	99.6	100.0
四 川	Sichuan	97.6	100.8	100.1	99.8	98.9	96.2	99.7	99.8
贵 州	Guizhou	98.5	100.5	99.8	99.9	98.2	98.9	100.0	100.3
云 南	Yunnan	96.8	101.9	100.0	99.8	98.3	98.9	101.4	99.0
西 藏	Tibet	104.3	101.8	102.1	102.1	99.9	100.7	100.7	101.2
陕 西	Shaanxi	99.0	100.8	101.3	98.0	94.4	96.6	100.6	100.4
甘 肃	Gansu	98.8	100.9	101.5	100.3	98.6	100.0	100.2	102.5
青 海	Qinghai	96.8	101.1	100.8	108.0	97.1	99.0	102.0	100.3
宁 夏	Ningxia	98.7	101.1	101.9	102.3	97.9	99.5	100.5	101.1
新 疆	Xinjiang	99.7	101.6	100.6	99.3	99.7	99.2	99.2	102.2

1-80 续表 2 continued

(上年=100)　　(preceding year=100)

地　区	Region	交　通、通信用品 Transportation and Communication Appliances	家　具 Furniture	化妆品 Cosmetics	金银饰品 Gold and Silver Ornaments	中西药品及医疗保健用品 Traditional Chinese and Western Medicines and Health Care Articles	书报杂志及电子出版物 Books, Newspapers, Magazines and Electronic Publications	燃　料 Fuels	建筑材料及五金电料 Building Materials and Hardware
全　国	**National**	**97.8**	**100.7**	**101.1**	**106.8**	**104.1**	**101.3**	**97.0**	**100.3**
北　京	Beijing	90.9	101.3	103.4	111.2	104.0	101.3	96.7	101.0
天　津	Tianjin	99.5	98.2	100.7	112.8	101.3	102.3	96.9	99.8
河　北	Hebei	97.2	100.1	101.7	105.5	107.2	102.7	100.6	100.5
山　西	Shanxi	98.1	99.7	100.6	101.1	104.7	101.0	97.9	99.5
内蒙古	Inner Mongolia	99.3	100.1	101.1	105.0	102.7	100.6	96.5	99.5
辽　宁	Liaoning	99.3	101.4	101.4	103.5	104.0	101.3	99.2	99.9
吉　林	Jilin	99.6	102.2	100.8	104.3	108.5	101.0	98.4	100.5
黑龙江	Heilongjiang	100.5	100.1	101.3	106.6	104.2	101.2	97.3	100.0
上　海	Shanghai	97.1	100.1	99.4	107.4	111.0	101.1	95.6	99.6
江　苏	Jiangsu	99.6	101.3	102.0	105.9	99.0	100.5	96.8	100.2
浙　江	Zhejiang	97.8	100.2	100.9	108.4	103.8	105.2	96.7	100.3
安　徽	Anhui	97.2	100.1	101.4	105.1	105.4	101.4	98.0	100.6
福　建	Fujian	98.4	100.2	100.8	109.1	104.0	102.0	96.5	100.1
江　西	Jiangxi	96.6	100.4	100.5	101.6	103.3	100.7	96.7	100.1
山　东	Shandong	99.4	101.8	100.5	106.9	103.2	102.2	98.2	100.4
河　南	Henan	95.8	100.9	101.2	106.0	106.1	101.8	96.6	100.5
湖　北	Hubei	95.3	100.6	102.0	107.3	103.4	99.5	96.4	101.3
湖　南	Hunan	98.2	100.4	100.0	106.3	103.4	100.2	96.9	100.2
广　东	Guangdong	97.7	101.7	100.1	107.7	106.3	99.9	95.7	100.7
广　西	Guangxi	97.4	99.8	100.3	105.8	103.6	100.4	92.8	100.3
海　南	Hainan	95.9	100.8	102.8	109.6	106.2	100.5	97.8	97.4
重　庆	Chongqing	99.6	103.0	100.9	109.5	104.3	100.0	98.1	100.3
四　川	Sichuan	97.4	99.3	101.7	106.3	104.2	102.1	98.5	99.8
贵　州	Guizhou	97.6	100.0	100.6	106.6	101.5	99.9	96.1	99.8
云　南	Yunnan	99.2	99.9	102.5	102.6	103.3	100.1	96.1	99.8
西　藏	Tibet	99.9	101.6	101.0	107.0	106.4	100.1	96.9	102.3
陕　西	Shaanxi	97.3	97.8	102.0	107.9	104.5	101.2	97.4	99.8
甘　肃	Gansu	99.5	100.7	100.6	103.7	102.5	100.4	97.1	100.0
青　海	Qinghai	93.7	89.6	100.1	109.9	104.9	100.5	98.1	102.6
宁　夏	Ningxia	97.0	99.3	101.2	105.9	101.2	102.3	97.9	100.8
新　疆	Xinjiang	98.9	101.6	100.7	105.4	101.7	100.3	97.4	99.4

1-81 居民消费价格分类指数（2016年）
CONSUMER PRICE INDICES BY CATEGORY (2016)

（上年=100） (preceding year=100)

项目	Item	全国 National Indices	城市 Urban Indices	农村 Rural Indices
居民消费价格总指数	**Consumer Price Index**	**102.0**	**102.1**	**101.9**
食品烟酒	**Food, Tobacco and Liquor**	**103.8**	**103.7**	**104.0**
食品	Food	104.6	104.5	104.8
粮食	Grain	100.5	100.6	100.4
薯类	Tubers	111.4	111.3	111.5
豆类	Beans	100.9	100.9	100.9
食用油	Edible Oil and Fats	101.7	101.2	102.5
菜	Vegetables	110.9	110.9	111.1
#鲜菜	Fresh Vegetables	111.7	111.7	112.0
畜肉类	Meat of Livestock	111.0	110.5	112.2
禽肉类	Meat of Poultry	101.5	101.6	101.3
水产品	Aquatic Products	104.6	104.9	103.3
蛋类	Eggs	96.8	96.8	96.8
奶类	Milk	99.9	99.8	100.1
干鲜瓜果类	Dried and Fresh Melons and Fruits	98.2	98.2	97.9
#鲜瓜果	Fresh Melons and Fruits	97.4	97.5	97.3
糖果糕点类	Candy and Cake	101.0	101.0	101.0
调味品	Flavoring	102.1	102.4	101.5
其他食品类	Other Foods	101.5	101.7	101.2
茶及饮料	Tea and Beverages	100.4	100.5	100.3
烟酒	Tobacco and Liquor	101.5	101.5	101.5
在外餐饮	Dining Out	102.6	102.6	102.9
衣着	**Clothing**	**101.4**	**101.5**	**101.3**
服装	Garments	101.4	101.5	101.3
服装材料	Garments Material	101.3	101.5	100.8
其他衣着及配件	Other Clothing and Parts	100.8	100.6	101.4
衣着加工服务费	Clothing Manufacturing Services	104.0	103.9	104.3
鞋类	Footwear	101.4	101.4	101.3
居住	**Residence**	**101.6**	**101.9**	**100.6**
租赁房房租	Rent of Rental Housing	102.8	102.9	102.0
住房保养维修及管理	Housing Maintenance and Management	101.2	101.4	100.7
水电燃料	Water, Electricity and Fuels	99.5	99.8	98.6
自有住房	Private Housing	102.5	102.8	101.6

1-81　续表　continued

(上年=100)　　(preceding year=100)

项　目	Item	全　国 National Indices	城　市 Urban Indices	农　村 Rural Indices
生活用品及服务	**Articles for Daily Use and Services**	**100.5**	**100.5**	**100.2**
家具及室内装饰品	Furniture and Interior Decorations	100.7	100.7	100.5
家用器具	Home Appliances	98.8	98.7	99.2
家用纺织品	Home Textiles	100.2	100.3	100.1
家庭日用杂品	Daily Use Household Articles	100.5	100.5	100.5
个人护理用品	Personal-care Supplies	101.0	101.1	100.5
家庭服务	Household Services	104.4	104.5	103.4
交通和通信	**Transport and Communications**	**98.7**	**98.6**	**98.9**
交通	Transport	98.6	98.5	98.7
交通工具	Transport Facility	98.0	97.9	98.2
交通工具用燃料	Fuels for Transport Facility	96.0	96.0	96.1
交通工具使用和维修	Use and Maintenance of Transport Facility	101.5	101.4	101.5
交通费	Traffic Fee	101.2	101.1	101.5
通信	Communications	99.0	98.9	99.3
教育文化和娱乐	**Education, Culture and Recreation**	**101.6**	**101.5**	**101.9**
教育	Education	102.4	102.4	102.6
教育用品	Education Articles	101.1	101.1	101.2
教育服务	Education Services	102.5	102.5	102.7
文化娱乐	Culture and Recreation	100.4	100.5	100.0
文娱耐用消费品	Durable Consumer Goods for Culture and Recreation	97.3	97.3	97.5
其他文娱用品	Other Articles	100.8	100.8	100.8
文化娱乐服务	Services for Culture and Recreation	100.9	101.0	100.7
旅游	Touring and Outing	102.0	101.9	102.9
医疗保健	**Health Care**	**103.8**	**104.4**	**102.5**
药品及医疗器具	Medicine and Medical Instrument	104.3	104.4	104.0
医疗服务	Medical Services	103.5	104.4	101.7
其他用品和服务	**Other Articles and Services**	**102.8**	**102.9**	**102.2**
其他用品类	Other Articles	103.5	103.9	102.1
其他服务类	Other Services	102.2	102.1	102.3

1-82 各地区居民消费价格分类指数(2016年)
CONSUMER PRICE INDICES BY CATEGORY AND REGION(2016)

(上年=100)

地 区	Region	总指数 General Index	食品烟酒 Food, Tobacco and Liquor	食品 Food	粮食 Grain	薯类 Tubers	豆类 Beans
全 国	**National**	**102.0**	**103.8**	**104.6**	**100.5**	**111.4**	**100.9**
北 京	Beijing	101.4	103.0	103.3	99.1	109.9	101.0
天 津	Tianjin	102.1	102.1	102.8	100.6	106.1	101.0
河 北	Hebei	101.5	102.6	103.0	99.0	110.5	99.7
山 西	Shanxi	101.1	102.8	103.3	99.7	111.2	101.2
内蒙古	Inner Mongolia	101.2	102.2	102.6	100.8	116.5	101.1
辽 宁	Liaoning	101.6	102.5	103.0	100.2	107.6	100.9
吉 林	Jilin	101.6	103.2	103.6	100.1	107.6	99.5
黑龙江	Heilongjiang	101.5	102.6	103.1	101.0	106.5	98.2
上 海	Shanghai	103.2	103.7	104.8	100.9	113.0	100.4
江 苏	Jiangsu	102.3	103.8	104.7	100.2	110.7	99.8
浙 江	Zhejiang	101.9	104.4	105.1	100.5	103.2	100.8
安 徽	Anhui	101.8	103.7	104.6	99.6	111.1	99.2
福 建	Fujian	101.7	103.9	104.7	100.0	115.5	101.2
江 西	Jiangxi	102.0	104.4	105.6	100.6	112.6	102.9
山 东	Shandong	102.1	103.6	104.3	99.7	107.9	100.1
河 南	Henan	101.9	103.2	104.1	100.1	113.3	99.9
湖 北	Hubei	102.2	104.0	105.4	100.7	118.4	102.5
湖 南	Hunan	101.9	104.3	105.3	101.3	117.5	101.2
广 东	Guangdong	102.3	104.8	105.9	100.8	110.4	102.9
广 西	Guangxi	101.6	103.4	104.3	101.0	111.6	102.2
海 南	Hainan	102.8	105.1	106.1	100.8	110.4	101.3
重 庆	Chongqing	101.8	103.6	104.7	102.4	126.0	99.9
四 川	Sichuan	101.9	104.1	105.0	101.1	110.8	101.3
贵 州	Guizhou	101.4	103.6	104.5	100.9	108.5	100.9
云 南	Yunnan	101.5	103.5	104.3	100.3	108.6	101.5
西 藏	Tibet	102.5	104.9	104.4	105.0	104.5	104.2
陕 西	Shaanxi	101.3	103.1	103.8	100.3	111.4	99.9
甘 肃	Gansu	101.3	103.2	104.0	101.5	114.2	101.5
青 海	Qinghai	101.8	102.3	102.4	101.2	107.5	101.2
宁 夏	Ningxia	101.5	102.4	103.2	100.3	117.6	99.1
新 疆	Xinjiang	101.4	101.9	101.5	101.2	115.6	99.7

1-82 续表 1 continued

(上年=100)

地 区	Region	食用油 Edible Oil and Fats	菜 Vegetables	#鲜菜 Fresh Vegetables	畜肉类 Meat of Livestock	禽肉类 Meat of Poultry	水产品 Aquatic Products	蛋类 Eggs	奶类 Milk
全 国	**National**	**101.7**	**110.9**	**111.7**	**111.0**	**101.5**	**104.6**	**96.8**	**99.9**
北 京	Beijing	99.5	109.9	110.3	106.5	101.3	103.9	96.7	102.1
天 津	Tianjin	99.7	107.0	107.6	107.3	101.0	106.6	95.4	98.8
河 北	Hebei	100.1	109.7	110.4	110.9	100.9	99.5	96.4	99.3
山 西	Shanxi	100.3	111.1	111.6	111.0	100.3	103.0	94.8	99.6
内蒙古	Inner Mongolia	103.4	110.1	110.7	104.4	100.9	102.3	97.7	100.4
辽 宁	Liaoning	100.0	107.3	107.9	107.6	100.5	106.4	96.8	99.0
吉 林	Jilin	99.8	108.3	108.8	110.8	100.2	101.9	98.0	101.3
黑龙江	Heilongjiang	101.9	106.5	106.9	111.6	99.4	102.3	96.9	96.8
上 海	Shanghai	99.9	110.6	111.1	108.3	101.6	107.8	98.4	101.4
江 苏	Jiangsu	100.9	110.3	111.3	111.1	101.2	106.7	96.3	100.1
浙 江	Zhejiang	101.6	112.8	114.0	111.9	102.6	104.8	96.5	100.2
安 徽	Anhui	103.4	111.4	112.3	113.2	98.9	106.1	94.3	99.3
福 建	Fujian	100.1	115.0	116.4	111.3	99.4	104.1	96.0	99.0
江 西	Jiangxi	101.8	111.3	112.1	114.4	101.9	105.1	97.2	100.6
山 东	Shandong	99.8	108.4	109.1	113.4	101.6	104.0	96.3	99.8
河 南	Henan	101.2	110.6	111.3	112.8	100.0	101.4	95.6	99.6
湖 北	Hubei	101.0	115.1	116.2	111.2	101.1	106.4	97.6	100.3
湖 南	Hunan	104.1	111.3	112.2	111.9	102.7	102.0	97.9	100.0
广 东	Guangdong	100.9	115.3	116.6	111.3	103.5	104.3	97.6	99.4
广 西	Guangxi	101.4	109.1	110.0	111.4	100.0	102.8	98.6	99.6
海 南	Hainan	100.6	117.3	118.7	108.0	102.0	105.6	99.2	101.0
重 庆	Chongqing	103.0	108.7	109.3	111.9	100.3	104.7	96.4	99.4
四 川	Sichuan	103.3	107.4	107.9	113.4	99.2	102.8	96.7	99.5
贵 州	Guizhou	106.7	106.4	107.0	112.0	98.7	101.8	97.7	100.1
云 南	Yunnan	104.4	106.9	107.3	110.8	101.5	102.2	99.2	99.6
西 藏	Tibet	102.5	107.6	107.9	104.6	101.6	102.6	102.6	102.7
陕 西	Shaanxi	101.7	113.7	114.5	108.3	100.5	102.7	94.8	96.7
甘 肃	Gansu	100.9	111.6	112.0	107.2	102.1	102.0	99.0	100.0
青 海	Qinghai	100.7	109.0	109.3	103.9	97.9	101.5	96.4	99.8
宁 夏	Ningxia	98.8	113.4	113.8	104.3	100.5	100.5	96.6	100.6
新 疆	Xinjiang	100.6	108.7	109.1	99.9	100.8	98.2	97.1	100.7

1-82 续表 2 continued

(上年=100)

地　区	Region	干鲜瓜果类 Dried and Fresh Melons and Fruits	#鲜瓜果 Fresh Melons & Fruits	糖果糕点类 Candy and Cake	调味品 Flavoring	其他食品类 Other Foods	茶及饮料 Tea and Beverages	烟酒 Tobacco and Liquor	在外餐饮 Dining Out
全　国	**National**	**98.2**	**97.4**	**101.0**	**102.1**	**101.5**	**100.4**	**101.5**	**102.6**
北　京	Beijing	98.2	97.9	103.2	105.2	105.1	100.4	101.0	102.8
天　津	Tianjin	97.6	96.8	101.3	103.4	101.0	100.2	101.3	100.8
河　北	Hebei	97.0	96.1	100.8	102.3	102.1	100.5	101.9	101.6
山　西	Shanxi	95.8	94.3	100.4	101.5	102.8	100.6	101.4	101.9
内蒙古	Inner Mongolia	98.1	97.5	100.3	100.9	98.3	100.0	101.7	101.2
辽　宁	Liaoning	98.5	97.4	100.8	102.2	101.3	101.0	101.8	101.3
吉　林	Jilin	100.8	100.8	100.1	101.1	101.0	100.4	101.8	102.5
黑龙江	Heilongjiang	97.0	96.7	100.5	101.4	100.3	99.2	101.5	101.4
上　海	Shanghai	101.8	100.7	102.3	104.8	102.3	100.8	102.2	101.6
江　苏	Jiangsu	97.0	96.1	100.5	103.5	101.3	100.3	101.3	102.8
浙　江	Zhejiang	98.5	97.3	101.3	102.6	101.7	100.5	102.2	103.8
安　徽	Anhui	95.6	93.8	100.9	102.3	101.0	100.5	101.0	102.7
福　建	Fujian	96.3	95.7	100.3	100.5	99.9	100.0	101.5	103.0
江　西	Jiangxi	95.7	93.8	100.6	101.8	102.5	100.5	101.5	102.7
山　东	Shandong	96.8	96.2	100.1	102.1	101.2	100.9	101.8	102.6
河　南	Henan	96.2	95.0	101.8	101.9	100.5	99.4	100.3	102.4
湖　北	Hubei	98.1	97.7	100.4	103.2	101.4	100.1	101.9	101.1
湖　南	Hunan	99.4	98.9	100.6	100.6	101.9	99.8	101.3	102.8
广　东	Guangdong	99.3	98.9	101.0	100.7	101.5	100.4	101.1	103.2
广　西	Guangxi	99.3	99.4	100.2	100.3	100.7	100.5	100.9	102.2
海　南	Hainan	103.3	102.9	101.6	102.6	101.0	103.0	101.6	103.2
重　庆	Chongqing	97.8	96.9	101.4	100.5	101.6	98.9	100.2	102.3
四　川	Sichuan	98.0	97.7	100.4	103.3	101.7	100.2	101.2	103.2
贵　州	Guizhou	99.0	98.7	100.6	101.2	99.5	100.1	100.8	102.5
云　南	Yunnan	97.1	96.5	100.5	100.2	101.4	100.2	101.9	102.3
西　藏	Tibet	105.1	105.8	103.1	103.0	103.0	101.9	101.8	108.9
陕　西	Shaanxi	99.1	98.3	100.7	100.9	101.0	99.9	101.6	102.2
甘　肃	Gansu	98.9	97.4	100.2	100.7	102.6	100.4	101.2	101.8
青　海	Qinghai	97.7	97.3	101.1	102.2	100.1	102.0	101.2	102.3
宁　夏	Ningxia	99.0	98.9	100.2	102.8	101.7	100.4	101.8	100.5
新　疆	Xinjiang	99.6	100.2	100.7	100.4	102.2	99.9	101.9	103.3

1-82 续表 3 continued

(上年=100)

地 区	Region	衣着 Clothing	服装 Garments	服装材料 Garments Material	其他衣着及配件 Other Clothing and Parts	衣着加工服务费 Clothing Manufacturing Service Fees	鞋类 Footwear	居住 Residence	租赁房房租 Rent of Rental Housing
全 国	**National**	**101.4**	**101.4**	**101.3**	**100.8**	**104.0**	**101.4**	**101.6**	**102.8**
北 京	Beijing	100.2	99.6	100.7	98.1	101.7	102.0	103.7	103.8
天 津	Tianjin	100.1	99.9	101.7	101.6	103.7	99.7	103.6	103.9
河 北	Hebei	101.8	102.0	99.8	100.5	102.5	101.4	100.7	100.6
山 西	Shanxi	101.0	101.2	100.0	101.1	102.3	100.3	99.9	100.9
内蒙古	Inner Mongolia	101.4	101.2	101.1	102.0	103.1	101.9	100.0	99.3
辽 宁	Liaoning	101.4	101.0	100.7	100.4	103.8	102.5	100.5	101.9
吉 林	Jilin	101.8	101.8	100.8	101.7	106.2	101.4	99.7	100.0
黑龙江	Heilongjiang	101.0	101.0	102.6	99.5	102.4	101.1	100.0	100.9
上 海	Shanghai	100.8	101.3	103.6	100.4	103.6	98.8	105.1	107.3
江 苏	Jiangsu	101.8	101.6	103.3	101.4	102.0	102.7	101.2	101.8
浙 江	Zhejiang	101.5	101.6	101.5	100.7	105.0	101.3	101.0	101.9
安 徽	Anhui	100.8	101.3	98.9	100.1	104.3	99.1	101.1	101.6
福 建	Fujian	100.3	100.4	101.7	99.8	101.7	99.9	100.7	101.0
江 西	Jiangxi	100.9	100.9	100.5	101.3	107.2	100.2	101.0	103.9
山 东	Shandong	101.7	101.6	101.3	100.3	102.5	102.5	100.9	102.2
河 南	Henan	100.7	100.5	100.6	101.0	105.1	100.9	102.2	103.3
湖 北	Hubei	102.3	102.0	102.7	101.0	111.4	102.4	102.8	105.4
湖 南	Hunan	101.5	101.7	100.9	100.3	105.4	100.9	101.2	102.7
广 东	Guangdong	102.7	102.8	102.5	101.3	101.7	102.8	101.7	103.4
广 西	Guangxi	101.3	101.4	101.8	101.6	104.2	100.7	100.3	101.8
海 南	Hainan	97.9	97.3	99.9	99.4	102.1	99.1	102.6	103.8
重 庆	Chongqing	102.4	102.3	99.7	100.3	101.7	103.1	101.1	101.6
四 川	Sichuan	100.6	100.5	99.8	99.6	103.1	101.1	101.2	101.5
贵 州	Guizhou	99.6	99.8	101.6	100.5	102.3	98.8	100.8	101.3
云 南	Yunnan	100.2	100.0	100.4	99.9	104.5	100.6	101.2	101.9
西 藏	Tibet	103.2	102.5	101.2	103.2	114.7	101.6	100.8	100.8
陕 西	Shaanxi	101.1	101.3	100.6	101.9	102.6	100.3	100.9	100.4
甘 肃	Gansu	101.4	102.1	100.9	101.1	103.2	99.2	100.8	101.7
青 海	Qinghai	101.2	101.6	100.3	100.8	110.3	99.6	105.2	104.8
宁 夏	Ningxia	101.7	101.7	100.2	99.7	100.5	101.9	100.4	102.3
新 疆	Xinjiang	101.3	101.3	99.7	101.2	107.7	101.2	101.2	105.1

1-82 续表 4 continued

(上年=100)

地 区	Region	住房保养维修及管理 Housing Maintenance and Management	水电燃料 Water, Electricity and Fuels	自有住房 Private Housing	生活用品及服务 Articles for Daily Use and Services	家具及室内装饰品 Furniture and Interior Decorations	家用器具 Home Appliances	家用纺织品 Home Textiles	家庭日用杂品 Household Articles for Daily Use
全 国	**National**	**101.2**	**99.5**	**102.5**	**100.5**	**100.7**	**98.8**	**100.2**	**100.5**
北 京	Beijing	101.2	100.2	104.9	99.2	101.2	93.1	95.7	100.2
天 津	Tianjin	101.4	99.8	104.9	99.4	98.0	97.9	100.7	99.7
河 北	Hebei	101.3	98.8	101.5	100.5	100.1	100.5	99.8	100.4
山 西	Shanxi	99.8	100.2	99.7	100.0	99.5	99.1	100.0	100.6
内蒙古	Inner Mongolia	100.1	100.7	99.7	100.1	99.8	99.2	99.8	100.0
辽 宁	Liaoning	100.2	98.8	101.5	100.7	101.5	99.3	100.2	100.5
吉 林	Jilin	99.0	99.5	99.9	100.5	101.8	100.0	100.1	100.2
黑龙江	Heilongjiang	99.7	98.6	100.9	100.4	99.9	98.7	100.1	100.8
上 海	Shanghai	103.1	99.0	106.4	101.2	100.2	100.4	101.9	100.5
江 苏	Jiangsu	101.1	100.4	101.5	101.6	101.1	100.7	101.1	100.8
浙 江	Zhejiang	101.8	98.5	101.6	100.2	100.1	99.1	99.5	100.0
安 徽	Anhui	100.8	100.2	101.7	100.2	99.8	98.9	100.0	100.3
福 建	Fujian	101.0	98.6	101.6	99.8	100.3	97.2	99.7	100.7
江 西	Jiangxi	103.0	97.6	102.0	100.1	100.4	98.4	99.6	100.0
山 东	Shandong	100.5	99.6	101.5	100.8	101.8	100.2	101.3	100.1
河 南	Henan	101.3	100.3	103.4	100.2	100.9	97.6	100.0	100.7
湖 北	Hubei	102.7	98.0	104.9	100.4	100.9	98.0	100.2	100.9
湖 南	Hunan	100.9	99.7	102.1	100.0	100.6	99.6	100.1	99.6
广 东	Guangdong	101.7	98.9	103.0	100.2	101.6	97.1	100.5	99.9
广 西	Guangxi	101.0	96.7	101.8	99.9	100.1	98.4	100.0	100.1
海 南	Hainan	100.1	100.2	104.9	100.8	101.1	97.5	99.6	101.7
重 庆	Chongqing	100.2	100.1	101.9	100.6	102.6	98.8	101.2	100.8
四 川	Sichuan	100.0	101.4	101.5	100.3	99.7	99.2	99.7	100.3
贵 州	Guizhou	100.4	100.5	101.0	99.9	99.5	98.8	99.9	100.4
云 南	Yunnan	100.6	97.7	102.8	100.0	99.7	98.8	99.6	100.3
西 藏	Tibet	101.5	101.5	100.2	101.5	102.1	100.5	102.2	101.3
陕 西	Shaanxi	100.2	101.7	100.6	99.5	98.6	97.2	97.1	101.4
甘 肃	Gansu	100.6	99.8	101.5	100.4	100.9	99.8	100.1	100.4
青 海	Qinghai	103.2	99.8	111.6	100.4	95.2	99.2	106.1	101.9
宁 夏	Ningxia	100.5	100.3	100.2	100.3	98.7	98.8	101.4	100.9
新 疆	Xinjiang	100.6	99.8	102.0	100.6	101.2	99.7	100.6	99.9

1-82 续表 5 continued

(上年=100)

地 区	Region	个人护理用品 Personal-care Supplies	家庭服务 Household Services	交通和通信 Transport and Commu-nications	交通 Transport	交通工具 Transport Facility	交通工具用燃料 Fuels for Transport Facility	交通工具使用和维修 Use and Maintenance of Transport Facility	交通费 Traffic Fee
全　国	**National**	**101.0**	**104.4**	**98.7**	**98.6**	**98.0**	**96.0**	**101.5**	**101.2**
北　京	Beijing	102.5	103.4	96.6	97.9	95.3	96.3	103.1	101.3
天　津	Tianjin	100.5	101.6	98.3	98.2	97.9	95.6	99.6	100.4
河　北	Hebei	101.2	102.0	98.3	97.6	95.8	97.5	99.9	100.9
山　西	Shanxi	100.6	102.2	98.3	98.8	99.3	95.4	101.0	100.8
内蒙古	Inner Mongolia	100.6	103.9	98.9	98.5	98.8	95.3	100.9	100.0
辽　宁	Liaoning	101.2	103.5	99.8	100.2	100.0	97.2	100.4	102.6
吉　林	Jilin	100.7	100.6	98.7	97.9	98.7	95.3	101.2	97.2
黑龙江	Heilongjiang	101.1	103.5	100.0	99.9	100.0	95.2	102.4	102.2
上　海	Shanghai	99.6	106.6	97.0	96.8	97.2	95.6	101.5	96.1
江　苏	Jiangsu	101.6	107.6	98.8	98.3	98.6	95.6	102.0	100.4
浙　江	Zhejiang	100.9	103.6	98.7	98.7	98.2	95.6	101.4	103.0
安　徽	Anhui	101.3	104.1	97.6	98.2	97.5	95.9	102.2	100.5
福　建	Fujian	100.7	103.1	99.4	99.6	99.6	97.7	100.5	101.7
江　西	Jiangxi	100.8	107.1	98.8	99.2	99.3	95.5	103.5	102.2
山　东	Shandong	100.4	103.5	99.6	99.2	98.8	97.8	100.3	102.6
河　南	Henan	101.2	106.2	98.3	98.0	96.5	95.9	101.3	101.2
湖　北	Hubei	101.8	105.3	97.2	95.9	91.7	95.3	101.1	101.0
湖　南	Hunan	99.9	101.6	98.4	97.9	97.4	95.3	100.3	101.2
广　东	Guangdong	100.1	104.6	98.5	98.5	97.4	95.7	101.9	101.0
广　西	Guangxi	100.1	102.8	98.8	98.7	99.0	95.6	101.1	101.9
海　南	Hainan	102.2	105.1	98.5	97.3	94.5	97.7	100.9	100.6
重　庆	Chongqing	100.6	100.7	100.6	101.0	100.1	95.5	101.3	105.7
四　川	Sichuan	100.8	107.0	98.6	98.2	97.3	95.3	101.0	101.8
贵　州	Guizhou	100.4	101.5	98.7	98.8	98.5	95.4	100.7	102.4
云　南	Yunnan	101.3	102.6	99.3	99.3	99.9	96.1	100.9	102.1
西　藏	Tibet	100.7	105.9	99.5	99.2	100.0	96.7	102.1	99.5
陕　西	Shaanxi	101.2	102.1	98.3	98.6	97.1	95.2	102.2	101.5
甘　肃	Gansu	100.6	101.5	99.0	98.8	99.8	94.8	101.0	99.4
青　海	Qinghai	100.9	101.6	97.3	97.1	95.0	95.8	100.8	100.4
宁　夏	Ningxia	101.6	103.9	98.6	97.9	95.1	94.7	105.1	101.2
新　疆	Xinjiang	100.6	104.0	99.3	99.1	99.6	94.2	102.0	100.6

1-82 续表 6 continued

(上年=100)

地 区	Region	通信 Commu-nications	教育文化和娱乐 Education, Culture and Recreation	教育 Education	教育用品 Education Articles	教育服务 Education Services	文化娱乐 Cultural and Recreational Articles	文娱耐用消费品 Durable Consumer Goods for Culture and Recreation	其他文娱用品 Other Articles
全 国	**National**	**99.0**	**101.6**	**102.4**	**101.1**	**102.5**	**100.4**	**97.3**	**100.8**
北 京	Beijing	93.5	98.3	101.2	100.8	101.2	96.5	92.4	101.0
天 津	Tianjin	98.6	100.6	100.8	102.4	100.8	100.4	99.9	101.5
河 北	Hebei	99.6	101.3	102.1	100.5	102.1	99.9	99.3	100.8
山 西	Shanxi	97.5	101.3	101.6	101.5	101.6	100.6	97.5	100.8
内蒙古	Inner Mongolia	99.8	100.7	101.1	100.3	101.2	100.0	99.2	100.1
辽 宁	Liaoning	99.1	102.8	104.9	101.8	105.1	99.2	98.6	100.3
吉 林	Jilin	100.3	100.6	100.8	100.7	100.8	100.1	97.9	100.7
黑龙江	Heilongjiang	100.0	101.7	102.3	102.1	102.3	100.7	100.2	100.5
上 海	Shanghai	97.3	102.7	104.6	100.7	104.7	101.6	99.8	100.2
江 苏	Jiangsu	99.8	100.9	101.6	102.5	101.6	100.0	96.6	100.8
浙 江	Zhejiang	98.9	102.7	104.0	100.6	104.1	100.8	97.8	99.9
安 徽	Anhui	96.7	102.3	103.0	101.7	103.0	101.2	97.7	101.3
福 建	Fujian	99.1	101.2	101.6	103.0	101.5	100.7	96.3	101.0
江 西	Jiangxi	98.2	101.5	102.7	99.9	102.8	99.8	97.4	101.1
山 东	Shandong	100.2	101.9	102.2	101.2	102.3	101.5	98.3	101.6
河 南	Henan	98.9	102.4	104.1	103.1	104.2	99.8	97.2	100.5
湖 北	Hubei	99.3	102.2	103.5	100.2	103.9	100.2	98.5	101.6
湖 南	Hunan	99.1	100.8	100.5	100.0	100.5	101.2	99.6	100.0
广 东	Guangdong	98.4	101.4	102.5	100.4	102.8	99.6	95.7	100.7
广 西	Guangxi	99.1	101.6	101.6	99.9	101.8	101.4	98.2	100.5
海 南	Hainan	100.4	103.0	102.9	102.0	103.0	103.2	98.9	101.6
重 庆	Chongqing	99.9	99.5	101.3	100.8	101.3	97.9	98.7	99.5
四 川	Sichuan	99.2	102.5	101.9	102.4	101.8	103.2	96.4	100.8
贵 州	Guizhou	98.6	101.3	101.9	100.2	101.9	100.7	97.0	100.3
云 南	Yunnan	99.5	100.7	102.0	100.2	102.2	99.1	96.8	99.8
西 藏	Tibet	99.9	101.1	100.6	100.4	100.6	101.6	99.9	102.4
陕 西	Shaanxi	97.6	100.0	100.7	101.7	100.5	98.9	93.0	100.5
甘 肃	Gansu	99.5	100.0	100.2	100.1	100.2	99.6	98.2	101.0
青 海	Qinghai	97.7	100.6	102.8	102.9	102.8	97.4	96.1	100.9
宁 夏	Ningxia	99.8	102.2	103.2	102.3	103.3	100.3	98.1	101.5
新 疆	Xinjiang	99.8	101.6	101.3	100.9	101.3	102.1	99.1	102.3

1-82 续表 7 continued

(上年=100)

地 区	Region	文化娱乐服务 Cultural and Recreational Services	旅游 Touring and Outing	医疗保健 Health Care	药品及医疗器具 Medicine and Medical Instrument	医疗服务 Medical Services	其他用品和服务 Other Articles and Services	其他用品类 Other Articles	其他服务类 Other Services
全 国	**National**	**100.9**	**102.0**	**103.8**	**104.3**	**103.5**	**102.8**	**103.5**	**102.2**
北 京	Beijing	101.1	97.6	102.6	103.7	100.0	104.3	106.1	103.0
天 津	Tianjin	101.4	99.6	108.8	101.3	117.7	103.8	107.7	100.9
河 北	Hebei	100.4	99.3	104.4	107.0	102.7	103.3	102.4	104.0
山 西	Shanxi	101.0	102.6	102.4	104.7	100.8	101.2	100.5	101.8
内蒙古	Inner Mongolia	100.8	99.8	104.4	102.2	106.0	101.8	102.5	101.1
辽 宁	Liaoning	100.4	98.4	102.5	103.1	102.1	101.6	101.9	101.3
吉 林	Jilin	100.2	101.2	106.1	107.2	105.3	102.2	102.3	102.1
黑龙江	Heilongjiang	100.6	101.2	103.7	104.8	102.9	102.1	103.6	101.0
上 海	Shanghai	100.7	102.9	109.0	110.6	107.3	103.3	104.6	102.5
江 苏	Jiangsu	100.2	101.0	109.1	99.7	113.7	102.7	104.0	101.7
浙 江	Zhejiang	100.4	102.7	101.3	103.5	100.0	102.5	104.0	101.6
安 徽	Anhui	100.9	103.5	103.6	105.9	102.6	102.3	102.5	102.1
福 建	Fujian	100.6	102.7	102.9	103.4	102.7	102.5	103.9	101.4
江 西	Jiangxi	101.4	99.9	102.7	103.2	102.5	102.6	101.6	103.6
山 东	Shandong	101.7	102.8	104.9	103.4	106.2	102.9	103.4	102.4
河 南	Henan	100.8	102.3	102.8	106.3	100.8	103.9	105.8	102.2
湖 北	Hubei	100.7	100.5	101.9	103.7	100.8	102.8	103.6	102.1
湖 南	Hunan	100.9	103.2	103.1	103.6	102.9	101.6	102.7	100.7
广 东	Guangdong	100.4	101.0	102.8	105.8	100.7	102.8	104.0	101.7
广 西	Guangxi	100.4	106.3	103.7	103.1	104.1	101.9	101.1	102.5
海 南	Hainan	107.3	103.9	104.4	107.4	102.4	103.6	104.4	102.9
重 庆	Chongqing	100.2	95.6	101.8	104.3	100.0	102.6	104.1	101.6
四 川	Sichuan	100.8	108.6	101.6	103.1	100.6	102.9	102.0	103.5
贵 州	Guizhou	101.7	102.8	101.5	100.7	102.1	101.0	101.7	100.5
云 南	Yunnan	100.3	100.5	102.4	104.0	101.1	101.3	101.1	101.7
西 藏	Tibet	102.1	102.1	102.1	105.8	99.9	103.1	103.1	103.2
陕 西	Shaanxi	101.5	101.4	102.4	104.8	100.5	102.2	103.4	101.2
甘 肃	Gansu	100.0	99.4	100.8	102.0	100.0	101.5	101.7	101.4
青 海	Qinghai	100.5	93.9	102.6	105.1	100.9	102.4	106.0	99.1
宁 夏	Ningxia	100.3	102.9	102.9	101.7	104.3	103.2	103.5	102.9
新 疆	Xinjiang	102.3	104.0	102.7	102.1	103.0	103.1	102.4	103.7

1-83 城镇居民人均收支情况
PER CAPITA INCOME AND CONSUMPTION EXPENDITURE OF URBAN HOUSEHOLDS

单位：元 (yuan)

指 标	Item	2013	2014	2015	2016
城镇居民人均收入	**Per Capita Income of Urban Households**				
可支配收入	Disposable Income	26467.0	28843.9	31194.8	33616.2
1.工资性收入	1.Income of Wages and Salaries	16617.4	17936.8	19337.1	20665.0
2.经营净收入	2.Net Business Income	2975.3	3279.0	3476.1	3770.1
3.财产净收入	3.Net Income from Property	2551.5	2812.1	3041.9	3271.3
4.转移净收入	4.Net Income from Transfer	4322.8	4815.9	5339.7	5909.8
现金可支配收入	Cash Disposable Income	24799.0	26860.2	29042.0	31270.0
1.工资性收入	1.Income of Wages and Salaries	16509.9	17821.3	19214.8	20541.7
2.经营净收入	2.Net Business Income	3332.3	3528.0	3714.0	4032.3
3.财产净收入	3.Net Income from Property	831.8	977.8	1072.8	1139.6
4.转移净收入	4.Net Income from Transfer	4125.0	4533.1	5040.4	5556.4
城镇居民人均支出	**Per Capita Expenditure of Urban Households**				
消费支出	Consumption Expenditure	18487.5	19968.1	21392.4	23078.9
1.食品烟酒	1.Food,Tobacco and Liquor	5570.7	6000.0	6359.7	6762.4
2.衣着	2.Clothing	1553.7	1627.2	1701.1	1739.0
3.居住	3.Residence	4301.4	4489.6	4726.0	5113.7
4.生活用品及服务	4.Household Facilities, Articles and Services	1129.2	1233.2	1306.5	1426.8
5.交通通信	5.Transport and Communications	2317.8	2637.3	2895.4	3173.9
6.教育文化娱乐	6.Education, Cultural and Recreation	1988.3	2142.3	2382.8	2637.6
7.医疗保健	7.Health Care and Medical Services	1136.1	1305.6	1443.4	1630.8
8.其他用品及服务	8.Miscellaneous Goods and Services	490.4	532.9	577.5	594.7
现金消费支出	Cash Consumption Expenditure	15453.0	16690.6	17887.0	19284.1
1.食品烟酒	1.Food, Tobacco and Liquor	5461.2	5874.9	6224.8	6627.7
2.衣着	2.Clothing	1551.5	1626.6	1700.5	1738.4
3.居住	3.Residence	1579.9	1625.6	1665.9	1810.4
4.生活用品及服务	4.Household Facilities, Articles and Services	1124.0	1225.6	1298.7	1417.8
5.交通通信	5.Transport and Communications	2313.6	2631.5	2889.8	3166.5
6.教育文化娱乐	6.Education, Cultural and Recreation	1986.3	2140.7	2381.0	2636.3
7.医疗保健	7.Health Care and Medical Services	954.8	1038.5	1153.7	1298.7
8.其他用品及服务	8.Miscellaneous Goods and Services	481.7	527.1	572.6	588.3

1-84 各地区城镇居民人均可支配收入来源（2016年）
PER CAPITA DISPOSABLE INCOME OF URBAN HOUSEHOLDS BY SOURCES AND REGION (2016)

单位：元 (yuan)

地 区	Region	可支配收 入 Disposable Income	工资性收入 Income from Wages and Salaries	经营净收入 Net Business Income	财产净收入 Net Income from Properties	转移净收入 Net Income from Transfers
全 国	**National Average**	**33616.2**	**20665.0**	**3770.1**	**3271.3**	**5909.8**
北 京	Beijing	57275.3	35701.1	1291.9	9309.8	10972.5
天 津	Tianjin	37109.6	23206.8	2665.6	3721.2	7516.0
河 北	Hebei	28249.4	18031.9	1983.3	2512.6	5721.6
山 西	Shanxi	27352.3	16954.4	2659.1	2003.5	5735.4
内蒙古	Inner Mongolia	32974.9	20354.9	5465.9	1732.9	5421.2
辽 宁	Liaoning	32876.1	18315.8	3950.8	1832.6	8776.9
吉 林	Jilin	26530.4	15837.8	2518.9	1388.1	6785.7
黑龙江	Heilongjiang	25736.4	15008.6	2670.7	1305.3	6751.8
上 海	Shanghai	57691.7	34338.7	1400.1	8487.0	13465.8
江 苏	Jiangsu	40151.6	24213.9	4411.1	4151.2	7375.4
浙 江	Zhejiang	47237.2	26655.9	7126.0	6381.1	7074.2
安 徽	Anhui	29156.0	18277.9	4420.4	2079.9	4377.7
福 建	Fujian	36014.3	22213.4	4919.4	4199.4	4682.1
江 西	Jiangxi	28673.3	18135.9	2384.7	2619.3	5533.4
山 东	Shandong	34012.1	21812.3	4778.4	2740.2	4681.2
河 南	Henan	27232.9	15829.0	3754.5	2411.8	5237.5
湖 北	Hubei	29385.8	16517.5	4150.2	2299.3	6418.8
湖 南	Hunan	31283.9	17274.9	4339.2	3009.6	6660.2
广 东	Guangdong	37684.3	27965.3	4203.9	4374.8	1140.3
广 西	Guangxi	28324.4	16492.8	4804.8	2229.2	4797.7
海 南	Hainan	28453.5	18891.9	2914.6	2170.3	4476.7
重 庆	Chongqing	29610.0	17043.1	3347.8	2221.5	6997.7
四 川	Sichuan	28335.3	16219.1	3326.7	2363.5	6426.0
贵 州	Guizhou	26742.6	15351.4	4282.1	1940.7	5168.4
云 南	Yunnan	28610.6	15543.9	3490.5	4021.5	5554.8
西 藏	Tibet	27802.4	22398.0	723.3	1706.0	2975.1
陕 西	Shaanxi	28440.1	16876.8	2013.9	2056.5	7492.9
甘 肃	Gansu	25693.5	16751.2	1960.6	2355.8	4625.9
青 海	Qinghai	26757.4	18740.9	2007.6	1451.0	4557.8
宁 夏	Ningxia	27153.0	18032.9	2824.4	1255.4	5040.3
新 疆	Xinjiang	28463.4	19173.4	2940.5	1279.3	5070.3

1-85 农村居民人均收支情况
PER CAPITA INCOME AND CONSUMPTION EXPENDITURE OF RURAL HOUSEHOLDS

单位：元 (yuan)

指 标	Item	2013	2014	2015	2016
农村居民人均收入	**Per Capita Income of Rural Households**				
可支配收入	Disposable Income	9429.6	10488.9	11421.7	12363.4
1.工资性收入	1.Income of Wages and Salaries	3652.5	4152.2	4600.3	5021.8
2.经营净收入	2.Net Business Income	3934.9	4237.4	4503.6	4741.3
3.财产净收入	3.Net Income from Property	194.7	222.1	251.5	272.1
4.转移净收入	4.Net Income from Transfer	1647.5	1877.2	2066.3	2328.2
现金可支配收入	Cash Disposable Income	8747.1	9698.2	10577.8	11600.6
1.工资性收入	1.Income of Wages and Salaries	3639.7	4137.5	4583.9	5000.8
2.经营净收入	2.Net Business Income	3378.0	3620.1	3861.3	4203.9
3.财产净收入	3.Net Income from Property	194.2	224.7	251.5	272.1
4.转移净收入	4.Net Income from Transfer	1535.2	1715.9	1881.2	2123.8
农村居民人均支出	**Per Capita Expenditure of Rural Households**				
消费支出	Consumption Expenditure	7485.1	8382.6	9222.6	10129.8
1.食品烟酒	1.Food,Tobacco and Liquor	2554.4	2814.0	3048.0	3266.1
2.衣着	2.Clothing	453.8	510.4	550.5	575.4
3.居住	3.Residence	1579.8	1762.7	1926.2	2147.1
4.生活用品及服务	4.Household Facilities, Articles and Services	455.1	506.5	545.6	595.7
5.交通通信	5.Transport and Communications	874.9	1012.6	1163.1	1359.9
6.教育文化娱乐	6.Education, Cultural and Recreation	754.6	859.5	969.3	1070.3
7.医疗保健	7.Health Care and Medical Services	668.2	753.9	846.0	929.2
8.其他用品及服务	8.Miscellaneous Goods and Services	144.2	163.0	174.0	186.0
现金消费支出	Cash Consumption Expenditure	5978.8	6716.7	7392.1	8127.3
1.食品烟酒	1.Food, Tobacco and Liquor	2038.8	2301.3	2540.0	2763.4
2.衣着	2.Clothing	453.1	509.7	549.9	575.0
3.居住	3.Residence	692.4	758.5	779.0	832.8
4.生活用品及服务	4.Household Facilities, Articles and Services	451.0	500.1	538.3	589.7
5.交通通信	5.Transport and Communications	874.7	1012.5	1162.6	1357.8
6.教育文化娱乐	6.Education, Cultural and Recreation	754.4	859.2	969.0	1069.9
7.医疗保健	7.Health Care and Medical Services	573.2	614.9	681.4	755.8
8.其他用品及服务	8.Miscellaneous Goods and Services	141.2	160.5	172.0	183.0

1-86 农村居民分地区人均可支配收入来源（2016年）
PER CAPITA DISPOSABLE INCOME OF RURAL HOUSEHOLDS BY SOURCES AND REGION (2016)

单位：元 (yuan)

地 区	Region	可支配收入 Disposable Income	工资性收入 Income from Wages and Salaries	经营净收入 Net Business Income	财产净收入 Net Income from Properties	转移净收入 Net Income from Transfers
全 国	**National Average**	**12363.4**	**5021.8**	**4741.3**	**272.1**	**2328.2**
北 京	Beijing	22309.5	16637.5	2061.9	1350.1	2260.0
天 津	Tianjin	20075.6	12048.1	5309.4	893.7	1824.4
河 北	Hebei	11919.4	6263.2	3970.0	257.5	1428.6
山 西	Shanxi	10082.5	5204.4	2729.9	149.0	1999.1
内蒙古	Inner Mongolia	11609.0	2448.9	6215.7	452.6	2491.7
辽 宁	Liaoning	12880.7	5071.2	5635.5	257.6	1916.4
吉 林	Jilin	12122.9	2363.1	7558.9	231.8	1969.1
黑龙江	Heilongjiang	11831.9	2430.5	6425.9	572.7	2402.6
上 海	Shanghai	25520.4	18947.9	1387.9	859.6	4325.0
江 苏	Jiangsu	17605.6	8731.7	5283.1	606.0	2984.8
浙 江	Zhejiang	22866.1	14204.3	5621.9	661.8	2378.1
安 徽	Anhui	11720.5	4291.4	4596.1	186.7	2646.2
福 建	Fujian	14999.2	6785.2	5821.5	255.7	2136.9
江 西	Jiangxi	12137.7	4954.7	4692.3	204.4	2286.4
山 东	Shandong	13954.1	5569.1	6266.6	358.7	1759.7
河 南	Henan	11696.7	4228.0	4643.2	168.0	2657.6
湖 北	Hubei	12725.0	4023.0	5534.0	158.6	3009.3
湖 南	Hunan	11930.4	4946.2	4138.6	143.1	2702.5
广 东	Guangdong	14512.2	7255.3	3883.6	365.8	3007.5
广 西	Guangxi	10359.5	2848.1	4759.2	149.2	2603.0
海 南	Hainan	11842.9	4764.9	5315.7	139.1	1623.1
重 庆	Chongqing	11548.8	3965.6	4150.1	295.8	3137.3
四 川	Sichuan	11203.1	3737.6	4525.2	268.5	2671.8
贵 州	Guizhou	8090.3	3211.0	3115.8	67.1	1696.3
云 南	Yunnan	9019.8	2553.9	5043.7	152.2	1270.1
西 藏	Tibet	9093.8	2204.9	5237.9	148.7	1502.3
陕 西	Shaanxi	9396.4	3916.0	3057.9	159.0	2263.6
甘 肃	Gansu	7456.9	2125.0	3261.4	128.4	1942.0
青 海	Qinghai	8664.4	2464.3	3197.0	325.2	2677.8
宁 夏	Ningxia	9851.6	3906.1	3937.5	291.8	1716.3
新 疆	Xinjiang	10183.2	2527.1	5642.0	222.8	1791.3

二、就业与失业

EMPLOYMENT AND UNEMPLOYMENT

2-1 年末城镇登记失业人数及登记失业率
URBAN REGISTERED UNEMPLOYMENT AND UNEMPLOYMENT RATE AT THE YEAR-END

单位：万人，%　　(10 000 persons,%)

年份 Year	登记失业人数 Urban Registered Unemployment 合计 Total	#失业青年 Youth	比上年增长 Increase over Preceeding year 合计 Total	#失业青年 Youth	登记失业率 Registered Unemployment Rate
1978	530.0	249.1			5.3
1979	567.6	258.2	7.1	3.7	5.4
1980	541.5	382.5	-4.6	48.1	4.9
1981	439.5	343.0	-18.8	-10.3	3.8
1982	379.4	293.8	-13.7	-14.3	3.2
1983	271.4	222.0	-28.5	-24.4	2.3
1984	235.7	195.9	-13.2	-11.8	1.9
1985	238.5	196.9	1.2	0.5	1.8
1986	264.4	209.3	10.9	6.3	2.0
1987	276.6	235.1	4.6	12.3	2.0
1988	296.2	245.3	7.1	4.3	2.0
1989	377.9	309.0	27.6	26.0	2.6
1990	383.2	312.7	1.4	1.2	2.5
1991	352.2	288.4	-8.1	-7.8	2.3
1992	363.9	299.8	3.3	4.0	2.3
1993	420.1	331.9	15.4	10.7	2.6
1994	476.4	301.0	13.4	-9.3	2.8
1995	519.6	310.2	9.1	3.1	2.9
1996	552.8		6.3		3.0
1997	576.8		4.3		3.1
1998	571.0		-1.0		3.1
1999	575.0		0.7		3.1
2000	595.0		3.5		3.1
2001	681.0		14.4		3.6
2002	770.0		13.1		4.0
2003	800.0		3.9		4.3
2004	827.0		3.4		4.2
2005	839.0		1.5		4.2
2006	847.0		1.0		4.1
2007	830.0		-2.0		4.0
2008	886.0		6.7		4.2
2009	921.0		4.0		4.3
2010	908.0		-1.4		4.1
2011	922.0		1.5		4.1
2012	917.0		-0.5		4.1
2013	926.0		1.0		4.05
2014	952.0		2.8		4.09
2015	966.0		1.5		4.05
2016	982.0		1.7		4.02

2-2 各地区年末城镇登记失业人数及登记失业率
URBAN REGISTERED UNEMPLOYMENT AND UNEMPLOYMENT RATE AT THE YEAR-END BY REGION

单位：万人，%　　　　(10 000 persons,%)

地区	Region	登记失业人员 Unemployment											
		2005	2006	2007	2008	2009	2010	2011	2012	2013	2014	2015	2016
北京	Beijing	10.6	10.4	10.6	10.3	8.2	7.7	8.1	8.1	7.5	7.4	7.8	8.0
天津	Tianjin	11.7	11.7	15.0	13.0	15.0	16.1	20.1	20.4	21.7	22.5	25.1	25.8
河北	Hebei	27.8	28.7	29.3	32.2	34.5	35.1	36.0	36.8	37.2	38.3	39.4	39.7
山西	Shanxi	14.3	15.6	16.1	17.5	21.6	20.4	21.1	21.0	21.1	24.5	25.6	26.1
内蒙古	Inner Mongolia	17.7	18.0	18.5	19.9	20.1	20.8	21.8	23.1	23.8	24.8	25.9	26.7
辽宁	Liaoning	60.4	54.1	44.5	41.7	41.6	38.9	39.4	38.1	39.6	41.0	46.2	47.3
吉林	Jilin	27.6	26.3	23.9	24.3	23.4	22.7	22.2	22.3	22.6	23.2	23.9	25.7
黑龙江	Heilongjiang	31.3	31.2	31.5	32.1	31.4	36.2	35.0	41.3	41.4	39.9	41.0	39.6
上海	Shanghai	27.5	27.8	26.7	26.6	27.9	27.6	27.0	26.7	25.3	25.6	24.8	24.3
江苏	Jiangsu	41.6	40.4	39.3	41.1	40.7	40.6	41.4	40.5	37.6	36.6	36.0	35.2
浙江	Zhejiang	29.0	29.1	28.6	30.7	30.7	31.1	31.7	33.4	33.4	33.1	33.7	33.9
安徽	Anhui	27.8	28.2	28.0	29.3	30.1	26.9	33.1	31.3	32.4	31.5	30.9	30.4
福建	Fujian	14.9	15.1	14.9	15.0	15.2	14.5	14.6	14.5	14.7	14.3	15.4	16.3
江西	Jiangxi	22.8	25.3	24.3	26.0	27.3	26.3	24.6	25.7	27.4	29.4	29.9	31.3
山东	Shandong	42.9	43.7	43.5	45.0	45.1	44.5	45.1	43.4	42.2	43.1	43.7	45.8
河南	Henan	33.0	35.4	33.1	36.5	38.5	38.2	38.4	38.3	40.2	40.0	42.5	43.6
湖北	Hubei	52.6	52.6	54.1	55.1	55.3	55.7	55.1	42.3	40.2	37.9	33.4	32.9
湖南	Hunan	41.9	43.3	44.4	47.0	47.8	43.2	43.1	44.1	45.6	47.3	45.1	44.9
广东	Guangdong	34.5	36.2	36.2	38.1	39.5	39.3	38.8	39.6	38.0	36.8	37.0	38.0
广西	Guangxi	18.5	20.0	18.5	18.8	19.1	19.1	18.8	18.9	18.0	18.7	18.1	18.1
海南	Hainan	5.1	5.2	5.4	5.6	5.3	4.8	2.9	3.6	3.9	4.3	4.8	5.1
重庆	Chongqing	16.9	15.4	14.1	13.0	13.4	13.0	13.0	12.4	12.1	13.4	14.3	15.7
四川	Sichuan	34.3	36.1	34.8	37.9	36.3	34.6	36.9	40.7	42.9	54.4	54.6	56.3
贵州	Guizhou	12.1	12.1	12.1	12.5	12.3	12.2	12.5	12.6	13.7	14.1	14.5	14.8
云南	Yunnan	13.0	13.8	14.0	14.8	15.4	15.7	16.0	17.4	18.1	19.2	19.5	20.1
西藏	Tibet					2.0	2.1	1.0	1.6	1.6	1.7	1.8	1.8
陕西	Shaanxi	21.5	21.5	21.0	20.8	21.5	21.4	20.9	19.5	21.1	22.3	22.3	22.7
甘肃	Gansu	9.3	9.7	9.5	9.4	10.3	10.7	10.8	9.8	9.3	9.7	9.5	9.8
青海	Qinghai	3.6	3.7	3.7	3.9	4.1	4.2	4.4	4.1	4.2	4.2	4.4	4.6
宁夏	Ningxia	4.4	4.2	4.4	4.8	4.8	4.8	5.2	4.6	4.7	5.0	4.9	5.1
新疆	Xinjiang	11.1	11.6	11.7	11.8	11.9	11.0	11.1	11.8	11.9	11.2	10.3	9.7
新疆兵团	Xingjiang Production and Construction Crops	2.7	3.0	2.6	2.8	3.0	2.5	2.8	2.9	3.0	3.4	3.3	3.2

2-2 续表 continued

单位：万人，% (10 000 persons,%)

地　区	Region	登记失业率 Unemployment Rate 2005	2006	2007	2008	2009	2010	2011	2012	2013	2014	2015	2016
北　京	Beijing	2.1	2.0	1.8	1.8	1.4	1.4	1.4	1.3	1.2	1.3	1.4	1.4
天　津	Tianjin	3.7	3.6	3.6	3.6	3.6	3.6	3.6	3.6	3.6	3.5	3.5	3.5
河　北	Hebei	3.9	3.8	3.8	4.0	3.9	3.9	3.8	3.7	3.7	3.6	3.6	3.7
山　西	Shanxi	3.0	3.2	3.2	3.3	3.9	3.6	3.5	3.3	3.1	3.4	3.5	3.5
内蒙古	Inner Mongolia	4.3	4.1	4.0	4.1	4.0	3.9	3.8	3.7	3.7	3.6	3.7	3.7
辽　宁	Liaoning	5.6	5.1	4.3	3.9	3.9	3.6	3.7	3.6	3.4	3.4	3.4	3.8
吉　林	Jilin	4.2	4.2	3.9	4.0	4.0	3.8	3.7	3.7	3.7	3.4	3.5	3.5
黑龙江	Heilongjiang	4.4	4.4	4.3	4.2	4.3	4.3	4.1	4.2	4.4	4.5	4.5	4.2
上　海	Shanghai		4.4	4.2	4.2	4.3	4.4	3.5	3.1	4.0	4.1	4.0	4.1
江　苏	Jiangsu	3.6	3.4	3.2	3.3	3.2	3.2	3.2	3.1	3.0	3.0	3.0	3.0
浙　江	Zhejiang	3.7	3.5	3.3	3.5	3.3	3.2	3.1	3.0	3.0	3.0	2.9	2.9
安　徽	Anhui	4.4	4.3	4.1	3.9	3.9	3.7	3.7	3.7	3.4	3.2	3.1	3.2
福　建	Fujian	4.0	3.9	3.9	3.9	3.9	3.8	3.7	3.6	3.6	3.5	3.7	3.9
江　西	Jiangxi	3.5	3.6	3.4	3.4	3.4	3.3	3.0	3.0	3.2	3.3	3.4	3.4
山　东	Shandong	3.3	3.3	3.2	3.7	3.4	3.4	3.4	3.3	3.2	3.3	3.4	3.5
河　南	Henan	3.5	3.5	3.4	3.4	3.5	3.4	3.4	3.1	3.1	3.0	3.0	3.0
湖　北	Hubei	4.3	4.2	4.2	4.2	4.2	4.2	4.1	3.8	3.5	3.1	2.6	2.4
湖　南	Hunan	4.3	4.3	4.3	4.2	4.1	4.2	4.2	4.2	4.2	4.1	4.1	4.2
广　东	Guangdong	2.6	2.6	2.5	2.6	2.6	2.5	2.5	2.5	2.4	2.4	2.5	2.5
广　西	Guangxi	4.2	4.2	3.8	3.8	3.7	3.7	3.5	3.4	3.3	3.2	2.9	2.9
海　南	Hainan	3.6	3.6	3.5	3.7	3.5	3.0	1.7	2.0	2.2	2.3	2.3	2.4
重　庆	Chongqing	4.1	4.0	4.0	4.0	4.0	3.9	3.5	3.3	3.4	3.5	3.6	3.7
四　川	Sichuan	4.6	4.5	4.2	4.6	4.3	4.1	4.2	4.0	4.1	4.2	4.1	4.2
贵　州	Guizhou	4.2	4.1	4.0	4.0	3.8	3.6	3.6	3.3	3.3	3.3	3.3	3.2
云　南	Yunnan	4.2	4.3	4.2	4.2	4.3	4.2	4.1	4.0	4.0	4.0	4.0	3.6
西　藏	Tibet					3.8	4.0	3.2	2.6	2.5	2.5	2.5	2.6
陕　西	Shaanxi	4.2	4.0	4.0	3.9	3.9	3.9	3.6	3.2	3.3	3.3	3.4	3.3
甘　肃	Gansu	3.3	3.6	3.3	3.2	3.3	3.2	3.1	2.7	2.3	2.2	2.1	2.2
青　海	Qinghai	3.9	3.9	3.8	3.8	3.8	3.8	3.8	3.4	3.3	3.2	3.2	3.1
宁　夏	Ningxia	4.5	4.3	4.3	4.4	4.4	4.4	4.4	4.2	4.1	4.0	4.0	3.9
新　疆	Xinjiang	3.9	3.9	3.9	3.7	3.8	3.2	3.2	3.4	3.4	3.2	2.9	2.5
新疆兵团	Xingjiang Production and Construction Crops	2.8	3.0	2.6	2.8	2.9	2.4	2.6	2.5	2.6	2.6	2.6	2.3

2-3 各地区城镇登记失业人员情况(2016年)
BASIC CONDITIONS OF URBAN REGISTERED UNEMPLOYMENT BY REGION (2016)

单位：万人 (10000person)

地区	Region	上年末结转登记失业人员 Unemployment at Last Year-end	本年新登记的失业人员 Unemployment Newly Regis-tered This Year	#女性 Female	#就业转失业人数 Unemploy-employed	本年失业人员就业人数 From the Unemployed This Year	#女性 Female	本年末登记失业人数 Unemployment at the Year-end	#女性 Female	#长期失业者 Long-term Unemployment
北京	Beijing	7.8	16.9	6.9	12.8	15.9	6.5	8.0	3.2	5.7
天津	Tianjin	25.1	9.7	4.2	7.0	9.0	4.3	25.8	13.1	9.0
河北	Hebei	39.4	41.0	15.9	10.4	40.7	18.2	39.7	18.8	4.8
山西	Shanxi	25.6	19.0	6.5	2.4	18.5	6.6	26.1	12.9	2.0
内蒙古	Inner Mongolia	25.9	24.6	11.5	7.0	23.5	10.8	26.7	11.5	3.2
辽宁	Liaoning	46.2	93.5	41.3	62.9	81.3	37.2	47.3	22.6	25.4
吉林	Jilin	23.9	35.2	16.4	12.4	33.4	16.2	25.7	11.1	3.5
黑龙江	Heilongjiang	45.0	61.9	27.1	38.7	61.0	25.1	39.6	15.3	1.9
上海	Shanghai	24.8	39.0	15.4	22.8	37.1	17.5	24.3	8.2	10.7
江苏	Jiangsu	36.0	113.0	53.3	77.2	112.5	53.8	35.2	15.4	7.2
浙江	Zhejiang	29.8	42.5	20.7	22.4	39.5	19.6	33.9	14.6	6.7
安徽	Anhui	30.9	26.4	13.2	8.6	26.3	12.0	30.4	14.4	1.7
福建	Fujian	15.4	28.3	13.4	10.6	23.8	11.4	16.3	7.5	3.3
江西	Jiangxi	29.9	28.8	13.4	5.6	27.4	12.5	31.3	11.9	1.4
山东	Shandong	43.7	69.4	32.4	35.1	65.4	29.4	45.8	20.4	11.8
河南	Henan	42.5	46.7	19.8	11.4	44.2	17.7	43.6	21.3	8.8
湖北	Hubei	33.4	52.6	24.6	14.2	47.3	22.5	32.9	15.2	3.9
湖南	Hunan	45.1	37.9	16.3	10.6	38.0	17.2	44.9	15.8	2.8
广东	Guangdong	37.0	61.0	31.5	22.5	56.2	28.8	38.0	17.7	5.6
广西	Guangxi	18.1	12.2	6.1	4.4	11.2	5.4	18.1	8.9	2.5
海南	Hainan	4.8	2.9	1.2	1.0	2.6	1.0	5.1	2.5	0.4
重庆	Chongqing	14.2	32.5	18.3	11.0	29.3	16.7	15.7	8.1	0.9
四川	Sichuan	54.6	47.9	23.6	25.1	43.8	21.7	56.3	28.1	21.2
贵州	Guizhou	14.5	13.4	5.6	3.2	13.1	5.4	14.8	6.6	2.0
云南	Yunnan	19.5	36.9	15.4	9.4	35.1	14.7	20.1	8.5	2.9
西藏	Tibet	1.5	1.5	0.6	0.2	1.1	0.4	1.8	0.9	0.1
陕西	Shaanxi	22.3	20.8	9.8	2.4	20.3	9.8	22.7	7.2	1.7
甘肃	Gansu	9.5	30.8	13.1	5.4	30.4	13.5	9.8	4.1	0.9
青海	Qinghai	4.4	6.7	2.9	1.6	6.5	3.1	4.6	1.7	0.6
宁夏	Ningxia	4.9	10.7	5.4	6.2	10.6	5.5	5.1	2.1	0.1
新疆	Xinjiang	10.4	39.4	20.7	8.9	39.8	20.6	9.7	4.5	0.2
新疆兵团	Xingjiang Production and Construction Crops	3.3	9.5	5.5	4.3	10.1	6.0	3.2	1.7	0.1

2-4 公共就业服务工作情况(2016年)

单位：人

项 目	Item	本期单位登记招聘人数 Total Registered Job Vacancies This Year	本期登记求职人数 Total Registered Job-seekers This Year	#女性 Female	#城镇登记失业人员 Urban Registered Unemp-loyed persons	#应届高校毕业生 College Graduates	#农村劳动者 Rural Labours
总 计	**Total**	**53014723**	**40425739**	**17159037**	**10076086**	**4326686**	**14705742**
市(地、州)及以上公共就业人才服务机构	Public Employment (Talent) Services Institution of City (Prefecture) and Above	19129106	12812896	5311638	2936981	2161299	3274310
区(县)公共就业人才服务机构	Public Employment (Talent) Services Institution of District (County)	26667870	20437482	8578672	4852770	1707299	8225818
街道公共就业人才服务机构	Public Employment (Talent) Services Institution of Street	2709359	2064919	1021358	914373	155198	621923
乡镇公共就业人才服务机构	Public Employment (Talent) Services Institution of Town	2864123	3251782	1414203	614018	181726	1843130
社区公共就业人才服务窗口	Public Employment (Talent) Services Window of Community	1211219	1351387	622647	631871	81468	404530
行政村公共就业人才服务窗口	Public Employment (Talent) Services Window of Administrative Village	433046	507273	210519	126073	39696	336031

SITUATIONS OF PUBLIC EMPLOYMENT SERVICES (2016)

(person)

本期接受职业指导人数 Person-times of Vocational Guidance This Year	#女性 Female	本期接受创业服务人数 Person-times of Vocational Guidance	#女性 Female	本期介绍成功人数 Placed Job-seekers	#女性 Female	#城镇登记失业人员 Urban Registered Unemployed persons	#应届高校毕业生 College Graduates	#农村劳动者 Rural Labours
16845696	**7063066**	**4098124**	**1376686**	**16749835**	**7260677**	**4914916**	**1900062**	**6788653**
4437514	1981112	1128327	377684	4514353	1981822	1404593	830359	1346242
8476077	3650344	2068863	794695	8665907	3703335	2460687	854695	3800915
1122553	402492	273027	75160	1005737	489288	472224	86921	304938
1223057	515540	341191	69613	1324792	576064	200637	69517	913777
894117	389962	165127	38617	724336	342454	329019	41981	154819
692378	123616	121589	20617	514710	167714	47756	16589	267962

2-5 各地区公共就业服务工作情况(2016年)

单位：人

地 区	Region	本期单位登记招聘人数 Total Registered Job Vacancies This Year	本期登记求职人数 Total Registered Job-seekers This Year	#女性 Female	#城镇登记失业人员 Urban Registered Unemployed persons	#应届高校毕业生 College Graduates	#农村劳动者 Rural Labours
总 计	**National Total**	**53014723**	**40425739**	**17159037**	**10076086**	**4326686**	**14705742**
北 京	Beijing	1055887	310761	150684	23245	56964	16073
天 津	Tianjin	1146903	1015086	456633	196002	65207	143109
河 北	Hebei	1179492	1050780	427902	233406	303990	338724
山 西	Shanxi	1057826	1071249	531911	242262	205496	274082
内蒙古	Inner Mongolia	537706	464200	197555	159476	36348	92765
辽 宁	Liaoning	2695754	2597403	986545	969651	340126	397496
吉 林	Jilin	693296	575951	253241	211175	35881	187794
黑龙江	Heilongjiang	957491	1237739	505236	658717	98447	236539
上 海	Shanghai	1408742	466660				
江 苏	Jiangsu	5728710	5394638	2472978	1240602	622220	2107901
浙 江	Zhejiang	4083328	2435200	1006515	350870	207764	1227383
安 徽	Anhui	2172012	1715073	748738	494730	212089	508011
福 建	Fujian	4393599	3490183	1519914	536976	119678	2831954
江 西	Jiangxi	2016367	779765	376825	213726	45724	354527
山 东	Shandong	2575069	1993516	926207	683679	335365	707306
河 南	Henan	2012803	1595913	660712	577800	154099	533462
湖 北	Hubei	1731730	1421865	632556	112083	96104	603675
湖 南	Hunan	802040	1645240	785106	661248	202581	423598
广 东	Guangdong	6606302	3117370	1288237	482929	213135	1047751
广 西	Guangxi	2363547	1377530	553982	141635	195167	265488
海 南	Hainan	588098	215399	77778	17005	17333	42007
重 庆	Chongqing	984269	714873	328717	457402	73773	148554
四 川	Sichuan	1336782	1231524	538128	400804	74179	451174
贵 州	Guizhou	1782453	1025687	219228	82862	141385	191816
云 南	Yunnan	744451	612234	255579	219081	77933	240383
西 藏	Tibet	52070	35058	17690	10262	2374	18824
陕 西	Shaanxi	997857	1219120	535839	232270	241757	498736
甘 肃	Gansu	391563	405668	194260	188333	61986	78222
青 海	Qinghai	160829	397557	119606	43247	9837	326356
宁 夏	Ningxia	202055	267054	102322	12733	25119	218985
新 疆	Xinjiang	449034	392052	200943	186063	46111	132414
兵 团	Xinjiang Production and Construction Corps	106658	153391	87470	35812	8514	60633

SITUATIONS OF PUBLIC EMPLOYMENT SERVICES BY REGION (2016)

(person)

本期接受职业指导人数 Person-times of Vocational Guidance This Year	#女性 Female	本期接受创业服务人数 Person-times of Vocational Guidance	#女性 Female	本期介绍成功人数 Placed Job-seekers	#女性 Female	#城镇登记失业人员 Urban Registered Unemployed persons	#应届高校毕业生 College Graduates	#农村劳动者 Rural Labours
16845696	**7063066**	**4098124**	**1376686**	**16749835**	**7260677**	**4914916**	**1900062**	**6788653**
270133	15037	42155	16700	49381	22783	12477	9440	7181
716683	268914	74753	34917	497588	240376	219225	68039	134208
500351	200866	140517	30170	462916	188036	109626	111457	212487
315353	126539	99027	38287	482250	171982	110014	67734	143711
198063	101417	46470	21085	227354	95261	104007	28269	59478
750960	288631	59792	37794	1159564	524724	569146	148382	233595
267493	132275	36005	18890	278049	119684	133598	11939	82966
461827	207035	79571	42744	620249	264336	345609	62655	116755
46981		113603		223437				
2150882	990053	503249	204294	1768189	798049	491067	286330	753241
1305325	465738	301358	112485	977166	404571	180467	82130	481022
744451	330720	89486	40109	779916	341279	247215	89408	296079
334607	161895	8864	4085	1093220	490202	163775	64894	883080
370045	187473	103513	46850	424090	210618	109108	35680	202131
858141	405664	311999	109588	940572	430588	327680	154934	343348
1063985	434958	186186	82207	790319	330210	308963	63373	255861
972496	380981	189861	87014	881426	403609	59710	83061	362597
1322021	423654	667142	27482	766346	336072	272216	63772	187124
810308	374984	190366	43352	1018032	461877	186856	90945	455989
236040	93127	61363	23051	435872	158061	73059	54269	167370
35322	17901	23080	9292	34202	17529	5418	8810	17160
445216	213037	77307	37190	217618	99345	107895	10065	67174
840985	391343	266915	118123	499908	227278	247586	48586	191982
267189	122896	74647	36541	247341	114586	37845	43963	135061
298065	134777	79490	39077	329989	144092	126771	67148	138457
36378	17759	1438	570	20871	10232	6576	1064	10744
415457	198298	122741	47805	440712	187866	77378	73994	224385
168837	83791	38902	19368	164388	75538	67409	29099	51025
136642	37584	17996	8760	348143	101153	25357	3843	312653
114669	48118	13682	5436	149806	60241	7337	2280	126876
326561	174046	73896	31245	292226	143104	141776	28594	85843
64230	33555	2750	2175	128695	87395	39750	5905	49070

三、城镇单位就业人员和工资总额

EMPLOYMENT AND TOTAL WAGES IN URBAN UNITS

3-1 分行业城镇单位就业人员和工资总额(2016年)
URBAN UNITS EMPLOYMENT AND TOTAL WAGES BY SECTOR(2016)

项　目	Item	年末人数(千人) Year-end Figures (1000 persons)	#女 性 Female	工资总额(亿元) Total Wages (100 million yuan)	平均工资(元) Average Wage (yuan)
全国总计	**National Total**	**178881**	**65176**	**120074.8**	**67569**
农、林、牧、渔业	**Agriculture, Forestry, Animal Husbandry and Fishery**	**2632**	**935**	**882.1**	**33612**
农业	Farming	1553	610	466.2	29796
林业	Forestry	622	174	213.4	35234
畜牧业	Animal Husbandry	150	57	48.4	32250
渔业	Fishery	32	8	14.3	45016
农、林、牧、渔服务业	Service in Support of Agriculture	274	85	139.9	51331
采矿业	**Mining**	**4909**	**929**	**3038.1**	**60544**
煤炭开采和洗选业	Mining and Washing of Coal	3307	511	1891.8	55575
石油和天然气开采业	Extraction of Petroleum and Natural Gas	689	222	611.3	87400
黑色金属矿采选业	Mining and Processing of Ferrous Metal Ores	209	35	113.7	53665
有色金属矿采选业	Mining and Processing of Non-Ferrous Metal Ores	239	46	121.8	50528
非金属矿采选业	Mining and Processing of Non-metal Ores	180	40	87.0	48051
开采辅助活动	Support Activities for Mining	283	74	211.6	75899
其他采矿业	Mining of Other Ores	2		0.9	51293
制造业	**Manufacturing**	**48938**	**19253**	**29088.9**	**59470**
农副食品加工业	Processing of Food from Agricultural Products	1795	754	819.9	46312
食品制造业	Manufacture of Foods	1238	602	643.4	52823
酒、饮料和精制茶制造业	Manufacture of Liquor, Beverages and Refined Tea	993	376	536.1	53441
烟草制品业	Manufacture of Tobacco	211	70	293.8	142109
纺织业	Manufacture of Textile	1949	1155	903.1	46579
纺织服装、服饰业	Manufacture of Textile, Wearing Apparel and Accessories	2381	1624	1125.5	46940
皮革、毛皮、羽毛及其制品和制鞋业	Manufacture of Leather, Fur, Feather and Related Products and Footwear	1533	910	691.1	44525
木材加工和木、竹、藤、棕、草制品业	Processing of Timber, Manufacture of Wood, Bamboo, Rattan, Palm and Straw Products	391	154	167.5	43576
家具制造业	Manufacture of Furniture	557	196	284.0	51654
造纸及纸制品业	Manufacture of Paper and Paper Products	655	239	349.0	52672
印刷和记录媒介复制业	Printing and Reproduction of Recording Media	587	252	319.3	54208
文教、工美、体育和娱乐用品制造业	Manufacture of Articles for Culture, Education, Arts and Crafts, Sport and Entertainment Activities	1269	728	605.8	46747
石油加工、炼焦和核燃料加工业	Processing of Petroleum, Coking and Processing of Nuclear Fuel	643	173	466.4	71710
化学原料和化学制品制造业	Manufacture of Raw Chemical Materials and Chemical Products	2613	792	1631.5	62324
医药制造业	Manufacture of Medicines	1623	761	1021.0	63351
化学纤维制造业	Manufacture of Chemical Fibres	254	96	142.8	56433
橡胶和塑料制品业	Manufacture of Rubber and Plastics Products	1806	746	963.4	53442
非金属矿物制品业	Manufacture of Non-metallic Mineral Products	2392	697	1174.8	49047
黑色金属冶炼和压延加工业	Smelting and Pressing of Ferrous Metals	1994	377	1195.0	58357
有色金属冶炼和压延加工业	Smelting and Pressing of Non-ferrous Metals	1217	269	682.3	55685
金属制品业	Manufacture of Metal Products	1731	543	950.4	54882
通用设备制造业	Manufacture of General Purpose Machinery	2574	724	1632.1	63342
专用设备制造业	Manufacture of Special Purpose Machinery	1993	555	1280.2	64133
汽车制造业	Manufacture of Automobiles	3411	900	2540.3	75807
铁路、船舶、航空航天和其他运输设备制造业	Manufacture of Railway, Ship, Aerospace and Other Transport Equipments	1127	297	814.3	71549

3-1 续表 1 continued

项 目	Item	年末人数(千人) Year-end Figures (1000 persons)	#女 性 Female	工资总额(亿元) Total Wages (100 million yuan)	平均工资(元) Average Wage (yuan)
电气机械和器材制造业	Manufacture of Electrical Machinery and Apparatus	3803	1568	2350.3	61729
计算机、通信和其他电子设备制造业	Manufacture of Computers, Communication and Other Electronic Equipment	7064	3238	4747.8	67763
仪器仪表制造业	Manufacture of Measuring Instruments and Machinery	711	305	482.8	67818
其他制造业	Other Manufacture	216	107	119.2	55220
废弃资源综合利用业	Utilization of Waste Resources	78	22	39.7	51060
金属制品、机械和设备修理业	Repair Service of Metal Products, Machinery and Equipment	129	24	116.1	91073
电力、热力、燃气及水生产和供应业	**Production and Supply of Electricity, Heat, Gas and Water**	**3876**	**1059**	**3235.7**	**83863**
电力、热力生产和供应业	Production and Supply of Electric Power and Heat Power	3022	758	2696.3	89576
燃气生产和供应业	Production and Supply of Gas	273	88	195.4	72095
水的生产和供应业	Production and Supply of Water	581	213	344.0	59595
建筑业	**Construction**	**27247**	**2980**	**13969.2**	**52082**
房屋建筑业	Construction of Buildings	18987	1898	9433.5	50419
土木工程建筑业	Civil Engineering	5255	700	2952.0	56884
建筑安装业	Building Installation	1467	200	829.8	58113
建筑装饰和其他建筑业	Building Decoration and Other Constructions	1538	182	754.0	50464
批发和零售业	**Wholesale and Retail Trades**	**8750**	**4414**	**5681.2**	**65061**
批发业	Wholesale Trade	3846	1617	3357.7	86884
零售业	Retail Trade	4904	2797	2323.5	47735
交通运输、仓储和邮政业	**Transport, Storage and Post**	**8495**	**2218**	**6238.7**	**73650**
铁路运输业	Railway Transport	1874	305	1677.7	89532
道路运输业	Road Transport	3856	986	2125.8	55298
水上运输业	Water Transport	460	81	426.0	90229
航空运输业	Air Transport	595	226	789.3	137108
管道运输业	Transport Via Pipelines	36	9	37.5	100996
装卸搬运和运输代理业	Loading, Unloading and Forwarding Agency	432	141	328.4	76327
仓储业	Storage	310	87	188.7	60364
邮政业	Post	931	383	665.3	71943
住宿和餐饮业	**Hotels and Catering Services**	**2697**	**1483**	**1167.9**	**43382**
住宿业	Hotels	1402	764	647.6	46002
餐饮业	Catering Services	1295	719	520.3	40509
信息传输、软件和信息技术服务业	**Information Transmission, Software and Information Technology**	**3641**	**1422**	**4431.8**	**122478**
电信、广播电视和卫星传输服务	Telecommunication, Radio and Television and Satellite Transmission Service	1718	721	1581.3	91724
互联网和相关服务	Internet and Related Service	304	119	486.9	157982
软件和信息技术服务业	Software and Information Technology	1619	582	2363.6	149001
金融业	**Financial Intermediation**	**6652**	**3474**	**7557.3**	**117418**
货币金融服务	Monetary and Financial Service	3605	1791	5050.9	140901
资本市场服务	Capital Market Service	244	104	637.2	264524
保险业	Insurance	2672	1525	1645.1	65957
其他金融业	Other Financial Activities	130	54	224.1	192432
房地产业	**Real Estate**	**4317**	**1611**	**2802.1**	**65497**
#房地产开发经营	Development and Management of Real Estate	1815	642	1513.2	83755
物业管理	Property Management	2048	793	925.1	45829
房地产中介服务	Agency Services of Real Estate	246	97	208.5	85552

3-1 续表 2 continued

项 目	Item	年末人数 (千人) Year-end Figures (1000 persons)	#女 性 Female	工资总额 (亿元) Total Wages (100 million yuan)	平均工资 (元) Average Wage (yuan)
租赁和商务服务业	**Leasing and Business Services**	**4884**	**1599**	**3704.3**	**76782**
租赁业	Leasing	122	28	94.8	78755
商务服务业	Business Services	4762	1571	3609.5	76732
科学研究和技术服务业	**Scientific Research and Technical Services**	**4196**	**1320**	**4037.3**	**96638**
研究和试验发展	Research and Experimental Development	837	298	942.5	112602
专业技术服务业	Professional Technical Services	2677	775	2527.7	94702
科技推广和应用服务业	Science and Technology Popularization and Application Services	682	247	567.1	84436
水利、环境和公共设施管理业	**Management of Water Conservancy, Environment and Public Facilities**	**2696**	**1103**	**1278.2**	**47750**
水利管理业	Management of Water Conservancy	467	132	283.3	60880
生态保护和环境治理业	Ecological Protection and Environmental Treatment	133	42	84.8	64299
公共设施管理业	Management of Public Facilities	2097	928	910.1	43763
居民服务、修理和其他服务业	**Service to Households, Repair and Other Services**	**754**	**329**	**357.8**	**47577**
居民服务业	Service to Households	309	147	153.8	49888
机动车、电子产品和日用产品修理业	Repair of Motor Vehicle, Electronics and Household Products	122	32	68.4	56052
其他服务业	Other Services	323	150	135.6	42145
教育	**Education**	**17292**	**9520**	**12787.1**	**74498**
#初等教育	Primary Education	5927	3535	4062.2	69031
中等教育	Secondary Education	7446	3815	5456.5	73763
高等教育	Senior Education	2220	1045	2185.6	98950
卫生和社会工作	**Health and Social Service**	**8670**	**5569**	**6825.6**	**80026**
卫生	Health	8468	5454	6710.0	80569
社会工作	Social Service	202	116	115.6	57524
文化、体育和娱乐业	**Culture, Sports and Entertainment**	**1508**	**681**	**1204.4**	**79875**
新闻和出版业	Journalism and Publishing Activities	325	148	318.1	96996
广播、电视、电影和影视录音制作业	Radio, Television, Motion Picture and Videotape Programme Production Services	466	194	392.8	84605
文化艺术业	Cultural and Art Activities	468	228	310.9	66761
体育	Sports Activities	131	56	116.9	87461
娱乐业	Entertainment	117	54	65.9	56543
公共管理、社会保障和社会组织	**Public Management, Social Security and Social Organization**	**16726**	**5277**	**11787.2**	**70959**
#中国共产党机关	Organs of Communist Party of China	593	165	458.4	77711
国家机构	Government Agencies	15383	4800	10828.2	70879
人民政协、民主党派	People's Political Consultative Conference and Democratic Parties	106	29	89.3	84736
社会保障	Social Security	185	88	113.7	61614
群众团体、社会团体和其他成员组织	Non-Governmental Organizations, Social Organizations and Membership Organizations	394	167	273.2	69856

3-2 各地区分行业城镇单位就业人员和工资总额(2016年) URBAN UNITS EMPLOYMENT AND TOTAL WAGES BY SECTOR AND REGION(2016)

地 区	Region	总 计 Total				农、林、牧、渔业 Agriculture, Forestry, Animal Husbandry and Fishery			
		年末人数(人) Year-end Figures (person)	#女 性 Female	工资总额(千元) Total Wages (1000 yuan)	平均工资(元) Average Wage (yuan)	年末人数(人) Year-end Figures (person)	#女 性 Female	工资总额(千元) Total Wages (1000 yuan)	平均工资(元) Average Wage (yuan)
全 国	**National**	**178880734**	**65175504**	**12007480139**	**67569**	**2632208**	**934527**	**88213938**	**33612**
北 京	Beijing	7915197	3234624	946326084	119928	36867	14428	2020832	51941
天 津	Tianjin	2860447	1025485	248425108	86305	8475	2754	585757	68864
河 北	Hebei	6396210	2373709	351875022	55334	38868	13203	853865	21876
山 西	Shanxi	4305525	1477117	230326469	53705	17389	4950	798248	45871
内蒙古	Inner Mongolia	2932421	1079433	182821170	61067	228845	76185	8513444	37569
辽 宁	Liaoning	5603886	1968371	317332481	56015	226549	90606	3497841	15497
吉 林	Jilin	3221463	1176850	182476199	56098	124934	38101	4116333	33042
黑龙江	Heilongjiang	4248714	1505491	225143571	52435	667985	218036	19050120	28782
上 海	Shanghai	6277762	2522323	760141150	119935	24796	6766	1746927	67322
江 苏	Jiangsu	14973040	5100687	1058315709	71574	56166	22197	2207968	37953
浙 江	Zhejiang	10609457	3539564	767311476	73326	4262	1071	262907	61992
安 徽	Anhui	5170531	1770055	301283068	59102	42426	14272	1421405	34264
福 建	Fujian	6688257	2479221	408593236	61973	43384	13863	1536636	35577
江 西	Jiangxi	4714720	1731536	261115277	56136	44573	12340	1565762	35473
山 东	Shandong	12154560	4359073	753170934	62539	15625	4350	812799	56617
河 南	Henan	11449919	4175913	553980962	49505	20827	6629	759277	36785
湖 北	Hubei	7193163	2458351	421073547	59831	102999	36716	3223871	31548
湖 南	Hunan	5684068	1965674	326274915	58241	21088	6574	702061	33221
广 东	Guangdong	19575687	7889902	1415680598	72326	47749	18100	1754312	36431
广 西	Guangxi	4013895	1550101	228201155	57878	78057	30328	2548747	33131
海 南	Hainan	1011824	406819	61617335	61663	75956	28175	2190911	28016
重 庆	Chongqing	4128823	1393620	266505228	65545	11016	3264	515021	47529
四 川	Sichuan	7875319	2807951	494632522	63926	28280	8438	1476746	52813
贵 州	Guizhou	3104774	1075178	202259353	66279	10863	3453	577094	53874
云 南	Yunnan	4189842	1507545	249173092	60450	62772	19589	2334629	36939
西 藏	Tibet	315063	120249	32089044	103232	3089	451	100495	34943
陕 西	Shaanxi	5113878	1814768	305127089	59637	23905	7542	1150985	48185
甘 肃	Gansu	2609583	867250	149568527	57575	49634	15023	2003707	40179
青 海	Qinghai	630926	234668	41963814	66589	13726	4583	602113	43796
宁 夏	Ningxia	706946	269966	46830222	65570	13273	4512	585294	41981
新 疆	Xinjiang	3204834	1294010	217845782	63739	487830	208028	18697831	38469

3-2 续表 1 continued

地 区	Region	农业 Farming 年末人数(人) Year-end Figures (person)	#女性 Female	工资总额(千元) Total Wages (1000 yuan)	平均工资(元) Average Wage (yuan)	林业 Forestry 年末人数(人) Year-end Figures (person)	#女性 Female	工资总额(千元) Total Wages (1000 yuan)	平均工资(元) Average Wage (yuan)
全 国	**National**	**1553424**	**609670**	**46618343**	**29796**	**622088**	**174079**	**21338885**	**35234**
北 京	Beijing	15641	6387	764352	46887	5108	2141	290309	49456
天 津	Tianjin	3047	1122	198487	65099	494	203	36777	71551
河 北	Hebei	24822	8497	267177	10653	4380	1016	202049	45785
山 西	Shanxi	3310	1034	141278	42413	6696	1595	314450	46961
内蒙古	Inner Mongolia	105546	40509	3091058	29621	71347	16336	3058169	43407
辽 宁	Liaoning	203059	83588	2507847	12410	10122	2915	399904	38882
吉 林	Jilin	24972	8666	669852	26854	71468	18777	2259292	31841
黑龙江	Heilongjiang	377300	133280	10769181	27833	254498	74584	7074485	29673
上 海	Shanghai	9712	3584	698448	63553	516	174	45672	79292
江 苏	Jiangsu	45019	18869	1662209	35376	2834	910	112559	39858
浙 江	Zhejiang	1392	394	56232	39159	1487	321	113709	75604
安 徽	Anhui	21533	7783	622027	28596	8040	2057	268142	33190
福 建	Fujian	17453	7034	336066	19215	11947	2539	560296	47064
江 西	Jiangxi	19594	6090	597565	31081	14508	3400	515859	35705
山 东	Shandong	2527	828	96194	40777	3912	868	181175	53761
河 南	Henan	9028	3346	291243	32396	3025	842	116786	38543
湖 北	Hubei	82125	31001	2492134	30348	5187	1521	205919	39776
湖 南	Hunan	4126	1393	110330	26851	7516	2169	276533	37009
广 东	Guangdong	24593	10205	829021	33125	14514	4961	532962	36310
广 西	Guangxi	44283	20424	1062429	24617	24870	6980	1032893	41635
海 南	Hainan	46111	17507	1403476	29591	26835	9669	663437	24045
重 庆	Chongqing	2593	978	78920	31342	1534	400	81783	53418
四 川	Sichuan	1397	502	77685	59256	15534	4428	782988	51019
贵 州	Guizhou	2593	1102	77283	30975	3185	788	172057	54883
云 南	Yunnan	21577	7441	346919	15697	19335	5857	567592	29208
西 藏	Tibet	491	189	21220	43218	1835	54	33339	20011
陕 西	Shaanxi	4533	1532	157749	34846	7649	2212	388592	50763
甘 肃	Gansu	21041	6670	649715	30605	12019	2931	458867	38093
青 海	Qinghai	5165	2135	123327	23744	2799	563	151764	54201
宁 夏	Ningxia	7361	2646	258316	33232	2173	584	120050	55399
新 疆	Xinjiang	401480	174934	16160603	40421	6721	2284	320476	47226

3-2 续表 2 continued

地 区	Region	畜牧业 Animal Husbandry				渔 业 Fishery			
		年末人数(人) Year-end Figures (person)	#女性 Female	工资总额(千元) Total Wages (1000 yuan)	平均工资(元) Average Wage (yuan)	年末人数(人) Year-end Figures (person)	#女性 Female	工资总额(千元) Total Wages (1000 yuan)	平均工资(元) Average Wage (yuan)
全 国	**National**	**150325**	**57304**	**4836888**	**32250**	**31953**	**8366**	**1431099**	**45016**
北 京	Beijing	12813	4844	756238	56331	657	211	66877	100416
天 津	Tianjin	2035	573	120455	58730	508	154	31752	62751
河 北	Hebei	4406	1783	134668	30831	83	18	5271	63506
山 西	Shanxi	1092	321	21186	19893	532	165	19704	36693
内蒙古	Inner Mongolia	25136	10326	901366	36004	2267	1016	36572	15503
辽 宁	Liaoning	832	289	21918	26186	6406	1807	333593	52345
吉 林	Jilin	6064	2575	159483	25844	2430	997	57232	23543
黑龙江	Heilongjiang	10080	2992	265638	26244	1668	362	42954	25553
上 海	Shanghai	6100	2205	365206	61348	6333	263	435861	68403
江 苏	Jiangsu	1950	804	78797	39596	600	130	34904	56847
浙 江	Zhejiang	349	101	19370	54718	489	108	16800	42424
安 徽	Anhui	1099	440	40687	37225	598	176	16333	28554
福 建	Fujian	289	94	11073	37409	267	86	10599	40148
江 西	Jiangxi	720	142	25396	35029	555	175	20042	36707
山 东	Shandong	851	265	20262	37873	900	278	42462	49260
河 南	Henan	2341	695	85021	37111	315	113	12346	39194
湖 北	Hubei	956	336	25376	31641	2070	649	55039	26550
湖 南	Hunan	1528	549	60851	39981	1796	493	58255	31921
广 东	Guangdong	1027	401	46563	45650	1248	352	47865	43752
广 西	Guangxi	1971	712	89509	45047	920	412	30532	33441
海 南	Hainan	1390	534	60051	42863	192	72	8358	41582
重 庆	Chongqing	1117	393	43292	40422	251	84	7570	30898
四 川	Sichuan	1426	534	52265	36832	135	28	5875	45192
贵 州	Guizhou	731	233	29239	39835	173	52	7448	43052
云 南	Yunnan	385	113	14219	37616	42	10	2815	68659
西 藏	Tibet	120	23	7387	63681				
陕 西	Shaanxi	1074	358	49526	46157	222	78	12061	54329
甘 肃	Gansu	647	225	40338	61963	20	7	1100	55000
青 海	Qinghai	2010	535	82612	41121	41	10	1574	39350
宁 夏	Ningxia	360	76	15162	42352	25	4	1066	41000
新 疆	Xinjiang	59426	23833	1193734	20189	210	56	8239	39047

3-2 续表 3 continued

地 区	Region	农、林、牧、渔服务业 Service in Support of Agriculture 年末人数(人) Year-end Figures (person)	#女 性 Female	工资总额(千元) Total Wages (1000 yuan)	平均工资(元) Average Wage (yuan)	采矿业 Mining 年末人数(人) Year-end Figures (person)	#女 性 Female	工资总额(千元) Total Wages (1000 yuan)	平均工资(元) Average Wage (yuan)
全 国	**National**	**274418**	**85108**	**13988723**	**51331**	**4909177**	**928551**	**303812509**	**60544**
北 京	Beijing	2648	845	143056	54126	45330	7220	4331128	91017
天 津	Tianjin	2391	702	198286	83104	43989	13476	4227599	94379
河 北	Hebei	5177	1889	244700	48084	227719	40837	12937431	55184
山 西	Shanxi	5759	1835	301630	52248	910853	156358	51167372	55921
内蒙古	Inner Mongolia	24549	7998	1426279	58430	165778	24567	12237242	72654
辽 宁	Liaoning	6130	2007	234579	38261	247401	56146	14600483	55363
吉 林	Jilin	20000	7086	970474	48333	130708	26974	6768453	51883
黑龙江	Heilongjiang	24439	6818	897862	36288	279101	64522	17410608	59875
上 海	Shanghai	2135	540	201740	98027	523	112	72785	142716
江 苏	Jiangsu	5763	1484	319499	55449	85487	21237	5771561	62330
浙 江	Zhejiang	545	147	56796	103078	6039	1027	298073	48428
安 徽	Anhui	11156	3816	474216	47479	230563	26398	14046686	57981
福 建	Fujian	13428	4110	618602	46733	20674	3885	936096	44222
江 西	Jiangxi	9196	2533	406900	44252	57787	10885	2614435	42902
山 东	Shandong	7435	2111	472706	65381	573810	127643	38015148	65309
河 南	Henan	6118	1633	253881	42208	451781	78606	21752222	46833
湖 北	Hubei	12661	3209	445403	37058	64931	20916	3452303	52788
湖 南	Hunan	6122	1970	196092	31602	81486	10532	3719729	45059
广 东	Guangdong	6367	2181	297901	47017	27882	5824	2601813	91276
广 西	Guangxi	6013	1800	333384	54987	31114	8449	1589625	50397
海 南	Hainan	1428	393	55589	35161	5326	1324	330065	60886
重 庆	Chongqing	5521	1409	303456	55466	56272	6437	3169236	55396
四 川	Sichuan	9788	2946	557933	57195	185898	35713	11759370	64895
贵 州	Guizhou	4181	1278	291067	69717	134127	15315	6899182	49909
云 南	Yunnan	21433	6168	1403084	66027	135973	20219	6250216	45182
西 藏	Tibet	643	185	38549	63929	4625	1037	396728	84518
陕 西	Shaanxi	10427	3362	543057	52167	349466	64832	26293143	73995
甘 肃	Gansu	15907	5190	853687	53613	106657	19232	7133643	64807
青 海	Qinghai	3711	1340	242836	65543	34848	9716	3155435	85469
宁 夏	Ningxia	3354	1202	190700	52709	52761	8993	5134262	94718
新 疆	Xinjiang	19993	6921	1014779	50449	160268	40119	14740437	90442

3-2 续表 4 continued

地区 Region	煤炭开采和洗选业 Mining and Washing of Coal				石油和天然气开采业 Extraction of Petroleum and Natural Gas			
	年末人数（人）Year-end Figures (person)	#女性 Female	工资总额（千元）Total Wages (1000 yuan)	平均工资（元）Average Wage (yuan)	年末人数（人）Year-end Figures (person)	#女性 Female	工资总额（千元）Total Wages (1000 yuan)	平均工资（元）Average Wage (yuan)
全 国 National	**3307085**	**511147**	**189175460**	**55575**	**689457**	**221710**	**61130000**	**87400**
北 京 Beijing	6194	419	559164	75025	2161	467	309367	141135
天 津 Tianjin	1244	277	53988	43750	20110	6174	2420571	119205
河 北 Hebei	155932	24379	8473471	52360	27604	9149	2343756	84129
山 西 Shanxi	898217	154429	50509469	55942	5247	1224	362604	69438
内蒙古 Inner Mongolia	142263	20123	11060385	76107	4445	1141	266836	60275
辽 宁 Liaoning	121308	16806	6062805	44232	44127	15757	3987235	84004
吉 林 Jilin	62836	6158	2503842	40398	31797	9494	2304479	72839
黑龙江 Heilongjiang	151978	16579	7116334	43427	113376	43769	9562117	84593
上 海 Shanghai					169	36	48888	285895
江 苏 Jiangsu	56268	13157	3921921	62652	9630	3432	757534	74531
浙 江 Zhejiang								
安 徽 Anhui	196747	19094	12016768	57767				
福 建 Fujian	11044	1110	553158	46317				
江 西 Jiangxi	33344	6997	1458115	39683				
山 东 Shandong	401868	79710	24930596	61224	93520	33137	8106733	85441
河 南 Henan	345583	55051	15560879	43975	39362	11621	3055382	71476
湖 北 Hubei	5235	329	219897	42037	14363	9366	1058278	70519
湖 南 Hunan	45509	4498	1942722	42428				
广 东 Guangdong					7236	1091	1285382	173069
广 西 Guangxi	10607	2461	575430	55581	123	3	11540	93821
海 南 Hainan					43	16	2416	54909
重 庆 Chongqing	47291	4388	2451861	50831	1553	526	232976	153072
四 川 Sichuan	68148	11062	3182390	45304	36138	11221	3618753	107048
贵 州 Guizhou	121388	13575	6312936	50118				
云 南 Yunnan	88791	10843	3703733	40943	135	45	10859	81037
西 藏 Tibet								
陕 西 Shaanxi	164376	19380	12897968	76944	129305	30104	9867575	75354
甘 肃 Gansu	69657	13932	4547327	62475	20634	2486	1774694	85232
青 海 Qinghai	6563	871	345646	47161	21926	7351	2454601	107587
宁 夏 Ningxia	52168	8892	5100513	95168	215	54	13290	62394
新 疆 Xinjiang	42526	6627	3114142	70278	66238	24046	7274134	109456

3-2 续表 5 continued

地 区	Region	黑色金属矿采选业 Mining and Processing of Ferrous Metal Ores				有色金属矿采选业 Mining and Processing of Non-ferrous Metal Ores			
		年末人数（人）Year-end Figures (person)	#女 性 Female	工资总额（千元）Total Wages (1000 yuan)	平均工资（元）Average Wage (yuan)	年末人数（人）Year-end Figures (person)	#女 性 Female	工资总额（千元）Total Wages (1000 yuan)	平均工资（元）Average Wage (yuan)
全 国	**National**	**208560**	**35117**	**11365304**	**53665**	**238627**	**46269**	**12178421**	**50528**
北 京	Beijing	17540	3401	1577409	84503				
天 津	Tianjin	794	49	42369	55457				
河 北	Hebei	34612	5402	1672925	47402	41	9	2691	62581
山 西	Shanxi	5723	477	234476	44919	1064	111	43368	40798
内蒙古	Inner Mongolia	6408	1151	295958	48741	8762	1284	457609	52382
辽 宁	Liaoning	12502	1409	526181	40767	9438	1482	306976	32168
吉 林	Jilin	5610	805	271740	43451	8462	1409	362880	42672
黑龙江	Heilongjiang	1398	346	50137	37416	1623	439	82167	49439
上 海	Shanghai								
江 苏	Jiangsu	2722	400	131122	46497	855	179	84384	96660
浙 江	Zhejiang	965	164	47976	47314	1025	221	53504	51745
安 徽	Anhui	27304	5323	1670805	60572	3141	796	199130	63036
福 建	Fujian	1197	114	53163	48953	1536	293	74923	49356
江 西	Jiangxi	1984	230	81880	41648	17373	2727	845027	49261
山 东	Shandong	17912	3051	1055434	57883	29451	6464	1600483	54058
河 南	Henan	2443	421	84196	34212	33683	5353	1315437	39005
湖 北	Hubei	13838	2441	537087	41619	1855	576	104441	56091
湖 南	Hunan	3204	282	147538	47762	20656	3594	1099540	51016
广 东	Guangdong	2880	501	188675	62683	4937	1363	343908	69406
广 西	Guangxi	5665	1549	258750	45813	9198	2630	495896	49990
海 南	Hainan	4320	1076	292109	66043	395	140	17493	44854
重 庆	Chongqing	806	214	80605	87805	408	43	30357	74222
四 川	Sichuan	8003	1654	454195	55798	11694	2493	704126	58010
贵 州	Guizhou	3321	268	133327	41329	1501	210	72319	49063
云 南	Yunnan	8399	1334	448134	52048	26841	4903	1324353	49339
西 藏	Tibet	927	121	83128	79472	3520	846	306112	88115
陕 西	Shaanxi	9190	1558	435308	43706	21547	5013	1170574	54176
甘 肃	Gansu	2585	320	124173	48204	8499	1718	366690	43436
青 海	Qinghai	1042	270	48473	39281	2524	488	169347	64983
宁 夏	Ningxia					144	33	11112	76634
新 疆	Xinjiang	5266	786	338031	63564	8454	1452	533574	62145

3-2 续表 6 continued

地 区	Region	非金属矿采选业 Mining and Processing of Non-metal Ores 年末人数（人）Year-end Figures (person)	#女 性 Female	工资总额（千元）Total Wages (1000 yuan)	平均工资（元）Average Wage (yuan)	开采辅助活动 Support Activities for Mining 年末人数（人）Year-end Figures (person)	#女 性 Female	工资总额（千元）Total Wages (1000 yuan)	平均工资（元）Average Wage (yuan)
全 国	**National**	**180239**	**40068**	**8703900**	**48051**	**283400**	**73759**	**21164788**	**75899**
北 京	Beijing	138	23	6918	49064	19271	2909	1875104	98199
天 津	Tianjin	6281	927	473987	71914	15530	6035	1234410	77783
河 北	Hebei	9505	1893	444348	47321	25	5	240	9600
山 西	Shanxi	602	117	17455	28851				
内蒙古	Inner Mongolia	3862	858	153735	40119				
辽 宁	Liaoning	6942	805	260169	41120	52753	19851	3440633	68703
吉 林	Jilin	719	112	27276	33757	21194	8992	1290935	60945
黑龙江	Heilongjiang	2052	550	62967	30522	8651	2830	536462	61024
上 海	Shanghai	354	76	23897	70493				
江 苏	Jiangsu	15738	4009	867216	54645	274	60	9384	34500
浙 江	Zhejiang	4049	642	196593	47868				
安 徽	Anhui	1489	252	80740	54043	1763	876	74783	39673
福 建	Fujian	6866	2365	251879	38221	5		147	29400
江 西	Jiangxi	4646	848	204223	44061	440	83	25190	57250
山 东	Shandong	6677	1092	321203	44537	24382	4189	2000699	80195
河 南	Henan	10034	3811	355002	35451	20601	2329	1377797	63825
湖 北	Hubei	15204	2681	673566	43622	13655	5234	823370	58160
湖 南	Hunan	12092	2156	527647	43618				
广 东	Guangdong	11105	2555	537051	47823	1708	308	246316	131861
广 西	Guangxi	5516	1804	247884	45127				
海 南	Hainan	568	92	18047	31998				
重 庆	Chongqing	6214	1266	373437	60959				
四 川	Sichuan	17100	3901	813728	47542	44815	5382	2986178	75105
贵 州	Guizhou	7706	1200	365962	49703	211	62	14638	69374
云 南	Yunnan	11763	3085	761152	62170	18	4	972	54000
西 藏	Tibet	175	70	7155	41842				
陕 西	Shaanxi	5364	1202	219539	41548	19648	7570	1701123	85613
甘 肃	Gansu	2312	340	131381	55883	2853	423	180747	60735
青 海	Qinghai	2729	716	134437	46680	64	20	2931	53291
宁 夏	Ningxia	13	4	546	42000	221	10	8801	36671
新 疆	Xinjiang	2424	616	144760	52678	35318	6587	3333928	93866

3-2 续表 7 continued

地 区	Region	其他采矿业 Mining of Other Ores 年末人数(人) Year-end Figures (person)	#女 性 Female	工资总额(千元) Total Wages (1000 yuan)	平均工资(元) Average Wage (yuan)	制造业 Manufacturing 年末人数(人) Year-end Figures (person)	#女 性 Female	工资总额(千元) Total Wages (1000 yuan)	平均工资(元) Average Wage (yuan)
全 国	**National**	**1809**	**481**	**94636**	**51293**	**48938403**	**19253349**	**2908887956**	**59470**
北 京	Beijing	26	1	3166	83316	868847	296633	86194649	97600
天 津	Tianjin	30	14	2274	78414	994163	349405	74086945	73550
河 北	Hebei					1363240	426320	69747133	50970
山 西	Shanxi					637631	201854	26700616	42314
内蒙古	Inner Mongolia	38	10	2719	71553	438517	127597	23653102	53670
辽 宁	Liaoning	331	36	16484	49353	1317333	370415	75483003	56546
吉 林	Jilin	90	4	7301	79359	818555	262485	47897640	58250
黑龙江	Heilongjiang	23	9	424	20190	519865	159400	26134804	49775
上 海	Shanghai					1810460	670304	178181557	96813
江 苏	Jiangsu					5674230	2484350	379049852	66994
浙 江	Zhejiang					3159131	1319431	190002385	60390
安 徽	Anhui	119	57	4460	37479	1223624	463070	65946923	54614
福 建	Fujian	26	3	2826	108692	2282819	1071396	124160476	54439
江 西	Jiangxi					1417538	668010	69267294	49564
山 东	Shandong					4032137	1506416	209847096	52255
河 南	Henan	75	20	3529	47053	3632567	1483360	154313370	43783
湖 北	Hubei	781	289	35664	44804	1860597	691497	99147027	54033
湖 南	Hunan	25	2	2282	91280	1092880	390681	59136014	54423
广 东	Guangdong	16	6	481	32067	9596959	4130317	605577936	62383
广 西	Guangxi	5	2	125	25000	724268	288958	35779160	49835
海 南	Hainan					81172	30336	4555779	55265
重 庆	Chongqing					892939	332587	55324678	62584
四 川	Sichuan					1483300	551039	83889735	56439
贵 州	Guizhou					401975	135677	23281276	58288
云 南	Yunnan	26	5	1013	38962	662611	224319	33110653	49643
西 藏	Tibet	3		333	111000	9321	3737	637618	69983
陕 西	Shaanxi	36	5	1056	29333	1019902	328058	55893238	54348
甘 肃	Gansu	117	13	8631	70171	335818	98201	18025352	53130
青 海	Qinghai					105546	31482	5810551	54846
宁 夏	Ningxia					122084	37014	6453210	52660
新 疆	Xinjiang	42	5	1868	42455	358374	119000	21598884	60313

3-2 续表 8 continued

地区 Region	农副食品加工业 Processing of Food from Agricultural Products				食品制造业 Manufacture of Foods			
	年末人数(人) Year-end Figures (person)	#女性 Female	工资总额(千元) Total Wages (1000 yuan)	平均工资(元) Average Wage (yuan)	年末人数(人) Year-end Figures (person)	#女性 Female	工资总额(千元) Total Wages (1000 yuan)	平均工资(元) Average Wage (yuan)
全国 National	**1794626**	**753613**	**81989613**	**46312**	**1238379**	**602200**	**64341438**	**52823**
北京 Beijing	26515	10551	1725497	65111	40379	19602	3326234	79207
天津 Tianjin	14847	4390	1112902	73942	47076	18126	3494377	72565
河北 Hebei	44779	19406	1914455	42915	40900	20187	2185645	53267
山西 Shanxi	13451	4984	424511	32400	8252	3248	261545	32001
内蒙古 Inner Mongolia	28811	9346	1278720	44516	39584	13147	1912470	48145
辽宁 Liaoning	50870	20213	2339332	45696	19641	9031	815532	41947
吉林 Jilin	52424	19361	1963022	37199	17902	8536	678380	37090
黑龙江 Heilongjiang	64187	22205	2466313	38815	26149	11290	1161426	43264
上海 Shanghai	15121	6135	1047448	68483	66168	29279	6242215	92297
江苏 Jiangsu	79466	37494	4693806	59014	51716	26351	3004882	59004
浙江 Zhejiang	35288	16825	1737860	50804	53160	30613	2728003	60406
安徽 Anhui	41980	17707	1867667	45222	23240	12497	992894	43667
福建 Fujian	73228	41938	3423820	47056	68390	39858	3507434	51779
江西 Jiangxi	42497	14565	2137610	51053	26808	14432	1180895	45243
山东 Shandong	346278	158588	16312963	47415	88369	41864	4196698	47637
河南 Henan	260070	109570	10677801	41968	178126	90878	6634100	38697
湖北 Hubei	88057	32689	3757144	43336	64334	36099	2677785	43273
湖南 Hunan	59511	20807	2499253	42759	38600	22626	1475645	41008
广东 Guangdong	103504	43409	5289866	52228	143406	61250	8902633	62600
广西 Guangxi	76140	29435	3044872	43387	19138	9789	763269	41267
海南 Hainan	12597	5851	530752	41930	6495	2502	292300	45325
重庆 Chongqing	29671	14294	1607114	54466	17613	9454	966017	56542
四川 Sichuan	62911	25609	3035541	48534	48010	25346	2175753	46081
贵州 Guizhou	12930	5462	506708	38329	5984	3138	216057	36570
云南 Yunnan	61334	27920	2364635	37468	27773	12131	1059077	38371
西藏 Tibet	229	110	11883	51442	689	272	45052	67443
陕西 Shaanxi	41327	15482	1631301	40618	27637	14374	1262797	46517
甘肃 Gansu	17031	5555	731616	43957	5939	2648	217128	37417
青海 Qinghai	1673	554	50532	33621	1070	413	37880	35669
宁夏 Ningxia	4435	1767	174556	39753	14016	4993	614914	43537
新疆 Xinjiang	33464	11391	1630113	52825	21815	8226	1312401	57240

3-2 续表 9 continued

地 区	Region	酒、饮料和精制茶制造业 Manufacture of Liquor, Beverages and Refined Tea				烟草制品业 Manufacture of Tobacco			
		年末人数（人）Year-end Figures (person)	#女 性 Female	工资总额（千元）Total Wages (1000 yuan)	平均工资（元）Average Wage (yuan)	年末人数（人）Year-end Figures (person)	#女 性 Female	工资总额（千元）Total Wages (1000 yuan)	平均工资（元）Average Wage (yuan)
全 国	**National**	**993036**	**375563**	**53608882**	**53441**	**210793**	**69915**	**29380959**	**142109**
北 京	Beijing	24392	8122	1981844	76596	906	268	207697	228741
天 津	Tianjin	12686	3846	919036	70161	905	209	197371	217849
河 北	Hebei	17951	6465	789088	43302	5339	1096	632682	117424
山 西	Shanxi	20314	7661	1033865	53147	951	348	135613	142301
内蒙古	Inner Mongolia	15340	6209	634874	41333	2810	817	374447	133827
辽 宁	Liaoning	18815	5842	955718	50024	2121	744	239993	112726
吉 林	Jilin	18332	5559	708622	38970	3784	1116	476518	131056
黑龙江	Heilongjiang	20662	6779	839275	40439	6786	1513	672272	98718
上 海	Shanghai	12397	3843	1024343	80271	3950	760	1182051	301006
江 苏	Jiangsu	64067	23649	3188771	49091	5979	1730	940131	156064
浙 江	Zhejiang	29765	10062	2120183	69526	4083	1136	982481	238062
安 徽	Anhui	36909	13904	1692544	44849	12294	3217	1558875	126031
福 建	Fujian	47032	20460	3032499	63468	6045	2570	692807	129983
江 西	Jiangxi	19028	9265	784134	40908	6070	1982	467054	75968
山 东	Shandong	63245	24648	3393473	50622	6571	1542	888911	135278
河 南	Henan	86931	34284	3380618	39667	26105	10153	2853140	119393
湖 北	Hubei	69943	31791	3451806	48876	9906	2694	1028767	104232
湖 南	Hunan	25964	10063	1156788	44941	13416	5342	2319031	174508
广 东	Guangdong	61600	19867	4715553	74774	9599	2995	2212445	234469
广 西	Guangxi	26341	11285	1332118	50427	3451	1494	568323	164208
海 南	Hainan	3696	1414	164861	44413	591	195	105370	179506
重 庆	Chongqing	11086	5421	689115	62239	5696	2283	520598	114116
四 川	Sichuan	133639	47331	7203194	53678	7679	2287	1085516	139509
贵 州	Guizhou	43107	14631	3639978	85393	8224	2380	1301050	155889
云 南	Yunnan	47187	20675	1588799	33394	42486	15432	5978862	140745
西 藏	Tibet	1707	748	124156	74658				
陕 西	Shaanxi	30588	10134	1503441	49130	9884	3527	1163714	119946
甘 肃	Gansu	13485	5505	629857	47390	3919	1710	399335	97852
青 海	Qinghai	5127	1665	257666	50110				
宁 夏	Ningxia	1855	771	96507	50264	480	164	67541	143399
新 疆	Xinjiang	9845	3664	576156	56025	763	211	128364	168457

3-2 续表 10 continued

地 区	Region	纺织业 Manufacture of Textile 年末人数(人) Year-end Figures (person)	#女 性 Female	工资总额(千元) Total Wages (1000 yuan)	平均工资(元) Average Wage (yuan)	纺织服装、服饰业 Manufacture of Textile, Wearing Apparel and Accessories 年末人数(人) Year-end Figures (person)	#女 性 Female	工资总额(千元) Total Wages (1000 yuan)	平均工资(元) Average Wage (yuan)
全 国	**National**	**1948594**	**1154820**	**90309490**	**46579**	**2380961**	**1624442**	**112550642**	**46940**
北 京	Beijing	3704	1733	224645	59873	28715	21495	1649014	54605
天 津	Tianjin	8945	4794	475449	50419	65070	56152	3793383	58493
河 北	Hebei	46111	28900	1591994	34312	24149	15310	929381	38637
山 西	Shanxi	6432	3918	92852	14161	5840	3652	226434	38760
内蒙古	Inner Mongolia	13700	8587	577621	41981	6976	4821	231122	32621
辽 宁	Liaoning	11140	6157	366195	32441	49267	32504	1902233	38213
吉 林	Jilin	29008	24127	1197406	41242	13610	9787	470351	34895
黑龙江	Heilongjiang	16980	7868	459147	27183	3750	1183	96889	26073
上 海	Shanghai	24013	13657	1443815	59042	68754	53221	3655944	51130
江 苏	Jiangsu	308005	195153	17217718	55626	344724	258805	18073885	52119
浙 江	Zhejiang	262476	137414	14222734	53933	266061	188979	13961251	51366
安 徽	Anhui	50924	35407	2003615	40142	64638	50689	2546109	39784
福 建	Fujian	112333	63231	5766957	52215	253901	152988	11772268	46260
江 西	Jiangxi	48419	33633	2105340	44264	120867	85729	5443232	45017
山 东	Shandong	342579	187634	15124562	44525	216595	151272	9209647	43570
河 南	Henan	176639	118200	6522164	38014	157281	106066	5986599	39393
湖 北	Hubei	114933	80359	4213607	37110	81635	61612	3042008	37964
湖 南	Hunan	22360	13466	877352	39245	12806	9026	674211	52673
广 东	Guangdong	200254	91527	10227026	50334	517902	306013	25986348	48484
广 西	Guangxi	19764	15484	730890	36495	8602	5636	323160	38046
海 南	Hainan	778	296	39884	52000	126	75	3480	26364
重 庆	Chongqing	3371	2274	155802	46578	14366	11920	565489	40815
四 川	Sichuan	44101	28672	1846578	41939	18053	10508	686804	37914
贵 州	Guizhou	1236	619	39134	29850	6500	5125	212910	33009
云 南	Yunnan	5401	3816	160120	30447	5216	3691	240171	45094
西 藏	Tibet	226	155	6828	30212	102	42	1799	18172
陕 西	Shaanxi	25166	16349	773360	30597	7570	4786	252186	34503
甘 肃	Gansu	3127	1732	95368	29821	1387	1042	59664	42225
青 海	Qinghai	2131	1440	84361	40057	1780	538	142173	79293
宁 夏	Ningxia	9715	6415	407758	46173	969	762	37105	38213
新 疆	Xinjiang	34623	21803	1259208	40109	13749	11013	375392	28706

3-2 续表 11 continued

地 区	Region	皮革、毛皮、羽毛及其制品和制鞋业 Manufacture of Leather, Fur, Feather and Related Products and Footwear				木材加工和木、竹、藤、棕、草制品业 Processing of Timbers,Manufacture of Wood, Bamboo, Rattan, Palm, and Straw Products			
		年末人数 (人) Year-end Figures (person)	#女 性 Female	工资总额 (千元) Total Wages (1000 yuan)	平均工资 (元) Average Wage (yuan)	年末人数 (人) Year-end Figures (person)	#女 性 Female	工资总额 (千元) Total Wages (1000 yuan)	平均工资 (元) Average Wage (yuan)
全 国	**National**	**1533269**	**910395**	**69109029**	**44525**	**391423**	**154016**	**16754827**	**43576**
北 京	Beijing	1650	950	98902	57334	1526	424	63448	39556
天 津	Tianjin	6199	3512	308628	49491	1659	369	147273	88240
河 北	Hebei	21768	14870	844072	38890	3998	1246	172731	43619
山 西	Shanxi	77	34	690	8961	239	149	5113	21574
内蒙古	Inner Mongolia	2657	1804	85404	32313	5546	2602	201733	36348
辽 宁	Liaoning	4235	2144	212443	51501	7680	3222	352337	44358
吉 林	Jilin	550	299	14711	27915	42940	14557	1451189	35834
黑龙江	Heilongjiang	2492	435	88161	36280	12747	5051	363449	29062
上 海	Shanghai	16890	8957	900100	51930	6493	2413	468544	69797
江 苏	Jiangsu	68006	44809	3314222	48320	46034	19026	2323651	50607
浙 江	Zhejiang	110376	57080	4845312	44537	16444	6332	820487	49763
安 徽	Anhui	23959	15692	966883	39544	8824	3619	312638	35600
福 建	Fujian	400476	236437	19200463	47731	18231	7566	923075	50069
江 西	Jiangxi	111762	80912	4699773	42612	17908	9067	731485	41192
山 东	Shandong	70438	44129	3104448	44085	21834	8963	975302	43637
河 南	Henan	118913	68721	4417793	38089	32198	10561	1103796	37094
湖 北	Hubei	24597	16807	825429	33036	16387	5450	666810	41128
湖 南	Hunan	58756	34862	2260382	38479	14287	5698	540982	38738
广 东	Guangdong	416966	230055	20145160	45949	39782	15806	1967895	49245
广 西	Guangxi	22619	16785	920139	41210	28733	13139	1121350	39462
海 南	Hainan					2153	953	76524	36492
重 庆	Chongqing	6965	4932	350309	50814	6683	2993	395151	59681
四 川	Sichuan	31065	18931	1086064	34934	12133	4678	545283	45895
贵 州	Guizhou	3270	2082	147423	39898	10117	3945	419283	42758
云 南	Yunnan	3173	2598	85975	26552	11463	4614	385475	34812
西 藏	Tibet	79	27	4216	53367	832	215	53175	67395
陕 西	Shaanxi	2750	1334	88595	36339	3379	1005	117179	34679
甘 肃	Gansu	2008	896	71991	35049	226	97	6451	28544
青 海	Qinghai								
宁 夏	Ningxia	335	219	14094	42709	8	4	226	28250
新 疆	Xinjiang	238	82	7247	30450	939	252	42792	48849

3-2 续表 12 continued

地 区	Region	家具制造业 Manufacture of Furniture 年末人数(人) Year-end Figures (person)	#女 性 Female	工资总额(千元) Total Wages (1000 yuan)	平均工资(元) Average Wage (yuan)	造纸和纸制品业 Manufacture of Paper and Paper Products 年末人数(人) Year-end Figures (person)	#女 性 Female	工资总额(千元) Total Wages (1000 yuan)	平均工资(元) Average Wage (yuan)
全 国	**National**	**557444**	**196225**	**28401626**	**51654**	**654716**	**239211**	**34899021**	**52672**
北 京	Beijing	7783	2504	449593	56624	6442	2617	417692	63095
天 津	Tianjin	15789	5122	789838	53349	9706	2899	599284	60127
河 北	Hebei	10500	3990	431473	41870	10812	3748	528030	48156
山 西	Shanxi	238	86	6002	23817	490	182	15962	31988
内蒙古	Inner Mongolia	976	218	41467	42749	3437	1107	148534	43078
辽 宁	Liaoning	13472	4569	646295	48339	7721	2771	325946	41955
吉 林	Jilin	3223	1049	100816	32138	4821	1448	173323	36458
黑龙江	Heilongjiang	6679	2464	236682	35210	6978	1292	243079	34731
上 海	Shanghai	26063	9168	2105436	79393	18404	7682	1462840	77387
江 苏	Jiangsu	24536	9749	1461454	59962	56969	20540	4724121	82720
浙 江	Zhejiang	92956	35419	4812368	54313	52566	16374	2905287	54981
安 徽	Anhui	4990	2174	222490	45893	8856	3509	442313	50585
福 建	Fujian	28324	10625	1557801	54057	45875	19735	2397368	52100
江 西	Jiangxi	12696	4137	611248	48682	13441	5242	638992	48001
山 东	Shandong	23557	8083	1101785	47123	92932	30204	4370790	46997
河 南	Henan	29298	9384	979930	34613	58439	21997	2348387	40641
湖 北	Hubei	9912	3258	384010	41822	28147	11934	1224526	44475
湖 南	Hunan	3088	1019	136905	44035	19451	6542	849391	41359
广 东	Guangdong	206333	70670	10783840	52314	126507	46040	7300001	55077
广 西	Guangxi	2351	968	73734	31177	17344	5672	713096	39561
海 南	Hainan	383	202	11351	27418	4518	1476	317317	66733
重 庆	Chongqing	1899	439	98826	53132	12586	5353	811944	66580
四 川	Sichuan	25777	8754	1070374	42651	18031	7398	776708	43057
贵 州	Guizhou	1763	560	98026	56662	3383	1401	179983	50557
云 南	Yunnan	1563	453	47330	28223	9945	3714	380990	38461
西 藏	Tibet	87	17	6733	78291				
陕 西	Shaanxi	2443	954	104588	42829	11199	6031	362350	32591
甘 肃	Gansu	544	117	24476	39414	646	205	23458	37533
青 海	Qinghai					60	42	2472	38031
宁 夏	Ningxia	8	2	270	33750	2922	1232	110296	38191
新 疆	Xinjiang	213	71	6485	30881	2088	824	104541	50822

3-2 续表 13 continued

地 区	Region	印刷和记录媒介复制业 Printing and Reproduction of Recording Media 年末人数(人) Year-end Figures (person)	#女性 Female	工资总额(千元) Total Wages (1000 yuan)	平均工资(元) Average Wage (yuan)	文教、工美、体育和娱乐用品制造业 Manufacture of Articles for Culture, Education, Arts and Crafts,Sport and Entertainment Activities 年末人数(人) Year-end Figures (person)	#女性 Female	工资总额(千元) Total Wages (1000 yuan)	平均工资(元) Average Wage (yuan)
全 国	**National**	**586904**	**252110**	**31927306**	**54208**	**1268787**	**728117**	**60576321**	**46747**
北 京	Beijing	26146	9359	2016188	75589	7512	3261	477608	62514
天 津	Tianjin	9027	3441	494565	54866	16036	7195	810636	48969
河 北	Hebei	13581	5418	684737	50061	15073	6934	612580	40912
山 西	Shanxi	5623	2257	194899	34032	1646	640	52154	30643
内蒙古	Inner Mongolia	1796	771	68991	40298	1277	431	52624	43170
辽 宁	Liaoning	8152	3024	326889	39889	5324	2351	202611	37238
吉 林	Jilin	6987	2972	245353	33698	2033	1268	60645	29454
黑龙江	Heilongjiang	4994	1815	209085	41792	4377	2736	144622	33285
上 海	Shanghai	22147	8939	1869061	84014	28647	14861	1968818	64845
江 苏	Jiangsu	51155	25143	3097750	61424	116785	74544	6205648	52296
浙 江	Zhejiang	26619	11341	1373631	51351	78817	44647	4188708	51512
安 徽	Anhui	21488	8608	1104537	51881	15264	10330	589945	38187
福 建	Fujian	18039	7032	947739	52834	137326	64833	6725790	49246
江 西	Jiangxi	16953	7655	802819	47744	49727	32705	2071014	42362
山 东	Shandong	32094	13706	1621953	50950	99349	57195	4373815	44084
河 南	Henan	51212	23642	2153797	43536	80548	52985	2988910	37216
湖 北	Hubei	18576	8906	893054	48357	11540	6052	446853	40239
湖 南	Hunan	12065	5278	558964	46314	12023	5936	560605	47866
广 东	Guangdong	157711	68323	8726291	53889	540020	311021	26195758	46438
广 西	Guangxi	5649	2638	282106	48765	14141	10194	469293	34570
海 南	Hainan	1482	609	72288	48744	155	110	4881	29945
重 庆	Chongqing	8822	3408	544151	61556	5023	3541	226365	45767
四 川	Sichuan	20867	9375	1223504	59152	4952	3238	227355	46033
贵 州	Guizhou	3629	1472	174621	47920	1446	798	68717	50977
云 南	Yunnan	12367	5106	617649	49579	9679	4663	447098	48762
西 藏	Tibet	651	344	18796	28873	270	175	6105	22865
陕 西	Shaanxi	18686	7154	1179660	63862	4839	1603	268980	55736
甘 肃	Gansu	4638	1975	178571	37889	690	522	15895	23137
青 海	Qinghai	1428	679	47975	33339	3459	2708	88247	25424
宁 夏	Ningxia	1292	579	52323	41038	8	6	183	22875
新 疆	Xinjiang	3028	1141	145359	48453	801	634	23858	30124

3-2 续表 14 continued

地 区	Region	石油加工、炼焦和核燃料加工业 Processing of Petroleum ,Coking and Processing of Nucleus Fuel				化学原料和化学制品制造业 Manufacture of Raw Chemical Material and Chemical Products			
		年末人数(人) Year-end Figures (person)	#女 性 Female	工资总额(千元) Total Wages (1000 yuan)	平均工资(元) Average Wage (yuan)	年末人数(人) Year-end Figures (person)	#女 性 Female	工资总额(千元) Total Wages (1000 yuan)	平均工资(元) Average Wage (yuan)
全 国	**National**	**643045**	**172666**	**46638685**	**71710**	**2613421**	**792180**	**163153355**	**62324**
北 京	Beijing	9394	3000	937200	93337	29152	12566	2474777	82526
天 津	Tianjin	18366	5684	1688827	91258	42992	10521	3524160	80572
河 北	Hebei	24006	7152	1271990	51650	80363	24418	3613236	43886
山 西	Shanxi	52168	12116	1807269	34489	80681	23562	2979694	36730
内蒙古	Inner Mongolia	33287	6773	2326194	69356	54444	14003	3133873	57244
辽 宁	Liaoning	85081	24157	6792880	78982	52933	13828	2816344	52448
吉 林	Jilin	3658	870	168612	46578	61854	15031	4092340	63931
黑龙江	Heilongjiang	38662	13191	2919697	72365	29849	8766	1419736	47394
上 海	Shanghai	16990	4313	2116923	121711	91430	31643	12377322	133770
江 苏	Jiangsu	25030	6425	1988626	78773	342455	111027	26275741	76914
浙 江	Zhejiang	9884	1947	1188841	122108	142423	39084	10587648	73824
安 徽	Anhui	5121	1252	348463	67728	73547	21383	4208974	56932
福 建	Fujian	2420	933	138945	57226	43267	13513	2558516	59030
江 西	Jiangxi	18359	4383	885026	50369	76655	26339	3637854	47813
山 东	Shandong	77759	19559	5198690	66505	288943	79256	16158448	56075
河 南	Henan	18239	5328	854975	47470	183650	52173	7482516	41905
湖 北	Hubei	7942	1900	670941	84725	129454	36841	6280929	48643
湖 南	Hunan	11159	3648	1044608	89751	87059	33180	3917599	44980
广 东	Guangdong	22691	5789	2679105	113004	209776	73525	16214961	77304
广 西	Guangxi	3029	765	240910	78883	39553	16035	1680748	42473
海 南	Hainan	2089	360	249834	118349	3929	1044	351215	88624
重 庆	Chongqing	2058	419	133796	61459	46221	12992	3058522	65427
四 川	Sichuan	5038	1115	251460	47879	99807	28048	5500136	54824
贵 州	Guizhou	3839	817	170158	43463	41333	11705	2351490	56269
云 南	Yunnan	10998	2920	390244	35160	69167	20822	3235309	46573
西 藏	Tibet					610	200	55656	95793
陕 西	Shaanxi	55915	14826	3250041	59300	63386	18835	3889775	60406
甘 肃	Gansu	31000	9003	2804437	88942	26825	8322	1346382	48902
青 海	Qinghai	154	61	15901	103928	31011	10356	2099216	66621
宁 夏	Ningxia	12985	2221	914791	67254	24090	6314	1398558	58711
新 疆	Xinjiang	35724	11739	3189301	87080	66562	16848	4431680	68275

3-2 续表 15 continued

地 区	Region	医药制造业 Manufacture of Medicines				化学纤维制造业 Manufacture of Chemical Fibres			
		年末人数(人) Year-end Figures (person)	#女 性 Female	工资总额(千元) Total Wages (1000 yuan)	平均工资(元) Average Wage (yuan)	年末人数(人) Year-end Figures (person)	#女 性 Female	工资总额(千元) Total Wages (1000 yuan)	平均工资(元) Average Wage (yuan)
全 国	**National**	**1622727**	**761258**	**102104573**	**63351**	**254006**	**95933**	**14277729**	**56433**
北 京	Beijing	68786	35523	9933690	142738	707	291	47986	70155
天 津	Tianjin	44936	19754	4808453	107598	320	110	25525	70511
河 北	Hebei	58097	27604	2495364	43520	20036	6183	1299300	64456
山 西	Shanxi	23520	11090	1012471	42874	14		295	21071
内蒙古	Inner Mongolia	9730	4307	484484	50567	89	34	5290	59438
辽 宁	Liaoning	28832	12084	1412845	49190	3487	1267	100082	28424
吉 林	Jilin	123668	58049	5313222	43304	8509	2237	274243	33157
黑龙江	Heilongjiang	40819	18636	2060042	49364	8	5	240	30000
上 海	Shanghai	51449	24208	6034491	114052	2181	811	167951	76620
江 苏	Jiangsu	134488	61093	10529622	79240	71280	28775	4372637	60755
浙 江	Zhejiang	103304	43075	7128089	69013	61572	24179	3688223	59498
安 徽	Anhui	40967	20860	1757417	43504	7792	2701	368797	48757
福 建	Fujian	19814	10564	1167788	60617	16258	6062	891038	56398
江 西	Jiangxi	52340	26560	2873349	56163	3254	1375	180078	54818
山 东	Shandong	177564	81118	8985928	51423	8613	3275	457547	52774
河 南	Henan	140780	71686	5700649	41248	11784	4352	468678	39715
湖 北	Hubei	91319	40782	4557685	51266	4412	1389	133048	43466
湖 南	Hunan	32149	14849	1654170	51766	2009	659	97025	48978
广 东	Guangdong	113512	49945	8742390	75711	7416	2860	523973	68844
广 西	Guangxi	26813	14268	1318778	49882				
海 南	Hainan	14759	8158	771857	51789	80	24	2596	32049
重 庆	Chongqing	35243	18711	2327150	65380	72	44	2972	36691
四 川	Sichuan	65228	30125	3820194	59337	13814	5731	587979	42921
贵 州	Guizhou	32435	15928	1739028	54069	85	30	2320	27294
云 南	Yunnan	30580	13969	1760061	59478	1112	476	62240	53151
西 藏	Tibet	1221	703	82775	68016				
陕 西	Shaanxi	37143	17000	2390987	64738	710	183	53663	75264
甘 肃	Gansu	9919	5074	567229	56746	291	76	7094	24378
青 海	Qinghai	2928	1430	105946	33795				
宁 夏	Ningxia	3489	1523	191654	54478	10	2	414	41400
新 疆	Xinjiang	6895	2582	376765	56041	8091	2802	456495	58226

3-2 续表 16 continued

地 区 Region	橡胶和塑料制品业 Manufacture of Rubber and Plastics Products				非金属矿物制品业 Manufacture of Non-metallic Mineral Products			
	年末人数(人) Year-end Figures (person)	#女性 Female	工资总额(千元) Total Wages (1000 yuan)	平均工资(元) Average Wage (yuan)	年末人数(人) Year-end Figures (person)	#女性 Female	工资总额(千元) Total Wages (1000 yuan)	平均工资(元) Average Wage (yuan)
全 国 National	**1806222**	**745788**	**96342867**	**53442**	**2392051**	**696898**	**117475314**	**49047**
北 京 Beijing	14141	6043	897302	59637	42019	9725	3155570	73608
天 津 Tianjin	32747	9140	2022992	61206	24282	4608	1656510	67593
河 北 Hebei	32382	13237	1383319	43591	66370	18461	2771628	41344
山 西 Shanxi	6592	2386	232097	34112	34496	9767	1250113	35502
内蒙古 Inner Mongolia	4140	1788	186675	45911	24089	6373	1070496	43417
辽 宁 Liaoning	42713	15058	2201022	50839	44885	10579	1767132	38702
吉 林 Jilin	13873	4377	561257	40544	33899	8304	1290190	36354
黑龙江 Heilongjiang	15528	4280	856832	55308	33651	7292	1308824	36370
上 海 Shanghai	80921	37557	6690376	80236	42734	12282	3885625	86272
江 苏 Jiangsu	178930	77154	11691262	65182	140445	48735	8478609	60144
浙 江 Zhejiang	139685	57886	7680826	55088	77695	20978	4644924	58737
安 徽 Anhui	58347	22297	3084304	54182	56608	16207	2825675	50236
福 建 Fujian	98139	40160	5502978	55148	126702	44944	6370287	50647
江 西 Jiangxi	31996	13761	1492681	47146	116768	43364	5203736	45228
山 东 Shandong	142152	43252	6959113	49662	206708	60431	9611376	46485
河 南 Henan	115634	42687	4439666	39166	306248	76208	11952836	40173
湖 北 Hubei	54063	27799	2382065	44841	116908	31557	5426968	47281
湖 南 Hunan	16881	6407	748599	44591	111832	31449	5671721	51103
广 东 Guangdong	570460	259788	30321831	53174	320593	107380	16703373	51260
广 西 Guangxi	14498	7300	587638	41600	65532	21483	2954387	45314
海 南 Hainan	1982	736	106150	52996	7543	1625	416512	54668
重 庆 Chongqing	22315	10405	1219397	56075	47891	14279	2980331	62927
四 川 Sichuan	33333	12750	1482741	45894	93656	29275	4411691	47134
贵 州 Guizhou	13847	4292	664188	47116	43733	10302	2061507	47380
云 南 Yunnan	21024	8791	549633	26430	60427	16489	2649619	43960
西 藏 Tibet	33	2	2000	60606	2157	599	204007	94579
陕 西 Shaanxi	31133	11182	1473566	47801	64512	15944	2720002	42507
甘 肃 Gansu	5971	1655	231687	38257	29439	6283	1297340	43690
青 海 Qinghai	17	7	799	47000	7048	2099	325809	46385
宁 夏 Ningxia	3707	989	179668	47607	6922	1479	399273	57055
新 疆 Xinjiang	9038	2622	510203	53990	36259	8397	2009243	52573

3-2 续表 17 continued

地 区	Region	黑色金属冶炼和压延加工业 Smelting and Pressing of Ferrous Metals				有色金属冶炼和压延加工业 Smelting and Pressing of Non-ferrous Metals			
		年末人数 (人) Year-end Figures (person)	#女 性 Female	工资总额 (千元) Total Wages (1000 yuan)	平均工资 (元) Average Wage (yuan)	年末人数 (人) Year-end Figures (person)	#女 性 Female	工资总额 (千元) Total Wages (1000 yuan)	平均工资 (元) Average Wage (yuan)
全 国	**National**	**1994189**	**377237**	**119497976**	**58357**	**1217088**	**268900**	**68226869**	**55685**
北 京	Beijing	5214	1049	440076	77972	4921	1260	422567	86538
天 津	Tianjin	82114	13690	4892690	55753	11770	3331	682803	57909
河 北	Hebei	271537	43788	14988386	54092	11204	3207	507491	45458
山 西	Shanxi	62965	11710	3497385	55025	37869	7837	1789635	46652
内蒙古	Inner Mongolia	75024	19547	4640740	60901	65833	12948	3779325	57015
辽 宁	Liaoning	226489	31551	12370715	52671	35524	5993	1809073	51072
吉 林	Jilin	19085	3143	1072735	49471	8531	1626	375867	43338
黑龙江	Heilongjiang	16340	3340	669870	42594	6232	1150	331852	52650
上 海	Shanghai	65754	11106	8519874	126769	11483	3075	1198923	96245
江 苏	Jiangsu	153989	35082	10801921	69485	62073	17721	4258885	68611
浙 江	Zhejiang	54452	10171	3281466	60000	37174	9708	2351733	62423
安 徽	Anhui	43394	6392	2764040	61677	39946	7502	2195970	54975
福 建	Fujian	34280	7269	2147918	62385	29264	5791	2301136	78329
江 西	Jiangxi	54528	13836	3275641	59615	79519	19483	4964058	63605
山 东	Shandong	178884	35756	9981664	54672	92963	16827	5087392	55360
河 南	Henan	117927	22380	5002225	42885	131542	24755	5785363	44128
湖 北	Hubei	92998	17241	6422614	66383	30066	7369	1357003	43650
湖 南	Hunan	47192	9274	2713210	55999	59353	12292	3136554	52332
广 东	Guangdong	54850	11419	3568469	64228	78167	19613	4492133	57210
广 西	Guangxi	45734	8783	2847150	57726	27006	6081	1498663	54420
海 南	Hainan	648	74	28355	39769	601	73	58735	97566
重 庆	Chongqing	17742	3930	1084538	59145	22109	6434	1306131	59895
四 川	Sichuan	88746	20478	4947227	50740	15828	4278	952621	60042
贵 州	Guizhou	25149	5680	1288144	49778	18380	3410	1034083	56987
云 南	Yunnan	49184	11182	2219160	44535	103831	22862	4991840	46709
西 藏	Tibet					51	11	1499	29392
陕 西	Shaanxi	34709	6752	1556510	44432	57954	13225	3177972	54468
甘 肃	Gansu	32321	4667	2127610	65017	73348	19359	4030878	53526
青 海	Qinghai	12549	1975	625182	51766	25257	5104	1447779	56382
宁 夏	Ningxia	5792	1039	254926	42067	13899	2880	776700	55606
新 疆	Xinjiang	24599	4933	1467535	56094	25390	3695	2122205	81488

3-2 续表 18 continued

地 区 Region	金属制品业 Manufacture of Metal Products				通用设备制造业 Manufacture of General Purpose Machinery			
	年末人数（人） Year-end Figures (person)	#女 性 Female	工资总额（千元） Total Wages (1000 yuan)	平均工资（元） Average Wage (yuan)	年末人数（人） Year-end Figures (person)	#女 性 Female	工资总额（千元） Total Wages (1000 yuan)	平均工资（元） Average Wage (yuan)
全 国 National	**1731385**	**543009**	**95042676**	**54882**	**2574462**	**723518**	**163214187**	**63342**
北 京 Beijing	32428	8572	2392076	69495	51340	14151	4920868	92938
天 津 Tianjin	44086	11488	2906727	65141	67441	13526	5886378	85557
河 北 Hebei	55637	15947	2427237	43579	60632	16585	2787021	45475
山 西 Shanxi	30841	8910	1295829	43358	21054	6459	720048	34334
内蒙古 Inner Mongolia	6248	1559	269824	43262	10314	2927	475056	45464
辽 宁 Liaoning	61965	14204	2879894	46856	133450	33616	7576602	55946
吉 林 Jilin	12923	2848	528629	41403	18359	4632	834608	45077
黑龙江 Heilongjiang	12105	3152	528417	43505	38564	7949	2316305	59228
上 海 Shanghai	87908	30999	6463927	74543	168004	41477	18215827	105548
江 苏 Jiangsu	189372	63392	12395814	64784	401138	120755	30013430	74687
浙 江 Zhejiang	112855	39650	6165970	54497	280458	87443	17478806	62708
安 徽 Anhui	43514	12177	2517646	57423	83826	22264	4374303	52358
福 建 Fujian	67952	22495	3742927	55170	64086	24086	3687275	56656
江 西 Jiangxi	27241	9172	1334102	50701	43083	12948	2199845	51016
山 东 Shandong	138316	35971	6684607	48662	271665	67573	14596353	54277
河 南 Henan	100996	26756	3963282	39909	183286	44225	7535030	42057
湖 北 Hubei	58555	15598	2946980	50689	63688	17076	3248331	50882
湖 南 Hunan	27964	7688	1359908	49367	37453	9418	1752115	47013
广 东 Guangdong	483003	173262	27158762	55942	339995	116769	21376830	63494
广 西 Guangxi	14159	5828	693072	50549	18839	3611	1249218	66554
海 南 Hainan	1821	407	99712	54517	337	156	11663	34608
重 庆 Chongqing	21875	6585	1250910	57972	32985	9414	2010843	60456
四 川 Sichuan	40818	12067	2167032	53273	77945	19226	4774944	60794
贵 州 Guizhou	14969	4187	685345	46036	8981	1966	426920	46956
云 南 Yunnan	11931	2790	576455	48523	11774	2858	710272	59066
西 藏 Tibet	127	43	5224	61459				
陕 西 Shaanxi	17959	4102	852618	47587	62503	16941	3093367	48831
甘 肃 Gansu	5878	1382	276816	46926	12099	3146	430727	36126
青 海 Qinghai	937	181	51253	54934	4962	1085	218546	44913
宁 夏 Ningxia	2374	539	120901	46770	4548	866	205891	44817
新 疆 Xinjiang	4628	1058	300780	54767	1653	370	86765	52017

3-2 续表 19 continued

地区	Region	专用设备制造业 Manufacture of Special Purpose Machinery				汽车制造业 Manufacture of Automobiles			
		年末人数 (人) Year-end Figures (person)	#女性 Female	工资总额 (千元) Total Wages (1000 yuan)	平均工资 (元) Average Wage (yuan)	年末人数 (人) Year-end Figures (person)	#女性 Female	工资总额 (千元) Total Wages (1000 yuan)	平均工资 (元) Average Wage (yuan)
全国	**National**	**1992875**	**555368**	**128015213**	**64133**	**3411476**	**900228**	**254031012**	**75807**
北京	Beijing	61221	18374	6045561	97787	142532	27831	14403986	103054
天津	Tianjin	84938	20804	7289959	85343	117841	36512	9135745	77739
河北	Hebei	66150	16565	3213912	47745	147139	38617	9909754	69810
山西	Shanxi	48263	17826	2090716	42320	18980	4372	738062	42264
内蒙古	Inner Mongolia	6649	1530	337969	50662	10612	2049	549220	53395
辽宁	Liaoning	82187	18062	5143941	60618	111229	23339	9620433	86582
吉林	Jilin	17208	4215	657122	38437	246445	52780	21388773	86781
黑龙江	Heilongjiang	31599	6419	1711411	52905	13183	2998	869318	68645
上海	Shanghai	86875	23653	9965021	113068	185605	50475	24986259	135029
江苏	Jiangsu	249740	81560	18306308	73965	283632	87524	22296663	81316
浙江	Zhejiang	106671	30194	6801090	64204	212517	66519	13657795	66838
安徽	Anhui	53567	14600	3102722	57110	130354	34396	8495937	67854
福建	Fujian	44452	13474	2469417	54209	74424	21710	4180711	57056
江西	Jiangxi	29858	13750	1385838	46338	82122	21394	5375024	68159
山东	Shandong	192041	47090	10238445	53749	233973	53485	13608376	58060
河南	Henan	209471	55986	9289069	45276	154663	36514	7976286	53391
湖北	Hubei	67882	16347	3543125	52932	324617	85819	22005303	69798
湖南	Hunan	50734	10962	3072989	58808	67568	15041	4456135	68316
广东	Guangdong	285484	90075	21407101	74910	333390	102702	27138323	80689
广西	Guangxi	24647	6998	1254585	50342	86385	19107	6223695	73279
海南	Hainan	845	329	35297	43362	5400	1370	238583	42100
重庆	Chongqing	24970	6789	1519886	60623	208402	55163	14849913	72585
四川	Sichuan	63851	15227	3622262	56988	69417	17366	4434161	63832
贵州	Guizhou	8381	2039	426457	51018	17943	5959	990414	56312
云南	Yunnan	10607	2365	498159	46714	13629	3040	494973	37230
西藏	Tibet	32	19	1802	60067				
陕西	Shaanxi	56636	13645	3136648	54605	116536	33489	5828424	51269
甘肃	Gansu	19175	4506	959011	49636	920	193	49286	49935
青海	Qinghai	265	52	13825	46237	37	9	867	23432
宁夏	Ningxia	4462	1079	257261	55938	6		362	60333
新疆	Xinjiang	4014	834	218304	53038	1975	455	128231	64535

3-2 续表 20 continued

地 区	Region	铁路、船舶、航空航天和其他运输设备制造业 Manufacture of Railway, Ship, Aerospace and Other Transport Equipments				电气机械和器材制造业 Manufacture of Electrical Machinery and apparatus			
		年末人数(人) Year-end Figures (person)	#女 性 Female	工资总额(千元) Total Wages (1000 yuan)	平均工资(元) Average Wage (yuan)	年末人数(人) Year-end Figures (person)	#女 性 Female	工资总额(千元) Total Wages (1000 yuan)	平均工资(元) Average Wage (yuan)
全 国	**National**	**1126967**	**297029**	**81429181**	**71549**	**3802546**	**1567922**	**235032036**	**61729**
北 京	Beijing	34816	9446	4176832	119287	45600	15030	4966280	106958
天 津	Tianjin	30987	9158	2010044	64053	46317	14626	3435157	73752
河 北	Hebei	42906	11602	2915693	67739	83345	23361	4118932	50073
山 西	Shanxi	20175	4837	1133519	56004	15690	5627	736094	46615
内蒙古	Inner Mongolia	1696	392	97335	55210	9562	2204	553806	59345
辽 宁	Liaoning	60203	10935	3981322	65532	54959	20707	2820713	50626
吉 林	Jilin	22750	3974	2205174	95840	11332	3379	560705	47691
黑龙江	Heilongjiang	28079	5676	2185848	77700	23245	6423	1271337	54222
上 海	Shanghai	62037	11490	6581671	104589	129513	56206	11731432	88830
江 苏	Jiangsu	174203	45165	11913030	69233	551890	230931	39804635	72548
浙 江	Zhejiang	45330	12557	2524691	55160	359284	154824	21468872	59434
安 徽	Anhui	11761	2382	687757	59223	144577	54896	7574811	54107
福 建	Fujian	20501	7382	1164336	56475	144329	60657	8698858	61618
江 西	Jiangxi	14034	7221	733779	53223	145205	70001	6820030	47491
山 东	Shandong	82867	16672	6763346	81562	193775	67986	10518738	55604
河 南	Henan	49713	17273	2465001	51008	178917	59547	8002101	46482
湖 北	Hubei	32792	8529	1832348	54974	110987	37602	5954356	54388
湖 南	Hunan	52381	13491	4307318	82013	55830	16560	3313563	60963
广 东	Guangdong	86116	20932	6328685	72127	1245065	576653	78226463	61710
广 西	Guangxi	12630	3036	813348	61946	25907	10516	1042536	41267
海 南	Hainan	339	195	12776	36295	4934	1213	293938	55231
重 庆	Chongqing	65347	21972	3889181	58628	34309	14532	2190311	64919
四 川	Sichuan	45681	13851	3749494	81665	76922	29916	4493957	58650
贵 州	Guizhou	32518	10173	2219392	68674	10571	4405	505930	49105
云 南	Yunnan	2822	526	252106	87446	10244	2939	543116	51030
西 藏	Tibet					48	5	3100	64583
陕 西	Shaanxi	88070	26288	6148135	64228	63868	19542	4136101	60537
甘 肃	Gansu	5316	1698	259681	47352	13275	4442	506489	38182
青 海	Qinghai	65	20	2435	37462	2355	693	125060	53444
宁 夏	Ningxia	110	24	4810	43333	2749	783	129262	44758
新 疆	Xinjiang	722	132	70094	87508	7942	1716	485353	61562

3-2 续表 21 continued

地 区	Region	计算机、通信和其他电子设备制造业 Manufacture of Computers, Communication and Other Electronic Equipment				仪器仪表制造业 Manufacture of Measuring Instrument and Machinery			
		年末人数(人) Year-end Figures (person)	#女 性 Female	工资总额(千元) Total Wages (1000 yuan)	平均工资(元) Average Wage (yuan)	年末人数(人) Year-end Figures (person)	#女 性 Female	工资总额(千元) Total Wages (1000 yuan)	平均工资(元) Average Wage (yuan)
全 国	**National**	**7063557**	**3237811**	**474779316**	**67763**	**711042**	**304717**	**48277793**	**67818**
北 京	Beijing	98702	37761	12025015	121003	28460	9817	3162302	108823
天 津	Tianjin	112678	59094	9024615	78491	8859	3636	650575	72560
河 北	Hebei	67938	23948	3500846	51057	9329	3444	574456	54946
山 西	Shanxi	107459	43034	4347122	43390	7192	3218	332879	46124
内蒙古	Inner Mongolia	1791	721	63865	35226				
辽 宁	Liaoning	57564	28919	3565514	61898	19196	8235	947581	49549
吉 林	Jilin	8366	3652	426402	51349	6820	1963	371840	54876
黑龙江	Heilongjiang	3750	1418	200243	56614	5502	2273	252150	45465
上 海	Shanghai	344156	145108	27670700	79551	41713	19281	4322212	103360
江 苏	Jiangsu	1368414	681363	87681859	64409	111363	41135	8982788	81799
浙 江	Zhejiang	262637	111649	19357363	74345	76808	32503	4832781	63390
安 徽	Anhui	100706	41173	6258773	64939	5962	2442	450085	77641
福 建	Fujian	221430	89323	15324095	68944	25778	13954	1291716	51401
江 西	Jiangxi	135939	75492	6268467	47246	10920	5035	550510	51876
山 东	Shandong	299362	135694	17836509	58749	32584	10739	2017927	62566
河 南	Henan	415854	266120	20741624	53389	31884	10810	1603067	50501
湖 北	Hubei	105628	37087	8112358	79709	16075	6814	965832	60372
湖 南	Hunan	124457	59300	7088515	57359	9616	3981	506760	51568
广 东	Guangdong	2658081	1126864	192158775	72370	196142	99087	11990283	60587
广 西	Guangxi	66500	38606	2664677	40566	2966	1484	120615	40421
海 南	Hainan	1057	333	96503	87254	529	228	103055	209888
重 庆	Chongqing	163366	76498	8948141	55820	16808	6414	1130469	66323
四 川	Sichuan	240515	111450	15803955	66628	8051	2933	530230	66603
贵 州	Guizhou	17950	8650	1024105	66105	8491	3704	611242	72603
云 南	Yunnan	8240	4113	398303	49850	6524	2486	311394	46560
西 藏	Tibet								
陕 西	Shaanxi	58118	24035	3750362	64267	21517	8433	1540211	70038
甘 肃	Gansu	10982	5278	411841	39186	826	193	57107	62893
青 海	Qinghai	50	16	1374	27480	359	155	20457	60703
宁 夏	Ningxia					683	288	32514	56253
新 疆	Xinjiang	1867	1112	27395	14283	85	32	14755	76849

3-2 续表 22 continued

地 区	Region	其他制造业 Other Manufacture				废弃资源综合利用业 Utilization of Waste Resources			
		年末人数（人）Year-end Figures (person)	#女 性 Female	工资总额（千元）Total Wages (1000 yuan)	平均工资（元）Average Wage (yuan)	年末人数（人）Year-end Figures (person)	#女 性 Female	工资总额（千元）Total Wages (1000 yuan)	平均工资（元）Average Wage (yuan)
全 国	**National**	**215574**	**106590**	**11919701**	**55220**	**77996**	**21720**	**3965811**	**51060**
北 京	Beijing	7526	2409	941049	121113	890	221	69342	77651
天 津	Tianjin	8190	2712	704554	88290	2528	434	220448	76704
河 北	Hebei	3946	2761	180999	46161	2023	436	107094	54115
山 西	Shanxi	3501	1377	121354	34564	288	51	16770	57629
内蒙古	Inner Mongolia	788	335	15879	19923	440	55	12683	36656
辽 宁	Liaoning	6592	3105	305763	46497	2104	647	72516	34238
吉 林	Jilin	385	118	12003	31754	2026	384	82266	40545
黑龙江	Heilongjiang	3501	1066	139205	39092	449	166	20617	47505
上 海	Shanghai	8476	4869	612292	70185	1440	329	153024	105099
江 苏	Jiangsu	11557	7461	631669	52534	5109	1625	297171	58927
浙 江	Zhejiang	31433	16151	1563615	51142	10627	3697	475144	45608
安 徽	Anhui	3723	1335	205020	56262	3133	815	126908	40507
福 建	Fujian	32754	19849	1699375	51286	1350	516	75324	56296
江 西	Jiangxi	5723	3473	245694	43679	3483	1008	154491	44394
山 东	Shandong	7400	3260	315558	46433	1743	414	90798	49862
河 南	Henan	13431	6937	449720	34800	5297	1551	217035	41490
湖 北	Hubei	2815	1183	123975	45798	5222	1613	215273	43341
湖 南	Hunan	1327	457	75264	56975	4123	1233	224198	55058
广 东	Guangdong	40577	19794	2118837	50463	15758	3962	823139	53892
广 西	Guangxi	2833	1844	88722	30281	2575	637	138169	56281
海 南	Hainan	49	21	1705	32788	268	60	14162	52452
重 庆	Chongqing	3899	955	257759	65654	1209	350	56458	47604
四 川	Sichuan	10366	3216	906741	88222	1912	585	138842	55715
贵 州	Guizhou	1303	722	51379	41103	114	21	4296	35504
云 南	Yunnan	1294	556	52044	39972	1190	265	46047	38309
西 藏	Tibet	170	50	2812	18747				
陕 西	Shaanxi	1657	453	84204	51250	1044	244	39151	38879
甘 肃	Gansu	152	38	6764	45093	1210	279	47157	38749
青 海	Qinghai	206	83	5746	26000	2		36	18000
宁 夏	Ningxia					188	70	8832	48527
新 疆	Xinjiang					251	52	18420	54497

3-2 续表 23 continued

地 区	Region	金属制品、机械和设备修理业 Repair Service of Metal Products, Machinery and Equipment				电力、热力、燃气及水生产和供应业 Production and Supply of Electricity, Heat, Gas and Water			
		年末人数（人） Year-end Figures (person)	#女 性 Female	工资总额（千元） Total Wages (1000 yuan)	平均工资（元） Average Wage (yuan)	年末人数（人） Year-end Figures (person)	#女 性 Female	工资总额（千元） Total Wages (1000 yuan)	平均工资（元） Average Wage (yuan)
全 国	**National**	**128842**	**23950**	**11614508**	**91073**	**3876131**	**1058785**	**323571570**	**83863**
北 京	Beijing	15328	2678	2143808	138713	90941	25191	11570118	134474
天 津	Tianjin	4826	522	378041	93343	43475	11591	5409407	125996
河 北	Hebei	5239	1434	363607	70672	187943	51241	13706499	77162
山 西	Shanxi	2330	516	149624	62762	125355	37463	9045389	73827
内蒙古	Inner Mongolia	871	192	42381	49338	145493	41951	11385503	78757
辽 宁	Liaoning	9502	1557	613107	66787	146877	35652	9976884	69357
吉 林	Jilin	3250	824	141316	43656	123472	27343	8745243	70925
黑龙江	Heilongjiang	2018	569	92460	45637	176015	46187	11476729	64919
上 海	Shanghai	22744	2507	3117092	139044	43719	10444	7258669	163212
江 苏	Jiangsu	1680	434	83143	49727	145111	37608	16895108	116629
浙 江	Zhejiang	5711	994	426203	72201	119614	29303	14616217	122323
安 徽	Anhui	3413	643	298811	87041	104472	25219	9348630	89223
福 建	Fujian	6419	1441	799815	122822	90596	25574	8022973	88471
江 西	Jiangxi	335	91	13495	39230	93092	27437	5771451	62157
山 东	Shandong	984	230	61934	62813	230937	62063	16955915	74333
河 南	Henan	7491	1631	337212	46868	261791	71939	17567430	66658
湖 北	Hubei	7207	1300	356094	47429	163792	47795	13768012	84106
湖 南	Hunan	1466	127	86254	83096	166248	48260	10839518	65241
广 东	Guangdong	12299	2922	1151687	92401	312727	72691	34492104	110242
广 西	Guangxi	389	57	19899	56531	137440	37544	10179835	73851
海 南	Hainan	988	247	44123	44932	23360	6384	1731997	74214
重 庆	Chongqing	2337	389	177089	75486	64303	20967	5111560	79388
四 川	Sichuan	5154	1275	351394	68565	231708	71993	20164896	86951
贵 州	Guizhou	364	74	20988	58300	122146	32203	10229370	81297
云 南	Yunnan	446	57	13497	31316	106896	30372	8331332	78234
西 藏	Tibet					7362	2220	512578	71709
陕 西	Shaanxi	1064	206	63350	58173	136706	40542	9832690	71640
甘 肃	Gansu	3231	603	154006	49345	121906	39112	7890812	64084
青 海	Qinghai	616	117	39014	63129	21583	6274	1532655	72928
宁 夏	Ningxia	27	4	1620	64800	34575	9860	3270137	96132
新 疆	Xinjiang	1113	309	73444	57784	96476	26362	7931909	81908

3-2 续表 24 continued

地 区	Region	电力、热力生产和供应业 Production and Supply of Electric Power and Heat Power				燃气生产和供应业 Production and Supply of Gas			
		年末人数（人）Year-end Figures (person)	#女 性 Female	工资总额（千元）Total Wages (1000 yuan)	平均工资（元）Average Wage (yuan)	年末人数（人）Year-end Figures (person)	#女 性 Female	工资总额（千元）Total Wages (1000 yuan)	平均工资（元）Average Wage (yuan)
全 国	**National**	**3022180**	**758222**	**269634162**	**89576**	**273432**	**87864**	**19537876**	**72095**
北 京	Beijing	64780	17316	8914057	147063	12156	3454	1398557	115803
天 津	Tianjin	30344	7533	4135529	138562	6684	2027	588440	88050
河 北	Hebei	144347	34496	11481583	85310	15197	4998	836829	57125
山 西	Shanxi	86907	24213	7324380	86506	18804	5371	933611	50900
内蒙古	Inner Mongolia	119221	31877	9903360	83518	6733	2096	450939	67729
辽 宁	Liaoning	101441	21109	7701818	78375	15251	4933	887692	57977
吉 林	Jilin	100230	19866	7723376	77138	5711	1693	269167	47581
黑龙江	Heilongjiang	151086	38287	10360731	68251	6349	2035	361047	56930
上 海	Shanghai	26186	5135	5003843	188974	6971	1624	987326	140066
江 苏	Jiangsu	95298	20523	13152222	137985	15930	4909	1290338	81450
浙 江	Zhejiang	81934	17536	11570408	141202	7979	2270	700106	89061
安 徽	Anhui	80022	16735	7982049	99038	8560	2703	527908	62349
福 建	Fujian	68429	17775	6542210	95251	5403	1447	464580	86659
江 西	Jiangxi	70407	18783	4550829	64757	6821	2016	395085	58557
山 东	Shandong	177726	42957	13937954	79351	18056	6291	1139752	63507
河 南	Henan	206920	50750	15140683	72406	17668	6458	822733	46683
湖 北	Hubei	128396	33639	11788912	91674	8107	2799	533395	65455
湖 南	Hunan	132732	35843	9009131	67746	5662	1862	329338	59760
广 东	Guangdong	240773	49858	29163779	121052	14864	4409	1161992	77621
广 西	Guangxi	120367	31602	9229431	76403	2654	824	158405	60414
海 南	Hainan	15986	3743	1366494	85604	1633	378	107547	65859
重 庆	Chongqing	43027	12950	3429450	79111	10603	3741	873266	83240
四 川	Sichuan	179589	51885	16074059	89208	25501	9662	2270423	89804
贵 州	Guizhou	109748	28227	9499572	83634	3118	936	204749	66628
云 南	Yunnan	92943	25618	7462774	80333	3642	737	279697	82824
西 藏	Tibet	6781	1922	472879	71965	8	4	402	50250
陕 西	Shaanxi	109905	30496	8247824	74553	10233	3422	730350	72290
甘 肃	Gansu	107795	33689	7189638	65979	3696	1437	199907	54117
青 海	Qinghai	19179	5316	1425351	76566	305	135	12013	40861
宁 夏	Ningxia	29724	7764	2966360	101619	1528	662	88526	57822
新 疆	Xinjiang	79957	20779	6883476	85696	7605	2531	533756	69790

3-2 续表 25 continued

地 区	Region	水的生产和供应业 Production and Supply of Water				建筑业 Construction			
		年末人数(人) Year-end Figures (person)	#女性 Female	工资总额(千元) Total Wages (1000 yuan)	平均工资(元) Average Wage (yuan)	年末人数(人) Year-end Figures (person)	#女性 Female	工资总额(千元) Total Wages (1000 yuan)	平均工资(元) Average Wage (yuan)
全 国	**National**	**580519**	**212699**	**34399532**	**59595**	**27247293**	**2979656**	**1396918978**	**52082**
北 京	Beijing	14005	4421	1257504	94202	459436	87740	40834328	89464
天 津	Tianjin	6447	2031	685438	107033	281843	38568	20014660	67943
河 北	Hebei	28399	11747	1388087	48881	818486	91292	35045461	42662
山 西	Shanxi	19644	7879	787398	40359	294152	46993	13639704	46632
内蒙古	Inner Mongolia	19539	7978	1031204	53347	189409	27204	10853546	42968
辽 宁	Liaoning	30185	9610	1387374	45835	646126	87406	29591196	43585
吉 林	Jilin	17531	5784	752700	42957	273170	39820	13779310	44968
黑龙江	Heilongjiang	18580	5865	754951	40504	284420	46865	13291805	39922
上 海	Shanghai	10562	3685	1267500	115796	329297	42928	29014590	88034
江 苏	Jiangsu	33883	12176	2452548	72767	3967734	254286	222227420	58172
浙 江	Zhejiang	29701	9497	2345703	79017	3101168	225004	151936960	50350
安 徽	Anhui	15890	5781	838673	53368	917769	114390	45232861	51399
福 建	Fujian	16764	6352	1016183	61069	1685408	226831	87162361	53557
江 西	Jiangxi	15864	6638	825537	52150	903979	111220	44159346	50108
山 东	Shandong	35155	12815	1878209	54425	1603341	182618	83220656	52421
河 南	Henan	37203	14731	1604014	43573	1733718	212190	74352001	44753
湖 北	Hubei	27289	11357	1445705	53638	1403585	158443	73460243	54636
湖 南	Hunan	27854	10555	1501049	54284	1087414	106691	47193929	45492
广 东	Guangdong	57090	18424	4166333	73112	1432627	165227	76415273	55263
广 西	Guangxi	14419	5118	791999	54920	648694	64976	28705037	47079
海 南	Hainan	5741	2263	257956	44924	71041	8304	2936578	45557
重 庆	Chongqing	10673	4276	808844	76697	1001775	118589	49855926	51537
四 川	Sichuan	26618	10446	1820414	68843	1514775	186216	69333965	48088
贵 州	Guizhou	9280	3040	525049	57263	457131	47076	22736887	53487
云 南	Yunnan	10311	4017	588861	57630	716871	101254	27915106	41945
西 藏	Tibet	573	294	39297	69063	15477	2588	968709	59075
陕 西	Shaanxi	16568	6624	854516	51732	611293	82348	30250041	50797
甘 肃	Gansu	10415	3986	501267	47881	436959	49438	18692435	43683
青 海	Qinghai	2099	823	95291	45247	66790	10097	3346468	50431
宁 夏	Ningxia	3323	1434	215251	65327	43591	6063	2543202	46832
新 疆	Xinjiang	8914	3052	514677	58044	249814	36991	28208974	58576

3-2 续表 26 continued

地 区	Region	房屋建筑业 Construction of Buildings 年末人数(人) Year-end Figures (person)	#女性 Female	工资总额(千元) Total Wages (1000 yuan)	平均工资(元) Average Wage (yuan)	土木工程建筑业 Civil Engineering 年末人数(人) Year-end Figures (person)	#女性 Female	工资总额(千元) Total Wages (1000 yuan)	平均工资(元) Average Wage (yuan)
全 国	**National**	**18987467**	**1898342**	**943347250**	**50419**	**5254507**	**699639**	**295196029**	**56884**
北 京	Beijing	191596	36425	17861556	94162	131809	25294	12961754	98381
天 津	Tianjin	103418	12397	5985371	55518	102526	16400	8827193	84488
河 北	Hebei	586501	54379	23456675	39503	167386	26753	8456698	51877
山 西	Shanxi	112333	16035	4501292	40698	152908	25829	8040665	51980
内蒙古	Inner Mongolia	123995	17504	7582853	42145	55087	7828	2727778	44332
辽 宁	Liaoning	328259	37922	14969214	41400	193016	29571	9259417	48727
吉 林	Jilin	149128	19828	8124050	45375	72967	12026	3211949	42384
黑龙江	Heilongjiang	140687	19482	6007992	35780	97520	18264	5229238	43924
上 海	Shanghai	183002	21557	14334125	78588	71391	10912	7727093	108026
江 苏	Jiangsu	3181938	177587	180107537	58705	413286	42422	21369674	52802
浙 江	Zhejiang	2496053	172529	121840777	49990	433582	37581	20135814	48933
安 徽	Anhui	520994	75933	23762839	48042	244341	25025	13888700	58164
福 建	Fujian	1163183	171199	62641770	55822	201899	22638	10500833	54419
江 西	Jiangxi	709645	85610	34384840	49540	149522	19389	7263706	50197
山 东	Shandong	1165303	117035	57778248	50397	327214	49267	19859947	59791
河 南	Henan	1094410	117150	45545926	43651	403386	65669	18345949	46893
湖 北	Hubei	921994	88685	47149164	53128	317817	48465	18128000	60892
湖 南	Hunan	764541	72202	32309319	44334	244602	27792	11740296	49687
广 东	Guangdong	897802	95773	42394899	49351	239655	28768	16773223	70294
广 西	Guangxi	515704	48857	21743898	45370	108921	12362	5902564	55342
海 南	Hainan	60071	6145	2423447	44898	3783	791	197828	55367
重 庆	Chongqing	723389	88682	34995977	49836	175024	17617	9833476	58984
四 川	Sichuan	1148399	130177	47909875	44196	265648	40590	16106517	62358
贵 州	Guizhou	274793	31085	13529909	52770	137406	10158	6938307	55337
云 南	Yunnan	507759	70403	19180221	40246	153100	22128	6271034	45999
西 藏	Tibet	9473	1369	621498	59559	5086	1127	297205	59086
陕 西	Shaanxi	385913	50813	16970450	45040	188786	24614	11200173	61761
甘 肃	Gansu	315920	31789	13359353	42380	75036	11476	3598283	48318
青 海	Qinghai	22022	3625	999659	46427	40159	5726	2142578	53039
宁 夏	Ningxia	25757	3207	1489705	43758	13548	2642	872907	55557
新 疆	Xinjiang	163485	22958	19384811	56078	68096	10515	7387230	64194

3-2 续表 27 continued

地 区	Region	建筑安装业 Building Installation				建筑装饰和其他建筑业 Building Decoration and Other Constructions			
		年末人数(人) Year-end Figures (person)	#女 性 Female	工资总额(千元) Total Wages (1000 yuan)	平均工资(元) Average Wage (yuan)	年末人数(人) Year-end Figures (person)	#女 性 Female	工资总额(千元) Total Wages (1000 yuan)	平均工资(元) Average Wage (yuan)
全 国	**National**	**1467042**	**200113**	**82977277**	**58113**	**1538277**	**181562**	**75398422**	**50464**
北 京	Beijing	81691	15032	6337154	79222	54340	10989	3673864	66795
天 津	Tianjin	44400	6120	3318303	74435	31499	3651	1883793	49951
河 北	Hebei	40831	6741	2169303	52571	23768	3419	962785	41173
山 西	Shanxi	17220	3386	637308	37780	11691	1743	460439	44543
内蒙古	Inner Mongolia	7377	1414	398134	50493	2950	458	144781	44439
辽 宁	Liaoning	90883	14449	3830891	41467	33968	5464	1531674	43832
吉 林	Jilin	32123	4875	1711693	49777	18952	3091	731618	42509
黑龙江	Heilongjiang	26271	5507	1184693	45105	19942	3612	869882	44116
上 海	Shanghai	34970	5270	3951485	107264	39934	5189	3001887	77330
江 苏	Jiangsu	196751	15760	11616995	64023	175759	18517	9133214	55005
浙 江	Zhejiang	66965	6913	4573913	69084	104568	7981	5386456	52500
安 徽	Anhui	68195	6505	3511704	54337	84239	6927	4069618	49638
福 建	Fujian	45344	7435	2473401	54686	274982	25559	11546357	43226
江 西	Jiangxi	22041	2378	1385782	68780	22771	3843	1125018	50318
山 东	Shandong	70925	10492	3611176	52204	39899	5824	1971285	49588
河 南	Henan	106152	14923	5228005	50601	129770	14448	5232121	42391
湖 北	Hubei	86988	12178	4628816	54668	76786	9115	3554263	47585
湖 南	Hunan	39797	3967	1689966	47976	38474	2730	1454348	39169
广 东	Guangdong	116401	18102	6973584	61225	178769	22584	10273567	60013
广 西	Guangxi	15104	2167	650329	43550	8965	1590	408246	46010
海 南	Hainan	4007	754	182366	46404	3180	614	132937	44610
重 庆	Chongqing	51723	5777	2596055	51312	51639	6513	2430418	50797
四 川	Sichuan	58342	9840	3349019	56977	42386	5609	1968554	48364
贵 州	Guizhou	32199	2757	1668304	53875	12733	3076	600367	48617
云 南	Yunnan	27327	4611	1223298	45973	28685	4112	1240553	47708
西 藏	Tibet	800	54	41691	51092	118	38	8315	71068
陕 西	Shaanxi	26881	4767	1631089	59010	9713	2154	448329	46091
甘 肃	Gansu	35815	4897	1211161	41806	10188	1276	523638	56659
青 海	Qinghai	3829	581	176983	47360	780	165	27248	39319
宁 夏	Ningxia	3642	130	144011	37581	614	84	36579	51017
新 疆	Xinjiang	12048	2331	870665	68844	6185	1187	566268	69209

3-2 续表 28 continued

地 区	Region	批发和零售业 Wholesale and Retail Trades 年末人数(人) Year-end Figures (person)	#女 性 Female	工资总额(千元) Total Wages (1000 yuan)	平均工资(元) Average Wage (yuan)	批发业 Wholesale Trade 年末人数(人) Year-end Figures (person)	#女 性 Female	工资总额(千元) Total Wages (1000 yuan)	平均工资(元) Average Wage (yuan)
全 国	**National**	**8749994**	**4414224**	**568117360**	**65061**	**3846331**	**1617178**	**335771705**	**86884**
北 京	Beijing	783688	365268	77559247	98863	412330	178502	55213784	130833
天 津	Tianjin	182105	78930	13912551	75098	97960	39478	8627295	87085
河 北	Hebei	268764	148488	10677240	40256	91314	34932	4386715	48406
山 西	Shanxi	170781	68905	6606222	38854	96983	35888	4303828	44374
内蒙古	Inner Mongolia	89121	43575	4355748	48831	29309	10215	1810138	61771
辽 宁	Liaoning	226351	119727	10793255	47382	70503	26742	4420857	62187
吉 林	Jilin	116447	55944	5045952	43419	42190	14827	2265824	53888
黑龙江	Heilongjiang	186170	84994	8880149	48576	85347	28861	4918926	59681
上 海	Shanghai	783592	440145	100819942	127489	429316	226022	74992388	173077
江 苏	Jiangsu	561091	317579	37914781	67127	235256	107908	21295225	89466
浙 江	Zhejiang	376337	192784	27336935	71347	176936	78540	15780685	86227
安 徽	Anhui	231913	122365	11470364	49999	89266	33917	5444257	62520
福 建	Fujian	278203	135074	16025138	57937	114285	43626	8495446	74224
江 西	Jiangxi	173184	80070	8247563	47104	76199	25529	4463669	56188
山 东	Shandong	570855	297257	26849215	47572	214346	82122	12435311	58460
河 南	Henan	561294	263733	23659083	43592	221001	81198	11232336	52516
湖 北	Hubei	397230	211406	18639282	47355	159168	68316	9088145	57893
湖 南	Hunan	202351	102883	10165442	50545	69131	24710	4487634	64159
广 东	Guangdong	1027835	493549	69804601	67451	528842	237169	43437398	81039
广 西	Guangxi	135124	65780	6625693	49369	58651	23754	3472160	59721
海 南	Hainan	57960	28278	2943839	51227	23524	10084	1412385	60212
重 庆	Chongqing	206607	114579	11535298	56048	73923	33032	4859318	65715
四 川	Sichuan	305054	156652	15742695	51824	98919	36313	6308029	63710
贵 州	Guizhou	123912	51692	7437189	60617	63055	20844	4833316	76777
云 南	Yunnan	247961	129252	12215462	49611	96767	38275	6749742	70434
西 藏	Tibet	10103	4220	747547	75070	4870	1702	421433	85449
陕 西	Shaanxi	257810	134633	11058818	43208	81880	34639	4409942	53715
甘 肃	Gansu	81249	43110	3331022	41464	30647	12496	1516486	49927
青 海	Qinghai	23425	12180	1149188	49271	10307	4413	608173	58563
宁 夏	Ningxia	24303	14226	1158260	48648	8783	3588	534599	60909
新 疆	Xinjiang	89174	36946	5409639	59570	55323	19536	3546261	63007

3-2 续表 29 continued

地区	Region	零售业 Retail Trade				交通运输、仓储和邮政业 Transport, Storage and Post			
		年末人数（人）Year-end Figures (person)	#女性 Female	工资总额（千元）Total Wages (1000 yuan)	平均工资（元）Average Wage (yuan)	年末人数（人）Year-end Figures (person)	#女性 Female	工资总额（千元）Total Wages (1000 yuan)	平均工资（元）Average Wage (yuan)
全国	**National**	**4903663**	**2797046**	**232345655**	**47735**	**8495076**	**2217899**	**623868956**	**73650**
北京	Beijing	371358	186766	22345463	61644	582306	147260	52803000	90682
天津	Tianjin	84145	39452	5285256	61320	146712	31222	13456512	91615
河北	Hebei	177450	113556	6290525	36026	286719	76786	17041901	59527
山西	Shanxi	73798	33017	2302394	31523	234470	56055	16248273	68837
内蒙古	Inner Mongolia	59812	33360	2545610	42501	227777	56923	15381875	67389
辽宁	Liaoning	155848	92985	6372398	40666	351628	77774	24095540	66657
吉林	Jilin	74257	41117	2780128	37484	160708	34565	9951122	62053
黑龙江	Heilongjiang	100823	56133	3961223	39458	271327	61471	17237171	62977
上海	Shanghai	354276	214123	25827554	72240	510827	126451	56101223	108905
江苏	Jiangsu	325835	209671	16619556	50857	496425	133664	35686186	71773
浙江	Zhejiang	199401	114244	11556250	57741	315270	82164	26182409	83408
安徽	Anhui	142647	88448	6026107	42339	229305	65251	13890035	61038
福建	Fujian	163918	91448	7529692	46440	234009	60994	16482732	71181
江西	Jiangxi	96985	54541	3783894	39560	202987	48162	13329626	66594
山东	Shandong	356509	215135	14413904	40986	493858	127663	34455266	70509
河南	Henan	340293	182535	12426747	37788	458357	126388	25246276	55485
湖北	Hubei	238062	143090	9551137	40364	349680	96522	22473616	64690
湖南	Hunan	133220	78173	5677808	43286	239892	65763	15679962	65487
广东	Guangdong	498993	256380	26367203	52851	811332	215336	68363298	84444
广西	Guangxi	76473	42026	3153533	41457	194274	50837	12637812	65433
海南	Hainan	34436	18194	1531454	45031	69683	18878	5024840	74464
重庆	Chongqing	132684	81547	6675980	50627	264857	67555	16812226	63717
四川	Sichuan	206135	120339	9434666	46077	404335	124976	27693001	69490
贵州	Guizhou	60857	30848	2603873	43587	119890	32866	8375936	70936
云南	Yunnan	151194	90977	5465720	36343	173100	50786	12254580	72296
西藏	Tibet	5233	2518	326114	64885	8570	2979	663731	77502
陕西	Shaanxi	175930	99994	6648876	38246	283123	78239	18462159	65955
甘肃	Gansu	50602	30614	1814536	36319	127973	34595	8065079	64177
青海	Qinghai	13118	7767	541015	41813	42837	12964	3362196	78862
宁夏	Ningxia	15520	10638	623661	41489	36718	11274	2488990	68313
新疆	Xinjiang	33851	17410	1863378	53967	166127	41536	13922383	83898

3-2 续表 30 continued

地区	Region	铁路运输业 Railway Transport				道路运输业 Road Transport			
		年末人数（人）Year-end Figures (person)	#女性 Female	工资总额（千元）Total Wages (1000 yuan)	平均工资（元）Average Wage (yuan)	年末人数（人）Year-end Figures (person)	#女性 Female	工资总额（千元）Total Wages (1000 yuan)	平均工资（元）Average Wage (yuan)
全国	**National**	**1874131**	**305182**	**167767872**	**89532**	**3855896**	**986145**	**212581856**	**55298**
北京	Beijing	110033	14413	10613810	96804	279180	63284	18315323	65268
天津	Tianjin	14834	1348	1502688	101055	57471	10141	3885140	68045
河北	Hebei	55748	6985	4774024	83648	148054	43258	6353154	43118
山西	Shanxi	114877	13820	11076356	95178	83031	26373	3211027	38479
内蒙古	Inner Mongolia	123971	19232	9951231	79848	69790	24143	3369428	48580
辽宁	Liaoning	109380	11319	9443453	85590	122195	32141	5255362	42749
吉林	Jilin	63592	6497	5217099	81069	52935	15195	2143506	41161
黑龙江	Heilongjiang	132249	16048	10223987	76136	72898	21835	2952092	40040
上海	Shanghai	40590	5684	4220309	104277	196395	30078	14148614	70361
江苏	Jiangsu	23204	5758	2449110	105180	259038	67354	16850709	65179
浙江	Zhejiang	27957	4757	3142296	111338	165609	41111	11437262	69385
安徽	Anhui	40208	5333	3776296	93480	128272	37778	6320379	49794
福建	Fujian	39513	8061	3493855	89455	104685	22196	5824060	55786
江西	Jiangxi	60672	9794	5648323	93392	103024	24614	5424278	53520
山东	Shandong	83083	12411	7574921	92075	224205	59142	11709515	52727
河南	Henan	113594	18983	9790618	86024	254487	72131	10764796	42724
湖北	Hubei	86669	16516	7907887	91636	166210	44218	7777764	47812
湖南	Hunan	78233	12692	7191829	91592	102405	30884	4403848	43139
广东	Guangdong	61613	13936	5973576	97375	393904	86207	26712357	67998
广西	Guangxi	64134	10307	5598707	88076	75405	22616	3522623	46629
海南	Hainan	6224	1241	564963	95032	21705	5202	939858	43773
重庆	Chongqing	29767	6398	2472532	84795	172431	36766	10038139	57713
四川	Sichuan	67132	14827	5715517	85860	191317	52376	9590392	50541
贵州	Guizhou	35094	6909	3006645	86797	55171	15249	2982789	54329
云南	Yunnan	39099	8183	3890245	100158	79584	25259	4304879	54836
西藏	Tibet	69	14	6331	107305	5255	1761	364194	68898
陕西	Shaanxi	103082	20677	8833625	86348	115492	33389	5348357	46764
甘肃	Gansu	57970	12179	4693850	83329	48593	13980	2154988	44757
青海	Qinghai	20256	5151	2106891	103208	16308	5811	833569	52422
宁夏	Ningxia	17333	4049	1386993	82032	11387	4119	589554	51288
新疆	Xinjiang	53951	11660	5519905	103406	79460	17534	5053900	63470

3-2 续表 31 continued

地区	Region	水上运输业 Water Transport 年末人数(人) Year-end Figures (person)	#女性 Female	工资总额(千元) Total Wages (1000 yuan)	平均工资(元) Average Wage (yuan)	航空运输业 Air Transport 年末人数(人) Year-end Figures (person)	#女性 Female	工资总额(千元) Total Wages (1000 yuan)	平均工资(元) Average Wage (yuan)
全国	**National**	**460259**	**81043**	**42603853**	**90229**	**595301**	**225579**	**78933218**	**137108**
北京	Beijing	248	64	65759	259917	75996	31126	13386092	179498
天津	Tianjin	18034	2792	2791313	151110	8836	3317	1339245	157318
河北	Hebei	23851	5220	2348844	97176	4766	1998	549522	120298
山西	Shanxi	70	20	4615	65929	5994	2436	476567	83055
内蒙古	Inner Mongolia	26	10	1979	76115	4486	1734	403005	91863
辽宁	Liaoning	48621	7731	3626377	63246	19450	6449	2390558	124912
吉林	Jilin	159	33	9035	61884	6212	2156	616629	101804
黑龙江	Heilongjiang	3617	321	194010	52449	8445	3424	890715	109829
上海	Shanghai	53610	6021	8425737	153971	83947	31741	15079353	185704
江苏	Jiangsu	77294	16848	5247753	67196	15805	4752	2050964	133128
浙江	Zhejiang	25711	4429	2739504	105707	15276	4974	1834184	128679
安徽	Anhui	12734	2402	621059	48047	4386	1646	428612	99101
福建	Fujian	16310	2631	1422116	88396	18111	5851	1689690	96964
江西	Jiangxi	7363	1541	388353	52938	2917	1129	315648	111932
山东	Shandong	62645	10975	5401823	85745	17820	7267	2867528	166921
河南	Henan	4219	889	192251	46856	11194	4383	945061	84888
湖北	Hubei	16154	3698	985270	61407	7067	2722	852229	123279
湖南	Hunan	2857	564	127668	44468	8517	3610	861694	103507
广东	Guangdong	50296	8676	5526231	108617	129470	52104	16259638	128714
广西	Guangxi	7179	2009	332180	46091	7757	2815	580906	75111
海南	Hainan	6257	1113	519801	84782	22461	7852	2137475	100540
重庆	Chongqing	11446	1889	670767	58095	13173	5034	1277223	105809
四川	Sichuan	10341	854	899957	90694	36664	14603	4910838	141148
贵州	Guizhou	626	96	37494	58676	9635	3638	1118394	123593
云南	Yunnan	264	97	7674	30094	23817	7423	2525451	112598
西藏	Tibet					844	241	86333	104016
陕西	Shaanxi	137	54	6513	50883	10763	3689	882498	85431
甘肃	Gansu	95	31	4899	51568	2850	1013	249364	88773
青海	Qinghai					2129	585	144014	70561
宁夏	Ningxia	95	35	4871	51274	2942	1039	211130	71763
新疆	Xinjiang					13571	4828	1572658	119685

3-2 续表 32 continued

地 区	Region	管道运输业 Transport Via Pipelines				装卸搬运和运输代理业 Loading, Unloading and Forwarding Agency			
		年末人数(人) Year-end Figures (person)	#女 性 Female	工资总额(千元) Total Wages (1000 yuan)	平均工资(元) Average Wage (yuan)	年末人数(人) Year-end Figures (person)	#女 性 Female	工资总额(千元) Total Wages (1000 yuan)	平均工资(元) Average Wage (yuan)
全 国	**National**	**36444**	**9157**	**3748479**	**100996**	**432424**	**140517**	**32835025**	**76327**
北 京	Beijing	2465	397	229352	88246	42288	17231	4366792	101966
天 津	Tianjin	517	126	71683	140555	18072	4845	1563243	86746
河 北	Hebei	1186	577	173956	145692	10902	2158	529322	50484
山 西	Shanxi	291	101	13300	45704	2557	873	92093	35848
内蒙古	Inner Mongolia	90	20	7023	79807	2343	402	123248	51763
辽 宁	Liaoning	3148	780	169353	53746	18225	5704	1212886	67188
吉 林	Jilin	1079	271	81296	74858	944	257	36217	38652
黑龙江	Heilongjiang	606	96	57325	92609	3536	633	142278	40967
上 海	Shanghai	4383	773	662958	144153	72452	35764	8225885	113575
江 苏	Jiangsu	10626	3037	994124	90871	34174	8961	2440188	70866
浙 江	Zhejiang	124	29	11688	97400	21792	7432	1602357	76925
安 徽	Anhui					4876	1329	247598	52236
福 建	Fujian	20	10	908	47789	21296	5679	1623762	76531
江 西	Jiangxi	116	27	5787	49888	1442	450	64073	46063
山 东	Shandong	3442	756	259159	74707	35753	9418	2048816	57956
河 南	Henan	220	53	12962	59187	12486	2876	543789	44214
湖 北	Hubei	818	232	59916	79045	8962	2414	418542	46294
湖 南	Hunan	209	67	11202	53598	5166	919	230574	44392
广 东	Guangdong	250	34	37176	142985	54347	17642	4062939	75549
广 西	Guangxi					9649	2502	632849	63317
海 南	Hainan	28	4	1901	67893	4551	870	261029	57571
重 庆	Chongqing	39	7	3542	90821	6744	1761	368373	54883
四 川	Sichuan	670	275	84324	126423	14955	3527	817391	55069
贵 州	Guizhou	176	49	18600	110714	2622	958	123209	47080
云 南	Yunnan	328	78	27131	81474	11299	2507	467584	42258
西 藏	Tibet					15	3	982	65467
陕 西	Shaanxi	1862	566	228899	122210	6968	2306	349652	50245
甘 肃	Gansu	95	34	7568	79663	1049	182	53520	52522
青 海	Qinghai					433	71	20242	43068
宁 夏	Ningxia					321	68	15233	45202
新 疆	Xinjiang	3656	758	517346	141159	2205	775	150359	69035

3-2 续表 33 continued

地 区	Region	仓储业 Storage				邮政业 Post			
		年末人数（人）Year-end Figures (person)	#女 性 Female	工资总额（千元）Total Wages (1000 yuan)	平均工资（元）Average Wage (yuan)	年末人数（人）Year-end Figures (person)	#女 性 Female	工资总额（千元）Total Wages (1000 yuan)	平均工资（元）Average Wage (yuan)
全 国	**National**	**309876**	**86820**	**18871778**	**60364**	**930745**	**383456**	**66526875**	**71943**
北 京	Beijing	10583	2979	826543	76200	61513	17766	4999329	82050
天 津	Tianjin	18107	4527	1593914	85823	10841	4126	709286	65517
河 北	Hebei	11687	4061	543720	45942	30525	12529	1769359	59731
山 西	Shanxi	6502	2079	210277	32515	21148	10353	1164038	55217
内蒙古	Inner Mongolia	5580	1639	271304	46744	21491	9743	1254657	58129
辽 宁	Liaoning	10275	2718	562406	54418	20334	10932	1435145	71029
吉 林	Jilin	17491	3140	754133	43199	18296	7016	1093207	59898
黑龙江	Heilongjiang	19939	4004	809386	40909	30037	15110	1967378	65571
上 海	Shanghai	28385	7760	2539162	86676	31065	8630	2799205	89337
江 苏	Jiangsu	19181	5584	1271552	68536	57103	21370	4381786	75598
浙 江	Zhejiang	11455	3086	830024	71758	47346	16346	4585094	95203
安 徽	Anhui	9289	2714	415030	44426	29540	14049	2081061	71999
福 建	Fujian	4961	1251	371030	74370	29113	15315	2057311	72527
江 西	Jiangxi	7107	2036	331441	46388	20346	8571	1151723	58993
山 东	Shandong	19972	5620	1258361	63003	46938	22074	3335143	73547
河 南	Henan	27587	9477	1300961	47932	34570	17596	1695838	49391
湖 北	Hubei	10639	3080	576179	49864	53161	23642	3895829	71980
湖 南	Hunan	4833	1542	225107	45968	37672	15485	2628040	70387
广 东	Guangdong	28289	8339	2192881	76033	93163	28398	7598500	79729
广 西	Guangxi	5137	1464	282709	54598	25013	9124	1687838	70579
海 南	Hainan	489	126	26027	52263	7968	2470	573786	75369
重 庆	Chongqing	3158	984	193052	62476	28099	14716	1788598	65495
四 川	Sichuan	6807	2050	350585	50736	76449	36464	5323997	70931
贵 州	Guizhou	2388	778	140469	58310	14178	5189	948336	69460
云 南	Yunnan	2140	646	111738	50514	16569	6593	919878	57974
西 藏	Tibet	262	88	19613	74292	2125	872	186278	88283
陕 西	Shaanxi	9463	2721	410773	43413	35356	14837	2401842	69627
甘 肃	Gansu	4583	1163	215493	47299	12738	6013	685397	54323
青 海	Qinghai	845	261	47874	55732	2866	1085	209606	71077
宁 夏	Ningxia	669	233	36313	53957	3971	1731	244896	59687
新 疆	Xinjiang	2073	670	153721	72476	11211	5311	954494	80664

3-2 续表 34 continued

地 区	Region	住宿和餐饮业 Hotels and Catering Services				住宿业 Hotels			
		年末人数(人) Year-end Figures (person)	#女 性 Female	工资总额(千元) Total Wages (1000 yuan)	平均工资(元) Average Wage (yuan)	年末人数(人) Year-end Figures (person)	#女 性 Female	工资总额(千元) Total Wages (1000 yuan)	平均工资(元) Average Wage (yuan)
全 国	**National**	**2697453**	**1483250**	**116790207**	**43382**	**1402132**	**763862**	**64760755**	**46002**
北 京	Beijing	294119	153698	16143366	54814	121086	60218	7782721	63379
天 津	Tianjin	50668	27222	2256591	43403	18767	9061	1021667	53971
河 北	Hebei	54220	31223	1885563	34357	38048	21964	1372142	35393
山 西	Shanxi	39338	21790	1135977	28630	22508	11570	727511	31949
内蒙古	Inner Mongolia	36938	21669	1388236	37499	20201	12067	795153	39043
辽 宁	Liaoning	62184	33202	2469133	38871	43458	21478	1792260	40783
吉 林	Jilin	28363	16647	967039	34173	18987	10916	680263	35758
黑龙江	Heilongjiang	40433	16385	1811423	44807	31843	12814	1463826	46068
上 海	Shanghai	242978	121254	13722825	56933	66991	30428	5100698	75025
江 苏	Jiangsu	168972	100916	7547821	45013	74475	41767	3693534	49350
浙 江	Zhejiang	134500	73245	6094259	45713	78705	41498	3854894	49183
安 徽	Anhui	59484	36894	2063171	34897	28963	17964	1099342	37895
福 建	Fujian	97672	52400	3835047	39434	56204	31506	2470894	43968
江 西	Jiangxi	42621	26699	1506347	35880	29313	18606	1068820	36907
山 东	Shandong	142149	79701	6009584	42496	73580	40168	3185597	43491
河 南	Henan	109991	62382	3963070	36591	72236	40951	2659334	37449
湖 北	Hubei	93548	56527	3534103	38323	40987	25075	1596919	38836
湖 南	Hunan	74396	45521	2746813	36919	51209	32141	1919903	37555
广 东	Guangdong	370486	189049	17100727	46149	175862	88292	9043354	51177
广 西	Guangxi	45976	26950	1466227	31884	29883	17683	1059103	35244
海 南	Hainan	60095	30117	2611456	42978	53117	26618	2388437	44391
重 庆	Chongqing	63535	38567	2371211	37457	25808	15547	1090732	41782
四 川	Sichuan	96916	50064	3683063	38381	48891	27405	1969537	40291
贵 州	Guizhou	27738	17085	1116811	40505	20764	13029	785535	38133
云 南	Yunnan	81924	45570	2769181	33832	56477	33586	1991788	35116
西 藏	Tibet	4829	2363	265656	53798	4646	2273	253342	53583
陕 西	Shaanxi	105890	65429	3637568	34293	51877	31036	1921070	36795
甘 肃	Gansu	32314	20199	1133409	34914	20736	12706	794813	37995
青 海	Qinghai	6138	3680	256080	41809	4892	2948	214172	43951
宁 夏	Ningxia	6282	3845	235376	37149	3818	2450	144320	37292
新 疆	Xinjiang	22756	12957	1063074	45899	17800	10097	819074	45383

3-2 续表 35 continued

地 区	Region	餐饮业 Catering Services				信息传输、软件和信息技术服务业 Information Transmission, Software and Information Technology			
		年末人数(人) Year-end Figures (person)	#女 性 Female	工资总额(千元) Total Wages (1000 yuan)	平均工资(元) Average Wage (yuan)	年末人数(人) Year-end Figures (person)	#女 性 Female	工资总额(千元) Total Wages (1000 yuan)	平均工资(元) Average Wage (yuan)
全 国	**National**	**1295321**	**719388**	**52029452**	**40509**	**3640667**	**1421918**	**443175443**	**122478**
北 京	Beijing	173033	93480	8360645	48689	692226	257637	118288231	170531
天 津	Tianjin	31901	18161	1234924	37352	48475	20664	6712168	137440
河 北	Hebei	16172	9259	513421	31866	84213	33415	9291048	109196
山 西	Shanxi	16830	10220	408466	24160	49690	21713	3296997	64686
内蒙古	Inner Mongolia	16737	9602	593083	35610	48486	24075	3326989	67444
辽 宁	Liaoning	18726	11724	676873	34577	125846	60862	11086778	88995
吉 林	Jilin	9376	5731	286776	30923	64105	25844	4199489	64923
黑龙江	Heilongjiang	8590	3571	347597	40175	72891	29887	4417358	62707
上 海	Shanghai	175987	90826	8622127	49825	267844	96663	53502049	200657
江 苏	Jiangsu	94497	59149	3854287	41517	273185	104999	35741555	130501
浙 江	Zhejiang	55795	31747	2239365	40762	186104	71692	26313889	145657
安 徽	Anhui	30521	18930	963829	32009	80122	31186	5742927	72390
福 建	Fujian	41468	20894	1364153	33227	91104	33394	8537835	93774
江 西	Jiangxi	13308	8093	437527	33596	55967	20325	3984667	71535
山 东	Shandong	68569	39533	2823987	41427	182471	77149	15392182	84346
河 南	Henan	37755	21431	1303736	34957	121649	55210	7380929	62467
湖 北	Hubei	52561	31452	1937184	37910	123274	45291	10584057	86398
湖 南	Hunan	23187	13380	826910	35520	74037	29260	5606216	76123
广 东	Guangdong	194624	100757	8057373	41565	435099	160215	58217886	135859
广 西	Guangxi	16093	9267	407124	25549	42259	17084	3549780	84064
海 南	Hainan	6978	3499	223019	32048	16216	5739	1704947	105687
重 庆	Chongqing	37727	23020	1280479	34421	45809	16301	4596540	100517
四 川	Sichuan	48025	22659	1713526	36398	184098	71666	16368560	88800
贵 州	Guizhou	6974	4056	331276	47515	35983	13913	2841629	79355
云 南	Yunnan	25447	11984	777393	30935	49974	19461	3753591	75240
西 藏	Tibet	183	90	12314	58638	4815	2292	489007	103647
陕 西	Shaanxi	54013	34393	1716498	31868	111536	43129	12877765	121311
甘 肃	Gansu	11578	7493	338596	29331	27494	11746	1648926	60292
青 海	Qinghai	1246	732	41908	33473	8907	3565	637326	71273
宁 夏	Ningxia	2464	1395	91056	36925	7782	3905	634779	80617
新 疆	Xinjiang	4956	2860	244000	47721	29006	13636	2449343	84086

3-2 续表 36 continued

地 区	Region	电信、广播电视和卫星传输服务 Telecommunication, Radio and Television and Satellite Transmission Service				互联网和相关服务 Internet and Related Service			
		年末人数(人) Year-end Figures (person)	#女性 Female	工资总额(千元) Total Wages (1000 yuan)	平均工资(元) Average Wage (yuan)	年末人数(人) Year-end Figures (person)	#女性 Female	工资总额(千元) Total Wages (1000 yuan)	平均工资(元) Average Wage (yuan)
全 国	**National**	**1717671**	**720939**	**158126076**	**91724**	**304397**	**118829**	**48691441**	**157982**
北 京	Beijing	82099	32436	15495792	186672	110736	44304	17515369	152155
天 津	Tianjin	16919	8806	1990456	114066	5989	1942	654119	107373
河 北	Hebei	62530	26961	5035578	79081	2398	855	147865	62681
山 西	Shanxi	43053	19449	2918771	65843	808	310	46568	58503
内蒙古	Inner Mongolia	45952	23222	3181685	67934	480	156	29363	61301
辽 宁	Liaoning	60416	27322	4925876	80411	2289	708	140428	59579
吉 林	Jilin	50008	20463	3422696	67253	1381	680	58312	41831
黑龙江	Heilongjiang	60437	24950	3680661	62720	3735	1640	266088	73101
上 海	Shanghai	36128	14224	6068815	166470	25150	10323	4257353	168089
江 苏	Jiangsu	140396	60882	14918842	106423	24288	9012	2971205	113656
浙 江	Zhejiang	61154	26728	6798768	111004	28146	11082	7474674	270332
安 徽	Anhui	61133	22753	4301863	70330	3505	2041	309686	87359
福 建	Fujian	49466	19163	4276541	86184	5293	2469	378559	71104
江 西	Jiangxi	43160	15016	3179497	73443	1587	707	102706	65543
山 东	Shandong	126492	54166	11327500	88563	11132	4615	681265	65068
河 南	Henan	87211	41325	5335801	62207	9907	5744	606538	62006
湖 北	Hubei	66922	26601	4716170	70306	3870	1593	312206	92151
湖 南	Hunan	55851	23014	4139537	74112	4816	2242	449349	97983
广 东	Guangdong	162044	63073	17913610	110808	36413	10839	10373271	290503
广 西	Guangxi	39489	16053	3383576	85589	841	332	68452	82077
海 南	Hainan	8805	3192	871756	96220	1561	780	111184	74972
重 庆	Chongqing	19957	8603	2022516	100363	9108	2653	916616	99991
四 川	Sichuan	135262	55109	11381379	83453	6623	2306	524677	79161
贵 州	Guizhou	26165	10098	2350563	90458	963	325	50156	52355
云 南	Yunnan	42701	16971	3309134	77572	496	238	15920	33729
西 藏	Tibet	4702	2250	481623	104383				
陕 西	Shaanxi	62782	27606	5834207	93161	2039	595	180450	87174
甘 肃	Gansu	25301	11013	1502992	59647	187	78	9076	49868
青 海	Qinghai	8515	3554	608046	71133				
宁 夏	Ningxia	7148	3678	596443	82507	79	35	4665	56205
新 疆	Xinjiang	25473	12258	2155382	84326	577	225	35321	57903

3-2 续表 37 continued

地 区	Region	软件和信息技术服务业 Software and Information Technology 年末人数(人) Year-end Figures (person)	#女 性 Female	工资总额(千元) Total Wages (1000 yuan)	平均工资(元) Average Wage (yuan)	金融业 Financial Intermediation 年末人数(人) Year-end Figures (person)	#女 性 Female	工资总额(千元) Total Wages (1000 yuan)	平均工资(元) Average Wage (yuan)
全 国	**National**	**1618599**	**582150**	**236357926**	**149001**	**6651660**	**3474420**	**755728374**	**117418**
北 京	Beijing	499391	180897	85277070	172095	514163	284699	119622037	239085
天 津	Tianjin	25567	9916	4067593	160806	160073	79118	16929205	117489
河 北	Hebei	19285	5599	4107605	215611	321685	171058	23214341	75708
山 西	Shanxi	5829	1954	331658	56752	178822	90678	13238096	75683
内蒙古	Inner Mongolia	2054	697	115941	57510	117685	64279	9165965	78570
辽 宁	Liaoning	63141	32832	6020474	98758	270029	148142	21121782	80323
吉 林	Jilin	12716	4701	718481	57956	120865	62710	9791991	81958
黑龙江	Heilongjiang	8719	3297	470609	57957	213468	103034	13223048	64737
上 海	Shanghai	206566	72116	43175881	210768	355147	160903	81047771	226500
江 苏	Jiangsu	108501	35105	17851508	165980	380797	206797	44234483	122648
浙 江	Zhejiang	96804	33882	12040447	131220	463846	271448	58364472	130813
安 徽	Anhui	15484	6392	1131378	77380	222630	119615	16317501	76724
福 建	Fujian	36345	11762	3882735	107549	195733	107081	20599506	108377
江 西	Jiangxi	11220	4602	702464	64785	130064	65770	10643307	83974
山 东	Shandong	44847	18368	3383417	76695	454491	227949	40583127	93405
河 南	Henan	24531	8141	1438590	63652	299962	124863	26178526	91212
湖 北	Hubei	52482	17097	5555681	106770	209698	109643	19171205	93701
湖 南	Hunan	13370	4004	1017330	77035	253367	140532	24245103	97704
广 东	Guangdong	236642	86303	29931005	129490	518184	271388	68018233	135412
广 西	Guangxi	1929	699	97752	52555	142951	78962	12430187	89936
海 南	Hainan	5850	1767	722007	129184	42603	22477	4159111	102747
重 庆	Chongqing	16744	5045	1657408	101000	139834	67092	17342096	126739
四 川	Sichuan	42213	14251	4462504	107996	303938	164943	25514847	87119
贵 州	Guizhou	8855	3490	440910	49730	90315	45207	11547032	132964
云 南	Yunnan	6777	2252	428537	63421	103574	51207	12425589	121529
西 藏	Tibet	113	42	7384	71000	9469	4139	1702434	184146
陕 西	Shaanxi	46715	14928	6863108	165536	203485	107890	16475721	82626
甘 肃	Gansu	2006	655	136858	69506	76216	38207	4555738	60252
青 海	Qinghai	392	11	29280	74315	23772	12002	2093153	88957
宁 夏	Ningxia	555	192	33671	59913	40356	17159	3194866	83872
新 疆	Xinjiang	2956	1153	258640	87408	94438	55428	8577901	92422

3-2 续表 38 continued

地区	Region	货币金融服务 Monetary and Financial Service 年末人数(人) Year-end Figures (person)	#女性 Female	工资总额(千元) Total Wages (1000 yuan)	平均工资(元) Average Wage (yuan)	资本市场服务 Capital Market Service 年末人数(人) Year-end Figures (person)	#女性 Female	工资总额(千元) Total Wages (1000 yuan)	平均工资(元) Average Wage (yuan)
全国	**National**	**3605277**	**1791256**	**505085397**	**140901**	**243872**	**104162**	**63723474**	**264524**
北京	Beijing	197585	108984	58458339	299608	62691	28265	22344888	366568
天津	Tianjin	51728	27572	8991388	173643	1105	483	157629	138880
河北	Hebei	169525	80998	17148289	101729	2912	1513	594480	206776
山西	Shanxi	121845	60486	10905978	89951	2330	1100	420322	184352
内蒙古	Inner Mongolia	86894	44821	7679619	88223	716	313	74687	105490
辽宁	Liaoning	154754	79033	15238326	98661	2712	1323	424360	154201
吉林	Jilin	90449	45835	8315614	91984	3241	1370	283002	88743
黑龙江	Heilongjiang	109555	49421	9093403	83715	1355	578	131668	100510
上海	Shanghai	182938	100491	55471874	304160	26780	11359	6953347	249278
江苏	Jiangsu	208406	102785	32813791	158478	10704	3736	2071267	198854
浙江	Zhejiang	245215	135633	39441453	161958	13964	6354	3853758	280518
安徽	Anhui	112593	51813	11911976	106567	4073	1703	560349	138838
福建	Fujian	102929	51375	14943002	145765	7069	3050	946645	133030
江西	Jiangxi	90687	43521	8520507	94435	1137	465	104439	91533
山东	Shandong	257287	119293	29997720	117215	4888	2243	1099727	228112
河南	Henan	189494	78667	20128498	107196	6389	1378	761251	118741
湖北	Hubei	123405	60159	13020224	106509	8535	3691	1399113	173008
湖南	Hunan	128941	65549	15990494	125042	10321	4650	2741375	249761
广东	Guangdong	271486	136291	40231429	148511	44795	18894	12200093	281342
广西	Guangxi	84658	40450	9706779	114796	1561	631	315288	201077
海南	Hainan	19275	9505	2402381	126142	479	163	114317	246373
重庆	Chongqing	69294	36383	11697369	170233	6132	1907	1957577	320075
四川	Sichuan	142360	70249	16562249	116741	5619	2573	2107034	383725
贵州	Guizhou	64160	30665	9653681	153421	1857	850	136852	74538
云南	Yunnan	74428	36236	10355189	139541	2107	925	454244	218597
西藏	Tibet	8222	3572	1518817	189852	1068	487	163444	153037
陕西	Shaanxi	94688	46147	10654241	112951	6575	3086	1127985	176856
甘肃	Gansu	54962	24893	3520275	64619	357	131	21260	60056
青海	Qinghai	18959	9520	1811203	96407	56	16	7033	115295
宁夏	Ningxia	24488	12698	2514894	103116	400	84	29883	78433
新疆	Xinjiang	54067	28211	6386395	118363	1944	841	166157	87543

3-2 续表 39 continued

地 区	Region	保险业 Insurance				其他金融业 Other Financial Activities			
		年末人数 (人) Year-end Figures (person)	#女 性 Female	工资总额 (千元) Total Wages (1000 yuan)	平均工资 (元) Average Wage (yuan)	年末人数 (人) Year-end Figures (person)	#女 性 Female	工资总额 (千元) Total Wages (1000 yuan)	平均工资 (元) Average Wage (yuan)
全 国	**National**	**2672212**	**1524913**	**164506702**	**65957**	**130299**	**54089**	**22412801**	**192432**
北 京	Beijing	214385	130651	28038980	138777	39502	16799	10779830	255349
天 津	Tianjin	51658	28733	4189943	82037	55582	22330	3590245	89528
河 北	Hebei	148677	88316	5423375	40290	571	231	48197	83386
山 西	Shanxi	53772	28726	1864815	36888	875	366	46981	56063
内蒙古	Inner Mongolia	29656	18965	1383846	48587	419	180	27813	65908
辽 宁	Liaoning	111663	67438	5397519	51461	900	348	61577	70535
吉 林	Jilin	26349	15213	1129155	45006	826	292	64220	80882
黑龙江	Heilongjiang	100621	52642	3864049	41813	1937	393	133928	70046
上 海	Shanghai	143284	48094	17408588	119647	2145	959	1213962	590161
江 苏	Jiangsu	160906	100009	9187459	64514	781	267	161966	207649
浙 江	Zhejiang	202959	128718	14481710	77321	1708	743	587551	365620
安 徽	Anhui	104402	65531	3662478	38432	1562	568	182698	116665
福 建	Fujian	83863	51886	4404491	56039	1872	770	305368	165511
江 西	Jiangxi	37901	21638	1929988	55076	339	146	88373	263015
山 东	Shandong	191246	105983	9259917	53620	1070	430	225763	215012
河 南	Henan	102027	44007	4877424	53730	2052	811	411353	200856
湖 北	Hubei	75568	44507	4323027	59991	2190	1286	428841	194309
湖 南	Hunan	113381	70039	5429813	49919	724	294	83421	160734
广 东	Guangdong	198074	114516	13726377	74506	3829	1687	1860334	488405
广 西	Guangxi	55229	37119	2240446	44299	1503	762	167674	110969
海 南	Hainan	21624	12118	1566964	79072	1225	691	75449	65437
重 庆	Chongqing	62772	28100	3349957	55444	1636	702	337193	213143
四 川	Sichuan	154910	91720	6780539	46910	1049	401	65025	67244
贵 州	Guizhou	21296	12387	1051645	54256	3002	1305	704854	260960
云 南	Yunnan	26236	13729	1527542	60713	803	317	88614	111184
西 藏	Tibet	179	80	20173	113972				
陕 西	Shaanxi	100770	57987	4114387	42293	1452	670	579108	409843
甘 肃	Gansu	20751	13106	999633	48439	146	77	14570	101181
青 海	Qinghai	4602	2413	266322	58869	155	53	8595	54399
宁 夏	Ningxia	15468	4377	650089	48798				
新 疆	Xinjiang	37983	26165	1956051	53632	444	211	69298	142588

3-2 续表 40 continued

地 区	Region	房地产业 Real Estate 年末人数(人) Year-end Figures (person)	#女 性 Female	工资总额(千元) Total Wages (1000 yuan)	平均工资(元) Average Wage (yuan)	房地产开发经营 Development and Management of Real Estate 年末人数(人) Year-end Figures (person)	#女 性 Female	工资总额(千元) Total Wages (1000 yuan)	平均工资(元) Average Wage (yuan)
全 国	**National**	**4317379**	**1611126**	**280210107**	**65497**	**1814877**	**642139**	**151317390**	**83755**
北 京	Beijing	438857	165689	40653276	92832	78867	31387	14881456	184542
天 津	Tianjin	79579	29403	6781734	84337	28916	9619	3904797	133717
河 北	Hebei	121285	49246	5626004	46867	61948	21836	3632986	58361
山 西	Shanxi	34821	13624	1481265	42950	18193	6395	938288	52168
内蒙古	Inner Mongolia	54800	24024	2383694	43850	22865	8171	1189763	51572
辽 宁	Liaoning	119708	42621	6407701	53808	48285	16714	3583519	74339
吉 林	Jilin	67708	25622	2987868	44670	31535	10482	1660977	53463
黑龙江	Heilongjiang	61337	21046	2806071	45376	26843	8507	1483055	54179
上 海	Shanghai	253806	89331	23935836	91814	57729	22033	9474170	163492
江 苏	Jiangsu	222448	90465	16087083	72680	93812	35380	10097951	107224
浙 江	Zhejiang	208787	78469	14563606	71088	63979	25072	7770491	119088
安 徽	Anhui	104582	39854	6216383	60543	62404	21479	4555107	73802
福 建	Fujian	156043	58274	10050185	65110	67502	25564	6115256	91602
江 西	Jiangxi	67068	26210	3454781	53632	47754	17833	2656815	58642
山 东	Shandong	267530	95788	15076771	57331	164499	51577	10941338	67126
河 南	Henan	231375	84014	10936894	48503	152971	50766	8101769	54281
湖 北	Hubei	148977	56135	8193709	55550	82822	26236	5539511	67423
湖 南	Hunan	121540	45069	6440290	53344	70854	24321	4530791	64136
广 东	Guangdong	618253	209093	45306869	74014	160528	57609	17830940	111237
广 西	Guangxi	79589	31215	4119670	52588	42167	16972	2833818	68050
海 南	Hainan	83545	33322	4740628	57788	42970	17195	3230191	76116
重 庆	Chongqing	130140	54212	8323360	63852	52204	18720	4954563	94265
四 川	Sichuan	198387	75701	11370108	59135	87189	32213	6539287	75284
贵 州	Guizhou	87896	32474	4642523	53467	49453	16225	3150036	64102
云 南	Yunnan	112214	42976	5488493	49441	70366	24511	4064243	58389
西 藏	Tibet	2038	811	149061	74456	1158	430	73337	65421
陕 西	Shaanxi	114716	43589	5831225	51205	62096	21644	3976649	63712
甘 肃	Gansu	51748	19479	2431723	46724	30599	10092	1587819	51973
青 海	Qinghai	9411	3853	380019	40880	4808	1802	228636	48185
宁 夏	Ningxia	15117	6497	734913	49217	6493	2374	424228	63736
新 疆	Xinjiang	54074	23020	2608364	49214	23068	8980	1365603	60393

3-2 续表 41 continued

地 区	Region	物业管理 Property Management 年末人数(人) Year-end Figures (person)	#女 性 Female	工资总额(千元) Total Wages (1000 yuan)	平均工资(元) Average Wage (yuan)	房地产中介服务 Agency Services of Real Estate 年末人数(人) Year-end Figures (person)	#女 性 Female	工资总额(千元) Total Wages (1000 yuan)	平均工资(元) Average Wage (yuan)
全 国	**National**	**2047557**	**792522**	**92511209**	**45829**	**246030**	**97458**	**20851771**	**85552**
北 京	Beijing	254965	95101	15234493	60457	47169	17403	5110824	108524
天 津	Tianjin	36068	13796	1502350	41362	12278	5068	1104281	87871
河 北	Hebei	51724	24050	1649417	32842	3243	1598	122624	38854
山 西	Shanxi	13024	5764	404831	31305	460	186	24123	52102
内蒙古	Inner Mongolia	27647	13949	925156	34276	564	237	38888	68950
辽 宁	Liaoning	58793	21071	2057172	35388	3208	1339	186580	58016
吉 林	Jilin	29222	12368	983236	34140	2043	916	81705	39701
黑龙江	Heilongjiang	28566	10297	1013787	35451	906	396	42887	48680
上 海	Shanghai	169387	57488	10222231	59310	16752	6363	3219773	160060
江 苏	Jiangsu	116030	49903	4926431	43097	6323	2760	562256	86701
浙 江	Zhejiang	118805	44441	5124658	44363	14505	4665	727657	58498
安 徽	Anhui	33176	14421	1135814	35320	5022	2458	305650	64853
福 建	Fujian	75039	26300	3258605	43949	6572	3413	310039	46693
江 西	Jiangxi	15510	6916	598447	39222	1400	657	71575	49705
山 东	Shandong	85974	37380	3180077	37944	9384	3913	501922	57251
河 南	Henan	64690	28626	2179125	34807	5926	2229	313524	53466
湖 北	Hubei	57189	25993	2148757	38028	5563	2648	349904	63354
湖 南	Hunan	44707	18204	1570882	35417	3068	1564	188257	64516
广 东	Guangdong	372183	121007	19927902	54578	57283	20914	5317684	90449
广 西	Guangxi	31928	11666	1027171	32851	1579	873	72842	47056
海 南	Hainan	33394	13502	1113629	33718	5967	2222	320813	60010
重 庆	Chongqing	67627	29006	2774010	41521	8939	5750	510924	53050
四 川	Sichuan	82213	33165	3147259	39016	22413	7448	1093163	60352
贵 州	Guizhou	33792	14258	1293412	39101	1698	685	76394	46104
云 南	Yunnan	37573	16560	1234447	33267	1794	800	73450	40738
西 藏	Tibet	831	366	63563	76674	19	7	9223	485421
陕 西	Shaanxi	47303	19788	1601713	34668	829	329	49548	59268
甘 肃	Gansu	19203	8577	710733	36366	291	142	20411	75317
青 海	Qinghai	4314	1923	132641	31195	100	44	6450	64500
宁 夏	Ningxia	8272	3901	290792	36670	251	171	13045	53245
新 疆	Xinjiang	28408	12735	1078468	38819	481	260	25355	54410

3-2 续表 42 continued

地 区	Region	租赁和商务服务业 Leasing and Business Services				租赁业 Leasing			
		年末人数(人) Year-end Figures (person)	#女 性 Female	工资总额(千元) Total Wages (1000 yuan)	平均工资(元) Average Wage (yuan)	年末人数(人) Year-end Figures (person)	#女 性 Female	工资总额(千元) Total Wages (1000 yuan)	平均工资(元) Average Wage (yuan)
全 国	**National**	**4884125**	**1598647**	**370427875**	**76782**	**121770**	**28042**	**9475480**	**78755**
北 京	Beijing	801256	322954	94659075	119151	19491	3810	1604407	82885
天 津	Tianjin	92762	28844	7689437	83380	12152	2908	1288805	108622
河 北	Hebei	126147	29705	4850159	39232	2901	458	136072	46648
山 西	Shanxi	90796	23874	3370504	37776	1771	857	76667	43388
内蒙古	Inner Mongolia	42176	13769	1890530	45155	498	176	38616	80787
辽 宁	Liaoning	118773	32773	5246618	43422	807	211	59756	74695
吉 林	Jilin	57648	20852	2549916	45219	1258	339	42857	36258
黑龙江	Heilongjiang	68933	20967	3306319	48066	751	268	45300	60561
上 海	Shanghai	521972	201343	80004306	151937	17683	3936	2431794	135107
江 苏	Jiangsu	294356	97350	17694374	60258	6597	1957	450676	67588
浙 江	Zhejiang	289528	83197	18548936	65365	4261	1436	257836	71265
安 徽	Anhui	66317	21041	3210637	47667	1584	407	78815	49632
福 建	Fujian	144909	43880	7948768	56934	2493	889	150621	66353
江 西	Jiangxi	53511	15902	2401152	45854	2293	534	82403	36462
山 东	Shandong	206966	65875	12213624	59852	4380	963	265321	61275
河 南	Henan	181284	61222	7029167	40417	6930	1286	298053	46915
湖 北	Hubei	105136	35243	5118098	49220	2640	858	135828	40655
湖 南	Hunan	98775	32594	4568490	46985	1979	514	69636	38838
广 东	Guangdong	711755	227154	48658484	69755	10822	2444	895785	82713
广 西	Guangxi	99695	29801	4741418	48058	1539	541	97112	60771
海 南	Hainan	19421	7346	1033112	53663	897	212	42189	44270
重 庆	Chongqing	125698	32364	5777950	48141	779	211	34712	45375
四 川	Sichuan	155671	40346	8458788	55754	10220	976	464393	48209
贵 州	Guizhou	50478	15406	2527469	50522	1481	464	71275	49155
云 南	Yunnan	104176	24626	4419147	43305	1363	334	66342	43906
西 藏	Tibet	3886	1512	265975	65094	345	41	32291	85653
陕 西	Shaanxi	108886	24225	5746666	50797	1188	294	52062	45311
甘 肃	Gansu	35983	11650	1687019	47145	558	78	14897	36965
青 海	Qinghai	8583	2664	402025	46666	22	8	1605	72955
宁 夏	Ningxia	18209	5441	777438	42957	8	2	301	50167
新 疆	Xinjiang	80439	24727	3632274	48110	2079	630	189053	82737

3-2 续表 43 continued

地 区	Region	商务服务业 Business Services 年末人数(人) Year-end Figures (person)	#女 性 Female	工资总额(千元) Total Wages (1000 yuan)	平均工资(元) Average Wage (yuan)	科学研究和技术服务业 Scientific Research and Technical Services 年末人数(人) Year-end Figures (person)	#女 性 Female	工资总额(千元) Total Wages (1000 yuan)	平均工资(元) Average Wage (yuan)
全 国	**National**	**4762355**	**1570605**	**360952395**	**76732**	**4195578**	**1320209**	**403726872**	**96638**
北 京	Beijing	781765	319144	93054668	120057	689751	246344	95940281	139990
天 津	Tianjin	80610	25936	6400632	79652	114870	30570	14959720	128067
河 北	Hebei	123246	29247	4714087	39053	163514	48768	11913859	74020
山 西	Shanxi	89025	23017	3293837	37662	72279	23380	4354435	60446
内蒙古	Inner Mongolia	41678	13593	1851914	44743	59023	19454	3841037	65192
辽 宁	Liaoning	117966	32562	5186862	43213	138379	45219	9650944	70180
吉 林	Jilin	56390	20513	2507059	45411	76412	25088	4808358	62900
黑龙江	Heilongjiang	68182	20699	3261019	47929	111223	29824	7493748	68514
上 海	Shanghai	504289	197407	77572512	152533	231873	76763	37858187	163297
江 苏	Jiangsu	287759	95393	17243698	60087	218060	67222	21744345	100375
浙 江	Zhejiang	285267	81761	18291100	65289	186126	62491	18271818	99537
安 徽	Anhui	64733	20634	3131822	47620	90792	23896	6640355	73035
福 建	Fujian	142416	42991	7798147	56779	87225	26104	6847221	79317
江 西	Jiangxi	51218	15368	2318749	46278	61517	16712	4591650	74844
山 东	Shandong	202586	64912	11948303	59821	177964	54757	13764668	78755
河 南	Henan	174354	59936	6731114	40170	177763	53159	10378638	59171
湖 北	Hubei	102496	34385	4982270	49504	158489	41886	12581591	81015
湖 南	Hunan	96796	32080	4498854	47138	117432	34278	7193612	62232
广 东	Guangdong	700933	224710	47762699	69551	322682	104216	35568237	111233
广 西	Guangxi	98156	29260	4644306	47848	88998	29774	6107949	68957
海 南	Hainan	18524	7134	990923	54152	21153	6677	1461189	68888
重 庆	Chongqing	124919	32153	5743238	48159	80907	25262	7493084	92787
四 川	Sichuan	145451	39370	7994395	56265	210659	63722	18951005	91309
贵 州	Guizhou	48997	14942	2456194	50563	73220	21580	5247713	72107
云 南	Yunnan	102813	24292	4352805	43296	101106	30149	7698054	73883
西 藏	Tibet	3541	1471	233684	63005	11516	3549	1165409	103906
陕 西	Shaanxi	107698	23931	5694604	50854	182434	57528	14006118	72786
甘 肃	Gansu	35425	11572	1672122	47260	68895	18720	5099543	75114
青 海	Qinghai	8561	2656	400420	46598	22060	6900	1735672	78808
宁 夏	Ningxia	18201	5439	777137	42955	15587	4704	1188518	76339
新 疆	Xinjiang	78360	24097	3443221	47030	63669	21513	5169914	79944

3-2 续表 44 continued

地区 Region	研究和试验发展 Research and Experimental Development				专业技术服务业 Professional Technical Services			
	年末人数(人) Year-end Figures (person)	#女性 Female	工资总额(千元) Total Wages (1000 yuan)	平均工资(元) Average Wage (yuan)	年末人数(人) Year-end Figures (person)	#女性 Female	工资总额(千元) Total Wages (1000 yuan)	平均工资(元) Average Wage (yuan)
全国 National	**837100**	**298487**	**94249182**	**112602**	**2676530**	**775119**	**252766221**	**94702**
北京 Beijing	179961	67406	28688301	160973	314703	103160	42661874	134665
天津 Tianjin	15062	5168	1671952	113940	93555	23513	12669247	132153
河北 Hebei	18951	5686	1947400	102727	136760	40336	9469957	70619
山西 Shanxi	15631	5691	961533	61720	50757	15388	3076176	60840
内蒙古 Inner Mongolia	5628	2293	384302	68810	44812	14461	2882552	64468
辽宁 Liaoning	28416	10193	2305010	82646	93603	29399	6520294	69852
吉林 Jilin	13132	4695	1018084	77397	54420	17220	3314994	60639
黑龙江 Heilongjiang	10532	3637	808709	76619	91451	23194	6107429	68099
上海 Shanghai	79170	27970	14023713	177770	131527	41627	20636524	156910
江苏 Jiangsu	46004	15375	6014011	132906	140680	39172	13555106	96557
浙江 Zhejiang	21856	7425	2822944	132284	113190	31722	11677035	103133
安徽 Anhui	10817	3243	656464	60868	70014	17808	5394824	77206
福建 Fujian	6178	2275	546351	89875	72874	21258	5768574	79910
江西 Jiangxi	9920	3565	715305	72049	46525	11813	3547394	76556
山东 Shandong	28145	10632	2486453	92834	123747	35213	9827422	80255
河南 Henan	31477	10246	2023634	64925	113924	33213	6933112	61211
湖北 Hubei	27853	9128	1906660	73702	106179	25453	9491040	89944
湖南 Hunan	14662	4618	1103374	75336	66830	17399	4842783	73520
广东 Guangdong	46796	17207	5680495	120439	251620	77726	27685387	111526
广西 Guangxi	13149	5378	941020	71686	60185	19800	4236995	70875
海南 Hainan	4137	1450	251328	60299	15146	4546	1095723	72641
重庆 Chongqing	18421	7424	1445759	78930	54126	15164	5498226	101661
四川 Sichuan	77741	28124	7265398	93795	117754	31146	10721735	93365
贵州 Guizhou	6099	2084	494196	81175	38813	10145	2991758	77191
云南 Yunnan	10687	4073	733413	69209	61433	16588	4893863	75745
西藏 Tibet	1077	446	139435	129707	9452	2773	964623	105239
陕西 Shaanxi	70663	24664	5287356	66526	84767	22886	7010724	81742
甘肃 Gansu	13785	4164	981464	75515	44306	10957	3369388	76462
青海 Qinghai	2623	982	252520	95111	14160	4119	1101615	78057
宁夏 Ningxia	1611	568	130128	80525	11426	3222	877455	77105
新疆 Xinjiang	6916	2677	562470	81329	47791	14698	3942392	80798

3-2 续表 45 continued

地 区 Region	科技推广和应用服务业 Science and Technology Popularization and Application Services				水利、环境和公共设施管理业 Management of Water Conservancy, Environment and Public Facilites			
	年末人数（人） Year-end Figures (person)	#女 性 Female	工资总额（千元） Total Wages (1000 yuan)	平均工资（元） Average Wage (yuan)	年末人数（人） Year-end Figures (person)	#女 性 Female	工资总额（千元） Total Wages (1000 yuan)	平均工资（元） Average Wage (yuan)
全 国 National	**681948**	**246603**	**56711469**	**84436**	**2695962**	**1102607**	**127822982**	**47750**
北 京 Beijing	195087	75778	24590106	129207	103131	34811	8053521	76948
天 津 Tianjin	6253	1889	618521	98648	44223	13769	3700167	82499
河 北 Hebei	7803	2746	496502	62864	118743	44780	4727304	40292
山 西 Shanxi	5891	2301	316726	53710	97995	42725	2868123	29411
内蒙古 Inner Mongolia	8583	2700	574183	66603	82743	36529	3467403	41715
辽 宁 Liaoning	16360	5627	825640	50706	143686	53631	4935130	34416
吉 林 Jilin	8860	3173	475280	55118	85471	33223	2878592	33912
黑龙江 Heilongjiang	9240	2993	577610	63224	111348	39114	3877083	35519
上 海 Shanghai	21176	7166	3197950	149221	85936	30234	6764156	78432
江 苏 Jiangsu	31376	12675	2175228	70178	154435	63228	9367371	60723
浙 江 Zhejiang	51080	23344	3771839	76968	106459	42728	6455612	61104
安 徽 Anhui	9961	2845	589067	57420	77947	29003	3585089	46332
福 建 Fujian	8173	2571	532296	66042	56246	21940	2871149	51083
江 西 Jiangxi	5072	1334	328951	64690	71270	30945	2989493	42849
山 东 Shandong	26072	8912	1450793	56803	175967	70784	8025881	45799
河 南 Henan	32362	9700	1421892	45919	130455	52001	5332834	41903
湖 北 Hubei	24457	7305	1183891	49521	114037	43922	4978742	45147
湖 南 Hunan	35940	12261	1247455	35562	81784	31063	3371720	41319
广 东 Guangdong	24266	9283	2202355	90420	168570	70051	9019162	53716
广 西 Guangxi	15664	4596	929934	59352	85160	43362	3436949	40320
海 南 Hainan	1870	681	114138	58263	30949	16354	1368445	45453
重 庆 Chongqing	8360	2674	549099	65721	65275	30368	3101726	48241
四 川 Sichuan	15164	4452	963872	63196	129658	62576	5677492	44041
贵 州 Guizhou	28308	9351	1761759	63075	51883	27937	2002798	40230
云 南 Yunnan	28986	9488	2070778	71443	74652	33186	3427642	46529
西 藏 Tibet	987	330	61351	62924	1636	740	108314	66943
陕 西 Shaanxi	27004	9978	1708038	62835	96135	38941	3957580	41151
甘 肃 Gansu	10804	3599	748691	69144	59106	24523	2952078	50595
青 海 Qinghai	5277	1799	381537	72591	10636	4958	586735	55415
宁 夏 Ningxia	2550	914	180935	70321	23359	9817	1164404	48789
新 疆 Xinjiang	8962	4138	665052	74225	57067	25364	2770287	48099

3-2 续表 46 continued

地区 Region		水利管理业 Management of Water Conservancy				生态保护和环境治理业 Ecological Protection and Environmental Treatment			
		年末人数(人) Year-end Figures (person)	#女性 Female	工资总额(千元) Total Wages (1000 yuan)	平均工资(元) Average Wage (yuan)	年末人数(人) Year-end Figures (person)	#女性 Female	工资总额(千元) Total Wages (1000 yuan)	平均工资(元) Average Wage (yuan)
全国	**National**	**466843**	**132070**	**28328059**	**60880**	**132550**	**42262**	**8482590**	**64299**
北京	Beijing	8906	2778	883879	99402	9159	2765	1038592	114787
天津	Tianjin	7761	2405	832772	105481	976	347	101295	103362
河北	Hebei	21672	6679	1180771	54640	5812	2038	301444	52108
山西	Shanxi	14213	4566	649014	45834	3245	1129	130200	40260
内蒙古	Inner Mongolia	14458	4824	923450	63831	3969	1311	209964	51997
辽宁	Liaoning	20932	5986	915483	43978	7282	2439	282170	38792
吉林	Jilin	16752	5295	687822	40801	3325	1119	112947	33979
黑龙江	Heilongjiang	16703	4589	805275	48177	3294	697	153222	46743
上海	Shanghai	4082	1236	459173	110885	4951	1703	544822	110065
江苏	Jiangsu	32724	9385	2626426	80351	6693	2056	445844	66415
浙江	Zhejiang	8988	2229	924389	102346	4829	1430	369521	78455
安徽	Anhui	19562	5081	1110549	56516	2022	570	120981	60040
福建	Fujian	8199	1951	523933	64019	3306	1019	250461	75101
江西	Jiangxi	9616	2276	557392	58908	1288	340	83389	65199
山东	Shandong	25787	6942	1814923	70280	4248	1343	298599	72758
河南	Henan	31536	9120	1467937	47216	5034	1631	242550	49419
湖北	Hubei	28075	6877	1362327	50605	5942	1876	399371	68292
湖南	Hunan	18706	5116	837666	44721	3971	1232	199699	51100
广东	Guangdong	27210	6732	1640725	60188	10923	3168	843376	77774
广西	Guangxi	13475	3588	751690	55875	4209	1617	202598	47292
海南	Hainan	3069	782	184368	61272	1879	453	82233	43671
重庆	Chongqing	4733	1518	310802	66710	3767	1231	281674	75719
四川	Sichuan	13517	3937	979547	71799	10331	4078	522208	50275
贵州	Guizhou	6244	1771	437217	70360	1467	445	82357	56916
云南	Yunnan	13123	3640	942254	72370	6395	1729	344637	54120
西藏	Tibet	190	59	20767	109300	100	43	10094	98961
陕西	Shaanxi	28036	8628	1389024	49571	4574	1535	248439	54399
甘肃	Gansu	21922	6182	1270329	58035	4511	1385	281083	62324
青海	Qinghai	3976	1119	312627	77729	554	153	39994	73383
宁夏	Ningxia	5453	1445	403846	73068	1943	617	109829	56995
新疆	Xinjiang	17223	5334	1121682	64972	2551	763	148997	57109

3-2 续表 47 continued

地 区	Region	公共设施管理业 Management of Public Facilities				居民服务、修理和其他服务业 Service to Households, Repair and Other Services			
		年末人数 (人) Year-end Figures (person)	#女 性 Female	工资总额 (千元) Total Wages (1000 yuan)	平均工资 (元) Average Wage (yuan)	年末人数 (人) Year-end Figures (person)	#女 性 Female	工资总额 (千元) Total Wages (1000 yuan)	平均工资 (元) Average Wage (yuan)
全 国	**National**	**2096569**	**928275**	**91012333**	**43763**	**753757**	**328752**	**35777599**	**47577**
北 京	Beijing	85066	29268	6131050	70698	85803	43599	4417731	52025
天 津	Tianjin	35486	11017	2766100	76887	93733	28982	4022122	41777
河 北	Hebei	91259	36063	3245089	36085	25277	9885	896383	35634
山 西	Shanxi	80537	37030	2088909	26071	6249	2458	228918	36307
内蒙古	Inner Mongolia	64316	30394	2333989	36120	8340	3526	295631	38082
辽 宁	Liaoning	115472	45206	3737477	32414	24087	9631	947306	39022
吉 林	Jilin	65394	26809	2077823	32114	25393	13283	826164	32797
黑龙江	Heilongjiang	91351	33828	2918586	32734	39937	17882	2347203	55411
上 海	Shanghai	76903	27295	5760161	74661	63045	30526	4176851	66280
江 苏	Jiangsu	115018	51787	6295101	54805	32066	11365	1915215	57905
浙 江	Zhejiang	92642	39069	5161702	56162	22543	9849	1308056	58157
安 徽	Anhui	56363	23352	2353559	42244	9521	2899	415012	44353
福 建	Fujian	44741	18970	2096755	46921	27023	15287	1203109	48040
江 西	Jiangxi	60366	28329	2348712	39790	9908	3403	509549	51631
山 东	Shandong	145932	62499	5912359	40687	32264	12100	1407067	44511
河 南	Henan	93885	41250	3622347	39689	31206	12813	1090926	36848
湖 北	Hubei	80020	35169	3217044	41505	14343	6960	623895	43921
湖 南	Hunan	59107	24715	2334355	39590	16950	7486	770293	45946
广 东	Guangdong	130437	60151	6535061	50347	77464	34136	3823494	49297
广 西	Guangxi	67476	38157	2482661	36778	7417	3110	334324	45729
海 南	Hainan	26001	15119	1101844	43698	4397	2750	165828	39352
重 庆	Chongqing	56775	27619	2509250	44874	15380	8191	692393	46015
四 川	Sichuan	105810	54561	4175737	39813	22187	10417	1049867	47806
贵 州	Guizhou	44172	25721	1483224	35212	13571	6585	502281	38246
云 南	Yunnan	55134	27817	2140751	39440	15734	7636	599513	38581
西 藏	Tibet	1346	638	77453	58411	2247	1948	107914	48985
陕 西	Shaanxi	63525	28778	2320117	36490	15697	6328	602387	38405
甘 肃	Gansu	32673	16956	1400666	43842	3267	1086	124816	38823
青 海	Qinghai	6106	3686	234114	38883	866	303	32836	37917
宁 夏	Ningxia	15963	7755	650729	39650	750	311	31866	41492
新 疆	Xinjiang	37293	19267	1499608	39753	7092	4017	308649	42785

3-2 续表 48 continued

地 区	Region	居民服务业 Service to Households 年末人数(人) Year-end Figures (person)	#女 性 Female	工资总额(千元) Total Wages (1000 yuan)	平均工资(元) Average Wage (yuan)	机动车、电子产品和日用产品修理业 Repair of Motor Vehicle, Electronics and Household Products 年末人数(人) Year-end Figures (person)	#女 性 Female	工资总额(千元) Total Wages (1000 yuan)	平均工资(元) Average Wage (yuan)
全 国	**National**	**308848**	**146638**	**15379197**	**49888**	**121667**	**32137**	**6842862**	**56052**
北 京	Beijing	27768	14890	1624588	58229	22067	6050	1438094	64029
天 津	Tianjin	12573	4233	636671	49126	2178	425	115401	52431
河 北	Hebei	16310	6030	578612	35185	2724	746	102139	37914
山 西	Shanxi	3392	1502	107230	31217	775	311	24769	31513
内蒙古	Inner Mongolia	5210	2351	206956	39861	385	124	17633	46160
辽 宁	Liaoning	14243	6875	490070	34144	2525	591	87247	33262
吉 林	Jilin	12950	6336	470655	37419	1884	585	68387	36184
黑龙江	Heilongjiang	28856	15051	1726270	55084	1735	447	99579	62198
上 海	Shanghai	14958	8665	1241118	82505	19449	5546	1419767	72168
江 苏	Jiangsu	12430	4761	717774	57546	7012	2060	506915	73317
浙 江	Zhejiang	12224	4740	763942	62291	3193	674	229901	65017
安 徽	Anhui	3852	1620	189189	48823	933	202	36090	38599
福 建	Fujian	16550	10562	751563	50716	2105	557	114328	54364
江 西	Jiangxi	7655	2702	385078	50515	1060	271	44300	42231
山 东	Shandong	14011	5774	584109	43219	7206	1854	359436	49571
河 南	Henan	16275	7771	565492	36479	7356	1724	274581	38898
湖 北	Hubei	7458	4070	327451	44906	1876	532	75183	40226
湖 南	Hunan	12091	5436	586331	49205	1364	435	59080	43061
广 东	Guangdong	23889	10584	1390193	58311	13097	3245	814901	62069
广 西	Guangxi	3114	1132	167692	53955	1529	320	56025	38268
海 南	Hainan	1090	606	41513	38906	495	120	18570	37744
重 庆	Chongqing	4686	2384	235584	50598	1957	473	100904	50808
四 川	Sichuan	7954	3658	382617	49294	6328	1883	303819	48456
贵 州	Guizhou	8825	4429	334800	38224	2025	538	83785	42124
云 南	Yunnan	7661	4282	325117	42505	2594	655	87471	33183
西 藏	Tibet	65	29	4411	68922	86	17	5773	67128
陕 西	Shaanxi	6834	3344	268803	38844	5960	1334	222199	38009
甘 肃	Gansu	1984	857	84961	43436	763	164	28650	37697
青 海	Qinghai	446	186	17164	39098	327	72	11850	35479
宁 夏	Ningxia	611	266	24499	39451	66	25	4063	58884
新 疆	Xinjiang	2883	1512	148744	51150	613	157	32022	51482

3-2 续表 49 continued

地 区	Region	其他服务业 Other Services 年末人数(人) Year-end Figures (person)	#女 性 Female	工资总额(千元) Total Wages (1000 yuan)	平均工资(元) Average Wage (yuan)	教 育 Education 年末人数(人) Year-end Figures (person)	#女 性 Female	工资总额(千元) Total Wages (1000 yuan)	平均工资(元) Average Wage (yuan)
全 国	**National**	**323242**	**149977**	**13555540**	**42145**	**17292418**	**9520270**	**1278707160**	**74498**
北 京	Beijing	35968	22659	1355049	39213	486258	299753	57851786	120573
天 津	Tianjin	78982	24324	3270050	40314	179583	111055	20634835	115539
河 北	Hebei	6243	3109	215632	35843	881037	559484	56058042	63967
山 西	Shanxi	2082	645	96919	46506	512600	320360	31904514	62548
内蒙古	Inner Mongolia	2745	1051	71042	32454	350763	204632	27030575	77184
辽 宁	Liaoning	7319	2165	369989	50683	537140	313117	35648901	66890
吉 林	Jilin	10559	6362	287122	26779	361559	211765	23650962	65436
黑龙江	Heilongjiang	9346	2384	521354	55345	430329	244791	29425856	68288
上 海	Shanghai	28638	16315	1515966	53564	296841	190234	31640475	106941
江 苏	Jiangsu	12624	4544	690526	50448	949661	528083	83623121	88282
浙 江	Zhejiang	7126	4435	314213	46954	714036	448464	72984116	102888
安 徽	Anhui	4736	1077	189733	41727	645533	295518	41286203	64322
福 建	Fujian	8368	4168	337218	41519	521430	295158	38935448	75773
江 西	Jiangxi	1193	430	80171	66977	519625	253286	32844877	63924
山 东	Shandong	11047	4472	463522	42737	1171795	601484	94066310	81165
河 南	Henan	7575	3318	250853	35607	1245544	669531	67936838	55087
湖 北	Hubei	5009	2358	221261	43866	729414	327288	46310166	65298
湖 南	Hunan	3495	1615	124882	35917	677330	351179	43818433	64965
广 东	Guangdong	40478	20307	1618400	39872	1256021	735479	103878844	83234
广 西	Guangxi	2774	1658	110607	40382	618322	349614	36907488	60395
海 南	Hainan	2812	2024	105745	39829	130932	70434	9839111	75219
重 庆	Chongqing	8737	5334	355905	42344	418335	223559	31603246	76236
四 川	Sichuan	7905	4876	363431	45836	943555	487630	65314122	69737
贵 州	Guizhou	2721	1618	83696	35093	542636	270326	39069022	72580
云 南	Yunnan	5479	2699	186925	35578	598231	310481	45627079	76918
西 藏	Tibet	2096	1902	97730	47604	49391	24834	5637267	116605
陕 西	Shaanxi	2903	1650	111385	38159	580567	309219	36826786	62813
甘 肃	Gansu	520	65	11205	22455	386669	174149	26868629	69690
青 海	Qinghai	93	45	3822	41097	77348	41036	6122068	79151
宁 夏	Ningxia	73	20	3304	42359	88625	47672	6231468	70801
新 疆	Xinjiang	3596	2348	127883	34713	391308	250655	29130572	75080

3-2 续表 50 continued

地 区	Region	初等教育 Primary Education 年末人数(人) Year-end Figures (person)	#女 性 Female	工资总额(千元) Total Wages (1000 yuan)	平均工资(元) Average Wage (yuan)	中等教育 Secondary Education 年末人数(人) Year-end Figures (person)	#女 性 Female	工资总额(千元) Total Wages (1000 yuan)	平均工资(元) Average Wage (yuan)
全 国	**National**	**5927071**	**3534832**	**406221892**	**69031**	**7445982**	**3814576**	**545650477**	**73763**
北 京	Beijing	74526	56291	8601626	117677	102718	69225	13170536	128423
天 津	Tianjin	31955	24609	3603883	114007	57194	36918	6648479	116218
河 北	Hebei	349169	235158	20730541	59599	390992	239016	24718008	63693
山 西	Shanxi	177855	122968	10559927	59676	243050	144199	15143721	62644
内蒙古	Inner Mongolia	134953	82441	10384596	76950	145411	81865	11410763	78617
辽 宁	Liaoning	143440	95513	9000545	63046	226946	134130	14761502	65275
吉 林	Jilin	130266	82914	7685417	58965	147954	86437	9245677	62532
黑龙江	Heilongjiang	123115	74756	7779282	63277	186321	108060	12243754	65595
上 海	Shanghai	41759	32360	4327330	104235	90332	58036	10298460	114105
江 苏	Jiangsu	296745	187035	25020416	84496	397988	197198	36151410	90767
浙 江	Zhejiang	213068	147373	21320396	100900	271486	150793	30101132	111503
安 徽	Anhui	224634	113124	13725224	61198	311699	125779	19816614	64037
福 建	Fujian	193476	124735	13308472	69687	214447	99109	16333728	76964
江 西	Jiangxi	223670	122466	13082446	58954	210884	89071	12889272	61957
山 东	Shandong	362155	202731	26944361	75414	581005	282728	46736874	81237
河 南	Henan	419970	246162	21873166	52517	621339	322322	33854521	54814
湖 北	Hubei	207936	105950	12000078	59960	341788	134531	20935294	63064
湖 南	Hunan	187588	109249	10937095	58517	359384	173943	22536917	62932
广 东	Guangdong	447772	281636	34295576	76813	531447	283315	44337666	83693
广 西	Guangxi	281940	170716	16100305	57567	247647	127865	14993028	61237
海 南	Hainan	50813	26714	3890135	76204	53900	26698	4056309	75522
重 庆	Chongqing	151285	89645	10407994	69433	185866	91382	14739004	79950
四 川	Sichuan	367969	203975	23546853	64538	387368	184629	27634303	71685
贵 州	Guizhou	249024	127221	17845603	72096	220742	100067	16368708	74752
云 南	Yunnan	282484	148745	21162921	75426	223710	109977	17662958	79586
西 藏	Tibet	25499	12915	2854493	114052	17410	8292	2084508	122676
陕 西	Shaanxi	187648	107954	11010702	58641	231372	118777	13978797	60532
甘 肃	Gansu	140841	67382	9323157	66493	182734	75779	12574037	68906
青 海	Qinghai	29064	14869	2368480	81700	33332	17389	2798046	83466
宁 夏	Ningxia	31303	18519	2070461	66316	41127	19827	3028664	74438
新 疆	Xinjiang	145149	98706	10460411	72677	188389	117219	14397787	76959

3-2 续表 51 continued

地 区	Region	高等教育 Senior Education				卫生和社会工作 Health and Social Service			
		年末人数 (人) Year-end Figures (person)	#女 性 Female	工资总额 (千元) Total Wages (1000 yuan)	平均工资 (元) Average Wage (yuan)	年末人数 (人) Year-end Figures (person)	#女 性 Female	工资总额 (千元) Total Wages (1000 yuan)	平均工资 (元) Average Wage (yuan)
全 国	**National**	**2220281**	**1045291**	**218559594**	**98950**	**8669874**	**5569469**	**682555820**	**80026**
北 京	Beijing	173784	84000	24540347	141518	285829	204121	41772995	147903
天 津	Tianjin	49323	23947	6284555	128524	100956	68114	11516541	115367
河 北	Hebei	84738	43916	7458110	88433	377419	246660	21798471	58566
山 西	Shanxi	51645	26064	4163754	81105	204858	133858	10380498	51145
内蒙古	Inner Mongolia	36823	17474	3008578	81982	157028	96750	10609944	68009
辽 宁	Liaoning	105937	48989	8546525	82678	313038	193774	19402694	62230
吉 林	Jilin	61500	28690	5403936	87815	187229	121278	11765623	63307
黑龙江	Heilongjiang	49746	24223	3619917	72629	229192	145376	14202946	62122
上 海	Shanghai	87406	40487	10485983	120245	189476	130589	23788827	125181
江 苏	Jiangsu	157462	75447	15571405	99612	494518	321834	44848803	92202
浙 江	Zhejiang	104626	50848	13250528	125889	442875	300383	50827824	117116
安 徽	Anhui	72612	33280	5868827	81715	305457	189227	21260788	71104
福 建	Fujian	58100	28664	6247491	108341	228475	151375	19660406	87997
江 西	Jiangxi	52844	22452	5110378	97666	247726	152404	17233718	70701
山 东	Shandong	127133	56219	13820066	109711	624603	389025	48051783	78411
河 南	Henan	104649	47424	7134185	70579	584493	347825	35078115	61045
湖 北	Hubei	126674	57242	10580544	84341	434794	254507	29223236	69692
湖 南	Hunan	83540	39788	7961699	95948	393986	251042	30144818	77796
广 东	Guangdong	132729	63849	16328384	124519	634840	414031	59239540	94663
广 西	Guangxi	50128	23833	4092836	83720	316696	213619	22331640	71529
海 南	Hainan	12653	6696	1281853	102262	62500	41356	4615667	74765
重 庆	Chongqing	48150	21325	4693138	98068	197187	127004	16991342	87162
四 川	Sichuan	109826	49443	9757275	89258	484813	305128	38663911	82150
贵 州	Guizhou	35620	17915	2650065	75060	205050	131761	14785020	73553
云 南	Yunnan	41364	20341	3961790	96462	263162	180092	18436836	71550
西 藏	Tibet	4090	2078	443333	109790	19400	10544	2059632	109091
陕 西	Shaanxi	111853	50646	9187216	77539	266543	172603	16285714	61509
甘 肃	Gansu	37922	16343	3365047	88799	145362	89572	8804159	61593
青 海	Qinghai	5252	2507	411631	79312	40850	24551	2641312	65582
宁 夏	Ningxia	9942	5214	763589	76913	45892	31628	3194329	71110
新 疆	Xinjiang	32210	15947	2566609	81111	185627	129438	12938688	70796

3-2 续表 52 continued

地 区	Region	卫 生 Health 年末人数(人) Year-end Figures (person)	#女 性 Female	工资总额(千元) Total Wages (1000 yuan)	平均工资(元) Average Wage (yuan)	社会工作 Social Service 年末人数(人) Year-end Figures (person)	#女 性 Female	工资总额(千元) Total Wages (1000 yuan)	平均工资(元) Average Wage (yuan)
全 国	**National**	**8468189**	**5453899**	**670995974**	**80569**	**201685**	**115570**	**11559846**	**57524**
北 京	Beijing	270552	194514	40799733	152655	15277	9607	973262	64161
天 津	Tianjin	97370	65877	11280320	117236	3586	2237	236221	65508
河 北	Hebei	368715	241571	21355490	58815	8704	5089	442981	48626
山 西	Shanxi	200571	131448	10186312	51266	4287	2410	194186	45519
内蒙古	Inner Mongolia	152227	94207	10333661	68334	4801	2543	276283	57727
辽 宁	Liaoning	302059	188115	18911382	62841	10979	5659	491312	45286
吉 林	Jilin	182202	118831	11544752	63846	5027	2447	220871	43937
黑龙江	Heilongjiang	222565	142431	13805117	62194	6627	2945	397829	59725
上 海	Shanghai	183352	126493	23346268	127014	6124	4096	442559	71071
江 苏	Jiangsu	486200	316957	44206038	92456	8318	4877	642765	77554
浙 江	Zhejiang	431637	292519	50131076	118563	11238	7864	696748	62360
安 徽	Anhui	302068	187229	21100782	71366	3389	1998	160006	47949
福 建	Fujian	221402	147146	19254923	88959	7073	4229	405483	58134
江 西	Jiangxi	243054	149581	17003115	71112	4672	2823	230603	49581
山 东	Shandong	613935	383260	47398021	78710	10668	5765	653762	61478
河 南	Henan	576809	343872	34720998	61222	7684	3953	357117	47622
湖 北	Hubei	424838	249285	28701900	70094	9956	5222	521336	52965
湖 南	Hunan	386938	247389	29806998	78340	7048	3653	337820	48226
广 东	Guangdong	617176	403397	58068770	95466	17664	10634	1170770	66794
广 西	Guangxi	311385	209895	22094312	71983	5311	3724	237328	45068
海 南	Hainan	61546	40838	4555769	74956	954	518	59898	62589
重 庆	Chongqing	191474	123806	16743238	88472	5713	3198	248104	43596
四 川	Sichuan	473991	298971	37989623	82601	10822	6157	674288	62847
贵 州	Guizhou	201689	130070	14581576	73766	3361	1691	203444	60948
云 南	Yunnan	257478	177130	18080938	71747	5684	2962	355898	62813
西 藏	Tibet	18690	10205	1999764	109847	710	339	59868	88693
陕 西	Shaanxi	259987	168945	15995288	61928	6556	3658	290426	44812
甘 肃	Gansu	142969	88323	8655916	61589	2393	1249	148243	61819
青 海	Qinghai	38906	23558	2522685	65935	1944	993	118627	58872
宁 夏	Ningxia	44440	30753	3100530	71329	1452	875	93799	64555
新 疆	Xinjiang	181964	127283	12720679	71023	3663	2155	218009	59663

3-2 续表 53 continued

地区	Region	文化、体育和娱乐业 Culture, Sports and Entertainment				新闻和出版业 Journalism and Publishing Activities			
		年末人数（人）Year-end Figures (person)	#女性 Female	工资总额（千元）Total Wages (1000 yuan)	平均工资（元）Average Wage (yuan)	年末人数（人）Year-end Figures (person)	#女性 Female	工资总额（千元）Total Wages (1000 yuan)	平均工资（元）Average Wage (yuan)
全国	**National**	**1507728**	**680548**	**120444119**	**79875**	**325197**	**147869**	**31808842**	**96996**
北京	Beijing	186619	93221	25952060	139087	69451	37460	10957542	158113
天津	Tianjin	21217	9510	2393625	111368	3510	1632	385066	106342
河北	Hebei	55019	24372	2825797	51507	9572	3761	639084	66523
山西	Shanxi	45774	21273	2255437	49041	9517	4606	526986	53829
内蒙古	Inner Mongolia	35319	17204	2304437	65311	7435	3799	438378	58295
辽宁	Liaoning	50434	23343	2637197	52202	10869	4622	641130	58433
吉林	Jilin	35368	15646	1985922	55335	6801	3038	349287	49057
黑龙江	Heilongjiang	39209	16448	2175378	55056	7296	3457	421737	58283
上海	Shanghai	60328	28276	8104561	129644	11312	5929	1701907	146590
江苏	Jiangsu	78676	36619	6629498	84242	15513	7447	1447017	92237
浙江	Zhejiang	68156	33345	6656378	97257	12435	5983	1554282	125436
安徽	Anhui	33637	14778	1894544	55773	6235	2789	473228	73815
福建	Fujian	42166	18729	2821193	67018	6814	2838	620556	89676
江西	Jiangxi	42201	17563	2558222	61272	8203	3905	551354	67767
山东	Shandong	70043	29894	5419737	77462	13694	6055	1114065	81153
河南	Henan	77922	32344	3989947	51908	15533	5110	958735	61418
湖北	Hubei	64532	27062	3921690	61018	17980	6857	1182373	65231
湖南	Hunan	56584	24900	3887594	69158	9667	3902	663354	68628
广东	Guangdong	117919	49104	11104237	93300	24386	8487	2903408	114592
广西	Guangxi	32498	14473	2016134	62365	6772	3069	496019	75786
海南	Hainan	12513	5565	790064	63699	2732	1254	211581	76163
重庆	Chongqing	29130	11716	1892421	65146	9288	3081	644591	69648
四川	Sichuan	60750	27508	3831941	64885	13601	6242	887301	64522
贵州	Guizhou	22983	10398	1528834	67427	4247	2060	314818	74145
云南	Yunnan	36325	16897	2299241	63017	5145	2350	425194	81973
西藏	Tibet	7390	3333	865445	117844	649	280	87381	134639
陕西	Shaanxi	49785	22419	2774656	55946	6212	2814	456199	72968
甘肃	Gansu	27213	12181	1599785	58837	3028	1407	212414	70452
青海	Qinghai	8054	3562	540237	67319	729	371	41948	55195
宁夏	Ningxia	10154	4836	669890	66563	1169	586	106842	91240
新疆	Xinjiang	29810	14029	2118017	71168	5402	2678	395065	71311

3-2 续表 54 continued

地区 Region	广播、电视、电影和影视录音制作业 Radio, Television, Motion Picture and Videotape Programme Production Services				文化艺术业 Cultural and Art Activities			
	年末人数（人） Year-end Figures (person)	#女性 Female	工资总额（千元） Total Wages (1000 yuan)	平均工资（元） Average Wage (yuan)	年末人数（人） Year-end Figures (person)	#女性 Female	工资总额（千元） Total Wages (1000 yuan)	平均工资（元） Average Wage (yuan)
全国 National	**466129**	**194008**	**39276893**	**84605**	**467828**	**228245**	**31086511**	**66761**
北京 Beijing	39778	18670	7077682	176889	45818	22689	4927379	106478
天津 Tianjin	6412	2970	873082	133011	7484	3520	666785	89107
河北 Hebei	21427	9399	1050610	49041	16526	8054	833927	50682
山西 Shanxi	13463	5650	656281	48834	19697	9845	903656	46046
内蒙古 Inner Mongolia	11007	5047	789634	71811	14469	7413	951823	65657
辽宁 Liaoning	14224	6179	764244	54706	18134	9132	912616	50633
吉林 Jilin	11319	4648	605616	53138	12169	6116	644870	53006
黑龙江 Heilongjiang	14600	5235	774776	52973	11746	5425	649655	54620
上海 Shanghai	11155	4519	1752695	147957	14061	7045	1379337	96518
江苏 Jiangsu	25659	11140	2592118	101006	20641	9845	1543657	75308
浙江 Zhejiang	23933	10276	2493968	103394	22244	12799	1888462	85116
安徽 Anhui	14355	5724	742633	51205	10531	5178	549128	52423
福建 Fujian	12230	4825	910296	74841	13616	6869	806455	59368
江西 Jiangxi	17516	6471	1057139	60439	12260	5579	678368	55618
山东 Shandong	26274	10300	2271524	88352	18961	8681	1362398	72322
河南 Henan	25749	11540	1308435	51756	25481	11424	1149127	45673
湖北 Hubei	21259	8760	1354050	64476	18806	8529	1021718	55002
湖南 Hunan	21087	9032	1971224	94507	16371	7855	847864	52231
广东 Guangdong	35859	12894	3255579	90385	23807	11817	1900444	81613
广西 Guangxi	8418	3011	574346	67978	12555	6157	690580	55620
海南 Hainan	3707	1656	267195	72352	2200	1002	138121	62925
重庆 Chongqing	7891	3046	588372	74942	7456	3429	439434	59698
四川 Sichuan	20262	8109	1435550	76124	20335	10155	1156290	57983
贵州 Guizhou	7059	2840	547105	77516	7799	3732	493476	63847
云南 Yunnan	7916	3324	446519	55927	16174	7860	1096622	67974
西藏 Tibet	3701	1691	456579	126652	2563	1210	263667	100906
陕西 Shaanxi	15027	6480	878588	59097	23485	10900	1204421	51690
甘肃 Gansu	7964	3258	476325	59727	13558	6551	775620	57233
青海 Qinghai	3543	1422	255931	73081	3279	1619	209859	64493
宁夏 Ningxia	2500	1093	192931	77296	3457	1763	221305	63924
新疆 Xinjiang	10835	4799	855866	79115	12145	6052	779447	65286

3-2 续表 55 continued

地 区	Region	体 育 Sports Activities				娱乐业 Entertainment			
		年末人数（人）Year-end Figures (person)	#女 性 Female	工资总额（千元）Total Wages (1000 yuan)	平均工资（元）Average Wage (yuan)	年末人数（人）Year-end Figures (person)	#女 性 Female	工资总额（千元）Total Wages (1000 yuan)	平均工资（元）Average Wage (yuan)
全 国	**National**	**131285**	**56377**	**11685021**	**87461**	**117289**	**54049**	**6586852**	**56543**
北 京	Beijing	22674	9644	2353679	106237	8898	4758	635778	71888
天 津	Tianjin	2202	717	361037	167147	1609	671	107655	64658
河 北	Hebei	2684	1106	154661	57580	4810	2052	147515	31440
山 西	Shanxi	2120	783	130291	60208	977	389	38223	39284
内蒙古	Inner Mongolia	1187	423	65410	56050	1221	522	59192	53616
辽 宁	Liaoning	3643	1576	178100	49721	3564	1834	141107	35534
吉 林	Jilin	3751	1253	326973	83518	1328	591	59176	45837
黑龙江	Heilongjiang	2791	976	160958	57774	2776	1355	168252	56651
上 海	Shanghai	12001	5122	2203822	151883	11799	5661	1066800	104007
江 苏	Jiangsu	5327	2323	349292	67197	11536	5864	697414	59869
浙 江	Zhejiang	4532	1995	426860	91151	5012	2292	292806	57878
安 徽	Anhui	1433	569	80384	55209	1083	518	49171	43746
福 建	Fujian	5522	2442	294042	54311	3984	1755	189844	47284
江 西	Jiangxi	1767	577	116543	66940	2455	1031	154818	70790
山 东	Shandong	5349	2072	383869	68316	5765	2786	287881	47419
河 南	Henan	3355	1136	242222	73961	7804	3134	331428	43956
湖 北	Hubei	2323	951	141911	63100	4164	1965	221638	51317
湖 南	Hunan	2668	1157	117696	44565	6791	2954	287456	42180
广 东	Guangdong	22693	11308	2374285	103383	11174	4598	670521	58771
广 西	Guangxi	3688	1758	201997	52182	1065	478	53192	50804
海 南	Hainan	2226	1039	80301	38737	1648	614	92866	55809
重 庆	Chongqing	2161	920	115973	51843	2334	1240	104051	44371
四 川	Sichuan	2934	1298	162324	56816	3618	1704	190476	52214
贵 州	Guizhou	2239	993	117295	56042	1639	773	56140	36266
云 南	Yunnan	3456	1650	161768	46339	3634	1713	169138	45824
西 藏	Tibet	337	114	47371	140567	140	38	10447	74621
陕 西	Shaanxi	2409	1036	114822	46281	2652	1189	120626	44776
甘 肃	Gansu	1493	484	90843	60928	1170	481	44583	38533
青 海	Qinghai	356	98	25747	71519	147	52	6752	45315
宁 夏	Ningxia	1051	533	46322	44583	1977	861	102490	54056
新 疆	Xinjiang	913	324	58223	64264	515	176	29416	52717

3-2 续表 56 continued

地 区	Region	公共管理、社会保障和社会组织 Public Management, Social Security and Social Organization				中国共产党机关 Organs of Communist Party of China			
		年末人数(人) Year-end Figures (person)	#女 性 Female	工资总额(千元) Total Wages (1000 yuan)	平均工资(元) Average Wage (yuan)	年末人数(人) Year-end Figures (person)	#女 性 Female	工资总额(千元) Total Wages (1000 yuan)	平均工资(元) Average Wage (yuan)
全 国	**National**	**16725851**	**5277297**	**1178722314**	**70959**	**593348**	**165230**	**45841218**	**77711**
北 京	Beijing	469770	184358	47658423	101999	13928	4457	1465801	111544
天 津	Tianjin	173546	52288	19135532	110749	3347	987	442088	133039
河 北	Hebei	875912	276946	48778521	56101	32719	8590	2010227	61520
山 西	Shanxi	581672	188806	31605881	54484	20399	5939	1288329	63150
内蒙古	Inner Mongolia	454180	155520	30736269	67867	19957	6118	1478861	74311
辽 宁	Liaoning	538317	174330	29740095	55348	21567	6227	1273882	59179
吉 林	Jilin	363348	119660	19760222	54321	13261	3646	820084	61711
黑龙江	Heilongjiang	445531	139262	26575752	59837	14909	4226	916693	61334
上 海	Shanghai	205302	69057	22399613	107325	3099	1318	343043	109424
江 苏	Jiangsu	719622	200888	69129164	96402	15710	4005	1660702	105946
浙 江	Zhejiang	704676	213469	76286624	108789	21647	6023	2873898	132725
安 徽	Anhui	494437	135179	31293554	63744	16614	3582	1196672	72167
福 建	Fujian	405138	117982	30956957	76926	14518	3892	1191370	82688
江 西	Jiangxi	520102	144193	33442037	64568	18693	4477	1462034	78444
山 东	Shandong	1127754	346557	83004105	74552	42372	10907	3399101	80670
河 南	Henan	1137940	377704	57035419	50552	36434	9801	2062885	57058
湖 北	Hubei	654107	190592	42668701	66400	16460	3610	1242469	76601
湖 南	Hunan	826528	241366	46044878	56054	26528	7165	1601646	60405
广 东	Guangdong	1087303	324942	96735548	89550	29642	7825	2933634	98381
广 西	Guangxi	505363	165265	32693480	65218	17445	5405	1343785	77452
海 南	Hainan	143002	43003	9413768	66612	3823	873	281066	75739
重 庆	Chongqing	319824	95006	23995914	75554	9656	2665	751563	78747
四 川	Sichuan	931337	313223	65688410	71074	36728	11022	2847725	78732
贵 州	Guizhou	532977	164224	36911287	70060	22350	6244	1847894	83389
云 南	Yunnan	542586	169473	39816748	74017	26133	7854	2146128	82607
西 藏	Tibet	139899	46952	15245524	110877	10940	3412	1314090	123308
陕 西	Shaanxi	595999	187274	33163829	55589	26960	6941	1651925	61572
甘 肃	Gansu	435120	147027	27520652	63535	23234	7042	1524325	65766
青 海	Qinghai	105546	40298	7577745	72434	5209	1825	434229	83393
宁 夏	Ningxia	107528	42209	7139020	67088	3896	1146	311772	80354
新 疆	Xinjiang	581485	210244	36568642	63948	25170	8006	1723297	68690

3-2 续表 57 continued

地 区	Region	国家机构 Government Agencies 年末人数(人) Year-end Figures (person)	#女 性 Female	工资总额(千元) Total Wages (1000 yuan)	平均工资(元) Average Wage (yuan)	人民政协、民主党派 People's Political Consultative Conference and Democratic Parties 年末人数(人) Year-end Figures (person)	#女 性 Female	工资总额(千元) Total Wages (1000 yuan)	平均工资(元) Average Wage (yuan)
全 国	**National**	**15383487**	**4799504**	**1082815215**	**70879**	**105880**	**29378**	**8932563**	**84736**
北 京	Beijing	394373	152581	41092381	104604	2183	791	292796	134249
天 津	Tianjin	155063	45766	17603634	114091	431	160	56251	131121
河 北	Hebei	819640	258606	45371216	55788	4965	1350	340445	68404
山 西	Shanxi	538264	172736	28953639	53948	3277	951	230502	70232
内蒙古	Inner Mongolia	413051	139809	27854994	67633	3414	1024	284378	82933
辽 宁	Liaoning	485568	153962	26962208	55634	3237	969	208886	64372
吉 林	Jilin	334005	108772	18183105	54389	2105	601	142796	67772
黑龙江	Heilongjiang	405324	124853	24530524	60754	2454	716	184180	74992
上 海	Shanghai	188023	60053	20855499	109077	789	351	101439	126011
江 苏	Jiangsu	685496	188827	65660729	96127	2983	845	360666	121436
浙 江	Zhejiang	631331	186777	69528776	110700	3526	1002	527449	146717
安 徽	Anhui	465074	126741	29262352	63393	2725	663	221970	81248
福 建	Fujian	370613	105387	28334290	76974	3796	1149	321542	85199
江 西	Jiangxi	477530	130287	30491364	64118	5615	1827	373023	66790
山 东	Shandong	1051739	323619	76898209	74096	5720	1341	523819	91673
河 南	Henan	1065500	353963	53070867	50245	6010	1580	355449	59599
湖 北	Hubei	584357	164088	39120332	68144	5062	1044	371584	76363
湖 南	Hunan	770853	223503	42841100	55945	3953	1041	268809	67967
广 东	Guangdong	1015017	300473	89936023	89147	4074	1258	454463	112407
广 西	Guangxi	465503	149241	30009388	64998	3535	1074	294731	83541
海 南	Hainan	134112	39840	8770754	66171	636	178	62249	97569
重 庆	Chongqing	295062	86267	22138476	75521	1830	491	160949	87902
四 川	Sichuan	853714	284530	59956762	70728	7603	2171	648447	86506
贵 州	Guizhou	495113	151881	33867708	69218	3770	1016	359845	95882
云 南	Yunnan	491206	150732	35853898	73641	6557	1801	578802	88746
西 藏	Tibet	121177	40703	13242641	111105	1358	463	183137	137490
陕 西	Shaanxi	548765	171935	30348993	55233	4650	1252	302835	65351
甘 肃	Gansu	396093	134326	25007710	63422	4616	922	292229	63404
青 海	Qinghai	94285	35841	6724838	71997	1521	400	135292	89597
宁 夏	Ningxia	99143	39057	6485445	66110	806	218	69988	88930
新 疆	Xinjiang	538493	194348	33857360	63987	2679	729	223612	83813

3-2 续表 58 continued

地 区	Region	社会保障 Social Security				群众团体、社会团体和其他成员组织 Non-Governmental Organizations, Social Organizations and Membership Organizations			
		年末人数（人）Year-end Figures (person)	#女 性 Female	工资总额（千元）Total Wages (1000 yuan)	平均工资（元）Average Wage (yuan)	年末人数（人）Year-end Figures (person)	#女 性 Female	工资总额（千元）Total Wages (1000 yuan)	平均工资（元）Average Wage (yuan)
全 国	**National**	**185409**	**88340**	**11368042**	**61614**	**394042**	**167456**	**27315615**	**69856**
北 京	Beijing	3080	1567	261405	84488	33141	16435	3843029	116515
天 津	Tianjin	5789	1209	384811	65836	4973	2119	450567	91134
河 北	Hebei	6480	3224	360875	56036	12108	5176	695758	57496
山 西	Shanxi	8484	4300	449660	53020	10684	4624	648866	60818
内蒙古	Inner Mongolia	5093	2399	324599	63473	12354	6019	771346	62793
辽 宁	Liaoning	8527	4106	424529	49769	14975	6755	768591	51421
吉 林	Jilin	8462	4252	313220	36993	5515	2389	301017	53840
黑龙江	Heilongjiang	5346	2690	296085	55760	17498	6777	648270	36727
上 海	Shanghai	7047	3963	626925	87842	4698	2239	378354	79303
江 苏	Jiangsu	6112	3147	510427	83594	8175	3304	860348	105126
浙 江	Zhejiang	6607	3678	671482	102516	17730	5965	1677108	95437
安 徽	Anhui	3101	1427	182406	59416	6225	2427	405952	64994
福 建	Fujian	5599	3038	362292	65633	10503	4465	739591	70350
江 西	Jiangxi	4203	1672	227973	54565	13973	5894	881440	63440
山 东	Shandong	9144	3735	701886	77334	18473	6809	1444989	78888
河 南	Henan	8520	3737	416824	48791	21085	8438	1114585	53149
湖 北	Hubei	8193	3866	420502	51824	40002	17963	1511872	38489
湖 南	Hunan	12143	3807	719785	59276	13051	5850	613538	47014
广 东	Guangdong	9648	4711	736661	76928	28812	10617	2666443	95791
广 西	Guangxi	9037	4963	436525	48932	9843	4582	609051	62161
海 南	Hainan	1325	925	50720	38337	3088	1181	246967	80054
重 庆	Chongqing	3220	1544	227336	70910	10056	4039	717590	72667
四 川	Sichuan	10809	5629	689988	64407	22025	9651	1519689	70087
贵 州	Guizhou	2244	1052	146034	65633	9500	4031	689806	73197
云 南	Yunnan	6178	3473	416673	68645	10341	4694	758804	73513
西 藏	Tibet	477	224	50122	105520	5947	2150	455534	77936
陕 西	Shaanxi	5377	2619	271799	50699	10092	4425	581376	57386
甘 肃	Gansu	2869	1466	141323	50132	8119	3175	541219	67199
青 海	Qinghai	1184	654	74516	62777	3347	1578	208870	63160
宁 夏	Ningxia	1125	620	71625	65771	2552	1167	199706	78347
新 疆	Xinjiang	9986	4643	399034	40631	5157	2518	365339	70981

3-3 各地区分行业城镇单位在岗职工人数和工资(2016年)

URBAN UNITS ON-POST STAFF AND WORKERS AND WAGES BY SECTOR AND REGION(2016)

地 区	Region	总 计 Total		农、林、牧、渔业 Agriculture, Forestry, Animal Husbandry and Fishery		采矿业 Mining		制造业 Manufacturing	
		年末人数 (人) Year-end Figures (person)	平均工资 (元) Average Wage (yuan)	年末人数 (人) Year-end Figures (person)	平均工资 (元) Average Wage (yuan)	年末人数 (人) Year-end Figures (person)	平均工资 (元) Average Wage (yuan)	年末人数 (人) Year-end Figures (person)	平均工资 (元) Average Wage (yuan)
全 国	**National**	**167681031**	**68993**	**2301761**	**34746**	**4772663**	**61229**	**48052514**	**59346**
北 京	Beijing	7335386	122749	35912	52325	45183	91144	846574	96514
天 津	Tianjin	2703079	87806	8069	70814	43292	95662	978021	72434
河 北	Hebei	5955749	56987	37688	21987	223543	55397	1347076	50983
山 西	Shanxi	4123482	54975	17210	46118	898866	56413	625548	42578
内蒙古	Inner Mongolia	2844206	61994	220094	38298	162497	73073	430022	54025
辽 宁	Liaoning	5265933	57148	222263	15440	244400	55668	1291950	56574
吉 林	Jilin	3051367	57486	117153	34022	129096	52145	804848	58062
黑龙江	Heilongjiang	3807089	55299	498125	28557	277359	60169	505934	50352
上 海	Shanghai	5866267	120503	20118	73394	500	146634	1756255	95196
江 苏	Jiangsu	14107258	72684	53244	38858	84040	62797	5571044	66468
浙 江	Zhejiang	10030670	74644	3859	66648	5660	49667	3115509	60300
安 徽	Anhui	4679509	61289	30299	37677	210289	61027	1191103	54791
福 建	Fujian	6191918	63138	25471	51121	19563	44354	2249181	54281
江 西	Jiangxi	4317704	57470	38739	36725	56475	43532	1395703	49736
山 东	Shandong	11554821	63562	15454	56971	547399	66129	3994386	52209
河 南	Henan	10961342	50028	20283	37193	448432	47037	3584695	43853
湖 北	Hubei	6627448	61113	76194	34323	59645	54736	1812166	54314
湖 南	Hunan	5239665	60160	19566	34031	79549	45583	1070665	54795
广 东	Guangdong	18920863	72848	46999	36592	27056	92687	9501388	62179
广 西	Guangxi	3685651	60239	50102	38069	30067	50746	700873	50145
海 南	Hainan	972975	62565	73738	28346	5194	61879	80398	55055
重 庆	Chongqing	3796583	67386	10742	48055	55279	54850	858354	63374
四 川	Sichuan	7288687	65781	27224	54131	177295	65430	1458829	56713
贵 州	Guizhou	2785739	69678	9758	57742	127640	50862	392586	58859
云 南	Yunnan	3762189	63562	50567	43589	131340	45781	589071	50891
西 藏	Tibet	286316	110330	2621	37854	4246	91186	8426	73088
陕 西	Shaanxi	4740808	61626	23328	48942	335919	74930	994121	54739
甘 肃	Gansu	2396687	59549	45387	41861	100571	66020	321546	54016
青 海	Qinghai	614909	67451	13726	43796	32713	91163	103960	54984
宁 夏	Ningxia	661932	67830	13185	42100	52761	94718	119944	53048
新 疆	Xinjiang	3104799	64630	174643	38890	156794	91552	352338	60697

3-3 续表 1 continued

地 区	Region	电力、热力、燃气及水生产和供应业 Production and Supply of Electricity, Heat, Gas and Water		建筑业 Construction		批发和零售业 Wholesale and Retail Trades		交通运输、仓储和邮政业 Transport, Storage and Post	
		年末人数（人） Year-end Figures (person)	平均工资（元） Average Wage (yuan)	年末人数（人） Year-end Figures (person)	平均工资（元） Average Wage (yuan)	年末人数（人） Year-end Figures (person)	平均工资（元） Average Wage (yuan)	年末人数（人） Year-end Figures (person)	平均工资（元） Average Wage (yuan)
全 国	**National**	**3766112**	**85260**	**23535275**	**52805**	**8335687**	**65381**	**8192835**	**74638**
北 京	Beijing	88864	136460	429130	91301	699532	102420	566225	90640
天 津	Tianjin	41391	130000	255669	69817	176530	75430	143107	92570
河 北	Hebei	176945	80082	679016	43455	263989	40459	275452	60548
山 西	Shanxi	123145	74696	273884	46893	163790	39909	228380	69884
内蒙古	Inner Mongolia	143232	79426	176984	43112	87153	49255	221713	68306
辽 宁	Liaoning	143252	70119	552242	44123	210280	48694	344775	67233
吉 林	Jilin	120892	71704	237301	46439	111994	43858	155943	62988
黑龙江	Heilongjiang	170039	66305	239194	42654	177598	49526	265063	63736
上 海	Shanghai	43131	164352	296434	89650	725409	125414	488871	109911
江 苏	Jiangsu	143344	117547	3577765	59102	542779	67423	478704	72826
浙 江	Zhejiang	115732	124500	2918858	50630	358589	72227	306121	84776
安 徽	Anhui	102823	90020	711200	52514	226058	50437	216678	62598
福 建	Fujian	88058	89651	1424800	53248	264979	59421	225507	72547
江 西	Jiangxi	78162	65683	694936	50628	165888	47830	194210	68013
山 东	Shandong	224279	75194	1389779	52474	558381	47809	479667	71240
河 南	Henan	258607	67066	1512409	45254	541687	43985	443917	56026
湖 北	Hubei	160839	84863	1149091	54232	380953	48210	335738	65382
湖 南	Hunan	162384	66043	882956	46712	190751	51530	228540	66770
广 东	Guangdong	310836	110633	1241887	55460	995199	68268	778378	85573
广 西	Guangxi	133761	75259	574054	48479	128816	50394	184344	66667
海 南	Hainan	22248	77041	61881	44203	57579	51225	68506	75156
重 庆	Chongqing	62298	80625	863880	51123	200556	56776	249418	64813
四 川	Sichuan	224842	88383	1284475	48598	294247	52549	390908	70732
贵 州	Guizhou	114882	86280	348837	53049	119833	61772	114265	72323
云 南	Yunnan	100720	81097	561211	43325	226803	50629	167354	73586
西 藏	Tibet	7249	72109	10782	62825	9292	77822	7092	83586
陕 西	Shaanxi	134124	72279	498442	52154	249265	43697	268589	67944
甘 肃	Gansu	119320	64539	356778	43750	75448	42547	122911	65524
青 海	Qinghai	21473	73180	60209	52062	23089	49658	42156	79476
宁 夏	Ningxia	33553	97793	36719	48388	23905	49242	36061	68953
新 疆	Xinjiang	95687	82239	234472	59220	85315	61140	164242	84480

3-3 续表 2 continued

地 区	Region	住宿和餐饮业 Hotels and Catering Services		信息传输、软件和信息技术服务业 Information Transmission, Software and Information Technology		金融业 Financial Intermediation		房地产业 Real Estate	
		年末人数(人) Year-end Figures (person)	平均工资(元) Average Wage (yuan)	年末人数(人) Year-end Figures (person)	平均工资(元) Average Wage (yuan)	年末人数(人) Year-end Figures (person)	平均工资(元) Average Wage (yuan)	年末人数(人) Year-end Figures (person)	平均工资(元) Average Wage (yuan)
全 国	**National**	**2495551**	**44306**	**3546052**	**123447**	**4981200**	**140421**	**4073910**	**66736**
北 京	Beijing	245767	58359	680188	169695	386621	288638	410668	94814
天 津	Tianjin	40950	49174	48145	136867	123448	135623	74868	87262
河 北	Hebei	52126	34629	83278	110099	208106	97648	116756	47538
山 西	Shanxi	34514	30795	46750	65876	142225	87737	32172	44731
内蒙古	Inner Mongolia	36313	37695	47859	67858	103721	83823	53444	44271
辽 宁	Liaoning	59137	39170	121944	89524	190075	96057	113030	54848
吉 林	Jilin	27472	34428	61406	66156	104830	88702	64085	45553
黑龙江	Heilongjiang	39143	45481	68820	63864	136343	81730	52837	48672
上 海	Shanghai	198553	61480	261792	199496	344255	226322	208844	99463
江 苏	Jiangsu	150968	46514	267986	131872	270601	151615	211186	74088
浙 江	Zhejiang	121857	48015	183785	146845	326179	158232	191902	73692
安 徽	Anhui	58026	35013	70417	76405	145608	101628	100691	61499
福 建	Fujian	95323	39494	88618	95112	136387	136220	148363	66361
江 西	Jiangxi	41161	36065	53641	72817	109886	92069	61601	54758
山 东	Shandong	138451	42618	180912	84531	318857	114693	257807	58042
河 南	Henan	107077	36691	114807	63692	250156	100125	223375	48471
湖 北	Hubei	90958	38371	119241	87749	165698	108259	141194	56366
湖 南	Hunan	72237	37045	71263	77276	189932	120293	114907	54282
广 东	Guangdong	351856	47129	426521	137109	393012	161066	604043	74593
广 西	Guangxi	44561	31996	40632	85050	101310	110653	73575	54216
海 南	Hainan	58674	43282	16112	106101	36548	112896	81215	58104
重 庆	Chongqing	61637	37340	45092	100894	89246	180208	125508	64654
四 川	Sichuan	94349	38431	179768	89715	194549	111891	189315	60084
贵 州	Guizhou	26715	40880	34842	80275	77413	147461	84505	54179
云 南	Yunnan	79412	33969	48198	76322	93344	130888	103789	50416
西 藏	Tibet	4488	54205	4782	104145	9444	184432	1812	77593
陕 西	Shaanxi	100065	34798	110252	122157	134003	112824	111005	51891
甘 肃	Gansu	29746	35667	24544	62483	67538	61145	47380	48019
青 海	Qinghai	6024	42121	8452	71877	23297	89992	8916	41738
宁 夏	Ningxia	6181	37279	7622	81721	28827	100488	14321	50437
新 疆	Xinjiang	21810	46230	28383	84525	79741	102591	50796	50344

3-3 续表 3 continued

地 区	Region	租赁和商务服务业 Leasing and Business Services		科学研究和技术服务业 Scientific Research and Technical Services		水利、环境和公共设施管理业 Management of Water Conservancy,Environment and Public Facilities		居民服务、修理和其他服务业 Service to Households, Repair and Other Services	
		年末人数(人) Year-end Figures (person)	平均工资(元) Average Wage (yuan)	年末人数(人) Year-end Figures (person)	平均工资(元) Average Wage (yuan)	年末人数(人) Year-end Figures (person)	平均工资(元) Average Wage (yuan)	年末人数(人) Year-end Figures (person)	平均工资(元) Average Wage (yuan)
全 国	**National**	**4628224**	**76123**	**3983888**	**98153**	**2291742**	**51950**	**710761**	**48206**
北 京	Beijing	768864	115053	637823	144321	98061	78957	80172	52858
天 津	Tianjin	87677	84462	109023	130761	37312	90654	86562	41920
河 北	Hebei	119012	39576	154738	76060	94314	45348	24666	35785
山 西	Shanxi	85972	38689	70499	61031	80432	32411	6009	36872
内蒙古	Inner Mongolia	39497	47418	57164	65861	78207	42844	7916	38820
辽 宁	Liaoning	109718	45137	132006	70974	128117	36166	23654	39261
吉 林	Jilin	50959	48346	74157	63607	67545	37503	21323	34316
黑龙江	Heilongjiang	66306	48731	109250	69376	79910	41581	39437	55808
上 海	Shanghai	486983	146688	217350	161394	76462	81681	56837	67608
江 苏	Jiangsu	277904	61083	209330	101897	134689	64760	31242	58345
浙 江	Zhejiang	277244	66561	178757	100891	94487	64263	21527	58782
安 徽	Anhui	63397	48545	84733	75503	66408	50580	8734	45623
福 建	Fujian	140228	57441	82501	81470	50815	53722	25700	48784
江 西	Jiangxi	49060	46487	58224	75962	53735	48542	9424	52273
山 东	Shandong	201416	60521	172529	79101	132592	56863	31513	45189
河 南	Henan	174428	40783	171963	59959	114026	44124	30427	37051
湖 北	Hubei	101159	49791	147799	83142	92429	49535	13304	45096
湖 南	Hunan	94719	47639	109566	63899	67627	44959	15525	46458
广 东	Guangdong	681405	70257	314146	111944	159967	54898	75989	49211
广 西	Guangxi	93119	49419	82790	72304	69986	43467	6596	47511
海 南	Hainan	19128	53706	20598	69589	28672	46305	4252	39734
重 庆	Chongqing	105384	49940	77420	94559	58621	50751	13667	47978
四 川	Sichuan	149899	55676	200165	93351	106481	48204	20449	49533
贵 州	Guizhou	48287	51634	68466	74468	37352	46624	12574	39047
云 南	Yunnan	99158	43827	94017	76609	61676	51633	14760	39328
西 藏	Tibet	3777	65430	9251	126923	1471	71988	2197	48876
陕 西	Shaanxi	103807	51775	174790	74073	81327	44788	14896	38740
甘 肃	Gansu	30669	49214	66596	76611	50996	55141	3142	39220
青 海	Qinghai	8362	47202	21754	79368	10634	55422	703	41184
宁 夏	Ningxia	17285	43474	14998	77498	21748	50327	702	42863
新 疆	Xinjiang	73401	48797	61485	81207	55643	48784	6862	43422

3-3 续表 4 continued

地区	Region	教育 Education 年末人数(人) Year-end Figures (person)	教育 Education 平均工资(元) Average Wage (yuan)	卫生和社会工作 Health and Social Service 年末人数(人) Year-end Figures (person)	卫生和社会工作 Health and Social Service 平均工资(元) Average Wage (yuan)	文化、体育和娱乐业 Culture, Sports and Entertainment 年末人数(人) Year-end Figures (person)	文化、体育和娱乐业 Culture, Sports and Entertainment 平均工资(元) Average Wage (yuan)	公共管理、社会保障和社会组织 Public Management, Social Security and Social Organization 年末人数(人) Year-end Figures (person)	公共管理、社会保障和社会组织 Public Management, Social Security and Social Organization 平均工资(元) Average Wage (yuan)
全国	**National**	**16565828**	**76242**	**8190714**	**82031**	**1419685**	**81187**	**15836629**	**73403**
北京	Beijing	438709	125260	269080	152204	175405	141797	432608	108069
天津	Tianjin	171966	118876	94495	119822	19708	111446	162846	115266
河北	Hebei	851451	65383	357421	60209	52712	52781	837460	57596
山西	Shanxi	498218	63826	193798	52650	43638	49987	558432	55916
内蒙古	Inner Mongolia	347013	77726	151593	69211	34465	65970	445319	68710
辽宁	Liaoning	518685	68027	293591	63556	48688	53260	518126	56623
吉林	Jilin	352483	66302	180616	64354	33934	56215	335330	57512
黑龙江	Heilongjiang	419489	69396	214720	64501	37368	56653	410154	63186
上海	Shanghai	263645	111372	173217	130341	54503	129673	193108	111670
江苏	Jiangsu	903724	90661	448104	95727	73411	87087	677193	100010
浙江	Zhejiang	671494	107198	418487	119564	59162	103887	661461	113298
安徽	Anhui	618503	65990	289716	73097	31410	57753	453416	66963
福建	Fujian	490967	78602	215369	90693	39012	70176	381076	80118
江西	Jiangxi	496576	65541	229401	73184	39034	63786	491848	66795
山东	Shandong	1148362	82199	597210	80256	67912	79081	1097915	75746
河南	Henan	1215229	55731	564585	61778	75953	52459	1109286	51127
湖北	Hubei	692065	67370	413371	70859	60754	62929	614850	68788
湖南	Hunan	649418	66583	379005	79175	53063	71311	787992	57428
广东	Guangdong	1222053	84220	616775	95654	109281	91161	1064072	90597
广西	Guangxi	574473	63300	303074	73032	30182	65214	463336	68927
海南	Hainan	127911	76236	60816	75681	12243	64603	137262	68351
重庆	Chongqing	396401	78734	187449	89592	28091	66120	307540	77417
四川	Sichuan	900670	71737	462318	83172	58023	66600	874881	73892
贵州	Guizhou	500150	76844	184587	78066	21423	69053	461624	77331
云南	Yunnan	572530	79419	234002	76547	34020	65271	500217	78371
西藏	Tibet	46945	121051	17183	119037	6887	125237	128371	118448
陕西	Shaanxi	556224	64340	249378	62684	47121	57271	554152	58175
甘肃	Gansu	370644	71524	128281	65801	25530	60997	409660	66142
青海	Qinghai	77195	79244	39140	66623	8048	67344	105058	72660
宁夏	Ningxia	84690	72895	44048	72704	9643	68219	95739	72116
新疆	Xinjiang	387945	75374	179884	71916	29061	72265	566297	64831

3-4 各地区分行业城镇单位其他就业人员和平均工资(2016年)
URBAN UNITS OTHER EMPLOYMENT AND AVERAGE WAGE BY SECTOR AND REGION(2016)

地 区	Region	总 计 Total		农、林、牧、渔业 Agriculture, Forestry, Animal Husbandry and Fishery		采矿业 Mining		制造业 Manufacturing	
		年末人数(人) Year-end Figures (person)	平均工资(元) Average Wage (yuan)	年末人数(人) Year-end Figures (person)	平均工资(元) Average Wage (yuan)	年末人数(人) Year-end Figures (person)	平均工资(元) Average Wage (yuan)	年末人数(人) Year-end Figures (person)	平均工资(元) Average Wage (yuan)
全 国	**National**	**11199703**	**45800**	**330447**	**25747**	**136514**	**36195**	**885889**	**66175**
北 京	Beijing	579811	82618	955	41371	147	52468	22273	137993
天 津	Tianjin	157368	61078	406	29757	697	34381	16142	139170
河 北	Hebei	440461	32589	1180	18553	4176	42915	16164	49963
山 西	Shanxi	182043	25093	179	21836	11987	24272	12083	27897
内蒙古	Inner Mongolia	88215	33431	8751	19308	3281	51811	8495	35901
辽 宁	Liaoning	337953	38010	4286	18433	3001	27297	25383	55053
吉 林	Jilin	170096	31367	7781	18291	1612	30286	13707	68236
黑龙江	Heilongjiang	441625	28014	169860	29425	1742	35477	13931	29923
上 海	Shanghai	411495	111932	4678	49181	23	63375	54205	148123
江 苏	Jiangsu	865782	52810	2922	21194	1447	35650	103186	96545
浙 江	Zhejiang	578787	50366	403	19855	379	30744	43622	66553
安 徽	Anhui	491022	37293	12127	24541	20274	18403	32521	47815
福 建	Fujian	496339	46691	17913	13315	1111	41762	33638	65082
江 西	Jiangxi	397016	41108	5834	27191	1312	30697	21835	39023
山 东	Shandong	599739	42584	171	28254	26411	48653	37751	56759
河 南	Henan	488577	37439	544	21581	3349	21551	47872	38727
湖 北	Hubei	565715	44640	26805	23583	5286	30199	48431	43407
湖 南	Hunan	444403	35217	1522	22196	1937	25464	22215	35035
广 东	Guangdong	654824	56976	750	25289	826	43796	95571	81757
广 西	Guangxi	328244	30643	27955	23815	1047	40500	23395	39473
海 南	Hainan	38849	37634	2218	17560	132	20817	774	75551
重 庆	Chongqing	332240	44000	274	22150	993	85836	34585	42823
四 川	Sichuan	586632	40148	1056	17439	8603	42221	24471	40621
贵 州	Guizhou	319035	35508	1105	17197	6487	30188	9389	35776
云 南	Yunnan	427653	33081	12205	9303	4633	29382	73540	39592
西 藏	Tibet	28747	32710	468	19884	379	36564	895	39536
陕 西	Shaanxi	373070	33809	577	16328	13547	49055	25781	39355
甘 肃	Gansu	212896	35308	4247	22653	6086	44836	14272	33357
青 海	Qinghai	16017	34390			2135	25997	1586	42915
宁 夏	Ningxia	45014	30849	88	32282			2140	31461
新 疆	Xinjiang	100035	35948	13187	23146	3474	40641	6036	39041

3-4 续表 1 continued

地 区	Region	电力、热力、燃气及水生产和供应业 Production and Supply of Electricity, Heat, Gas and Water		建筑业 Construction		批发和零售业 Wholesale and Retail Trades		交通运输、仓储和邮政业 Transport, Storage and Post	
		年末人数（人） Year-end Figures (person)	平均工资（元） Average Wage (yuan)	年末人数（人） Year-end Figures (person)	平均工资（元） Average Wage (yuan)	年末人数（人） Year-end Figures (person)	平均工资（元） Average Wage (yuan)	年末人数（人） Year-end Figures (person)	平均工资（元） Average Wage (yuan)
全 国	**National**	**110019**	**36338**	**3712018**	**47427**	**414307**	**58571**	**302241**	**47321**
北 京	Beijing	2077	48852	30306	64089	84156	64032	16081	92209
天 津	Tianjin	2084	37236	26174	50129	5575	65729	3605	54805
河 北	Hebei	10998	29965	139470	38960	4775	29541	11267	32576
山 西	Shanxi	2210	22150	20268	43286	6991	17056	6090	30458
内蒙古	Inner Mongolia	2261	34860	12425	41474	1968	31240	6064	34706
辽 宁	Liaoning	3625	32286	93884	40435	16071	29363	6853	38553
吉 林	Jilin	2580	35386	35869	34444	4453	32402	4765	32646
黑龙江	Heilongjiang	5976	26629	45226	26874	8572	28667	6264	31199
上 海	Shanghai	588	81857	32863	73323	58183	152881	21956	86108
江 苏	Jiangsu	1767	46677	389969	49569	18312	58236	17721	43837
浙 江	Zhejiang	3882	58466	182310	45952	17748	53799	9149	41239
安 徽	Anhui	1649	40153	206569	47480	5855	33861	12627	34520
福 建	Fujian	2538	46053	260608	55359	13224	28710	8502	35773
江 西	Jiangxi	14930	44051	209043	48264	7296	30445	8777	34051
山 东	Shandong	6658	42136	213562	52083	12474	37379	14191	45581
河 南	Henan	3184	36199	221309	41317	19607	33622	14440	40688
湖 北	Hubei	2953	41068	254494	56457	16277	27944	13942	47858
湖 南	Hunan	3864	33679	204458	40271	11600	34814	11352	40746
广 东	Guangdong	1891	51101	190740	53990	32636	42470	32954	59248
广 西	Guangxi	3679	22921	74640	36561	6308	29134	9930	40680
海 南	Hainan	1112	22195	9160	56482	381	51507	1177	37679
重 庆	Chongqing	2005	45560	137895	54224	6051	36950	15439	46790
四 川	Sichuan	6866	41073	230300	45225	10807	32235	13427	34203
贵 州	Guizhou	7264	19318	108294	55047	4079	33033	5625	43078
云 南	Yunnan	6176	31797	155660	37274	21158	37641	5746	36875
西 藏	Tibet	113	45899	4695	49033	811	43397	1478	48805
陕 西	Shaanxi	2582	37366	112851	44861	8545	29459	14534	30203
甘 肃	Gansu	2586	35192	80181	43392	5801	27094	5062	31041
青 海	Qinghai	110	36105	6581	34030	336	29614	681	43769
宁 夏	Ningxia	1022	28476	6872	37847	398	28471	657	31377
新 疆	Xinjiang	789	39974	15342	45922	3859	27168	1885	35222

3-4 续表 2 continued

地 区 Region	住宿和餐饮业 Hotels and Catering Services		信息传输、软件和信息技术服务业 Information Transmission, Software and Information Technology		金融业 Financial Intermediation		房地产业 Real Estate	
	年末人数(人) Year-end Figures (person)	平均工资(元) Average Wage (yuan)	年末人数(人) Year-end Figures (person)	平均工资(元) Average Wage (yuan)	年末人数(人) Year-end Figures (person)	平均工资(元) Average Wage (yuan)	年末人数(人) Year-end Figures (person)	平均工资(元) Average Wage (yuan)
全 国 National	**201902**	**31942**	**94615**	**87665**	**1670460**	**42622**	**243469**	**45076**
北 京 Beijing	48352	35490	12038	216774	127542	80281	28189	64371
天 津 Tianjin	9718	19874	330	222532	36625	63326	4711	40226
河 北 Hebei	2094	28313	935	35852	113579	30473	4529	29656
山 西 Shanxi	4824	14012	2940	46319	36597	25156	2649	22400
内蒙古 Inner Mongolia	625	26739	627	35578	13964	36628	1356	28468
辽 宁 Liaoning	3047	33281	3902	71729	79954	39995	6678	37126
吉 林 Jilin	891	27373	2699	38101	16035	34675	3623	30102
黑龙江 Heilongjiang	1290	26100	4071	44831	77125	31908	8500	25043
上 海 Shanghai	44425	37043	6052	247023	10892	232210	44962	55726
江 苏 Jiangsu	18004	31927	5199	56375	110196	40430	11262	46985
浙 江 Zhejiang	12643	23849	2319	54296	137667	59157	16885	41084
安 徽 Anhui	1458	30785	9705	43783	77022	24406	3891	37645
福 建 Fujian	2349	37164	2486	42785	59346	39478	7680	40799
江 西 Jiangxi	1460	30959	2326	41633	20178	34843	5467	33999
山 东 Shandong	3698	38094	1559	63412	135634	36435	9723	38758
河 南 Henan	2914	32982	6842	43139	49806	33442	8000	49293
湖 北 Hubei	2590	36448	4033	48709	44000	37638	7783	40701
湖 南 Hunan	2159	32517	2774	47206	63435	26576	6633	37256
广 东 Guangdong	18630	27929	8578	85863	125172	46696	14210	49914
广 西 Guangxi	1415	28252	1627	59584	41641	34470	6014	32282
海 南 Hainan	1421	31388	104	38758	6055	33034	2330	47063
重 庆 Chongqing	1898	41119	717	75970	50588	31728	4632	44012
四 川 Sichuan	2567	36567	4330	53347	109389	39736	9072	40049
贵 州 Guizhou	1023	31028	1141	51311	12902	34561	3391	37127
云 南 Yunnan	2512	29677	1776	44956	10230	29864	8425	37984
西 藏 Tibet	341	48226	33	33000	25	78840	226	49684
陕 西 Shaanxi	5825	25232	1284	52750	69482	22432	3711	31438
甘 肃 Gansu	2568	27143	2950	42287	8678	53342	4368	32369
青 海 Qinghai	114	24587	455	59887	475	29405	495	25465
宁 夏 Ningxia	101	29509	160	23409	11529	33880	796	28879
新 疆 Xinjiang	946	38264	623	64779	14697	37087	3278	31560

3-4 续表 3 continued

地 区	Region	租赁和商务服务业 Leasing and Business Services		科学研究和技术服务业 Scientific Research and Technical Services		水利、环境和公共设施管理业 Management of Water Conservancy,Environment and Public Facilities		居民服务、修理和其他服务业 Service to Households, Repair and Other Services	
		年末人数（人） Year-end Figures (person)	平均工资（元） Average Wage (yuan)	年末人数（人） Year-end Figures (person)	平均工资（元） Average Wage (yuan)	年末人数（人） Year-end Figures (person)	平均工资（元） Average Wage (yuan)	年末人数（人） Year-end Figures (person)	平均工资（元） Average Wage (yuan)
全 国	**National**	**255901**	**88707**	**211690**	**68258**	**404220**	**24106**	**42996**	**37091**
北 京	Beijing	32392	218544	51928	86124	5070	38165	5631	39481
天 津	Tianjin	5085	65365	5847	77493	6911	38007	7171	40065
河 北	Hebei	7135	33644	8776	37897	24429	21179	611	30633
山 西	Shanxi	4824	21903	1780	36589	17563	15641	240	22108
内蒙古	Inner Mongolia	2679	10880	1859	45339	4536	21759	424	19463
辽 宁	Liaoning	9055	22125	6373	53547	15569	20567	433	26893
吉 林	Jilin	6689	23440	2255	39054	17926	19872	4070	24980
黑龙江	Heilongjiang	2627	33149	1973	22938	31438	20508	500	22208
上 海	Shanghai	34989	219754	14523	191641	9474	52331	6208	53492
江 苏	Jiangsu	16452	46332	8730	64304	19746	33280	824	40404
浙 江	Zhejiang	12284	40538	7369	67946	11972	36176	1016	45307
安 徽	Anhui	2920	33671	6059	38421	11539	22328	787	30350
福 建	Fujian	4681	41769	4724	40122	5431	26459	1323	35084
江 西	Jiangxi	4451	38712	3293	55899	17535	25484	484	39351
山 东	Shandong	5550	36344	5435	67876	43375	13664	751	23187
河 南	Henan	6856	31044	5800	36408	16429	25687	779	29466
湖 北	Hubei	3977	34914	10690	52387	21608	26720	1039	28662
湖 南	Hunan	4056	31814	7866	38931	14157	24302	1425	40252
广 东	Guangdong	30350	57437	8536	85048	8603	32045	1475	53521
广 西	Guangxi	6576	29713	6208	25859	15174	25764	821	32001
海 南	Hainan	293	50700	555	42937	2277	34760	145	29417
重 庆	Chongqing	20314	36868	3487	60824	6654	27303	1713	29308
四 川	Sichuan	5772	57964	10494	53151	23177	24642	1738	27897
贵 州	Guizhou	2191	26260	4754	37501	14531	24568	997	28486
云 南	Yunnan	5018	33971	7089	36632	12976	22408	974	27029
西 藏	Tibet	109	54614	2265	12843	165	22521	50	53333
陕 西	Shaanxi	5079	28061	7644	42236	14808	20807	801	28590
甘 肃	Gansu	5314	35565	2299	36682	8110	21721	125	29181
青 海	Qinghai	221	31000	306	42582	2	36000	163	24733
宁 夏	Ningxia	924	33453	589	46651	1611	26262	48	23370
新 疆	Xinjiang	7038	41402	2184	42060	1424	27872	230	23682

3-4 续表 4 continued

地 区	Region	教 育 Education		卫生和社会工作 Health and Social Service		文化、体育和娱乐业 Culture, Sports and Entertainment		公共管理、社会保障和社会组织 Public Management, Social Security and Social Organization	
		年末人数(人) Year-end Figures (person)	平均工资(元) Average Wage (yuan)	年末人数(人) Year-end Figures (person)	平均工资(元) Average Wage (yuan)	年末人数(人) Year-end Figures (person)	平均工资(元) Average Wage (yuan)	年末人数(人) Year-end Figures (person)	平均工资(元) Average Wage (yuan)
全 国	**National**	**726590**	**34067**	**479160**	**45907**	**88043**	**58814**	**889222**	**27053**
北 京	Beijing	47549	75644	16749	80460	11214	97412	37162	31324
天 津	Tianjin	7617	42925	6461	52966	1509	110311	10700	39882
河 北	Hebei	29586	22696	19998	29095	2307	22836	38452	22463
山 西	Shanxi	14382	17595	11060	25434	2136	30073	23240	19842
内蒙古	Inner Mongolia	3750	25625	5435	34281	854	38664	8861	26211
辽 宁	Liaoning	18455	34807	19447	41932	1746	25382	20191	22753
吉 林	Jilin	9076	30646	6613	36265	1434	35153	28018	16318
黑龙江	Heilongjiang	10840	24497	14472	27042	1841	23184	35377	20282
上 海	Shanghai	33196	70581	16259	69776	5825	129382	12194	37417
江 苏	Jiangsu	45937	40264	46414	58316	5265	43589	42429	38676
浙 江	Zhejiang	42542	38083	24388	75886	8994	53113	43215	39569
安 徽	Anhui	27030	24944	15741	34771	2227	28659	41021	27446
福 建	Fujian	30463	29046	13106	44313	3154	27782	24062	26320
江 西	Jiangxi	23049	28835	18325	39764	3167	30644	28254	26333
山 东	Shandong	23433	29870	27393	38596	2131	26986	29839	30966
河 南	Henan	30315	27300	19908	39957	1969	30851	28654	27292
湖 北	Hubei	37349	26469	21423	46119	3778	29722	39257	29403
湖 南	Hunan	27912	26728	14981	43190	3521	36840	38536	27691
广 东	Guangdong	33968	48219	18065	60929	8638	121602	23231	42162
广 西	Guangxi	43849	21239	13622	38223	2316	25599	42027	24094
海 南	Hainan	3021	31437	1684	41634	270	29807	5740	23814
重 庆	Chongqing	21934	27728	9738	41474	1039	39567	12284	29218
四 川	Sichuan	42885	27683	22495	61430	2727	29569	56456	27238
贵 州	Guizhou	42486	22028	20463	33053	1560	44144	71353	23031
云 南	Yunnan	25701	20932	29160	31551	2305	30174	42369	22002
西 藏	Tibet	2446	27671	2217	33992	503	30476	11528	26884
陕 西	Shaanxi	24343	26887	17165	44228	2664	32357	41847	20866
甘 肃	Gansu	16025	27518	17081	30093	1683	25830	25460	20905
青 海	Qinghai	153	34113	1710	42407	6	39000	488	26443
宁 夏	Ningxia	3935	25284	1844	32726	511	26965	11789	25154
新 疆	Xinjiang	3363	40373	5743	35372	749	30643	15188	25866

3-5 各地区分登记注册类型城镇单位年末人数(2016年)

EMPLOYMENT IN URBAN UNITS BY REGISTRATION STATUS AND REGION(2016)

单位：千人 (1000 persons)

地 区	Region	就业人员 Employment				在岗职工 On-post Staff and Workers	
		合计 Total	国有单位 State-owned Units	城镇集体单位 Urban Collective-owned Units	其他单位 Other Ownership Units	合计 Total	国有单位 State-owned Units
全 国	**National**	**178881**	**61698**	**4533**	**112649**	**167681**	**58114**
北 京	Beijing	7915	1881	139	5895	7335	1780
天 津	Tianjin	2860	687	57	2116	2703	644
河 北	Hebei	6396	2864	140	3393	5956	2725
山 西	Shanxi	4306	1999	168	2139	4123	1903
内蒙古	Inner Mongolia	2932	1678	58	1196	2844	1637
辽 宁	Liaoning	5604	2616	244	2744	5266	2502
吉 林	Jilin	3221	1631	61	1529	3051	1545
黑龙江	Heilongjiang	4249	2637	122	1490	3807	2346
上 海	Shanghai	6278	1005	128	5144	5866	936
江 苏	Jiangsu	14973	2899	324	11751	14107	2710
浙 江	Zhejiang	10609	2189	149	8272	10031	2054
安 徽	Anhui	5171	1911	142	3118	4680	1758
福 建	Fujian	6688	1584	107	4998	6192	1462
江 西	Jiangxi	4715	1866	126	2724	4318	1723
山 东	Shandong	12155	3872	462	7820	11555	3721
河 南	Henan	11450	3668	342	7440	10961	3560
湖 北	Hubei	7193	2774	130	4289	6627	2582
湖 南	Hunan	5684	2423	192	3069	5240	2283
广 东	Guangdong	19576	3877	478	15220	18921	3748
广 西	Guangxi	4014	2018	132	1864	3686	1840
海 南	Hainan	1012	437	17	558	973	420
重 庆	Chongqing	4129	1194	87	2848	3797	1135
四 川	Sichuan	7875	3434	263	4178	7289	3222
贵 州	Guizhou	3105	1721	48	1336	2786	1548
云 南	Yunnan	4190	1871	106	2213	3762	1714
西 藏	Tibet	315	265	3	47	286	242
陕 西	Shaanxi	5114	2378	167	2569	4741	2236
甘 肃	Gansu	2610	1555	92	962	2397	1449
青 海	Qinghai	631	348	11	272	615	341
宁 夏	Ningxia	707	354	7	345	662	331
新 疆	Xinjiang	3205	2063	30	1112	3105	2017

3-5 续表 continued

单位：千人 (1000 persons)

地 区	Region	在岗职工 On-post Staff and Workers		其他就业人员 Others			
		城镇集体单位 Urban Collective-owned Units	其他单位 Other Ownership Units	合计 Total	国有单位 State-owned Units	城镇集体单位 Urban Collective-owned Units	其他单位 Other Ownership Units
全 国	**National**	**4180**	**105387**	**11200**	**3584**	**354**	**7262**
北 京	Beijing	131	5424	580	101	8	471
天 津	Tianjin	53	2006	157	43	4	110
河 北	Hebei	133	3098	440	139	7	295
山 西	Shanxi	159	2061	182	95	9	78
内蒙古	Inner Mongolia	57	1150	88	41	1	46
辽 宁	Liaoning	229	2535	338	114	16	209
吉 林	Jilin	57	1450	170	87	4	79
黑龙江	Heilongjiang	110	1350	442	290	12	139
上 海	Shanghai	117	4813	411	69	11	331
江 苏	Jiangsu	295	11102	866	189	28	649
浙 江	Zhejiang	145	7832	579	135	5	439
安 徽	Anhui	134	2788	491	153	8	330
福 建	Fujian	86	4644	496	122	20	354
江 西	Jiangxi	99	2496	397	142	27	228
山 东	Shandong	442	7392	600	152	20	428
河 南	Henan	320	7082	489	109	22	358
湖 北	Hubei	120	3925	566	192	10	364
湖 南	Hunan	168	2788	444	139	25	281
广 东	Guangdong	454	14719	655	129	25	501
广 西	Guangxi	105	1741	328	178	27	122
海 南	Hainan	17	537	39	17	1	21
重 庆	Chongqing	79	2582	332	59	8	265
四 川	Sichuan	241	3826	587	212	22	353
贵 州	Guizhou	41	1196	319	173	6	140
云 南	Yunnan	97	1951	428	156	9	262
西 藏	Tibet	2	42	29	23	1	5
陕 西	Shaanxi	156	2349	373	141	11	220
甘 肃	Gansu	86	861	213	106	6	101
青 海	Qinghai	11	263	16	7	1	8
宁 夏	Ningxia	7	324	45	24		21
新 疆	Xinjiang	29	1059	100	46	1	53

3-6 各地区分登记注册类型城镇单位工资总额(2016年)
WAGES IN URBAN UNITS BY REGISTRATION STATUS AND REGION(2016)

单位：亿元 (100 million yuan)

地区	Region	就业人员工资总额 Earnings of Employment				在岗职工 Wages of On-post Staff and Workers	
		合计 Total	国有单位 State-owned Units	城镇集体单位 Urban Collective-owned Units	其他单位 Other Ownership Units	合计 Total	国有单位 State-owned Units
全国	**National**	**120074.8**	**44462.9**	**2268.6**	**73343.3**	**115077.1**	**43317.3**
北京	Beijing	9463.3	2350.7	84.2	7028.3	9005.0	2299.1
天津	Tianjin	2484.3	741.2	27.7	1715.3	2385.5	723.6
河北	Hebei	3518.8	1674.2	62.6	1782.0	3378.4	1639.1
山西	Shanxi	2303.3	1138.0	75.1	1090.2	2257.5	1117.9
内蒙古	Inner Mongolia	1828.2	1106.6	35.6	686.0	1795.7	1096.3
辽宁	Liaoning	3173.3	1502.9	92.1	1578.3	3045.8	1470.3
吉林	Jilin	1824.8	1010.3	27.4	787.1	1770.6	987.4
黑龙江	Heilongjiang	2251.4	1394.8	52.8	803.8	2125.2	1315.1
上海	Shanghai	7601.4	1152.4	87.9	6361.1	7131.5	1115.7
江苏	Jiangsu	10583.2	2570.5	203.7	7809.0	10147.0	2492.6
浙江	Zhejiang	7673.1	2371.4	83.9	5217.8	7387.1	2307.9
安徽	Anhui	3012.8	1255.0	72.1	1685.7	2839.6	1210.3
福建	Fujian	4085.9	1207.3	59.2	2819.3	3867.9	1170.1
江西	Jiangxi	2611.2	1195.4	61.6	1354.2	2455.3	1151.3
山东	Shandong	7531.7	2940.3	242.3	4349.0	7281.8	2887.0
河南	Henan	5539.8	2059.7	153.4	3326.7	5365.6	2026.2
湖北	Hubei	4210.7	1801.7	55.5	2353.5	3966.2	1744.1
湖南	Hunan	3262.7	1550.6	78.0	1634.2	3111.0	1506.0
广东	Guangdong	14156.8	3314.7	234.6	10607.5	13790.1	3255.5
广西	Guangxi	2282.0	1276.6	54.7	950.6	2185.6	1230.7
海南	Hainan	616.2	294.6	8.5	313.1	602.6	289.8
重庆	Chongqing	2665.1	941.6	42.5	1681.0	2524.2	922.0
四川	Sichuan	4946.3	2458.2	134.0	2354.1	4721.4	2387.3
贵州	Guizhou	2022.6	1230.1	33.0	759.5	1914.8	1186.0
云南	Yunnan	2491.7	1387.0	62.1	1042.7	2352.5	1348.4
西藏	Tibet	320.9	286.5	1.5	32.9	311.6	279.6
陕西	Shaanxi	3051.3	1460.8	78.8	1511.7	2927.6	1419.6
甘肃	Gansu	1495.7	983.6	35.7	476.4	1421.0	953.1
青海	Qinghai	419.6	255.2	6.4	158.0	414.0	252.8
宁夏	Ningxia	468.3	246.5	3.9	217.9	454.8	240.3
新疆	Xinjiang	2178.5	1304.5	17.5	856.5	2140.3	1292.0

3-6 续表 continued

单位：亿元 (100 million yuan)

地 区	Region	在岗职工 Wages of On-post Staff and Workers		其他就业人员 Others			
		城镇集体单位 Urban Collective-owned Units	其他单位 Other Ownership Units	合计 Total	国有单位 State-owned Units	城镇集体单位 Urban Collective-owned Units	其他单位 Other Ownership Units
全 国	**National**	**2135.2**	**69624.6**	**4997.7**	**1145.6**	**133.4**	**3718.7**
北 京	Beijing	80.1	6625.9	458.2	51.7	4.2	402.4
天 津	Tianjin	26.2	1635.7	98.7	17.6	1.5	79.7
河 北	Hebei	59.4	1679.8	140.4	35.1	3.1	102.2
山 西	Shanxi	73.2	1066.4	45.8	20.1	1.9	23.8
内蒙古	Inner Mongolia	35.3	664.2	32.5	10.4	0.4	21.8
辽 宁	Liaoning	88.0	1487.4	127.5	32.5	4.1	90.9
吉 林	Jilin	26.2	757.0	54.2	22.9	1.2	30.1
黑龙江	Heilongjiang	49.2	760.9	126.3	79.7	3.6	43.0
上 海	Shanghai	83.0	5932.8	469.9	36.7	4.9	428.4
江 苏	Jiangsu	192.4	7462.0	436.2	77.9	11.3	347.0
浙 江	Zhejiang	81.9	4997.4	286.0	63.5	2.0	220.5
安 徽	Anhui	70.0	1559.3	173.2	44.7	2.2	126.3
福 建	Fujian	50.8	2647.0	218.0	37.2	8.5	172.3
江 西	Jiangxi	48.1	1255.8	155.9	44.0	13.4	98.4
山 东	Shandong	234.7	4160.1	249.9	53.3	7.7	189.0
河 南	Henan	144.9	3194.6	174.2	33.5	8.6	132.1
湖 北	Hubei	52.8	2169.3	244.5	57.6	2.7	184.2
湖 南	Hunan	69.9	1535.1	151.7	44.6	8.1	99.0
广 东	Guangdong	223.7	10310.8	366.7	59.2	10.9	296.7
广 西	Guangxi	45.5	909.4	96.4	45.9	9.2	41.2
海 南	Hainan	8.3	304.4	13.6	4.7	0.2	8.7
重 庆	Chongqing	40.0	1562.2	140.8	19.6	2.5	118.8
四 川	Sichuan	125.1	2209.0	224.9	70.9	8.9	145.1
贵 州	Guizhou	30.8	698.0	107.8	44.1	2.2	61.5
云 南	Yunnan	59.1	945.0	139.2	38.6	3.0	97.7
西 藏	Tibet	1.2	30.8	9.3	6.9	0.3	2.1
陕 西	Shaanxi	75.0	1432.9	123.7	41.1	3.7	78.8
甘 肃	Gansu	33.5	434.3	74.7	30.5	2.1	42.1
青 海	Qinghai	6.2	155.0	5.6	2.4	0.2	3.0
宁 夏	Ningxia	3.7	210.8	13.5	6.2	0.2	7.1
新 疆	Xinjiang	17.0	831.4	38.2	12.5	0.5	25.1

3-7 各地区分登记注册类型城镇单位平均工资(2016年) AVERAGE WAGE IN URBAN UNITS BY REGISTRATION STATUS AND REGION(2016)

单位：元 (yuan)

地区	Region	就业人员平均工资 Average Wage of Employment				在岗职工 On-post Staff and Workers	
		合计 Total	国有单位 State-owned Units	城镇集体单位 Urban Collective-owned Units	其他单位 Other Ownership Units	合计 Total	国有单位 State-owned Units
全国	**National**	**67569**	**72538**	**50527**	**65531**	**68993**	**74990**
北京	Beijing	119928	125419	59150	119650	122749	129542
天津	Tianjin	86305	107720	48344	80417	87806	112231
河北	Hebei	55334	58761	43767	52925	56987	60450
山西	Shanxi	53705	57170	44540	51192	54975	58952
内蒙古	Inner Mongolia	61067	66033	61533	54440	61994	67038
辽宁	Liaoning	56015	57247	37530	56481	57148	58515
吉林	Jilin	56098	62007	44026	50413	57486	63871
黑龙江	Heilongjiang	52435	52847	41618	52621	55299	56086
上海	Shanghai	119935	113370	67380	122542	120503	117765
江苏	Jiangsu	71574	89222	63175	67418	72684	92412
浙江	Zhejiang	73326	109064	57061	64078	74644	113261
安徽	Anhui	59102	66210	50976	55076	61289	69255
福建	Fujian	61973	76996	56550	57301	63138	80833
江西	Jiangxi	56136	64875	50326	50408	57470	67536
山东	Shandong	62539	76903	53790	55978	63562	78602
河南	Henan	49505	56609	45608	46104	50028	57333
湖北	Hubei	59831	66398	42845	56107	61113	68983
湖南	Hunan	58241	64384	41624	54356	60160	66349
广东	Guangdong	72326	86159	49357	69552	72848	87482
广西	Guangxi	57878	63751	43064	52430	60239	67381
海南	Hainan	61663	67847	49896	57130	62565	69407
重庆	Chongqing	65545	79565	49748	60097	67386	81867
四川	Sichuan	63926	72980	52180	57243	65781	75588
贵州	Guizhou	66279	72237	69802	58355	69678	77585
云南	Yunnan	60450	74562	61947	48237	63562	78904
西藏	Tibet	103232	109839	48179	70192	110330	117554
陕西	Shaanxi	59637	60749	48246	59317	61626	62689
甘肃	Gansu	57575	63930	38772	49255	59549	66511
青海	Qinghai	66589	73971	54780	57779	67451	74605
宁夏	Ningxia	65570	69627	52678	61768	67830	72619
新疆	Xinjiang	63739	63308	65498	64371	64630	64042

3-7 续表 continued

单位：元 (yuan)

地 区	Region	在岗职工 On-post Staff and Workers		其他就业人员 Others			
		城镇集体单位 Urban Collective-owned Units	其他单位 Other Ownership Units	合计 Total	国有单位 State-owned Units	城镇集体单位 Urban Collective-owned Units	其他单位 Other Ownership Units
全 国	**National**	**51708**	**66371**	**45800**	**32434**	**36999**	**52978**
北 京	Beijing	59507	122096	82618	51918	53022	89972
天 津	Tianjin	49253	81022	61078	40590	36415	69721
河 北	Hebei	45231	54445	32589	25491	27160	36281
山 西	Shanxi	45794	52013	25093	21311	21530	29978
内蒙古	Inner Mongolia	61963	55147	33431	25528	36747	39136
辽 宁	Liaoning	38248	57502	38010	28921	26787	43764
吉 林	Jilin	45182	51282	31367	27464	28358	35344
黑龙江	Heilongjiang	43594	54921	28014	27065	25667	30210
上 海	Shanghai	69591	122290	111932	53089	43876	126149
江 苏	Jiangsu	65536	68024	52810	42388	39185	56572
浙 江	Zhejiang	57482	64763	50366	46469	43953	51683
安 徽	Anhui	52161	56674	37293	30230	29393	40861
福 建	Fujian	59466	57629	46691	30891	43733	52687
江 西	Jiangxi	50045	50815	41108	31942	51357	45730
山 东	Shandong	54656	56570	42584	35428	36210	45500
河 南	Henan	46168	46451	37439	32116	37858	39054
湖 北	Hubei	44154	56461	44640	31110	27151	52242
湖 南	Hunan	42684	56073	35217	32190	34292	36859
广 东	Guangdong	50159	69844	56976	47032	37123	60726
广 西	Guangxi	44956	53478	30643	26091	35665	36601
海 南	Hainan	50006	57557	37634	28474	46278	45335
重 庆	Chongqing	51450	61458	44000	34213	32555	46537
四 川	Sichuan	52925	58397	40148	33758	43559	44006
贵 州	Guizhou	75197	59231	35508	25328	34838	49964
云 南	Yunnan	64588	49719	33081	25490	34237	37441
西 藏	Tibet	52086	72895	32710	29947	36737	45654
陕 西	Shaanxi	49239	61404	33809	29378	34356	36666
甘 肃	Gansu	38907	50093	35308	28885	36776	41994
青 海	Qinghai	56882	58703	34390	39180	28634	31776
宁 夏	Ningxia	53307	63371	30849	26754	41914	35315
新 疆	Xinjiang	66070	65536	35948	29047	51167	40506

四、国有单位就业人员和工资总额

EMPLOYMENT AND TOTAL WAGES IN STATE-OWNED UNITS

4-1 分行业国有单位就业人员和工资总额(2016年)
EMPLOYMENT AND TOTAL WAGES IN STATE-OWNED UNITS BY SECTOR (2016)

项 目	Item	年末人数 (千人) Year-end Figures (1000 persons)	#女 性 Female	工资总额 (千元) Total Wages (1000 yuan)	平均工资 (元) Average Wage (yuan)
全 国 总 计	**National Total**	**61698**	**25621**	**4446290308**	**72538**
按隶属关系分组	**Grouped by Administrtive Relationship**				
中央	Under Central Government	8362	2720	796209681	94866
省、自治区、直辖市	Under Provincial Government	7965	3000	659236777	82972
地区	Under Perfectural Government	11729	4972	864603302	74545
县及县以下	At and Below County Level	32282	14349	2028168036	63366
其他	Other	1359	580	98072512	72546
按国民经济行业分组	**Grouped by Sector**				
农、林、牧、渔业	**Agriculture, Forestry, Animal Husbandry and Fishery**	**2423**	**860**	**79741649**	**33069**
农业	**Farming**	1444	568	42690123	29415
林业	Forestry	601	166	20452332	35036
畜牧业	Animal Husbandry	109	43	2917419	26882
渔业	Fishery	16	5	500413	31985
农、林、牧、渔服务业	Service in Support of Agriculture	254	79	13181362	52279
采矿业	**Mining**	**446**	**101**	**28583861**	**61638**
煤炭开采和洗选业	Mining and Washing of Coal	253	43	15753235	58601
石油和天然气开采业	Extraction of Petroleum and Natural Gas	62	13	4959910	76200
黑色金属矿采选业	Mining and Processing of Ferrous Metal Ores	10	1	466039	52411
有色金属矿采选业	Mining and Processing of Non-Ferrous Metal Ores	15	3	705704	43447
非金属矿采选业	Mining and Processing of Non-metal Ores	19	6	812607	41781
开采辅助活动	Support Activities for Mining	87	35	5858208	69039
其他采矿业	Mining of Other Ores			28158	73328
制造业	**Manufacturing**	**1588**	**421**	**114837128**	**71130**
农副食品加工业	Processing of Food from Agricultural Products	49	15	1928926	39530
食品制造业	Manufacture of Foods	16	6	749315	44103
酒、饮料和精制茶制造业	Manufacture of Liquor, Beverages and Refined Tea	43	14	3768231	89483
烟草制品业	Manufacture of Tobacco	43	13	6803681	160305
纺织业	Manufacture of Textile	23	9	1044795	45091
纺织服装、服饰业	Manufacture of Textile, Wearing Apparel and Accessories	18	5	750445	42993
皮革、毛皮、羽毛及其制品和制鞋业	Manufacture of Leather, Fur, Feather and Related Products and Footwear	4	1	165503	38293
木材加工和木、竹、藤、棕、草制品业	Processing of Timber, Manufacture of Wood, Bamboo, Rattan, Palm and Straw Products	16	5	690904	45795
家具制造业	Manufacture of Furniture	2	1	99058	43106
造纸及纸制品业	Manufacture of Paper and Paper Products	6	2	294343	48269

4-1 续表 1 continued

项 目	Item	年末人数(千人) Year-end Figures (1000 persons)	#女 性 Female	工资总额(千元) Total Wages (1000 yuan)	平均工资(元) Average Wage (yuan)
印刷和记录媒介复制业	Printing and Reproduction of Recording Media	36	13	1930834	53468
文教、工美、体育和娱乐用品制造业	Manufacture of Articles for Culture, Education, Arts and Crafts, Sport and Entertainment Activities	8	3	429872	55561
石油加工、炼焦和核燃料加工业	Processing of Petroleum, Coking and Processing of Nuclear Fuel	31	8	2728201	86963
化学原料和化学制品制造业	Manufacture of Raw Chemical Materials and Chemical Products	93	27	5477120	58063
医药制造业	Manufacture of Medicines	18	8	1259037	68385
化学纤维制造业	Manufacture of Chemical Fibres			10888	26236
橡胶和塑料制品业	Manufacture of Rubber and Plastics Products	23	8	1171817	50937
非金属矿物制品业	Manufacture of Non-metallic Mineral Products	80	21	4039492	49287
黑色金属冶炼和压延加工业	Smelting and Pressing of Ferrous Metals	184	31	13172059	67802
有色金属冶炼和压延加工业	Smelting and Pressing of Non-ferrous Metals	58	11	4002089	68122
金属制品业	Manufacture of Metal Products	30	8	1686173	56339
通用设备制造业	Manufacture of General Purpose Machinery	94	27	5537653	58584
专用设备制造业	Manufacture of Special Purpose Machinery	81	20	4862734	60912
汽车制造业	Manufacture of Automobiles	244	51	21445387	87992
铁路、船舶、航空航天和其他运输设备制造业	Manufacture of Railway, Ship, Aerospace and Other Transport Equipments	193	53	16049669	79856
电气机械和器材制造业	Manufacture of Electrical Machinery and Apparatus	61	18	4088602	62288
计算机、通信和其他电子设备制造业	Manufacture of Computers, Communication and Other Electronic Equipment	55	16	4398463	82393
仪器仪表制造业	Manufacture of Measuring Instruments and Machinery	34	12	2637292	75517
其他制造业	Other Manufacture	21	7	1603489	73887
废弃资源综合利用业	Utilization of Waste Resources	2	1	102037	50614
金属制品、机械和设备修理业	Repair Service of Metal Products, Machinery and Equipment	23	5	1909019	84153
电力、热力、燃气及水生产和供应业	**Production and Supply of Electricity, Heat, Gas and Water**	**1763**	**484**	**147918794**	**83931**
电力、热力生产和供应业	Production and Supply of Electric Power and Heat Power	1468	372	133080471	90579
燃气生产和供应业	Production and Supply of Gas	35	11	2196629	62833
水的生产和供应业	Production and Supply of Water	260	101	12641694	48962
建筑业	**Construction**	**1846**	**248**	**94633685**	**52551**
房屋建筑业	Construction of Buildings	980	111	46347834	49305
土木工程建筑业	Civil Engineering	718	110	39755734	55396
建筑安装业	Building Installation	89	16	4853000	58788
建筑装饰和其他建筑业	Building Decoration and Other Constructions	59	11	3677117	60721

4-1 续表 2 continued

项 目	Item	年末人数(千人) Year-end Figures (1000 persons)	#女 性 Female	工资总额(千元) Total Wages (1000 yuan)	平均工资(元) Average Wage (yuan)
批发和零售业	**Wholesale and Retail Trades**	**820**	**285**	**60871388**	**74088**
批发业	Wholesale Trade	603	183	50759870	84018
零售业	Retail Trade	217	102	10111518	46499
交通运输、仓储和邮政业	**Transport, Storage and Post**	**3660**	**954**	**276986932**	**75878**
铁路运输业	Railway Transport	1690	268	151251999	89588
道路运输业	Road Transport	977	281	51712078	53111
水上运输业	Water Transport	66	9	6187471	93490
航空运输业	Air Transport	71	25	7844260	113056
管道运输业	Transport Via Pipelines	7	2	471946	72152
装卸搬运和运输代理业	Loading, Unloading and Forwarding Agency	42	11	2776152	65228
仓储业	Storage	123	34	6574025	53356
邮政业	Post	685	324	50169001	73714
住宿和餐饮业	**Hotels and Catering Services**	**352**	**180**	**16628417**	**46953**
住宿业	Hotels	301	153	14387743	47522
餐饮业	Catering Services	51	27	2240674	43601
信息传输、软件和信息技术服务业	**Information Transmission, Software and Information Technology**	**335**	**134**	**25873632**	**77402**
电信、广播电视和卫星传输服务	Telecommunication, Radio and Television and Satellite Transmission Service	292	118	21239147	72791
互联网和相关服务	Internet and Related Service	13	5	1234837	97523
软件和信息技术服务业	Software and Information Technology	30	11	3399648	113967
金融业	**Financial Intermediation**	**1487**	**744**	**149897350**	**102117**
货币金融服务	Monetary and Financial Service	1113	532	127088838	114287
资本市场服务	Capital Market Service	28	12	5506541	201956
保险业	Insurance	337	196	15984425	50085
其他金融业	Other Financial Activities	10	4	1317546	139158
房地产业	**Real Estate**	**321**	**114**	**19969411**	**62560**
#房地产开发经营	Development and Management of Real Estate	91	31	6387362	70726
物业管理	Property Management	130	43	6565021	51111
房地产中介服务	Agency Services of Real Estate	15	6	848320	58152
租赁和商务服务业	**Leasing and Business Services**	**1181**	**296**	**68644395**	**58828**
租赁业	Leasing	9	3	552474	63292
商务服务业	Business Services	1172	293	68091921	58794
科学研究和技术服务业	**Scientific Research and Technical Services**	**2151**	**684**	**191533814**	**89093**
研究和试验发展	Research and Experimental Development	640	222	68092385	105893
专业技术服务业	Professional Technical Services	1221	364	102541080	84217

4-1 续表 3 continued

项　目	Item	年末人数（千人）Year-end Figures (1000 persons)	#女 性 Female	工资总额（千元）Total Wages (1000 yuan)	平均工资（元）Average Wage (yuan)
科技推广和应用服务业	Science and Technology Popularization and Application Services	290	98	20900349	72266
水利、环境和公共设施管理业	**Management of Water Conservancy, Environment and Public Facilities**	**2039**	**822**	**95592539**	**47154**
水利管理业	Management of Water Conservancy	432	122	26041458	60522
生态保护和环境治理业	Ecological Protection and Environmental Treatment	88	29	4940457	55950
公共设施管理业	Management of Public Facilities	1519	672	64610624	42827
居民服务、修理和其他服务业	**Service to Households, Repair and Other Services**	**214**	**70**	**11727689**	**54178**
居民服务业	Service to Households	125	50	7204782	56624
机动车、电子产品和日用产品修理业	Repair of Motor Vehicle, Electronics and Household Products	19	5	972436	50584
其他服务业	Other Services	69	15	3550471	50717
教育	**Education**	**15939**	**8706**	**1199242528**	**75710**
#初等教育	Primary Education	5709	3391	393335335	69362
中等教育	Secondary Education	7041	3592	519355728	74202
高等教育	Senior Education	2051	955	207885422	101766
卫生和社会工作	**Health and Social Service**	**7525**	**4845**	**610948164**	**82522**
卫生	Health	7366	4757	601185574	82976
社会工作	Social Service	159	88	9762590	61707
文化、体育和娱乐业	**Culture, Sports and Entertainment**	**1026**	**455**	**81461280**	**79538**
新闻和出版业	Journalism and Publishing Activities	224	99	21387997	95076
广播、电视、电影和影视录音制作业	Radio, Television, Motion Picture and Videotape Programme Production Services	342	139	28742293	84534
文化艺术业	Cultural and Art Activities	374	184	25274610	67884
体育	Sports Activities	63	23	4538131	72461
娱乐业	Entertainment	24	10	1518249	62580
公共管理、社会保障和社会组织	**Public Management, Social Security and Social Organization**	**16581**	**5217**	**1171197652**	**71122**
#中国共产党机关	Organs of Communist Party of China	593	165	45830152	77706
国家机构	Government Agencies	15357	4789	1081374708	70908
人民政协、民主党派	People's Political Consultative Conference and Democratic Parties	106	29	8927126	84726
社会保障	Social Security	181	86	11029418	61114
群众团体、社会团体和其他成员组织	Non-Governmental Organizations, Social Organizations and Membership Organizations	338	144	23718561	70711

4-2 各地区分行业国有单位就业人员和工资总额(2016年)
EMPLOYMENT AND TOTAL WAGES IN STATE-OWNED UNITS BY SECTOR AND REGION (2016)

地区	Region	总计 Total			
		年末人数(人) Year-end Figures (person)	#女性 Female	工资总额(千元) Total Wages (1000 yuan)	平均工资(元) Average Wage (yuan)
全国	**National**	**61697878**	**25621026**	**4446290308**	**72538**
北京	Beijing	1880816	837377	235074965	125419
天津	Tianjin	687098	283086	74121285	107720
河北	Hebei	2863550	1296449	167416469	58761
山西	Shanxi	1998589	848224	113796091	57170
内蒙古	Inner Mongolia	1678313	690030	110661234	66033
辽宁	Liaoning	2615682	1048256	150287534	57247
吉林	Jilin	1631214	647314	101029109	62007
黑龙江	Heilongjiang	2636890	990023	139478187	52847
上海	Shanghai	1005476	448056	115235627	113370
江苏	Jiangsu	2898621	1236183	257047737	89222
浙江	Zhejiang	2188850	1011082	237137697	109064
安徽	Anhui	1911058	729083	125504257	66210
福建	Fujian	1583898	676765	120734920	76996
江西	Jiangxi	1865607	709063	119536008	64875
山东	Shandong	3872154	1583145	294033652	76903
河南	Henan	3668269	1543106	205971240	56609
湖北	Hubei	2773961	1051169	180170723	66398
湖南	Hunan	2422534	956992	155061175	64384
广东	Guangdong	3877474	1661320	331471766	86159
广西	Guangxi	2018215	925398	127663603	63751
海南	Hainan	436549	180137	29455931	67847
重庆	Chongqing	1193678	508741	94155840	79565
四川	Sichuan	3433639	1386752	245823337	72980
贵州	Guizhou	1721280	694236	123012939	72237
云南	Yunnan	1870775	801326	138695229	74562
西藏	Tibet	265344	102838	28646390	109839
陕西	Shaanxi	2377735	952914	146075814	60749
甘肃	Gansu	1555264	580401	98363517	63930
青海	Qinghai	347883	146704	25523911	73971
宁夏	Ningxia	354460	158603	24652593	69627
新疆	Xinjiang	2063002	936253	130451528	63308

4-2 续表 1 continued

地 区	Region	中央属单位 Units Under Central Government				省、自治区、直辖市属单位 Units Under Provincial Government			
		年末人数（人）Year-end Figures (person)	#女 性 Female	工资总额（千元）Total Wages (1000 yuan)	平均工资（元）Average Wage (yuan)	年末人数（人）Year-end Figures (person)	#女 性 Female	工资总额（千元）Total Wages (1000 yuan)	平均工资（元）Average Wage (yuan)
全 国	**National**	**8361990**	**2719702**	**796209681**	**94866**	**7965448**	**2999891**	**659236777**	**82972**
北 京	Beijing	783705	316735	119977490	153319	424139	151975	49218990	116754
天 津	Tianjin	87676	26423	11622448	132006	285428	94378	30396052	106067
河 北	Hebei	252735	73023	19661423	76764	235283	95688	16875197	72470
山 西	Shanxi	243262	63478	21015363	86520	326840	122004	20127649	61583
内蒙古	Inner Mongolia	238091	66963	19606257	81327	198326	67109	12579197	63779
辽 宁	Liaoning	515880	136649	41751787	80221	277168	105887	20095622	70517
吉 林	Jilin	361980	89823	34364064	94195	198009	73791	12036083	60801
黑龙江	Heilongjiang	308520	106894	20972263	67472	692972	215234	38163313	55676
上 海	Shanghai	228943	70959	32118404	138158	301882	121693	36762577	120274
江 苏	Jiangsu	305507	106792	34309683	112808	324981	136555	28934365	89048
浙 江	Zhejiang	123306	43642	17769067	143350	216641	95498	29600378	137906
安 徽	Anhui	203098	67607	17544992	87246	256699	93538	17791071	69980
福 建	Fujian	152805	59660	14374700	94649	181168	75119	17130825	95291
江 西	Jiangxi	146755	41115	13023696	90764	224151	77101	18939267	84204
山 东	Shandong	482586	148379	41814852	88024	330928	134866	31088200	95051
河 南	Henan	260898	70447	20662000	78858	396157	133793	30114023	76306
湖 北	Hubei	508702	162515	44356410	87873	226560	88126	18096452	80790
湖 南	Hunan	269041	75790	26444477	97785	227940	89219	18354643	81028
广 东	Guangdong	248020	93434	29325499	118623	374146	147307	38588211	103543
广 西	Guangxi	173947	54418	14329522	81437	288900	120036	21614232	75695
海 南	Hainan	26046	8957	2316455	88566	109404	44220	7897519	72383
重 庆	Chongqing	133543	40868	13557964	107354	206708	92891	18927336	89934
四 川	Sichuan	530565	183319	48925778	92669	302315	118691	25859527	85597
贵 州	Guizhou	174601	49852	14678523	82980	174158	66455	14962279	86500
云 南	Yunnan	155498	53076	15271800	98422	281938	106711	21647365	75813
西 藏	Tibet	17213	6851	2688658	159451	41354	15271	4899865	117441
陕 西	Shaanxi	428559	137735	33672037	74746	289526	108207	19355751	65508
甘 肃	Gansu	242320	69932	18319265	75597	256172	76152	15409734	62489
青 海	Qinghai	49630	16573	4517043	90762	75388	30726	5449125	73955
宁 夏	Ningxia	47657	14304	4443637	93837	73223	31485	5033099	67705
新 疆	Xinjiang	660901	263489	42774124	63421	166944	70165	13288830	80410

4-2 续表 2 continued

地 区	Region	地区属单位 Units Under Prefectural Government				县及县以下属单位 Units at and Below County Level			
		年末人数（人）Year-end Figures (person)	#女 性 Female	工资总额（千元）Total Wages (1000 yuan)	平均工资（元）Average Wage (yuan)	年末人数（人）Year-end Figures (person)	#女 性 Female	工资总额（千元）Total Wages (1000 yuan)	平均工资（元）Average Wage (yuan)
全 国	**National**	**11729224**	**4972332**	**864603302**	**74545**	**32282025**	**14349490**	**2028168036**	**63366**
北 京	Beijing	559663	314144	58583689	105102	94414	44609	5439484	57821
天 津	Tianjin	199169	108673	20263710	101868	97477	47259	10094624	103793
河 北	Hebei	487240	205229	29810422	61533	1870719	915448	100012281	53844
山 西	Shanxi	359121	153072	18624023	52472	1048480	501476	53209792	50916
内蒙古	Inner Mongolia	332330	138776	19653254	59486	893826	411209	57916171	64977
辽 宁	Liaoning	585065	243477	31445296	53784	1194408	548806	54346937	45657
吉 林	Jilin	308644	129071	17045608	56265	745843	346822	36304252	48650
黑龙江	Heilongjiang	744528	280043	33098958	43864	882093	384078	46760432	53171
上 海	Shanghai	410851	228346	40555372	97942	41018	20093	4126218	99829
江 苏	Jiangsu	523177	220896	49512209	95418	1615351	716440	133094269	82970
浙 江	Zhejiang	354509	163368	40614278	115002	1413137	672948	141556750	100891
安 徽	Anhui	365517	144599	25059354	68930	1037534	407338	61938175	60157
福 建	Fujian	337488	133977	28511504	85363	883419	399820	58858368	67345
江 西	Jiangxi	322951	117601	22604361	71572	1159114	468288	64367116	56174
山 东	Shandong	744852	297103	61452568	83363	2244051	975160	155087906	70006
河 南	Henan	613895	261895	35773428	58973	2318125	1042791	114382630	49816
湖 北	Hubei	460232	180184	32050078	71438	1549681	611214	84048537	55718
湖 南	Hunan	396245	162513	25806883	65843	1472943	603495	81157938	55465
广 东	Guangdong	909414	360125	87786296	97782	2164618	983429	156508590	72747
广 西	Guangxi	382473	174885	25011692	66332	884896	429385	50273742	57326
海 南	Hainan	68320	29293	4801045	71040	220484	92467	13452612	61546
重 庆	Chongqing	262125	114722	18542443	71291	564607	252433	41503109	74215
四 川	Sichuan	625139	220529	41068919	70813	1945132	853414	127923543	66354
贵 州	Guizhou	184983	73041	13716266	75498	1170697	498155	78588472	68062
云 南	Yunnan	230194	105772	17906646	79316	1199448	534194	83656416	70301
西 藏	Tibet	54910	21902	5864949	108733	151667	58744	15170705	102450
陕 西	Shaanxi	390038	157650	24715816	63415	1237363	535217	66176264	53611
甘 肃	Gansu	179110	72737	12157272	68150	871597	359695	52168267	60294
青 海	Qinghai	42196	18649	2904389	69225	179443	80341	12575049	70473
宁 夏	Ningxia	65132	32858	4330328	67155	147472	69187	9493680	64441
新 疆	Xinjiang	229713	107202	15332246	67287	982968	485535	57975707	59601

4-2 续表 3 continued

地区	Region	其他隶属关系单位 Other Units				农、林、牧、渔业 Agriculture, Forestry, Animal Husbandry and Fishery			
		年末人数(人) Year-end Figures (person)	#女性 Female	工资总额(千元) Total Wages (1000 yuan)	平均工资(元) Average Wage (yuan)	年末人数(人) Year-end Figures (person)	#女性 Female	工资总额(千元) Total Wages (1000 yuan)	平均工资(元) Average Wage (yuan)
全国	**National**	**1359191**	**579611**	**98072512**	**72546**	**2423079**	**860260**	**79741649**	**33069**
北京	Beijing	18895	9914	1855312	98934	4933	1745	428243	79304
天津	Tianjin	17348	6353	1744451	100864	3990	1237	333819	83081
河北	Hebei	17573	7061	1057146	58146	37140	12687	784266	21109
山西	Shanxi	20886	8194	819264	39429	15440	4394	738942	47809
内蒙古	Inner Mongolia	15740	5973	906355	57292	220595	72940	8266542	37837
辽宁	Liaoning	43161	13437	2647892	59064	220041	88941	3156169	14397
吉林	Jilin	16738	7807	1279102	73651	120795	35460	3916900	32546
黑龙江	Heilongjiang	8777	3774	483221	53841	660654	215498	18864178	28825
上海	Shanghai	22782	6965	1673056	73011	4343	1515	358788	81487
江苏	Jiangsu	129605	55500	11197211	86867	54197	21484	2122681	37763
浙江	Zhejiang	81257	35626	7597224	95590	2982	650	211556	69614
安徽	Anhui	48210	16001	3170665	67365	40618	13560	1361831	34260
福建	Fujian	29018	8189	1859523	65398	39861	12485	1412462	35684
江西	Jiangxi	12636	4958	601568	48172	43905	12246	1541696	35463
山东	Shandong	69737	27637	4590126	66698	12927	3397	713292	59416
河南	Henan	79194	34180	5039159	63715	12998	4463	469282	36182
湖北	Hubei	28786	9130	1619246	58626	99928	35673	3136211	31591
湖南	Hunan	56365	25975	3297234	58630	11047	3139	387631	35291
广东	Guangdong	181276	77025	19263170	108145	45176	17203	1639605	35914
广西	Guangxi	287999	146674	16434415	57265	72882	28664	2302809	32136
海南	Hainan	12295	5200	988300	77636	30647	10829	803818	25529
重庆	Chongqing	26695	7827	1624988	59508	6510	1606	370467	57118
四川	Sichuan	30488	10799	2045570	67158	25250	7615	1337650	53470
贵州	Guizhou	16841	6733	1067399	63889	7936	2207	489819	61791
云南	Yunnan	3697	1573	213002	57521	58800	18136	2199509	37069
西藏	Tibet	200	70	22213	109965	3059	438	98621	34652
陕西	Shaanxi	32249	14105	2155946	62498	22413	7005	1092229	48791
甘肃	Gansu	6065	1885	308979	50911	48056	14529	1938792	40297
青海	Qinghai	1226	415	78305	64822	10845	3450	547344	50535
宁夏	Ningxia	20976	10769	1351849	65739	10877	3483	506797	45234
新疆	Xinjiang	22476	9862	1080621	53325	474234	203581	18209700	38564

4-2 续表 4 continued

地 区	Region	采矿业 Mining 年末人数(人) Year-end Figures (person)	#女 性 Female	工资总额(千元) Total Wages (1000 yuan)	平均工资(元) Average Wage (yuan)	制造业 Manufacturing 年末人数(人) Year-end Figures (person)	#女 性 Female	工资总额(千元) Total Wages (1000 yuan)	平均工资(元) Average Wage (yuan)
全 国	**National**	**446465**	**101419**	**28583861**	**61638**	**1588131**	**421215**	**114837128**	**71130**
北 京	Beijing					37644	11147	4328016	113210
天 津	Tianjin	32	5	1518	46000	18335	4978	1340011	70290
河 北	Hebei	24744	3368	1100191	45956	40828	11818	2303413	54906
山 西	Shanxi	21724	4882	1233630	56456	37616	12489	1385537	36553
内蒙古	Inner Mongolia	30277	4377	3201642	99461	20361	4793	1574922	76799
辽 宁	Liaoning	73771	22903	4554013	55445	147664	27800	9049172	58335
吉 林	Jilin	3584	593	156979	43197	166766	28814	15941681	95359
黑龙江	Heilongjiang	7357	2623	347427	46392	56580	12089	3088780	52532
上 海	Shanghai	81	7	5152	62072	32789	7560	3416820	101413
江 苏	Jiangsu	12716	4282	828772	62445	47398	12825	3679619	77131
浙 江	Zhejiang	605	110	24651	38759	17088	4524	1766275	104119
安 徽	Anhui	3424	445	221818	57780	37194	11070	2599668	70797
福 建	Fujian	4314	1611	147954	33248	8853	3037	497167	55699
江 西	Jiangxi	17663	4121	770911	39483	89101	18290	6198840	71363
山 东	Shandong	48296	8265	3297243	75144	69011	21130	4266017	62343
河 南	Henan	29119	6355	1686753	53470	49162	13023	2502580	50701
湖 北	Hubei	10745	4807	471760	47576	128041	28470	9992860	76914
湖 南	Hunan	10423	1908	433336	39426	38566	11683	3604271	92318
广 东	Guangdong	4017	824	382446	92067	42735	12665	3083365	72623
广 西	Guangxi	1855	357	84059	36015	48133	13731	3184127	65365
海 南	Hainan	484	82	15022	30973	3937	1202	194046	49088
重 庆	Chongqing	5595	391	341818	60887	27738	8744	1858223	66221
四 川	Sichuan	8781	2175	613657	69012	75061	21301	5932357	78192
贵 州	Guizhou	7440	922	412386	56337	62525	20400	5306934	85641
云 南	Yunnan	22976	5672	1139728	42710	35845	12822	2150932	62413
西 藏	Tibet	1259	313	113588	93029	886	348	49511	56519
陕 西	Shaanxi	55364	12303	3731726	65089	210980	72579	13466891	60027
甘 肃	Gansu	28477	4377	2296944	80978	23986	7526	1336865	54686
青 海	Qinghai	500	36	37082	74164	4000	1169	195277	53354
宁 夏	Ningxia	365	43	19913	51722	805	284	84271	105207
新 疆	Xinjiang	10477	3262	911742	82600	8503	2904	458680	54090

4-2 续表 5 continued

地 区	Region	电力、热力、燃气及水生产和供应业 Production and Supply of Electricity, Heat, Gas and Water				建筑业 Construction			
		年末人数(人) Year-end Figures (person)	#女 性 Female	工资总额(千元) Total Wages (1000 yuan)	平均工资(元) Average Wage (yuan)	年末人数(人) Year-end Figures (person)	#女 性 Female	工资总额(千元) Total Wages (1000 yuan)	平均工资(元) Average Wage (yuan)
全 国	**National**	**1763136**	**484021**	**147918794**	**83931**	**1845596**	**248005**	**94633685**	**52551**
北 京	Beijing	16926	4281	2766721	164990	23429	5834	2267404	93555
天 津	Tianjin	10180	3072	1721381	170349	14578	2760	1424430	95222
河 北	Hebei	93637	26183	5925610	63485	54140	8222	2661495	47627
山 西	Shanxi	64697	19659	4814618	77325	58602	10453	2363251	39281
内蒙古	Inner Mongolia	41773	11308	3161255	76342	6694	1602	379387	57640
辽 宁	Liaoning	71577	17974	5347657	76129	94553	13895	4499699	46834
吉 林	Jilin	34661	9193	2334201	67640	24579	3106	1156477	51800
黑龙江	Heilongjiang	81301	23409	4588289	56360	63001	7818	3019685	40762
上 海	Shanghai	18836	4351	3463542	182599	9033	2017	884835	96735
江 苏	Jiangsu	64218	15854	8911043	139279	88320	10240	4847794	57937
浙 江	Zhejiang	49226	10892	7626740	154528	21651	1868	1122188	52978
安 徽	Anhui	52365	13095	5510569	105474	73904	8421	4084843	55794
福 建	Fujian	17073	4898	1377742	81067	64556	7113	4082196	62667
江 西	Jiangxi	12091	4152	592150	48817	77524	14881	3284488	47096
山 东	Shandong	113221	30124	8674768	76882	127237	18722	7307104	57066
河 南	Henan	157128	40197	11888812	74452	65289	10424	3285184	51751
湖 北	Hubei	109155	31173	9354800	85865	77479	11960	3458306	48795
湖 南	Hunan	112079	30584	7229819	64496	79922	9543	3671805	47214
广 东	Guangdong	99177	24226	9523495	95854	158050	17767	9027964	59135
广 西	Guangxi	43607	12341	3053696	69946	38065	6975	1882905	47404
海 南	Hainan	12852	3628	902671	70731	9821	1139	371730	38827
重 庆	Chongqing	7859	2597	542885	69307	40174	3451	2011218	50218
四 川	Sichuan	127206	36560	11612165	90858	253565	21777	11297577	51452
贵 州	Guizhou	89388	24981	7410056	81252	58502	9265	2192555	39923
云 南	Yunnan	34613	10027	2830085	82213	41617	8851	2149828	54130
西 藏	Tibet	2500	717	167065	67802	4392	1000	308399	63509
陕 西	Shaanxi	60161	18214	3993587	66775	76437	13216	3577734	47610
甘 肃	Gansu	89559	29365	5909328	64957	91502	9268	4243833	51588
青 海	Qinghai	11219	3566	830086	75793	11616	1322	516325	46730
宁 夏	Ningxia	16906	4424	1760003	106095	8911	1692	533479	47165
新 疆	Xinjiang	47945	12976	4093955	86608	28453	3403	2719567	62686

4-2 续表 6 continued

地 区	Region	批发和零售业 Wholesale and Retail Trades				交通运输、仓储和邮政业 Transport, Storage and Post			
		年末人数（人） Year-end Figures (person)	#女 性 Female	工资总额（千元） Total Wages (1000 yuan)	平均工资（元） Average Wage (yuan)	年末人数（人） Year-end Figures (person)	#女 性 Female	工资总额（千元） Total Wages (1000 yuan)	平均工资（元） Average Wage (yuan)
全 国	**National**	**819681**	**284633**	**60871388**	**74088**	**3659582**	**953929**	**276986932**	**75878**
北 京	Beijing	26591	11596	3889120	134038	98657	17998	9456490	95708
天 津	Tianjin	9987	3844	941388	92793	42489	6369	3286489	77391
河 北	Hebei	30838	14328	1763064	57686	159429	44063	9930523	62063
山 西	Shanxi	41881	14536	1896986	44990	174069	37643	13613101	77559
内蒙古	Inner Mongolia	16884	6147	1157190	68118	165788	37740	12253599	73600
辽 宁	Liaoning	30032	9865	2025251	67434	189204	38613	13913755	73043
吉 林	Jilin	21438	6395	1275464	59861	109171	21532	7686832	70004
黑龙江	Heilongjiang	43197	14770	2379907	57455	242424	54060	15739083	64415
上 海	Shanghai	13122	5383	1318957	97311	89802	15855	10338423	113872
江 苏	Jiangsu	40630	14256	3011973	73957	146226	45074	11507386	79209
浙 江	Zhejiang	13962	4051	1853547	131616	63239	18615	6227899	96779
安 徽	Anhui	29375	9304	1782309	61864	93945	26441	7037857	75320
福 建	Fujian	29571	9068	2581880	84752	89913	28356	7114190	80181
江 西	Jiangxi	23652	6995	1639771	69194	118133	29552	9147480	78065
山 东	Shandong	43102	16089	2479314	58149	211372	59666	15631610	74744
河 南	Henan	77051	27435	5103132	66519	218435	60156	14419298	66435
湖 北	Hubei	38828	11565	2316503	60252	194290	55655	14368609	74350
湖 南	Hunan	31986	9048	2437491	74302	141728	37877	10721149	75838
广 东	Guangdong	50100	17360	3293828	65614	126873	40117	9762001	77031
广 西	Guangxi	23105	7412	1743677	75097	96272	23073	7541219	78591
海 南	Hainan	2686	926	366507	136502	13337	4339	895982	67504
重 庆	Chongqing	14744	5433	1452248	98131	68256	23976	4817032	72052
四 川	Sichuan	34536	10742	3012318	85687	200207	65220	14708092	74242
贵 州	Guizhou	25552	7357	2708914	105635	61982	16022	4665334	75993
云 南	Yunnan	36769	12761	3987816	108772	77357	22214	6340418	82427
西 藏	Tibet	3083	1368	278078	92538	6944	2564	543470	78242
陕 西	Shaanxi	35591	14942	1974655	55979	183076	48089	13194137	72793
甘 肃	Gansu	13420	4777	821631	61675	91253	24677	6419938	71899
青 海	Qinghai	2776	1103	230699	82747	32435	10156	2808350	86887
宁 夏	Ningxia	3143	1275	259749	81759	24684	7354	1807659	74301
新 疆	Xinjiang	12049	4502	888021	73396	128592	30863	11089527	86259

4-2 续表 7 continued

地 区	Region	住宿和餐饮业 Hotels and Catering Services				信息传输、软件和信息技术服务业 Information Transmission, Software and Information Technology			
		年末人数(人) Year-end Figures (person)	#女 性 Female	工资总额(千元) Total Wages (1000 yuan)	平均工资(元) Average Wage (yuan)	年末人数(人) Year-end Figures (person)	#女 性 Female	工资总额(千元) Total Wages (1000 yuan)	平均工资(元) Average Wage (yuan)
全 国	**National**	**352370**	**179819**	**16628417**	**46953**	**335182**	**133769**	**25873632**	**77402**
北 京	Beijing	37012	17649	2356404	62742	13111	5461	2137646	164018
天 津	Tianjin	4942	2251	262837	51903	1047	442	104219	98413
河 北	Hebei	17221	9373	621332	35127	10096	4148	563842	55672
山 西	Shanxi	13737	7215	421298	30547	8503	3178	560258	66060
内蒙古	Inner Mongolia	5110	2977	192760	37126	15463	7570	921437	59517
辽 宁	Liaoning	18204	8284	860828	46769	14462	5618	958924	68120
吉 林	Jilin	9058	4785	328170	35709	20951	8974	1612455	74461
黑龙江	Heilongjiang	20527	6864	1023860	49893	19327	7407	1263530	65312
上 海	Shanghai	14413	6210	1062404	72155	2832	919	368432	129320
江 苏	Jiangsu	17193	9642	840316	49245	42757	21307	3539470	82386
浙 江	Zhejiang	10257	5202	559021	56909	9092	3254	973250	108585
安 徽	Anhui	5625	3284	206681	36750	13425	4880	952468	70937
福 建	Fujian	9440	5426	424839	45633	12149	4844	885918	74310
江 西	Jiangxi	8090	4542	300240	36998	4017	1425	227063	57022
山 东	Shandong	31618	15793	1489884	47338	18538	6877	1648618	91205
河 南	Henan	17556	8870	724511	41128	17046	7460	901957	53053
湖 北	Hubei	7612	4174	277476	36587	15249	4792	827664	55097
湖 南	Hunan	9815	5577	437217	44546	8044	2665	497355	61745
广 东	Guangdong	22429	11286	1210609	53517	30452	10274	2744897	90388
广 西	Guangxi	8420	4827	329065	38451	6102	2335	467182	77207
海 南	Hainan	3974	1856	186575	46620	2174	736	131707	61603
重 庆	Chongqing	2483	1331	105143	41873	2294	664	173598	76073
四 川	Sichuan	8463	4581	354602	41792	16852	6189	1177957	70389
贵 州	Guizhou	3255	1893	170681	52420	2893	1002	189589	66105
云 南	Yunnan	9470	5033	334073	35472	5427	1919	370258	68364
西 藏	Tibet	2511	1223	136981	54531	3028	1326	325814	109776
陕 西	Shaanxi	10723	6098	387839	35680	5187	2118	328856	63412
甘 肃	Gansu	9229	5476	362379	39436	6732	2438	357450	53720
青 海	Qinghai	2010	1228	90887	45353	432	150	26670	62459
宁 夏	Ningxia	1704	1048	68017	40366	509	242	32917	64166
新 疆	Xinjiang	10269	5821	501488	47847	6991	3155	602231	84252

4-2 续表 8 continued

地 区	Region	金融业 Financial Intermediation 年末人数(人) Year-end Figures (person)	#女 性 Female	工资总额(千元) Total Wages (1000 yuan)	平均工资(元) Average Wage (yuan)	房地产业 Real Estate 年末人数(人) Year-end Figures (person)	#女 性 Female	工资总额(千元) Total Wages (1000 yuan)	平均工资(元) Average Wage (yuan)
全 国	**National**	**1487079**	**744274**	**149897350**	**102117**	**321135**	**113818**	**19969411**	**62560**
北 京	Beijing	10092	4932	2391436	238976	26906	8926	2415596	89077
天 津	Tianjin	12963	6859	2293282	175690	10419	3025	780401	74572
河 北	Hebei	25897	11251	2513746	96750	8174	3027	417435	50764
山 西	Shanxi	62793	28493	4426472	71635	8160	3052	279449	34611
内蒙古	Inner Mongolia	42973	22858	3241333	75161	5080	2218	321639	63166
辽 宁	Liaoning	83037	43069	7572530	91096	17351	6676	797127	45765
吉 林	Jilin	44818	21875	3483261	77464	13383	5000	603500	46185
黑龙江	Heilongjiang	61832	30467	4554419	75790	11708	3427	582276	49742
上 海	Shanghai	20700	11141	4836685	233262	13771	3991	1470131	100735
江 苏	Jiangsu	104989	55449	10421040	102348	11901	4414	884688	74150
浙 江	Zhejiang	41996	22440	6772551	160998	9316	3658	776866	82286
安 徽	Anhui	73180	39368	4705252	65893	8821	3098	518235	57988
福 建	Fujian	70528	38302	6964729	100931	14624	4352	812767	55784
江 西	Jiangxi	55235	26328	5050257	92779	8528	2946	462892	54203
山 东	Shandong	111649	52313	10711172	98178	18436	6888	1043443	57366
河 南	Henan	51964	23318	4379435	85076	8230	3004	373533	46873
湖 北	Hubei	77417	38366	7036199	91837	9512	3172	472874	50124
湖 南	Hunan	16319	7088	1610070	98067	6286	2260	368644	58720
广 东	Guangdong	107764	52209	14732899	139638	41428	13781	2446856	61001
广 西	Guangxi	53171	29522	4868072	92941	7974	3447	388258	50066
海 南	Hainan	8797	4247	910360	107760	4083	1368	183203	45302
重 庆	Chongqing	38151	20054	6121601	160512	4056	1520	272391	69737
四 川	Sichuan	113909	59254	10651281	94466	8306	3588	647221	78518
贵 州	Guizhou	19164	8596	1999575	105608	4547	1748	234175	56414
云 南	Yunnan	46557	22471	5067385	109322	4014	1567	297483	78678
西 藏	Tibet	8234	3577	1520517	189827	529	259	42267	80816
陕 西	Shaanxi	37442	17768	3522307	94602	20156	7448	1167618	58381
甘 肃	Gansu	29039	13136	1899372	66104	7983	2698	492357	60785
青 海	Qinghai	16078	7930	1429634	89190	902	440	49657	54870
宁 夏	Ningxia	9220	4857	881359	97517	2203	724	137185	63600
新 疆	Xinjiang	31171	16736	3329119	106984	4348	2096	227244	51135

4-2 续表 9 continued

地 区	Region	租赁和商务服务业 Leasing and Business Services				科学研究和技术服务业 Scientific Research and Technical Services			
		年末人数（人） Year-end Figures (person)	#女 性 Female	工资总额（千元） Total Wages (1000 yuan)	平均工资（元） Average Wage (yuan)	年末人数（人） Year-end Figures (person)	#女 性 Female	工资总额（千元） Total Wages (1000 yuan)	平均工资（元） Average Wage (yuan)
全 国	**National**	**1181237**	**296290**	**68644395**	**58828**	**2150939**	**684382**	**191533814**	**89093**
北 京	Beijing	172780	39817	16187677	95351	216111	79526	34704879	162014
天 津	Tianjin	7927	2604	696368	86656	43368	13618	5607015	128472
河 北	Hebei	37378	5600	1342806	36932	85902	29882	6346017	73365
山 西	Shanxi	51153	9841	1781762	36443	56860	19278	3420966	60285
内蒙古	Inner Mongolia	16354	6509	754500	46257	39946	14339	2567258	64265
辽 宁	Liaoning	53802	14783	2218214	41064	95678	31453	6299839	66659
吉 林	Jilin	19938	7684	881223	43565	54425	18033	3508266	64171
黑龙江	Heilongjiang	30544	8867	1272258	42938	97896	25730	6722935	69908
上 海	Shanghai	58579	10401	4035618	66524	68034	22363	8962436	130444
江 苏	Jiangsu	81755	18452	4222311	51980	85781	27138	9130926	106930
浙 江	Zhejiang	81372	14797	4637156	57450	64275	19725	7355916	114585
安 徽	Anhui	19778	4632	847734	43612	55116	14962	3976867	71592
福 建	Fujian	41400	9418	2069057	51874	43680	12667	3746971	86555
江 西	Jiangxi	25744	6390	1110182	44113	47185	13630	3481296	73742
山 东	Shandong	80242	27992	5167441	63983	88165	25530	7429084	86024
河 南	Henan	37447	10092	1509119	42025	85040	27109	5268521	62540
湖 北	Hubei	32033	9647	1382241	42854	87274	24640	5614892	66339
湖 南	Hunan	19504	5670	892945	45813	51143	14895	3447397	67684
广 东	Guangdong	135691	26894	7889274	59644	96952	30678	10471033	108873
广 西	Guangxi	35500	11214	1697864	48136	72232	24165	4910829	68379
海 南	Hainan	4582	1514	208520	46082	11708	3786	863142	73365
重 庆	Chongqing	15173	5328	648943	44463	40541	11765	3966911	98852
四 川	Sichuan	37078	7024	2448287	66785	151831	47364	12742168	85280
贵 州	Guizhou	9829	3382	591024	62404	57812	17588	4289120	74407
云 南	Yunnan	11011	4131	885040	76927	74116	23394	5810093	75071
西 藏	Tibet	465	205	47478	101449	11516	3549	1165409	103906
陕 西	Shaanxi	19914	7983	934562	47245	137019	45468	9825286	66912
甘 肃	Gansu	20166	6573	1122505	55468	55528	15819	4006280	73201
青 海	Qinghai	1248	541	70968	57048	18526	6016	1503404	81055
宁 夏	Ningxia	3299	1490	150536	45951	10144	3349	812501	80549
新 疆	Xinjiang	19551	6815	940782	50058	47135	16923	3576157	75846

4-2 续表 10 continued

地 区	Region	水利、环境和公共设施管理业 Management of Water Conservancy, Environment and Public Facilities				居民服务、修理和其他服务业 Service to Households, Repair and Other Services			
		年末人数(人) Year-end Figures (person)	#女 性 Female	工资总额(千元) Total Wages (1000 yuan)	平均工资(元) Average Wage (yuan)	年末人数(人) Year-end Figures (person)	#女 性 Female	工资总额(千元) Total Wages (1000 yuan)	平均工资(元) Average Wage (yuan)
全 国	**National**	**2039440**	**822396**	**95592539**	**47154**	**213938**	**70412**	**11727689**	**54178**
北 京	Beijing	61963	20998	4957659	79453	12458	5028	762599	60687
天 津	Tianjin	35528	10744	3105511	86216	33858	2151	1635891	46403
河 北	Hebei	103073	37908	4178655	41051	4961	1801	214897	43616
山 西	Shanxi	84298	36011	2538743	30283	3048	1125	123239	40393
内蒙古	Inner Mongolia	71966	32144	3010707	41723	5336	2017	203174	42576
辽 宁	Liaoning	127266	47857	4322622	33933	16163	6171	689377	42557
吉 林	Jilin	67311	25616	2322737	34784	8065	2651	346613	43986
黑龙江	Heilongjiang	100762	35384	3514969	35422	33485	14909	2006510	56271
上 海	Shanghai	22726	8692	1939237	84451	9356	3818	773665	81714
江 苏	Jiangsu	90861	32987	6122475	67110	5051	1488	384234	75951
浙 江	Zhejiang	62203	25482	3921954	63318	6192	1744	506475	81101
安 徽	Anhui	66887	23760	3108245	46783	3286	949	156539	47696
福 建	Fujian	43755	16235	2259477	51485	7623	3571	387334	51079
江 西	Jiangxi	58058	24562	2476184	43492	1856	527	104783	56670
山 东	Shandong	116210	44664	6149842	53224	5921	1748	363556	61777
河 南	Henan	96957	38762	3974494	41932	5362	1559	215803	40825
湖 北	Hubei	93373	35011	4050799	45089	4940	1698	258865	52916
湖 南	Hunan	71941	27657	2896157	40443	3018	1222	159231	53849
广 东	Guangdong	109786	43784	5875213	53546	13404	4542	903192	67914
广 西	Guangxi	78476	40233	3106519	39571	2305	744	134501	58504
海 南	Hainan	15726	7947	634070	40438	369	154	14301	38861
重 庆	Chongqing	45871	20394	2218438	48883	1729	646	89632	52081
四 川	Sichuan	101117	47634	4499634	44814	7214	2710	438210	60854
贵 州	Guizhou	40454	22224	1619895	40341	3536	1778	160561	45254
云 南	Yunnan	53085	23323	2504744	47718	2267	796	120220	54324
西 藏	Tibet	1551	708	104014	67850	85	59	10293	128663
陕 西	Shaanxi	79337	31629	3235314	40764	6247	1582	269843	43870
甘 肃	Gansu	56626	23532	2835679	50756	2174	738	91231	42413
青 海	Qinghai	10079	4776	558709	55373	307	94	14314	47397
宁 夏	Ningxia	21376	9143	1057091	48797	117	45	6485	54496
新 疆	Xinjiang	50818	22595	2492752	48325	4205	2347	182121	43342

4-2 续表 11 continued

地 区	Region	教 育 Education 年末人数(人) Year-end Figures (person)	#女 性 Female	工资总额(千元) Total Wages (1000 yuan)	平均工资(元) Average Wage (yuan)	卫生和社会工作 Health and Social Service 年末人数(人) Year-end Figures (person)	#女 性 Female	工资总额(千元) Total Wages (1000 yuan)	平均工资(元) Average Wage (yuan)
全 国	**National**	**15938515**	**8705651**	**1199242528**	**75710**	**7524941**	**4845251**	**610948164**	**82522**
北 京	Beijing	362486	221668	47921942	133163	223334	160600	36344182	164536
天 津	Tianjin	166712	102872	19699926	118762	89123	60566	10787456	122634
河 北	Hebei	866710	550920	55450905	64302	343640	225393	20210999	59607
山 西	Shanxi	495248	310749	31285751	63492	180103	118517	9335790	52318
内蒙古	Inner Mongolia	343746	200335	26688717	77740	143168	88720	9856854	69322
辽 宁	Liaoning	510222	299712	34393389	67904	280438	175262	18005508	64456
吉 林	Jilin	351249	205336	23158246	65906	169909	110263	11041702	65423
黑龙江	Heilongjiang	421810	240433	28829637	68269	216171	136988	13478165	62483
上 海	Shanghai	252116	161612	27325738	108365	155992	107833	20389715	130441
江 苏	Jiangsu	877681	482857	78466146	89580	366869	239968	35204017	97803
浙 江	Zhejiang	616375	380274	66243699	108015	393517	267260	46697129	121061
安 徽	Anhui	595809	267289	38991071	65771	221050	139730	16843788	77768
福 建	Fujian	475142	265905	36323532	77355	177217	118699	16536201	95443
江 西	Jiangxi	500371	243500	31944019	64555	225880	138608	16038304	72046
山 东	Shandong	1073696	545957	88385552	83150	529277	331856	42504614	81789
河 南	Henan	1067243	574257	59600331	56262	496548	292812	30481969	62403
湖 北	Hubei	689309	307293	44413420	66277	396562	232900	27113981	70976
湖 南	Hunan	612076	313493	40528154	66432	344147	219768	27287360	80615
广 东	Guangdong	1084945	623365	92542038	85572	559595	363926	53243804	96468
广 西	Guangxi	595279	334171	36040068	61250	305543	206440	21696184	72049
海 南	Hainan	110057	56174	8849805	80481	52344	34564	4106064	79383
重 庆	Chongqing	377153	195822	29261752	78241	159542	104562	14786225	93944
四 川	Sichuan	883236	454509	61935898	70565	404837	255440	33817454	86057
贵 州	Guizhou	527418	261918	38410999	73382	192281	122921	14198934	75352
云 南	Yunnan	556792	287131	43943939	79459	234514	160766	17129352	74659
西 藏	Tibet	49391	24834	5637267	116605	18816	10131	2001168	109437
陕 西	Shaanxi	547556	289308	35318869	63707	241967	155919	15081859	62677
甘 肃	Gansu	384007	172814	26731871	69804	139480	85794	8524391	62148
青 海	Qinghai	73597	38074	6017244	81778	39228	23460	2565631	66297
宁 夏	Ningxia	83066	44205	5919148	71641	42914	29481	2986267	71085
新 疆	Xinjiang	388017	248864	28983455	75343	180935	126104	12653097	71015

4-2 续表 12 continued

地 区	Region	文化、体育和娱乐业 Culture, Sports and Entertainment				公共管理、社会保障和社会组织 Public Management, Social Security and Social Organization			
		年末人数（人） Year-end Figures (person)	#女 性 Female	工资总额（千元） Total Wages (1000 yuan)	平均工资（元） Average Wage (yuan)	年末人数（人） Year-end Figures (person)	#女 性 Female	工资总额（千元） Total Wages (1000 yuan)	平均工资（元） Average Wage (yuan)
全 国	**National**	**1026321**	**454564**	**81461280**	**79538**	**16581111**	**5216918**	**1171197652**	**71122**
北 京	Beijing	104413	51982	16398551	156478	431970	168189	45360400	105575
天 津	Tianjin	13330	5966	1226157	91840	168290	49723	18873186	112666
河 北	Hebei	44776	19832	2349934	52568	874966	276645	48737339	56115
山 西	Shanxi	39615	18128	2036022	51095	581042	188581	31540276	54430
内蒙古	Inner Mongolia	32885	16095	2185362	66219	453914	155341	30722956	67877
辽 宁	Liaoning	39479	18089	2029748	51789	532738	171291	29593712	55654
吉 林	Jilin	28176	12511	1540042	54459	362937	119493	19734360	54312
黑龙江	Heilongjiang	33112	13652	1854454	55653	435202	135628	26347825	60761
上 海	Shanghai	23845	10455	2660552	109528	195106	63933	21624497	109025
江 苏	Jiangsu	42043	18557	3911835	93103	718035	199909	69011011	96445
浙 江	Zhejiang	48422	23988	4897877	100833	677080	202548	74962947	111268
安 徽	Anhui	25276	10617	1410377	55220	491980	134178	31188105	63849
福 建	Fujian	29343	12901	2164701	73740	404856	117877	30945803	76952
江 西	Jiangxi	28692	12262	1734962	60727	519882	144106	33430490	64573
山 东	Shandong	51587	21666	4274011	83679	1121649	344468	82495087	74199
河 南	Henan	55731	22986	2900279	52538	1119963	370824	56286247	50690
湖 北	Hubei	49259	19778	3004031	61324	652955	190395	42619232	66442
湖 南	Hunan	33680	14321	2615094	78018	820810	238594	45836049	56193
广 东	Guangdong	65564	26912	6200131	94589	1083336	323507	96499116	89602
广 西	Guangxi	24740	10746	1589048	64514	504554	165001	32643521	65226
海 南	Hainan	6301	2789	425877	67642	142670	42857	9392531	66622
重 庆	Chongqing	17548	6096	1183840	67756	318261	94361	23933475	75702
四 川	Sichuan	45392	19962	2931204	67097	930798	313107	65665605	71091
贵 州	Guizhou	15016	6381	1139781	75955	531750	163651	36822607	70053
云 南	Yunnan	23353	11033	1628970	69793	542192	169279	39805356	74050
西 藏	Tibet	7196	3267	850926	119011	139899	46952	15245524	110877
陕 西	Shaanxi	33182	14352	1872791	56701	594983	186893	33099711	55579
甘 肃	Gansu	22987	9866	1456342	63418	435060	146998	27516329	63533
青 海	Qinghai	6539	2895	453885	69764	105546	40298	7577745	72434
宁 夏	Ningxia	6958	3394	507929	73010	107259	42070	7121287	67092
新 疆	Xinjiang	27881	13085	2026567	72468	581428	210221	36565323	63948

4-3 各地区分行业国有单位在岗职工人数和平均工资(2016年)
ON-POST STAFF AND WORKERS AND AVERAGE WAGE IN STATE-OWNED UNITS BY SECTOR AND REGION(2016)

地 区	Region	总 计 Total		农、林、牧、渔业 Agriculture, Forestry, Animal Husbandry and Fishery		采矿业 Mining		制造业 Manufacturing	
		年末人数(人) Year-end Figures (person)	平均工资(元) Average Wage (yuan)	年末人数(人) Year-end Figures (person)	平均工资(元) Average Wage (yuan)	年末人数(人) Year-end Figures (person)	平均工资(元) Average Wage (yuan)	年末人数(人) Year-end Figures (person)	平均工资(元) Average Wage (yuan)
全 国	**National**	**58114030**	**74990**	**2102443**	**34253**	**426054**	**63000**	**1533695**	**72118**
北 京	Beijing	1779807	129542	4672	83330			36599	114749
天 津	Tianjin	644138	112231	3655	88200	32	46906	17373	71717
河 北	Hebei	2724639	60450	36006	21181	24726	45946	39766	55657
山 西	Shanxi	1903284	58952	15261	48110	21081	57008	36753	36845
内蒙古	Inner Mongolia	1637056	67038	212642	38518	30144	99658	20124	76985
辽 宁	Liaoning	2501846	58515	215827	14319	71915	56095	146418	58560
吉 林	Jilin	1544532	63871	113050	33526	3584	43564	164615	93548
黑龙江	Heilongjiang	2346498	56086	490884	28611	6371	50572	54687	53814
上 海	Shanghai	936030	117765	3473	87881	69	65732	29902	105765
江 苏	Jiangsu	2710108	92412	51437	38657	12661	62303	46293	78116
浙 江	Zhejiang	2053992	113261	2671	75370	391	45945	16868	104831
安 徽	Anhui	1758238	69255	28782	37726	3340	57957	36751	71353
福 建	Fujian	1461846	80833	22109	53635	4185	33745	8375	57632
江 西	Jiangxi	1723197	67536	38077	36734	17319	39622	81823	75213
山 东	Shandong	3720614	78602	12763	59864	47809	75499	67161	63421
河 南	Henan	3559735	57333	12932	36219	27485	56507	48459	51090
湖 北	Hubei	2581740	68983	73314	34486	8374	55603	120780	78616
湖 南	Hunan	2283485	66349	9830	37220	10002	40252	37108	95059
广 东	Guangdong	3748293	87482	44541	35995	3823	95184	41895	73261
广 西	Guangxi	1839772	67381	46171	36962	1841	36106	45743	66718
海 南	Hainan	419623	69407	28633	26164	377	34330	3904	49303
重 庆	Chongqing	1134876	81867	6343	57931	5539	61138	26593	67079
四 川	Sichuan	3221753	75588	24238	54922	8623	69392	72785	79305
贵 州	Guizhou	1547947	77585	7077	67234	6979	56963	60913	87056
云 南	Yunnan	1714288	78904	47017	44019	22065	44314	30172	68995
西 藏	Tibet	242007	117554	2591	37544	1198	96078	781	60110
陕 西	Shaanxi	2236311	62689	21846	49602	49223	68057	204834	60910
甘 肃	Gansu	1449165	66511	43848	42019	25558	83132	23139	55568
青 海	Qinghai	340948	74605	10845	50535	500	74164	3965	53406
宁 夏	Ningxia	330836	72619	10837	45299	365	51722	756	108009
新 疆	Xinjiang	2017426	64042	461071	38998	10475	82602	8360	54426

4-3 续表 1 continued

地 区	Region	电力、热力、燃气及水生产和供应业 Production and Supply of Electricity, Heat, Gas and Water		建筑业 Construction		批发和零售业 Wholesale and Retail Trades		交通运输、仓储和邮政业 Transport, Storage and Post	
		年末人数（人） Year-end Figures (person)	平均工资（元） Average Wage (yuan)	年末人数（人） Year-end Figures (person)	平均工资（元） Average Wage (yuan)	年末人数（人） Year-end Figures (person)	平均工资（元） Average Wage (yuan)	年末人数（人） Year-end Figures (person)	平均工资（元） Average Wage (yuan)
全 国	**National**	**1710463**	**85558**	**1562591**	**54453**	**773652**	**76065**	**3563158**	**76842**
北 京	Beijing	16664	166944	22464	93557	25035	138352	97920	95877
天 津	Tianjin	9720	176880	13802	98238	9516	95456	41132	79345
河 北	Hebei	84876	66940	47035	48279	30117	58123	154842	63005
山 西	Shanxi	63598	78259	55021	39051	40869	45553	170657	78485
内蒙古	Inner Mongolia	40699	77251	6460	58667	16451	69028	162587	74295
辽 宁	Liaoning	69480	77102	85502	46862	28150	68962	186323	73657
吉 林	Jilin	34064	68369	19271	53884	20611	60894	107200	70921
黑龙江	Heilongjiang	77594	57872	55400	42359	40235	59333	237519	65105
上 海	Shanghai	18715	182998	8329	98860	11647	102888	88086	114913
江 苏	Jiangsu	63880	139822	77319	60593	38997	75652	143107	79955
浙 江	Zhejiang	47480	157540	16056	54379	13599	134662	61130	99416
安 徽	Anhui	51539	106523	61398	53967	28532	62392	90019	76907
福 建	Fujian	16501	82516	57473	64097	28221	87878	87113	81451
江 西	Jiangxi	11465	50058	48471	52049	22586	70820	115294	79058
山 东	Shandong	109290	77950	102956	59807	42096	58653	206542	75271
河 南	Henan	155518	74898	55319	53685	73334	67787	214398	66871
湖 北	Hubei	107041	86604	64205	50802	37431	61350	187205	75318
湖 南	Hunan	109144	65430	56453	50676	25688	83480	136312	77043
广 东	Guangdong	98639	96258	137613	60918	48519	66566	122462	77592
广 西	Guangxi	42277	71478	26899	54717	22383	76708	93098	79949
海 南	Hainan	12163	74138	9397	39390	2650	137402	13009	68408
重 庆	Chongqing	7760	69467	36356	50226	14354	98859	64826	73075
四 川	Sichuan	122966	92645	228649	53225	33217	86677	193379	75465
贵 州	Guizhou	83045	87860	54105	39802	24168	112989	59294	77406
云 南	Yunnan	31780	86517	31978	57758	28184	121957	75810	83349
西 藏	Tibet	2402	68798	2974	66360	2805	96670	5572	85479
陕 西	Shaanxi	59057	67229	63503	47700	33727	57541	174738	74944
甘 肃	Gansu	88062	65418	74080	56212	12905	62387	89497	72658
青 海	Qinghai	11132	76127	8087	48913	2762	82916	32230	87189
宁 夏	Ningxia	16196	108796	7644	50694	3054	83113	24188	75198
新 疆	Xinjiang	47716	86824	28372	62676	11809	73976	127669	86581

4-3 续表 2 continued

地 区	Region	住宿和餐饮业 Hotels and Catering Services		信息传输、软件和信息技术服务业 Information Transmission, Software and Information Technology		金融业 Financial Intermediation		房地产业 Real Estate	
		年末人数(人) Year-end Figures (person)	平均工资(元) Average Wage (yuan)	年末人数(人) Year-end Figures (person)	平均工资(元) Average Wage (yuan)	年末人数(人) Year-end Figures (person)	平均工资(元) Average Wage (yuan)	年末人数(人) Year-end Figures (person)	平均工资(元) Average Wage (yuan)
全 国	**National**	**331882**	**47655**	**322756**	**78774**	**1280264**	**112704**	**300442**	**64362**
北 京	Beijing	34646	63550	12892	165516	10006	240719	24259	93426
天 津	Tianjin	4039	55477	1036	98543	12248	184901	9115	80561
河 北	Hebei	16424	35513	10012	55882	25725	97227	7952	51446
山 西	Shanxi	13039	30782	7828	67970	50177	84206	7720	35762
内蒙古	Inner Mongolia	5099	37156	15118	60031	40310	78765	5064	63297
辽 宁	Liaoning	16619	48479	14360	68508	69870	103642	16670	46619
吉 林	Jilin	8801	36074	20630	75229	42376	79934	13150	46430
黑龙江	Heilongjiang	19724	51061	18943	66199	56469	80123	11011	51587
上 海	Shanghai	12809	74392	2759	130102	20360	235757	10784	114134
江 苏	Jiangsu	16362	49570	41761	83076	77976	123248	11436	75243
浙 江	Zhejiang	9796	57557	8892	109953	39761	168091	8338	88384
安 徽	Anhui	5347	37345	11153	75014	46226	90869	8174	60242
福 建	Fujian	9228	45967	11317	76869	52114	120154	13820	57419
江 西	Jiangxi	7191	38677	3919	57462	51232	96669	7437	57550
山 东	Shandong	30329	47983	18155	92103	95052	107509	17856	57820
河 南	Henan	16880	41624	15876	54227	47242	89778	8039	47405
湖 北	Hubei	7274	37143	14588	56138	67893	101851	8234	53464
湖 南	Hunan	8950	45687	7469	63384	16064	98785	5917	61101
广 东	Guangdong	21478	53396	29389	92174	90536	154584	41080	61065
广 西	Guangxi	7812	39487	6014	77965	43820	104233	6925	53922
海 南	Hainan	3972	46634	2141	62319	8135	108031	4046	45385
重 庆	Chongqing	2328	42519	2251	77035	38123	160587	3652	72109
四 川	Sichuan	8033	42670	16331	71237	91208	110400	7691	82118
贵 州	Guizhou	3024	54302	2783	67764	18839	106601	4230	59060
云 南	Yunnan	8609	36170	5097	70803	43721	114379	3777	77646
西 藏	Tibet	2246	55424	3027	109766	8221	189916	420	89297
陕 西	Shaanxi	9959	36388	5141	63525	35684	97330	19085	60095
甘 肃	Gansu	8332	40059	6020	57034	26901	68576	7555	62018
青 海	Qinghai	2010	45353	432	62459	15639	90559	848	55761
宁 夏	Ningxia	1662	40846	507	64342	8309	102120	2049	66273
新 疆	Xinjiang	9860	48158	6915	84547	30027	109452	4108	52478

4-3 续表 3 continued

地 区	Region	租赁和商务服务业 Leasing and Business Services		科学研究和技术服务业 Scientific Research and Technical Services		水利、环境和公共设施管理业 Management of Water Conservancy,Environment and Public Facilities		居民服务、修理和其他服务业 Service to Households, Repair and Other Services	
		年末人数(人) Year-end Figures (person)	平均工资(元) Average Wage (yuan)	年末人数(人) Year-end Figures (person)	平均工资(元) Average Wage (yuan)	年末人数(人) Year-end Figures (person)	平均工资(元) Average Wage (yuan)	年末人数(人) Year-end Figures (person)	平均工资(元) Average Wage (yuan)
全 国	**National**	**1118909**	**60205**	**2063259**	**90984**	**1716558**	**51544**	**199599**	**55563**
北 京	Beijing	166570	96159	205009	166611	58584	81843	11957	61513
天 津	Tianjin	7366	90245	40929	133406	30876	93237	29122	48072
河 北	Hebei	36526	37123	82593	74849	80300	46948	4701	44574
山 西	Shanxi	47971	37399	55536	60954	67809	33842	2987	40686
内蒙古	Inner Mongolia	14300	51567	39339	64900	68146	43014	5014	43673
辽 宁	Liaoning	45987	44630	93114	67451	113426	35770	15936	42864
吉 林	Jilin	15235	51473	53472	64530	51210	39538	7759	44507
黑龙江	Heilongjiang	28475	43891	96437	70654	70302	41962	33013	56733
上 海	Shanghai	54528	67537	64736	133440	20651	88701	7951	88049
江 苏	Jiangsu	77639	52984	82058	109673	80617	71039	4801	77840
浙 江	Zhejiang	79370	57941	61166	117627	54127	67085	5694	83985
安 徽	Anhui	18606	44264	52536	73184	56987	51269	2930	50003
福 建	Fujian	40329	52431	40738	90016	39071	54780	7237	51854
江 西	Jiangxi	24063	44046	45299	74653	42247	50213	1738	57498
山 东	Shandong	78566	64830	85921	87092	98004	38970	5759	62496
河 南	Henan	36738	42416	82473	63553	84290	44430	5289	41178
湖 北	Hubei	31334	43197	82680	67947	76293	49397	4335	55830
湖 南	Hunan	18081	47636	48064	69629	58883	44231	2677	57351
广 东	Guangdong	133916	59919	93846	109882	104038	54911	13003	68205
广 西	Guangxi	32027	50540	67091	71825	64185	42610	2090	62161
海 南	Hainan	4495	46445	11351	74474	13744	41665	281	44794
重 庆	Chongqing	14768	44662	39184	100423	40009	52219	1629	53475
四 川	Sichuan	35379	65711	145567	87325	79326	50319	6013	67682
贵 州	Guizhou	8469	68599	54004	76946	26404	48618	2831	48920
云 南	Yunnan	10426	80409	69997	77819	41801	54724	2126	56514
西 藏	Tibet	439	104446	9251	126923	1386	73317	85	128663
陕 西	Shaanxi	19031	48419	133133	67779	65405	45039	6044	44223
甘 肃	Gansu	16179	59636	53656	74595	48935	55408	2147	42760
青 海	Qinghai	1189	58395	18354	81385	10079	55373	307	47397
宁 夏	Ningxia	2889	48485	9890	81736	19815	50476	111	56018
新 疆	Xinjiang	18018	51458	45835	77043	49608	49069	4032	44044

4-3 续表 4 continued

地 区	Region	教 育 Education 年末人数(人) Year-end Figures (person)	教 育 Education 平均工资(元) Average Wage (yuan)	卫生和社会工作 Health and Social Service 年末人数(人) Year-end Figures (person)	卫生和社会工作 Health and Social Service 平均工资(元) Average Wage (yuan)	文化、体育和娱乐业 Culture, Sports and Entertainment 年末人数(人) Year-end Figures (person)	文化、体育和娱乐业 Culture, Sports and Entertainment 平均工资(元) Average Wage (yuan)	公共管理、社会保障和社会组织 Public Management, Social Security and Social Organization 年末人数(人) Year-end Figures (person)	公共管理、社会保障和社会组织 Public Management, Social Security and Social Organization 平均工资(元) Average Wage (yuan)
全 国	**National**	**15319176**	**77544**	**7110282**	**84711**	**971809**	**81769**	**15707038**	**73559**
北 京	Beijing	340697	137922	213610	168987	98800	161428	399423	111904
天 津	Tianjin	160512	121935	83768	127253	12279	95471	157618	117448
河 北	Hebei	837585	65735	325966	61233	42969	53928	836518	57611
山 西	Shanxi	481390	64803	170006	53955	37779	52169	557802	55862
内蒙古	Inner Mongolia	340284	78263	137942	70626	32280	66648	445053	68721
辽 宁	Liaoning	497490	68906	263854	65810	38348	52657	512557	56954
吉 林	Jilin	343254	66737	163983	66548	27337	54859	334930	57506
黑龙江	Heilongjiang	411252	69376	202158	64960	31925	57006	404099	63803
上 海	Shanghai	232457	113121	143268	136191	21452	115110	184054	113251
江 苏	Jiangsu	837109	91935	332173	101732	38846	97306	675636	100060
浙 江	Zhejiang	579232	112807	372713	123558	40346	110254	636362	115785
安 徽	Anhui	571988	67409	209174	80151	23563	57269	451193	67069
福 建	Fujian	447407	80431	168577	97908	27183	77379	380848	80138
江 西	Jiangxi	477957	66228	208167	74796	27256	62539	491656	66799
山 东	Shandong	1053710	84202	506525	83691	50235	85300	1091885	75697
河 南	Henan	1050053	56695	478462	63209	54371	53129	1092577	51244
湖 北	Hubei	653829	68412	376293	72252	46851	62937	613786	68831
湖 南	Hunan	587626	68037	331454	82057	31428	81281	782335	57581
广 东	Guangdong	1057718	86716	542858	97575	62516	97084	1060423	90639
广 西	Guangxi	552884	64240	292865	73534	23073	67219	462574	68937
海 南	Hainan	107381	81689	50915	80422	6094	69138	136935	68364
重 庆	Chongqing	356715	80991	151478	96723	16964	68979	306004	77575
四 川	Sichuan	844655	72548	385722	87175	43443	68770	874528	73900
贵 州	Guizhou	485400	77802	172218	80314	13738	78930	460426	77339
云 南	Yunnan	532661	82133	206859	80495	22350	71825	499858	78407
西 藏	Tibet	46945	121051	16600	119797	6693	126724	128371	118448
陕 西	Shaanxi	525227	65225	225976	63908	31488	58169	553210	58165
甘 肃	Gansu	368224	71623	122763	66549	21761	65672	409603	66141
青 海	Qinghai	73445	81882	37531	67411	6535	69791	105058	72660
宁 夏	Ningxia	79294	73833	41116	72763	6680	74829	95474	72132
新 疆	Xinjiang	384795	75630	175288	72155	27226	73518	566242	64832

4-4 各地区分行业国有单位其他就业人员和平均工资(2016年)

OTHER EMPLOYMENT AND AVERSGE WAGE IN STATE-OWNED UNITS BY SECTOR AND REGION (2016)

地区	Region	总计 Total		农、林、牧、渔业 Agriculture, Forestry, Animal Husbandry and Fishery		采矿业 Mining		制造业 Manufacturing	
		年末人数(人) Year-end Figures (person)	平均工资(元) Average Wage (yuan)	年末人数(人) Year-end Figures (person)	平均工资(元) Average Wage (yuan)	年末人数(人) Year-end Figures (person)	平均工资(元) Average Wage (yuan)	年末人数(人) Year-end Figures (person)	平均工资(元) Average Wage (yuan)
全　国	**National**	**3583848**	**32434**	**320636**	**25295**	**20411**	**31693**	**54436**	**42114**
北　京	Beijing	101009	51918	261	26421			1045	64245
天　津	Tianjin	42960	40590	335	28058		17000	962	45890
河　北	Hebei	138911	25491	1134	18925	18	58737	1062	31041
山　西	Shanxi	95305	21311	179	21836	643	39461	863	23568
内蒙古	Inner Mongolia	41257	25528	7953	19673	133	50148	237	61756
辽　宁	Liaoning	113836	28921	4214	18332	1856	26980	1246	32336
吉　林	Jilin	86682	27464	7745	18271		26247	2151	235743
黑龙江	Heilongjiang	290392	27065	169770	29429	986	21906	1893	15739
上　海	Shanghai	69446	53089	870	55372	12	40417	2887	54592
江　苏	Jiangsu	188513	42388	2760	20823	55	76583	1105	37384
浙　江	Zhejiang	134858	46469	311	19479	214	26415	220	53226
安　徽	Anhui	152820	30230	11836	24601	84	49965	443	30871
福　建	Fujian	122052	30891	17752	13181	129	16612	478	23659
江　西	Jiangxi	142410	31942	5828	27200	344	31627	7278	28660
山　东	Shandong	151540	35428	164	28235	487	45524	1850	26061
河　南	Henan	108534	32116	66	28800	1634	6077	703	21677
湖　北	Hubei	192221	31110	26614	23562	2371	20799	7261	46572
湖　南	Hunan	139049	32190	1217	18593	421	18995	1458	20052
广　东	Guangdong	129181	47032	635	28826	194	27750	840	38027
广　西	Guangxi	178443	26091	26711	23336	14	21000	2390	34257
海　南	Hainan	16926	28474	2014	17026	107	18524	33	21000
重　庆	Chongqing	58802	34213	167	19710	56	35982	1145	46100
四　川	Sichuan	211886	33758	1012	17117	158	47860	2276	44767
贵　州	Guizhou	173333	25328	859	16235	461	47320	1612	30745
云　南	Yunnan	156487	25490	11783	8969	911	13532	5673	17379
西　藏	Tibet	23337	29947	468	19884	61	35049	105	29865
陕　西	Shaanxi	141424	29378	567	16288	6141	33901	6146	28911
甘　肃	Gansu	106099	28885	4208	22128	2919	61623	847	30615
青　海	Qinghai	6935	39180					35	48756
宁　夏	Ningxia	23624	26754	40	24889			49	64000
新　疆	Xinjiang	45576	29047	13163	23140	2	75000	143	34772

4-4 续表 1 continued

地 区	Region	电力、热力、燃气及水生产和供应业 Production and Supply of Electricity, Heat, Gas and Water		建筑业 Construction		批发和零售业 Wholesale and Retail Trades		交通运输、仓储和邮政业 Transport, Storage and Post	
		年末人数(人) Year-end Figures (person)	平均工资(元) Average Wage (yuan)	年末人数(人) Year-end Figures (person)	平均工资(元) Average Wage (yuan)	年末人数(人) Year-end Figures (person)	平均工资(元) Average Wage (yuan)	年末人数(人) Year-end Figures (person)	平均工资(元) Average Wage (yuan)
全 国	**National**	**52673**	**32673**	**283005**	**42145**	**46029**	**41198**	**96424**	**40814**
北 京	Beijing	262	41897	965	93519	1556	60998	737	62917
天 津	Tianjin	460	30229	776	35049	471	38355	1357	19994
河 北	Hebei	8761	29787	7105	43750	721	37208	4587	29817
山 西	Shanxi	1099	19306	3581	42626	1012	21874	3412	31027
内蒙古	Inner Mongolia	1074	32338	234	31403	433	37010	3201	36764
辽 宁	Liaoning	2097	37640	9051	46518	1882	43179	2881	34427
吉 林	Jilin	597	28494	5308	33398	827	34735	1971	21969
黑龙江	Heilongjiang	3707	25780	7601	31793	2962	32313	4905	30908
上 海	Shanghai	121	123922	704	71790	1475	54402	1716	60149
江 苏	Jiangsu	338	34755	11001	39380	1633	33557	3119	45976
浙 江	Zhejiang	1746	72750	5595	49022	363	38895	2109	38957
安 徽	Anhui	826	40641	12506	64892	843	43592	3926	39775
福 建	Fujian	572	39771	7083	51960	1350	23573	2800	41427
江 西	Jiangxi	626	25706	29053	38553	1066	35011	2839	41468
山 东	Shandong	3931	45935	24281	46124	1006	36725	4830	53016
河 南	Henan	1610	36418	9970	39639	3717	45334	4037	44554
湖 北	Hubei	2114	44563	13274	38441	1397	30911	7085	47439
湖 南	Hunan	2935	33683	23469	38941	6298	37906	5416	47936
广 东	Guangdong	538	40049	20437	46919	1581	37196	4411	61367
广 西	Guangxi	1330	21633	11166	33116	722	24899	3174	39319
海 南	Hainan	689	17230	424	26005	36	73816	328	31623
重 庆	Chongqing	99	55989	3818	50134	390	72398	3430	52642
四 川	Sichuan	4240	40637	24916	37411	1319	61314	6828	39623
贵 州	Guizhou	6343	16129	4397	41430	1384	29954	2688	46833
云 南	Yunnan	2833	34200	9639	40289	8585	53818	1547	40931
西 藏	Tibet	98	42702	1418	55774	278	50347	1372	49368
陕 西	Shaanxi	1104	40732	12934	47234	1864	28639	8338	27678
甘 肃	Gansu	1497	31611	17422	34858	515	43936	1756	32031
青 海	Qinghai	87	35045	3529	40107	14	43750	205	43729
宁 夏	Ningxia	710	22950	1267	28700	89	30025	496	27634
新 疆	Xinjiang	229	40055	81	66609	240	44254	923	39931

4-4 续表 2 continued

地 区	Region	住宿和餐饮业 Hotels and Catering Services		信息传输、软件和信息技术服务业 Information Transmission, Software and Information Technology		金融业 Financial Intermediation		房地产业 Real Estate	
		年末人数（人） Year-end Figures (person)	平均工资（元） Average Wage (yuan)	年末人数（人） Year-end Figures (person)	平均工资（元） Average Wage (yuan)	年末人数（人） Year-end Figures (person)	平均工资（元） Average Wage (yuan)	年末人数（人） Year-end Figures (person)	平均工资（元） Average Wage (yuan)
全 国	**National**	**20488**	**36107**	**12426**	**42409**	**206815**	**32088**	**20693**	**36939**
北 京	Beijing	2366	51211	219	84142	86	42591	2647	49473
天 津	Tianjin	903	35655	11	84700	715	29364	1304	32318
河 北	Hebei	797	28060	84	30488	172	27961	222	26068
山 西	Shanxi	698	26583	675	44530	12616	18013	440	14779
内蒙古	Inner Mongolia	11	23273	345	36904	2663	20640	16	21313
辽 宁	Liaoning	1585	29612	102	18855	13167	25358	681	23974
吉 林	Jilin	257	25017	321	25154	2442	34888	233	32621
黑龙江	Heilongjiang	803	23102	384	21176	5363	24161	697	23345
上 海	Shanghai	1604	54512	73	99589	340	77064	2987	50190
江 苏	Jiangsu	831	43431	996	54802	27013	35313	465	47904
浙 江	Zhejiang	461	42486	200	48985	2235	31533	978	30409
安 徽	Anhui	278	27378	2272	51395	26954	20233	647	34702
福 建	Fujian	212	32076	832	39971	18414	43001	804	27745
江 西	Jiangxi	899	24042	98	39412	4003	31620	1091	31565
山 东	Shandong	1289	32577	383	50039	16597	38809	580	44220
河 南	Henan	676	28951	1170	36844	4722	31278	191	24519
湖 北	Hubei	338	25063	661	32401	9524	21623	1278	26261
湖 南	Hunan	865	32621	575	40428	255	53297	369	22172
广 东	Guangdong	951	55957	1063	39965	17228	52082	348	55156
广 西	Guangxi	608	25948	88	26427	9351	34531	1049	25440
海 南	Hainan	2	20000	33	14469	662	100762	37	37773
重 庆	Chongqing	155	31707	43	31292	28	58536	404	48943
四 川	Sichuan	430	25381	521	47060	22701	30069	615	32732
贵 州	Guizhou	231	26830	110	25664	325	43300	317	23859
云 南	Yunnan	861	28337	330	30401	2836	30207	237	92000
西 藏	Tibet	265	46696	1	138000	13	135000	109	44495
陕 西	Shaanxi	764	27750	46	50761	1758	36071	1071	25226
甘 肃	Gansu	897	34108	712	26316	2138	35665	428	39575
青 海	Qinghai					439	30471	54	41614
宁 夏	Ningxia	42	21595	2	19000	911	40399	154	29785
新 疆	Xinjiang	409	40287	76	57449	1144	43418	240	28220

4-4 续表 3 continued

地 区	Region	租赁和商务服务业 Leasing and Business Services		科学研究和技术服务业 Scientific Research and Technical Services		水利、环境和公共设施管理业 Management of Water Conservancy,Environment and Public Facilities		居民服务、修理和其他服务业 Service to Households, Repair and Other Services	
		年末人数（人） Year-end Figures (person)	平均工资（元） Average Wage (yuan)	年末人数（人） Year-end Figures (person)	平均工资（元） Average Wage (yuan)	年末人数（人） Year-end Figures (person)	平均工资（元） Average Wage (yuan)	年末人数（人） Year-end Figures (person)	平均工资（元） Average Wage (yuan)
全 国	**National**	**62328**	**34236**	**87680**	**44685**	**322882**	**23728**	**14339**	**34607**
北 京	Beijing	6210	68401	11102	76403	3379	37285	501	40814
天 津	Tianjin	561	43191	2439	51428	4652	38487	4736	35846
河 北	Hebei	852	29040	3309	36261	22773	20500	260	27100
山 西	Shanxi	3182	22713	1324	31633	16489	15622	61	26033
内蒙古	Inner Mongolia	2054	6738	607	22779	3820	18083	322	16422
辽 宁	Liaoning	7815	19881	2564	38189	13840	19269	227	25004
吉 林	Jilin	4703	17458	953	43650	16101	18992	306	31092
黑龙江	Heilongjiang	2069	31989	1459	23048	30460	20600	472	21642
上 海	Shanghai	4051	53179	3298	71076	2075	41779	1405	44865
江 苏	Jiangsu	4116	33849	3723	46760	10244	36184	250	40496
浙 江	Zhejiang	2002	37837	3109	55487	8076	37600	498	49348
安 徽	Anhui	1172	33639	2580	39145	9900	21266	356	28616
福 建	Fujian	1071	31959	2942	34959	4684	24553	386	36555
江 西	Jiangxi	1681	45042	1886	52015	15811	25630	118	44410
山 东	Shandong	1676	24460	2244	44910	18206	22285	162	39350
河 南	Henan	709	23014	2567	30176	12667	23925	73	19000
湖 北	Hubei	699	29719	4594	37608	17080	26221	605	32150
湖 南	Hunan	1423	21969	3079	37260	13058	23771	341	27250
广 东	Guangdong	1775	38782	3106	77446	5748	29314	401	58378
广 西	Guangxi	3473	26560	5141	24775	14291	25854	215	23060
海 南	Hainan	87	27563	357	37214	1982	31972	88	20802
重 庆	Chongqing	405	37052	1357	53456	5862	27007	100	27957
四 川	Sichuan	1699	89805	6264	39263	21791	24455	1201	26676
贵 州	Guizhou	1360	24972	3808	39365	14050	24800	705	30260
云 南	Yunnan	585	28099	4119	26859	11284	21796	141	22387
西 藏	Tibet	26	50500	2265	12843	165	22521		
陕 西	Shaanxi	883	22943	3886	35877	13932	20197	203	29132
甘 肃	Gansu	3987	39138	1872	37492	7691	20747	27	15148
青 海	Qinghai	59	27927	172	49189				
宁 夏	Ningxia	410	28337	254	32873	1561	25788	6	25833
新 疆	Xinjiang	1533	32255	1300	32640	1210	25031	173	27273

4-4 续表 4 continued

地 区	Region	教 育 Education		卫生和社会工作 Health and Social Service		文化、体育和娱乐业 Culture, Sports and Entertainment		公共管理、社会保障和社会组织 Public Management, Social Security and Social Organization	
		年末人数(人) Year-end Figures (person)	平均工资(元) Average Wage (yuan)	年末人数(人) Year-end Figures (person)	平均工资(元) Average Wage (yuan)	年末人数(人) Year-end Figures (person)	平均工资(元) Average Wage (yuan)	年末人数(人) Year-end Figures (person)	平均工资(元) Average Wage (yuan)
全 国	**National**	**619339**	**29693**	**414659**	**45062**	**54512**	**39696**	**874073**	**26946**
北 京	Beijing	21789	58367	9724	69308	5613	71331	32547	28112
天 津	Tianjin	6200	38472	5355	54162	1051	48772	10672	39870
河 北	Hebei	29125	22556	17674	29217	1807	20671	38448	22464
山 西	Shanxi	13858	17171	10097	25564	1836	28920	23240	19842
内蒙古	Inner Mongolia	3462	25608	5226	34548	605	43200	8861	26211
辽 宁	Liaoning	12732	28324	16584	42597	1131	22426	20181	22749
吉 林	Jilin	7995	28952	5926	36119	839	40843	28007	16314
黑龙江	Heilongjiang	10558	24077	14013	26944	1187	20062	31103	20408
上 海	Shanghai	19659	49807	12724	64788	2393	59175	11052	37534
江 苏	Jiangsu	40572	39696	34696	60137	3197	41638	42399	38677
浙 江	Zhejiang	37143	37061	20804	77212	8076	53123	40718	40419
安 徽	Anhui	23821	25051	11876	36166	1713	27887	40787	27500
福 建	Fujian	27735	27129	8640	48262	2160	28060	24008	26361
江 西	Jiangxi	22414	28608	17713	39838	1436	26356	28226	26345
山 东	Shandong	19986	27280	22752	39831	1352	24302	29764	30901
河 南	Henan	17190	29221	18086	40693	1360	29289	27386	27660
湖 北	Hubei	35480	26318	20269	46126	2408	29069	39169	29412
湖 南	Hunan	24450	27042	12693	43449	2252	34199	38475	27698
广 东	Guangdong	27227	41157	16737	60507	3048	35521	22913	42138
广 西	Guangxi	42395	21114	12678	37854	1667	26151	41980	24097
海 南	Hainan	2676	31050	1429	42286	207	31016	5735	23814
重 庆	Chongqing	20438	26391	8064	42798	584	32408	12257	29229
四 川	Sichuan	38581	27191	19115	63914	1949	29952	56270	27263
贵 州	Guizhou	42018	21979	20063	32906	1278	44378	71324	23031
云 南	Yunnan	24131	20064	27655	30974	1003	23427	42334	21998
西 藏	Tibet	2446	27671	2216	33959	503	30476	11528	26884
陕 西	Shaanxi	22329	26597	15991	45021	1694	29185	41773	20850
甘 肃	Gansu	15783	27495	16717	29956	1226	23426	25457	20905
青 海	Qinghai	152	33931	1697	42374	4	34800	488	26443
宁 夏	Ningxia	3772	25092	1798	32413	278	27773	11785	25157
新 疆	Xinjiang	3222	40189	5647	35355	655	31436	15186	25865

4-5 各地区国有控股企业就业人员和工资总额(2016年)
EMPLOYMENT AND TOTAL WAGES IN STATE-OWNED CONTROLLING SHARE HOLD ENTERPRISES BY REGION(2016)

地区	Region	年末人数（人） Year-End Person (person)				工资 Wages
		就业人员年末人数 Year-end Employment	#女性 Female	在岗职工 On-post Staff and Workers	其他就业人员 Other Employment	就业人员工资总额（千元） Ttoal Wages of Employment (1000 yuan)
全国	**National**	**45871960**	**13437809**	**42022900**	**3849060**	**3509862805**
北京	Beijing	2634967	894138	2473971	160996	350491122
天津	Tianjin	906205	244957	852592	53613	85643794
河北	Hebei	1638746	500464	1475238	163508	102011111
山西	Shanxi	2025915	514290	1944938	80977	114779583
内蒙古	Inner Mongolia	1005816	300638	969693	36123	65500518
辽宁	Liaoning	2132512	579654	2022146	110366	130679713
吉林	Jilin	991534	255222	947222	44312	68577189
黑龙江	Heilongjiang	2092215	630881	1800412	291803	108675245
上海	Shanghai	2187729	672046	2041539	146190	282204276
江苏	Jiangsu	2307173	725166	2095200	211973	190606923
浙江	Zhejiang	1415615	499799	1250164	165451	131061858
安徽	Anhui	1649054	441332	1426182	222872	105399697
福建	Fujian	1084106	320873	942397	141709	80949245
江西	Jiangxi	1125181	285296	964705	160476	69929973
山东	Shandong	2855209	855628	2632098	223111	203555255
河南	Henan	2165897	622602	2047505	118392	126441492
湖北	Hubei	1976464	582547	1757745	218719	141962273
湖南	Hunan	1392898	413282	1210777	182121	96040697
广东	Guangdong	3093375	889994	2907575	185800	285084243
广西	Guangxi	1153966	305188	1045638	108328	73240326
海南	Hainan	259318	82086	242863	16455	14808055
重庆	Chongqing	1195596	327991	1064435	131161	84334773
四川	Sichuan	2051723	588816	1910867	140856	147549892
贵州	Guizhou	1032967	241383	906360	126607	69586044
云南	Yunnan	882226	286575	774494	107732	63487498
西藏	Tibet	53609	19621	47433	6176	4907468
陕西	Shaanxi	1844861	521890	1692104	152757	126389995
甘肃	Gansu	875646	229584	801275	74371	53020015
青海	Qinghai	240470	71074	231483	8987	17027411
宁夏	Ningxia	237394	67375	220773	16621	17911763
新疆	Xinjiang	1363573	467417	1323076	40497	98005358

4-5 续表 continued

地 区	Region	工资 Wages		就业人员平均工资（元）Average Earnings of Employment (yuan)		
		在岗职工 On-post Staff and Workers	其 他 就业人员 Others		在岗职工 Average Wage of On-post Staff and Workers	其 他 就业人员 Average Earnings of Others
全 国	**National**	**3340682923**	**169179882**	**76438**	**79158**	**45542**
北 京	Beijing	338578929	11912193	133191	136982	74553
天 津	Tianjin	82594335	3049459	92560	95008	54510
河 北	Hebei	96992518	5018593	62838	65555	34889
山 西	Shanxi	112421753	2357830	56515	57661	29014
内蒙古	Inner Mongolia	64266588	1233930	64683	65896	33018
辽 宁	Liaoning	126579692	4100021	60274	61439	38017
吉 林	Jilin	66774933	1802256	68399	69468	43557
黑龙江	Heilongjiang	99810330	8864915	51098	54462	30139
上 海	Shanghai	271700843	10503433	127510	131871	68724
江 苏	Jiangsu	181545259	9061664	83134	86686	45650
浙 江	Zhejiang	122131922	8929936	93824	98489	56938
安 徽	Anhui	97335909	8063788	64307	68101	38448
福 建	Fujian	74420340	6528905	76019	79775	49473
江 西	Jiangxi	62945601	6984372	63136	65682	46792
山 东	Shandong	194554527	9000728	71118	73629	40935
河 南	Henan	122502556	3938936	58530	59670	36722
湖 北	Hubei	129858252	12104021	72223	74249	55865
湖 南	Hunan	89220471	6820226	69239	73783	38345
广 东	Guangdong	274379787	10704456	93724	95788	60374
广 西	Guangxi	69877243	3363083	65518	68762	33085
海 南	Hainan	14256279	551776	58216	59268	39911
重 庆	Chongqing	78147127	6187646	71238	74408	46320
四 川	Sichuan	141990559	5559333	73475	75743	41637
贵 州	Guizhou	64006298	5579746	68888	71402	49068
云 南	Yunnan	58842841	4644657	71944	75274	46107
西 藏	Tibet	4598963	308505	91850	97556	49070
陕 西	Shaanxi	119986259	6403736	68067	70269	42893
甘 肃	Gansu	49677052	3342963	60675	62226	44278
青 海	Qinghai	16708623	318788	70318	71842	33297
宁 夏	Ningxia	17395679	516084	74800	77672	33294
新 疆	Xinjiang	96581455	1423903	63540	64367	33966

五、城镇集体单位就业人员和工资总额

EMPLOYMENT AND TOTAL WAGES IN URBAN COLLECTIVE-OWNED UNITS

5-1 分行业城镇集体单位就业人员和工资总额(2016年)
EMPLOYMENT AND TOTAL WAGES IN URBAN COLLECTIVE-OWNED UNITS BY SECTOR (2016)

项　目	Item	年末人数(千人) Year-end Figures (1000 persons)	#女 性 Female	工资总额(千元) Total Wages (1000 yuan)	平均工资(元) Average Wage (yuan)
全 国 总 计	**National Total**	**4533**	**1476**	**226863368**	**50527**
农、林、牧、渔业	**Agriculture, Forestry, Animal Husbandry and Fishery**	**19**	**7**	**820578**	**41121**
农业	Farming	5	2	185118	37225
林业	Forestry	7	3	295129	42465
畜牧业	Animal Husbandry	1		41091	36172
渔业	Fishery	1		33752	34760
农、林、牧、渔服务业	Service in Support of Agriculture	6	2	265488	44808
采矿业	**Mining**	**94**	**17**	**3979790**	**42768**
煤炭开采和洗选业	Mining and Washing of Coal	44	6	1943893	44939
石油和天然气开采业	Extraction of Petroleum and Natural Gas				
黑色金属矿采选业	Mining and Processing of Ferrous Metal Ores	7	1	294277	40900
有色金属矿采选业	Mining and Processing of Non-Ferrous Metal Ores	20	3	756369	38492
非金属矿采选业	Mining and Processing of Non-metal Ores	19	5	693586	37392
开采辅助活动	Support Activities for Mining	4	1	287205	67010
其他采矿业	Mining of Other Ores			4460	37479
制造业	**Manufacturing**	**665**	**262**	**29887218**	**44753**
农副食品加工业	Processing of Food from Agricultural Products	17	6	740523	43024
食品制造业	Manufacture of Foods	6	2	212091	35736
酒、饮料和精制茶制造业	Manufacture of Liquor, Beverages and Refined Tea	6	2	211153	36119
烟草制品业	Manufacture of Tobacco	4	2	322527	75551
纺织业	Manufacture of Textile	21	9	888001	42506
纺织服装、服饰业	Manufacture of Textile, Wearing Apparel and Accessories	25	15	1168292	41197
皮革、毛皮、羽毛及其制品和制鞋业	Manufacture of Leather, Fur, Feather and Related Products and Footwear	14	8	623459	41700
木材加工和木、竹、藤、棕、草制品业	Processing of Timber, Manufacture of Wood, Bamboo, Rattan, Palm and Straw Products	5	2	160181	34433
家具制造业	Manufacture of Furniture	2	1	80633	43328
造纸及纸制品业	Manufacture of Paper and Paper Products	15	6	610006	39862
印刷和记录媒介复制业	Printing and Reproduction of Recording Media	28	12	1469906	51867
文教、工美、体育和娱乐用品制造业	Manufacture of Articles for Culture, Education, Arts and Crafts, Sport and Entertainment Activities	38	19	1858867	49994
石油加工、炼焦和核燃料加工业	Processing of Petroleum, Coking and Processing of Nuclear Fuel	8	3	239076	30900

5-1 续表 1 continued

项　目	Item	年末人数（千人）Year-end Figures (1000 persons)	#女性 Female	工资总额（千元）Total Wages (1000 yuan)	平均工资（元）Average Wage (yuan)
化学原料和化学制品制造业	Manufacture of Raw Chemical Materials and Chemical Products	41	15	1963204	47884
医药制造业	Manufacture of Medicines	13	10	504524	39773
化学纤维制造业	Manufacture of Chemical Fibres	10	4	417716	40305
橡胶和塑料制品业	Manufacture of Rubber and Plastics Products	29	12	1082665	38320
非金属矿物制品业	Manufacture of Non-metallic Mineral Products	46	13	1605881	34589
黑色金属冶炼和压延加工业	Smelting and Pressing of Ferrous Metals	41	14	1967402	48151
有色金属冶炼和压延加工业	Smelting and Pressing of Non-ferrous Metals	14	4	799992	54388
金属制品业	Manufacture of Metal Products	42	14	1572470	37572
通用设备制造业	Manufacture of General Purpose Machinery	66	17	2997476	45478
专用设备制造业	Manufacture of Special Purpose Machinery	32	15	1142349	35447
汽车制造业	Manufacture of Automobiles	14	4	574463	41932
铁路、船舶、航空航天和其他运输设备制造业	Manufacture of Railway, Ship, Aerospace and Other Transport Equipments	24	8	1033971	42175
电气机械和器材制造业	Manufacture of Electrical Machinery and Apparatus	50	17	2867003	59150
计算机、通信和其他电子设备制造业	Manufacture of Computers, Communication and Other Electronic Equipment	30	20	1703596	57030
仪器仪表制造业	Manufacture of Measuring Instruments and Machinery	11	5	549645	48491
其他制造业	Other Manufacture	3	2	125410	37082
废弃资源综合利用业	Utilization of Waste Resources	4	2	194817	43120
金属制品、机械和设备修理业	Repair Service of Metal Products, Machinery and Equipment	5	2	199919	38343
电力、热力、燃气及水生产和供应业	**Production and Supply of Electricity, Heat, Gas and Water**	**35**	**10**	**2015220**	**57804**
电力、热力生产和供应业	Production and Supply of Electric Power and Heat Power	19	5	1278779	68351
燃气生产和供应业	Production and Supply of Gas	1		33906	47958
水的生产和供应业	Production and Supply of Water	15	5	702535	45480
建筑业	**Construction**	**1491**	**184**	**60164489**	**41141**
房屋建筑业	Construction of Buildings	1244	147	49143135	40172
土木工程建筑业	Civil Engineering	156	21	6184982	41847
建筑安装业	Building Installation	70	13	3729798	52949
建筑装饰和其他建筑业	Building Decoration and Other Constructions	21	4	1106574	53132
批发和零售业	**Wholesale and Retail Trades**	**280**	**112**	**9368476**	**33629**
批发业	Wholesale Trade	113	39	4042202	35936
零售业	Retail Trade	167	73	5326274	32067

5-1 续表 2 continued

项 目	Item	年末人数（千人）Year-end Figures (1000 persons)	#女 性 Female	工资总额（千元）Total Wages (1000 yuan)	平均工资（元）Average Wage (yuan)
交通运输、仓储和邮政业	**Transport, Storage and Post**	**137**	**32**	**5630681**	**40771**
铁路运输业	Railway Transport	9	2	431800	47718
道路运输业	Road Transport	78	16	3062071	38992
水上运输业	Water Transport	17	5	584128	34338
航空运输业	Air Transport			6071	89279
管道运输业	Transport Via Pipelines			2449	44527
装卸搬运和运输代理业	Loading, Unloading and Forwarding Agency	24	6	1069133	43781
仓储业	Storage	5	2	210116	42568
邮政业	Post	4	2	264913	65654
住宿和餐饮业	**Hotels and Catering Services**	**49**	**26**	**2061933**	**41873**
住宿业	Hotels	35	19	1506878	42541
餐饮业	Catering Services	14	7	555055	40163
信息传输、软件和信息技术服务业	**Information Transmission, Software and Information Technology**	**6**	**2**	**322158**	**53981**
电信、广播电视和卫星传输服务	Telecommunication, Radio and Television and Satellite Transmission Service	4	1	203233	50732
互联网和相关服务	Internet and Related Service			20384	58240
软件和信息技术服务业	Software and Information Technology	2	1	98541	61130
金融业	**Financial Intermediation**	**449**	**196**	**40137456**	**89811**
货币金融服务	Monetary and Financial Service	438	191	39163136	89855
资本市场服务	Capital Market Service	1	1	98184	78484
保险业	Insurance	9	4	800453	90416
其他金融业	Other Financial Activities	1		75683	78919
房地产业	**Real Estate**	**80**	**28**	**3771933**	**47305**
#房地产开发经营	Development and Management of Real Estate	15	4	820168	53827
物业管理	Property Management	39	14	1736454	44608
房地产中介服务	Agency Services of Real Estate	2	1	103566	47595
租赁和商务服务业	**Leasing and Business Services**	**291**	**79**	**13160755**	**45810**
租赁业	Leasing	4	1	262408	64888
商务服务业	Business Services	287	78	12898347	45537
科学研究和技术服务业	**Scientific Research and Technical Services**	**46**	**14**	**3073344**	**66959**
研究和试验发展	Research and Experimental Development	5	1	453940	94610
专业技术服务业	Professional Technical Services	32	10	2138472	66235

5-1 续表 3 continued

项 目	Item	年末人数（千人）Year-end Figures (1000 persons)	#女性 Female	工资总额（千元）Total Wages (1000 yuan)	平均工资（元）Average Wage (yuan)
科技推广和应用服务业	Science and Technology Popularization and Application Services	9	3	480932	54558
水利、环境和公共设施管理业	Management of Water Conservancy, Environment and Public Facilities	106	49	3882639	36706
水利管理业	Management of Water Conservancy	9	2	467243	49861
生态保护和环境治理业	Ecological Protection and Environmental Treatment	2	1	91554	44968
公共设施管理业	Management of Public Facilities	95	46	3323842	35221
居民服务、修理和其他服务业	**Service to Households, Repair and Other Services**	**42**	**17**	**1792999**	**43106**
居民服务业	Service to Households	16	7	735806	46155
机动车、电子产品和日用产品修理业	Repair of Motor Vehicle, Electronics and Household Products	9	3	345416	38037
其他服务业	Other Services	17	7	711777	42951
教育	**Education**	**190**	**115**	**12058915**	**64833**
#初等教育	Primary Education	55	33	3509715	64070
中等教育	Secondary Education	65	33	4739142	73801
高等教育	Senior Education	6	3	511418	83551
卫生和社会工作	**Health and Social Service**	**512**	**306**	**32288145**	**63920**
卫生	Health	503	300	31886620	64316
社会工作	Social Service	9	6	401525	42944
文化、体育和娱乐业	**Culture, Sports and Entertainment**	**18**	**8**	**1036003**	**56222**
新闻和出版业	Journalism and Publishing Activities	3	1	138366	53902
广播、电视、电影和影视录音制作业	Radio, Television, Motion Picture and Videotape Programme Production Services	5	2	338963	71271
文化艺术业	Cultural and Art Activities	9	4	456770	51870
体育	Sports Activities	1		44431	46379
娱乐业	Entertainment	1		57473	42890
公共管理、社会保障和社会组织	**Public Management, Social Security and Social Organization**	**23**	**10**	**1410636**	**60861**
#中国共产党机关	Organs of Communist Party of China				
国家机构	Government Agencies				
人民政协、民主党派	People's Political Consultative Conference and Democratic Parties				
社会保障	Social Security				
群众团体、社会团体和其他成员组织	Non-Governmental Organizations, Social Organizations and Membership Organizations	7	3	438860	60608

5-2 各地区分行业城镇集体单位就业人员和工资总额(2016年)

EMPLOYMENT AND TOTAL WAGES IN URBAN COLLECTIVE-OWNED UNITS BY SECTOR AND REGION (2016)

地区	Region	总计 Total				农、林、牧、渔业 Agriculture, Forestry, Animal Husbandry and Fishery			
		年末人数(人) Year-end Figures (person)	#女性 Female	工资总额(千元) Total Wages (1000 yuan)	平均工资(元) Average Wage (yuan)	年末人数(人) Year-end Figures (person)	#女性 Female	工资总额(千元) Total Wages (1000 yuan)	平均工资(元) Average Wage (yuan)
全国	**National**	**4533451**	**1476279**	**226863368**	**50527**	**19475**	**7339**	**820578**	**41121**
北京	Beijing	139067	57789	8423927	59150	2971	1073	128742	39001
天津	Tianjin	56874	14760	2770081	48344	184	44	9546	51880
河北	Hebei	139637	54368	6258413	43767	710	143	27707	38969
山西	Shanxi	167947	71459	7510465	44540	476	126	25582	53407
内蒙古	Inner Mongolia	57742	25452	3564777	61533	565	112	14313	25288
辽宁	Liaoning	244479	72000	9211425	37530	306	116	13465	41817
吉林	Jilin	61472	25856	2741440	44026	2819	2228	135818	46338
黑龙江	Heilongjiang	122044	33632	5283597	41618	642	264	18680	27715
上海	Shanghai	127971	45892	8794209	67380	324	65	37351	110506
江苏	Jiangsu	323584	141576	20371199	63175	600	193	31073	51531
浙江	Zhejiang	149045	42689	8390393	57061	45	11	2002	48829
安徽	Anhui	141761	51008	7213166	50976	438	146	14296	32198
福建	Fujian	106641	43921	5924875	56550	310	92	11001	35487
江西	Jiangxi	125552	26572	6159467	50326	105	15	3632	34923
山东	Shandong	462016	137961	24234357	53790	762	290	31818	41921
河南	Henan	341923	124547	15344611	45608	2322	709	85449	36408
湖北	Hubei	130450	44083	5547946	42845	819	201	25492	31472
湖南	Hunan	192394	43707	7797836	41624	754	284	21600	28685
广东	Guangdong	478312	158851	23459481	49357	342	89	12958	38337
广西	Guangxi	132113	32232	5473178	43064	280	115	9449	32696
海南	Hainan	17203	5277	852716	49896	430	167	6627	15412
重庆	Chongqing	87434	24524	4251583	49748	199	73	8262	39531
四川	Sichuan	263287	75833	13400783	52180	2001	415	103370	51711
贵州	Guizhou	47561	13289	3296816	69802	177	75	3294	26565
云南	Yunnan	106130	27288	6206550	61947	216	91	6374	29785
西藏	Tibet	2950	929	152534	48179	30	13	1874	62467
陕西	Shaanxi	166848	43790	7879017	48246	374	116	18529	49543
甘肃	Gansu	92368	19247	3568764	38772	141	42	7103	50376
青海	Qinghai	11484	4163	640491	54780	69	17	2491	36101
宁夏	Ningxia	7306	2415	390025	52678				
新疆	Xinjiang	29856	11169	1749246	65498	64	14	2680	43934

5-2 续表 1 continued

地 区	Region	采矿业 Mining 年末人数（人）Year-end Figures (person)	#女性 Female	工资总额（千元）Total Wages (1000 yuan)	平均工资（元）Average Wage (yuan)	制造业 Manufacturing 年末人数（人）Year-end Figures (person)	#女性 Female	工资总额（千元）Total Wages (1000 yuan)	平均工资（元）Average Wage (yuan)
全 国	**National**	**94174**	**16620**	**3979790**	**42768**	**665154**	**261999**	**29887218**	**44753**
北 京	Beijing	348	41	17948	42131	15085	5471	784866	49956
天 津	Tianjin	143	6	6800	47887	7333	2113	356355	47287
河 北	Hebei	1846	718	63276	32383	20151	9035	637777	31055
山 西	Shanxi	8358	909	475515	57708	33802	17583	1019945	29779
内蒙古	Inner Mongolia	1412	199	58309	42100	6198	2578	195000	31401
辽 宁	Liaoning	6860	851	200359	32368	73685	23380	2394209	32475
吉 林	Jilin	1761	943	68373	37671	7003	2758	276037	36898
黑龙江	Heilongjiang	7416	2110	331765	44700	36047	7203	1245360	34592
上 海	Shanghai					23101	5379	1309889	52414
江 苏	Jiangsu	552	96	19402	34771	66637	28253	3771114	56177
浙 江	Zhejiang	429	24	8058	18272	4760	1948	253015	52104
安 徽	Anhui	896	414	35329	38696	6923	2660	350597	50467
福 建	Fujian	3113	185	131790	44225	9431	4529	385924	41484
江 西	Jiangxi	1240	162	38572	31462	5460	2255	191839	35395
山 东	Shandong	5766	1269	256049	44921	83833	24625	4823847	60288
河 南	Henan	21588	5167	801485	37460	58297	26919	2429014	41974
湖 北	Hubei	2604	333	135531	46832	21628	8095	899019	40713
湖 南	Hunan	10963	1471	487123	45083	21192	7288	859084	41251
广 东	Guangdong	808	146	30708	37911	85386	51398	4232963	47736
广 西	Guangxi	393	87	17345	44474	15320	6734	599010	40791
海 南	Hainan	11		330	30000	107	44	4084	38168
重 庆	Chongqing	1798	157	96692	54444	5663	1580	232963	41675
四 川	Sichuan	1924	218	67240	35057	10339	3310	444715	43134
贵 州	Guizhou	1084	64	50456	46332	3283	1225	118356	34749
云 南	Yunnan	5508	351	228639	41715	6273	2258	206913	33122
西 藏	Tibet	205	27	18160	88585	854	463	23972	28403
陕 西	Shaanxi	2658	246	141367	57257	28727	9837	1446717	50907
甘 肃	Gansu	4230	392	177054	42449	5702	1827	277296	49105
青 海	Qinghai	64	20	2931	53291	913	440	26935	28807
宁 夏	Ningxia	10	2	240	24000	170	64	7118	41384
新 疆	Xinjiang	186	12	12944	70732	1851	747	83285	43673

5-2 续表 2 continued

地 区	Region	电力、热力、燃气及水生产和供应业 Production and Supply of Electricity, Heat, Gas and Water				建筑业 Construction			
		年末人数（人） Year-end Figures (person)	#女 性 Female	工资总额（千元） Total Wages (1000 yuan)	平均工资（元） Average Wage (yuan)	年末人数（人） Year-end Figures (person)	#女 性 Female	工资总额（千元） Total Wages (1000 yuan)	平均工资（元） Average Wage (yuan)
全 国	**National**	**34964**	**10095**	**2015220**	**57804**	**1490775**	**184104**	**60164489**	**41141**
北 京	Beijing	623	168	27601	48851	13449	2540	1065225	73677
天 津	Tianjin	101	26	2642	26158	20787	2471	1002238	46400
河 北	Hebei	97	43	9194	93816	23305	2488	1002700	36765
山 西	Shanxi	599	252	13182	25696	19692	3902	668741	32511
内蒙古	Inner Mongolia	675	237	24972	36778	3097	1295	85970	27741
辽 宁	Liaoning	2002	637	66758	32597	65956	10533	2196092	32327
吉 林	Jilin	269	57	5583	20302	9117	2167	334800	36062
黑龙江	Heilongjiang	751	158	42029	56491	22304	2541	970194	34492
上 海	Shanghai	1159	332	95298	81174	10006	688	626409	59330
江 苏	Jiangsu	1806	399	125403	69823	47756	5002	2009890	42453
浙 江	Zhejiang	1938	579	150066	78241	80336	7997	3389256	43030
安 徽	Anhui	954	254	40027	41222	37401	4092	1609303	43731
福 建	Fujian	1747	426	105182	59695	19104	2511	942581	52299
江 西	Jiangxi	104	33	4318	41519	88598	11732	4203579	48980
山 东	Shandong	901	281	45425	49808	169279	21245	7054608	43008
河 南	Henan	1783	521	66894	38008	83140	8285	3384521	42492
湖 北	Hubei	1101	392	39467	35847	35495	4903	1277864	36823
湖 南	Hunan	2121	784	93891	44519	106511	10250	3757374	36744
广 东	Guangdong	9719	2616	735475	75666	162836	19793	6130553	38386
广 西	Guangxi	595	166	26125	43325	72553	9621	2493680	36429
海 南	Hainan	9	2	290	32222	8674	900	384595	44658
重 庆	Chongqing	1076	376	43972	41172	49738	7347	2386716	49357
四 川	Sichuan	2516	812	124248	49580	126789	13795	5210620	42556
贵 州	Guizhou	380	81	14327	37021	18771	2282	768683	41196
云 南	Yunnan	352	124	12650	35836	51338	7687	1744650	38335
西 藏	Tibet					1743	370	103756	52615
陕 西	Shaanxi	926	140	73670	79386	75227	9405	3006239	41207
甘 肃	Gansu	324	72	10655	32886	54167	5906	1861582	34338
青 海	Qinghai					5077	1074	248010	46496
宁 夏	Ningxia					2478	291	97249	36246
新 疆	Xinjiang	336	127	15876	47391	6051	991	146811	45979

5-2 续表 3 continued

地 区	Region	批发和零售业 Wholesale and Retail Trades				交通运输、仓储和邮政业 Transport, Storage and Post			
		年末人数（人）Year-end Figures (person)	#女 性 Female	工资总额（千元）Total Wages (1000 yuan)	平均工资（元）Average Wage (yuan)	年末人数（人）Year-end Figures (person)	#女 性 Female	工资总额（千元）Total Wages (1000 yuan)	平均工资（元）Average Wage (yuan)
全 国	**National**	**279712**	**112431**	**9368476**	**33629**	**137356**	**32303**	**5630681**	**40771**
北 京	Beijing	8251	3652	449279	52181	5196	950	186890	33783
天 津	Tianjin	4736	1754	215346	46093	5275	259	268299	51017
河 北	Hebei	17642	7029	450387	26112	4791	1206	153591	32479
山 西	Shanxi	24201	7908	490893	20383	2498	762	66081	26454
内蒙古	Inner Mongolia	1426	567	45909	32217	5351	780	232394	42055
辽 宁	Liaoning	9211	4275	289091	31233	10127	1608	425094	41131
吉 林	Jilin	1807	615	48070	26617	1112	211	24540	22029
黑龙江	Heilongjiang	11414	3983	414420	37111	1025	308	45356	42310
上 海	Shanghai	6434	2137	439328	65221	6380	1210	289265	43251
江 苏	Jiangsu	10836	4746	399886	37006	15629	3921	761901	49104
浙 江	Zhejiang	4387	2049	216398	49170	3158	670	172747	54272
安 徽	Anhui	3855	1350	114453	29468	6692	1741	188450	27985
福 建	Fujian	7740	2317	253151	32593	2192	696	95533	43072
江 西	Jiangxi	2691	786	93691	34752	3801	863	150312	39744
山 东	Shandong	33843	14962	1316002	39432	7803	1454	317191	40723
河 南	Henan	35526	14594	1247044	35241	14142	4053	505122	36321
湖 北	Hubei	17171	9990	521145	30621	3792	907	123885	32861
湖 南	Hunan	5631	2208	185329	33586	5226	1055	142193	26844
广 东	Guangdong	27629	10479	794822	28657	7950	1891	364746	46276
广 西	Guangxi	7201	2681	213324	29645	5032	1681	237215	47567
海 南	Hainan	465	142	10411	22682	282	87	10575	36719
重 庆	Chongqing	3552	1238	107770	31970	1729	304	72410	42345
四 川	Sichuan	7581	2516	261954	34604	8363	1791	325082	38508
贵 州	Guizhou	3764	1412	130754	34840	1442	592	83583	57524
云 南	Yunnan	6223	2668	172709	27371	1498	273	53420	34576
西 藏	Tibet	40	15	1328	35892	8	1	336	42000
陕 西	Shaanxi	9158	3639	261405	28757	4112	2189	224713	54888
甘 肃	Gansu	4024	1478	108945	27792	1931	385	71434	36633
青 海	Qinghai	418	223	14382	33062	285	177	14828	51486
宁 夏	Ningxia	336	125	10601	31457				
新 疆	Xinjiang	2519	893	90249	35927	534	278	23495	46250

5-2 续表 4 continued

地 区	Region	住宿和餐饮业 Hotels and Catering Services				信息传输、软件和信息技术服务业 Information Transmission, Software and Information Technology			
		年末人数(人) Year-end Figures (person)	#女 性 Female	工资总额(千元) Total Wages (1000 yuan)	平均工资(元) Average Wage (yuan)	年末人数(人) Year-end Figures (person)	#女 性 Female	工资总额(千元) Total Wages (1000 yuan)	平均工资(元) Average Wage (yuan)
全 国	**National**	**48591**	**26276**	**2061933**	**41873**	**5970**	**2271**	**322158**	**53981**
北 京	Beijing	7135	3741	379789	50999	501	248	25572	54876
天 津	Tianjin	1170	448	41712	33639	116	27	15125	127101
河 北	Hebei	1051	479	29856	28489	240	73	9116	38627
山 西	Shanxi	1528	807	43850	28437	159	65	5685	35755
内蒙古	Inner Mongolia	472	240	13320	28220	25	20	938	31267
辽 宁	Liaoning	2006	1062	72619	35493	219	70	8474	38518
吉 林	Jilin	716	417	20901	28789	2	1	100	50000
黑龙江	Heilongjiang	2401	942	124851	52458	43	12	1585	36860
上 海	Shanghai	2751	1259	144145	50418	18	6	1046	58111
江 苏	Jiangsu	2564	1594	109508	41925	225	73	17727	79138
浙 江	Zhejiang	1613	928	70100	42901	784	342	56135	70521
安 徽	Anhui	638	415	17442	28042	242	67	12003	49395
福 建	Fujian	1013	609	43785	43394	138	65	7321	52669
江 西	Jiangxi	120	25	4505	37542	26	2	1458	56077
山 东	Shandong	4191	1964	169101	39996	188	105	14484	76635
河 南	Henan	4334	2470	157329	37397	1758	633	75865	42645
湖 北	Hubei	1083	707	42319	38789	101	65	2371	24698
湖 南	Hunan	930	591	32089	34137	72	34	5528	72737
广 东	Guangdong	4923	2429	281163	55687	704	196	44545	63184
广 西	Guangxi	894	564	29951	32877	2	2	32	16000
海 南	Hainan	89	56	2914	32742	28	10	1709	61036
重 庆	Chongqing	1546	1000	53792	34930	49	24	3089	65723
四 川	Sichuan	1035	670	33834	32658	117	36	4412	37709
贵 州	Guizhou	452	285	16292	37112	17	10	638	37529
云 南	Yunnan	1543	980	48195	31438	73	40	1842	25583
西 藏	Tibet	45	33	2340	52000				
陕 西	Shaanxi	983	701	26698	26252	56	19	2363	40741
甘 肃	Gansu	622	401	18542	29810	60	24	2804	50982
青 海	Qinghai	390	255	14104	37411				
宁 夏	Ningxia	54	35	1082	20037				
新 疆	Xinjiang	299	169	15805	51482	7	2	191	31833

5-2 续表 5 continued

地 区	Region	金融业 Financial Intermediation				房地产业 Real Estate			
		年末人数（人） Year-end Figures (person)	#女 性 Female	工资总额（千元） Total Wages (1000 yuan)	平均工资（元） Average Wage (yuan)	年末人数（人） Year-end Figures (person)	#女 性 Female	工资总额（千元） Total Wages (1000 yuan)	平均工资（元） Average Wage (yuan)
全 国	**National**	**449178**	**196378**	**40137456**	**89811**	**79795**	**28133**	**3771933**	**47305**
北 京	Beijing	35	21	2896	82743	17838	6917	952690	52968
天 津	Tianjin	37	12	1868	50486	910	393	34476	36483
河 北	Hebei	25746	11428	2135204	83786	899	451	26298	29482
山 西	Shanxi	40136	19742	3309231	83017	1016	419	21086	20754
内蒙古	Inner Mongolia	23692	12068	2174596	91701	59	39	2396	36862
辽 宁	Liaoning	28025	11766	1751290	62881	1740	659	77211	43945
吉 林	Jilin	15613	6762	1106928	71021	384	112	12537	31982
黑龙江	Heilongjiang	19159	6880	1145317	60185	563	142	15000	27125
上 海	Shanghai	89	43	11436	127067	5907	1845	323336	54224
江 苏	Jiangsu	21397	9332	2538650	118951	2951	1019	155867	52998
浙 江	Zhejiang	3838	1841	479179	123309	3164	1240	193876	62060
安 徽	Anhui	16810	6736	1569423	93407	1147	197	40370	35013
福 建	Fujian	9552	3903	1009389	105068	3016	1304	119306	40320
江 西	Jiangxi	11066	5290	926155	83990	722	187	30829	42699
山 东	Shandong	32744	14265	2883221	87989	11855	3564	604622	51287
河 南	Henan	27024	12081	1987386	74123	2378	1152	91953	38619
湖 北	Hubei	11850	5056	851552	72764	1056	438	41873	39540
湖 南	Hunan	5579	2475	444092	80539	527	195	19319	39751
广 东	Guangdong	41138	16623	3652137	88771	14456	3981	664533	45941
广 西	Guangxi	14130	5275	1261989	90026	1863	697	59671	32307
海 南	Hainan	750	362	65519	89507	819	266	28139	34442
重 庆	Chongqing	11	4	587	53364	1291	694	77801	61212
四 川	Sichuan	24148	11383	2268569	94135	304	125	13444	46041
贵 州	Guizhou	11745	5262	1879067	163767	1551	644	49647	32428
云 南	Yunnan	20063	8041	3144579	157284	615	296	17775	31021
西 藏	Tibet								
陕 西	Shaanxi	17369	7616	1548615	90209	1273	450	46710	37398
甘 肃	Gansu	13236	5483	693387	52801	917	461	27864	30026
青 海	Qinghai	3166	1517	268953	87693				
宁 夏	Ningxia	1470	590	113756	80450	66	25	2628	39818
新 疆	Xinjiang	9560	4521	912485	95920	508	221	20676	40226

5-2 续表 6 continued

地 区	Region	租赁和商务服务业 Leasing and Business Services				科学研究和技术服务业 Scientific Research and Technical Services			
		年末人数（人）Year-end Figures (person)	#女 性 Female	工资总额（千元）Total Wages (1000 yuan)	平均工资（元）Average Wage (yuan)	年末人数（人）Year-end Figures (person)	#女 性 Female	工资总额（千元）Total Wages (1000 yuan)	平均工资（元）Average Wage (yuan)
全 国	**National**	**290628**	**78741**	**13160755**	**45810**	**45532**	**14294**	**3073344**	**66959**
北 京	Beijing	25858	10821	1247036	47699	6641	2510	660413	96778
天 津	Tianjin	5366	2034	206013	44534	1269	703	61953	43876
河 北	Hebei	10887	2833	372258	34002	760	237	28074	37135
山 西	Shanxi	3982	1732	167085	41563	563	195	22509	39489
内蒙古	Inner Mongolia	720	239	39465	52550	604	90	15692	25937
辽 宁	Liaoning	17371	3578	628567	37193	3902	1422	242760	62761
吉 林	Jilin	1446	543	55963	37838	226	87	10292	45140
黑龙江	Heilongjiang	6928	3031	282293	43072	767	187	45613	60736
上 海	Shanghai	27427	7103	2031768	77142	1495	399	147521	93309
江 苏	Jiangsu	24216	8149	1198017	49812	3801	1233	284293	75449
浙 江	Zhejiang	12707	4933	651769	52347	2036	654	214611	106086
安 徽	Anhui	6002	2264	230558	33117	863	244	51983	60305
福 建	Fujian	5368	590	211997	38426	1215	359	100596	82795
江 西	Jiangxi	2887	537	111031	38432	67	19	9420	140597
山 东	Shandong	13643	4208	549882	41258	3412	1151	188383	56351
河 南	Henan	5381	1676	176324	32939	2534	840	128500	51277
湖 北	Hubei	3557	1079	159412	44728	2361	453	99110	42427
湖 南	Hunan	4525	1497	168225	37087	746	214	29726	40062
广 东	Guangdong	63771	13399	2964685	46781	2988	868	237658	74338
广 西	Guangxi	8266	1684	280766	34518	689	257	30632	44588
海 南	Hainan	100	38	5009	49594	465	208	46932	99643
重 庆	Chongqing	1167	151	35323	30877	707	180	39124	55891
四 川	Sichuan	10939	1414	369182	34561	1815	263	79721	43948
贵 州	Guizhou	2959	428	104724	34746	271	57	10867	40248
云 南	Yunnan	3760	664	169489	45294	2737	736	104627	38438
西 藏	Tibet	5	2	348	69600				
陕 西	Shaanxi	11531	1540	378109	33951	1572	419	103571	66011
甘 肃	Gansu	3370	821	104068	31214	332	104	21852	66419
青 海	Qinghai	364	69	12143	32555	147	29	8131	53493
宁 夏	Ningxia	763	190	21127	28057	21	10	1542	73429
新 疆	Xinjiang	5362	1494	228119	44844	526	166	47238	92624

5-2 续表 7 continued

地 区	Region	水利、环境和公共设施管理业 Management of Water Conservancy, Environment and Public Facilities				居民服务、修理和其他服务业 Service to Households, Repair and Other Services			
		年末人数（人） Year-end Figures (person)	#女 性 Female	工资总额（千元） Total Wages (1000 yuan)	平均工资（元） Average Wage (yuan)	年末人数（人） Year-end Figures (person)	#女 性 Female	工资总额（千元） Total Wages (1000 yuan)	平均工资（元） Average Wage (yuan)
全 国	**National**	**106440**	**49173**	**3882639**	**36706**	**42036**	**16682**	**1792999**	**43106**
北 京	Beijing	2834	988	110927	38423	6201	2757	244296	39549
天 津	Tianjin	1674	620	70976	42501	2673	731	127035	47596
河 北	Hebei	2009	1026	39619	20121	869	358	21770	24966
山 西	Shanxi	7028	3556	164425	23396	1325	619	30404	22538
内蒙古	Inner Mongolia	2518	1167	57891	23315	981	538	21963	21897
辽 宁	Liaoning	2887	1076	79090	27548	1866	642	61051	32947
吉 林	Jilin	10418	4489	257023	24792	1563	372	48247	30711
黑龙江	Heilongjiang	3638	1333	116496	32110	2695	1309	156885	59834
上 海	Shanghai	3969	1228	205386	50675	4490	2335	225879	51689
江 苏	Jiangsu	25469	14030	1076933	42656	4196	1846	187576	45156
浙 江	Zhejiang	1980	679	80878	40806	1468	392	93381	63611
安 徽	Anhui	1298	481	40015	32166	527	199	22787	43404
福 建	Fujian	2017	1016	95879	47844	374	137	15349	40606
江 西	Jiangxi	2782	1507	80374	30182	219	69	5668	25647
山 东	Shandong	4620	1399	176209	38855	2302	537	99184	47639
河 南	Henan	2507	724	120286	47980	1762	730	71242	41085
湖 北	Hubei	6674	2973	221091	33570	389	156	16673	41787
湖 南	Hunan	1407	445	58846	42063	588	87	30203	51278
广 东	Guangdong	9754	4124	458585	47087	2634	877	113582	43335
广 西	Guangxi	940	494	28482	29793	1366	661	55423	41054
海 南	Hainan	303	160	8661	28490	44	20	1791	41651
重 庆	Chongqing	3026	2012	103291	34790	646	179	26763	42146
四 川	Sichuan	4493	2637	148372	32979	418	142	17428	41794
贵 州	Guizhou	230	83	5918	25619	224	79	5845	27967
云 南	Yunnan	765	517	15280	20105	800	355	25910	32756
西 藏	Tibet					20	5	420	21000
陕 西	Shaanxi	543	199	23575	43020	916	326	40615	44195
甘 肃	Gansu					213	68	10594	49737
青 海	Qinghai	43	8	2958	65733	108	34	3632	34264
宁 夏	Ningxia	614	202	35173	58233				
新 疆	Xinjiang					159	122	11403	48523

5-2 续表 8 continued

地 区	Region	教 育 Education 年末人数(人) Year-end Figures (person)	#女 性 Female	工资总额(千元) Total Wages (1000 yuan)	平均工资(元) Average Wage (yuan)	卫生和社会工作 Health and Social Service 年末人数(人) Year-end Figures (person)	#女 性 Female	工资总额(千元) Total Wages (1000 yuan)	平均工资(元) Average Wage (yuan)
全 国	**National**	**189840**	**115479**	**12058915**	**64833**	**512202**	**305892**	**32288145**	**63920**
北 京	Beijing	10011	5432	751947	75285	13562	9243	1242302	93441
天 津	Tianjin	746	544	37816	50421	4008	2386	291035	73069
河 北	Hebei	1384	842	58409	43074	25458	15243	1124731	44796
山 西	Shanxi	2560	1282	127146	50117	18383	10972	793376	43408
内蒙古	Inner Mongolia	381	225	26784	70299	9537	5047	553212	58172
辽 宁	Liaoning	2972	1869	135417	45873	13900	7596	525455	37890
吉 林	Jilin	91	61	5910	64239	6842	3940	311077	45526
黑龙江	Heilongjiang	433	232	23697	54727	4983	2761	256781	51980
上 海	Shanghai	3725	2537	279335	74252	21103	14637	1910267	89891
江 苏	Jiangsu	17303	13177	1393306	81171	75269	47361	6116134	81721
浙 江	Zhejiang	12339	9000	993426	81149	13017	9007	1278762	99895
安 徽	Anhui	2551	1327	138451	53830	51371	27108	2603435	51384
福 建	Fujian	3596	2429	222952	62208	36459	22625	2156288	60343
江 西	Jiangxi	760	317	47915	62716	4808	2731	253263	54547
山 东	Shandong	30759	16141	2249569	74062	53052	29313	3231650	61808
河 南	Henan	49931	27835	2555249	51493	23817	14893	1299354	55137
湖 北	Hubei	5492	2806	295793	54464	14614	5252	766589	53989
湖 南	Hunan	7643	4047	479724	63472	17431	10536	959584	55199
广 东	Guangdong	19548	15302	991909	58808	20419	13515	1503183	75329
广 西	Guangxi	1718	957	82194	47954	593	435	32863	56176
海 南	Hainan	565	307	41400	72759	3881	2427	224583	58500
重 庆	Chongqing	1021	632	68051	67111	12435	7855	819916	66181
四 川	Sichuan	7961	4661	644744	81090	51687	31085	3236871	64898
贵 州	Guizhou	294	174	13089	46088	766	476	32632	44097
云 南	Yunnan	2367	968	174198	73377	1691	1118	71103	42807
西 藏	Tibet								
陕 西	Shaanxi	2664	1757	143659	54129	8208	4989	369814	45605
甘 肃	Gansu	415	228	31304	75431	2200	1337	125490	57963
青 海	Qinghai					233	164	13015	56587
宁 夏	Ningxia	494	323	41574	86613	704	499	51836	75784
新 疆	Xinjiang	116	67	3947	34623	1771	1341	133544	77914

5-2 续表 9 continued

地 区	Region	文化、体育和娱乐业 Culture, Sports and Entertainment				公共管理、社会保障和社会组织 Public Management, Social Security and Social Organization			
		年末人数（人） Year-end Figures (person)	#女 性 Female	工资总额（千元） Total Wages (1000 yuan)	平均工资（元） Average Wage (yuan)	年末人数（人） Year-end Figures (person)	#女 性 Female	工资总额（千元） Total Wages (1000 yuan)	平均工资（元） Average Wage (yuan)
全 国	**National**	**18455**	**8276**	**1036003**	**56222**	**23174**	**9793**	**1410636**	**60861**
北 京	Beijing	1443	750	74515	51143	1085	466	70993	64073
天 津	Tianjin	312	177	17209	53611	34	12	3637	110212
河 北	Hebei	892	458	29695	33898	900	278	38751	43057
山 西	Shanxi	1293	522	38012	29651	348	106	27717	79647
内蒙古	Inner Mongolia	29	11	1653	57000				
辽 宁	Liaoning	667	219	24046	36051	777	641	20377	26225
吉 林	Jilin	83	40	3315	39464	200	53	15926	78453
黑龙江	Heilongjiang	732	218	41012	57845	103	18	6263	60221
上 海	Shanghai	1392	674	109585	77775	8201	4015	606965	72795
江 苏	Jiangsu	2122	987	154391	73310	255	165	20128	80191
浙 江	Zhejiang	581	250	53678	92708	465	145	33056	73133
安 徽	Anhui	748	336	31864	42770	2405	977	102380	42464
福 建	Fujian	236	120	15787	64437	20	8	1064	56000
江 西	Jiangxi	17	6	1158	68118	79	36	1748	22127
山 东	Shandong	684	311	36491	53584	2379	877	186621	79043
河 南	Henan	1150	565	41208	36211	2549	700	120386	47734
湖 北	Hubei	562	246	23922	43894	101	31	4838	47901
湖 南	Hunan	389	191	19081	48926	159	55	4825	30346
广 东	Guangdong	2660	895	207392	77646	647	230	37884	58194
广 西	Guangxi	11	10	274	24909	267	111	14753	53453
海 南	Hainan	142	71	6455	45458	39	10	2692	69026
重 庆	Chongqing	232	76	13042	55974	1548	642	62019	43400
四 川	Sichuan	806	540	42308	53018	51	20	4669	91549
贵 州	Guizhou	35	10	1758	50229	116	50	6886	59362
云 南	Yunnan	56	17	2294	40246	252	104	5903	23425
西 藏	Tibet								
陕 西	Shaanxi	422	175	17100	40521	129	27	5548	42351
甘 肃	Gansu	466	216	16983	36444	18	2	1807	95105
青 海	Qinghai	207	136	7978	35301				
宁 夏	Ningxia	82	48	3554	43341	44	11	2545	57841
新 疆	Xinjiang	4	1	243	60750	3	3	255	63750

5-3 各地区分行业城镇集体单位在岗职工人数和平均工资(2016年)
ON-POST STAFF AND WORKERS AND AVERAGE WAGE IN URBAN COLLECTIVE-OWNED UNITS BY SECTOR AND REGION(2016)

地区	Region	总计 Total		农、林、牧、渔业 Agriculture, Forestry, Animal Husbandry and Fishery		采矿业 Mining		制造业 Manufacturing	
		年末人数(人) Year-end Figures (person)	平均工资(元) Average Wage (yuan)	年末人数(人) Year-end Figures (person)	平均工资(元) Average Wage (yuan)	年末人数(人) Year-end Figures (person)	平均工资(元) Average Wage (yuan)	年末人数(人) Year-end Figures (person)	平均工资(元) Average Wage (yuan)
全国	**National**	**4179843**	**51708**	**18295**	**42301**	**91279**	**43109**	**646080**	**45023**
北京	Beijing	131296	59507	2907	39092	348	42131	14028	47360
天津	Tianjin	52854	49253	168	52686	127	47152	6913	48118
河北	Hebei	132989	45231	665	40746	1786	32414	19318	31627
山西	Shanxi	159179	45794	476	53407	7939	59984	33035	29968
内蒙古	Inner Mongolia	56798	61963	565	25288	1412	42100	6194	31493
辽宁	Liaoning	228895	38248	305	41978	6697	32626	70072	32689
吉林	Jilin	57317	45182	2793	46509	952	41305	6936	36969
黑龙江	Heilongjiang	110294	43594	578	28349	6840	44491	34317	34892
上海	Shanghai	117059	69591	322	110884			21777	52417
江苏	Jiangsu	295085	65536	595	51460	463	38957	66041	56375
浙江	Zhejiang	144531	57482	43	49692	428	18293	4573	52561
安徽	Anhui	133721	52161	282	35108	875	38364	6648	50426
福建	Fujian	86230	59466	234	38611	3071	44052	9180	42012
江西	Jiangxi	98995	50045	99	35828	1236	31478	5077	36121
山东	Shandong	441902	51656	757	42066	5556	45452	83583	60357
河南	Henan	319564	46168	1944	39869	21588	37460	57435	42125
湖北	Hubei	120468	44154	762	32304	2529	47614	21124	41438
湖南	Hunan	167812	42684	686	28464	10788	44937	20483	41175
广东	Guangdong	453657	50159	321	39940	808	37911	83354	47627
广西	Guangxi	104789	44956	205	36498	347	46673	14818	41156
海南	Hainan	16700	50006	430	15412	11	30000	105	38410
重庆	Chongqing	79328	51450	199	39531	1798	54444	5385	42665
四川	Sichuan	241397	52925	1994	51817	1909	35075	9896	43808
贵州	Guizhou	41453	75197	134	33376	1080	49352	3211	35136
云南	Yunnan	97207	64588	188	31861	5359	41040	5830	33903
西藏	Tibet	2356	52086	30	62467	205	88585	701	31648
陕西	Shaanxi	155657	49239	374	49543	2658	57493	27818	52091
甘肃	Gansu	86112	38907	110	57809	4209	43505	5385	50261
青海	Qinghai	10551	56882	69	36101	64	53291	913	28807
宁夏	Ningxia	6834	53307			10	24000	165	41892
新疆	Xinjiang	28813	66070	60	45754	186	70732	1765	44644

5-3 续表 1 continued

地 区	Region	电力、热力、燃气及水生产和供应业 Production and Supply of Electricity, Heat, Gas and Water		建筑业 Construction		批发和零售业 Wholesale and Retail Trades		交通运输、仓储和邮政业 Transport, Storage and Post	
		年末人数(人) Year-end Figures (person)	平均工资(元) Average Wage (yuan)	年末人数(人) Year-end Figures (person)	平均工资(元) Average Wage (yuan)	年末人数(人) Year-end Figures (person)	平均工资(元) Average Wage (yuan)	年末人数(人) Year-end Figures (person)	平均工资(元) Average Wage (yuan)
全 国	**National**	**33869**	**58426**	**1296869**	**41412**	**262177**	**34128**	**125979**	**41274**
北 京	Beijing	533	50607	12908	74944	7311	54145	4907	33730
天 津	Tianjin	101	26158	19776	46588	4539	46775	5124	51305
河 北	Hebei	97	93816	21457	38966	16934	26426	4179	34483
山 西	Shanxi	599	25696	16384	34004	23875	20511	2478	26564
内蒙古	Inner Mongolia	675	36778	2990	26932	1417	32208	5351	42055
辽 宁	Liaoning	1995	32657	58573	33121	7942	31816	9916	41891
吉 林	Jilin	269	20302	8599	36704	1760	26715	1104	21230
黑龙江	Heilongjiang	647	57405	15205	39365	10800	38208	974	44562
上 海	Shanghai	897	90070	9890	59717	5148	71257	4742	46223
江 苏	Jiangsu	1788	70054	40742	43289	10627	37136	14276	49339
浙 江	Zhejiang	1852	80700	79525	43052	3717	53118	3073	54384
安 徽	Anhui	949	41265	35759	44121	3771	29497	6303	28718
福 建	Fujian	1731	60019	6000	49383	7251	33340	1885	44473
江 西	Jiangxi	104	41519	65218	46916	2552	35460	3580	40260
山 东	Shandong	889	50028	158430	43273	32800	39747	6729	41949
河 南	Henan	1577	39655	67981	42453	33825	35652	13678	36687
湖 北	Hubei	1096	35910	33521	36753	14692	32409	3570	32777
湖 南	Hunan	2040	44030	86147	37330	5326	34145	4558	26508
广 东	Guangdong	9625	76120	148115	38747	26637	28890	7430	46592
广 西	Guangxi	570	44635	49320	36249	6600	30323	3814	49379
海 南	Hainan	9	32222	8394	44387	424	22617	276	37092
重 庆	Chongqing	1059	41484	43517	51565	3455	32300	1595	42838
四 川	Sichuan	2501	49724	113345	41938	6203	35391	8182	38250
贵 州	Guizhou	375	37173	14433	43001	3474	36130	1199	53498
云 南	Yunnan	321	38132	46227	38925	6021	27424	1460	34962
西 藏	Tibet			1302	57808	40	35892	8	42000
陕 西	Shaanxi	920	79234	70146	41404	8344	29093	3261	62185
甘 肃	Gansu	324	32886	50388	33767	3729	27974	1586	34605
青 海	Qinghai			4279	49669	417	33104	214	51283
宁 夏	Ningxia			2250	35652	333	31580		
新 疆	Xinjiang	326	48526	6048	46000	2213	38172	527	46211

5-3 续表 2 continued

地区	Region	住宿和餐饮业 Hotels and Catering Services		信息传输、软件和信息技术服务业 Information Transmission, Software and Information Technology		金融业 Financial Intermediation		房地产业 Real Estate	
		年末人数(人) Year-end Figures (person)	平均工资(元) Average Wage (yuan)	年末人数(人) Year-end Figures (person)	平均工资(元) Average Wage (yuan)	年末人数(人) Year-end Figures (person)	平均工资(元) Average Wage (yuan)	年末人数(人) Year-end Figures (person)	平均工资(元) Average Wage (yuan)
全 国	**National**	**46532**	**42002**	**5831**	**54608**	**435550**	**91434**	**72177**	**49085**
北 京	Beijing	6796	51367	465	57042	35	82743	16730	53306
天 津	Tianjin	1091	33905	116	127101	37	50486	593	49669
河 北	Hebei	1048	28502	240	38627	25482	84283	899	29544
山 西	Shanxi	1474	28899	154	36532	38407	85620	975	20705
内蒙古	Inner Mongolia	470	28287	25	31267	23090	93014	59	36862
辽 宁	Liaoning	1935	35871	204	40459	27729	63194	1661	44950
吉 林	Jilin	716	29883	2	50000	15189	72229	374	32151
黑龙江	Heilongjiang	2394	52566	43	36860	18744	60961	525	27308
上 海	Shanghai	2452	48129	6	36500	67	118059	4866	56843
江 苏	Jiangsu	2517	42209	224	79157	20810	120871	2853	54172
浙 江	Zhejiang	1572	43029	763	72112	3833	123406	2821	66163
安 徽	Anhui	577	29970	231	50086	15959	96581	1080	35597
福 建	Fujian	962	43344	127	54977	9212	107935	2119	53021
江 西	Jiangxi	120	37542	26	56077	10869	84779	450	51224
山 东	Shandong	4123	40292	188	76635	30773	91407	11580	51726
河 南	Henan	4216	37480	1758	42584	26511	74858	1987	42324
湖 北	Hubei	1005	39651	79	25257	11544	73537	933	41181
湖 南	Hunan	928	34103	72	72737	5291	83064	507	40249
广 东	Guangdong	4806	54657	702	63260	40873	89138	13032	47041
广 西	Guangxi	886	33070	2	16000	13747	91877	1576	33053
海 南	Hainan	89	32742	28	61036	750	89507	784	34926
重 庆	Chongqing	1292	36415	47	68244	11	53364	1266	61916
四 川	Sichuan	963	32691	116	37897	22865	96350	286	45493
贵 州	Guizhou	450	37256	17	37529	11068	171415	1230	38000
云 南	Yunnan	1452	31965	73	25583	19352	161288	503	33010
西 藏	Tibet	45	52000						
陕 西	Shaanxi	917	26303	56	40741	16760	91314	1217	37524
甘 肃	Gansu	520	32865	60	50982	12653	53882	770	30538
青 海	Qinghai	374	38234			3132	88459		
宁 夏	Ningxia	54	20037			1319	83493	60	41900
新 疆	Xinjiang	288	52168	7	31833	9438	96669	441	42050

5-3 续表 3 continued

地区	Region	租赁和商务服务业 Leasing and Business Services		科学研究和技术服务业 Scientific Research and Technical Services		水利、环境和公共设施管理业 Management of Water Conservancy,Environment and Public Facilities		居民服务、修理和其他服务业 Service to Households, Repair and Other Services	
		年末人数(人) Year-end Figures (person)	平均工资(元) Average Wage (yuan)	年末人数(人) Year-end Figures (person)	平均工资(元) Average Wage (yuan)	年末人数(人) Year-end Figures (person)	平均工资(元) Average Wage (yuan)	年末人数(人) Year-end Figures (person)	平均工资(元) Average Wage (yuan)
全　国	**National**	**277385**	**46268**	**42697**	**68899**	**86497**	**39310**	**40300**	**43551**
北　京	Beijing	25351	47277	6131	100547	2604	39104	6037	39246
天　津	Tianjin	5262	44645	1204	43936	681	49664	2653	47783
河　北	Hebei	10821	34111	709	38679	1976	20169	868	24977
山　西	Shanxi	3824	42719	528	41131	6117	24660	1172	22673
内蒙古	Inner Mongolia	717	52608	604	25937	2494	23364	957	21392
辽　宁	Liaoning	17221	37279	3574	62744	2281	31102	1841	33017
吉　林	Jilin	1327	38009	211	46915	8689	24330	1557	30740
黑龙江	Heilongjiang	6894	43206	630	63736	3068	35993	2695	59834
上　海	Shanghai	25958	78891	1396	95861	3933	50746	4258	52524
江　苏	Jiangsu	23616	50014	3687	76690	18809	48496	4005	45946
浙　江	Zhejiang	12130	53571	1939	109578	1965	40823	1398	64508
安　徽	Anhui	5761	32656	843	61473	525	47495	499	43498
福　建	Fujian	5270	38778	1079	88698	1764	50345	344	42842
江　西	Jiangxi	2699	38735	53	131358	1392	40042	202	25456
山　东	Shandong	13386	41505	3362	56612	4618	38843	2296	47748
河　南	Henan	4527	35137	2465	52018	2048	50466	1734	40991
湖　北	Hubei	3335	45856	2231	43620	3888	39417	320	48732
湖　南	Hunan	4375	37611	739	39965	1111	45494	588	51278
广　东	Guangdong	60665	47622	2900	76398	9505	47145	2545	43045
广　西	Guangxi	8194	34709	658	45598	329	46679	1319	41314
海　南	Hainan	93	50968	459	97191	303	28490	44	41651
重　庆	Chongqing	1104	30994	705	56003	2850	35305	532	44019
四　川	Sichuan	10527	34547	1181	60373	3376	34594	392	41289
贵　州	Guizhou	2896	35145	262	40402	230	25619	198	28005
云　南	Yunnan	2394	49955	2689	38762	765	20105	676	34189
西　藏	Tibet	5	69600					20	21000
陕　西	Shaanxi	9753	34251	1441	66289	543	43020	763	48867
甘　肃	Gansu	3180	32481	327	67028			121	60959
青　海	Qinghai	364	32555	147	53646	43	65733	108	34264
宁　夏	Ningxia	763	28057	21	73429	590	59552		
新　疆	Xinjiang	4973	40885	522	93138			158	48607

5-3 续表 4 continued

地区	Region	教育 Education		卫生和社会工作 Health and Social Service		文化、体育和娱乐业 Culture, Sports and Entertainment		公共管理、社会保障和社会组织 Public Management, Social Security and Social Organization	
		年末人数（人） Year-end Figures (person)	平均工资（元） Average Wage (yuan)	年末人数（人） Year-end Figures (person)	平均工资（元） Average Wage (yuan)	年末人数（人） Year-end Figures (person)	平均工资（元） Average Wage (yuan)	年末人数（人） Year-end Figures (person)	平均工资（元） Average Wage (yuan)
全国	**National**	**183171**	**65954**	**476239**	**65825**	**17221**	**57381**	**21695**	**62922**
北京	Beijing	9439	76809	12717	95272	1203	50445	846	73126
天津	Tianjin	606	54827	3548	77065	281	57257	34	110212
河北	Hebei	1374	42891	23392	46498	848	34630	896	43188
山西	Shanxi	2525	50426	17645	44479	1224	29583	348	79647
内蒙古	Inner Mongolia	380	70405	9369	58801	29	57000		
辽宁	Liaoning	2719	47596	12794	38867	659	35938	777	26225
吉林	Jilin	91	64239	6471	46663	80	38025	197	79295
黑龙江	Heilongjiang	399	57932	4706	53073	732	57845	103	60221
上海	Shanghai	3159	80192	19442	93701	1316	78846	7430	76851
江苏	Jiangsu	15662	86435	66122	86272	1999	75149	249	81021
浙江	Zhejiang	11731	82344	12193	101971	532	95766	443	74449
安徽	Anhui	2429	55154	48427	52735	632	44851	2171	45149
福建	Fujian	3387	63235	32422	64212	173	73242	19	57611
江西	Jiangxi	760	62716	4490	55682	17	68118	51	26275
山东	Shandong	30204	74843	49631	63988	609	55107	2308	79643
河南	Henan	49349	51833	23259	55694	1150	36211	2532	47800
湖北	Hubei	5241	55854	14008	54836	500	43723	90	49400
湖南	Hunan	7285	65438	16357	56360	372	49115	159	30346
广东	Guangdong	19215	59196	19886	76050	2597	78829	641	58714
广西	Guangxi	1610	49373	534	58938	11	24909	249	56314
海南	Hainan	565	72759	3755	59300	142	45458	39	69026
重庆	Chongqing	943	70415	11810	67725	229	56313	1531	43634
四川	Sichuan	7939	81226	48923	65943	748	55662	51	91549
贵州	Guizhou	290	46407	755	44380	35	50229	116	59362
云南	Yunnan	2156	77974	1472	45326	39	51275	230	23626
西藏	Tibet								
陕西	Shaanxi	2643	54382	7543	47454	378	41061	122	44187
甘肃	Gansu	394	78305	1918	61275	420	36483	18	95105
青海	Qinghai			220	56973	207	35301		
宁夏	Ningxia	480	88431	690	76394	55	55345	44	58512
新疆	Xinjiang	116	34623	1740	78658	4	60750	1	97000

5-4 各地区分行业城镇集体单位其他就业人员和平均工资(2016年)
OTHER EMPLOYMENT AND AVERAGE WAGE IN URBAN COLLECTIVE-OWNED UNITS BY SECTOR AND REGION(2016)

地 区	Region	总 计 Total		农、林、牧、渔业 Agriculture, Forestry, Animal Husbandry and Fishery		采矿业 Mining		制造业 Manufacturing	
		年末人数(人) Year-end Figures (person)	平均工资(元) Average Wage (yuan)	年末人数(人) Year-end Figures (person)	平均工资(元) Average Wage (yuan)	年末人数(人) Year-end Figures (person)	平均工资(元) Average Wage (yuan)	年末人数(人) Year-end Figures (person)	平均工资(元) Average Wage (yuan)
全 国	**National**	**353608**	**36999**	**1180**	**23158**	**2895**	**32830**	**19074**	**36103**
北 京	Beijing	7771	53022	64	34258			1057	84410
天 津	Tianjin	4020	36415	16	42800	16	53294	420	33656
河 北	Hebei	6648	27160	45	12667	60	31477	833	18518
山 西	Shanxi	8768	21530			419	6564	767	22089
内蒙古	Inner Mongolia	944	36747					4	20698
辽 宁	Liaoning	15584	26787	1	16000	163	21563	3613	27481
吉 林	Jilin	4155	28358	26	27231	809	33272	67	30643
黑龙江	Heilongjiang	11750	25667	64	21672	576	47199	1730	29024
上 海	Shanghai	10912	43876	2	47000			1324	52371
江 苏	Jiangsu	28499	39185	5	60000	89	14368	596	36519
浙 江	Zhejiang	4514	43953	2	32000	1	9000	187	41174
安 徽	Anhui	8040	29393	156	26827	21	55167	275	51485
福 建	Fujian	20411	43733	76	25868	42	54340	251	25455
江 西	Jiangxi	26557	51357	6	17000	4	26500	383	24614
山 东	Shandong	20114	36210	5	20000	210	31304	250	40004
河 南	Henan	22359	37858	378	20708			862	31921
湖 北	Hubei	9982	27151	57	20268	75	17816	504	14693
湖 南	Hunan	24582	34292	68	30912	175	53859	709	43737
广 东	Guangdong	24655	37123	21	14143			2032	50639
广 西	Guangxi	27324	35665	75	23098	46	28426	502	29710
海 南	Hainan	503	46278					2	25500
重 庆	Chongqing	8106	32555					278	22620
四 川	Sichuan	21890	43559	7	21571	15	32938	443	29390
贵 州	Guizhou	6108	34838	43	6129	4	13989	72	18039
云 南	Yunnan	8923	34237	28	21024	149	66218	443	22887
西 藏	Tibet	594	36737					153	13745
陕 西	Shaanxi	11191	34356				23235	909	19878
甘 肃	Gansu	6256	36776	31	24000	21	15433	317	27745
青 海	Qinghai	933	28634						
宁 夏	Ningxia	472	41914					5	24400
新 疆	Xinjiang	1043	51167	4	18000			86	22871

5-4 续表 1 continued

地 区	Region	电力、热力、燃气及水生产和供应业 Production and Supply of Electricity, Heat, Gas and Water		建筑业 Construction		批发和零售业 Wholesale and Retail Trades		交通运输、仓储和邮政业 Transport, Storage and Post	
		年末人数（人） Year-end Figures (person)	平均工资（元） Average Wage (yuan)	年末人数（人） Year-end Figures (person)	平均工资（元） Average Wage (yuan)	年末人数（人） Year-end Figures (person)	平均工资（元） Average Wage (yuan)	年末人数（人） Year-end Figures (person)	平均工资（元） Average Wage (yuan)
全 国	**National**	**1095**	**39148**	**193906**	**39428**	**17535**	**26286**	**11377**	**35208**
北 京	Beijing	90	38051	541	40000	940	36588	289	34725
天 津	Tianjin			1011	42875	197	30011	151	41336
河 北	Hebei			1848	29796	708	18791	612	18525
山 西	Shanxi			3308	24427	326	11851	20	13476
内蒙古	Inner Mongolia			107	50355	9	33667		
辽 宁	Liaoning	7	12000	7383	26166	1269	27494	211	5391
吉 林	Jilin			518	25564	47	22581	8	132500
黑龙江	Heilongjiang	104	50600	7099	24475	614	19223	51	13603
上 海	Shanghai	262	51673	116	37654	1286	41139	1638	34802
江 苏	Jiangsu	18	49350	7014	37810	209	30648	1353	46645
浙 江	Zhejiang	86	23867	811	40790	670	28370	85	49900
安 徽	Anhui	5	27333	1642	30763	84	28167	389	16557
福 建	Fujian	16	21867	13104	53710	489	21357	307	35223
江 西	Jiangxi			23380	54584	139	21719	221	30741
山 东	Shandong	12	33333	10849	39619	1043	29619	1074	33162
河 南	Henan	206	25517	15159	42652	1701	27142	464	24825
湖 北	Hubei	5	22000	1974	38022	2479	20048	222	34120
湖 南	Hunan	81	56622	20364	34246	305	24719	668	29108
广 东	Guangdong	94	29653	14721	35512	992	22644	520	40843
广 西	Guangxi	25	13040	23233	36813	601	22221	1218	41667
海 南	Hainan			280	52345	41	23581	6	19167
重 庆	Chongqing	17	21882	6221	33293	97	20814	134	36455
四 川	Sichuan	15	25667	13444	48066	1378	31121	181	49274
贵 州	Guizhou	5	25400	4338	35454	290	19377	243	77475
云 南	Yunnan	31	14294	5111	33382	202	25754	38	28115
西 藏	Tibet			441	42124				
陕 西	Shaanxi	6	82595	5081	38552	814	25371	851	26750
甘 肃	Gansu			3779	43168	295	25476	345	46338
青 海	Qinghai			798	26482	1	15000	71	52053
宁 夏	Ningxia			228	44231	3	21250		
新 疆	Xinjiang	10	10500	3	23667	306	16891	7	49500

5-4 续表 2 continued

地 区	Region	住宿和餐饮业 Hotels and Catering Services		信息传输、软件和信息技术服务业 Information Transmission, Software and Information Technology		金融业 Financial Intermediation		房地产业 Real Estate	
		年末人数（人）Year-end Figures (person)	平均工资（元）Average Wage (yuan)	年末人数（人）Year-end Figures (person)	平均工资（元）Average Wage (yuan)	年末人数（人）Year-end Figures (person)	平均工资（元）Average Wage (yuan)	年末人数（人）Year-end Figures (person)	平均工资（元）Average Wage (yuan)
全 国	**National**	**2059**	**38985**	**139**	**29834**	**13628**	**37149**	**7618**	**30627**
北 京	Beijing	339	43376	36	29000			1108	47895
天 津	Tianjin	79	24457					317	14958
河 北	Hebei	3	25000			264	41765		11000
山 西	Shanxi	54	16404	5	11800	1729	26466	41	21881
内蒙古	Inner Mongolia	2	12500			602	39783		
辽 宁	Liaoning	71	25125	15	12000	296	33083	79	22308
吉 林	Jilin		14000			424	26754	10	23875
黑龙江	Heilongjiang	7	16143			415	23766	38	23933
上 海	Shanghai	299	69867	12	68917	22	154909	1041	41723
江 苏	Jiangsu	47	27647	1	75000	587	49854	98	19630
浙 江	Zhejiang	41	37927	21	25222	5	48200	343	32072
安 徽	Anhui	61	9644	11	34818	851	35002	67	27767
福 建	Fujian	51	44333	11	25818	340	27161	897	11028
江 西	Jiangxi					197	40833	272	28596
山 东	Shandong	68	24026			1971	34205	275	31504
河 南	Henan	118	35028		60500	513	35391	391	19474
湖 北	Hubei	78	26946	22	22818	306	44227	123	27169
湖 南	Hunan	2	50000			288	35216	20	28150
广 东	Guangdong	117	101080	2	36500	265	29791	1424	35932
广 西	Guangxi	8	13556			383	26046	287	28251
海 南	Hainan							35	23944
重 庆	Chongqing	254	27041	2	9000			25	28778
四 川	Sichuan	72	32211	1	16000	1283	46712	18	54389
贵 州	Guizhou	2	5500			677	41419	321	12227
云 南	Yunnan	91	22899			711	50258	112	19110
西 藏	Tibet								
陕 西	Shaanxi	66	25515			609	59584	56	34306
甘 肃	Gansu	102	14235			583	28167	147	27431
青 海	Qinghai	16	16071			34	19353		
宁 夏	Ningxia					151	50649	6	19000
新 疆	Xinjiang	11	42591			122	38756	67	29547

5-4 续表 3 continued

地区	Region	租赁和商务服务业 Leasing and Business Services		科学研究和技术服务业 Scientific Research and Technical Services		水利、环境和公共设施管理业 Management of Water Conservancy,Environment and Public Facilities		居民服务、修理和其他服务业 Service to Households, Repair and Other Services	
		年末人数（人）Year-end Figures (person)	平均工资（元）Average Wage (yuan)	年末人数（人）Year-end Figures (person)	平均工资（元）Average Wage (yuan)	年末人数（人）Year-end Figures (person)	平均工资（元）Average Wage (yuan)	年末人数（人）Year-end Figures (person)	平均工资（元）Average Wage (yuan)
全 国	**National**	**13243**	**36097**	**2835**	**39945**	**19943**	**25387**	**1736**	**32686**
北 京	Beijing	507	67309	510	50407	230	30661	164	50594
天 津	Tianjin	104	39578	65	42710	993	36937	20	20167
河 北	Hebei	66	17986	51	16660	33	18703	1	15000
山 西	Shanxi	158	13857	35	14400	911	14919	153	21484
内蒙古	Inner Mongolia	3	38000			24	18250	24	42500
辽 宁	Liaoning	150	27916	328	62920	606	14235	25	27840
吉 林	Jilin	119	36460	15	19933	1729	27102	6	24286
黑龙江	Heilongjiang	34	20615	137	46000	570	11747		
上 海	Shanghai	1469	47303	99	56304	36	42806	232	37243
江 苏	Jiangsu	600	41274	114	36052	6660	25985	191	27384
浙 江	Zhejiang	577	28833	97	45355	15	37818	70	46222
安 徽	Anhui	241	49995	20	11150	773	20974	28	41667
福 建	Fujian	98	19765	136	25789	253	29544	30	14667
江 西	Jiangxi	188	33984	14	175571	1390	20764	17	27941
山 东	Shandong	257	28504	50	40782	2	45222	6	9833
河 南	Henan	854	20892	69	23879	459	36887	28	46857
湖 北	Hubei	222	27757	130	22359	2786	25494	69	11284
湖 南	Hunan	150	26846	7	43087	296	29167		
广 东	Guangdong	3106	30696	88	52000	249	45452	89	51584
广 西	Guangxi	72	14263	31	23226	611	20344	47	34000
海 南	Hainan	7	27833	6	289667				
重 庆	Chongqing	63	28857	2	17000	176	26196	114	33306
四 川	Sichuan	412	34983	634	13450	1117	28077	26	49385
贵 州	Guizhou	63	18444	9	33500			26	27273
云 南	Yunnan	1366	37452	48	20375			124	24159
西 藏	Tibet								
陕 西	Shaanxi	1778	31801	131	62875			153	20430
甘 肃	Gansu	190	10479	5	27000			92	34400
青 海	Qinghai				49000				
宁 夏	Ningxia					24	26375		
新 疆	Xinjiang	389	91737	4	27500			1	29000

5-4 续表 4 continued

地区	Region	教育 Education 年末人数(人) Year-end Figures (person)	教育 Education 平均工资(元) Average Wage (yuan)	卫生和社会工作 Health and Social Service 年末人数(人) Year-end Figures (person)	卫生和社会工作 Health and Social Service 平均工资(元) Average Wage (yuan)	文化、体育和娱乐业 Culture, Sports and Entertainment 年末人数(人) Year-end Figures (person)	文化、体育和娱乐业 Culture, Sports and Entertainment 平均工资(元) Average Wage (yuan)	公共管理、社会保障和社会组织 Public Management, Social Security and Social Organization 年末人数(人) Year-end Figures (person)	公共管理、社会保障和社会组织 Public Management, Social Security and Social Organization 平均工资(元) Average Wage (yuan)
全 国	**National**	**6669**	**34691**	**35963**	**39104**	**1234**	**39593**	**1479**	**31228**
北 京	Beijing	572	49769	845	66292	240	55286	239	33478
天 津	Tianjin	140	31556	460	42007	31	21788		
河 北	Hebei	10	65455	2066	26865	44	20068	4	13750
山 西	Shanxi	35	28000	738	18070	69	30841		
内蒙古	Inner Mongolia	1	30000	168	25718				
辽 宁	Liaoning	253	27008	1106	26668	8	45375		
吉 林	Jilin			371	25668	3	78333	3	22333
黑龙江	Heilongjiang	34	17118	277	33574				
上 海	Shanghai	566	39039	1661	46013	76	59247	771	32988
江 苏	Jiangsu	1641	32845	9147	49803	123	46459	6	55000
浙 江	Zhejiang	608	58037	824	69762	49	30185	22	47409
安 徽	Anhui	122	27472	2944	29074	116	31374	234	18619
福 建	Fujian	209	44734	4037	29406	63	39000	1	27000
江 西	Jiangxi			318	38403			28	14571
山 东	Shandong	475	24490	3421	30718	75	41280	71	59414
河 南	Henan	582	23118	558	32771			17	38000
湖 北	Hubei	251	26920	606	33348	62	45226	11	35636
湖 南	Hunan	358	22997	1074	37379	17	44765		
广 东	Guangdong	333	39799	533	51604	63	27016	6	10286
广 西	Guangxi	108	26654	59	30089			18	12444
海 南	Hainan			126	35134				
重 庆	Chongqing	78	25747	625	36821	3	30000	17	24000
四 川	Sichuan	22	31909	2764	45888	58	23200		
贵 州	Guizhou	4	23750	11	26917				
云 南	Yunnan	211	26256	219	26398	17	14294	22	21318
西 藏	Tibet								
陕 西	Shaanxi	21	22476	665	24978	44	35886	7	14125
甘 肃	Gansu	21	21524	282	34819	46	36087		
青 海	Qinghai			13	48100				
宁 夏	Ningxia	14	26071	14	38455	27	18889		
新 疆	Xinjiang			31	36133			2	30500

六、其他单位就业人员和工资总额

EMPLOYMENT AND TOTAL WAGES IN OTHER OWNERSHIP UNITS

6-1 分行业其他单位就业人员和工资总额(2016年)
EMPLOYMENT AND TOTAL WAGES IN OTHER OWNERSHIP UNITS BY SECTOR (2016)

项目	Item	年末人数(千人) Year-end Figures (1000 persons)	#女性 Female	工资总额(千元) Total Wages (1000 yuan)	平均工资(元) Average Wage (yuan)
全国总计	**National Total**	**112649**	**38078**	**7334326463**	**65531**
按登记注册类型分组	**Grouped by Registration Status**				
内资	Domestic Funded	85989	25934	5316714099	62446
股份合作	Cooperative Units	863	358	56130505	65962
联营	Joint-owned Units	181	57	9137732	53455
#国有联营	State Joint-owned Units	43	15	2908803	67080
集体联营	Collective Joint-owned Units	39	12	1774892	46286
有限责任公司	Limited Liability Corporations	63814	17733	3701935988	58490
#国有独资	State Funded Corporations	7863	1916	568552239	72474
股份有限公司	Share-holding Corporations Ltd	18238	6432	1408184457	78285
其他	Others	2893	1354	141325417	49759
港、澳、台商投资	Funded by Entrepreneurs from Hong Kong, Macao and Taiwan	13049	6250	887836876	67506
外商投资	Foreign Funded	13611	5894	1129775488	82902
按国民经济行业分组	**Grouped by Sector**				
农、林、牧、渔业	**Agriculture, Forestry, Animal Husbandry and Fishery**	**190**	**67**	**7651711**	**39606**
农业	**Farming**	105	40	3743102	34556
林业	Forestry	14	5	591424	39632
畜牧业	Animal Husbandry	41	14	1878378	46589
渔业	Fishery	15	3	896934	59106
农、林、牧、渔服务业	Service in Support of Agriculture	14	5	541873	37479
采矿业	**Mining**	**4369**	**811**	**271248858**	**60802**
煤炭开采和洗选业	Mining and Washing of Coal	3010	462	171478332	55461
石油和天然气开采业	Extraction of Petroleum and Natural Gas	628	209	56170090	88549
黑色金属矿采选业	Mining and Processing of Ferrous Metal Ores	191	32	10604988	54191
有色金属矿采选业	Mining and Processing of Non-Ferrous Metal Ores	204	40	10716348	52241
非金属矿采选业	Mining and Processing of Non-metal Ores	142	29	7197707	50284
开采辅助活动	Support Activities for Mining	192	37	15019375	79169
其他采矿业	Mining of Other Ores	1		62018	46213
制造业	**Manufacturing**	**46685**	**18570**	**2764163610**	**59278**
农副食品加工业	Processing of Food from Agricultural Products	1728	733	79320164	46539
食品制造业	Manufacture of Foods	1216	593	63380032	53032
酒、饮料和精制茶制造业	Manufacture of Liquor, Beverages and Refined Tea	944	359	49629498	51958
烟草制品业	Manufacture of Tobacco	164	55	22254751	139059
纺织业	Manufacture of Textile	1905	1137	88376694	46642
纺织服装、服饰业	Manufacture of Textile, Wearing Apparel and Accessories	2338	1604	110631905	47038
皮革、毛皮、羽毛及其制品和制鞋业	Manufacture of Leather, Fur, Feather and Related Products and Footwear	1515	901	68320067	44570

6-1 续表 1 continued

项 目	Item	年末人数（千人）Year-end Figures (1000 persons)	#女 性 Female	工资总额（千元）Total Wages (1000 yuan)	平均工资（元）Average Wage (yuan)
木材加工和木、竹、藤、棕、草制品业	Processing of Timber, Manufacture of Wood, Bamboo, Rattan, Palm and Straw Products	371	147	15903742	43601
家具制造业	Manufacture of Furniture	553	195	28221935	51718
造纸及纸制品业	Manufacture of Paper and Paper Products	633	232	33994672	53019
印刷和记录媒介复制业	Printing and Reproduction of Recording Media	523	227	28526566	54386
文教、工美、体育和娱乐用品制造业	Manufacture of Articles for Culture, Education, Arts and Crafts, Sport and Entertainment Activities	1223	706	58287582	46596
石油加工、炼焦和核燃料加工业	Processing of Petroleum, Coking and Processing of Nuclear Fuel	605	162	43671408	71444
化学原料和化学制品制造业	Manufacture of Raw Chemical Materials and Chemical Products	2479	750	155713031	62724
医药制造业	Manufacture of Medicines	1592	743	100341012	63481
化学纤维制造业	Manufacture of Chemical Fibres	243	92	13849125	57175
橡胶和塑料制品业	Manufacture of Rubber and Plastics Products	1754	725	94088385	53719
非金属矿物制品业	Manufacture of Non-metallic Mineral Products	2266	663	111829941	49335
黑色金属冶炼和压延加工业	Smelting and Pressing of Ferrous Metals	1769	332	104358515	57575
有色金属冶炼和压延加工业	Smelting and Pressing of Non-ferrous Metals	1145	254	63424788	55068
金属制品业	Manufacture of Metal Products	1659	521	91784033	55292
通用设备制造业	Manufacture of General Purpose Machinery	2415	680	154679058	64015
专用设备制造业	Manufacture of Special Purpose Machinery	1880	520	122010130	64760
汽车制造业	Manufacture of Automobiles	3154	845	232011162	74997
铁路、船舶、航空航天和其他运输设备制造业	Manufacture of Railway, Ship, Aerospace and Other Transport Equipments	910	236	64345541	70509
电气机械和器材制造业	Manufacture of Electrical Machinery and Apparatus	3692	1533	228076431	61753
计算机、通信和其他电子设备制造业	Manufacture of Computers, Communication and Other Electronic Equipment	6979	3202	468677257	67696
仪器仪表制造业	Manufacture of Measuring Instruments and Machinery	667	288	45090856	67743
其他制造业	Other Manufacture	191	98	10190802	53418
废弃资源综合利用业	Utilization of Waste Resources	72	19	3668957	51577
金属制品、机械和设备修理业	Repair Service of Metal Products, Machinery and Equipment	101	17	9505570	95409
电力、热力、燃气及水生产和供应业	**Production and Supply of Electricity, Heat, Gas and Water**	**2078**	**565**	**173637556**	**84245**
电力、热力生产和供应业	Production and Supply of Electric Power and Heat Power	1535	381	135274912	88868
燃气生产和供应业	Production and Supply of Gas	237	77	17307341	73543
水的生产和供应业	Production and Supply of Water	305	106	21055303	69357

6-1 续表 2 continued

项　目	Item	年末人数（千人）Year-end Figures (1000 persons)	#女 性 Female	工资总额（千元）Total Wages (1000 yuan)	平均工资（元）Average Wage (yuan)
建筑业	**Construction**	**23911**	**2548**	**1242120804**	**52725**
房屋建筑业	Construction of Buildings	16764	1641	847856281	51240
土木工程建筑业	Civil Engineering	4381	568	249255313	57644
建筑安装业	Building Installation	1308	172	74394479	58354
建筑装饰和其他建筑业	Building Decoration and Other Constructions	1459	167	70614731	49985
批发和零售业	**Wholesale and Retail Trades**	**7651**	**4017**	**497877496**	**65237**
批发业	Wholesale Trade	3131	1395	280969633	89255
零售业	Retail Trade	4519	2622	216907863	48375
交通运输、仓储和邮政业	**Transport, Storage and Post**	**4698**	**1232**	**341251343**	**72883**
铁路运输业	Railway Transport	176	35	16084073	91140
道路运输业	Road Transport	2801	689	157807707	56519
水上运输业	Water Transport	378	67	35832254	92118
航空运输业	Air Transport	525	201	71082887	140411
管道运输业	Transport Via Pipelines	30	7	3274084	107280
装卸搬运和运输代理业	Loading, Unloading and Forwarding Agency	366	124	28989740	79815
仓储业	Storage	182	51	12087637	65521
邮政业	Post	242	57	16092961	67026
住宿和餐饮业	**Hotels and Catering Services**	**2296**	**1277**	**98099857**	**42862**
住宿业	Hotels	1066	592	48866134	45687
餐饮业	Catering Services	1230	685	49233723	40383
信息传输、软件和信息技术服务业	**Information Transmission, Software and Information Technology**	**3300**	**1286**	**416979653**	**127198**
电信、广播电视和卫星传输服务	Telecommunication, Radio and Television and Satellite Transmission Service	1421	602	136683696	95707
互联网和相关服务	Internet and Related Service	291	114	47436220	160693
软件和信息技术服务业	Software and Information Technology	1587	570	232859737	149764
金融业	**Financial Intermediation**	**4715**	**2534**	**565693568**	**125115**
货币金融服务	Monetary and Financial Service	2055	1068	338833423	166354
资本市场服务	Capital Market Service	215	92	58118749	273652
保险业	Insurance	2326	1325	147721824	68196
其他金融业	Other Financial Activities	120	50	21019572	198216
房地产业	**Real Estate**	**3916**	**1469**	**256468763**	**66112**
#房地产开发经营	Development and Management of Real Estate	1709	607	144109860	84715
物业管理	Property Management	1878	735	84209734	45488
房地产中介服务	Agency Services of Real Estate	229	90	19899885	87677
租赁和商务服务业	**Leasing and Business Services**	**3412**	**1224**	**288622725**	**85638**
租赁业	Leasing	109	24	8660598	80531
商务服务业	Business Services	3303	1200	279962127	85807

6-1 续表 3 continued

项目	Item	年末人数（千人） Year-end Figures (1000 persons)	#女性 Female	工资总额（千元） Total Wages (1000 yuan)	平均工资（元） Average Wage (yuan)
科学研究和技术服务业	**Scientific Research and Technical Services**	**1999**	**622**	**209119714**	**105510**
研究和试验发展	Research and Experimental Development	192	75	25702857	135866
专业技术服务业	Professional Technical Services	1423	401	148086669	104346
科技推广和应用服务业	Science and Technology Popularization and Application Services	383	146	35330188	94561
水利、环境和公共设施管理业	**Management of Water Conservancy, Environment and Public Facilities**	**550**	**231**	**28347804**	**52119**
水利管理业	Management of Water Conservancy	26	8	1819358	70908
生态保护和环境治理业	Ecological Protection and Environmental Treatment	42	13	3450579	82973
公共设施管理业	Management of Public Facilities	482	210	23077867	48416
居民服务、修理和其他服务业	**Service to Households, Repair and Other Services**	**498**	**242**	**22256911**	**45060**
居民服务业	Service to Households	167	89	7438609	45057
机动车、电子产品和日用产品修理业	Repair of Motor Vehicle, Electronics and Household Products	93	24	5525010	58917
其他服务业	Other Services	237	128	9293292	39535
教育	**Education**	**1164**	**699**	**67405717**	**59216**
#初等教育	Primary Education	163	111	9376842	58936
中等教育	Secondary Education	340	190	21555607	64548
高等教育	Senior Education	164	87	10162754	63565
卫生和社会工作	**Health and Social Service**	**633**	**418**	**39319511**	**63362**
卫生	Health	599	397	37923780	64589
社会工作	Social Service	34	22	1395731	41791
文化、体育和娱乐业	**Culture, Sports and Entertainment**	**463**	**218**	**37946836**	**81552**
新闻和出版业	Journalism and Publishing Activities	99	47	10282479	102398
广播、电视、电影和影视录音制作业	Radio, Television, Motion Picture and Videotape Programme Production Services	119	53	10195637	85338
文化艺术业	Cultural and Art Activities	85	40	5355131	63364
体育	Sports Activities	68	33	7102459	101441
娱乐业	Entertainment	92	44	5011130	55133
公共管理、社会保障和社会组织	**Public Management, Social Security and Social Organization**	**122**	**51**	**6114026**	**50677**
#中国共产党机关	Organs of Communist Party of China				
国家机构	Government Agencies				
人民政协、民主党派	People's Political Consultative Conference and Democratic Parties				
社会保障	Social Security				
群众团体、社会团体和其他成员组织	Non-Governmental Organizations, Social Organizations and Membership Organizations	49	20	3158194	65313

6-2 各地区分行业其他单位就业人员和工资总额(2016年)

EMPLOYMENT AND TOTAL WAGES IN OTHER OWNERSHIP UNITS BY SECTOR AND REGION (2016)

地区	Region	总计 Total			
		年末人数(人) Year-end Figures (person)	#女性 Female	工资总额(千元) Total Wages (1000 yuan)	平均工资(元) Average wage (yuan)
全国	**National**	**112649405**	**38078199**	**7334326463**	**65531**
北京	Beijing	5895314	2339458	702827192	119650
天津	Tianjin	2116475	727639	171533742	80417
河北	Hebei	3393023	1022892	178200140	52925
山西	Shanxi	2138989	557434	109019913	51192
内蒙古	Inner Mongolia	1196366	363951	68595159	54440
辽宁	Liaoning	2743725	848115	157833522	56481
吉林	Jilin	1528777	503680	78705650	50413
黑龙江	Heilongjiang	1489780	481836	80381787	52621
上海	Shanghai	5144315	2028375	636111314	122542
江苏	Jiangsu	11750835	3722928	780896773	67418
浙江	Zhejiang	8271562	2485793	521783386	64078
安徽	Anhui	3117712	989964	168565645	55076
福建	Fujian	4997718	1758535	281933441	57301
江西	Jiangxi	2723561	995901	135419802	50408
山东	Shandong	7820390	2637967	434902925	55978
河南	Henan	7439727	2508260	332665111	46104
湖北	Hubei	4288752	1363099	235354878	56107
湖南	Hunan	3069140	964975	163415904	54356
广东	Guangdong	15219901	6069731	1060749351	69552
广西	Guangxi	1863567	592471	95064374	52430
海南	Hainan	558072	221405	31308688	57130
重庆	Chongqing	2847711	860355	168097805	60097
四川	Sichuan	4178393	1345366	235408402	57243
贵州	Guizhou	1335933	367653	75949598	58355
云南	Yunnan	2212937	678931	104271313	48237
西藏	Tibet	46769	16482	3290120	70192
陕西	Shaanxi	2569295	818064	151172258	59317
甘肃	Gansu	961951	267602	47636246	49255
青海	Qinghai	271559	83801	15799412	57779
宁夏	Ningxia	345180	108948	21787604	61768
新疆	Xinjiang	1111976	346588	85645008	64371

6-2 续表 1 continued

地　区	Region	内　资 Domestic Funded				股份合作 Cooperative Units			
		年末人数(人) Year-end Figures (person)	#女性 Female	工资总额(千元) Total Wages (1000 yuan)	平均工资(元) Average wage (yuan)	年末人数(人) Year-end Figures (person)	#女性 Female	工资总额(千元) Total Wages (1000 yuan)	平均工资(元) Average wage (yuan)
全　国	**National**	**85989048**	**25934217**	**5316714099**	**62446**	**862874**	**357728**	**56130505**	**65962**
北　京	Beijing	4467439	1719275	481488728	108419	52062	22101	2469753	47536
天　津	Tianjin	1346449	389097	108916078	79300	16300	5120	902972	56211
河　北	Hebei	2996128	879334	155911986	52540	36342	17073	2225567	62040
山　西	Shanxi	1939077	485377	99468751	51399	6885	3328	421799	61541
内蒙古	Inner Mongolia	1121969	336544	64281407	54233	7241	1682	403585	51478
辽　宁	Liaoning	2124430	600479	114687630	52876	25006	7557	926346	37946
吉　林	Jilin	1382716	455112	69834424	49403	9448	4665	510292	54194
黑龙江	Heilongjiang	1357465	428924	73518607	52669	51080	23199	3018417	60729
上　海	Shanghai	2573094	834085	292940027	112939	22185	7653	1250879	55898
江　苏	Jiangsu	7599298	1788540	486552766	65375	36464	15853	2098024	58000
浙　江	Zhejiang	6407376	1637107	391441253	62270	87623	38064	6792235	79528
安　徽	Anhui	2767990	827959	148455187	54714	36384	15874	2000407	55973
福　建	Fujian	3380717	971984	191004105	57887	49694	17012	3374876	69512
江　西	Jiangxi	2201913	705844	110476875	51008	22721	9517	1326205	58728
山　东	Shandong	6395375	2010174	354682855	55981	70472	27678	4585121	66272
河　南	Henan	6730337	2107364	298117928	45631	66585	30290	3983490	60727
湖　北	Hubei	3765855	1157425	203314149	55222	19808	9522	1541124	79012
湖　南	Hunan	2696643	793105	143308910	54286	21286	8962	1355666	64104
广　东	Guangdong	7946015	2745837	587828880	75213	71094	28334	4727334	67184
广　西	Guangxi	1572111	463480	80205268	52508	18801	7240	1471912	81155
海　南	Hainan	500511	197510	27451013	55989	5663	3002	311008	55927
重　庆	Chongqing	2465895	702550	142930173	59122	16165	5889	2337826	143893
四　川	Sichuan	3807919	1180719	210559505	56234	47817	20190	3069472	63616
贵　州	Guizhou	1290953	347834	72949749	58039	16324	7770	2185271	135294
云　南	Yunnan	2115001	635619	99042290	47973	13378	5525	612227	47988
西　藏	Tibet	43068	14967	2993691	69186	54	16	6284	116370
陕　西	Shaanxi	2392222	742108	139167744	58600	16122	6627	845701	50854
甘　肃	Gansu	937611	257483	45958327	48737	7356	2466	273871	44460
青　海	Qinghai	260533	80543	15217799	57969	4191	1895	259740	65874
宁　夏	Ningxia	320895	103137	20236241	61729	3454	1388	264383	76455
新　疆	Xinjiang	1082043	334701	83771753	64413	4869	2236	578718	119151

6-2 续表 2 continued

地 区	Region	联 营 Joint-owned Units 年末人数(人) Year-end Figures (person)	#女 性 Female	工资总额(千元) Total Wages (1000 yuan)	平均工资(元) Average wage (yuan)	国有联营 State Joint-owned Units 年末人数(人) Year-end Figures (person)	#女 性 Female	工资总额(千元) Total Wages (1000 yuan)	平均工资(元) Average wage (yuan)
全 国	**National**	**180717**	**56615**	**9137732**	**53455**	**43251**	**15363**	**2908803**	**67080**
北 京	Beijing	3467	1706	273844	75502	846	479	105237	125431
天 津	Tianjin	3814	963	183863	46278	1623	154	94076	57016
河 北	Hebei	35750	4370	1104715	41347	590	182	31127	51620
山 西	Shanxi	3646	781	179528	49025	1506	185	113177	73301
内蒙古	Inner Mongolia	558	249	31862	56095	90	22	3898	42370
辽 宁	Liaoning	5246	1208	232099	47146	531	215	26170	49658
吉 林	Jilin	1016	229	48736	45590	526	111	31523	54444
黑龙江	Heilongjiang	3290	996	150578	46619	279	65	8325	29839
上 海	Shanghai	8777	3382	669064	73645	2559	641	216816	84826
江 苏	Jiangsu	9724	2526	526768	52212	3307	473	171224	46719
浙 江	Zhejiang	4385	2034	358841	82152	866	264	84057	97741
安 徽	Anhui	2913	1105	168893	58950	582	247	36262	62413
福 建	Fujian	8826	2861	422645	48385	2063	895	134033	63674
江 西	Jiangxi	1799	640	105095	56777	756	265	40010	53489
山 东	Shandong	8326	2557	380510	46907	500	185	28398	57254
河 南	Henan	14872	7451	772092	53879	7321	4155	469220	65007
湖 北	Hubei	6359	2593	237634	38003	2392	841	62547	27873
湖 南	Hunan	10802	2889	436110	41177	2231	796	108794	48417
广 东	Guangdong	20560	7705	1452935	70737	7715	2502	776016	101467
广 西	Guangxi	1053	516	48705	46922	433	241	23396	53416
海 南	Hainan	2022	1019	92930	46395	1287	669	56140	44170
重 庆	Chongqing	3258	1382	179138	55928	702	332	35896	55140
四 川	Sichuan	5393	2692	331263	61186	785	489	47373	61048
贵 州	Guizhou	2672	1012	108423	40822	709	144	28681	40226
云 南	Yunnan	2340	675	122809	55121	639	301	45977	73095
西 藏	Tibet	119	38	8367	70311	57	15	3317	58193
陕 西	Shaanxi	7915	2338	434315	55130	1848	315	102080	55149
甘 肃	Gansu	536	146	16581	30763	85	41	3858	48225
青 海	Qinghai	129	41	4948	38656	85	26	3173	40679
宁 夏	Ningxia	294	125	12979	43848	84	30	5873	70759
新 疆	Xinjiang	856	386	41462	48607	254	83	12129	47565

6-2 续表 3 continued

地 区	Region	集体联营 Collective Joint-owned Units				有限责任公司 Limited Liability Corporations			
		年末人数（人） Year-end Figures (person)	#女 性 Female	工资总额（千元） Total Wages (1000 yuan)	平均工资（元） Average wage (yuan)	年末人数（人） Year-end Figures (person)	#女 性 Female	工资总额（千元） Total Wages (1000 yuan)	平均工资（元） Average wage (yuan)
全 国	**National**	**39352**	**11576**	**1774892**	**46286**	**63814030**	**17733368**	**3701935988**	**58490**
北 京	Beijing	349	218	22359	65956	3050961	1056014	294454144	97340
天 津	Tianjin	1134	523	39360	34770	1004355	266300	76818485	74598
河 北	Hebei	490	229	13807	28235	2201033	588034	110363727	50224
山 西	Shanxi	1292	363	40144	31709	1645732	380531	83636169	50864
内蒙古	Inner Mongolia	391	171	22412	56453	871611	246739	49641482	53227
辽 宁	Liaoning	2778	435	111249	46724	1489887	375698	74784273	48720
吉 林	Jilin	145	27	4860	33517	917980	272998	41995096	45063
黑龙江	Heilongjiang	981	7	51182	52656	965417	283860	50884732	50890
上 海	Shanghai	1492	585	133321	89960	1738432	522910	169722760	96762
江 苏	Jiangsu	1947	615	106925	54946	5769144	1232154	350806363	61864
浙 江	Zhejiang	1030	516	76834	75033	4626189	1022418	260857810	57289
安 徽	Anhui	664	353	72476	111330	2043520	557856	105688106	52758
福 建	Fujian	3621	111	148227	43329	2792845	749581	149642665	54783
江 西	Jiangxi	566	182	38963	61944	1779610	553928	87731835	50046
山 东	Shandong	4570	1315	187427	41996	4680334	1388563	248577751	53465
河 南	Henan	3152	1277	131300	42314	5202697	1577577	219541784	43560
湖 北	Hubei	358	146	14065	40186	2922282	837592	155945805	54734
湖 南	Hunan	3616	1014	158299	45685	1872882	472569	91007209	49890
广 东	Guangdong	3717	1589	139968	37495	5750335	1860000	396562793	70173
广 西	Guangxi	263	103	10980	42394	1232497	321772	61759991	51750
海 南	Hainan	114	35	8028	77942	338638	127243	17785310	53679
重 庆	Chongqing	678	262	42246	62494	2018609	514078	109533806	55495
四 川	Sichuan	789	168	29937	38332	2840430	819165	152514617	54385
贵 州	Guizhou	620	278	22836	36832	1048343	262511	56020208	54973
云 南	Yunnan	670	206	20493	33431	1215307	361432	61329158	51168
西 藏	Tibet					33669	11961	2321331	68371
陕 西	Shaanxi	3385	653	108378	32342	1861683	551183	104503171	56650
甘 肃	Gansu	271	56	6363	22806	689918	175457	33019572	47451
青 海	Qinghai	16	5	1004	45636	163873	47821	8417374	50983
宁 夏	Ningxia	150	83	5266	35107	230818	67528	14566124	61160
新 疆	Xinjiang	103	51	6183	59452	814999	227895	61502337	60437

6-2 续表 4 continued

地 区	Region	国有独资 State Funded Corporations				股份有限公司 Share-holding Corporations Ltd			
		年末人数(人) Year-end Figures (person)	#女性 Female	工资总额(千元) Total Wages (1000 yuan)	平均工资(元) Average wage (yuan)	年末人数(人) Year-end Figures (person)	#女性 Female	工资总额(千元) Total Wages (1000 yuan)	平均工资(元) Average wage (yuan)
全 国	**National**	**7862770**	**1916115**	**568552239**	**72474**	**18238100**	**6432018**	**1408184457**	**78285**
北 京	Beijing	443662	129826	54368333	121702	1169448	535337	172618672	147798
天 津	Tianjin	161224	41413	15578593	94967	272483	94956	27996392	101976
河 北	Hebei	265107	64611	17381535	65805	690401	253066	40690363	60242
山 西	Shanxi	353759	96475	19178822	54253	255301	88473	14339672	56434
内蒙古	Inner Mongolia	189967	52666	13754437	71952	228596	79658	13562168	58842
辽 宁	Liaoning	248075	49911	14530986	58291	546196	189460	36403673	66545
吉 林	Jilin	164463	36610	9606090	59260	383429	148745	23380052	58356
黑龙江	Heilongjiang	200204	46231	11443004	54631	308077	109012	17836653	56867
上 海	Shanghai	268342	70516	30736832	114721	745519	267214	115501566	153796
江 苏	Jiangsu	343276	101396	27997795	80454	1651553	470258	125306935	78553
浙 江	Zhejiang	255343	73930	20125705	78525	1556349	493236	115055523	76109
安 徽	Anhui	358421	72740	20520350	56447	619836	215414	37667844	62019
福 建	Fujian	200493	41005	14676714	73646	456523	159306	33483229	76268
江 西	Jiangxi	149921	46144	8812101	59660	367563	126090	19906484	55492
山 东	Shandong	721887	176027	49124124	66826	1454015	502650	91868272	64179
河 南	Henan	243947	68964	12551307	51808	1200404	377278	62795018	53519
湖 北	Hubei	307124	78952	21741159	71526	753805	278635	42959258	57661
湖 南	Hunan	258241	55707	14855029	57769	635043	237013	43652419	69388
广 东	Guangdong	548837	122310	53402838	98522	1839231	702862	168192076	92827
广 西	Guangxi	388733	60154	22115073	61429	274108	107873	15032216	55740
海 南	Hainan	20142	5824	1116573	60329	126431	48620	7943923	64300
重 庆	Chongqing	294317	77233	18903718	64705	364161	141532	27557166	76291
四 川	Sichuan	293362	74627	18852829	66067	813300	292171	50265502	63771
贵 州	Guizhou	350464	52330	20372711	61343	191921	62333	13254232	70463
云 南	Yunnan	166204	51861	10231148	61390	237935	68809	14522741	64608
西 藏	Tibet	10049	4532	806380	81750	8908	2794	647748	73383
陕 西	Shaanxi	291400	79009	19338351	66614	457137	153835	31444845	68711
甘 肃	Gansu	107959	26653	6453760	58336	222394	72156	12037505	53907
青 海	Qinghai	38333	8078	2343434	60137	86342	26520	6360954	72813
宁 夏	Ningxia	82377	16736	6688529	80471	73638	27238	4818021	65309
新 疆	Xinjiang	137137	33644	10943979	71253	248053	99474	21083335	79937

6-2 续表 5 continued

地 区	Region	其 他 Others 年末人数(人) Year-end Figures (person)	#女 性 Female	工资总额(千元) Total Wages (1000 yuan)	平均工资(元) Average wage (yuan)	港、澳、台商投资 Funded from Hong Kong, Macao and Taiwan 年末人数(人) Year-end Figures (person)	#女 性 Female	工资总额(千元) Total Wages (1000 yuan)	平均工资(元) Average wage (yuan)
全 国	**National**	**2893327**	**1354488**	**141325417**	**49759**	**13049460**	**6249710**	**887836876**	**67506**
北 京	Beijing	191501	104117	11672315	60643	611608	274315	85286716	139304
天 津	Tianjin	49497	21758	3014366	61366	286876	142894	21669055	75308
河 北	Hebei	32602	16791	1527614	47690	168150	64241	9400355	56178
山 西	Shanxi	27513	12264	891583	33881	123095	44067	5186670	44878
内蒙古	Inner Mongolia	13963	8216	642310	46734	24094	9899	1400950	57562
辽 宁	Liaoning	58095	26556	2341239	40627	156739	60888	9034832	56961
吉 林	Jilin	70843	28475	3900248	55317	44326	14165	2306603	50519
黑龙江	Heilongjiang	29601	11857	1628227	55431	45876	18998	2067532	46359
上 海	Shanghai	58181	32926	5795758	101151	906018	442138	105085386	113622
江 苏	Jiangsu	132413	67749	7814676	59930	1555887	744265	100033078	64503
浙 江	Zhejiang	132830	81355	8376844	63755	923273	424119	66519420	71684
安 徽	Anhui	65337	37710	2929937	45731	153751	76225	8514788	54766
福 建	Fujian	72829	43224	4080690	56871	994749	494115	53804857	53896
江 西	Jiangxi	30220	15669	1407256	47445	334492	192059	15821291	47283
山 东	Shandong	182228	88726	9271201	52174	409305	173201	23424386	57613
河 南	Henan	245779	114768	11025544	45946	523508	323613	26084810	52300
湖 北	Hubei	63601	29083	2630328	42515	193204	98555	9513535	49931
湖 南	Hunan	156630	71672	6857506	44273	235663	117475	12236688	52191
广 东	Guangdong	264795	146936	16893742	64596	4641372	2201351	288458098	60538
广 西	Guangxi	45652	26079	1892444	41867	161678	86200	6938606	43423
海 南	Hainan	27757	17626	1317842	47306	23837	10148	1525181	64240
重 庆	Chongqing	63702	39669	3322237	52624	168464	74261	10994350	65858
四 川	Sichuan	100979	46501	4378651	44627	173084	85914	11868380	69180
贵 州	Guizhou	31693	14208	1381615	44645	23547	10093	1344321	58211
云 南	Yunnan	646041	199178	22455355	35861	43665	19157	2189655	51140
西 藏	Tibet	318	158	9961	31324	1902	629	124157	66217
陕 西	Shaanxi	49365	28125	1939712	40377	78564	32795	4330642	56824
甘 肃	Gansu	17407	7258	610798	35682	8828	3755	475195	54652
青 海	Qinghai	5998	4266	174783	29208	4989	1041	311798	63671
宁 夏	Ningxia	12691	6858	574734	47381	13179	2558	923264	68496
新 疆	Xinjiang	13266	4710	565901	42065	15737	6576	962277	62299

6-2 续表 6 continued

地 区 Region	外商投资 Foreign Funded				农、林、牧、渔业 Agriculture, Forestry, Animal Husbandry and Fishery			
	年末人数(人) Year-end Figures (person)	#女性 Female	工资总额(千元) Total Wages (1000 yuan)	平均工资(元) Average wage (yuan)	年末人数(人) Year-end Figures (person)	#女性 Female	工资总额(千元) Total Wages (1000 yuan)	平均工资(元) Average wage (yuan)
全 国 National	**13610897**	**5894272**	**1129775488**	**82902**	**189654**	**66928**	**7651711**	**39606**
北 京 Beijing	816267	345868	136051748	165761	28963	11610	1463847	48464
天 津 Tianjin	483150	195648	40948609	86783	4301	1473	242392	56318
河 北 Hebei	228745	79317	12887799	55514	1018	373	41892	35897
山 西 Shanxi	76817	27990	4364492	55356	1473	430	33724	22988
内蒙古 Inner Mongolia	50303	17508	2912802	57789	7685	3133	232589	30745
辽 宁 Liaoning	462556	186748	34111060	73066	6202	1549	328207	53237
吉 林 Jilin	101735	34403	6564623	64363	1320	413	63615	48935
黑龙江 Heilongjiang	86439	33914	4795648	55053	6689	2274	167262	24688
上 海 Shanghai	1665203	752152	238085901	142370	20129	5186	1350788	63692
江 苏 Jiangsu	2595650	1190123	194310929	75033	1369	520	54214	39775
浙 江 Zhejiang	940913	424567	63822713	68717	1235	410	49349	42506
安 徽 Anhui	195971	85780	11595670	60453	1370	566	45278	35099
福 建 Fujian	622252	292436	37124479	59653	3213	1286	113173	34295
江 西 Jiangxi	187156	97998	9121636	49033	563	79	20434	36295
山 东 Shandong	1015710	454592	56795684	55313	1936	663	67689	42518
河 南 Henan	185882	77283	8462373	46116	5507	1457	204546	38420
湖 北 Hubei	329693	107119	22527194	69860	2252	842	62168	29548
湖 南 Hunan	136834	54395	7870306	59596	9287	3151	292830	31165
广 东 Guangdong	2632514	1122543	184462373	69070	2231	808	101749	47041
广 西 Guangxi	129778	42791	7920500	62910	4895	1549	236489	47459
海 南 Hainan	33724	13747	2332494	68633	44879	17179	1380466	29824
重 庆 Chongqing	213352	83544	14173282	66660	4307	1585	136292	32913
四 川 Sichuan	197390	78733	12980517	66053	1029	408	35726	37765
贵 州 Guizhou	21433	9726	1655528	76976	2750	1171	83981	31560
云 南 Yunnan	54271	24155	3039368	55983	3756	1362	128746	35244
西 藏 Tibet	1799	886	172272	99694				
陕 西 Shaanxi	98509	43161	7673872	78733	1118	421	40227	35694
甘 肃 Gansu	15512	6364	1202724	77786	1437	452	57812	35797
青 海 Qinghai	6037	2217	269815	44708	2812	1116	52278	18356
宁 夏 Ningxia	11106	3253	628099	54933	2396	1029	78497	28669
新 疆 Xinjiang	14196	5311	910978	62861	13532	4433	485451	35221

6-2 续表 7 continued

地 区	Region	采矿业 Mining 年末人数(人) Year-end Figures (person)	#女 性 Female	工资总额(千元) Total Wages (1000 yuan)	平均工资(元) Average wage (yuan)	制造业 Manufacturing 年末人数(人) Year-end Figures (person)	#女 性 Female	工资总额(千元) Total Wages (1000 yuan)	平均工资(元) Average wage (yuan)
全 国	**National**	**4368538**	**810512**	**271248858**	**60802**	**46685118**	**18570135**	**2764163610**	**59278**
北 京	Beijing	44982	7179	4313180	91458	816118	280015	81081767	97783
天 津	Tianjin	43814	13465	4219281	94562	968495	342314	72390579	73815
河 北	Hebei	201129	36751	11773964	56457	1302261	405467	66805943	51157
山 西	Shanxi	880771	150567	49458227	55891	566213	171782	24295134	43473
内蒙古	Inner Mongolia	134089	19991	8977291	66569	411958	120226	21883180	52859
辽 宁	Liaoning	166770	32392	9846111	56136	1095984	319235	64039622	57899
吉 林	Jilin	125363	25438	6543101	52341	644786	230913	31679922	48918
黑龙江	Heilongjiang	264328	59789	16731416	60649	427238	140108	21800664	50668
上 海	Shanghai	442	105	67633	158391	1754570	657365	173454848	97348
江 苏	Jiangsu	72219	16859	4923387	62506	5560195	2443272	371599119	67038
浙 江	Zhejiang	5005	893	265364	52258	3137283	1312959	187983095	60166
安 徽	Anhui	226243	25539	13789539	58058	1179507	449340	62996658	54128
福 建	Fujian	13247	2089	656352	47776	2264535	1063830	123277385	54487
江 西	Jiangxi	38884	6602	1804952	44913	1322977	647465	62876615	48172
山 东	Shandong	519748	118109	34461856	64716	3879293	1460661	200757232	51910
河 南	Henan	401074	67084	19263984	46811	3525108	1443418	149381776	43714
湖 北	Hubei	51582	15776	2845012	54099	1710928	654932	88255148	52441
湖 南	Hunan	60100	7153	2799270	46073	1033122	371710	54672659	53249
广 东	Guangdong	23057	4854	2188659	92972	9468838	4066254	598261608	62473
广 西	Guangxi	28866	8005	1488221	51642	660815	268493	31996023	48882
海 南	Hainan	4831	1242	314713	63901	77128	29090	4357649	55600
重 庆	Chongqing	48879	5889	2730726	54811	859538	322263	53233492	62601
四 川	Sichuan	175193	33320	11078473	65016	1397900	526428	77512663	55359
贵 州	Guizhou	125603	14329	6436340	49576	336167	114052	17855986	53454
云 南	Yunnan	107489	14196	4881849	45982	620493	209239	30752808	49105
西 藏	Tibet	3161	697	264980	81083	7581	2926	564135	76327
陕 西	Shaanxi	291444	52283	22420050	75863	780195	245642	40979630	52831
甘 肃	Gansu	73950	14463	4659645	60093	306130	88848	16411191	53080
青 海	Qinghai	34284	9660	3115422	85673	100633	29873	5588339	55140
宁 夏	Ningxia	52386	8948	5114109	95038	121109	36666	6361821	52330
新 疆	Xinjiang	149605	36845	13815751	91036	348020	115349	21056919	60556

6-2 续表 8 continued

地 区	Region	电力、热力、燃气及水生产和供应业 Production and Supply of Electricity, Heat, Gas and Water				建筑业 Construction			
		年末人数 (人) Year-end Figures (person)	#女 性 Female	工资总额 (千元) Total Wages (1000 yuan)	平均工资 (元) Average wage (yuan)	年末人数 (人) Year-end Figures (person)	#女 性 Female	工资总额 (千元) Total Wages (1000 yuan)	平均工资 (元) Average wage (yuan)
全 国	**National**	**2078031**	**564669**	**173637556**	**84245**	**23910922**	**2547547**	**1242120804**	**52725**
北 京	Beijing	73392	20742	8775796	127730	422558	79366	37501699	89773
天 津	Tianjin	33194	8493	3685384	112610	246478	33337	17587992	68164
河 北	Hebei	94209	25015	7771695	92305	741041	80582	31381266	42504
山 西	Shanxi	60059	17552	4217589	70596	215858	32638	10607712	50093
内蒙古	Inner Mongolia	103045	30406	8199276	80011	179618	24307	10388189	42765
辽 宁	Liaoning	73298	17041	4562469	63761	485617	62978	22895405	44464
吉 林	Jilin	88542	18093	6405459	72363	239474	34547	12288033	44714
黑龙江	Heilongjiang	93963	22620	6846411	72349	199115	36506	9301926	40313
上 海	Shanghai	23724	5761	3699829	152056	310258	40223	27503346	88755
江 苏	Jiangsu	79087	21355	7858662	99369	3831658	239044	215369736	58379
浙 江	Zhejiang	68450	17832	6839411	100261	2999181	215139	147425516	50528
安 徽	Anhui	51153	11870	3798034	73661	806464	101877	39538715	51348
福 建	Fujian	71776	20250	6540049	90925	1601748	217207	82137584	53187
江 西	Jiangxi	80897	23252	5174983	64191	737857	84607	36671279	50531
山 东	Shandong	116815	31658	8235722	72014	1306825	142651	68858944	53154
河 南	Henan	102880	31221	5611724	54962	1585289	193481	67682296	44579
湖 北	Hubei	53536	16230	4373745	81525	1290611	141580	68724073	55469
湖 南	Hunan	52048	16892	3515808	67688	900981	86898	39764750	46379
广 东	Guangdong	203831	45849	24233134	118905	1111741	127667	61256756	57229
广 西	Guangxi	93238	25037	7100014	75869	538076	48380	24328452	48507
海 南	Hainan	10499	2754	829036	78455	52546	6265	2180253	47116
重 庆	Chongqing	55368	17994	4524703	81547	911863	107791	45457992	51717
四 川	Sichuan	101986	34621	8428483	82958	1134421	150644	52825768	48032
贵 州	Guizhou	32378	7141	2804987	81917	379858	35529	19775649	56258
云 南	Yunnan	71931	20221	5488597	76532	623916	84716	24020628	41394
西 藏	Tibet	4862	1503	345513	73765	9342	1218	556554	58156
陕 西	Shaanxi	75619	22188	5765433	75349	459629	59727	23666068	52896
甘 肃	Gansu	32023	9675	1970829	61908	291290	34264	12587020	43190
青 海	Qinghai	10364	2708	702569	69810	50097	7701	2582133	51668
宁 夏	Ningxia	17669	5436	1510134	86650	32202	4080	1912474	47443
新 疆	Xinjiang	48195	13259	3822078	77631	215310	32597	25342596	58259

6-2 续表 9 continued

地 区	Region	批发和零售业 Wholesale and Retail Trades				交通运输、仓储和邮政业 Transport, Storage and Post			
		年末人数（人）Year-end Figures (person)	#女 性 Female	工资总额（千元）Total Wages (1000 yuan)	平均工资（元）Average wage (yuan)	年末人数（人）Year-end Figures (person)	#女 性 Female	工资总额（千元）Total Wages (1000 yuan)	平均工资（元）Average wage (yuan)
全 国	**National**	**7650601**	**4017160**	**497877496**	**65237**	**4698138**	**1231667**	**341251343**	**72883**
北 京	Beijing	748846	350020	73220848	98035	478453	128312	43159620	90301
天 津	Tianjin	167382	73332	12755817	74840	98948	24594	9901724	99860
河 北	Hebei	220284	127131	8463789	38928	122499	31517	6957787	57241
山 西	Shanxi	104699	46461	4218343	40648	57903	17650	2569091	44277
内蒙古	Inner Mongolia	70811	36861	3152649	44537	56638	18403	2895882	51492
辽 宁	Liaoning	187108	105587	8478913	44981	152297	37553	9756691	60727
吉 林	Jilin	93202	48934	3722418	39982	50425	12822	2239750	45298
黑龙江	Heilongjiang	131559	66241	6085822	46734	27878	7103	1452732	51342
上 海	Shanghai	764036	432625	99061657	128564	414645	109386	45473535	108877
江 苏	Jiangsu	509625	298577	34502922	67220	334570	84669	23416899	69608
浙 江	Zhejiang	357988	186684	25266990	69288	248873	62879	19781763	80292
安 徽	Anhui	198683	111711	9573602	48667	128668	37069	6663728	52309
福 建	Fujian	240892	123689	13190107	55336	141904	31942	9273009	65945
江 西	Jiangxi	146841	72289	6514101	43808	81053	17747	4031834	50906
山 东	Shandong	493910	266206	23053899	47204	274683	66543	18506465	68103
河 南	Henan	448717	221704	17308907	40194	225780	62179	10321856	46068
湖 北	Hubei	341231	189851	15801634	46731	151598	39960	7981122	53073
湖 南	Hunan	164734	91627	7542622	46332	92938	26831	4816620	51919
广 东	Guangdong	950106	465710	65715951	68671	676509	173328	58236551	86282
广 西	Guangxi	104818	55687	4668692	44981	92970	26083	4859378	52706
海 南	Hainan	54809	27210	2566921	47254	56064	14452	4118283	76379
重 庆	Chongqing	188311	107908	9975280	53162	194872	43275	11922784	61051
四 川	Sichuan	262937	143394	12468423	47764	195765	57965	12659827	65948
贵 州	Guizhou	94596	42923	4597521	49279	56466	16252	3627019	65669
云 南	Yunnan	204969	113823	8054937	39630	94245	28299	5860742	64376
西 藏	Tibet	6980	2837	468141	67690	1618	414	119925	74488
陕 西	Shaanxi	213061	116052	8822758	41700	95935	27961	5043309	53328
甘 肃	Gansu	63805	36855	2400446	38046	34789	9533	1573707	45710
青 海	Qinghai	20231	10854	904107	44978	10117	2631	539018	53773
宁 夏	Ningxia	20824	12826	887910	43750	12034	3920	681331	56280
新 疆	Xinjiang	74606	31551	4431369	58154	37001	10395	2809361	76186

6-2 续表 10 continued

地区	Region	住宿和餐饮业 Hotels and Catering Services 年末人数（人）Year-end Figures (person)	#女性 Female	工资总额（千元）Total Wages (1000 yuan)	平均工资（元）Average wage (yuan)	信息传输、软件和信息技术服务业 Information Transmission, Software and Information Technology 年末人数（人）Year-end Figures (person)	#女性 Female	工资总额（千元）Total Wages (1000 yuan)	平均工资（元）Average wage (yuan)
全　国	**National**	**2296492**	**1277155**	**98099857**	**42862**	**3299515**	**1285878**	**416979653**	**127198**
北　京	Beijing	249972	132308	13407173	53734	678614	251928	116125013	170735
天　津	Tianjin	44556	24523	1952042	42725	47312	20195	6592824	138333
河　北	Hebei	35948	21371	1234375	34151	73877	29194	8718090	116674
山　西	Shanxi	24073	13768	670829	27556	41028	18470	2731054	64520
内蒙古	Inner Mongolia	31356	18452	1182156	37700	32998	16485	2404614	71105
辽　宁	Liaoning	41974	23856	1535686	35656	111165	55174	10119380	91760
吉　林	Jilin	18589	11445	617968	33618	43152	16869	2586934	60124
黑龙江	Heilongjiang	17505	8579	662712	37813	53521	22468	3152243	61742
上　海	Shanghai	225814	113785	12516276	56014	264994	95738	53132571	201438
江　苏	Jiangsu	149215	89680	6597997	44580	230203	83619	32184358	139512
浙　江	Zhejiang	122630	67115	5465138	44848	176228	68096	25284504	147952
安　徽	Anhui	53221	33195	1839048	34781	66455	26239	4778456	72772
福　建	Fujian	87219	46365	3366423	38724	78817	28485	7644596	96784
江　西	Jiangxi	34411	22132	1201602	35605	51924	18898	3756146	72661
山　东	Shandong	106340	61944	4350599	41154	163745	70167	13729080	83600
河　南	Henan	88101	51042	3081230	35628	102845	47117	6403107	64432
湖　北	Hubei	84853	51646	3214308	38474	107924	40434	9754022	90832
湖　南	Hunan	63651	39353	2277507	35783	65921	26561	5103333	77894
广　东	Guangdong	343134	175334	15608955	45523	403943	149745	55428444	139462
广　西	Guangxi	36662	21559	1107211	30320	36155	14747	3082566	85215
海　南	Hainan	56032	28205	2421967	42737	14014	4993	1571531	112525
重　庆	Chongqing	59506	36236	2212276	37335	43466	15613	4419853	101840
四　川	Sichuan	87418	44813	3294627	38115	167129	65441	15186191	90676
贵　州	Guizhou	24031	14907	929838	38943	33073	12901	2651402	80531
云　南	Yunnan	70911	39557	2386913	33666	44474	17502	3381491	76160
西　藏	Tibet	2273	1107	126335	53060	1787	966	163193	93253
陕　西	Shaanxi	94184	58630	3223031	34220	106293	40992	12546546	124333
甘　肃	Gansu	22463	14322	752488	33219	20702	9284	1288672	62436
青　海	Qinghai	3738	2197	151089	40355	8475	3415	610656	71715
宁　夏	Ningxia	4524	2762	166277	36171	7273	3663	601862	81764
新　疆	Xinjiang	12188	6967	545781	44111	22008	10479	1846921	84046

6-2 续表 11 continued

地 区	Region	金融业 Financial Infermediation 年末人数(人) Year-end Figures (person)	#女 性 Female	工资总额(千元) Total Wages (1000 yuan)	平均工资(元) Average wage (yuan)	房地产业 Real Estate 年末人数(人) Year-end Figures (person)	#女 性 Female	工资总额(千元) Total Wages (1000 yuan)	平均工资(元) Average wage (yuan)
全 国	**National**	**4715403**	**2533768**	**565693568**	**125115**	**3916449**	**1469175**	**256468763**	**66112**
北 京	Beijing	504036	279746	117227705	239099	394113	149846	37284990	94917
天 津	Tianjin	147073	72247	14634055	111709	68250	25985	5966857	86474
河 北	Hebei	270042	148379	18565391	72759	112212	45768	5182271	46718
山 西	Shanxi	75893	42443	5502393	75106	25645	10153	1180730	46489
内蒙古	Inner Mongolia	51020	29353	3750036	75270	49661	21767	2059659	41860
辽 宁	Liaoning	158967	93307	11797962	77626	100617	35286	5533363	55383
吉 林	Jilin	60434	34073	5201802	88281	53941	20510	2371831	44393
黑龙江	Heilongjiang	132477	65687	7523312	60122	49066	17477	2208795	44549
上 海	Shanghai	334358	149719	76199650	226110	234128	83495	22142369	92206
江 苏	Jiangsu	254411	142016	31274793	131683	207596	85032	15046528	72876
浙 江	Zhejiang	418012	247167	51112742	127713	196307	73571	13592864	70685
安 徽	Anhui	132640	73511	10042826	80685	94614	36559	5657778	61107
福 建	Fujian	115653	64876	12625388	113273	138403	52618	9118112	66640
江 西	Jiangxi	63763	34152	4666895	76151	57818	23077	2961060	53686
山 东	Shandong	310098	161371	26988734	92232	237239	85336	13426706	57634
河 南	Henan	220974	89464	19811705	94921	220767	79858	10471408	48672
湖 北	Hubei	120431	66221	11283454	97036	138409	52525	7678962	56047
湖 南	Hunan	231469	130969	22190941	98096	114727	42614	6052327	53106
广 东	Guangdong	369282	202556	49633197	139554	562369	191331	42195480	75678
广 西	Guangxi	75650	44165	6300126	87726	69752	27071	3671741	53417
海 南	Hainan	33056	17868	3183232	101704	78643	31688	4529286	58689
重 庆	Chongqing	101672	47034	11219908	113695	124793	51998	7973168	63696
四 川	Sichuan	165881	94306	12594997	80725	189777	71988	10709443	58286
贵 州	Guizhou	59406	31349	7668390	135880	81798	30082	4358701	53713
云 南	Yunnan	36954	20695	4213625	117378	107585	41113	5173235	48503
西 藏	Tibet	1235	562	181917	147301	1509	552	106794	72207
陕 西	Shaanxi	148674	82506	11404799	78654	93287	35691	4616897	49841
甘 肃	Gansu	33941	19588	1962979	58168	42848	16320	1911502	44437
青 海	Qinghai	4528	2555	394566	88986	8509	3413	330362	39371
宁 夏	Ningxia	29666	11712	2199751	79586	12848	5748	595100	46825
新 疆	Xinjiang	53707	34171	4336297	83101	49218	20703	2360444	49133

6-2 续表 12 continued

地 区	Region	租赁和商务服务业 Leasing and Business Services 年末人数(人) Year-end Figures (person)	#女 性 Female	工资总额(千元) Total Wages (1000 yuan)	平均工资(元) Average wage (yuan)	科学研究和技术服务业 Scientific Research and Technical Services 年末人数(人) Year-end Figures (person)	#女 性 Female	工资总额(千元) Total Wages (1000 yuan)	平均工资(元) Average wage (yuan)
全 国	**National**	**3412260**	**1223616**	**288622725**	**85638**	**1999107**	**621533**	**209119714**	**105510**
北 京	Beijing	602618	272316	77224362	129023	466999	164308	60574989	130465
天 津	Tianjin	79469	24206	6787056	85307	70233	16249	9290752	129477
河 北	Hebei	77882	21272	3135095	41078	76852	18649	5539768	75167
山 西	Shanxi	35661	12301	1421657	39151	14856	3907	910960	61882
内蒙古	Inner Mongolia	25102	7021	1096565	44206	18473	5025	1258087	68501
辽 宁	Liaoning	47600	14412	2399837	48083	38799	12344	3108345	79414
吉 林	Jilin	36264	12625	1612730	46499	21761	6968	1289800	59863
黑龙江	Heilongjiang	31461	9069	1751768	53730	12560	3907	725200	58216
上 海	Shanghai	435966	183839	73936920	168207	162344	54001	28748230	177955
江 苏	Jiangsu	188385	70749	12274046	65161	128478	38851	12329126	96721
浙 江	Zhejiang	195449	63467	13260011	69568	119815	42112	10701291	91192
安 徽	Anhui	40537	14145	2132345	52066	34813	8690	2611505	75676
福 建	Fujian	98141	33872	5667714	60160	42330	13078	2999654	71724
江 西	Jiangxi	24880	8975	1179939	48539	14265	3063	1100934	78225
山 东	Shandong	113081	33675	6496301	59072	86387	28076	6147201	72257
河 南	Henan	138456	49454	5343724	40283	90189	25210	4981617	56193
湖 北	Hubei	69546	24517	3576445	52467	68854	16793	6867589	100517
湖 南	Hunan	74746	25427	3507320	47910	65543	19169	3716489	58145
广 东	Guangdong	512293	186861	37804525	75321	222742	72670	24859546	112798
广 西	Guangxi	55929	16903	2762788	50001	16077	5352	1166488	72583
海 南	Hainan	14739	5794	819583	56036	8980	2683	551115	61406
重 庆	Chongqing	109358	26885	5093684	48845	39659	13317	3487049	87338
四 川	Sichuan	107654	31908	5641319	54048	57013	16095	6129116	108827
贵 州	Guizhou	37690	11596	1831721	48791	15137	3935	947726	63764
云 南	Yunnan	89405	19831	3364618	38763	24253	6019	1783334	74074
西 藏	Tibet	3416	1305	218149	60379				
陕 西	Shaanxi	77441	14702	4433995	53934	43843	11641	4077261	92621
甘 肃	Gansu	12447	4256	460446	37701	13035	2797	1071411	83495
青 海	Qinghai	6971	2054	318914	45572	3387	855	224137	67430
宁 夏	Ningxia	14147	3761	605775	43057	5422	1345	374475	68573
新 疆	Xinjiang	55526	16418	2463373	47723	16008	4424	1546519	90924

6-2 续表 13 continued

地区	Region	水利、环境和公共设施管理业 Management of Water Conservancy, Environment and Public Facilities 年末人数(人) Year-end Figures (person)	#女性 Female	工资总额(千元) Total Wages (1000 yuan)	平均工资(元) Average wage (yuan)	居民服务、修理和其他服务业 Service to Households, Repair and Other Services 年末人数(人) Year-end Figures (person)	#女性 Female	工资总额(千元) Total Wages (1000 yuan)	平均工资(元) Average wage (yuan)
全国	**National**	**550082**	**231038**	**28347804**	**52119**	**497783**	**241658**	**22256911**	**45060**
北京	Beijing	38334	12825	2984935	75802	67144	35814	3410836	51544
天津	Tianjin	7021	2405	523680	73129	57202	26100	2259196	38717
河北	Hebei	13661	5846	509030	37525	19447	7726	659716	34083
山西	Shanxi	6669	3158	164955	24783	1876	714	75275	39514
内蒙古	Inner Mongolia	8259	3218	398805	47034	2023	971	70494	35460
辽宁	Liaoning	13533	4698	533418	40601	6058	2818	196878	31632
吉林	Jilin	7742	3118	298832	38604	15765	10260	431304	27404
黑龙江	Heilongjiang	6948	2397	245618	39018	3757	1664	183808	45051
上海	Shanghai	59241	20314	4619533	77998	49199	24373	3177307	64606
江苏	Jiangsu	38105	16211	2167963	57376	22819	8031	1343405	56299
浙江	Zhejiang	42276	16567	2452780	58783	14883	7713	708200	47919
安徽	Anhui	9762	4762	436829	45052	5708	1751	235686	42466
福建	Fujian	10474	4689	515793	49999	19026	11579	800426	46855
江西	Jiangxi	10430	4876	432935	42566	7833	2807	399098	51173
山东	Shandong	55137	24721	1699830	30817	24041	9815	944327	39938
河南	Henan	30991	12515	1238054	41302	24082	10524	803881	35592
湖北	Hubei	13990	5938	706852	51033	9014	5106	348357	39080
湖南	Hunan	8436	2961	416717	48501	13344	6177	580859	43941
广东	Guangdong	49030	22143	2685364	55433	61426	28717	2806720	45534
广西	Guangxi	5744	2635	301948	52240	3746	1705	144400	39432
海南	Hainan	14920	8247	725714	51385	3984	2576	149736	39373
重庆	Chongqing	16378	7962	779997	48918	13005	7366	575998	45386
四川	Sichuan	24048	12305	1029486	42885	14555	7565	594229	41430
贵州	Guizhou	11199	5630	376985	40113	9811	4728	335875	35823
云南	Yunnan	20802	9346	907618	44456	12667	6485	453383	36169
西藏	Tibet	85	32	4300	50588	2142	1884	97201	46220
陕西	Shaanxi	16255	7113	698691	42978	8534	4420	291929	33886
甘肃	Gansu	2480	991	116399	46973	880	280	22991	27016
青海	Qinghai	514	174	25068	55338	451	175	14890	32511
宁夏	Ningxia	1369	472	72140	45116	633	266	25381	39108
新疆	Xinjiang	6249	2769	277535	46156	2728	1548	115125	41457

6-2 续表 14 continued

地 区	Region	教 育 Education 年末人数（人）Year-end Figures (person)	#女 性 Female	工资总额（千元）Total Wages (1000 yuan)	平均工资（元）Average wage (yuan)	卫生和社会工作 Health and Social Service 年末人数（人）Year-end Figures (person)	#女 性 Female	工资总额（千元）Total Wages (1000 yuan)	平均工资（元）Average wage (yuan)
全 国	**National**	**1164063**	**699140**	**67405717**	**59216**	**632731**	**418326**	**39319511**	**63362**
北 京	Beijing	113761	72653	9177897	83477	48933	34278	4186511	86763
天 津	Tianjin	12125	7639	897093	74951	7825	5162	438050	55611
河 北	Hebei	12943	7722	548728	43354	8321	6024	462741	57662
山 西	Shanxi	14792	8329	491617	33233	6372	4369	251332	40265
内蒙古	Inner Mongolia	6636	4072	315074	48317	4323	2983	199878	46397
辽 宁	Liaoning	23946	11536	1120095	47660	18700	10916	871731	46925
吉 林	Jilin	10219	6368	486806	48876	10478	7075	412844	40301
黑龙江	Heilongjiang	8086	4126	572522	69990	8038	5627	468000	58632
上 海	Shanghai	41000	26085	4035402	101026	12381	8119	1488845	119394
江 苏	Jiangsu	54677	32049	3763669	69533	52380	34505	3528652	68344
浙 江	Zhejiang	85322	59190	5746991	68555	36341	24116	2851933	80424
安 徽	Anhui	47173	26902	2156681	46415	33036	22389	1813565	57113
福 建	Fujian	42692	26824	2388964	58716	14799	10051	967917	67077
江 西	Jiangxi	18494	9469	852943	46821	17038	11065	942151	57104
山 东	Shandong	67340	39386	3431189	52290	42274	27856	2315519	56681
河 南	Henan	128370	67439	5781258	46506	64128	40120	3296792	52666
湖 北	Hubei	34613	17189	1600953	47558	23618	16355	1342666	58109
湖 南	Hunan	57611	33639	2810555	49427	32408	20738	1897874	60033
广 东	Guangdong	151528	96812	10344897	69100	54826	36590	4492553	83342
广 西	Guangxi	21325	14486	785226	37445	10560	6744	602593	57455
海 南	Hainan	20310	13953	947906	46748	6275	4365	285020	46180
重 庆	Chongqing	40161	27105	2273443	57497	25210	14587	1385201	55064
四 川	Sichuan	52358	28460	2733480	53696	28289	18603	1609586	57884
贵 州	Guizhou	14924	8234	644934	44277	12003	8364	553454	46752
云 南	Yunnan	39072	22382	1508942	39944	26957	18208	1236381	46515
西 藏	Tibet					584	413	58464	98424
陕 西	Shaanxi	30347	18154	1364258	46641	16368	11695	834041	52024
甘 肃	Gansu	2247	1107	105454	48507	3682	2441	154278	42689
青 海	Qinghai	3751	2962	104824	27827	1389	927	62666	46557
宁 夏	Ningxia	5065	3144	270746	55119	2274	1648	156226	70151
新 疆	Xinjiang	3175	1724	143170	44825	2921	1993	152047	52923

6-2 续表 15 continued

地区	Region	文化、体育和娱乐业 Culture, Sports and Entertainment 年末人数(人) Year-end Figures (person)	#女性 Female	工资总额(千元) Total Wages (1000 yuan)	平均工资(元) Average wage (yuan)	公共管理、社会保障和社会组织 Public Management, Social Security and Social Organization 年末人数(人) Year-end Figures (person)	#女性 Female	工资总额(千元) Total Wages (1000 yuan)	平均工资(元) Average wage (yuan)
全国	**National**	**462952**	**217708**	**37946836**	**81552**	**121566**	**50586**	**6114026**	**50677**
北京	Beijing	80763	40489	9478994	117995	36715	15703	2227030	61038
天津	Tianjin	7575	3367	1150259	147073	5222	2553	258709	49419
河北	Hebei	9351	4082	446168	48063	46	23	2431	52848
山西	Shanxi	4866	2623	181403	37318	282	119	37888	134355
内蒙古	Inner Mongolia	2405	1098	117422	52118	266	179	13313	50238
辽宁	Liaoning	10288	5035	583403	54733	4802	2398	126006	26235
吉林	Jilin	7109	3095	442565	58805	211	114	9936	46430
黑龙江	Heilongjiang	5365	2578	279912	51070	10226	3616	221664	21320
上海	Shanghai	35091	17147	5334424	144902	1995	1109	168151	82997
江苏	Jiangsu	34511	17075	2563272	74139	1332	814	98025	76106
浙江	Zhejiang	19153	9107	1704823	88388	27131	10776	1290621	47677
安徽	Anhui	7613	3825	452303	58871	52	24	3069	62633
福建	Fujian	12587	5708	640705	51277	262	97	10090	38659
江西	Jiangxi	13492	5295	822102	62446	141	51	9799	69496
山东	Shandong	17772	7917	1109235	60917	3726	1212	322397	87584
河南	Henan	21041	8793	1048460	51082	15428	6180	628786	41003
湖北	Hubei	14711	7038	893737	60633	1051	166	44631	42465
湖南	Hunan	22515	10388	1253419	56197	5559	2717	204004	36501
广东	Guangdong	49695	21297	4696714	92459	3320	1205	198548	76043
广西	Guangxi	7747	3717	426812	55531	542	153	35206	64245
海南	Hainan	6070	2705	357732	59972	293	136	18545	61611
重庆	Chongqing	11350	5544	695539	61313	15	3	420	28000
四川	Sichuan	14552	7006	858429	58905	488	96	18136	37164
贵州	Guizhou	7932	4007	387295	50740	1111	523	81794	74494
云南	Yunnan	12916	5847	667977	51033	142	90	5489	38655
西藏	Tibet	194	66	14519	74840				
陕西	Shaanxi	16181	7892	884765	54805	887	354	58570	64576
甘肃	Gansu	3760	2099	126460	33633	42	27	2516	66211
青海	Qinghai	1308	531	78374	60614				
宁夏	Ningxia	3114	1394	158407	52366	225	128	15188	67204
新疆	Xinjiang	1925	943	91207	50897	54	20	3064	57811

6-3 各地区分行业其他单位在岗职工人数和平均工资(2016年)
ON-POST STAFF AND WORKERS AND AVERAGE WAGE IN OTHER OWNERSHIP UNITS BY SECTOR AND REGION (2016)

地区	Region	总计 Total		农、林、牧、渔业 Agriculture, Forestry, Animal Husbandry and Fishery		采矿业 Mining		制造业 Manufacturing	
		年末人数(人) Year-end Figures (person)	平均工资(元) Average Wage (yuan)	年末人数(人) Year-end Figures (person)	平均工资(元) Average Wage (yuan)	年末人数(人) Year-end Figures (person)	平均工资(元) Average Wage (yuan)	年末人数(人) Year-end Figures (person)	平均工资(元) Average Wage (yuan)
全国	**National**	**105387158**	**66371**	**181023**	**39633**	**4255330**	**61423**	**45872739**	**59113**
北京	Beijing	5424283	122096	28333	48476	44835	91588	795947	96566
天津	Tianjin	2006087	81022	4246	56521	43133	95836	953735	72627
河北	Hebei	3098121	54445	1017	36387	197031	56714	1287992	51131
山西	Shanxi	2061019	52013	1473	22988	869846	56367	555760	43733
内蒙古	Inner Mongolia	1150352	55147	6887	32521	130941	66925	403704	53220
辽宁	Liaoning	2535192	57502	6131	53566	165788	56270	1075460	57847
吉林	Jilin	1449518	51282	1310	49233	124560	52478	633297	49079
黑龙江	Heilongjiang	1350297	54921	6663	24686	264148	60784	416930	51143
上海	Shanghai	4813178	122290	16323	69294	431	160475	1704576	95591
江苏	Jiangsu	11102065	68024	1212	41473	70916	63023	5458710	66491
浙江	Zhejiang	7832147	64763	1145	44716	4841	52783	3094068	60070
安徽	Anhui	2787550	56674	1235	37072	206074	61171	1147704	54287
福建	Fujian	4643842	57629	3128	34640	12307	47992	2231626	54318
江西	Jiangxi	2495512	50815	563	36295	37920	45922	1308803	48217
山东	Shandong	7392305	56570	1934	42508	494034	65550	3843642	51845
河南	Henan	7082043	46451	5407	38598	399359	46852	3478801	43777
湖北	Hubei	3925240	56461	2118	29297	48742	55006	1670262	52663
湖南	Hunan	2788368	56073	9050	31018	58759	46650	1013074	53566
广东	Guangdong	14718913	69844	2137	49464	22425	94192	9376139	62261
广西	Guangxi	1741090	53478	3726	51655	27879	52018	640312	49130
海南	Hainan	536652	57557	44675	29855	4806	64099	76389	55369
重庆	Chongqing	2582379	61458	4200	33047	47942	54149	826376	63386
四川	Sichuan	3825537	58397	992	38284	166763	65569	1376148	55601
贵州	Guizhou	1196339	59231	2547	31928	119581	50538	328462	53873
云南	Yunnan	1950694	49719	3362	37832	103916	46389	553069	50091
西藏	Tibet	41953	72895			2843	89320	6944	78768
陕西	Shaanxi	2348840	61404	1108	35848	284038	76329	761469	53055
甘肃	Gansu	861410	50093	1429	35841	70804	61353	293022	53960
青海	Qinghai	263410	58703	2812	18356	32149	91483	99082	55285
宁夏	Ningxia	324262	63371	2348	28381	52386	95038	119023	52718
新疆	Xinjiang	1058560	65536	13512	35226	146133	92244	342213	60936

6-3 续表 1 continued

地　区	Region	电力、热力、燃气及水生产和供应业 Production and Supply of Electricity, Heat, Gas and Water		建筑业 Construction		批发和零售业 Wholesale and Retail Trades		交通运输、仓储和邮政业 Transport, Storage and Post	
		年末人数（人） Year-end Figures (person)	平均工资（元） Average Wage (yuan)	年末人数（人） Year-end Figures (person)	平均工资（元） Average Wage (yuan)	年末人数（人） Year-end Figures (person)	平均工资（元） Average Wage (yuan)	年末人数（人） Year-end Figures (person)	平均工资（元） Average Wage (yuan)
全　国	**National**	**2021780**	**85457**	**20675815**	**53387**	**7299858**	**65363**	**4503698**	**73835**
北　京	Beijing	71667	129583	393758	91752	667186	101511	463398	90172
天　津	Tianjin	31570	115885	222091	70125	162475	75034	96851	100343
河　北	Hebei	91972	93548	610524	43228	216938	39073	116431	58188
山　西	Shanxi	58948	71404	202479	50259	99046	42252	55245	45013
内蒙古	Inner Mongolia	101858	80584	167534	42886	69285	44887	53775	52605
辽　宁	Liaoning	71777	64410	408167	45098	174188	46210	148536	61179
吉　林	Jilin	86559	73173	209431	46172	89623	40301	47639	45626
黑龙江	Heilongjiang	91798	73446	168589	43071	126563	47461	26570	52269
上　海	Shanghai	23519	152565	278215	90488	708614	126201	396043	109584
江　苏	Jiangsu	77676	100354	3459704	59260	493155	67421	321321	70719
浙　江	Zhejiang	66400	101927	2823277	50824	341273	69981	241918	81406
安　徽	Anhui	50335	74223	614043	52873	193755	49105	120356	53655
福　建	Fujian	69826	92062	1361327	52795	229507	56624	136509	67279
江　西	Jiangxi	66593	68443	581247	50921	140750	44405	75336	52357
山　东	Shandong	114100	72718	1128393	53054	483485	47409	266396	68865
河　南	Henan	101512	55211	1389109	45042	434528	40519	215841	46401
湖　北	Hubei	52702	82348	1051365	55003	328830	47420	144963	53277
湖　南	Hunan	51200	68217	740356	47508	159737	46800	87670	52982
广　东	Guangdong	202572	119274	956159	57242	920043	69491	648486	87537
广　西	Guangxi	90914	77206	497835	49352	99833	45734	87432	53328
海　南	Hainan	10076	80519	44090	45272	54505	47227	55221	77006
重　庆	Chongqing	53479	83016	784007	51141	182747	53866	182997	62131
四　川	Sichuan	99375	84041	942481	48414	254827	48410	189347	67292
贵　州	Guizhou	31462	82914	280299	56107	92191	49583	53772	67109
云　南	Yunnan	68619	78794	483006	42702	192598	40342	90084	65775
西　藏	Tibet	4847	73790	6506	61988	6447	69989	1512	76818
陕　西	Shaanxi	74147	76151	364793	54964	207194	42037	90590	54533
甘　肃	Gansu	30934	62338	232310	42484	58814	39094	31828	47276
青　海	Qinghai	10341	69983	47843	52846	19910	45328	9712	54288
宁　夏	Ningxia	17357	87476	26825	48676	20518	44217	11873	56472
新　疆	Xinjiang	47645	78034	200052	58959	71293	59751	36046	77524

6-3 续表 2 continued

地区	Region	住宿和餐饮业 Hotels and Catering Services		信息传输、软件和信息技术服务业 Information Transmission, Software and Information Technology		金融业 Financial Intermediation		房地产业 Real Estate	
		年末人数(人) Year-end Figures (person)	平均工资(元) Average Wage (yuan)	年末人数(人) Year-end Figures (person)	平均工资(元) Average Wage (yuan)	年末人数(人) Year-end Figures (person)	平均工资(元) Average Wage (yuan)	年末人数(人) Year-end Figures (person)	平均工资(元) Average Wage (yuan)
全 国	**National**	**2117137**	**43830**	**3217465**	**128073**	**3265386**	**158026**	**3701291**	**67276**
北 京	Beijing	204325	57717	666831	169848	376580	289937	369679	96808
天 津	Tianjin	35820	48961	46993	137740	111163	129328	65160	88533
河 北	Hebei	34654	34386	73026	117709	156899	99883	107905	47395
山 西	Shanxi	20001	30943	38768	65580	53641	92590	23477	48702
内蒙古	Inner Mongolia	30744	37929	32716	71424	40321	83622	48321	42260
辽 宁	Liaoning	40583	35579	107380	92369	92476	100156	94699	56498
吉 林	Jilin	17955	33776	40774	61382	47265	101981	50561	45430
黑龙江	Heilongjiang	17025	38031	49834	62950	61130	89597	41301	48176
上 海	Shanghai	183292	60734	259027	200249	323828	225755	193194	99668
江 苏	Jiangsu	132089	46222	226001	140943	171815	168490	196897	74309
浙 江	Zhejiang	110489	47270	174130	149100	282585	157307	180743	73108
安 徽	Anhui	52102	34830	59033	76775	83423	108667	91437	61923
福 建	Fujian	85133	38756	77174	97790	75061	150954	132424	67511
江 西	Jiangxi	33850	35494	49696	74031	47785	88725	53714	54397
山 东	Shandong	103999	41145	162569	83718	193032	121987	228371	58385
河 南	Henan	85981	35664	97173	65697	176403	106723	213349	48571
湖 北	Hubei	82679	38464	104574	92167	86261	118086	132027	56659
湖 南	Hunan	62359	35849	63722	78924	168577	123540	108483	53970
广 东	Guangdong	325572	46599	396430	140639	261603	174697	549931	76237
广 西	Guangxi	35863	30316	34616	86273	43743	123125	65074	54761
海 南	Hainan	54613	43056	13943	112825	27663	115038	76385	59024
重 庆	Chongqing	58017	37149	42794	102174	51112	195362	120590	64466
四 川	Sichuan	85353	38092	163321	91577	80476	118134	181338	59146
贵 州	Guizhou	23241	39183	32042	81378	47506	158332	79045	54188
云 南	Yunnan	69351	33738	43028	77060	30271	135344	99509	49531
西 藏	Tibet	2197	53055	1755	94437	1223	148570	1392	73925
陕 西	Shaanxi	89189	34711	105055	125228	81559	124078	90703	50346
甘 肃	Gansu	20894	34004	18464	64276	27984	57328	39055	45637
青 海	Qinghai	3640	40733	8020	72375	4526	89037	8068	40243
宁 夏	Ningxia	4465	36191	7115	82951	19199	100918	12212	47848
新 疆	Xinjiang	11662	44449	21461	84532	40276	98753	46247	50227

6-3 续表 3 continued

地 区	Region	租赁和商务服务业 Leasing and Business Services		科学研究和技术服务业 Scientific Research and Technical Services		水利、环境和公共设施管理业 Management of Water Conservancy,Environment and Public Facilities		居民服务、修理和其他服务业 Service to Households, Repair and Other Services	
		年末人数（人）Year-end Figures (person)	平均工资（元）Average Wage (yuan)	年末人数（人）Year-end Figures (person)	平均工资（元）Average Wage (yuan)	年末人数（人）Year-end Figures (person)	平均工资（元）Average Wage (yuan)	年末人数（人）Year-end Figures (person)	平均工资（元）Average Wage (yuan)
全 国	**National**	**3231930**	**84199**	**1877932**	**106769**	**488687**	**55658**	**470862**	**45421**
北 京	Beijing	576943	123521	426683	134302	36873	77247	62178	52491
天 津	Tianjin	75049	86290	66890	130879	5755	81785	54787	38284
河 北	Hebei	71665	41667	71436	77914	12038	38679	19097	34117
山 西	Shanxi	34177	39937	14435	62069	6506	24850	1850	39841
内蒙古	Inner Mongolia	24480	44787	17221	69496	7567	47495	1945	36114
辽 宁	Liaoning	46510	48312	35318	80826	12410	40915	5877	31677
吉 林	Jilin	34397	47270	20474	61339	7646	38727	12007	28327
黑龙江	Heilongjiang	30937	53964	12183	59631	6540	40013	3729	45166
上 海	Shanghai	406497	161781	151218	174198	51878	81249	44628	65317
江 苏	Jiangsu	176649	66081	123585	97466	35263	58900	22436	56457
浙 江	Zhejiang	185744	71183	115652	91706	38395	61450	14435	48153
安 徽	Anhui	39030	53389	31354	79835	8896	46300	5305	43340
福 建	Fujian	94629	60692	40684	72639	9980	50142	18119	47542
江 西	Jiangxi	22298	50058	12872	80448	10096	42661	7484	51792
山 东	Shandong	109464	59655	83246	71794	29970	52502	23458	40640
河 南	Henan	133163	40533	87025	56749	27688	42680	23404	35764
湖 北	Hubei	66490	53170	62888	104121	12248	53560	8649	39588
湖 南	Hunan	72263	48251	60763	59563	7633	50352	12260	43888
广 东	Guangdong	486824	75915	217400	113320	46424	56458	60441	45423
广 西	Guangxi	52898	51012	15041	75604	5472	53306	3187	40230
海 南	Hainan	14540	55955	8788	61771	14625	51272	3927	39337
重 庆	Chongqing	89512	51023	37531	89143	15762	49798	11506	47371
四 川	Sichuan	103993	54359	53417	110426	23779	43098	14044	41882
贵 州	Guizhou	36922	49204	14200	65669	10718	41311	9545	36191
云 南	Yunnan	86338	38953	21331	77202	19110	46091	11958	36617
西 藏	Tibet	3333	60514			85	50588	2092	46033
陕 西	Shaanxi	75023	54713	40216	96627	15379	43774	8089	33889
甘 肃	Gansu	11310	38808	12613	85461	2061	48800	874	27099
青 海	Qinghai	6809	46042	3253	68927	512	55510	288	37189
宁 夏	Ningxia	13633	43271	5087	69369	1343	45010	591	40389
新 疆	Xinjiang	50410	48597	15128	92627	6035	46296	2672	42057

6-3 续表 4 continued

地区	Region	教育 Education 年末人数(人) Year-end Figures (person)	教育 Education 平均工资(元) Average Wage (yuan)	卫生和社会工作 Health and Social Service 年末人数(人) Year-end Figures (person)	卫生和社会工作 Health and Social Service 平均工资(元) Average Wage (yuan)	文化、体育和娱乐业 Culture, Sports and Entertainment 年末人数(人) Year-end Figures (person)	文化、体育和娱乐业 Culture, Sports and Entertainment 平均工资(元) Average Wage (yuan)	公共管理、社会保障和社会组织 Public Management, Social Security and Social Organization 年末人数(人) Year-end Figures (person)	公共管理、社会保障和社会组织 Public Management, Social Security and Social Organization 平均工资(元) Average Wage (yuan)
全国	**National**	**1063481**	**58985**	**604193**	**63205**	**430655**	**80832**	**107896**	**52844**
北京	Beijing	88573	81119	42753	84797	75402	117363	32339	61739
天津	Tianjin	10848	76380	7179	56076	7148	140089	5194	49446
河北	Hebei	12492	43826	8063	58240	8895	48916	46	52848
山西	Shanxi	14303	33408	6147	40064	4635	37301	282	134355
内蒙古	Inner Mongolia	6349	49141	4282	46489	2156	55149	266	50238
辽宁	Liaoning	18476	46979	16943	47071	9681	56740	4792	26227
吉林	Jilin	9138	49532	10162	39943	6517	61880	203	47184
黑龙江	Heilongjiang	7838	70993	7856	59462	4711	54122	5952	22667
上海	Shanghai	28029	100100	10507	118564	31735	141326	1624	91935
江苏	Jiangsu	50953	70883	49809	68496	32566	75680	1308	76945
浙江	Zhejiang	80531	70069	33581	81488	18284	90085	24656	49899
安徽	Anhui	44086	47982	32115	57777	7215	60454	52	62633
福建	Fujian	40173	59013	14370	65948	11656	53229	209	46471
江西	Jiangxi	17859	47187	16744	57473	11761	66740	141	69496
山东	Shandong	64368	52438	41054	57246	17068	62211	3722	87663
河南	Henan	115827	48571	62864	53070	20432	51576	14177	42826
湖北	Hubei	32995	48508	23070	58098	13403	63594	974	43913
湖南	Hunan	54507	50871	31194	60575	21263	56986	5498	36658
广东	Guangdong	145120	68714	54031	83442	44168	83625	3008	80187
广西	Guangxi	19979	38273	9675	58710	7098	58673	513	66312
海南	Hainan	19965	46965	6146	46288	6007	60407	288	62243
重庆	Chongqing	38743	57923	24161	56022	10898	61885	5	36000
四川	Sichuan	48076	55589	27673	58040	13832	60602	302	47778
贵州	Guizhou	14460	44799	11614	46993	7650	50947	1082	75939
云南	Yunnan	37713	40102	25671	46655	11631	52838	129	38791
西藏	Tibet			583	98410	194	74840		
陕西	Shaanxi	28354	47934	15859	52249	15255	55824	820	66828
甘肃	Gansu	2026	51091	3600	42699	3349	33824	39	69829
青海	Qinghai	3750	27818	1389	46557	1306	60631		
宁夏	Ningxia	4916	55866	2242	70493	2908	53306	221	68117
新疆	Xinjiang	3034	44839	2856	53228	1831	52255	54	57811

6-4 各地区分行业其他单位其他就业人员和平均工资(2016)
OTHER EMPLOYMENT AND AVERAGE WAGE IN OTHER OWNERSHIP UNITS BY SECTOR AND REGION (2016)

地 区 Region	总 计 Total		农、林、牧、渔业 Agriculture, Forestry, Animal Husbandry and Fishery		采矿业 Mining		制造业 Manufacturing	
	年末人数(人) Year-end Figures (person)	平均工资(元) Average Wage (yuan)	年末人数(人) Year-end Figures (person)	平均工资(元) Average Wage (yuan)	年末人数(人) Year-end Figures (person)	平均工资(元) Average Wage (yuan)	年末人数(人) Year-end Figures (person)	平均工资(元) Average Wage (yuan)
全 国 National	**7262247**	**52978**	**8631**	**39165**	**113208**	**37083**	**812379**	**68482**
北 京 Beijing	471031	89972	630	48064	147	52468	20171	144944
天 津 Tianjin	110388	69721	55	37957	681	34050	14760	148547
河 北 Hebei	294902	36281	1	10409	4098	43029	14269	53309
山 西 Shanxi	77970	29978			10925	23947	10453	28760
内蒙古 Inner Mongolia	46014	39136	798	15689	3148	51878	8254	35220
辽 宁 Liaoning	208533	43764	71	24614	982	28935	20524	60676
吉 林 Jilin	79259	35344	10	10500	803	27091	11489	41067
黑龙江 Heilongjiang	139483	30210	26	25154	180	40001	10308	32620
上 海 Shanghai	331137	126149	3806	48231	11	86333	49994	155822
江 苏 Jiangsu	648770	56572	157	26641	1303	33174	101485	97659
浙 江 Zhejiang	439415	51683	90	20729	164	36905	43215	66731
安 徽 Anhui	330162	40861	135	16548	20169	18209	31803	48067
福 建 Fujian	353876	52687	85	25076	940	44681	32909	66087
江 西 Jiangxi	228049	45730			964	30584	14174	44344
山 东 Shandong	428085	45500	2	50500	25714	48854	35651	58478
河 南 Henan	357684	39054	100	19600	1715	37705	46307	39095
湖 北 Hubei	363512	52242	134	42795	2840	38133	40666	43290
湖 南 Hunan	280772	36859	237	36747	1341	24001	20048	35907
广 东 Guangdong	500988	60726	94	14755	632	48678	92699	83127
广 西 Guangxi	122477	36601	1169	34087	987	41330	20503	40300
海 南 Hainan	21420	45335	204	23095	25	29250	739	77690
重 庆 Chongqing	265332	46537	107	26256	937	88769	33162	42879
四 川 Sichuan	352856	44006	37	25027	8430	42037	21752	40411
贵 州 Guizhou	139594	49964	203	25172	6022	29046	7705	36892
云 南 Yunnan	262243	37441	394	16918	3573	34106	67424	41117
西 藏 Tibet	4816	45654			318	36744	637	47986
陕 西 Shaanxi	220455	36666	10	18500	7406	58746	18726	43854
甘 肃 Gansu	100541	41994	8	35417	3146	31819	13108	33656
青 海 Qinghai	8149	31776			2135	25997	1551	42710
宁 夏 Ningxia	20918	35315	48	34269			2086	30703
新 疆 Xinjiang	53416	40506	20	29857	3472	40622	5807	39366

6-4 续表 1 continued

地 区	Region	电力、热力、燃气及水生产和供应业 Production and Supply of Electricity, Heat, Gas and Water		建筑业 Construction		批发和零售业 Wholesale and Retail Trades		交通运输、仓储和邮政业 Transport, Storage and Post	
		年末人数(人) Year-end Figures (person)	平均工资(元) Average Wage (yuan)	年末人数(人) Year-end Figures (person)	平均工资(元) Average Wage (yuan)	年末人数(人) Year-end Figures (person)	平均工资(元) Average Wage (yuan)	年末人数(人) Year-end Figures (person)	平均工资(元) Average Wage (yuan)
全 国	**National**	**56251**	**39901**	**3235107**	**48406**	**350743**	**62568**	**194440**	**51250**
北 京	Beijing	1725	50514	28800	63671	81660	64479	15055	94362
天 津	Tianjin	1624	39484	24387	50842	4907	69203	2097	78219
河 北	Hebei	2237	30889	130517	39125	3346	30303	6068	36510
山 西	Shanxi	1111	24855	13379	47758	5653	16596	2658	29893
内蒙古	Inner Mongolia	1187	36448	12084	41545	1526	29492	2863	32687
辽 宁	Liaoning	1521	24410	77450	41186	12920	27573	3761	43334
吉 林	Jilin	1983	37545	30043	34649	3579	31971	2786	39995
黑龙江	Heilongjiang	2165	27014	30526	25988	4996	27749	1308	33234
上 海	Shanghai	205	95000	32043	73565	55422	158237	18602	93437
江 苏	Jiangsu	1411	49230	371954	50109	16470	61083	13249	43050
浙 江	Zhejiang	2050	47931	175904	45877	16715	55230	6955	42057
安 徽	Anhui	818	39717	192421	46405	4928	32431	8312	32859
福 建	Fujian	1950	48188	240421	55570	11385	29689	5395	32886
江 西	Jiangxi	14304	44832	156610	48970	6091	29838	5717	29647
山 东	Shandong	2715	35587	178432	53783	10425	38182	8287	42629
河 南	Henan	1368	37449	196180	41285	14189	30890	9939	39844
湖 北	Hubei	834	33807	239246	57509	12401	29145	6635	48748
湖 南	Hunan	848	31122	160625	41228	4997	31335	5268	34271
广 东	Guangdong	1259	59047	155582	57145	30063	43436	28023	59203
广 西	Guangxi	2324	23765	40241	37684	4985	30537	5538	41349
海 南	Hainan	423	30834	8456	58587	304	51560	843	39963
重 庆	Chongqing	1889	45298	127856	55374	5564	35125	11875	45339
四 川	Sichuan	2611	41894	191940	46095	8110	27480	6418	28202
贵 州	Guizhou	916	47254	99559	56735	2405	37642	2694	35510
云 南	Yunnan	3312	29926	140910	37230	12371	28272	4161	35440
西 藏	Tibet	15	65933	2836	47308	533	39869	106	41415
陕 西	Shaanxi	1472	33662	94836	44834	5867	30270	5345	34396
甘 肃	Gansu	1089	41836	58980	46009	4991	25396	2961	28695
青 海	Qinghai	23	37852	2254	29645	321	29260	405	42333
宁 夏	Ningxia	312	38321	5377	40410	306	28309	161	42050
新 疆	Xinjiang	550	40497	15258	45823	3313	26814	955	31215

6-4 续表 2 continued

地 区	Region	住宿和餐饮业 Hotels and Catering Services		信息传输、软件和信息技术服务业 Information Transmission, Software and Information Technology		金融业 Financial Intermediation		房地产业 Real Estate	
		年末人数（人）Year-end Figures (person)	平均工资（元）Average Wage (yuan)	年末人数（人）Year-end Figures (person)	平均工资（元）Average Wage (yuan)	年末人数（人）Year-end Figures (person)	平均工资（元）Average Wage (yuan)	年末人数（人）Year-end Figures (person)	平均工资（元）Average Wage (yuan)
全 国	**National**	**179355**	**31354**	**82050**	**94456**	**1450017**	**44230**	**215158**	**46379**
北 京	Beijing	45647	34524	11783	219982	127456	80309	24434	66738
天 津	Tianjin	8736	18306	319	226880	35910	64068	3090	46015
河 北	Hebei	1294	28483	851	36326	113143	30443	4307	29854
山 西	Shanxi	4072	11713	2260	46905	22252	29191	2168	23900
内蒙古	Inner Mongolia	612	26841	282	34000	10699	40834	1340	28548
辽 宁	Liaoning	1391	37777	3785	73605	66491	43267	5918	38692
吉 林	Jilin	634	29439	2378	39813	13169	34904	3380	29953
黑龙江	Heilongjiang	480	30970	3687	47141	71347	32516	7765	25213
上 海	Shanghai	42522	36137	5967	249030	10530	237220	40934	56483
江 苏	Jiangsu	17126	31302	4202	56790	82596	42141	10699	47195
浙 江	Zhejiang	12141	23160	2098	55183	135427	59655	15564	42017
安 徽	Anhui	1119	32738	7422	41423	49217	26670	3177	38623
福 建	Fujian	2086	37511	1643	44472	40592	37962	5979	47142
江 西	Jiangxi	561	41838	2228	41731	15978	35486	4104	35951
山 东	Shandong	2341	41563	1176	67685	117066	36131	8868	38593
河 南	Henan	2120	34174	5672	44348	44571	33678	7418	51304
湖 北	Hubei	2174	38916	3350	51890	34170	42316	6382	43573
湖 南	Hunan	1292	32415	2199	48939	62892	26417	6244	38212
广 东	Guangdong	17562	25773	7513	90941	107679	45887	12438	51332
广 西	Guangxi	799	30554	1539	61494	31907	34567	4678	34144
海 南	Hainan	1419	31402	71	50358	5393	28616	2258	47611
重 庆	Chongqing	1489	44224	672	79524	50560	31713	4203	43676
四 川	Sichuan	2065	39010	3808	54269	85405	42442	8439	40536
贵 州	Guizhou	790	32227	1031	54142	11900	33852	2753	41277
云 南	Yunnan	1560	30701	1446	48373	6683	27240	8076	36410
西 藏	Tibet	76	53203	32	29719	12	18000	117	53762
陕 西	Shaanxi	4995	24745	1238	52823	67115	21736	2584	33578
甘 肃	Gansu	1569	24162	2238	47386	5957	62090	3793	31707
青 海	Qinghai	98	25842	455	59887	2	13667	441	23339
宁 夏	Ningxia	59	34703	158	23469	10467	33122	636	28756
新 疆	Xinjiang	526	36490	547	65784	13431	36510	2971	31899

6-4 续表 3 continued

地　区	Region	租赁和商务服务业 Leasing and Business Services		科学研究和技术服务业 Scientific Research and Technical Services		水利、环境和公共设施管理业 Management of Water Conservancy,Environment and Public Facilities		居民服务、修理和其他服务业 Service to Households, Repair and Other Services	
		年末人数(人) Year-end Figures (person)	平均工资(元) Average Wage (yuan)	年末人数(人) Year-end Figures (person)	平均工资(元) Average Wage (yuan)	年末人数(人) Year-end Figures (person)	平均工资(元) Average Wage (yuan)	年末人数(人) Year-end Figures (person)	平均工资(元) Average Wage (yuan)
全　国	**National**	**180330**	**111473**	**121175**	**86112**	**61395**	**25596**	**26921**	**38711**
北　京	Beijing	25675	250333	40316	89269	1461	41143	4966	38941
天　津	Tianjin	4420	68961	3343	99558	1266	37131	2415	48082
河　北	Hebei	6217	34464	5416	39155	1623	29913	350	32718
山　西	Shanxi	1484	21055	421	55005	163	21968	26	16778
内蒙古	Inner Mongolia	622	22903	1252	55636	692	41824	78	19850
辽　宁	Liaoning	1090	37644	3481	64263	1123	37733	181	29963
吉　林	Jilin	1867	35191	1287	35813	96	29945	3758	24487
黑龙江	Heilongjiang	524	39356	377	15124	408	25717	28	30500
上　海	Shanghai	29469	249797	11126	228437	7363	55331	4571	57181
江　苏	Jiangsu	11736	51159	4893	78209	2842	39362	383	46454
浙　江	Zhejiang	9705	41737	4163	77650	3881	33324	448	40513
安　徽	Anhui	1507	32523	3459	38032	866	34016	403	31126
福　建	Fujian	3512	45642	1646	49574	494	46599	907	35134
江　西	Jiangxi	2582	34582	1393	59683	334	39411	349	38233
山　东	Shandong	3617	42322	3141	84294	25167	7827	583	19525
河　南	Henan	5293	33888	3164	41564	3303	30258	678	30044
湖　北	Hubei	3056	36905	5966	63870	1742	33453	365	26271
湖　南	Hunan	2483	37911	4780	40013	803	31096	1084	44565
广　东	Guangdong	25469	62619	5342	91154	2606	36654	985	51882
广　西	Guangxi	3031	33559	1036	31153	272	32628	559	35166
海　南	Hainan	199	62386	192	45525	295	57996	57	41477
重　庆	Chongqing	19846	36895	2128	64270	616	30066	1499	29078
四　川	Sichuan	3661	44178	3596	85076	269	25175	511	29614
贵　州	Guizhou	768	29221	937	27828	481	17806	266	24256
云　南	Yunnan	3067	33860	2922	51060	1692	26435	709	28458
西　藏	Tibet	83	55673					50	53333
陕　西	Shaanxi	2418	27875	3627	48446	876	29800	445	33788
甘　肃	Gansu	1137	26727	422	33339	419	38442	6	20100
青　海	Qinghai	162	31735	134	33386	2	36000	163	24733
宁　夏	Ningxia	514	37499	335	56579	26	51071	42	23063
新　疆	Xinjiang	5116	39992	880	56895	214	43408	56	12304

6-4 续表 4 continued

地区	Region	教育 Education 年末人数(人) Year-end Figures (person)	教育 Education 平均工资(元) Average Wage (yuan)	卫生和社会工作 Health and Social Service 年末人数(人) Year-end Figures (person)	卫生和社会工作 Health and Social Service 平均工资(元) Average Wage (yuan)	文化、体育和娱乐业 Culture, Sports and Entertainment 年末人数(人) Year-end Figures (person)	文化、体育和娱乐业 Culture, Sports and Entertainment 平均工资(元) Average Wage (yuan)	公共管理、社会保障和社会组织 Public Management, Social Security and Social Organization 年末人数(人) Year-end Figures (person)	公共管理、社会保障和社会组织 Public Management, Social Security and Social Organization 平均工资(元) Average Wage (yuan)
全 国	**National**	**100582**	**61727**	**28538**	**66615**	**32297**	**90985**	**13670**	**33417**
北 京	Beijing	25188	92277	6180	100021	5361	126713	4376	55719
天 津	Tianjin	1277	64157	646	50339	427	273633	28	44259
河 北	Hebei	451	30544	258	39984	456	31707		
山 西	Shanxi	489	28278	225	46454	231	37600		
内蒙古	Inner Mongolia	287	25861	41	38021	249	27617		
辽 宁	Liaoning	5470	49883	1757	45497	607	29428	10	29250
吉 林	Jilin	1081	43248	316	51560	592	28292	8	27000
黑龙江	Heilongjiang	248	41175	182	24785	654	28925	4274	19383
上 海	Shanghai	12971	103024	1874	124004	3356	177121	371	43124
江 苏	Jiangsu	3724	50171	2571	65351	1945	46739	24	31917
浙 江	Zhejiang	4791	43806	2760	67572	869	53712	2475	25698
安 徽	Anhui	3087	24038	921	34893	398	31214		
福 建	Fujian	2519	53064	429	105285	931	26338	53	8000
江 西	Jiangxi	635	36691	294	36755	1731	34177		
山 东	Shandong	2972	48966	1220	37904	704	30450	4	15250
河 南	Henan	12543	24529	1264	33013	609	34458	1251	18956
湖 北	Hubei	1618	29466	548	58538	1308	30153	77	24156
湖 南	Hunan	3104	24754	1214	45707	1252	41963	61	23185
广 东	Guangdong	6408	77375	795	76650	5527	163134	312	44708
广 西	Guangxi	1346	24751	885	43927	649	24326	29	27241
海 南	Hainan	345	34344	129	40879	63	25827	5	24200
重 庆	Chongqing	1418	45869	1049	34435	452	48355	10	24000
四 川	Sichuan	4282	32235	616	51295	720	29180	186	19930
贵 州	Guizhou	464	26809	389	40189	282	42532	29	23033
云 南	Yunnan	1359	35621	1286	43913	1285	35288	13	37308
西 藏	Tibet			1	107000				
陕 西	Shaanxi	1993	29940	509	45034	926	37947	67	32783
甘 肃	Gansu	221	29402	82	42272	411	32028	3	24000
青 海	Qinghai	1	63000			2	49500		
宁 夏	Ningxia	149	30203	32	47394	206	26972	4	16500
新 疆	Xinjiang	141	44511	65	36698	94	24287		

七、职业培训与技能鉴定

VOCATIONAL TRAINING AND SKILL APPRAISAL

7-1 技工学校综合情况
GENERAL CONDITION OF VOCATIONAL SCHOOLS

单位：亿元，万人

年 份 Year	技工学校个数（个） Number of Vocational Schools (unit)	招生人数 Students Newly Enrolled	在校学生人数 Number of Students in School	毕业生人数 Number of Graduates	在职教职工人数 Total Teachers and Staff	文化技术理论课教师 Teachers of Cultural and Technical Theory	生产实习指导教师 Production Guide Teachers
绝对数 Absolute figure							
1990	4184	50.6	133.2	41.3	30.8	10.4	3.2
1995	4521	74.6	189.0	68.5	33.7	11.5	3.9
2000	3792	50.4	140.1	64.6	24.0	10.5	3.5
2001	3470	55.1	134.7	47.7	22.0	10.0	3.4
2002	3075	73.3	153.0	45.4	20.3	9.5	3.2
2003	2970	91.6	193.1	45.3	20.2	9.6	3.4
2004	2884	109.7	234.4	53.5	20.4	9.6	3.8
2005	2855	118.4	275.3	69.0	20.4	9.7	3.8
2006	2880	134.8	320.8	86.4	21.5	10.4	4.2
2007	2995	158.5	367.1	99.7	24.0	11.2	5.0
2008	3075	161.4	397.5	109	24.7	12.2	5.4
2009	3064	156.4	414.3	115.2	25.8	12.5	6.0
2010	2998	158.6	421.0	121.3	26.5	12.7	6.3
2011	2914	163.5	429.4	118.9	26.5	12.9	6.3
2012	2892	156.8	422.8	120.2	26.7	13.0	6.6
2013	2882	133.5	386.6	116.9	26.9	13.4	6.5
2014	2818	124.4	339.0	106.8	26.5	13.2	6.2
2015	2545	121.4	321.5	94.6	26.0	13.2	6.0
2016	2526	127.2	323.2	93.1	26.5	13.7	6.0
比上年增长(%) Increase over Preceding year(%)							
1995	2.1	4.5	1.0	23.0	-1.0	0.9	1.6
2000	-7.5	-2.3	-10.2	-2.5	-11.0	-6.9	-6.7
2001	-8.5	9.4	-3.8	-26.1	-8.3	-4.9	-3.7
2002	-11.4	33.0	13.6	-4.9	-7.4	-5.0	-6.8
2003	-3.4	24.9	26.2	-0.2	-0.7	1.5	7.3
2004	-2.9	19.8	21.4	18.1	1.0		11.8
2005	-1.0	7.9	17.4	29.0		1.0	
2006	0.9	13.9	16.5	25.2	5.4	7.2	10.5
2007	4.0	17.6	14.4	15.4	11.6	7.7	19.0
2008	2.7	1.8	8.3	9.3	2.9	8.9	8.0
2009	-0.4	-3.1	4.2	5.7	4.6	2.8	11.6
2010	-2.2	1.4	1.6	5.4	2.6	1.2	4.3
2011	-2.8	3.1	2.0	-2.0	0.0	1.8	-0.4
2012	-0.8	-4.1	-1.5	1.1	0.8	0.3	6.1
2013	-0.3	-14.8	-8.6	-2.8	0.9	3.4	-2.1
2014	-2.2	-6.8	-12.3	-8.6	-1.6	-1.3	-4.3
2015	9.7	-2.4	-5.2	-11.4	-1.8	-0.3	-4.2
2016	-0.7	4.7	0.5	-1.6	1.8	3.5	0.3

7-1 续表 continued

单位：亿元，万人

年 份 Year	兼职教师人数 Part-time Teachers	经费来源合计 Resourses of Funds	#事业经费 Operating Funds	#公司经费 Company Funds	经费支出合计 Expenditure	培训社会人员人次 Person-time of Trainees from the Society	培训社会人员结业人数 Graduates of Trainees Recruited from the Society
绝对数 Absolute figure							
1990	1.7	15.6	6.1	2.3	17.5		
1995	1.9	53.7	13.2	4.4	43.3	89.9	71.3
2000	2.7	56.9	21.9	3.2	59.4	158.5	156.7
2001	2.6	68.1	23.6	3.2	64.6	151.7	163.9
2002	2.6	67.4	28.2	2.8	67.1	208.6	196.9
2003	3.0	81.4	30.5	2.8	80.5	226.9	223.7
2004	2.9	112.5	37.4	5.2	102.8	265.6	257.5
2005	3.2	123.4	37.8	3.8	124.0	273.3	270.1
2006	3.6	143.1	43.9	3.0	148.7	337.7	330.2
2007	3.8	198.2				380.7	369.8
2008	4.1	204.4				400.0	389.8
2009	4.3	237.3				484.1	382.9
2010	4.4	260.4				468.4	371.3
2011	4.3	271.5				527.5	416.1
2012	4.3	306.1				551.3	441.6
2013	4.1	289.7				525.3	397.1
2014	4.2	303.5				508.5	372.3
2015	4.1	332.4				476.6	378.9
2016	4.3	425.0				451.6	349.9
比上年增长(%) Increase over Preceding year(%)							
1995	8.2	18.6	11.1	14.3	18.0	6.8	3.9
2000	-6.3	-4.6	0.8	-30.1	-0.9	6.3	8.4
2001	-4.1	19.7	7.7	0.6	8.7	-4.3	4.6
2002	-2.4	-1.1	19.4	-13.6	3.8	37.6	20.2
2003	17.4	20.8	8.2	0.1	20.0	37.6	20.2
2004	-3.3	38.2	22.6	85.7	27.7	17.1	15.1
2005	10.3	9.7	1.0	-26.9	20.6	2.9	4.9
2006	12.5	16.0	16.1	-21.1	19.9	23.6	22.3
2007	5.6	38.5				12.7	12.0
2008	7.9	3.1				5.1	5.4
2009	5.2	16.1				21.0	-1.8
2010	1.0	9.7				-3.2	-3.0
2011	-1.7	4.3				12.6	12.1
2012	0.6	12.7				4.5	6.1
2013	-5.7	-5.3				-4.7	-10.1
2014	2.8	4.8				-3.2	-6.2
2015	-2.5	9.5				-6.3	1.8
2016	5.7	27.9				-5.2	-7.6

7-2 各地区技工学校综合情况(2016年)
GENERAL CONDITION OF VOCATIONAL SCHOOLS BY REGION (2016)

地 区	Region	技工学校个数(个) Number of Vocational Schools (unit)	#劳动预备制度定点培训机构数 Number of Labor Pre-partory System Training Agency	在职教职工人数(人) Total Teachers and Staff (person)	#女性 Female	文化技术理论课教师 Teachers of Cultural and Technical Theory	#高级讲师 Senior Lecturers	#讲师 Lecturers	#助理讲师 Assistant Lecturers
全 国	**National**	**2526**	**1298**	**265053**	**118195**	**136638**	**36760**	**50216**	**36098**
北 京	Beijing	29	14	3277	1602	1258	389	412	274
天 津	Tianjin	28	25	2513	1108	1139	362	409	284
河 北	Hebei	175	52	13076	6532	7107	2373	2645	1494
山 西	Shanxi	98	43	8684	4356	3810	967	1108	1024
内蒙古	Inner Mongolia	50	39	6276	2898	3718	1189	1107	784
辽 宁	Liaoning	108	69	8552	4160	4775	1516	1816	878
吉 林	Jilin	60	32	3727	1764	1761	642	654	349
黑龙江	Heilongjiang	127	65	10893	5223	5788	2197	2037	1090
上 海	Shanghai								
江 苏	Jiangsu	121	62	18882	8767	9979	2674	3896	2586
浙 江	Zhejiang	78	63	11229	5089	6454	1884	2222	1804
安 徽	Anhui	86	52	7676	3137	4298	1370	1549	1052
福 建	Fujian	62	23	4070	1880	2072	635	596	414
江 西	Jiangxi	89	39	9604	4190	5029	1535	1763	1216
山 东	Shandong	194	86	29133	12229	16604	4362	6666	4472
河 南	Henan	149	68	14089	5940	6523	1555	2508	2173
湖 北	Hubei	124	63	7639	3073	3850	1131	1521	878
湖 南	Hunan	130	62	11056	3546	5185	1756	2042	1287
广 东	Guangdong	166	48	29249	13259	13515	2123	5126	4006
广 西	Guangxi	43	32	6120	2523	2910	577	1190	970
海 南	Hainan	11	7	1524	684	970	226	339	338
重 庆	Chongqing	51	30	4590	2079	1945	458	764	653
四 川	Sichuan	81	39	10480	4571	5909	1404	2277	1626
贵 州	Guizhou	69	44	6455	2950	3173	692	1051	1009
云 南	Yunnan	36	23	5038	2094	2987	881	834	990
陕 西	Shaanxi	133	56	10437	4772	4498	1174	1526	1341
甘 肃	Gansu	82	41	4553	1706	2163	489	958	716
青 海	Qinghai	14	14	1838	890	950	277	359	268
宁 夏	Ningxia	24	11	2873	1513	1558	468	449	400
新 疆	Xinjiang	108	96	11520	5660	6710	1454	2392	1722

7-2 续表 1 continued

地 区	Region	生产实习指导教师 Production Guide Teachers	高级实习指导教师 Senior	一级实习指导教师 Class One	二级实习指导教师 Class Two	三级实习指导教师 Class Three	技师和高级技师 Technician and Senior Technician	一体化教师 Allround Teachers	兼职教师人数 Part-time Teachers
全 国	**National**	**59808**	**7253**	**11776**	**10057**	**5333**	**20001**	**71782**	**43016**
北 京	Beijing	627	117	144	78	14	190	992	1383
天 津	Tianjin	504	130	188	109	24	21	867	259
河 北	Hebei	2432	386	501	367	152	778	2683	2062
山 西	Shanxi	1971	212	328	276	190	791	1802	1355
内蒙古	Inner Mongolia	1048	168	157	158	183	319	1535	821
辽 宁	Liaoning	1186	130	239	216	79	327	1469	1599
吉 林	Jilin	774	113	144	147	119	214	1308	630
黑龙江	Heilongjiang	2295	307	322	285	188	738	2801	1603
上 海	Shanghai								
江 苏	Jiangsu	4650	540	800	716	538	1810	6118	3181
浙 江	Zhejiang	2356	313	440	389	151	956	3631	1333
安 徽	Anhui	1423	190	205	181	113	613	1796	1433
福 建	Fujian	975	153	182	234	79	189	982	817
江 西	Jiangxi	2035	162	351	298	212	799	2367	2014
山 东	Shandong	6304	973	1401	881	393	2097	9225	4017
河 南	Henan	3640	469	846	631	228	1231	4132	2666
湖 北	Hubei	1844	304	485	325	190	408	1541	958
湖 南	Hunan	3498	449	1024	711	325	906	3351	2346
广 东	Guangdong	8109	433	1520	1288	448	3433	8871	2254
广 西	Guangxi	1713	157	267	319	150	644	1550	763
海 南	Hainan	347	37	43	84	24	117	476	147
重 庆	Chongqing	1043	113	172	144	157	452	1304	1365
四 川	Sichuan	1953	222	310	331	256	735	2867	1724
贵 州	Guizhou	1556	167	294	429	175	348	1424	988
云 南	Yunnan	1272	189	180	256	84	323	1627	1138
陕 西	Shaanxi	2674	292	441	593	394	731	1853	2102
甘 肃	Gansu	915	103	245	191	220	156	659	886
青 海	Qinghai	489	135	131	110	39	74	536	361
宁 夏	Ningxia	317	46	35	39	30	114	598	632
新 疆	Xinjiang	1858	243	381	271	178	487	3417	2179

7-2 续表 2 continued

地 区	Region	经费来源（亿元） Resouses of Funds (100 million yuan)	招 生 学校数（所） Number of School (unit)	招生人数（人） Students Newly Enrolled (person)	#高级班学 生 Senior Class	#农业户口学生 New Students from Rural	在校学生人 数（人） Number of Students in School (person)	#女 生 Female	#高级班学 生 Senior Class
全 国	**National**	**425.0**	**1882**	**1271983**	**407363**	**985545**	**3231523**	**960213**	**1062933**
北 京	Beijing	15.7	19	12272	3684	6824	35232	9102	8872
天 津	Tianjin	5.0	25	8034	2274	5842	21795	5330	5790
河 北	Hebei	14.5	110	43842	5527	39634	100535	26661	12916
山 西	Shanxi	8.6	63	34077	8368	26829	100546	30799	27465
内蒙古	Inner Mongolia	4.4	36	8076	1486	4601	16841	4617	4319
辽 宁	Liaoning	13.9	64	22425	3138	15088	62313	15054	11752
吉 林	Jilin	3.4	60	13454	4416	8721	29520	5694	8271
黑龙江	Heilongjiang	10.8	80	23205	7339	16397	56295	18174	21060
上 海	Shanghai								
江 苏	Jiangsu	34.1	108	101975	35663	60986	243271	81173	74980
浙 江	Zhejiang	24.3	72	47800	17180	35026	137923	38223	52284
安 徽	Anhui	9.1	54	24735	6405	20106	56378	23801	17507
福 建	Fujian	6.1	42	32244	3685	21120	59016	19925	9657
江 西	Jiangxi	9.5	75	50411	4858	41274	126665	45576	14845
山 东	Shandong	45.1	167	133600	51492	118247	335348	94172	134748
河 南	Henan	16.0	104	108296	34762	85737	267042	78162	72546
湖 北	Hubei	8.0	77	34694	7102	19289	79156	24161	20842
湖 南	Hunan	10.8	70	47606	20337	45279	135654	37627	67615
广 东	Guangdong	96.4	147	186303	79777	146994	532587	153836	226645
广 西	Guangxi	12.1	43	55476	12179	45060	111627	34420	24632
海 南	Hainan	3.3	11	8295	2359	5465	21802	5049	7009
重 庆	Chongqing	10.4	44	29492	7762	21195	97522	34132	25270
四 川	Sichuan	10.4	61	39632	9376	28569	106669	33162	30489
贵 州	Guizhou	4.5	55	36839	8110	27923	85207	26218	22060
云 南	Yunnan	10.6	36	53259	28930	47079	132165	35316	66936
陕 西	Shaanxi	12.3	131	63635	27266	51939	133876	39857	65284
甘 肃	Gansu	4.3	30	11984	1025	9588	39559	15622	6952
青 海	Qinghai	2.8	12	3026	466	2288	16753	4961	1781
宁 夏	Ningxia	1.0	11	2489	1351	1630	3457	970	2210
新 疆	Xinjiang	17.6	75	34807	11046	26815	86769	18419	18196

7-2 续表 3 continued

地　区	Region	#农业户口学生 New Students from Rural	毕业生人数（人） Number of Graduates (person)	#获得中级职业资格 Won Medium Certificates	#获得高级职业资格 Won Senior Certificates	就业人数 Employment	#高级班学生 Students in Senior Class	培训社会人员（人次） Person-time of Trainees from the Society (person-time)	培训社会人员结业人数 Graduates of Trainees Recruited from the Society
全　国	**National**	**2492114**	**930668**	**523585**	**236638**	**909205**	**267464**	**4516045**	**3499458**
北　京	Beijing	21686	12584	6785	3940	12355	3813	124285	95283
天　津	Tianjin	16789	5917	4054	1825	5786	1854	85994	77001
河　北	Hebei	88219	41257	31036	6663	40603	6991	162053	103170
山　西	Shanxi	78849	38225	25537	11800	37806	11420	120256	119603
内蒙古	Inner Mongolia	11420	6157	2219	1489	5935	1865	65579	53138
辽　宁	Liaoning	41089	21015	8109	4853	20350	6427	145013	67385
吉　林	Jilin	20489	8061	5732	825	7908	1145	31327	26406
黑龙江	Heilongjiang	42181	27561	19166	3519	27152	3542	120647	119719
上　海	Shanghai								
江　苏	Jiangsu	149612	71219	33641	23629	70360	25619	478300	402868
浙　江	Zhejiang	97894	33880	21789	9199	33387	9084	297457	211876
安　徽	Anhui	50173	19328	9763	2867	18960	4397	185423	154725
福　建	Fujian	40679	17500	11825	3839	17240	3928	89028	53637
江　西	Jiangxi	104403	31499	25514	3455	30758	3085	127147	98902
山　东	Shandong	290236	89629	32201	31537	87074	38820	407689	280976
河　南	Henan	169039	85050	42317	12947	82701	20617	402488	342009
湖　北	Hubei	55862	27034	10287	4639	26292	7378	96839	82736
湖　南	Hunan	131597	29207	18647	10118	28717	10224	201298	185999
广　东	Guangdong	428243	161419	100045	60618	158128	59487	252547	152463
广　西	Guangxi	101217	25146	20703	2737	24716	2774	92695	77966
海　南	Hainan	14287	5762	2983	1585	5615	1807	25032	11437
重　庆	Chongqing	67492	23317	15223	1296	22897	2598	110025	87089
四　川	Sichuan	78664	30136	20586	5698	29650	5754	117333	90360
贵　州	Guizhou	56226	19421	8446	3480	18953	4337	70775	47460
云　南	Yunnan	114677	28815	9925	6917	27999	8130	260574	217112
陕　西	Shaanxi	112883	38359	16157	11456	36407	16336	128771	83903
甘　肃	Gansu	31599	14948	7424	3249	14334	3552	60731	59735
青　海	Qinghai	12365	5778	3268	356	5542	340	27373	24774
宁　夏	Ningxia	2471	336	24	312	325	301	16338	14434
新　疆	Xinjiang	61773	12108	10179	1790	11255	1839	213028	157292

7-2 续表 4 continued

地 区	Region	按培训对象分组 Grouped by Trainee				按获取证书分组 Grouped by Certification Level			
		失 业 人 员 Unemployment Workers	劳动预备制人员 Pupils of Labour Preparatory System	在职职工 Workers	农 村 劳动者 Rural Workers	初级职业资 格 Primary Certificates	中级职业资 格 Medium Certificates	高级职业资 格 Senior Certificates	技师和高级技师资格 Technicians and Senior Technicians Certificates
全 国	**National**	**349962**	**273136**	**2429018**	**881859**	**1057570**	**681979**	**326047**	**107404**
北 京	Beijing	3938	1266	97290	18622	41836	7797	10862	2025
天 津	Tianjin	7135	5783	57753	1317	22807	27315	16623	2066
河 北	Hebei	11535	12439	96861	29086	20395	16881	5472	2933
山 西	Shanxi	4573	3253	95465	9281	6857	29491	16598	2100
内蒙古	Inner Mongolia	8999	3230	34430	8885	14115	13999	1346	2339
辽 宁	Liaoning	11607	1792	104633	10160	15425	12212	2863	537
吉 林	Jilin	5011	2743	16444	3516	9510	4700	3117	658
黑龙江	Heilongjiang	24377	3622	36562	43335	44595	21301	3876	1457
上 海	Shanghai								
江 苏	Jiangsu	38938	27981	307427	67169	82598	73575	46917	7787
浙 江	Zhejiang	15165	26963	199327	34599	60463	26382	34755	5289
安 徽	Anhui	37656	4979	94497	29955	17807	21941	16625	1407
福 建	Fujian	12021	2906	39891	18306	13886	11741	6701	1460
江 西	Jiangxi	4836	987	51811	58320	16608	44725	6558	3951
山 东	Shandong	32604	26701	233683	71323	91312	66571	28300	10310
河 南	Henan	14429	12116	211618	68692	106863	40695	16005	6758
湖 北	Hubei	17824	4777	34949	27374	39537	15002	4387	2839
湖 南	Hunan	17867	24014	98349	37525	68181	45496	13257	3190
广 东	Guangdong	12357	18291	162796	23913	39423	27526	19388	4588
广 西	Guangxi	7288	10515	25244	34865	47832	9519	4783	1228
海 南	Hainan	252	1419	19847	995	755	2108	1280	110
重 庆	Chongqing	9558	5424	65872	13976	21096	15629	4769	1126
四 川	Sichuan	14350	9692	41266	36776	16836	38911	8267	3872
贵 州	Guizhou	6254	7591	27900	17649	14969	4965	5594	699
云 南	Yunnan	15572	33748	41400	113817	112934	33440	24121	32279
陕 西	Shaanxi	1883	8345	83888	21022	32535	15102	9542	2192
甘 肃	Gansu	2511	460	26196	6653	18148	30635	1513	367
青 海	Qinghai	1739	1508	16323	6348	8531	3262	2426	0
宁 夏	Ningxia	742	1047	8500	3650	6310	1220	1010	507
新 疆	Xinjiang	8941	9544	98796	64730	65406	19838	9092	3330

7-3 各地区就业训练中心综合情况(2016年)
EMPLOYMENT TRAINNING CENTERS BY REGION (2016)

地 区	Region	机构个数(个) Number of Employment Trainning Centers (unit)	在职教职工总人数(人) Total Teachers and Staff (person)	#教 师 Teachers	兼职教师人数(人) Part-time Teachers (person)	经费来源总计(亿元) Resouses of Funds (100 million yuan)	财 政 补助费 Financial Allowance	职业培训 补 贴 Occupational Training Allowance	培训人数(人) Trainees (person)
全 国	**National**	**2741**	**40233**	**25027**	**22294**	**17.5**	**4.6**	**12.2**	**4597133**
北 京	Beijing	9	233	91	220	0.2	0.02	0.2	24787
天 津	Tianjin	18	201	91	317	0.4	0.1	0.3	49916
河 北	Hebei	340	5311	2441	1523	0.3	0.01	0.3	353783
山 西	Shanxi	68	2201	1161	568	0.3	0.03	0.3	161161
内蒙古	Inner Mongolia	115	503	334	277	0.4	0.01	0.3	114540
辽 宁	Liaoning	88	873	598	673	0.4	0.1	0.2	93967
吉 林	Jilin	53	415	273	220	0.1	0.1	0.01	26706
黑龙江	Heilongjiang	125	1320	905	1392	0.4	0.1	0.2	146660
上 海	Shanghai								
江 苏	Jiangsu	102	1741	963	1788	2.0	0.5	1.5	690047
浙 江	Zhejiang	57	556	245	1539	0.5	0.2	0.2	169272
安 徽	Anhui	64	1341	913	526	1.1	0.7	0.2	55236
福 建	Fujian	81	527	240	341	0.1	0.002	0.1	48407
江 西	Jiangxi	232	1540	778	903	0.9	0.1	0.7	406663
山 东	Shandong	356	9207	7033	3506	2.3	0.7	1.5	341878
河 南	Henan	95	1468	780	729	0.7	0.2	0.5	332622
湖 北	Hubei	109	1472	836	874	1.4	0.1	1.2	339395
湖 南	Hunan	223	2915	2245	1841	1.8	0.3	1.5	326582
广 东	Guangdong	111	2432	1312	1324	1.6	0.9	0.7	324727
广 西	Guangxi	26	452	232	210	0.2	0.03	0.1	26047
海 南	Hainan								
重 庆	Chongqing	25	132	67	242	0.2		0.2	29833
四 川	Sichuan	117	917	413	743	0.6	0.1	0.4	107593
贵 州	Guizhou	36	172	120	223	0.2	0.02	0.2	32189
云 南	Yunnan								
陕 西	Shaanxi	165	2569	1855	1259	1.0	0.02	0.9	173607
甘 肃	Gansu	64	1017	543	469	0.6	0.2	0.3	158720
青 海	Qinghai	20	85	59	72	0.01	0.01	0.004	19291
宁 夏	Ningxia	7	40	27	37	0.03	0.02	0.01	3884
新 疆	Xinjiang	35	593	472	478	0.03	0.003	0.02	39620

7-3 续表 1 continued

单位：人 (person)

地 区	Region	#女 性 Female	结业人数 Number of Graduates	按培训对象分组 Grouped by Personnel 劳动预备制学员 Pupils of Labour Preparatory System	失业人员 Unemployment Workers	农村劳动者 Rural Workers	在职职工 Workers	其他人员 Others
全 国	**National**	**2194040**	**4084783**	**137786**	**1197005**	**1854025**	**625783**	**572118**
北 京	Beijing	8397	24084		10782	10848	843	805
天 津	Tianjin	20963	48376		4852	30637	13058	1369
河 北	Hebei	146418	280198	10345	124874	192375	2778	23411
山 西	Shanxi	79879	151611	33754	18424	59932	30044	17418
内蒙古	Inner Mongolia	52004	109042	1754	44407	30093	3421	6436
辽 宁	Liaoning	54371	79190	299	27648	41279	12821	9594
吉 林	Jilin	12432	19594	843	9361	9326	2427	4749
黑龙江	Heilongjiang	63545	118202	313	68226	49747	3400	24974
上 海	Shanghai							
江 苏	Jiangsu	337371	631276	34685	194902	182011	164192	104607
浙 江	Zhejiang	66295	142551	1182	16389	50950	69684	17858
安 徽	Anhui	18030	53545	2472	10258	23838	10572	6567
福 建	Fujian	23009	44837	1102	7220	28173	5350	4018
江 西	Jiangxi	169527	398960	2848	109239	161006	18558	72458
山 东	Shandong	179942	305435	9486	116029	145925	20342	28557
河 南	Henan	180325	270276	6906	69264	125720	24416	59614
湖 北	Hubei	171863	313687	6793	98311	119981	26999	63424
湖 南	Hunan	156759	307935	4206	76469	212755	32632	520
广 东	Guangdong	158402	243547	10408	34795	56612	152316	65501
广 西	Guangxi	11321	23989	706	9098	11455	55	4727
海 南	Hainan							
重 庆	Chongqing	13237	29833	600	8722	11950		8561
四 川	Sichuan	52621	101412	1315	31678	48747	7125	18728
贵 州	Guizhou	15681	30910	9	2819	24919	2515	1857
云 南	Yunnan							
陕 西	Shaanxi	97411	151401	5058	30744	112865	6625	18315
甘 肃	Gansu	73498	148844	2320	60828	70798	11761	6053
青 海	Qinghai	8750	18190		4142	14018	300	831
宁 夏	Ningxia	1029	2564		215	3189	40	440
新 疆	Xinjiang	20960	35294	382	7309	24876	3509	726

7-3 续表 2 continued

单位：人 (person)

地区	Region	按培训期限分组 Grouped by Duration 六个月以下 Less than Half a Year	六个月至一年 Half to One Year	一年以上 More than One Year	按获取证书分组 Grouped by Certification Level 初级职业资格 Primary Certificates	中级职业资格 Medium Certificates	高级职业资格 Senior Certificates	技师和高级技师资格 Technicians and Senior Technicians Certificates	就业人数 Employment
全国	**National**	**4284329**	**138876**	**13225**	**1661537**	**466914**	**125034**	**9617**	**2911629**
北京	Beijing	24787			13415	2112			12942
天津	Tianjin	49313	603		31981	7235	361		29677
河北	Hebei	337761	1318		141683	25999	837	327	215430
山西	Shanxi	139226	6930	404	14202	4948	3425	31	69632
内蒙古	Inner Mongolia	110948	189		41599	2938	320		95796
辽宁	Liaoning	91886	298		37071	948	683	117	56413
吉林	Jilin	26622			7282	258	13		17495
黑龙江	Heilongjiang	140754	5057	849	32374	6989	212	127	82291
上海	Shanghai								
江苏	Jiangsu	679631	8633	1783	204703	99025	39309	1919	392438
浙江	Zhejiang	155732	10446	652	31109	25507	35397	1014	83696
安徽	Anhui	53878	155	1198	33794	1204	312	6	33333
福建	Fujian	45399	73	36	18903	3010	3220	843	37502
江西	Jiangxi	358164	20692	1957	210488	22527	1006	1088	322640
山东	Shandong	314617	10804	1490	195386	39906	14692	641	255461
河南	Henan	291174	819	325	100483	10826	6556	619	179968
湖北	Hubei	320817	2490	17	130351	25716	3257	306	244444
湖南	Hunan	280847	43432	2303	141951	152857	2094	113	264675
广东	Guangdong	296694	7045	523	56617	18732	11039	1448	150711
广西	Guangxi	24972			8705	339	90		9250
海南	Hainan								
重庆	Chongqing	28245	1588		1969	240			13815
四川	Sichuan	102499	5094		37423	6567	456	181	50811
贵州	Guizhou	31173	3		16770	40			23022
云南	Yunnan								
陕西	Shaanxi	161666	10929	1012	65780	5570	1610	757	124986
甘肃	Gansu	155813	1194	676	54790	3395		78	98800
青海	Qinghai	19291			10914				14620
宁夏	Ningxia	3884			2531	26			3455
新疆	Xinjiang	38536	1084		19263		145	2	28326

7-4 各地区民办职业培训机构综合情况(2016年)
VOCATIONAL TRAINING AGENCIES BY REGION (2016)

地区	Region	机构个数(个) Number of Employment Trainning Centers (unit)	在职教职工总人数(人) Total Teachers and Staff (person)	#教师 Teachers	兼职教师人数(人) Part-time Teachers (person)	经费来源(亿元) Resouses of Funds (100 million yuan)	财政补助费 Financial Allowance	职业培训补贴 Occupational Training Allowance	培训人数(人) Trainees (person)
全国	**National**	**19463**	**323146**	**196290**	**115479**	**95.7**	**9.5**	**41.7**	**12120199**
北京	Beijing	374	5897	3211	2712	2.6	0.2	0.5	303658
天津	Tianjin	407	6341	4173	3814	3.2	0.1	2.4	215445
河北	Hebei	888	11801	8278	4163	2.3	0.0	0.7	561115
山西	Shanxi	465	5931	3577	1925	1.0	0.2	0.7	329385
内蒙古	Inner Mongolia	405	5316	3632	2615	9.3	0.1	8.3	123917
辽宁	Liaoning	745	8335	5271	3520	1.0	0.1	0.2	178947
吉林	Jilin	476	5053	3160	2200	0.6	0.0	0.1	302873
黑龙江	Heilongjiang	718	8859	5344	2573	0.9	0.0	0.1	129528
上海	Shanghai	428	42956	16374	3351	8.9	0.5	4.1	649366
江苏	Jiangsu	1179	16503	10449	7611	2.0	0.1	1.0	815985
浙江	Zhejiang	912	9145	4294	5161	2.1	0.3	1.1	484535
安徽	Anhui	778	8996	5869	3405	1.2	0.1	0.7	224135
福建	Fujian	416	4510	2688	2539	4.5	0.1	1.6	233196
江西	Jiangxi	552	8461	5490	3075	0.8	0.2	0.0	306402
山东	Shandong	1451	17638	11597	6480	3.3	0.2	1.5	666446
河南	Henan	956	13758	8783	5278	8.8	0.4	5.5	601571
湖北	Hubei	632	11561	7409	3132	3.2	0.3	0.5	307832
湖南	Hunan	532	5782	3977	2199	1.2	0.0	0.9	321845
广东	Guangdong	1310	16505	9134	6487	6.2	0.1	1.8	933638
广西	Guangxi	347	8314	5907	3124	1.0	0.0	0.5	164095
海南	Hainan	160	448	334	1208	0.5		0.3	53623
重庆	Chongqing	597	8631	4405	2748	5.8	0.2	0.7	1158763
四川	Sichuan	1358	18738	12119	6950	5.8	0.3	2.4	723893
贵州	Guizhou	276	4419	2999	1518	2.2	0.0	0.8	151262
云南	Yunnan	782	31614	23337	9183	4.1	1.7	1.4	713102
西藏	Tibet	76	1167	834	330	1.5	0.3	1.2	60124
陕西	Shaanxi	685	13439	9430	4427	7.3	1.9	0.8	377931
甘肃	Gansu	533	4732	3442	4875	0.7	0.0	0.5	279973
青海	Qinghai	204	3464	1329	1093	0.7		0.7	64943
宁夏	Ningxia	309	6401	4405	3199	2.7	2.2	0.4	303178
新疆	Xinjiang	512	8431	5039	4584	0.3	0.0	0.2	379493

7-4 续表 1 continued

单位：人 (person)

地 区	Region	#女 性 Female	结业人数 Number of Graduates	按培训对象分组 Grouped by trainee				
				劳动预备制学员 Pupils of Labour Preparatory System	失业人员 Unemployment Workers	农村劳动者 Rural Workers	在职职工 Workers	其他人员 Others
全 国	**National**	**5482473**	**10531813**	**470988**	**1278164**	**4420234**	**3797172**	**1909312**
北 京	Beijing	119637	254152	2839	27123	61169	156657	50308
天 津	Tianjin	88332	204673		19601	108506	58418	28920
河 北	Hebei	258333	531367	16871	64943	219230	233508	26563
山 西	Shanxi	153533	305538	24549	45606	177481	37972	34410
内蒙古	Inner Mongolia	67061	108295	7964	30289	39161	22897	18785
辽 宁	Liaoning	70493	146476	7854	26991	44148	43064	56890
吉 林	Jilin	127470	262866	11418	36956	130476	54617	68706
黑龙江	Heilongjiang	64503	115548	16597	42866	43997	19153	6915
上 海	Shanghai	346112	448460		16466	17293	526996	88611
江 苏	Jiangsu	380928	685846	41617	122757	148704	347230	105515
浙 江	Zhejiang	225251	376893	38963	41965	104151	250384	47577
安 徽	Anhui	99925	202644	4425	29298	99065	40581	46829
福 建	Fujian	110691	183029	17261	20969	44571	85902	42450
江 西	Jiangxi	125432	262080	19806	56545	84242	89904	39943
山 东	Shandong	337615	605224	29359	121173	247325	143132	93630
河 南	Henan	281546	555542	42585	43498	307926	113049	94513
湖 北	Hubei	147938	275352	27699	40768	100513	62790	74633
湖 南	Hunan	94587	284977	30154	45871	145872	65842	25478
广 东	Guangdong	476344	736667	12701	60683	259524	412573	147769
广 西	Guangxi	86193	149917	1123	18157	111286	8746	24783
海 南	Hainan	21864	39700	2002	3164	31449	210	16798
重 庆	Chongqing	450759	1092691	38724	71677	416273	387251	244838
四 川	Sichuan	337540	605781	38969	87150	262566	178451	135673
贵 州	Guizhou	70321	129655	1813	12217	81749	21209	32969
云 南	Yunnan	282270	658247	712	52070	323433	144802	190117
西 藏	Tibet	31268	53704	5467	3308	48621	2416	312
陕 西	Shaanxi	214438	326828	12600	22308	123631	118855	100537
甘 肃	Gansu	122873	237557	7935	53883	176571	12033	29551
青 海	Qinghai	18116	63188		7195	51384	44	4100
宁 夏	Ningxia	109232	287966	6312	12301	211903	67534	5128
新 疆	Xinjiang	161868	340950	2669	40366	198014	90952	26061

7-4 续表 2 continued

单位：人 (person)

地 区 Region	按培训期限分组 Grouped by Duration			按获取证书分组 Grouped by Certification Level				就业人数 Employment
	六个月以下 Less than Half a Year	六个月至一年 Half to One Year	一年以上 More than One Year	初级职业资格 Primary Certificates	中级职业资格 Medium Certificates	高级职业资格 Senior Certificates	技师和高级技师资格 Technicians and Senior Technicians Certificates	
全 国 National	**10678032**	**668153**	**369140**	**3423444**	**1466203**	**611828**	**82823**	**7452046**
北 京 Beijing	270616	13183	7563	84120	34319	17294	2394	112078
天 津 Tianjin	209580	4854	1011	118721	47165	27340	1213	92235
河 北 Hebei	542889	14093	4133	129860	81786	11248	5037	528648
山 西 Shanxi	286197	15614	4669	57362	22646	8279		170358
内蒙古 Inner Mongolia	102035	6879	2488	51915	10727	4159	1828	80575
辽 宁 Liaoning	136692	22780	19475	59527	30615	4880	1950	91314
吉 林 Jilin	295653	4756	2452	40437	12592	3910	673	92272
黑龙江 Heilongjiang	118346	9536	1646	62206	8376	1461	891	79624
上 海 Shanghai	629452	12888	7026	189625	66586	50673	6147	566927
江 苏 Jiangsu	654032	40329	22861	194209	197189	70117	9979	551023
浙 江 Zhejiang	414353	31384	6064	129909	78540	77856	5883	214386
安 徽 Anhui	162084	29626	15831	117388	44164	12619	131	136213
福 建 Fujian	182026	10019	6758	30798	18214	18213	2568	127433
江 西 Jiangxi	242313	36260	25211	137051	62391	10010	974	192113
山 东 Shandong	573089	42456	11888	295078	73357	35345	5757	419243
河 南 Henan	467923	63513	70135	133714	51611	23503	4730	314835
湖 北 Hubei	278247	20251	7965	87946	44975	28842	6752	191273
湖 南 Hunan	215478	68795	37572	121451	25877	3855	500	235887
广 东 Guangdong	787509	52209	31085	186648	69576	25238	3295	511212
广 西 Guangxi	149840	4747	3529	73153	11670	1439	360	93514
海 南 Hainan	53473	150		9771	11624	3906	156	20618
重 庆 Chongqing	1061678	54270	42815	89106	107393	31542	7914	918581
四 川 Sichuan	611191	38407	17458	160729	136183	34937	7098	378372
贵 州 Guizhou	140566	2981	2305	52029	8881	813	204	64078
云 南 Yunnan	712060	712	330	251829	145614	84724	5370	420866
西 藏 Tibet	52138	6143	1843	10825	1449	449	1	39136
陕 西 Shaanxi	345333	23734	8864	115378	25514	13736		144740
甘 肃 Gansu	248088	26956	4929	142709	14301	1253	247	166825
青 海 Qinghai	64142	200		37913				49491
宁 夏 Ningxia	303178			68361	16107	3675	771	231355
新 疆 Xinjiang	367831	10428	1234	183676	6761	512		216821

7-5 历年全国职业技能鉴定综合情况

单位：人

年 份	Year	职业技能鉴定机构数(个) Numbe of Testing Agencies (unit)	鉴定所数 Testing Agencies	鉴定站数 Testing Stations	其 它	考评人员人 数 Number of the Assessors	本年鉴定考核人数 Number of the Candidates	初 级 Primary
1996		5682	2369	794	2519	37859	2685695	932642
1997		5752	3012	1030	1710	50779	3141832	1044325
1998		6878	3690	1263	1925	70466	3194218	1185862
1999		7820	4202	2240	1378	97209	3678723	1548193
#行业合计	Subtotal of Industrial Administrations	904		904		24141	300733	87304
地方合计	Subtotal of Local Governments	6916	4202	1336	1378	73068	3377990	1460889
2000		8179	4440	2824	915	128033	4421880	1818534
#行业合计	Subtotal of Industrial Administrations	1445		1443	2	48383	762909	241359
地方合计	Subtotal of Local Governments	6734	4440	1381	913	79650	3658971	1577175
2001		8336	4702	2837	797	143068	5348001	2057575
#行业合计	Subtotal of Industrial Administrations	1501		1464	37	48455	892499	285684
地方合计	Subtotal of Local Governments	6835	4702	1373	760	94613	4455502	1771891
2002		8517	4448	3617	452	175247	6619012	2373190
#行业合计	Subtotal of Industrial Administrations	1776		1770	6	69230	1318097	347894
地方合计	Subtotal of Local Governments	6741	4448	1847	446	106017	5300915	2025296
2003		7252	4780	2293	179	155971	6875444	2461777
#行业合计	Subtotal of Industrial Administrations	1131		1128	3	56821	1105420	249368
地方合计	Subtotal of Local Governments	6121	4780	1165	176	99150	5770024	2212409
2004		9438	4305	5059	74	197821	8796272	3144495
#行业合计	Subtotal of Industrial Administrations	3559	4	3554	1	81539	1700147	482348
地方合计	Subtotal of Local Governments	5879	4301	1505	73	116282	7096125	2662147

STATISTICS OF OCCUPATIONAL SKILL TESTING

(person)

中级 Medium	高级 Senior	技师 Technicians	高级技师 Senior Technicians	本年获取证书人数 Number of the Candidates Got the Certificates	初级 Primary	中级 Medium	高级 Senior	技师 Technicians	高级技师 Senior Technicians
1318141	360490	69132	5290	2146895	727215	1094809	271346	51262	2263
1625749	427603	39478	4677	2786360	949828	1439046	364024	30506	2956
1670410	278862	51799	7285	2858782	1071270	1491968	244529	44995	6020
1711318	369049	45329	4780	3141392	1341236	1466663	293584	36699	3210
147011	63460	2645	259	217186	60914	110560	44104	1534	74
1564307	305589	42684	4521	2924206	1280322	1356103	249480	35165	3136
2050863	505685	43794	3004	3726619	1553035	1743885	393201	34175	2323
343589	167271	10125	565	521288	157155	239573	118036	6132	392
1707274	338414	33669	2439	3205331	1395880	1504312	275165	28043	1931
2571508	645644	67688	5586	4570081	1756881	2236967	523010	49689	3534
367182	223536	14192	1905	645636	195946	280851	161054	7082	703
2204326	422108	53496	3681	3924445	1560935	1956116	361956	42607	2831
3204580	965404	69379	6459	5562607	2036748	2712382	761195	48852	3430
577791	369192	20071	3149	1019654	269218	453267	286133	9718	1318
2626789	596212	49308	3310	4542953	1767530	2259115	475062	39134	2112
3338421	969477	96653	9116	5839222	2124504	2870097	768890	69501	6230
486792	345449	20515	3296	892494	208524	401194	267989	12867	1920
2851629	624028	76138	5820	4946728	1915980	2468903	500901	56634	4310
4161612	1229130	212037	48998	7360975	2691946	3516786	975155	140816	36272
731856	440143	35862	9938	1346661	390280	583697	345424	20988	6272
3429756	788987	176175	39060	6014314	2301666	2933089	629731	119828	30000

7-5 续表 1

单位：人

年 份	Year	职业技能鉴定机构数（个）Numbe of Testing Agencies (unit)	鉴定所数 Testing Agencies	鉴定站数 Testing Stations	工考委和中央企业试点单位数 The Units of Workers Assessing Committees & the Central Enterprises Pilot	考评人员人 数 Number of the Assessors	本年鉴定考核人数 Number of the Candidates	初 级 Primary
中央企业试点	The Central Enterprises Pilot	3			3	739	16509	829
2005		7654	4144	3347	163	164442	9577395	3222564
#行业合计	Subtotal of Industrial Administrations	1848	5	1824	19	59974	1595369	362360
地方合计	Subtotal of Local Governments	5719	4139	1436	144	101484	7922895	2842964
中央企业试点	The Central Enterprises Pilot	87		87		2984	59131	17240
2006		7998	3860	4002	136	161596	11821552	4140894
#行业合计	Subtotal of Industrial Administrations	2020	12	2008		65571	2473429	916021
地方合计	Subtotal of Local Governments	5823	3848	1839	136	91729	9279660	3212161
中央企业试点	The Central Enterprises Pilot	155		155		4296	68463	12712
2007		7794	4251	3378	165	158186	12231413	4389064
#行业合计	Subtotal of Industrial Administrations	1938	6	1932		56673	1622348	465248
地方合计	Subtotal of Local Governments	5845	4245	1446	154	98395	10515051	3873553
中央企业试点	The Central Enterprises Pilot	11			11	3118	94014	50263
2008		9933	4096	4662	1175	203883	13374707	5104213
#行业合计	Subtotal of Industrial Administrations	1477	1	1476		72503	1736592	468497
地方合计	Subtotal of Local Governments	8441	4095	3186	1160	124902	11560949	4598473
中央企业试点	The Central Enterprises Pilot	15			15	6478	77166	37243
2009		9538	4825	4486	227	232060	14920761	6029998
#行业合计	Subtotal of Industrial Administrations	2241	9	2188	44	80116	2049033	663297

continued

(person)

中级 Medium	高级 Senior	技师 Technicians	高级技师 Senior Technicians	本年获取证书人数 Number of the Candidates Got the Certificates	初级 Primary	中级 Medium	高级 Senior	技师 Technicians	高级技师 Senior Technicians
3246	7958	3822	654	14615	777	3025	7373	3002	438
4552986	1456750	290637	54458	7857292	2732405	3756905	1133278	195577	39127
686936	489903	48197	7973	1233171	278809	551073	372000	27357	3932
3852384	948018	234071	45458	6575037	2438276	3194681	745632	162062	34386
13666	18829	8369	1027	49084	15320	11151	15646	6158	809
5269104	1909269	432423	65401	9252416	3124130	4390924	1440591	260830	35384
826698	629978	86015	14717	1576857	377737	660904	488129	43178	6909
4422694	1257031	338287	49487	7619774	2734026	3712773	933739	211694	27542
19712	22260	8121	1197	55785	12367	17247	18723	5958	933
5422375	1907654	442715	69605	9956079	3687419	4518674	1429235	274176	46575
619235	461074	65822	10969	1284859	384585	499805	361828	32760	5881
4788802	1424504	370444	57748	8593861	3259275	4007337	1050805	236480	39964
14338	22076	6449	888	77359	43559	11532	16602	4936	730
5758542	2029246	403738	78968	11372105	4492273	4891989	1606473	318047	63323
633514	535833	86649	12099	1448203	393277	514497	440977	86369	13083
5108105	1477855	311085	65431	9863382	4069230	4363967	1152734	227947	49504
16923	15558	6004	1438	60520	29766	13525	12762	3731	736
6110523	2126028	544210	110002	12320051	5251357	5134383	1516357	336623	81331
806706	460363	98550	20117	1636149	562781	673659	335144	55143	9422

7-5 续表 2

单位：人

年 份	Year	职业技能鉴定机构数（个）Numbe of Testing Agencies (unit)	鉴定所数 Testing Agencies	鉴定站数 Testing Stations	工考委和中央企业试点单位数 The Units of Workers Assessing Committees & the Central Enterprises Pilot	考评人员人数 Number of the Assessors	本年鉴定考核人数 Number of the Candidates	初级 Primary
地方合计	Subtotal of Local Governments	7281	4816	2298	167	143719	12674516	5279691
中央企业试点	The Central Enterprises Pilot	16			16	8225	197212	87010
2010		9803	4612	5058	133	210497	16575457	6768836
#行业合计	Subtotal of Industrial Administrations	2137	12	2125		70109	2831683	949906
地方合计	Subtotal of Local Governments	7647	4600	2933	114	130977	13495340	5704143
中央企业试点	The Central Enterprises Pilot	19			19	9411	248434	114787
2011		10677	5533	4977	167	194795	17459327	7254275
#行业合计	Subtotal of Industrial Administrations	2574	12	2562		75206	3129020	1059714
地方合计	Subtotal of Local Governments	8084	5521	2415	148	110545	14101095	6087176
中央企业试点	The Central Enterprises Pilot	19			19	9044	229212	107385
2012		10963	5321	5441	201	213403	18305470	7538797
#行业合计	Subtotal of Industrial Administrations	3246	13	3197	36	91000	3355097	1241887
地方合计	Subtotal of Local Governments	7698	5308	2244	146	111150	14651252	6162855
中央企业试点	The Central Enterprises Pilot	19			19	11253	299121	134055
2013		9865	5067	4664	134	252662	18385729	7752500
#行业合计	Subtotal of Industrial Administrations	2418	16	2402		108333	3375909	1341750
地方合计	Subtotal of Local Governments	7428	5051	2262	115	132737	14735101	6274214
中央企业试点	The Central Enterprises Pilot	19			19	11592	274719	136536
2014		9521	4387	4701	433	215761	18539992	6934618
#行业合计	Subtotal of Industrial Administrations	2670	18	2651	1	105232	3244808	1055738
地方合计	Subtotal of Local Governments	6835	4369	2050	416	102132	15039407	5786871
中央企业试点	The Central Enterprises Pilot	16			16	8397	255777	92009
2015		12156	5750	5578	828	264237	18941156	7079392
#行业合计	Subtotal of Industrial Administrations	2478	10	2468		102862	4159249	1696306
地方合计	Subtotal of Local Governments	9662	5740	3110	812	154296	14530268	5301111
中央企业试点	The Central Enterprises Pilot	16			16	7079	251639	81975
2016		8224	3460	4438	326	282782	17554798	6410623
#行业合计	Subtotal of Industrial Administrations	2473	10	2463		88341	2307553	746356
地方合计	Subtotal of Local Governments	5733	3450	1975	308	182393	15028489	5597358
中央企业试点	The Central Enterprises Pilot	18			18	12048	218756	66909

continued

(person)

中 级 Medium	高 级 Senior	技 师 Technicians	高级技师 Senior Technicians	本年获取证书人数 Number of the Candidates Got the Certificates	初 级 Primary	中 级 Medium	高 级 Senior	技 师 Technicians	高级技师 Senior Technicians
5234031	1634315	438111	88368	10556864	4636816	4414218	1158564	276470	70796
69786	31350	7549	1517	127038	51760	46506	22649	5010	1113
6531792	2722092	453762	98975	13929377	5899097	5544598	2097432	316663	71587
951227	766652	129482	34416	2285392	801645	770516	626959	72822	13450
5495732	1918827	314609	62029	11489343	5028937	4718723	1446776	238171	56736
84833	36613	9671	2530	154642	68515	55359	23697	5670	1401
6579593	3098462	428247	98750	14820504	6533022	5464700	2464290	286769	71723
1094106	816296	132899	26005	2578410	1067480	724459	686101	84163	16207
5408072	2246836	288493	70518	12091861	5396177	4689411	1753472	198785	54016
77415	35330	6855	2227	150233	69365	50830	24717	3821	1500
6611139	3476563	503134	175837	15487834	6655352	5604790	2760639	336187	130866
1056340	880430	147893	28547	2702465	1020025	857542	708589	97529	18780
5443861	2551931	347493	145112	12584198	5546362	4672359	2021009	233932	110536
110938	44202	7748	2178	201171	88965	74889	31041	4726	1550
6355360	3514734	577770	185365	15366664	6766044	5372332	2728517	376144	123627
1086891	763465	151090	32713	2750425	1119433	893839	614511	99406	23236
5184217	2705976	418804	151890	12439250	5560531	4422960	2083789	272164	99806
84252	45293	7876	762	176989	86080	55533	30217	4574	585
6745021	3930805	654415	275133	15542766	6094580	5707155	3117737	429024	194270
1092479	839367	185803	71421	2556541	842679	867772	684070	120486	41534
5568441	3027880	455979	200236	12827206	5196077	4788009	2390955	301746	150419
84101	63558	12633	3476	159019	55824	51374	42712	6792	2317
6986241	4006089	659634	209800	15392295	5915465	5831396	3092249	416439	136746
1311412	914647	190191	46693	3132628	1175807	1063277	742734	121679	29131
5581461	3031572	457553	158571	12106988	4690481	4712472	2310892	288376	104767
93368	59870	11890	4536	152679	49177	55647	38623	6384	2848
6540058	3855614	577112	171391	14461529	5549708	5481352	2963711	350596	116162
771495	615401	127726	46575	1713407	528629	585940	487299	78846	32693
5683938	3184348	440709	122136	12617203	4981949	4846266	2440744	266587	81657
84625	55865	8677	2680	130919	39130	49146	35668	5163	1812

7-6 各地区职业技能鉴定综合情况(2016年)

单位：人

地　区	Region	职业技能鉴定机构数(个) Numbe of Testing Agencies (unit)	鉴定所数 Testing Agencies	鉴定站数 Testing Stations	工考委和中央企业试点单位数 The Units of Workers Assessing Committees & the Central Enterprises Pilot	考评人员人数 Number of the Assessors	本年鉴定考核人数 Number of the Candidates	初级 Primary
全　国	**National**	**8224**	**3460**	**4438**	**326**	**282782**	**17554798**	**6410623**
行业合计	Subtotal of Industrial Administrations	2473	10	2463		88341	2307553	746356
地方合计	Subtotal of Local Governments	5733	3450	1975	308	182393	15028489	5597358
中央企业试点	The Central Enterprises Pilot	18			18	12048	218756	66909
北　京	Beijing	74	63	1	10	678	191714	70296
天　津	Tianjin	130	95	24	11	3331	189173	92555
河　北	Hebei	36	36			6042	454554	173182
山　西	Shanxi	166	136	30		8306	400893	102350
内蒙古	Inner Mongolia	139		138	1	8619	226411	82817
辽　宁	Liaoning	150	141	9		928	254099	85218
吉　林	Jilin	15	15			513	104475	42967
黑龙江	Heilongjiang	49	36	13		959	214345	86309
上　海	Shanghai	503	303	200		5369	426927	173103
江　苏	Jiangsu	542	287		255	3236	1691573	366111
浙　江	Zhejiang	79	45	34		1577	849009	284230
安　徽	Anhui	413		413		7655	623569	255853
福　建	Fujian	149	145	4		4665	549536	100573
江　西	Jiangxi	391	302	89		4722	300698	62885
山　东	Shandong	245	2	243		2120	1694221	767742
河　南	Henan	368	265	86	17	14449	536980	230618
湖　北	Hubei	106	106			221	560208	128246
湖　南	Hunan	135	135			102	515056	210964
广　东	Guangdong	26	26			55142	1312832	409516
广　西	Guangxi	119	104	1	14	3408	397547	209402
海　南	Hainan	93	87	6		92	35221	13206
重　庆	Chongqing	53	53			1091	401222	128784
四　川	Sichuan	703	308	395		12503	767369	213064
贵　州	Guizhou	152	152			3714	206137	86046
云　南	Yunnan	290	204	86		12976	567885	262656
西　藏	Tibet	20	6	14		24	23626	12577
陕　西	Shaanxi	233	118	115		10463	437038	158875
甘　肃	Gansu	87	87			426	532742	385475
青　海	Qinghai	58	29	29		629	59016	45642
宁　夏	Ningxia	60	59	1		2485	102285	75933
新　疆	Xinjiang	98	74	24		4788	314596	252604
新疆兵团	Xinjiang Production and Construction Crops	51	31	20		1160	87532	27559

STATISTICS OF OCCUPATIONAL SKILL TESTING BY REGION (2016)

(person)

中级 Medium	高级 Senior	技师 Technicians	高级技师 Senior Technicians	本年获取证书人数 Number of the Candidates Got the Certificates	初级 Primary	中级 Medium	高级 Senior	技师 Technicians	高级技师 Senior Technicians
6540058	**3855614**	**577112**	**171391**	**14461529**	**5549708**	**5481352**	**2963711**	**350596**	**116162**
771495	615401	127726	46575	1713407	528629	585940	487299	78846	32693
5683938	3184348	440709	122136	12617203	4981949	4846266	2440744	266587	81657
84625	55865	8677	2680	130919	39130	49146	35668	5163	1812
42314	54869	17670	6565	127555	51964	32451	33921	5899	3320
63321	23666	5316	4315	178636	87861	60336	22102	4369	3968
134161	104336	25109	17766	398900	161284	119618	86326	18835	12837
144240	141967	11135	1201	352044	88806	128755	126700	6910	873
72416	48903	18422	3853	188602	75663	64483	33172	12346	2938
91685	50970	22130	4096	206772	70615	74623	43221	15749	2564
41106	15348	4169	885	75315	28842	32833	10739	2272	629
54196	59846	12590	1404	200935	81646	52306	54732	11059	1192
134306	101034	14641	3843	268492	127428	82221	52537	4451	1855
893819	399846	29236	2561	1463980	324725	795784	322020	19514	1937
264226	260839	35645	4069	687681	246219	223242	197186	19402	1632
211714	137617	17610	775	509735	217434	176136	108547	7423	195
293524	133941	18846	2652	419179	89293	233668	88010	7244	964
184758	43582	8523	950	278749	62624	176602	34898	4187	438
466086	385063	54510	20820	1530135	736259	420113	316839	40119	16805
138241	152143	12935	3043	459757	216426	122617	111123	7414	2177
281353	120675	16404	13530	527230	124408	275227	105440	13192	8963
194747	83263	20209	5873	421679	193037	153535	57958	13219	3930
498787	343778	48139	12612	867702	306350	327083	209847	18518	5904
139617	42764	5022	742	336605	185733	119069	27440	3807	556
18921	3049	44	1	28327	11332	14631	2336	27	1
220975	38979	8054	4430	345793	114106	194424	28099	5595	3569
375981	163797	12270	2257	691588	192602	339223	148942	9251	1570
88302	30766	707	316	184435	79492	76765	27225	651	302
174240	121701	7923	1365	487537	251829	145614	84724	4607	763
7797	2011	1241		15141	8334	5605	872	330	
206497	68108	2945	613	371006	127686	179070	61700	2080	470
136718	9875	506	168	494944	358432	126812	9172	386	142
6571	5463	1289	51	44825	36154	4731	2966	950	24
21049	4311	887	105	88192	68361	16017	3163	577	74
40465	16439	4021	1067	283669	230868	33462	14663	3800	876
41805	15399	2561	208	82063	26136	39210	14124	2404	189

八、劳动关系

LABOUR RELATION

8-1 历年劳动人事争议仲裁情况

单位：件

项　　目	Item	1996	1997	1998	1999	2000	2001	2002
上期未结案件数	Number of Cases Left from Last Year-end	2634	2864	3475	3840	6374	8739	12472
案件受理情况	Cases Accepted							
当期案件受理数	Cases	48121	71524	93649	120191	135206	154621	184116
#集体劳动争议案件数	Number of Collective Labour Disputes	3150	4109	6767	9043	8247	9847	11024
劳动者申诉案件数	Number of Cases Left from Last Year-end	41697	68773	84829	114152	120043	146781	172253
劳动者当事人数(人)	Number of Laborers Involved(person)	189120	221115	358531	473957	422617	467150	608396
#集体劳动争议劳动者当事人数	Number of Laborers Involved in Collective Labour Disputes	92203	132647	251268	319445	259445	286680	374956
争议原因	Disputes Reasons							
劳动报酬	Labour Remuneration						45172	59144
社会保险	Social Insurances						31158	56558
变更劳动合同	Change the Labour Contract		2992	2840	3469	3829	4254	3765
解除、终止劳动合同	Relieve or End the Labour Contract		10337	13069	18108	21149	29038	30940
其　他	Others		8917	9515	8626	12549		
案件处理情况	Cases Settled							
结案数	Number of Cases Settled	46543	70792	92288	121289	130688	150279	178744
处理方式	by Manners of Settlement							
仲裁调解	by Mediation	24223	32793	31483	39550	41877	42933	50925
仲裁裁决	by Arbitrition Lawsuit	12789	15060	25389	34712	54142	77250	77340
其他方式	Others	9531	22939	35155	47027	34669	35096	50479
处理结果	by Result of Settlement							
用人单位胜诉	Lawsuit Won by Units	9452	11488	11937	15674	13699	31544	27017
劳动者胜诉	Lawsuit Won by Laborers	23696	40063	48650	63030	70544	71739	84432
双方部分胜诉及其他	Lawsuit Partly Won by Both Parties and Others	13395	19241	27365	37459	37247	46996	67295
案外调解案件数	Cases Mediated						63939	77342

注：2011年起，解除、终止劳动合同的类型进行合并统计。
a) Since 2011, items of Relieve or End the Labour Contract have been merged during statistics.

LABOUR DISPUTES ACCEPTED AND SETTLED

(piece)

2003	2004	2005	2006	2007	2008	2009	2010	2011	2012	2013	2014	2015	2016
16276	17117	17829	22165	25424	33084	83709	77926	42308	36151	34478	31796	39580	37977
226391	260471	313773	317162	350182	693465	684379	600865	589244	641202	665760	715163	813859	828410
10823	19241	16217	13977	12784	21880	13779	9314	6592	7252	6783	8041	10466	9745
215512	249335	293710	301233	325590	650077	627530	558853	568768	620849	641932	690418	784229	801190
801042	764981	744195	679312	653472	1214328	1016922	815121	779490	882487	888430	997807	1159687	1112408
514573	477992	409819	348714	271777	502713	299601	211755	174785	231894	218521	267165	341588	289924
76774	85132	103183	103887	108953	225061	247330	209968	200550	225981	223351	258716	321179	345685
76181	88119	97519	100342	97731				149944	159649	165665	160961	158002	145671
5494	4465	7567	3456	4695									
40017	57021	68873	67868	80261	139702	43876	31915	118684	129108	147977	155870	182396	188642
223503	258678	306027	310780	340030	622719	689714	634041	592823	643292	669062	711044	812461	827717
67765	83400	104308	104435	119436	221284	251463	250131	278873	302552	311806	321598	362814	389109
95774	110708	131745	141465	149013	274543	290971	266506	244942	268530	283341	313175	368409	366742
59954	64550	69974	64880	71581	126892	147280	117404	69008	72210	73915	76271	81238	71866
34272	35679	39401	39251	49211	80462	95470	85028	74189	79187	82519	82541	90785	92405
109556	123268	145352	146028	156955	276793	255119	229448	195680	213453	217551	250284	287544	285824
79475	94041	121274	125501	133864	265464	339125	319565	322954	350652	368992	378219	434132	369429
58451	70840	93561	130321	151902	237283	185598	163997	194338	212937	215595	227447	258114	240101

8-2 各地区劳动争议处理情况(2016年)

单位：件

地　区	Region	上期末结案件数 Number of Cases Left from Last Year-end	案件受理情况 Cases Accepted					
			当期案件受理数 Cases	#集体劳动争议案件 Number of Collective Labour Disputes	#劳动者申诉案件 Number of Cases Left from Last Year-end	劳动者当事人数（人） Number of Laborers Involved (person)	#集体劳动争议劳动者当事人数 Number of Laborers Involvedin Collective Labour Disputes	劳动报酬 Labour Remuneration
全　国	**National**	**37939**	**828714**	**9743**	**801482**	**1112375**	**289842**	**345745**
北　京	Beijing	3732	81291	786	80241	81291	15622	53560
天　津	Tianjin	1427	21771	241	20581	26153	5314	10914
河　北	Hebei	985	18119	193	17594	23249	3289	5862
山　西	Shanxi	242	8305	45	8262	11877	879	3227
内蒙古	Inner Mongolia	342	12020	119	11757	15117	3297	5737
辽　宁	Liaoning	1270	39142	270	34785	44431	6100	20529
吉　林	Jilin	207	6050	65	5285	9840	2650	2512
黑龙江	Heilongjiang	419	10661	56	10496	12690	1831	3939
上　海	Shanghai	5421	66589	135	64059	71191	3616	28446
江　苏	Jiangsu	1549	64016	805	63609	88125	23034	23377
浙　江	Zhejiang	3217	50385	797	49530	79501	28689	19137
安　徽	Anhui	569	22620	161	22209	28765	4628	8747
福　建	Fujian	1388	26596	746	26041	48470	20335	10020
江　西	Jiangxi	421	9721	106	9288	14638	4165	2776
山　东	Shandong	1976	50417	258	50192	63274	9131	23574
河　南	Henan	712	24273	168	23732	29706	2941	8279
湖　北	Hubei	1990	28996	96	26118	31753	3052	7280
湖　南	Hunan	618	17901	318	16392	26802	6139	4707
广　东	Guangdong	7003	107217	3114	105103	214376	108492	43887
广　西	Guangxi	540	17872	21	17764	19218	888	9529
海　南	Hainan	108	4885	62	4501	5542	1036	1901
重　庆	Chongqing	1150	34402	115	34210	35643	3601	9769
四　川	Sichuan	1201	43081	574	42108	55936	16442	17043
贵　州	Guizhou	373	13257	56	12705	14497	1182	3823
云　南	Yunnan	6	14379	125	14032	14379	4601	5191
西　藏	Tibet	24	305	4	300	516	77	186
陕　西	Shaanxi	211	10258	23	9191	12056	656	2409
甘　肃	Gansu	73	3756	90	3723	6002	1944	1421
青　海	Qinghai	48	1453	13	1397	2242	693	389
宁　夏	Ningxia	526	5908	92	5624	8556	2477	2299
新　疆	Xinjiang	206	11839	90	9456	15592	3111	4860
新疆兵团	Xinjiang Production and Construction Crops	23	925	1	905	980	12	355

LABOUR DISPUTES ACCEPTED AND SETTLED BY REGION (2016)

(piece)

争议原因 Causes of the Disputes			案件处理情况 Cases Settled							案外调解案件数 Cases Mediated
社会保险 Social Insurance	#工伤保险 Work Injury Insurance	解除、终止劳动合同 Relieve or End the Labour Contract	结案数 Number of Cases Settled	处理方式 by Manners of Settlement: 仲裁调解 by Mediation	仲裁裁决 by Arbitrition Lawsuit	其他方式 Others	处理结果 by Result of Settlement: 用人单位胜诉 Lawsuit Won by Units	劳动者胜诉 Lawsuit Won by Laborers	双方部分胜诉及其他 Lawsuit Partly Won by Both Parties and Others	
145705	**90870**	**188635**	**827889**	**389737**	**366428**	**71724**	**92405**	**286020**	**449464**	**239298**
2264	897	125	80323	35257	36075	8991	14111	6754	59458	5185
1243	1043	4641	21292	10810	9687	795	3497	6739	11056	4011
5443	3255	2798	18689	10556	7027	1106	1985	9692	7012	4763
2549	1620	1082	8413	4402	3539	472	549	5422	1268	1902
2085	1105	3005	11793	4351	6023	1419	805	7325	3663	3069
4166	2412	5530	39919	18558	17712	3649	3882	18236	17801	8177
955	730	1200	5881	2622	2846	413	473	3989	1419	4651
2192	2174	624	10683	3248	5874	1561	778	5260	4645	2665
4015	3089	23722	65938	30165	29388	6385	15846	13713	36379	7323
13040	10841	20243	64511	36727	20156	7628	7191	23296	34024	18947
14942	11459	9430	50172	30411	13200	6561	2974	17644	29554	5282
8275	3176	3534	22644	11812	9693	1139	1309	9657	11678	15807
3865	2994	4889	26540	12728	11337	2475	1510	10245	14785	9819
2908	1806	2734	9863	4141	4912	810	1009	5458	3396	4034
6230	5431	13625	50742	27461	21177	2104	4500	17323	28919	12279
6449	2368	5185	24350	11454	11693	1203	2325	13047	8978	8044
10084	2778	8712	29236	14108	12869	2259	2480	11051	15705	10311
5552	2906	4420	17964	9160	7359	1445	1190	11050	5724	15643
10802	9405	37885	106625	42008	57757	6860	11248	23196	72181	37140
2649	642	3546	17754	6572	9623	1559	1813	7039	8902	4224
217	69	844	4916	1250	2801	865	550	1469	2897	69
8328	6427	9355	34245	15803	13688	4754	3767	9875	20603	9912
8969	5364	10071	43028	20162	19364	3502	3636	19227	20165	19878
4704	3756	2058	13225	5695	6964	566	1193	6488	5544	3845
3474	1458	2587	14332	5844	8189	299	817	8034	5481	6350
61	51	19	314	183	119	12	12	185	117	794
3249	945	3618	10309	3291	6116	902	837	3609	5863	860
806	536	900	3723	1598	1840	285	323	1672	1728	2145
390	281	366	1448	519	764	165	157	868	423	99
1490	631	963	6119	2981	2672	466	557	2671	2891	7895
4033	1029	791	11800	4961	5708	1131	1037	5254	5509	4168
242	165	140	926	271	570	85	44	336	546	810

8-3 劳动保障监察案件结案情况(2016)

CASES SETTLED BY LABOUR AND SOCIAL SECURITY INSPECTION ORGANIZATION(2016)

单位：件 (piece)

项　目	Item	2016
结案数	**Cases Settled**	**322618**
案件分类	**Cases by Caused Reasons**	
内部劳动保障规章制度	Inner Institutions on Labour and Social Security	1282
订立和解除劳动合同	Signing or Relieve Labour Contract	27521
女职工特殊劳动保护	Special Protection for Female Workers and employees	189
未成年工特殊劳动保护	Special Protection for minor Workers and employees	202
工作时间和休息休假	Working Hours and Vocation	15017
支付工资和最低工资标准	Wage Payment and Minimum Wage Standard	232841
参加社会保险和缴纳社会保险费	Social Insurances	38537
职业介绍	Job Referral	2073
职业技能培训和职业技能考核	Vocational Training and Vocational Qualification	267
其　他	Others	24819
案件处理情况	**Settlement of Cases**	
责令限期改正	Orders to Make Corrections	177183
行政处理决定	Decisions of Administrative Settlement	9276
行政处罚决定	Decisions of Administrative Penalty	10830
警　告	Disciplinary Warning	2296
罚　款	Fine	9254
其他行政处罚	Others	145

8-4 劳动保障监察工作情况(2016)

LABOUR AND SOCIAL SECURITY INSPECTION (2016)

项　目	Item	2016
主动监察	Inspection on Initiative	
检查单位数(万户)	Employing Units Inspected (10 000 households)	190.8
涉及劳动者人数(万人)	Labourers Involved (10 000 persons)	8209.6
投诉结案数(万件)	Complaint Cases Settled (10 000 pieces)	27.8
举报结案数(万件)	Cases Settled through Inspection upon Reporting (10 000 pieces)	2.7
审查用人单位报送的书面材料涉及用人单位数(万户)	Employing Units inspected through Examining Documents reported (10 000 households)	222.6
补签劳动合同(万人)	Number of Labour Contracts Signed for Inspection (10 000 persons)	202.7
追发劳动者工资等待遇	Repay Wages and other Benefits	
涉及劳动者人数(万人)	Labourers Involved (10 000 persons)	372.2
金额(亿元)	Amount of Money (100 million yuan)	350.6
督促缴纳社会保险费	Levy of Social Insurance Fees for Inspection	
单位数(万户)	Employing Units Involved (10 000 households)	3.8
金额(亿元)	Amount of Money (100 million yuan)	17.3
督促社会保险登记单位数(万户)	Registeration of Social Insurance for Inspection Employing Units Involved (10 000 households)	3.0
取缔非法职业中介机构(户)	Number of Illegal Occupational Intermediary Agencies(household)	2798
清退风险抵押金金额(万元)	Amount of Money in Pledge Repaid to Employees (10 000 Yuan)	1460.0
审查用人单位规章数(万件)	Number of Regulations of Employing Units Inspected (10 000 pieces)	114.1
纠正用人单位违法规章数(万件)	Number of Regulations of Employing Units Corrected (10 000 pieces)	26.6
向社会公布重大违法行为数(件)	Discolsed Serious Violations of Laws or Rules (piece)	1581

九、社会保障

SOCIAL SECURITY

9-1 历年全国社会保险基金收入
REVENUE OF SOCIAL INSURANCE FUNDS

年 份 Year	合 计 Total	基本养老保险 Basic Pension Insurance	失业保险 Unemployment Insurance	城镇基本医疗保险 Urban Basic Medical Insurance	工伤保险 Work Injury Insurance	生育保险 Maternity Insurance
绝对数(亿元) Revenue (100 million yuan)						
1989	153.6	146.7	6.8			
1990	186.8	178.8	7.2			
1991	225.0	215.7	9.3			
1992	377.4	365.8	11.7			
1993	526.1	503.5	17.9	1.4	2.4	0.8
1994	742.0	707.4	25.4	3.2	4.6	1.5
1995	1006.0	950.1	35.3	9.7	8.1	2.9
1996	1252.4	1171.8	45.2	19.0	10.9	5.5
1997	1458.2	1337.9	46.9	52.3	13.6	7.4
1998	1623.1	1459.0	68.4	60.6	21.2	9.8
1999	2211.8	1965.1	125.2	89.9	20.9	10.7
2000	2644.9	2278.5	160.4	170.0	24.8	11.2
2001	3101.9	2489.0	187.3	383.6	28.3	13.7
2002	4048.7	3171.5	215.6	607.8	32.0	21.8
2003	4882.9	3680.0	249.5	890.0	37.6	25.8
2004	5780.3	4258.4	290.8	1140.5	58.3	32.1
2005	6975.2	5093.3	340.3	1405.3	92.5	43.8
2006	8643.2	6309.8	402.4	1747.1	121.8	62.1
2007	10812.3	7834.2	471.7	2257.2	165.6	83.6
2008	13696.1	9740.2	585.1	3040.4	216.7	113.7
2009	16115.6	11490.8	580.4	3671.9	240.1	132.4
2010	19276.1	13872.9	649.8	4308.9	284.9	159.6
2011	25153.3	18004.8	923.1	5539.2	466.4	219.8
2012	30738.8	21830.2	1138.9	6938.7	526.7	304.2
2013	35252.9	24732.6	1288.9	8248.3	614.8	368.4
2014	39827.7	27619.9	1379.8	9687.2	694.8	446.1
2015	46012.1	32195.5	1367.8	11192.9	754.2	501.7
2016	53562.7	37990.8	1228.9	13084.3	736.9	521.9
比上年增长(%) Increase rate						
1990	21.6	21.9	5.9			
1991	20.5	20.6	29.2			
1992	67.7	69.6	25.8			
1993	39.4	37.7	53.0			
1994	41.0	40.5	41.9	119.9	90.4	73.8
1995	35.6	34.3	38.9	206.3	77.5	99.4
1996	24.5	23.3	28.2	96.6	34.7	87.8
1997	16.4	14.2	3.7	175.1	24.6	34.9
1998	11.3	9.0	45.7	15.9	55.9	31.1
1999	36.3	34.7	83.1	48.3	-1.3	10.1
2000	19.6	15.9	28.1	89.2	18.7	3.8
2001	17.3	9.2	16.8	125.7	14.2	23.1
2002	30.5	27.4	15.1	58.4	13.2	58.9
2003	20.6	16.0	15.7	46.4	17.4	18.3
2004	18.4	15.7	16.6	28.1	55.1	24.4
2005	20.7	19.6	17.0	23.2	58.7	36.4
2006	23.9	23.9	18.2	24.3	31.7	41.8
2007	25.1	24.2	17.2	29.2	36.0	34.6
2008	26.7	24.3	24.0	34.7	30.9	36.0
2009	17.7	18.0	-0.8	20.8	10.8	16.4
2010	19.6	20.7	12.0	17.3	18.7	20.5
2011	30.5	29.8	42.1	28.6	63.7	37.8
2012	22.2	21.2	23.4	25.3	12.9	38.4
2013	14.7	13.3	13.2	18.9	16.7	21.1
2014	13.0	11.7	7.1	17.4	13.0	21.1
2015	15.5	16.6	-0.9	15.5	8.6	12.5
2016	16.4	18.0	-10.2	16.9	-2.3	4.0

注：2010年及以后基本养老保险基金中包括城镇职工基本养老保险和城乡居民基本养老保险。

a) Data of the basic pension insurance for 2010 and following years include the basic pension insurances for urban workers and for urban and rural residents.

9-2 历年全国社会保险基金支出
EXPENSES OF SOCIAL INSURANCE FUNDS

年 份 Year	合 计 Total	基本养老保险 Basic Pension Insurance	失业保险 Unemployment Insurance	城镇基本医疗保险 Basic Medical Insurance	工伤保险 Work Injury Insurance	生育保险 Maternity Insurance
绝对数(亿元) Expenses (100 million yuan)						
1989	120.9	118.8	2.0			
1990	151.9	149.3	2.5			
1991	176.1	173.1	3.0			
1992	327.1	321.9	5.1			
1993	482.2	470.6	9.3	1.3	0.4	0.5
1994	680.0	661.1	14.2	2.9	0.9	0.8
1995	877.1	847.6	18.9	7.3	1.8	1.6
1996	1082.4	1031.9	27.3	16.2	3.7	3.3
1997	1339.2	1251.3	36.3	40.5	6.1	4.9
1998	1636.9	1511.6	51.9	53.3	9.0	6.8
1999	2108.1	1924.9	91.6	69.1	15.4	7.1
2000	2385.6	2115.5	123.4	124.5	13.8	8.3
2001	2748.0	2321.3	156.6	244.1	16.5	9.6
2002	3471.5	2842.9	186.6	409.4	19.9	12.8
2003	4016.4	3122.1	199.8	653.9	27.1	13.5
2004	4627.4	3502.1	211.3	862.2	33.3	18.8
2005	5400.8	4040.3	206.9	1078.7	47.5	27.4
2006	6477.4	4896.7	198.0	1276.7	68.5	37.5
2007	7887.9	5964.9	217.7	1561.8	87.9	55.6
2008	9925.1	7389.6	253.5	2083.6	126.9	71.5
2009	12302.6	8894.4	366.8	2797.4	155.7	88.3
2010	15018.9	10755.3	423.3	3538.1	192.4	109.9
2011	18652.9	13363.2	432.8	4431.4	286.4	139.2
2012	23331.3	16711.5	450.6	5543.6	406.3	219.3
2013	27916.3	19818.7	531.6	6801.0	482.1	282.8
2014	33002.7	23325.8	614.7	8133.6	560.5	368.1
2015	38988.1	27929.4	736.4	9312.1	598.7	411.5
2016	46888.4	34004.3	976.1	10767.1	610.3	530.6
比上年增长(%) Increase rate						
1990	25.6	25.7	27.0			
1991	15.9	15.9	18.1			
1992	85.7	86.0	70.0			
1993	47.4	46.2	82.4			
1994	41.0	40.5	52.7	118.3	127.4	60.5
1995	29.0	28.2	32.9	150.2	92.4	95.3
1996	23.4	21.7	44.7	122.9	104.1	108.2
1997	23.7	21.3	33.1	149.5	64.5	49.4
1998	22.2	20.8	42.9	31.6	48.6	39.5
1999	28.8	27.3	76.6	29.6	70.5	4.1
2000	13.2	9.9	34.7	80.3	-10.5	17.1
2001	15.2	9.7	26.8	96.0	19.5	14.9
2002	26.3	22.5	19.2	67.7	20.6	33.3
2003	15.7	9.8	7.1	59.7	36.2	5.6
2004	15.2	12.2	5.8	31.9	22.9	39.3
2005	16.7	15.4	-2.1	25.1	42.6	45.7
2006	19.9	21.2	-4.3	18.4	44.2	36.9
2007	21.8	21.8	9.9	22.3	28.3	48.3
2008	25.8	23.9	16.4	33.4	44.4	28.6
2009	24.0	20.4	44.7	34.3	22.7	23.5
2010	22.1	20.9	15.4	26.5	23.6	24.4
2011	24.2	24.2	2.2	25.2	48.8	26.7
2012	25.1	25.1	4.1	25.1	41.9	57.6
2013	19.7	18.6	18.0	22.7	18.7	28.9
2014	18.2	17.7	15.6	19.6	16.3	30.2
2015	18.1	19.7	19.8	14.5	6.8	11.8
2016	20.3	21.8	32.6	15.6	1.9	29.0

9-3 历年全国社会保险基金累计结余
BALANCE OF SOCIAL INSURANCE FUNDS

年 份 Year	合 计 Total	基本养老保险 Basic Pension Insurance	失业保险 Unemployment Insurance	城镇基本医疗保险 Basic Medical Insurance	工伤保险 Work Injury Insurance	生育保险 Maternity Insurance
绝对数(亿元) Balance at the Year-end (100 million yuan)						
1989	81.6	68.0	13.6			
1990	117.3	97.9	19.5			
1991	169.7	144.1	25.7			
1992	252.8	220.6	32.1			
1993	303.7	258.6	40.8	0.4	3.1	0.8
1994	365.7	304.8	52.0	0.7	6.8	1.4
1995	516.8	429.8	68.4	3.1	12.7	2.7
1996	696.1	578.6	86.4	6.4	19.7	5.0
1997	831.6	682.8	97.0	16.6	27.7	7.5
1998	791.1	587.8	133.4	20.0	39.5	10.3
1999	1009.8	733.5	159.9	57.6	44.9	13.9
2000	1327.5	947.1	195.9	109.8	57.9	16.8
2001	1622.8	1054.1	226.2	253.0	68.9	20.6
2002	2423.4	1608.0	253.8	450.7	81.1	29.7
2003	3313.8	2206.5	303.5	670.6	91.2	42.0
2004	4493.4	2975.0	385.8	957.9	118.6	55.9
2005	6073.7	4041.0	519.0	1278.1	163.5	72.1
2006	8255.9	5488.9	724.8	1752.4	192.9	96.9
2007	11236.6	7391.4	979.1	2476.9	262.6	126.6
2008	15225.6	9931.0	1310.1	3431.7	384.6	168.2
2009	19006.5	12526.1	1523.6	4275.9	468.8	212.1
2010	23407.5	15787.8	1749.8	5047.1	561.4	261.4
2011	30233.1	20727.8	2240.2	6180.0	742.6	342.5
2012	38106.6	26243.5	2929.0	7644.5	861.9	427.6
2013	45588.1	31274.8	3685.9	9116.5	996.2	514.7
2014	52462.3	35644.5	4451.5	10644.8	1128.8	592.7
2015	59532.5	39937.1	5083.0	12542.8	1285.3	684.4
2016	66349.7	43965.2	5333.3	14964.3	1410.9	675.9
比上年增长(%) Increase rate						
1990	43.8	44.0	43.1			
1991	44.6	47.2	32.0			
1992	49.0	53.1	24.9			
1993	20.1	17.2	27.1			
1994	20.4	17.9	27.5	63.8	118.1	87.6
1995	41.3	41.0	31.6	335.4	87.3	91.7
1996	34.7	34.6	26.2	107.9	55.8	81.6
1997	19.5	18.0	12.3	157.8	40.1	51.2
1998	-4.9	-13.9	37.6	20.5	42.9	37.1
1999	27.6	24.8	19.8	187.8	13.6	34.9
2000	31.5	29.1	22.6	90.8	28.8	20.6
2001	22.2	11.3	15.5	130.4	19.1	22.7
2002	49.3	52.6	12.2	78.1	17.7	44.5
2003	36.7	37.2	19.6	48.8	12.5	41.3
2004	35.6	34.8	27.1	42.8	30.0	33.1
2005	35.2	35.8	34.5	33.4	37.9	29.0
2006	35.9	35.8	39.7	37.1	18.0	34.4
2007	36.1	34.7	35.1	41.3	36.1	30.7
2008	35.5	34.4	33.8	38.5	46.5	32.9
2009	24.8	26.1	16.3	24.6	21.9	26.1
2010	23.2	26.0	14.8	18.0	19.8	23.2
2011	29.2	31.3	28.0	22.4	32.3	31.0
2012	26.0	26.6	30.7	23.7	16.1	24.8
2013	19.6	19.2	25.8	19.3	15.6	20.4
2014	15.1	14.0	20.8	16.8	13.3	15.1
2015	13.5	12.0	14.2	17.8	13.9	15.5
2016	11.5	10.1	4.9	19.3	9.8	-1.2

注：工伤保险累计结余中含储备金。

a) The grand total of work injury insurance at year-end include reserve fund.

9-4 历年全国基本养老保险参保人数情况
PERSONS COVERED BY THE BASIC PENSION INSURANCE AT THE YEAR-END

年 份 Year	合计 Total	城镇职工基本养老保险参保人数 Persons Covered by the Urban Employees Basic Pension Insurance	职工人数 Workers	退休人员人数 Retirees	城乡居民基本养老保险参保人数 Persons Covered by the Basic Pension Insurance for Urban and Rural Residents
绝对数(万人) Absolute figure (10 000 persons)					
1989	5710.3	5710.3	4816.9	893.4	
1990	6166.0	6166.0	5200.7	965.3	
1991	6740.3	6740.3	5653.7	1086.6	
1992	9456.2	9456.2	7774.7	1681.5	
1993	9847.6	9847.6	8008.2	1839.4	
1994	10573.5	10573.5	8494.1	2079.4	
1995	10979.0	10979.0	8737.8	2241.2	
1996	11116.7	11116.7	8758.4	2358.3	
1997	11203.9	11203.9	8670.9	2533.0	
1998	11203.1	11203.1	8475.8	2727.3	
1999	12485.4	12485.4	9501.8	2983.6	
2000	13617.4	13617.4	10447.5	3169.9	
2001	14182.5	14182.5	10801.9	3380.6	
2002	14736.6	14736.6	11128.8	3607.8	
2003	15506.7	15506.7	11646.5	3860.2	
2004	16352.9	16352.9	12250.3	4102.6	
2005	17487.9	17487.9	13120.4	4367.5	
2006	18766.3	18766.3	14130.9	4635.4	
2007	20136.9	20136.9	15183.2	4953.7	
2008	21891.1	21891.1	16587.5	5303.6	
2009	23549.9	23549.9	17743.0	5806.9	
2010	35984.1	25707.3	19402.3	6305.0	10276.8
2011	61573.3	28391.3	21565.0	6826.2	33182.0
2012	78796.3	30426.8	22981.1	7445.7	48369.5
2013	81968.4	32218.4	24177.3	8041.0	49750.1
2014	84231.9	34124.4	25531.0	8593.4	50107.5
2015	85833.4	35361.2	26219.2	9141.9	50472.2
2016	88776.8	37929.7	27826.3	10103.4	50847.1
比上年增长(%) Increase over Preceding Year %					
1990	8.0	8.0	8.0	8.0	
1991	9.3	9.3	8.7	12.6	
1992	40.3	40.3	37.5	54.8	
1993	4.1	4.1	3.0	9.4	
1994	7.4	7.4	6.1	13.0	
1995	3.8	3.8	2.9	7.8	
1996	1.3	1.3	0.2	5.2	
1997	0.8	0.8	-1.0	7.4	
1998	0.0	0.0	-2.3	7.7	
1999	11.4	11.4	12.1	9.4	
2000	9.1	9.1	10.0	6.2	
2001	4.2	4.2	3.4	6.6	
2002	3.9	3.9	3.0	6.7	
2003	5.2	5.2	4.7	7.0	
2004	5.5	5.5	5.2	6.3	
2005	6.9	6.9	7.1	6.5	
2006	7.3	7.3	7.7	6.1	
2007	7.3	7.3	7.4	6.9	
2008	8.7	8.7	9.2	7.1	
2009	7.6	7.6	7.0	9.5	
2010	52.8	9.2	9.4	8.6	
2011	71.1	10.4	11.1	8.3	222.9
2012	28.0	7.2	6.6	9.1	45.8
2013	4.0	5.9	5.2	8.0	2.9
2014	2.8	5.9	5.6	6.9	0.7
2015	1.9	3.6	2.7	6.4	0.7
2016	3.4	7.3	6.1	10.5	0.7

9-5 历年全国基本养老保险基金情况
URBAN BASIC PENSION INSURANCE

年 份 Year	基本养老保险(亿元) Basic Pension Insurance			城镇职工基本养老保险(亿元) Urban Employees Basic Pension Insurance			城乡居民基本养老保险(亿元) Basic Pension Insurance for Urban and Rural Residents		
	基金收入 Revenue	基金支出 Expenses	累计结余 Balance at the Year-end	基金收入 Revenue	基金支出 Expenses	累计结余 Balance at the Year-end	基金收入 Revenue	基金支出 Expenses	累计结余 Balance at the Year-end
1989	146.7	118.8	68.0	146.7	118.8	68.0			
1990	178.8	149.3	97.9	178.8	149.3	97.9			
1991	215.7	173.1	144.1	215.7	173.1	144.1			
1992	365.8	321.9	220.6	365.8	321.9	220.6			
1993	503.5	470.6	258.6	503.5	470.6	258.6			
1994	707.4	661.1	304.8	707.4	661.1	304.8			
1995	950.1	847.6	429.8	950.1	847.6	429.8			
1996	1171.8	1031.9	578.6	1171.8	1031.9	578.6			
1997	1337.9	1251.3	682.8	1337.9	1251.3	682.8			
1998	1459.0	1511.6	587.8	1459.0	1511.6	587.8			
1999	1965.1	1924.9	733.5	1965.1	1924.9	733.5			
2000	2278.5	2115.5	947.1	2278.5	2115.5	947.1			
2001	2489.0	2321.3	1054.1	2489.0	2321.3	1054.1			
2002	3171.5	2842.9	1608.0	3171.5	2842.9	1608.0			
2003	3680.0	3122.1	2206.5	3680.0	3122.1	2206.5			
2004	4258.4	3502.1	2975.0	4258.4	3502.1	2975.0			
2005	5093.3	4040.3	4041.0	5093.3	4040.3	4041.0			
2006	6309.8	4896.7	5488.9	6309.8	4896.7	5488.9			
2007	7834.2	5964.9	7391.4	7834.2	5964.9	7391.4			
2008	9740.2	7389.6	9931.0	9740.2	7389.6	9931.0			
2009	11490.8	8894.4	12526.1	11490.8	8894.4	12526.1			
2010	13872.9	10755.3	15787.8	13419.5	10554.9	15365.3	453.4	200.4	422.5
2011	18004.8	13363.2	20727.8	16894.7	12764.9	19496.6	1110.1	598.3	1231.2
2012	21830.2	16711.5	26243.5	20001.0	15561.8	23941.3	1829.2	1149.7	2302.2
2013	24732.6	19818.7	31274.8	22680.4	18470.4	28269.2	2052.3	1348.3	3005.7
2014	27619.9	23325.8	35644.5	25309.7	21754.7	31800.0	2310.2	1571.2	3844.6
2015	32195.5	27929.4	39937.1	29340.9	25812.7	35344.8	2854.6	2116.7	4592.3
2016	37990.8	34004.3	43965.2	35057.5	31853.8	38580.0	2933.3	2150.5	5385.2

9-6 历年全国机关事业单位城镇职工基本养老保险情况
URBAN BASIC PENSION INSURANCE (INSTITUTION AGENCIES AND ORGANIZATIONS)

年 份 Year	年末参保人数(万人) Persons Covered at the Year-end (10 000 persons)			基金收支情况(亿元) Revenue and Expenses(100 million yuan)		
	合 计 Total	职工 Workers	离退休人员 Retirees	基金收入 Revenue	基金支出 Expenses	累计结余 Balance at the Year-end
1999	762.5	642.6	119.9	93.2	61.8	89.3
2000	1131.0	977.6	153.4	189.8	145.4	186.1
2001	1278.2	1068.9	209.3	253.0	204.4	233.2
2002	1458.0	1199.4	258.6	387.8	340.1	364.5
2003	1625.3	1322.0	303.3	470.6	405.9	441.7
2004	1674.0	1346.4	327.6	529.9	470.9	475.7
2005	1772.1	1409.8	362.3	601.6	545.0	534.3
2006	1909.7	1512.9	396.8	677.2	609.4	619.8
2007	1902.3	1492.6	409.7	823.6	811.3	633.2
2008	1939.7	1504.1	435.6	940.1	882.0	690.0
2009	1983.0	1524.0	459.0	1070.3	1007.8	751.8
2010	2072.9	1579.6	493.3	1201.1	1145.0	818.1
2011	2108.0	1595.0	513.0	1409.9	1339.3	888.5
2012	2154.9	1620.2	534.7	1638.0	1553.3	973.3
2013	2168.9	1612.6	556.2	1831.7	1729.0	1076.9
2014	2178.5	1598.7	579.8	2004.2	1907.4	1173.7
2015	2237.9	1632.5	605.5	2727.7	2671.8	1229.6
2016	3666.2	2586.7	1079.5	6364.9	5988.7	1609.8

9-7 历年全国企业及其他城镇职工基本养老保险情况
URBAN BASIC PENSION INSURANCE(ENTERPRISES AND OTHERS)

年份 Year	年末参保人数(万人) Persons Covered at the Year-end (10 000 persons)			基金收支情况(亿元) Revenue and Expenses(100 million yuan)		
	合计 Total	职工 Workers	离退休人员 Retirees	基金收入 Revenue	基金支出 Expenses	累计结余 Balance at the Year-end
1989	5710.3	4816.9	893.4	146.7	118.8	68.0
1990	6166.0	5200.7	965.3	178.8	149.3	97.9
1991	6740.3	5653.7	1086.6	215.7	173.1	144.1
1992	9456.2	7774.7	1681.5	365.8	321.9	220.6
1993	9847.6	8008.2	1839.4	503.5	470.6	258.6
1994	10573.5	8494.1	2079.4	707.4	661.1	304.8
1995	10979.0	8737.8	2241.2	950.1	847.6	429.8
1996	11116.7	8758.4	2358.3	1171.8	1031.9	578.6
1997	11203.9	8670.9	2533.0	1337.9	1251.3	682.8
1998	11203.1	8475.8	2727.3	1459.0	1511.6	587.8
1999	11722.9	8859.2	2863.7	1871.9	1863.1	644.2
2000	12486.4	9469.9	3016.5	2088.3	1970.0	761.0
2001	12904.3	9733.0	3171.3	2235.1	2116.5	818.6
2002	13278.6	9929.4	3349.2	2783.6	2502.8	1243.5
2003	13881.4	10324.5	3556.9	3209.4	2716.2	1764.8
2004	14678.9	10903.9	3775.0	3728.5	3031.2	2499.3
2005	15715.8	11710.6	4005.2	4491.7	3495.3	3506.7
2006	16856.6	12618.0	4238.6	5632.5	4287.3	4869.1
2007	18234.6	13690.6	4544.0	7010.6	5153.6	6758.2
2008	19951.4	15083.4	4868.0	8800.1	6507.6	9241.0
2009	21567.0	16219.0	5348.0	10420.6	7886.6	11774.3
2010	23634.4	17822.7	5811.6	12218.4	9409.9	14547.2
2011	26284.0	19970.0	6314.0	15484.8	11425.7	18608.1
2012	28271.9	21360.9	6910.9	18363.0	14008.5	22968.0
2013	30049.5	22564.7	7484.8	20848.7	16741.5	27192.3
2014	31945.9	23932.3	8013.6	23305.4	19847.2	30626.3
2015	33123.2	24586.8	8536.5	26613.2	23140.9	34115.2
2016	34263.5	25239.6	9023.9	28692.6	25865.1	36970.3

9-8 历年各地区基本养老保险参保人数
CONTRIBUTORS OF BASIC PENSION INSURANCE BY REGION

单位：万人 (10 000 persons)

地区	Region	2001 城镇职工基本养老保险 Staff	2001 #离退休人员 Retirees	2002 城镇职工基本养老保险 Staff	2002 #离退休人员 Retirees	2003 城镇职工基本养老保险 Staff	2003 #离退休人员 Retirees	2004 城镇职工基本养老保险 Staff	2004 #离退休人员 Retirees	2005 城镇职工基本养老保险 Staff	2005 #离退休人员 Retirees
全国	**National**	**14182.5**	**3380.6**	**14736.6**	**3607.8**	**15506.7**	**3860.2**	**16352.9**	**4102.6**	**17487.9**	**4367.5**
北京	Beijing	425.9	124.3	436.2	133.2	448.5	141.5	459.7	148.6	520.0	155.2
天津	Tianjin	281.4	85.2	296.0	91.4	283.3	97.6	298.1	102.9	308.3	107.7
河北	Hebei	641.4	145.3	643.5	154.0	665.5	163.6	683.4	172.0	707.9	184.2
山西	Shanxi	365.6	81.8	361.8	85.4	364.4	88.1	376.7	93.3	383.4	98.2
内蒙古	Inner Mongolia	290.6	65.3	292.9	70.8	300.9	72.6	318.8	82.0	338.9	86.1
辽宁	Liaoning	1022.7	288.9	1039.2	302.2	1070.4	315.5	1101.0	333.8	1193.6	360.8
吉林	Jilin	389.1	99.6	397.7	104.9	427.0	115.5	439.0	123.1	455.9	131.0
黑龙江	Heilongjiang	692.5	178.5	689.8	187.4	714.3	196.0	738.1	207.3	768.9	223.2
上海	Shanghai	683.5	239.9	699.8	246.9	715.6	254.6	770.9	265.3	830.0	290.7
江苏	Jiangsu	888.1	212.7	1063.5	252.9	1135.2	271.4	1214.1	288.8	1345.6	307.9
浙江	Zhejiang	610.4	125.1	701.1	132.6	801.2	144.2	888.0	152.4	962.3	160.9
安徽	Anhui	432.7	98.5	432.3	102.8	456.6	113.6	463.9	118.8	471.7	124.8
福建	Fujian	242.0	58.4	285.1	61.6	364.2	79.4	377.5	83.7	409.6	88.9
江西	Jiangxi	328.8	78.2	339.8	82.6	355.9	93.4	371.8	99.9	387.4	105.5
山东	Shandong	1022.6	191.3	1043.0	205.3	1135.9	219.3	1218.7	232.2	1302.4	248.6
河南	Henan	736.6	141.9	757.8	161.5	751.1	171.0	781.1	181.1	814.0	191.2
湖北	Hubei	612.1	137.7	628.8	147.2	732.4	177.9	780.5	195.4	804.0	206.4
湖南	Hunan	603.4	148.0	616.5	157.7	636.2	167.5	691.7	185.4	718.6	195.2
广东	Guangdong	1370.3	187.0	1405.4	193.5	1482.2	203.8	1588.8	220.4	1796.1	231.2
广西	Guangxi	248.9	58.7	257.2	63.5	264.8	66.3	279.3	70.2	288.6	73.3
海南	Hainan	108.2	30.5	111.2	31.9	116.7	33.6	120.0	35.2	120.9	36.5
重庆	Chongqing	270.3	82.3	280.3	87.8	280.0	92.4	283.9	96.8	290.2	100.5
四川	Sichuan	578.9	169.4	589.2	178.1	605.5	187.5	668.0	202.7	793.4	230.7
贵州	Guizhou	159.0	42.4	168.9	44.9	168.0	48.0	174.9	50.0	183.7	51.7
云南	Yunnan	243.1	69.6	252.1	74.1	257.3	77.8	255.3	79.4	258.7	81.9
西藏	Tibet	7.1	2.6	7.0	2.6	7.3	2.8	7.6	3.0	7.7	3.1
陕西	Shaanxi	345.4	83.4	352.0	90.8	362.4	97.4	369.3	102.5	376.1	107.8
甘肃	Gansu	188.4	45.3	188.0	48.1	192.0	51.2	194.5	53.5	197.3	55.1
青海	Qinghai	51.9	14.9	54.2	15.0	56.4	15.9	58.5	16.5	60.0	16.9
宁夏	Ningxia	57.9	13.2	59.0	13.7	60.7	14.3	62.5	15.2	67.5	16.1
新疆	Xinjiang	258.4	77.6	262.1	79.6	269.3	83.0	294.8	87.3	302.1	89.0
中国人民银行	The People's Bank of China	19.8	3.1	19.8	3.3	19.8	3.4	17.1	3.5	17.1	3.7
中国农业发展银行	Agricutural Development Bank of China	5.4	0.2	5.5	0.3	5.6	0.4	5.8	0.4	5.7	0.5

9-8 续表 1 continued

单位：万人 (10 000 persons)

地 区	Region	2006		2007		2008		2009	
		城镇职工基本养老保险 Staff	#离退休人员 Retirees	城镇职工基本养老保险 Staff	#离退休人员 Retirees	城镇职工基本养老保险 Staff	#离退休人员 Retirees	城镇职工基本养老保险 Staff	#离退休人员 Retirees
全 国	**National**	**18766.3**	**4635.4**	**20136.9**	**4953.7**	**21891.1**	**5303.6**	**23549.9**	**5806.9**
北 京	Beijing	603.6	160.9	671.0	171.2	757.2	180.1	826.7	188.2
天 津	Tianjin	328.2	112.7	344.8	119.2	376.5	129.3	401.5	136.5
河 北	Hebei	747.5	196.0	795.6	210.2	862.5	222.7	919.5	238.0
山 西	Shanxi	486.9	112.7	506.7	120.2	539.4	128.0	563.8	136.6
内 蒙 古	Inner Mongolia	356.6	91.1	370.9	96.6	389.5	102.9	410.8	112.8
辽 宁	Liaoning	1248.8	383.0	1299.7	408.1	1406.2	429.9	1457.4	449.4
吉 林	Jilin	480.2	138.9	501.7	147.8	525.3	155.4	554.3	171.1
黑 龙 江	Heilongjiang	801.0	236.5	826.8	253.0	857.8	276.0	920.3	333.7
上 海	Shanghai	891.7	314.4	932.4	340.5	967.7	357.8	1001.1	376.0
江 苏	Jiangsu	1469.8	328.1	1602.3	353.3	1751.6	378.6	1883.1	415.4
浙 江	Zhejiang	1052.6	170.9	1167.1	182.3	1386.9	194.8	1527.4	209.6
安 徽	Anhui	495.2	133.8	530.3	144.8	578.4	158.1	628.2	169.5
福 建	Fujian	456.1	93.6	512.8	98.1	557.2	102.6	585.9	108.1
江 西	Jiangxi	415.0	111.6	475.0	118.5	550.3	128.5	581.9	135.9
山 东	Shandong	1368.0	261.7	1457.1	282.2	1565.9	305.0	1661.0	326.0
河 南	Henan	863.8	208.2	912.9	224.7	972.0	239.1	1019.1	254.5
湖 北	Hubei	850.8	220.5	886.8	235.3	932.3	252.0	982.0	273.6
湖 南	Hunan	751.6	209.9	784.0	227.3	829.1	235.3	879.1	246.1
广 东	Guangdong	1972.3	243.5	2226.8	257.2	2444.3	273.0	2716.4	294.2
广 西	Guangxi	302.7	77.1	325.5	82.2	368.1	95.0	411.3	118.0
海 南	Hainan	132.0	38.0	141.7	39.7	156.2	42.0	168.1	43.2
重 庆	Chongqing	317.3	107.9	344.8	112.7	406.1	130.7	492.8	176.5
四 川	Sichuan	842.7	244.9	917.4	269.4	1017.9	306.7	1176.2	393.5
贵 州	Guizhou	193.2	54.1	205.9	56.5	215.9	59.3	235.6	63.5
云 南	Yunnan	267.4	83.8	279.4	87.6	293.7	89.3	306.5	90.2
西 藏	Tibet	7.6	3.1	8.1	3.0	8.5	3.1	9.2	3.1
陕 西	Shaanxi	391.5	111.4	408.1	117.4	433.4	124.4	458.8	131.0
甘 肃	Gansu	201.2	57.7	208.4	60.6	221.0	64.0	230.9	67.5
青 海	Qinghai	62.5	17.4	65.2	18.0	68.3	18.6	71.3	19.3
宁 夏	Ningxia	72.3	16.7	77.0	17.7	82.6	18.8	89.4	20.0
新 疆	Xinjiang	313.3	90.9	327.7	93.7	346.3	97.6	356.9	100.6
中国人民银行	The People's Bank of China	17.2	3.9	17.3	4.1	17.5	4.2	17.5	4.4
中国农业发展银行	Agricutural Development Bank of China	5.6	0.5	5.6	0.6	5.6	0.7	5.6	0.7

9-8 续表 2 continued

单位: 万人 (10 000 persons)

地区	Region	2010 合计 Total	2010 #城镇职工基本养老保险 Staff	2010 #离退休人员 Retirees	2010 #城乡居民基本养老保险 Urban and Rural Staff	2011 合计 Total	2011 #城镇职工基本养老保险 Staff	2011 #离退休人员 Retirees	2011 #城乡居民基本养老保险 Urban and Rural Staff
全　国	**National**	**35984.1**	**25707.3**	**6305.0**	**10276.8**	**61573.3**	**28391.3**	**6826.2**	**33182.0**
北　京	Beijing	1149.8	981.3	195.5	168.5	1262.8	1089.4	201.2	173.4
天　津	Tianjin	510.8	431.5	143.6	79.4	543.7	458.7	148.8	85.0
河　北	Hebei	1828.7	988.4	259.5	840.3	3417.5	1059.8	285.3	2357.7
山　西	Shanxi	840.8	591.0	147.3	249.8	1611.7	623.8	158.9	987.9
内蒙古	Inner Mongolia	599.4	430.7	119.2	168.8	756.0	452.4	136.6	303.6
辽　宁	Liaoning	1643.7	1496.9	472.7	146.8	2329.1	1556.6	486.5	772.5
吉　林	Jilin	686.2	599.5	206.6	86.7	1027.6	617.5	221.1	410.1
黑龙江	Heilongjiang	1083.5	952.2	363.0	131.2	1261.2	981.0	380.0	280.2
上　海	Shanghai	1078.4	1049.5	392.2	28.9	1463.7	1382.7	406.5	81.0
江　苏	Jiangsu	2366.5	2033.0	449.1	333.5	4284.6	2223.9	483.1	2060.6
浙　江	Zhejiang	1993.0	1702.2	223.6	290.8	2732.3	1919.2	253.4	813.1
安　徽	Anhui	1018.9	669.5	177.5	349.3	2907.2	729.3	191.5	2178.0
福　建	Fujian	909.4	635.5	113.5	273.9	1484.6	695.1	118.2	789.5
江　西	Jiangxi	879.9	607.6	145.5	272.3	2025.9	653.0	168.7	1372.8
山　东	Shandong	2692.2	1773.0	345.1	919.2	5514.7	1907.1	373.1	3607.6
河　南	Henan	2291.1	1079.3	270.3	1211.8	4474.3	1168.4	287.9	3305.9
湖　北	Hubei	1419.8	1039.8	301.6	380.0	2851.1	1113.4	341.7	1737.7
湖　南	Hunan	1520.7	938.9	265.4	581.8	3174.7	988.2	277.9	2186.5
广　东	Guangdong	3372.8	3215.2	339.6	157.6	4608.1	3800.7	372.6	807.4
广　西	Guangxi	669.7	449.3	138.1	220.4	1279.9	483.8	151.5	796.1
海　南	Hainan	243.2	180.8	45.4	62.4	409.0	199.9	47.8	209.1
重　庆	Chongqing	1391.7	584.4	192.5	807.4	1772.7	647.6	220.1	1125.1
四　川	Sichuan	1970.5	1300.9	439.0	669.6	3055.0	1494.2	495.4	1560.7
贵　州	Guizhou	481.2	257.3	67.0	223.9	1131.8	282.1	71.3	849.7
云　南	Yunnan	786.9	317.4	92.3	469.4	1619.3	342.8	104.2	1276.5
西　藏	Tibet	90.4	9.9	3.2	80.5	131.3	11.2	3.2	120.1
陕　西	Shaanxi	990.0	550.4	150.3	439.7	1866.1	588.6	155.5	1277.5
甘　肃	Gansu	428.0	242.5	71.3	185.5	1044.6	263.0	85.1	781.6
青　海	Qinghai	139.5	74.4	20.0	65.1	261.9	81.5	25.2	180.4
宁　夏	Ningxia	132.5	107.8	30.5	24.7	296.5	121.4	36.4	175.1
新　疆	Xinjiang	751.7	393.8	119.2	357.9	951.1	431.5	131.9	519.6
中国人民银行	The People's Bank of China	17.7	17.7	4.6		17.8	17.8	4.8	
中国农业发展银行	Agricultural Development Bank of China	5.7	5.7	0.8		5.8	5.8	1.0	

9-8 续表 3 continued

单位：万人 (10 000 persons)

地区	Region	2012 合计 Total	2012 #城镇职工基本养老保险 Staff	2012 #离退休人员 Retirees	2012 #城乡居民基本养老保险 Urban and Rural Staff	2013 合计 Total	2013 #城镇职工基本养老保险 Staff	2013 #离退休人员 Retirees	2013 #城乡居民基本养老保险 Urban and Rural Staff
全　国	**National**	**78796.3**	**30426.8**	**7445.7**	**48369.5**	**81968.4**	**32218.4**	**8041.0**	**49750.1**
北　京	Beijing	1383.2	1206.4	210.7	176.8	1491.4	1311.3	220.0	180.1
天　津	Tianjin	579.6	490.3	156.9	89.3	616.2	520.7	168.4	95.5
河　北	Hebei	4460.2	1125.6	312.3	3334.6	4548.8	1194.7	335.1	3354.2
山　西	Shanxi	2130.8	648.7	168.9	1482.1	2206.2	672.4	180.5	1533.7
内蒙古	Inner Mongolia	1228.1	471.9	153.0	756.1	1276.8	496.5	172.7	780.3
辽　宁	Liaoning	2655.4	1609.2	510.4	1046.1	2776.3	1729.5	557.8	1046.9
吉　林	Jilin	1193.5	632.2	234.6	561.3	1298.3	655.2	248.4	643.1
黑龙江	Heilongjiang	1770.9	1013.0	401.6	758.0	1877.9	1062.1	422.2	815.8
上　海	Shanghai	1497.7	1416.9	423.8	80.8	1509.9	1429.9	437.5	80.0
江　苏	Jiangsu	4774.7	2427.5	547.0	2347.2	4966.1	2582.1	594.3	2384.0
浙　江	Zhejiang	3515.6	2183.3	347.8	1332.3	3731.2	2375.4	398.9	1355.8
安　徽	Anhui	4134.3	783.8	205.4	3350.6	4120.0	811.3	219.1	3308.7
福　建	Fujian	2202.5	756.5	125.5	1446.1	2280.0	812.8	133.2	1467.2
江　西	Jiangxi	2444.9	707.4	189.1	1737.5	2526.6	754.2	207.0	1772.5
山　东	Shandong	6464.4	2063.2	416.3	4401.2	6772.4	2259.6	459.2	4512.8
河　南	Henan	5990.3	1270.6	306.0	4719.7	6147.0	1350.0	325.6	4797.0
湖　北	Hubei	3437.6	1171.4	367.3	2266.2	3455.6	1219.4	395.9	2236.3
湖　南	Hunan	4168.3	1048.0	300.4	3120.3	4407.8	1091.7	329.5	3316.0
广　东	Guangdong	6289.3	4034.1	390.2	2255.2	6529.9	4183.0	421.3	2346.8
广　西	Guangxi	2085.0	512.7	163.6	1572.3	2202.4	538.4	172.6	1664.0
海　南	Hainan	483.7	214.2	52.5	269.5	503.6	231.5	57.1	272.1
重　庆	Chongqing	1847.8	716.9	247.0	1130.9	1896.0	773.1	275.4	1122.9
四　川	Sichuan	4443.8	1615.4	541.7	2828.4	4721.8	1720.3	596.2	3001.6
贵　州	Guizhou	1570.1	309.4	77.7	1260.7	1824.5	337.3	82.6	1487.2
云　南	Yunnan	2467.6	364.5	110.7	2103.2	2537.0	384.3	115.7	2152.7
西　藏	Tibet	147.4	13.3	3.5	134.0	154.5	14.0	3.5	140.4
陕　西	Shaanxi	2349.0	643.5	177.1	1705.5	2389.9	685.0	191.9	1704.9
甘　肃	Gansu	1454.0	277.4	93.7	1176.6	1526.9	288.4	99.9	1238.5
青　海	Qinghai	292.1	86.0	26.2	206.1	306.4	90.3	27.6	216.1
宁　夏	Ningxia	311.5	131.2	39.9	180.3	323.3	143.8	41.9	179.5
新　疆	Xinjiang	999.4	458.8	139.0	540.6	1019.9	476.3	143.8	543.6
中国人民银行	The People's Bank of China	17.9	17.9	5.0		18.0	18.0	5.2	
中国农业发展银行	Agricutural Development Bank of China	5.9	5.9	1.0		6.0	6.0	1.1	

9-8 续表 4 continued

单位：万人 (10 000 persons)

地 区	Region	2014 合 计 Total	2014 #城镇职工基本养老保险 Staff	2014 #离退休人员 Retirees	2014 #城乡居民基本养老保险 Urban and Rural Staff	2015 合 计 Total	2015 #城镇职工基本养老保险 Staff	2015 #离退休人员 Retirees	2015 #城乡居民基本养老保险 Urban and Rural Staff
全 国	**National**	**84231.9**	**34124.4**	**8593.4**	**50107.5**	**85833.4**	**35361.2**	**9141.9**	**50472.2**
北 京	Beijing	1578.9	1392.6	228.9	186.3	1611.9	1424.2	236.7	187.6
天 津	Tianjin	651.5	545.4	175.3	106.1	686.3	565.2	180.9	121.1
河 北	Hebei	4666.3	1262.0	353.6	3404.4	4760.8	1320.5	368.5	3440.3
山 西	Shanxi	2229.4	692.0	190.9	1537.4	2254.5	714.3	201.4	1540.3
内 蒙 古	Inner Mongolia	1286.9	524.9	192.7	761.9	1313.0	579.0	208.1	734.1
辽 宁	Liaoning	2801.2	1769.2	601.9	1032.0	2814.8	1780.2	640.5	1034.7
吉 林	Jilin	1331.5	676.7	261.1	654.8	1356.3	693.6	273.7	662.7
黑 龙 江	Heilongjiang	1911.9	1090.1	443.4	821.8	1945.8	1118.0	471.1	827.8
上 海	Shanghai	1535.7	1457.4	452.4	78.3	1573.3	1493.8	465.4	79.5
江 苏	Jiangsu	5039.8	2691.9	637.6	2347.9	5118.9	2779.9	681.1	2339.0
浙 江	Zhejiang	3890.1	2548.0	468.8	1342.1	3790.2	2504.3	570.3	1285.9
安 徽	Anhui	4166.4	829.2	232.3	3337.2	4254.1	857.5	246.7	3396.6
福 建	Fujian	2321.3	848.3	140.2	1473.0	2364.1	883.7	147.1	1480.4
江 西	Jiangxi	2582.0	783.9	221.1	1798.1	2653.0	823.1	235.2	1829.9
山 东	Shandong	6910.1	2370.2	511.5	4539.9	7011.8	2477.5	554.4	4534.3
河 南	Henan	6275.4	1431.6	342.3	4843.8	6363.9	1508.7	359.8	4855.2
湖 北	Hubei	3496.8	1266.2	419.2	2230.5	3530.5	1315.5	440.6	2215.0
湖 南	Hunan	4417.2	1118.9	349.0	3298.3	4440.2	1160.1	369.0	3280.1
广 东	Guangdong	7217.1	4809.5	445.9	2407.7	7586.2	5086.5	473.3	2499.7
广 西	Guangxi	2271.5	557.6	180.3	1713.9	2318.1	576.6	186.9	1741.5
海 南	Hainan	517.1	242.3	59.9	274.8	530.9	249.8	62.0	281.1
重 庆	Chongqing	1938.0	825.5	293.3	1112.5	1960.4	849.3	304.9	1111.1
四 川	Sichuan	4853.6	1839.7	648.1	3013.9	4959.4	1939.0	688.9	3020.4
贵 州	Guizhou	1948.1	361.5	87.1	1586.6	2041.1	392.1	94.8	1649.0
云 南	Yunnan	2558.4	397.9	118.7	2160.5	2666.2	412.9	121.8	2253.3
西 藏	Tibet	156.1	15.2	3.7	140.9	173.9	16.2	3.8	157.7
陕 西	Shaanxi	2427.3	716.5	200.3	1710.8	2466.2	751.7	207.5	1714.5
甘 肃	Gansu	1539.0	298.8	105.0	1240.1	1542.9	306.2	109.2	1236.7
青 海	Qinghai	319.2	94.6	28.8	224.6	333.5	100.1	30.1	233.5
宁 夏	Ningxia	333.6	151.4	44.2	182.1	340.6	157.5	46.4	183.1
新 疆	Xinjiang	1036.0	490.8	149.1	545.2	1045.6	499.4	154.8	546.1
中国人民银行	The People's Bank of China	18.0	18.0	5.5		18.1	18.1	5.8	
中国农业发展银行	Agricutural Development Bank of China	6.5	6.5	1.3		6.7	6.7	1.4	

9-8 续表 5 continued

单位：万人 (10 000 persons)

地 区	Region	2016 合 计 Total	#城镇职工基本养老保险 Staff	#离退休人员 Retirees	#城乡居民基本养老保险 Urban and Rural Staff
全 国	**National**	**88776.8**	**37929.7**	**10103.4**	**50847.1**
北 京	Beijing	1762.4	1546.6	275.4	215.7
天 津	Tianjin	773.5	639.0	208.6	134.5
河 北	Hebei	4849.1	1403.1	391.3	3446.0
山 西	Shanxi	2309.8	760.2	216.6	1549.6
内 蒙 古	Inner Mongolia	1391.2	655.0	236.5	736.1
辽 宁	Liaoning	2839.9	1800.3	679.7	1039.6
吉 林	Jilin	1374.0	706.8	286.7	667.2
黑 龙 江	Heilongjiang	1981.7	1144.1	488.5	837.6
上 海	Shanghai	1606.7	1527.1	476.3	79.5
江 苏	Jiangsu	5196.9	2861.5	724.2	2335.3
浙 江	Zhejiang	3740.1	2506.9	663.9	1233.1
安 徽	Anhui	4324.1	892.2	257.9	3431.9
福 建	Fujian	2468.9	979.8	174.0	1489.1
江 西	Jiangxi	2801.4	957.3	284.6	1844.1
山 东	Shandong	7115.0	2576.4	607.4	4538.6
河 南	Henan	6742.2	1848.4	450.3	4893.7
湖 北	Hubei	3574.8	1355.0	458.0	2219.7
湖 南	Hunan	4507.1	1186.7	362.9	3320.5
广 东	Guangdong	7935.7	5392.4	524.6	2543.2
广 西	Guangxi	2522.8	751.9	240.7	1770.9
海 南	Hainan	508.9	224.9	66.5	284.0
重 庆	Chongqing	2068.1	952.2	346.3	1115.8
四 川	Sichuan	5210.0	2157.6	777.8	3052.4
贵 州	Guizhou	2125.8	423.6	99.6	1702.2
云 南	Yunnan	2839.3	581.8	168.0	2257.5
西 藏	Tibet	179.5	21.1	6.0	158.5
陕 西	Shaanxi	2511.3	790.8	213.6	1720.5
甘 肃	Gansu	1568.7	315.0	114.1	1253.7
青 海	Qinghai	367.5	132.3	41.4	235.2
宁 夏	Ningxia	375.5	189.3	57.8	186.2
新 疆	Xinjiang	1179.9	625.0	196.5	554.9
中国人民银行	The People's Bank of China	18.2	18.2	6.1	
中国农业发展银行	Agricutural Development Bank of China	6.9	6.9	1.6	

9-9 各地区城镇职工基本养老保险情况(2016年)
URBAN BASIC PENSION INSURANCE BY REGION(2016)

单位：万人，亿元 (10 000 persons，100 million yuan)

地　区	Region	参保职工年末人数 Active Contributors at the Year-end	#执行企业制度 Enterprises (others)	参保离退休人员年末人数 Retirees at the Year-end	基金收支情况 Revenue and Expenses 基金收入 Revenue	基金支出 Expenses	累计结余 Balance at the Year-end
全　国	**National**	**27826.3**	**25239.6**	**10103.4**	**35057.5**	**31853.8**	**38580.0**
北　京	Beijing	1271.2	1216.2	275.4	2249.0	1479.4	3566.2
天　津	Tianjin	430.4	388.0	208.6	751.4	750.1	397.7
河　北	Hebei	1011.8	846.8	391.3	1221.3	1269.4	707.6
山　西	Shanxi	543.6	435.7	216.6	788.0	746.9	1305.6
内蒙古	Inner Mongolia	418.6	337.5	236.5	612.5	627.8	458.9
辽　宁	Liaoning	1120.5	1056.7	679.7	1676.1	1930.3	916.6
吉　林	Jilin	420.1	420.1	286.7	636.0	676.3	342.8
黑龙江	Heilongjiang	655.6	601.8	488.5	1005.7	1332.7	-196.1
上　海	Shanghai	1050.9	988.5	476.3	2579.7	2158.2	1872.5
江　苏	Jiangsu	2137.3	2046.4	724.2	2324.5	2085.6	3402.7
浙　江	Zhejiang	1843.0	1710.6	663.9	2358.4	2157.4	3293.5
安　徽	Anhui	634.3	634.3	257.9	815.9	673.1	1185.2
福　建	Fujian	805.7	720.3	174.0	689.7	586.0	701.1
江　西	Jiangxi	672.7	585.0	284.6	695.9	668.2	526.7
山　东	Shandong	1969.0	1722.3	607.4	2242.5	2090.3	2385.7
河　南	Henan	1398.1	1108.5	450.3	1145.2	1092.2	1050.5
湖　北	Hubei	897.1	853.8	458.0	1196.9	1225.1	822.3
湖　南	Hunan	823.8	661.6	362.9	1086.7	1019.0	1007.0
广　东	Guangdong	4867.9	4735.8	524.6	2818.7	1678.7	7652.6
广　西	Guangxi	511.2	407.2	240.7	852.8	849.0	460.4
海　南	Hainan	158.5	139.0	66.5	198.0	177.8	134.3
重　庆	Chongqing	605.9	545.9	346.3	819.9	740.5	834.8
四　川	Sichuan	1379.8	1196.5	777.8	2739.9	2679.9	2226.3
贵　州	Guizhou	323.9	319.0	99.6	331.3	283.9	527.8
云　南	Yunnan	413.8	292.4	168.0	664.3	501.1	813.7
西　藏	Tibet	15.1	12.4	6.0	79.5	51.8	77.5
陕　西	Shaanxi	577.3	530.6	213.6	691.1	678.3	474.5
甘　肃	Gansu	200.9	200.9	114.1	341.8	331.7	376.0
青　海	Qinghai	90.9	72.1	41.4	174.5	187.8	63.0
宁　夏	Ningxia	131.5	118.3	57.8	205.8	181.9	196.1
新　疆	Xinjiang	428.5	335.2	196.5	1052.4	934.4	979.5
中国人民银行	The People's Bank of China	12.1		6.1			
中国农业发展银行	Agricutural Development Bank of China	5.3		1.6	11.9	9.2	17.0

9-10 各地区城乡居民基本养老保险情况（2016年）
STATISTICS ON BASIC PENSION INSURANCE FOR URBAN AND RURAL RESIDENTS BY REGION (2016)

地区	Region	参保人数（万人）Contributors at Year-end (10 000 persons)	#实际领取待遇人数 Number of Participants Who Have Reached the Prescribed Age of Benifit Entilement	基金收支情况(亿元) Revenue and Expenses(100 million yuan) 基金收入 Revenue	基金支出 Expenses	累计结余 Balance at Year-end
全　国	**National Total**	**50847.1**	**15270.3**	**2933.3**	**2150.5**	**5385.2**
北　京	Beijing	215.7	85.4	41.7	30.2	139.0
天　津	Tianjin	134.5	77.5	72.5	30.7	202.0
河　北	Hebei	3446.0	969.4	141.6	103.6	249.2
山　西	Shanxi	1549.6	387.8	66.9	43.2	146.3
内蒙古	Inner Mongolia	736.1	211.7	45.6	37.7	75.3
辽　宁	Liaoning	1039.6	385.2	59.0	53.5	62.8
吉　林	Jilin	667.2	244.7	29.7	26.4	43.4
黑龙江	Heilongjiang	837.6	270.3	24.4	26.2	52.5
上　海	Shanghai	79.5	49.3	57.5	54.2	77.3
江　苏	Jiangsu	2335.3	1045.8	288.1	224.8	504.4
浙　江	Zhejiang	1233.1	536.4	149.9	143.4	150.9
安　徽	Anhui	3431.9	912.8	140.6	93.2	268.0
福　建	Fujian	1489.1	426.9	79.0	57.9	123.9
江　西	Jiangxi	1844.1	457.2	73.8	46.2	137.3
山　东	Shandong	4538.6	1430.9	324.4	204.8	683.6
河　南	Henan	4893.7	1343.8	200.1	144.6	350.7
湖　北	Hubei	2219.7	674.3	112.5	76.2	202.0
湖　南	Hunan	3320.5	915.5	134.9	97.2	221.8
广　东	Guangdong	2543.2	816.7	184.8	157.1	385.2
广　西	Guangxi	1770.9	555.3	85.1	63.4	110.5
海　南	Hainan	284.0	70.9	29.0	13.0	51.0
重　庆	Chongqing	1115.8	369.3	57.0	50.0	101.1
四　川	Sichuan	3052.4	1114.4	190.4	141.6	351.8
贵　州	Guizhou	1702.2	442.3	58.6	43.0	91.4
云　南	Yunnan	2257.5	500.3	83.6	49.2	191.6
西　藏	Tibet	158.5	23.2	7.7	4.7	14.5
陕　西	Shaanxi	1720.5	460.1	87.7	65.1	171.1
甘　肃	Gansu	1253.7	304.5	54.8	36.6	114.2
青　海	Qinghai	235.2	44.7	13.7	8.5	26.8
宁　夏	Ningxia	186.2	38.4	11.3	7.2	23.4
新　疆	Xinjiang	554.9	105.6	27.3	17.1	62.4

注：2009年启动新型农村社会养老保险试点，2011年启动城镇居民社会养老保险试点，2012年底实现两项制度的全覆盖，2014年两项制度合并实施，建立统一的城乡居民基本养老保险制度。

a) Since August 2012, basic pension insurance for unban and rural residents consist of new rural old-age insurance and urban residents basic pension insurance.

9-11 历年各地区养老金社会化发放人数
NUMBER OF PENSIONERS PAID BY THE SOCIALIZED AGENCIES BY REGION

单位：万人 (10 000 persons)

地区	Region	2012	2013	2014	2015	2016
全国	**National**	**6865.5**	**7201.0**	**8093.2**	**8383.9**	**8620.5**
北京	Beijing	**210.7**	**212.6**	**228.9**	**236.7**	**242.8**
天津	Tianjin	152.6	15.8	171.2	176.2	180.7
河北	Hebei	268.8	286.8	313.7	317.3	312.5
山西	Shanxi	167.5	159.5	174.2	171.8	180.0
内蒙古	Inner Mongolia	148.9	168.7	188.9	200.0	213.7
辽宁	Liaoning	478.4	524.6	572.1	604.6	642.4
吉林	Jilin	234.6	242.9	260.5	273.7	286.7
黑龙江	Heilongjiang	378.1	397.7	423.5	445.5	459.2
上海	Shanghai	376.6	388.1	407.7	415.4	421.9
江苏	Jiangsu	512.0	557.0	607.0	610.0	648.7
浙江	Zhejiang	321.5	328.9	444.1	541.0	612.5
安徽	Anhui	201.2	204.8	228.8	238.0	248.0
福建	Fujian	97.1	102.7	119.9	105.0	103.4
江西	Jiangxi	184.6	202.4	216.9	228.5	241.5
山东	Shandong	332.7	363.9	435.7	457.0	501.9
河南	Henan	277.3	295.8	316.3	294.9	243.0
湖北	Hubei	351.4	373.7	404.2	420.5	439.5
湖南	Hunan	243.6	259.9	296.0	304.9	182.1
广东	Guangdong	333.5	383.4	430.4	457.5	504.1
广西	Guangxi	162.4	170.2	180.2	186.5	192.2
海南	Hainan	44.2	47.7	52.8	50.7	60.3
重庆	Chongqing	244.1	270.3	290.0	302.3	316.3
四川	Sichuan	500.3	561.8	614.9	614.6	649.0
贵州	Guizhou	77.0	81.3	86.4	94.1	98.8
云南	Yunnan	106.7	112.6	114.1	113.8	95.1
西藏	Tibet	3.4	3.4	3.6	3.8	3.9
陕西	Shaanxi	160.6	174.7	185.3	189.0	193.4
甘肃	Gansu	92.5	100.0	104.9	109.2	113.5
青海	Qinghai	26.2	27.6	28.8	30.1	31.1
宁夏	Ningxia	40.3	40.7	43.8	46.4	48.7
新疆	Xinjiang	81.3	84.9	88.9	85.3	95.9
新疆兵团	Xinjiang Production and Construction Crops	55.7	56.4	58.5	59.6	57.7

注：社会化发放人数是指企业、企业化管理的事业单位及其他参保人员中的离退休人员。
a) Number of pensioners paid by the socialized agencies refers to retirees of enterprises, institutions managed as enterprises and other contributors.

9-12 历年全国城镇基本医疗保险基本情况
PERSONS COVERED BY THE BASIC MEDICAL INSURANCE AT THE YEAR-END

年 份 Year	合计 Total	职工基本医疗保险参保人数 Persons Covered by the Basic Medical Insurance of Employment	职工人数 Workers	退休人员人数 Retirees	城镇居民基本医疗保险参保人数 Persons Covered by the Basic Medical Insurance of Non-employment
绝对数(万人) Absolute figure (10 000 persons)					
1993	290.1	290.1	267.6	22.5	
1994	400.3	400.3	374.6	25.7	
1995	745.9	745.9	702.6	43.3	
1996	855.7	855.7	791.2	64.5	
1997	1762.0	1762.0	1588.9	173.1	
1998	1878.7	1878.7	1509.7	369.0	
1999	2065.3	2065.3	1509.4	555.9	
2000	3786.9	3786.9	2862.8	924.2	
2001	7285.9	7285.9	5470.7	1815.2	
2002	9401.2	9401.2	6925.8	2475.4	
2003	10901.7	10901.7	7974.9	2926.8	
2004	12403.6	12403.6	9044.4	3359.2	
2005	13782.9	13782.9	10021.7	3761.2	
2006	15731.8	15731.8	11580.3	4151.5	
2007	22311.4	18020.3	13420.3	4600.0	4291.1
2008	31821.6	19995.6	14987.7	5007.9	11826.0
2009	40147.0	21937.4	16410.5	5526.9	18209.6
2010	43262.9	23734.7	17791.2	5943.5	19528.3
2011	47343.2	25227.1	18948.5	6278.6	22116.1
2012	53641.3	26485.6	19861.3	6624.2	27155.7
2013	57072.6	27443.1	20501.3	6941.8	29629.4
2014	59746.9	28296.0	21041.3	7254.8	31450.9
2015	66581.6	28893.1	21362.0	7531.2	37688.5
2016	74391.6	29531.5	21720.0	7811.6	44860.0
比上年增长(%) Increase over Preceding Year %					
1994	38.0	38.0	40.0	14.3	
1995	86.3	86.3	87.6	68.0	
1996	14.7	14.7	12.6	49.0	
1997	105.9	105.9	100.8	168.5	
1998	6.6	6.6	-5.0	113.2	
1999	9.9	9.9	0.0	50.7	
2000	83.4	83.4	89.7	66.2	
2001	92.4	92.4	91.1	96.4	
2002	29.0	29.0	26.6	36.4	
2003	16.0	16.0	15.1	18.2	
2004	13.8	13.8	13.4	14.8	
2005	11.1	11.1	10.8	12.0	
2006	14.1	14.1	15.6	10.4	
2007	41.8	14.5	15.9	10.8	
2008	42.6	11.0	11.7	8.9	175.6
2009	26.2	9.7	9.5	10.4	54.0
2010	7.8	8.2	8.4	7.5	7.2
2011	9.4	6.3	6.5	5.6	13.3
2012	13.3	5.0	4.8	5.5	22.8
2013	6.4	3.6	3.2	4.8	9.1
2014	4.7	3.1	2.6	4.5	6.1
2015	11.4	2.1	1.5	3.8	19.8
2016	11.7	2.2	1.7	3.7	19.0

9-13 历年各地区城镇基本医疗保险参保人数
BASIC MEDICAL INSURANCE BY REGION

单位：万人 (10 000 persons)

地 区	Region	2001		2002		2003		2004	
		职工基本医疗保险 Staff	#退休人员 Retirees	职工基本医疗保险 Staff	#退休人员 Retirees	职工基本医疗保险 Staff	#退休人员 Retirees	职工基本医疗保险 Staff	#退休人员 Retirees
全 国	**National**	**7285.9**	**1815.2**	**9401.2**	**2475.4**	**10901.7**	**2926.8**	**12403.6**	**3359.2**
北 京	Beijing	240.7	89.4	321.1	113.2	436.1	134.7	483.9	141.7
天 津	Tianjin	139.6	46.8	250.2	103.8	254.7	108.5	263.0	104.8
河 北	Hebei	282.5	61.5	330.4	73.0	383.2	84.7	472.5	108.9
山 西	Shanxi	157.3	34.4	216.7	49.5	245.5	51.3	295.5	63.9
内蒙古	Inner Mongolia	196.9	45.5	221.7	54.2	252.3	66.1	274.2	78.1
辽 宁	Liaoning	313.6	90.4	619.0	188.7	697.7	217.2	783.7	247.3
吉 林	Jilin	124.2	27.8	176.9	39.8	230.8	55.3	270.0	67.5
黑龙江	Heilongjiang	308.3	89.2	392.8	108.2	435.2	122.1	544.1	151.7
上 海	Shanghai	680.5	238.9	694.8	245.9	709.6	250.6	714.1	260.9
江 苏	Jiangsu	456.0	113.5	690.9	183.2	815.0	227.6	976.7	261.6
浙 江	Zhejiang	352.7	100.0	423.4	117.0	510.3	139.5	569.2	150.3
安 徽	Anhui	232.8	53.6	273.4	65.6	318.2	79.8	362.2	97.7
福 建	Fujian	171.0	38.3	230.0	54.7	247.8	61.8	285.9	69.5
江 西	Jiangxi	71.6	12.2	106.6	22.7	188.2	45.7	250.4	65.8
山 东	Shandong	490.2	86.0	625.6	119.5	691.1	138.0	771.9	153.5
河 南	Henan	460.3	94.8	537.4	115.2	567.9	126.9	590.0	136.8
湖 北	Hubei	255.4	54.5	338.1	80.6	416.6	110.1	466.8	132.5
湖 南	Hunan	351.6	83.7	398.1	108.3	423.5	116.1	477.0	133.9
广 东	Guangdong	544.8	84.4	717.7	118.8	877.0	146.4	1034.2	168.9
广 西	Guangxi	150.1	33.4	201.8	54.1	235.0	66.1	272.2	77.8
海 南	Hainan	40.9	8.5	52.6	11.5	63.1	15.4	78.6	22.3
重 庆	Chongqing	36.8	9.7	58.7	18.0	121.8	41.7	206.3	76.2
四 川	Sichuan	437.6	128.3	480.6	150.1	531.2	173.8	587.6	196.5
贵 州	Guizhou	31.1	6.9	94.6	26.6	134.1	38.2	152.6	44.0
云 南	Yunnan	185.7	45.6	238.4	65.0	281.5	81.4	302.3	89.6
西 藏	Tibet					6.0	1.8	7.1	2.8
陕 西	Shaanxi	231.4	49.4	261.8	65.1	301.0	77.4	325.6	86.8
甘 肃	Gansu	109.9	23.6	124.1	26.0	146.0	32.8	165.8	40.6
青 海	Qinghai	38.3	12.6	51.1	16.3	56.4	17.8	60.2	19.5
宁 夏	Ningxia	17.2	4.0	36.8	10.1	48.1	12.7	55.6	14.6
新 疆	Xinjiang	177.0	48.1	235.7	70.6	276.7	85.3	304.4	93.2

9-13 续表 1 continued

单位：万人 (10 000 persons)

地 区	Region	2005 职工基本医疗保险 Staff	2005 #退休人员 Retirees	2006 职工基本医疗保险 Staff	2006 #退休人员 Retirees	2007 合 计 Total	2007 #职工基本医疗保险 Staff	2007 #退休人员 Retirees	2007 #城镇居民基本医疗保险 Urban Staff
全 国	**National**	**13782.9**	**3761.2**	**15731.9**	**4151.5**	**22311.4**	**18020.3**	**4600.0**	**4291.1**
北 京	Beijing	574.8	155.1	679.5	163.9	929.4	783.0	172.9	146.4
天 津	Tianjin	299.1	118.3	344.2	126.0	403.8	382.5	133.2	21.3
河 北	Hebei	562.1	139.6	615.9	158.6	746.3	686.3	183.9	60.0
山 西	Shanxi	324.9	73.0	353.8	82.2	460.6	405.7	98.3	54.9
内蒙古	Inner Mongolia	292.0	86.0	316.2	93.1	451.6	352.7	103.8	98.9
辽 宁	Liaoning	864.2	280.0	959.3	307.4	1200.2	1087.8	346.5	112.4
吉 林	Jilin	283.0	73.9	376.3	101.2	767.2	427.8	118.2	339.4
黑龙江	Heilongjiang	602.9	170.4	708.2	192.9	826.7	752.2	202.3	74.5
上 海	Shanghai	728.6	275.9	1023.3	291.0	1096.8	1096.8	306.4	
江 苏	Jiangsu	1124.1	303.0	1274.3	338.5	2136.6	1435.8	365.4	700.8
浙 江	Zhejiang	639.6	163.1	730.6	172.9	946.2	855.0	185.5	91.2
安 徽	Anhui	387.1	112.7	441.2	124.7	953.3	486.2	137.1	467.1
福 建	Fujian	333.0	77.2	370.1	85.2	477.4	406.1	91.0	71.3
江 西	Jiangxi	276.7	75.0	313.3	86.5	784.7	403.4	121.6	381.3
山 东	Shandong	861.5	176.7	996.1	199.9	1292.3	1115.9	227.8	176.4
河 南	Henan	641.5	154.1	704.1	173.3	897.7	781.0	197.4	116.8
湖 北	Hubei	502.0	147.2	565.3	166.6	870.5	644.5	196.3	226.0
湖 南	Hunan	503.4	146.6	560.5	162.4	724.5	620.6	181.9	103.9
广 东	Guangdong	1235.3	180.3	1421.1	197.9	2281.6	2022.2	218.0	259.4
广 西	Guangxi	285.9	82.3	302.0	88.7	361.4	339.3	99.2	22.1
海 南	Hainan	87.2	24.5	91.0	25.6	155.3	107.5	29.9	47.9
重 庆	Chongqing	237.7	91.9	257.5	97.4	327.5	284.7	104.7	42.8
四 川	Sichuan	647.0	220.2	734.5	247.8	1020.0	815.0	270.6	205.0
贵 州	Guizhou	180.5	51.5	199.2	57.8	293.8	228.2	66.1	65.6
云 南	Yunnan	320.7	95.5	331.5	98.8	400.3	345.8	101.8	54.5
西 藏	Tibet	15.2	4.8	16.5	5.0	19.2	19.2	5.8	
陕 西	Shaanxi	348.8	101.3	377.1	111.4	459.3	410.1	123.2	49.3
甘 肃	Gansu	176.6	46.2	195.8	51.7	449.5	221.5	61.6	228.0
青 海	Qinghai	62.0	20.4	64.5	22.0	95.8	70.1	23.0	25.7
宁 夏	Ningxia	64.5	17.2	73.1	19.9	114.0	78.3	21.4	35.7
新 疆	Xinjiang	321.1	97.5	335.8	101.2	367.9	355.1	105.1	12.7

9-13 续表 2 continued

单位：万人 (10 000 persons)

地区	Region	2008 合计 Total	2008 #职工基本医疗保险 Staff	2008 #退休人员 Retirees	2008 #城镇居民基本医疗保险 Urban Staff	2009 合计 Total	2009 #职工基本医疗保险 Staff	2009 #退休人员 Retirees	2009 #城镇居民基本医疗保险 Urban Staff
全 国	**National**	**31821.7**	**19995.6**	**5007.9**	**11826.1**	**40147.0**	**21937.4**	**5526.9**	**18209.6**
北 京	Beijing	1017.1	871.0	182.4	146.1	1083.9	938.4	191.8	145.5
天 津	Tianjin	484.5	399.1	141.8	85.4	605.3	444.1	150.6	161.2
河 北	Hebei	1083.1	738.5	199.5	344.5	1421.1	802.1	219.7	619.0
山 西	Shanxi	593.9	441.8	108.8	152.1	879.0	534.6	128.5	344.5
内蒙古	Inner Mongolia	612.5	373.7	108.6	238.8	805.3	410.4	117.8	394.9
辽 宁	Liaoning	1507.5	1209.3	386.5	298.1	1895.6	1347.0	444.5	548.6
吉 林	Jilin	937.4	450.9	131.8	486.5	1242.8	486.4	147.4	756.4
黑龙江	Heilongjiang	1056.3	788.3	216.0	268.1	1544.3	851.3	256.5	693.0
上 海	Shanghai	1355.2	1171.7	320.9	183.5	1583.8	1329.6	372.5	254.2
江 苏	Jiangsu	2837.6	1604.3	390.3	1233.3	3031.0	1701.1	418.6	1329.9
浙 江	Zhejiang	1322.6	1053.9	198.3	268.7	1784.4	1173.7	211.8	610.7
安 徽	Anhui	1323.8	528.8	148.1	795.0	1435.8	570.2	160.4	865.6
福 建	Fujian	796.5	435.7	101.4	360.7	1137.2	503.7	114.7	633.5
江 西	Jiangxi	1207.1	503.2	149.4	704.0	1300.4	515.1	151.6	785.3
山 东	Shandong	1847.0	1266.2	256.2	580.8	2540.2	1428.6	287.8	1111.6
河 南	Henan	1549.4	840.9	220.8	708.6	1970.1	920.1	243.7	1050.0
湖 北	Hubei	1435.7	714.9	210.9	720.8	1811.7	820.4	236.2	991.3
湖 南	Hunan	1321.6	682.0	206.5	639.6	1831.9	746.4	225.6	1085.5
广 东	Guangdong	3551.8	2370.7	240.3	1181.1	4568.5	2556.4	259.4	2012.1
广 西	Guangxi	568.2	361.4	103.8	206.8	850.0	388.8	110.6	461.2
海 南	Hainan	249.7	121.8	34.0	127.9	283.8	152.7	41.5	131.0
重 庆	Chongqing	550.6	326.2	115.1	224.4	769.5	362.5	120.8	407.0
四 川	Sichuan	1413.8	893.5	296.7	520.4	1912.7	958.5	317.3	954.2
贵 州	Guizhou	404.3	257.4	73.0	146.9	567.0	279.5	85.1	287.5
云 南	Yunnan	618.2	356.8	103.6	261.4	762.5	397.4	118.3	365.0
西 藏	Tibet	32.4	20.1	5.3	12.3	36.0	22.6	6.4	13.5
陕 西	Shaanxi	717.3	432.7	132.8	284.6	890.0	463.3	145.2	426.8
甘 肃	Gansu	522.2	248.9	68.8	273.2	557.4	272.2	77.7	285.2
青 海	Qinghai	93.6	72.1	24.5	21.5	104.8	75.7	24.6	29.1
宁 夏	Ningxia	158.7	83.2	22.7	75.4	186.0	87.0	23.8	99.0
新 疆	Xinjiang	652.1	376.6	109.0	275.5	755.0	397.5	114.7	357.4

9-13 续表 3 continued

单位：万人 (10 000 persons)

地 区	Region	2010 合 计 Total	2010 #职工基本医疗保险 Staff	2010 #退休人员 Retirees	2010 #城镇居民基本医疗保险 Urban Staff	2011 合 计 Total	2011 #职工基本医疗保险 Staff	2011 #退休人员 Retirees	2011 #城镇居民基本医疗保险 Urban Staff
全 国	**National**	**43262.9**	**23734.7**	**5943.5**	**19528.3**	**47343.2**	**25227.1**	**6278.6**	**22116.1**
北 京	Beijing	1207.3	1063.7	215.1	143.7	1347.8	1188.0	232.8	159.8
天 津	Tianjin	960.9	470.0	157.5	490.9	972.8	474.5	162.5	498.3
河 北	Hebei	1518.1	848.0	238.0	670.0	1562.2	875.5	248.2	686.6
山 西	Shanxi	923.5	562.0	140.0	361.5	1005.1	595.8	150.8	409.3
内蒙古	Inner Mongolia	886.4	433.5	124.7	452.8	907.3	438.0	124.3	469.3
辽 宁	Liaoning	2056.2	1408.7	464.1	647.5	2120.1	1499.4	494.1	620.7
吉 林	Jilin	1333.8	550.1	179.9	783.7	1350.6	557.2	188.2	793.4
黑龙江	Heilongjiang	1560.8	873.7	278.4	687.1	1578.0	881.0	293.6	697.0
上 海	Shanghai	1665.2	1405.9	388.8	259.2	1591.8	1342.1	404.1	249.7
江 苏	Jiangsu	3249.4	1848.3	443.2	1401.2	3500.5	2012.4	470.9	1488.1
浙 江	Zhejiang	1963.8	1344.4	226.8	619.4	2244.1	1514.4	243.3	729.7
安 徽	Anhui	1529.3	598.5	169.3	930.9	1612.9	659.3	181.9	953.6
福 建	Fujian	1200.6	546.6	120.7	654.0	1217.2	579.3	126.2	637.8
江 西	Jiangxi	1326.4	532.1	166.5	794.3	1329.7	535.9	170.9	793.8
山 东	Shandong	2770.6	1541.3	316.7	1229.3	2947.8	1637.1	337.5	1310.7
河 南	Henan	2043.7	957.4	258.7	1086.4	2122.3	1016.4	272.2	1105.8
湖 北	Hubei	1860.0	847.8	239.8	1012.3	1932.5	902.8	254.6	1029.7
湖 南	Hunan	1894.5	777.4	236.9	1117.2	1941.2	789.5	242.9	1151.7
广 东	Guangdong	5043.2	3000.0	314.5	2043.2	6767.1	3234.3	340.5	3532.8
广 西	Guangxi	935.2	413.5	123.0	521.7	981.3	437.2	128.8	544.1
海 南	Hainan	323.3	166.9	43.2	156.4	352.4	186.2	45.3	166.1
重 庆	Chongqing	830.8	406.2	125.6	424.6	1324.8	458.5	133.1	866.3
四 川	Sichuan	2063.1	1051.9	348.3	1011.2	2248.4	1169.1	366.0	1079.3
贵 州	Guizhou	602.5	293.5	88.2	309.0	629.0	314.1	93.3	314.9
云 南	Yunnan	820.5	414.8	121.4	405.7	865.8	443.4	126.6	422.4
西 藏	Tibet	38.6	23.5	6.6	15.1	43.7	24.9	6.6	18.7
陕 西	Shaanxi	947.2	474.2	151.2	473.1	1090.4	540.3	172.8	550.2
甘 肃	Gansu	588.8	290.2	85.9	298.6	590.8	291.1	88.2	299.8
青 海	Qinghai	140.3	78.7	25.2	61.6	151.6	82.4	25.9	69.2
宁 夏	Ningxia	188.3	94.1	26.4	94.2	188.8	100.2	27.1	88.5
新 疆	Xinjiang	790.5	417.7	119.0	372.7	825.2	446.6	125.2	378.5

9-13 续表 4 continued

单位：万人 (10 000 persons)

地 区	Region	2012 合 计 Total	2012 #职工基本医疗保险 Staff	2012 #退休人员 Retirees	2012 #城镇居民基本医疗保险 Urban Staff	2013 合 计 Total	2013 #职工基本医疗保险 Staff	2013 #退休人员 Retirees	2013 #城镇居民基本医疗保险 Urban Staff
全 国	**National**	**53641.3**	**26485.6**	**6624.2**	**27155.7**	**57072.6**	**27443.1**	**6941.8**	**29629.4**
北 京	Beijing	1431.6	1279.7	239.1	151.9	1514.9	1354.8	249.8	160.1
天 津	Tianjin	981.3	479.1	168.9	502.2	1001.5	493.1	177.3	508.4
河 北	Hebei	1644.4	906.8	261.5	737.6	1674.5	926.3	275.6	748.2
山 西	Shanxi	1055.9	621.1	157.2	434.9	1086.3	646.5	166.9	439.7
内蒙古	Inner Mongolia	967.7	455.1	132.4	512.6	986.2	464.5	134.5	521.7
辽 宁	Liaoning	2251.9	1587.0	524.8	664.9	2333.3	1624.8	546.9	708.5
吉 林	Jilin	1370.0	569.5	194.0	800.5	1378.6	574.9	197.5	803.7
黑龙江	Heilongjiang	1580.3	867.8	309.6	712.5	1580.4	868.1	311.6	712.3
上 海	Shanghai	1638.6	1376.0	421.5	262.6	1650.5	1394.1	438.4	256.4
江 苏	Jiangsu	3608.8	2155.5	508.9	1453.4	3427.6	2274.7	543.6	1152.9
浙 江	Zhejiang	2806.8	1671.0	277.1	1135.8	4121.1	1791.1	299.5	2330.0
安 徽	Anhui	1660.0	685.2	191.5	974.8	1660.8	716.0	203.3	944.9
福 建	Fujian	1262.9	666.3	130.2	596.6	1283.8	703.0	136.4	580.8
江 西	Jiangxi	1438.6	546.8	180.4	891.8	1476.6	569.9	189.8	906.7
山 东	Shandong	3101.2	1734.1	365.6	1367.1	3647.9	1809.7	391.7	1838.2
河 南	Henan	2222.2	1082.2	293.2	1140.0	2297.2	1140.2	313.4	1157.0
湖 北	Hubei	1960.3	921.2	264.7	1039.1	1960.6	922.8	280.7	1037.8
湖 南	Hunan	2341.9	797.6	248.8	1544.3	2316.2	799.3	257.5	1516.9
广 东	Guangdong	8421.8	3373.4	362.8	5048.4	9179.8	3473.0	383.8	5706.8
广 西	Guangxi	1011.5	456.3	133.6	555.3	1031.0	466.6	137.8	564.4
海 南	Hainan	378.5	205.2	47.5	173.2	406.5	220.0	50.6	186.6
重 庆	Chongqing	3219.1	496.5	147.9	2722.6	3234.8	539.5	158.9	2695.3
四 川	Sichuan	2383.8	1240.9	381.8	1142.9	2486.0	1282.0	394.5	1204.0
贵 州	Guizhou	648.3	329.3	96.3	319.0	672.1	344.7	98.1	327.4
云 南	Yunnan	882.4	452.2	129.5	430.2	1118.8	458.0	133.3	660.8
西 藏	Tibet	50.1	27.6	7.1	22.6	54.8	30.6	7.2	24.3
陕 西	Shaanxi	1118.8	547.5	175.8	571.3	1244.3	571.7	181.7	672.5
甘 肃	Gansu	616.5	293.0	87.7	323.6	622.8	297.1	90.2	325.7
青 海	Qinghai	172.3	86.1	26.7	86.2	181.3	89.7	27.6	91.6
宁 夏	Ningxia	561.8	106.6	28.5	455.2	565.5	108.6	29.5	456.9
新 疆	Xinjiang	851.9	469.1	129.6	382.9	877.1	488.0	134.3	389.1

9-13 续表 5 continued

单位：万人 (10 000 persons)

地区	Region	2014 合计 Total	2014 #职工基本医疗保险 Staff	2014 #退休人员 Retirees	2014 #城镇居民基本医疗保险 Urban Staff	2015 合计 Total	2015 #职工基本医疗保险 Staff	2015 #退休人员 Retirees	2015 #城镇居民基本医疗保险 Urban Staff
全国	**National**	**59746.9**	**28296.0**	**7254.8**	**31450.9**	**66581.6**	**28893.1**	**7531.2**	**37688.5**
北京	Beijing	1604.3	1431.3	260.1	173.0	1656.6	1475.7	269.5	181.0
天津	Tianjin	1023.6	509.6	183.6	514.0	1054.1	522.0	190.4	532.1
河北	Hebei	1697.5	944.5	286.3	753.1	1663.7	957.0	300.3	706.7
山西	Shanxi	1101.2	657.3	175.5	443.9	1113.8	650.5	179.4	463.3
内蒙古	Inner Mongolia	998.1	470.7	138.6	527.4	1008.1	477.4	141.4	530.6
辽宁	Liaoning	2387.2	1649.2	576.7	738.0	2396.2	1651.4	597.7	744.8
吉林	Jilin	1380.0	575.6	197.5	804.4	1380.6	575.9	199.7	804.7
黑龙江	Heilongjiang	1586.4	873.9	324.3	712.5	1594.8	873.7	330.1	721.1
上海	Shanghai	1678.5	1420.8	453.2	257.7	1719.2	1446.4	465.8	272.9
江苏	Jiangsu	3797.5	2361.8	577.0	1435.7	4014.3	2429.0	610.8	1585.3
浙江	Zhejiang	4847.6	1900.0	324.1	2947.5	4964.1	1992.7	353.7	2971.4
安徽	Anhui	1756.4	739.9	211.9	1016.5	1737.6	763.3	221.1	974.3
福建	Fujian	1293.0	737.3	143.0	555.7	1301.2	759.4	146.8	541.9
江西	Jiangxi	1494.2	579.2	197.7	915.0	1530.4	585.0	201.3	945.5
山东	Shandong	3988.0	1860.2	411.4	2127.8	9235.8	1904.4	439.9	7331.4
河南	Henan	2340.0	1182.4	327.2	1157.6	2344.9	1200.7	336.6	1144.2
湖北	Hubei	1968.0	933.3	286.9	1034.7	1972.1	949.4	296.3	1022.7
湖南	Hunan	2300.7	807.9	261.8	1492.8	2662.3	818.8	267.1	1843.6
广东	Guangdong	9804.2	3647.1	420.9	6157.1	10136.0	3711.8	439.7	6424.2
广西	Guangxi	1067.3	482.6	143.8	584.7	1077.6	505.5	148.8	572.1
海南	Hainan	386.8	191.7	53.7	195.2	389.8	196.3	55.6	193.4
重庆	Chongqing	3256.8	575.8	167.0	2681.1	3266.3	588.5	174.0	2677.8
四川	Sichuan	2576.5	1329.4	407.5	1247.1	2650.7	1378.6	418.8	1272.1
贵州	Guizhou	687.1	354.8	99.9	332.4	955.5	372.7	105.2	582.7
云南	Yunnan	1135.9	462.6	138.6	673.3	1140.8	468.3	140.7	672.5
西藏	Tibet	58.9	33.0	7.8	25.9	61.8	34.3	8.1	27.5
陕西	Shaanxi	1246.2	574.2	184.4	671.9	1247.3	580.3	187.4	667.0
甘肃	Gansu	630.6	302.6	96.2	328.1	635.0	307.9	99.8	327.0
青海	Qinghai	190.4	93.3	29.1	97.1	195.2	95.6	30.4	99.6
宁夏	Ningxia	578.6	116.1	31.0	462.5	584.8	114.8	32.2	470.0
新疆	Xinjiang	885.1	498.0	138.2	387.1	891.0	505.9	142.6	385.2

9-13 续表 6 continued

单位：万人 (10 000 persons)

地 区	Region	2016 合 计 Total	#职工基本医疗保险 Staff	#退休人员 Retirees	#城镇居民基本医疗保险 Urban Staff
全 国	**National**	**74391.6**	**29531.5**	**7811.6**	**44860.0**
北 京	Beijing	1708.8	1517.6	277.8	191.2
天 津	Tianjin	1066.8	535.7	195.4	531.1
河 北	Hebei	6672.1	973.7	306.2	5698.4
山 西	Shanxi	1121.2	660.2	185.4	461.0
内蒙古	Inner Mongolia	1019.8	488.8	146.1	531.0
辽 宁	Liaoning	2376.0	1635.6	612.9	740.4
吉 林	Jilin	1380.9	576.0	204.8	804.9
黑龙江	Heilongjiang	1599.9	879.5	354.0	720.3
上 海	Shanghai	1806.7	1468.6	477.0	338.0
江 苏	Jiangsu	3984.4	2490.5	641.2	1493.9
浙 江	Zhejiang	4993.3	2017.5	383.2	2975.8
安 徽	Anhui	1621.5	782.0	231.1	839.6
福 建	Fujian	1297.9	792.1	150.2	505.8
江 西	Jiangxi	1807.0	591.6	202.8	1215.4
山 东	Shandong	9188.8	1960.0	465.6	7228.8
河 南	Henan	2360.7	1227.3	344.6	1133.4
湖 北	Hubei	1981.8	961.0	300.5	1020.8
湖 南	Hunan	2646.1	829.6	272.5	1816.6
广 东	Guangdong	10150.2	3814.1	460.6	6336.1
广 西	Guangxi	1096.4	530.7	155.0	565.7
海 南	Hainan	387.2	201.0	57.1	186.2
重 庆	Chongqing	3259.3	604.8	179.5	2654.5
四 川	Sichuan	5056.8	1440.6	439.4	3616.2
贵 州	Guizhou	973.6	389.8	108.3	583.8
云 南	Yunnan	1163.6	479.1	144.5	684.5
西 藏	Tibet	65.4	36.8	8.6	28.5
陕 西	Shaanxi	1248.0	599.6	188.5	648.4
甘 肃	Gansu	643.3	314.4	106.0	328.9
青 海	Qinghai	196.7	97.9	31.8	98.8
宁 夏	Ningxia	594.0	117.5	33.0	476.6
新 疆	Xinjiang	923.2	517.7	148.0	405.5

9-14 各地区城镇基本医疗保险基本情况(2016年)
BASIC MEDICAL INSURANCE BY REGION(2016)

地 区	Region	年末参保人数(万人) Persons Covered at the Year-end (10 000 persons)	基金收支情况(亿元) Revenue and Expenses(100 million yuan)		
			基金收入 Revenue	基金支出 Expenses	累计结余 Balance at the Year-end
全 国	**National**	**74392**	**13084.3**	**10767.1**	**14964.3**
北 京	Beijing	1708.8	937.9	793.6	463.8
天 津	Tianjin	1066.8	310.8	255.2	199.2
河 北	Hebei	6672.1	678.1	587.6	645.8
山 西	Shanxi	1121.2	211.2	190.4	289.0
内蒙古	Inner Mongolia	1019.8	205.5	170.0	231.1
辽 宁	Liaoning	2376.0	440.5	410.8	425.6
吉 林	Jilin	1380.9	194.1	150.8	261.7
黑龙江	Heilongjiang	1599.9	312.9	287.1	354.6
上 海	Shanghai	1806.7	903.5	609.5	1410.8
江 苏	Jiangsu	3984.4	990.5	843.6	1187.2
浙 江	Zhejiang	4993.3	1031.8	832.6	1319.9
安 徽	Anhui	1621.5	265.8	214.4	326.5
福 建	Fujian	1297.9	330.6	273.5	498.0
江 西	Jiangxi	1807.0	210.2	161.9	276.1
山 东	Shandong	9188.8	1081.3	956.5	877.6
河 南	Henan	2360.7	353.7	285.0	472.8
湖 北	Hubei	1981.8	355.1	301.9	351.0
湖 南	Hunan	2646.1	368.0	296.3	390.0
广 东	Guangdong	10150.2	1375.8	1060.0	2145.3
广 西	Guangxi	1096.4	202.4	153.9	287.1
海 南	Hainan	387.2	67.9	51.9	91.0
重 庆	Chongqing	3259.3	367.9	338.4	291.1
四 川	Sichuan	5056.8	707.3	567.2	824.2
贵 州	Guizhou	973.6	157.8	129.7	145.4
云 南	Yunnan	1163.6	243.6	201.1	263.1
西 藏	Tibet	65.4	28.0	18.7	43.7
陕 西	Shaanxi	1248.0	226.3	190.6	300.0
甘 肃	Gansu	643.3	119.1	100.6	115.3
青 海	Qinghai	196.7	57.3	49.5	69.9
宁 夏	Ningxia	594.0	83.4	76.2	74.1
新 疆	Xinjiang	923.2	266.0	208.7	333.7

9-15 各地区职工基本医疗保险基本情况(2016年)
BASIC MEDICAL INSURANCE OF EMPLOYMENT BY REGION(2016)

地 区	Region	年末参保人数(万人) Persons Covered at the Year-end (10 000 persons)			基金收支情况(亿元) Revenue and Expenses (100 million yuan)				
		合 计 Total	职 工 Workers	退休人员 Retirees	基金收入 Revenue	基金支出 Expenses	累计结余 Balance at the Year-end	统筹基金 Mutual Assistance Fund	个人账户 Personal Accounts
全 国	**National**	**29531.5**	**21720.0**	**7811.6**	**10273.7**	**8286.7**	**12971.7**	**7772.1**	**5199.6**
北 京	Beijing	1517.6	1239.9	277.8	912.1	776.6	429.5	428.5	1.0
天 津	Tianjin	535.7	340.3	195.4	263.5	225.8	149.3	39.1	110.2
河 北	Hebei	973.7	667.5	306.2	351.6	272.4	512.7	314.8	197.9
山 西	Shanxi	660.2	474.8	185.4	187.0	170.1	260.4	102.0	158.5
内蒙古	Inner Mongolia	488.8	342.7	146.1	179.9	148.0	201.2	125.7	75.5
辽 宁	Liaoning	1635.6	1022.7	612.9	405.0	383.4	379.8	211.6	168.2
吉 林	Jilin	576.0	371.1	204.8	163.7	123.1	219.7	147.9	71.8
黑龙江	Heilongjiang	879.5	525.5	354.0	258.2	237.7	294.8	155.4	139.5
上 海	Shanghai	1468.6	991.6	477.0	849.7	554.0	1403.0	770.6	632.4
江 苏	Jiangsu	2490.5	1849.4	641.2	868.0	733.9	1111.8	590.0	521.8
浙 江	Zhejiang	2017.5	1634.3	383.2	755.0	565.3	1249.3	869.8	379.5
安 徽	Anhui	782.0	550.9	231.1	218.4	177.3	267.3	158.9	108.4
福 建	Fujian	792.1	641.9	150.2	258.8	206.6	464.1	202.4	261.8
江 西	Jiangxi	591.6	388.8	202.8	149.2	120.4	184.0	115.3	68.6
山 东	Shandong	1960.0	1494.4	465.6	658.5	569.1	671.4	545.8	125.6
河 南	Henan	1227.3	882.7	344.6	296.1	239.6	397.9	188.0	209.9
湖 北	Hubei	961.0	660.5	300.5	299.1	259.6	262.2	92.8	169.4
湖 南	Hunan	829.6	557.1	272.5	275.8	213.8	317.5	128.5	189.0
广 东	Guangdong	3814.1	3353.5	460.6	975.8	717.4	1801.3	1302.9	498.4
广 西	Guangxi	530.7	375.7	155.0	174.0	137.6	231.5	103.9	127.6
海 南	Hainan	201.0	143.9	57.1	57.4	42.9	77.8	70.3	7.6
重 庆	Chongqing	604.8	425.3	179.5	222.0	203.1	206.3	67.9	138.4
四 川	Sichuan	1440.6	1001.3	439.4	493.1	386.6	689.8	426.4	263.3
贵 州	Guizhou	389.8	281.5	108.3	131.3	111.0	108.2	34.4	73.9
云 南	Yunnan	479.1	334.7	144.5	204.3	167.6	240.9	107.1	133.9
西 藏	Tibet	36.8	28.3	8.6	26.7	15.9	46.8	32.6	14.2
陕 西	Shaanxi	599.6	411.1	188.5	190.7	159.9	262.1	137.8	124.3
甘 肃	Gansu	314.4	208.5	106.0	103.3	88.0	97.4	58.2	39.1
青 海	Qinghai	97.9	66.0	31.8	50.9	42.4	70.1	23.9	46.2
宁 夏	Ningxia	117.5	84.5	33.0	53.6	48.1	56.1	46.0	10.1
新 疆	Xinjiang	517.7	369.7	148.0	241.1	189.4	307.5	173.7	133.8

9-16 各地区城镇居民基本医疗保险基本情况(2016年)
BASIC MEDICAL INSURANCE OF NONEMPLOYMENT BY REGION(2016)

地 区	Region	年末参保居民人数(万人) Non-employment Covered at the Year-end (10 000 persons)	基金收支情况(亿元) Revenue and Expenses(100 million yuan)		
			基金收入 Revenue	基金支出 Expenses	累计结余 Balance at the Year-end
全 国	**National**	**44860.0**	**2810.5**	**2480.4**	**1992.6**
北 京	Beijing	191.2	25.8	17.0	34.3
天 津	Tianjin	531.1	47.4	29.4	49.9
河 北	Hebei	5698.4	326.6	315.2	133.1
山 西	Shanxi	461.0	24.2	20.3	28.5
内蒙古	Inner Mongolia	531.0	25.6	22.0	29.9
辽 宁	Liaoning	740.4	35.5	27.4	45.8
吉 林	Jilin	804.9	30.4	27.7	41.9
黑龙江	Heilongjiang	720.3	54.6	49.4	59.8
上 海	Shanghai	338.0	53.8	55.5	7.8
江 苏	Jiangsu	1493.9	122.4	109.7	75.4
浙 江	Zhejiang	2975.8	276.8	267.3	70.6
安 徽	Anhui	839.6	47.3	37.1	59.2
福 建	Fujian	505.8	71.8	66.9	33.8
江 西	Jiangxi	1215.4	61.0	41.5	92.1
山 东	Shandong	7228.8	422.8	387.3	206.2
河 南	Henan	1133.4	57.6	45.4	75.0
湖 北	Hubei	1020.8	56.0	42.3	88.8
湖 南	Hunan	1816.6	92.3	82.5	72.5
广 东	Guangdong	6336.1	400.0	342.6	344.0
广 西	Guangxi	565.7	28.5	16.2	55.6
海 南	Hainan	186.2	10.5	9.0	13.2
重 庆	Chongqing	2654.5	145.9	135.4	84.8
四 川	Sichuan	3616.2	214.3	180.6	134.4
贵 州	Guizhou	583.8	26.5	18.7	37.1
云 南	Yunnan	684.5	39.3	33.4	22.1
西 藏	Tibet	28.5	1.3	2.8	-3.1
陕 西	Shaanxi	648.4	35.6	30.8	37.9
甘 肃	Gansu	328.9	15.8	12.6	17.9
青 海	Qinghai	98.8	6.3	7.1	-0.2
宁 夏	Ningxia	476.6	29.7	28.2	18.0
新 疆	Xinjiang	405.5	24.9	19.3	26.2

9-17 历年全国失业保险基本情况
UNEMPLOYMENT INSURANCE

年 份 Year	年末参保人数 (万人) Contributors at the Year-end (10 000 persons)	年末领取失业保险金人数 (万人) Beneficiaries of Unemplo-ment Insurance Funds(10 000 persons)	全年发放失业保险金 (万元) Unemployed Relief (10 000 yuan)
绝对数 Absolute figure			
1992	7443		8959
1993	7924		27847
1994	7968		50755
1995	8238		79199
1996	8333		133394
1997	7961		179319
1998	7928		203907
1999	9852	109	318722
2000	10408	190	561984
2001	10355	312	832563
2002	10182	440	1167736
2003	10373	415	1334448
2004	10584	419	1374983
2005	10648	362	1366801
2006	11187	327	1253873
2007	11645	286	1294405
2008	12400	261	1395349
2009	12715	235	1457592
2010	13376	209	1404485
2011	14317	197	1598544
2012	15225	204	1812934
2013	16417	197	2032389
2014	17043	207	2332794
2015	17326	227	2698012
2016	18089	230	3093670
比上年增长(%) Increase over Preceding Year %			
1993	6.5		210.8
1994	0.6		82.3
1995	3.4		56.0
1996	1.2		68.4
1997	-4.5		34.4
1998	-0.4		13.7
1999	24.3		56.3
2000	5.6	74.3	76.3
2001	-0.6	64.2	48.1
2002	-1.7	41.0	40.3
2003	1.9	-5.7	14.3
2004	2.0	1.0	3.0
2005	0.6	-13.5	-0.6
2006	5.0	-9.9	-8.3
2007	4.1	-12.4	3.2
2008	6.5	-8.7	7.8
2009	2.5	-10.0	4.5
2010	5.2	-11.0	-3.6
2011	7.0	-5.8	13.8
2012	6.3	3.6	13.4
2013	7.8	-3.4	12.1
2014	3.8	5.1	14.8
2015	1.7	9.5	15.7
2016	4.4	1.6	14.7

9-18 历年各地区失业保险参保人数
UNEMPLOYMENT INSURANCE BY REGION

单位：万人 (10 000 persons)

地 区	Region	2001		2002		2003		2004	
		年末参保人 数 Contributors at the Year-end	年末领取失业保险金人数 Beneficiaries at the Year-end	年末参保人 数 Contributors at the Year-end	年末领取失业保险金人数 Beneficiaries at the Year-end	年末参保人 数 Contributors at the Year-end	年末领取失业保险金人数 Beneficiaries at the Year-end	年末参保人 数 Contributors at the Year-end	年末领取失业保险金人数 Beneficiaries at the Year-end
全 国	**National**	**10355**	**312**	**10182**	**440**	**10373**	**415**	**10584**	**419**
北 京	Beijing	287.2	5.5	299.6	4.8	306.6	5.2	308.2	3.8
天 津	Tianjin	214.3	10.8	196.3	12.4	193.5	9.4	195.1	5.1
河 北	Hebei	513.2	7.3	488.6	7.2	484.2	8.3	479.0	11.0
山 西	Shanxi	286.0	5.9	278.9	4.5	284.1	5.7	286.5	5.4
内蒙古	Inner Mongolia	217.7	5.4	219.7	7.1	221.6	5.7	222.3	5.8
辽 宁	Liaoning	656.7	20.3	591.2	82.2	622.2	67.0	616.2	81.7
吉 林	Jilin	283.8	13.2	284.0	15.6	292.9	16.2	282.2	12.2
黑龙江	Heilongjiang	532.6	12.5	466.0	19.6	479.0	12.6	475.8	9.7
上 海	Shanghai	430.7	13.1	436.0	14.4	441.1	14.0	487.8	15.9
江 苏	Jiangsu	766.5	39.5	735.6	49.7	761.6	48.9	797.1	43.6
浙 江	Zhejiang	391.1	33.0	390.0	27.5	396.8	17.4	428.4	11.3
安 徽	Anhui	375.2	11.5	378.8	17.5	380.8	23.4	371.1	26.4
福 建	Fujian	239.6	9.6	249.5	11.1	266.4	10.0	266.4	9.5
江 西	Jiangxi	235.9	2.1	226.7	3.9	215.5	5.9	226.6	7.2
山 东	Shandong	700.2	20.5	701.2	30.1	719.1	30.1	747.5	30.6
河 南	Henan	676.1	10.0	670.4	16.8	680.0	18.7	681.6	22.3
湖 北	Hubei	420.8	26.1	416.1	25.1	390.1	18.7	391.3	17.0
湖 南	Hunan	352.0	4.4	326.6	7.9	347.5	10.5	380.5	9.8
广 东	Guangdong	819.5	21.2	890.2	26.2	954.1	25.9	1005.8	23.4
广 西	Guangxi	217.7	5.0	215.5	7.6	219.1	8.9	226.4	9.8
海 南	Hainan	56.1	0.7	60.2	1.7	57.7	1.8	57.9	2.1
重 庆	Chongqing	210.0	7.7	205.3	9.1	199.5	8.1	193.4	9.2
四 川	Sichuan	412.2	11.9	402.9	14.0	400.0	12.6	398.6	12.6
贵 州	Guizhou	136.4	1.2	132.2	1.6	128.0	1.3	129.9	1.2
云 南	Yunnan	190.7	3.6	183.2	4.6	183.0	6.6	173.2	10.5
西 藏	Tibet	6.3		7.1		7.1		6.7	
陕 西	Shaanxi	304.9	3.5	315.7	7.3	323.3	8.2	325.5	7.2
甘 肃	Gansu	162.7	1.1	161.0	2.7	162.1	3.8	161.0	4.3
青 海	Qinghai	35.7	1.4	32.2	1.0	33.2	1.3	33.1	1.2
宁 夏	Ningxia	34.7	0.7	35.7	0.8	36.3	1.0	36.4	1.2
新 疆	Xinjiang	188.2	3.9	185.2	5.7	186.5	7.4	192.4	7.7

9-18 续表 1 continued

单位：万人 (10 000 persons)

地 区	Region	2005		2006		2007	
		年末参保人数 Contributors at the Year-end	年末领取失业保险金人数 Beneficiaries at the Year-end	年末参保人数 Contributors at the Year-end	年末领取失业保险金人数 Beneficiaries at the Year-end	年末参保人数 Contributors at the Year-end	年末领取失业保险金人数 Beneficiaries at the Year-end
全 国	**National**	**10648**	**362**	**11187**	**327**	**11645**	**286**
北 京	Beijing	357.5	3.5	482.2	3.1	535.3	3.0
天 津	Tianjin	197.5	3.8	216.7	3.6	221.5	3.3
河 北	Hebei	461.2	13.3	470.8	13.4	473.3	11.6
山 西	Shanxi	288.5	4.8	296.0	5.2	299.0	6.0
内蒙古	Inner Mongolia	222.2	4.9	223.5	5.0	223.7	4.7
辽 宁	Liaoning	607.7	46.5	614.1	25.9	622.1	19.6
吉 林	Jilin	199.4	7.5	224.4	10.2	228.7	13.9
黑龙江	Heilongjiang	459.6	10.3	457.5	17.8	464.1	15.3
上 海	Shanghai	466.1	17.8	476.4	18.5	491.5	14.9
江 苏	Jiangsu	838.3	30.2	901.1	22.7	968.5	21.2
浙 江	Zhejiang	444.7	7.2	504.4	6.5	584.7	6.3
安 徽	Anhui	360.3	24.3	362.6	17.9	364.5	14.1
福 建	Fujian	266.6	8.6	293.1	6.8	318.2	5.7
江 西	Jiangxi	230.7	6.0	241.0	4.9	251.5	5.3
山 东	Shandong	771.1	32.2	789.7	30.3	814.9	27.8
河 南	Henan	681.9	29.2	682.8	28.0	682.9	21.6
湖 北	Hubei	391.5	14.8	395.5	12.0	405.7	8.9
湖 南	Hunan	382.7	11.3	386.3	10.2	389.0	8.6
广 东	Guangdong	1099.1	20.4	1208.2	16.7	1295.5	14.3
广 西	Guangxi	219.9	9.4	222.3	8.1	223.8	7.2
海 南	Hainan	56.7	2.0	59.1	2.3	66.2	2.5
重 庆	Chongqing	188.2	6.4	193.0	4.8	196.7	4.1
四 川	Sichuan	380.5	15.6	400.0	16.3	418.2	11.3
贵 州	Guizhou	129.3	1.3	131.1	1.5	134.5	1.4
云 南	Yunnan	180.3	9.1	183.0	6.4	185.8	4.3
西 藏	Tibet	6.7		7.5		7.2	
陕 西	Shaanxi	326.7	8.6	326.5	14.1	327.2	13.6
甘 肃	Gansu	160.0	5.4	160.5	7.5	161.8	7.1
青 海	Qinghai	33.2	1.1	34.0	1.0	34.7	2.1
宁 夏	Ningxia	37.2	1.2	38.3	1.2	40.1	1.5
新 疆	Xinjiang	202.4	5.6	205.4	4.8	213.6	4.7

9-18 续表 2 continued

单位：万人 (10 000 persons)

地区	Region	2008		2009		2010	
		年末参保人数 Contributors at the Year-end	年末领取失业保险金人数 Beneficiaries at the Year-end	年末参保人数 Contributors at the Year-end	年末领取失业保险金人数 Beneficiaries at the Year-end	年末参保人数 Contributors at the Year-end	年末领取失业保险金人数 Beneficiaries at the Year-end
全国	**National**	**12400**	**261**	**12715**	**235**	**13376**	**209**
北京	Beijing	614.3	2.6	675.7	1.8	774.2	1.6
天津	Tianjin	232.5	3.2	239.2	3.1	246.1	3.5
河北	Hebei	481.7	9.8	484.4	10.4	493.4	9.0
山西	Shanxi	312.2	7.3	293.3	6.1	305.7	4.6
内蒙古	Inner Mongolia	225.5	3.1	229.7	2.5	230.9	2.1
辽宁	Liaoning	622.7	15.7	625.3	13.4	626.9	11.4
吉林	Jilin	233.7	16.5	241.4	14.3	245.1	7.8
黑龙江	Heilongjiang	467.6	10.3	471.3	9.3	472.9	8.8
上海	Shanghai	511.8	14.0	523.5	14.6	556.2	11.6
江苏	Jiangsu	1052.2	21.5	1079.1	19.7	1153.8	19.7
浙江	Zhejiang	731.1	6.3	784.5	5.5	875.0	5.8
安徽	Anhui	373.1	12.8	377.8	10.5	384.0	7.8
福建	Fujian	338.7	4.6	348.1	3.6	374.2	3.2
江西	Jiangxi	266.3	3.4	275.5	3.4	265.3	8.2
山东	Shandong	864.1	24.9	899.5	23.0	931.2	20.7
河南	Henan	683.4	18.4	690.2	16.7	696.7	14.7
湖北	Hubei	422.9	7.4	440.3	7.0	469.7	6.4
湖南	Hunan	390.1	8.3	392.0	8.3	399.5	6.9
广东	Guangdong	1471.9	13.7	1470.7	12.8	1627.3	10.6
广西	Guangxi	234.6	8.0	237.0	7.6	238.4	6.2
海南	Hainan	84.7	3.3	97.5	2.8	112.5	1.6
重庆	Chongqing	210.1	4.4	215.9	4.7	237.4	3.7
四川	Sichuan	436.9	12.2	463.5	10.0	464.7	9.1
贵州	Guizhou	141.4	1.3	144.6	1.1	152.5	1.2
云南	Yunnan	191.9	3.7	198.7	3.5	209.6	3.2
西藏	Tibet	7.8	0.0	8.8	0.0	9.3	0.0
陕西	Shaanxi	329.3	9.1	331.0	9.3	331.6	7.5
甘肃	Gansu	162.6	5.6	164.1	3.7	164.2	2.4
青海	Qinghai	35.4	2.3	36.0	1.0	36.6	0.4
宁夏	Ningxia	44.4	1.4	44.9	1.1	47.6	1.0
新疆	Xinjiang	224.8	6.1	231.8	4.9	242.9	8.3

9-18 续表 3 continued

单位：万人 (10 000 persons)

地 区	Region	2011 年末参保人数 Contributors at the Year-end	2011 年末领取失业保险金人数 Beneficiaries at the Year-end	2012 年末参保人数 Contributors at the Year-end	2012 年末领取失业保险金人数 Beneficiaries at the Year-end	2013 年末参保人数 Contributors at the Year-end	2013 年末领取失业保险金人数 Beneficiaries at the Year-end
全 国	**National**	**14317**	**197**	**15225**	**204**	**16417**	**197**
北 京	Beijing	881.0	2.0	1006.7	2.3	1025.1	2.4
天 津	Tianjin	258.8	2.8	268.7	2.0	278.7	2.0
河 北	Hebei	498.7	8.4	501.7	7.9	505.0	7.1
山 西	Shanxi	309.4	4.3	391.0	3.8	400.7	3.1
内蒙古	Inner Mongolia	232.5	2.5	232.8	2.5	233.4	2.3
辽 宁	Liaoning	632.3	9.7	660.7	7.4	663.2	7.6
吉 林	Jilin	247.2	5.1	251.5	4.6	258.8	6.0
黑龙江	Heilongjiang	474.5	7.1	476.2	7.7	477.4	7.1
上 海	Shanghai	604.2	11.2	617.4	10.9	625.7	9.9
江 苏	Jiangsu	1238.2	29.9	1332.2	32.7	1389.3	29.9
浙 江	Zhejiang	980.6	7.4	1065.6	7.0	1144.3	7.8
安 徽	Anhui	397.7	6.7	402.2	6.1	409.0	6.1
福 建	Fujian	430.9	3.6	459.1	4.6	496.7	4.2
江 西	Jiangxi	263.5	5.4	272.2	3.3	271.1	1.5
山 东	Shandong	964.9	19.8	1009.8	19.1	1089.6	17.8
河 南	Henan	701.2	13.3	724.2	11.4	741.3	10.5
湖 北	Hubei	498.2	5.1	508.6	4.8	511.3	5.2
湖 南	Hunan	415.6	7.0	449.9	6.0	461.7	6.1
广 东	Guangdong	1875.4	10.5	2008.7	9.8	2702.2	8.8
广 西	Guangxi	240.8	5.2	243.4	5.5	253.4	5.6
海 南	Hainan	126.0	1.8	139.5	1.8	150.8	2.1
重 庆	Chongqing	268.6	2.9	323.5	2.8	389.7	3.4
四 川	Sichuan	536.8	8.1	585.5	24.5	613.5	24.1
贵 州	Guizhou	160.5	1.1	173.5	1.0	185.2	1.3
云 南	Yunnan	216.8	3.3	224.7	3.8	232.5	4.5
西 藏	Tibet	9.6		10.6		11.0	
陕 西	Shaanxi	332.2	4.5	339.1	3.5	339.7	3.2
甘 肃	Gansu	163.8	1.5	163.6	1.2	163.1	1.0
青 海	Qinghai	37.3	0.6	37.9	0.7	38.5	0.5
宁 夏	Ningxia	60.0	1.2	70.5	1.1	71.3	1.1
新 疆	Xinjiang	260.2	5.0	273.7	4.2	283.9	4.8

9-18 续表 4 continued

单位：万人 (10 000 persons)

地区	Region	2014 年末参保人数 Contributors at the Year-end	2014 年末领取失业保险金人数 Beneficiaries at the Year-end	2015 年末参保人数 Contributors at the Year-end	2015 年末领取失业保险金人数 Beneficiaries at the Year-end	2016 年末参保人数 Contributors at the Year-end	2016 年末领取失业保险金人数 Beneficiaries at the Year-end
全 国	**National**	**17043**	**207**	**17326**	**227**	**18089**	**230**
北 京	Beijing	1057.1	3.0	1082.3	3.4	1115.0	3.7
天 津	Tianjin	287.6	2.6	295.3	7.1	302.5	7.4
河 北	Hebei	508.7	7.1	511.0	8.0	515.9	7.9
山 西	Shanxi	407.7	3.0	411.3	3.1	415.2	3.0
内蒙古	Inner Mongolia	236.3	2.4	242.1	2.9	241.1	3.0
辽 宁	Liaoning	664.3	8.5	665.3	9.7	665.4	10.7
吉 林	Jilin	258.7	2.2	261.2	2.2	262.0	2.7
黑龙江	Heilongjiang	478.4	4.8	312.8	3.7	313.2	3.9
上 海	Shanghai	634.1	9.8	641.8	9.5	947.3	10.5
江 苏	Jiangsu	1442.7	32.1	1490.9	34.2	1538.1	34.0
浙 江	Zhejiang	1210.3	8.2	1260.2	9.0	1317.0	9.0
安 徽	Anhui	422.0	6.5	436.6	7.7	448.5	8.8
福 建	Fujian	524.1	4.5	546.3	5.0	575.5	5.2
江 西	Jiangxi	271.8	1.3	281.5	1.4	282.6	1.6
山 东	Shandong	1154.3	19.9	1203.8	21.6	1222.9	22.0
河 南	Henan	773.3	10.2	783.3	8.3	788.1	7.6
湖 北	Hubei	519.0	5.6	528.4	6.0	541.9	6.9
湖 南	Hunan	509.5	6.9	521.2	6.7	537.5	7.0
广 东	Guangdong	2840.2	10.9	2930.1	13.9	3020.1	15.4
广 西	Guangxi	259.0	6.1	273.2	6.2	283.7	5.9
海 南	Hainan	157.5	2.0	164.8	2.0	170.2	2.2
重 庆	Chongqing	439.1	2.8	439.5	3.5	447.1	4.2
四 川	Sichuan	635.8	29.8	661.0	33.2	702.0	29.8
贵 州	Guizhou	191.9	1.5	205.3	1.7	218.1	2.4
云 南	Yunnan	236.9	5.3	243.3	5.9	251.2	5.6
西 藏	Tibet	12.5		11.4		15.2	
陕 西	Shaanxi	344.3	2.9	347.7	3.0	352.2	2.8
甘 肃	Gansu	162.4	1.0	162.8	1.0	164.3	1.1
青 海	Qinghai	39.3	0.4	40.1	0.4	40.8	0.4
宁 夏	Ningxia	73.5	1.3	76.6	1.3	95.6	1.3
新 疆	Xinjiang	290.2	4.7	294.9	4.9	298.7	4.5

9-19 各地区失业保险基金基本情况(2016年)
UNEMPLOYMENT INSURANCE BY REGION(2016)

地 区	Region	参保人数 (万人) Employees Insured (10 000 persons)	基金收入 (亿元) Revenue (100 million yuan)	基金支出 (亿元) Expenses (100 million yuan)	累计结余 (亿元) Balance at the Year-end (100 million yuan)
全 国	**National**	**18088.8**	**1228.9**	**976.1**	**5333.3**
北 京	Beijing	1115.0	80.7	61.7	221.5
天 津	Tianjin	302.5	28.8	27.8	104.2
河 北	Hebei	515.9	38.4	49.6	157.9
山 西	Shanxi	415.2	27.5	11.9	165.6
内蒙古	Inner Mongolia	241.1	24.1	13.8	118.8
辽 宁	Liaoning	665.4	46.8	35.0	270.3
吉 林	Jilin	262.0	22.5	11.7	116.4
黑龙江	Heilongjiang	313.2	24.7	18.3	165.2
上 海	Shanghai	947.3	104.5	93.4	181.2
江 苏	Jiangsu	1538.1	112.4	109.8	440.0
浙 江	Zhejiang	1317.0	89.8	68.7	401.0
安 徽	Anhui	448.5	36.0	26.7	115.6
福 建	Fujian	575.5	29.2	16.8	163.9
江 西	Jiangxi	282.6	10.7	3.7	71.4
山 东	Shandong	1222.9	92.4	70.0	297.8
河 南	Henan	788.1	38.6	22.6	175.0
湖 北	Hubei	541.9	31.0	23.9	173.3
湖 南	Hunan	537.5	27.6	16.8	126.1
广 东	Guangdong	3020.1	102.0	95.3	641.2
广 西	Guangxi	283.7	22.4	19.2	129.6
海 南	Hainan	170.2	6.5	4.5	34.5
重 庆	Chongqing	447.1	20.0	15.8	112.2
四 川	Sichuan	702.0	95.3	75.6	341.6
贵 州	Guizhou	218.1	17.0	13.9	77.7
云 南	Yunnan	251.2	22.2	13.1	127.7
西 藏	Tibet	15.2	2.7	0.1	16.4
陕 西	Shaanxi	352.2	23.2	11.8	154.4
甘 肃	Gansu	164.3	14.6	8.2	78.5
青 海	Qinghai	40.8	3.6	3.3	27.5
宁 夏	Ningxia	95.6	6.8	3.6	34.8
新 疆	Xinjiang	298.7	26.9	29.7	92.1

9-20 历年全国工伤保险基本情况
WORK INJURY INSURANCE

年 份 Year	年末参保人数(万人) Contributors at the Year-end (10 000 persons)	全年享受工伤保险待遇人数(万人) Beneficiaries at the Year-end (10 000 persons)	基金收支情况(亿元) Revenue and Expenses(100 million yuan)		
			基金收入 Revenue	基金支出 Expenses	累计结余 Balance at the Year-end
绝对数 Absolute figure					
1993	1103.5		2.4	0.4	3.1
1994	1822.1		4.6	0.9	6.8
1995	2614.8		8.1	1.8	12.7
1996	3102.6		10.9	3.7	19.7
1997	3507.8		13.6	6.1	27.7
1998	3781.3		21.2	9.0	39.5
1999	3912.3		20.9	15.4	44.9
2000	4350.3		24.8	13.8	57.9
2001	4345.3	18.7	28.3	16.5	68.9
2002	4405.6	26.5	32.0	19.9	81.1
2003	4574.8	32.9	37.6	27.1	91.2
2004	6845.2	51.9	58.3	33.3	118.6
2005	8477.8	65.1	92.5	47.5	163.5
2006	10268.5	77.8	121.8	68.5	192.9
2007	12173.4	96.0	165.6	87.9	262.6
2008	13787.2	117.8	216.7	126.9	384.6
2009	14895.5	129.6	240.1	155.7	468.8
2010	16160.7	147.5	284.9	192.4	561.4
2011	17695.9	163.0	466.4	286.4	742.6
2012	19010.1	190.5	526.7	406.3	861.9
2013	19917.2	195.2	614.8	482.1	996.2
2014	20639.2	198.2	694.8	560.5	1128.8
2015	21432.5	201.9	754.2	598.7	1285.3
2016	21889.3	196.0	736.9	610.3	1410.9
比上年增长(%) Increase over Preceding Year %					
1994	65.1		90.4	127.4	118.1
1995	43.5		77.5	92.4	87.3
1996	18.7		34.7	104.1	55.8
1997	13.1		24.6	64.5	40.1
1998	7.8		55.9	48.6	42.9
1999	3.5		-1.3	70.5	13.6
2000	11.2		18.7	-10.5	28.8
2001	-0.1	-0.6	14.2	19.5	19.1
2002	1.4	41.7	13.2	20.6	17.7
2003	3.8	24.2	17.4	36.2	12.5
2004	49.6	57.8	55.1	22.9	30.0
2005	23.9	25.4	58.7	42.6	37.9
2006	21.1	19.5	31.7	44.2	18.0
2007	18.6	23.4	36.0	28.3	36.1
2008	13.3	22.7	30.9	44.4	27.6
2009	8.0	10.0	10.8	22.7	21.9
2010	8.5	13.8	18.7	23.6	19.8
2011	9.5	10.6	63.7	48.8	32.3
2012	7.4	16.9	12.9	41.9	16.1
2013	4.8	2.4	16.7	18.7	15.6
2014	3.6	1.5	13.0	16.3	13.3
2015	3.8	1.9	8.6	6.8	13.9
2016	2.1	-2.9	-2.3	1.9	9.8

9-21 历年各地区工伤保险基本情况
WORK INJURY INSURANCE BY REGION

单位：万人 (10 000 persons)

地 区	Region	2001		2002		2003		2004	
		年末参保人数 Contributors at the Year-end	享受工伤保险待遇人数 Beneficiaries of Work Injury Insurance	年末参保人数 Contributors at the Year-end	享受工伤保险待遇人数 Beneficiaries of Work Injury Insurance	年末参保人数 Contributors at the Year-end	享受工伤保险待遇人数 Beneficiaries of Work Injury Insurance	年末参保人数 Contributors at the Year-end	享受工伤保险待遇人数 Beneficiaries of Work Injury Insurance
全 国	**National**	**4345**	**19**	**4406**	**27**	**4575**	**33**	**6845**	**52**
北 京	Beijing	204.7	0.1	221.1	**0.7**	242.9	1.2	258.9	2.5
天 津	Tianjin							147.2	0.1
河 北	Hebei	163.1	0.8	146.7	0.4	145.7	0.4	273.9	0.9
山 西	Shanxi	71.8		46.3	0.1	48.4		104.0	0.1
内蒙古	Inner Mongolia	26.7	0.5	23.8	0.2	31.8	0.3	85.0	0.5
辽 宁	Liaoning	390.6	5.0	390.5	6.0	345.8	7.3	404.2	8.2
吉 林	Jilin	30.7	1.1	36.6	1.5	37.1	1.2	114.3	3.1
黑龙江	Heilongjiang	104.4	0.1	119.0	0.9	130.9	1.1	202.7	4.3
上 海	Shanghai							488.3	0.1
江 苏	Jiangsu	473.9	0.7	480.0	1.3	503.0	1.7	577.2	2.7
浙 江	Zhejiang	219.7	0.6	226.0	1.0	287.7	1.4	360.4	2.7
安 徽	Anhui	73.4	0.2	69.8	0.3	68.0	0.4	102.0	0.5
福 建	Fujian	159.0	0.2	170.7	0.3	172.3	0.6	205.4	0.8
江 西	Jiangxi	137.8	0.2	129.3	0.2	129.7	0.3	134.7	0.4
山 东	Shandong	285.5	0.6	277.7	1.1	281.8	1.5	476.7	4.7
河 南	Henan	196.0	0.5	218.8	0.7	210.6	0.5	324.7	1.1
湖 北	Hubei	182.3	1.3	183.2	1.7	189.2	1.4	187.2	1.8
湖 南	Hunan					8.6		203.3	0.3
广 东	Guangdong	990.1	5.2	1049.9	8.0	1120.0	9.7	1215.1	11.3
广 西	Guangxi	124.1	0.1	117.3	0.2	120.3	0.3	133.5	0.7
海 南	Hainan	69.5		68.9	0.1	68.2	0.1	64.5	0.1
重 庆	Chongqing	25.0	0.1	29.7	0.1	26.5	0.2	122.6	0.4
四 川	Sichuan	179.3	0.5	167.4	0.6	161.4	1.2	195.6	1.6
贵 州	Guizhou	1.7		1.3		1.3		1.2	
云 南	Yunnan	97.3	0.6	89.0	0.9	84.1	1.2	150.9	1.1
西 藏	Tibet								
陕 西	Shaanxi	24.5	0.1	25.6		35.1	0.1	115.1	0.7
甘 肃	Gansu	9.5		8.7		8.0		42.0	0.1
青 海	Qinghai	7.1		6.6		6.6		15.7	0.1
宁 夏	Ningxia	11.4		16.0		15.2	0.1	19.1	0.3
新 疆	Xinjiang	86.3	0.1	86.0	0.1	94.6	0.5	119.5	0.7

9-21 续表 continued 1

单位：万人 (10 000 persons)

地区	Region	2005 年末参保人数 Contributors at the Year-end	2005 享受工伤保险待遇人数 Beneficiaries of Work Injury Insurance	2006 年末参保人数 Contributors at the Year-end	2006 享受工伤保险待遇人数 Beneficiaries of Work Injury Insurance	2007 年末参保人数 Contributors at the Year-end	2007 享受工伤保险待遇人数 Beneficiaries of Work Injury Insurance
全　国	**National**	**8478**	**65**	**10268**	**78**	**12173**	**96**
北　京	Beijing	303.9	3.0	465.3	1.5	609.2	1.6
天　津	Tianjin	162.9	0.9	209.7	1.7	257.2	2.3
河　北	Hebei	361.4	1.3	402.4	2.4	481.3	6.0
山　西	Shanxi	151.4	0.5	201.4	3.3	229.1	3.9
内蒙古	Inner Mongolia	110.2	0.7	131.6	0.8	163.6	1.3
辽　宁	Liaoning	474.6	9.1	510.0	8.5	572.3	9.1
吉　林	Jilin	136.7	2.2	174.7	3.0	206.8	2.6
黑龙江	Heilongjiang	257.5	3.8	303.0	3.9	351.7	4.9
上　海	Shanghai	523.7	0.5	817.7	0.7	884.4	0.9
江　苏	Jiangsu	680.2	3.7	812.7	5.6	921.0	6.6
浙　江	Zhejiang	453.1	4.8	603.9	7.4	1002.9	11.2
安　徽	Anhui	148.2	1.7	200.2	2.0	248.7	2.2
福　建	Fujian	239.1	1.3	261.0	1.5	294.8	1.9
江　西	Jiangxi	153.6	0.8	207.9	1.5	251.3	1.7
山　东	Shandong	578.7	5.7	647.3	5.8	745.0	7.0
河　南	Henan	404.0	1.5	421.0	1.7	448.3	2.6
湖　北	Hubei	230.3	1.1	275.5	1.5	327.5	2.0
湖　南	Hunan	228.2	0.7	280.1	2.0	342.4	2.6
广　东	Guangdong	1605.1	12.9	1868.2	13.5	2113.9	13.8
广　西	Guangxi	144.4	0.8	161.1	0.8	182.4	0.9
海　南	Hainan	68.9	0.1	71.5	0.2	78.4	0.2
重　庆	Chongqing	154.1	1.2	165.4	1.8	181.1	1.6
四　川	Sichuan	270.5	2.0	304.9	2.3	397.3	3.2
贵　州	Guizhou	65.8	0.1	90.5	0.6	110.5	0.9
云　南	Yunnan	166.9	1.2	173.8	1.1	188.5	1.6
西　藏	Tibet	1.9		2.3		3.7	
陕　西	Shaanxi	149.2	1.8	210.3	0.7	232.0	1.0
甘　肃	Gansu	70.1	0.4	86.3	0.3	98.2	0.4
青　海	Qinghai	20.5	0.3	23.1	0.4	25.3	0.4
宁　夏	Ningxia	23.5	0.3	24.2	0.3	30.5	0.1
新　疆	Xinjiang	139.1	0.9	161.3	1.2	194.1	1.4

9-21 续表 continued 2

单位：万人 (10 000 persons)

地区 Region	2008		2009		2010	
	年末参保人数 Contributors at the Year-end	享受工伤保险待遇人数 Beneficiaries of Work Injury Insurance	年末参保人数 Contributors at the Year-end	享受工伤保险待遇人数 Beneficiaries of Work Injury Insurance	年末参保人数 Contributors at the Year-end	享受工伤保险待遇人数 Beneficiaries of Work Injury Insurance
全　国 National	**13787**	**118**	**14896**	**130**	**16161**	**147**
北　京 Beijing	666.5	1.8	747.1	4.1	823.8	4.4
天　津 Tianjin	274.9	2.7	292.2	3.1	304.5	4.1
河　北 Hebei	520.8	5.3	559.3	6.0	594.4	7.5
山　西 Shanxi	261.0	4.6	280.7	4.3	292.4	4.9
内蒙古 Inner Mongolia	185.4	1.4	199.1	1.6	207.5	1.8
辽　宁 Liaoning	659.6	8.5	695.8	9.0	730.0	10.0
吉　林 Jilin	234.9	4.1	272.2	3.0	300.5	3.7
黑龙江 Heilongjiang	390.9	4.5	401.8	5.6	415.1	6.2
上　海 Shanghai	950.4	1.2	934.0	1.3	961.0	1.7
江　苏 Jiangsu	1056.6	8.4	1118.1	9.3	1205.5	9.8
浙　江 Zhejiang	1261.8	16.9	1331.1	18.0	1475.1	20.2
安　徽 Anhui	292.9	2.9	320.6	3.9	351.1	4.4
福　建 Fujian	346.1	2.2	379.3	2.3	417.7	2.4
江　西 Jiangxi	313.6	2.0	340.2	1.9	371.7	2.7
山　东 Shandong	865.0	8.8	1064.6	9.2	1211.2	10.2
河　南 Henan	500.2	3.1	521.0	3.2	551.7	3.0
湖　北 Hubei	360.9	2.4	410.7	2.7	444.0	3.1
湖　南 Hunan	403.5	3.9	472.1	5.3	516.0	7.4
广　东 Guangdong	2302.3	15.2	2435.5	15.0	2657.8	14.7
广　西 Guangxi	204.9	1.1	221.7	1.2	235.7	1.4
海　南 Hainan	86.1	0.2	90.1	0.3	95.8	0.3
重　庆 Chongqing	208.2	4.2	226.5	4.7	266.0	5.6
四　川 Sichuan	464.6	4.6	515.8	6.1	583.8	6.0
贵　州 Guizhou	129.0	1.1	143.3	1.4	162.2	1.9
云　南 Yunnan	202.5	2.3	215.1	2.4	227.4	4.6
西　藏 Tibet	5.9		8.3		8.8	
陕　西 Shaanxi	247.6	1.4	264.9	1.4	278.6	1.6
甘　肃 Gansu	108.9	0.8	119.7	0.8	130.1	1.1
青　海 Qinghai	29.9	0.5	40.1	0.5	43.2	0.5
宁　夏 Ningxia	37.5	0.2	42.4	0.2	48.9	0.3
新　疆 Xinjiang	214.5	1.6	232.3	1.9	249.3	2.0

9-21 续表 continued 3

单位：万人 (10 000 persons)

地 区	Region	2011		2012		2013	
		年末参保人数 Contributors at the Year-end	享受工伤保险待遇人数 Beneficiaries of Work Injury Insurance	年末参保人数 Contributors at the Year-end	享受工伤保险待遇人数 Beneficiaries of Work Injury Insurance	年末参保人数 Contributors at the Year-end	享受工伤保险待遇人数 Beneficiaries of Work Injury Insurance
全 国	**National**	**17696**	**163**	**19010**	**191**	**19917**	**195**
北 京	Beijing	862.4	4.7	897.2	4.8	920.3	4.8
天 津	Tianjin	320.4	3.8	330.1	3.4	335.1	3.3
河 北	Hebei	640.4	8.6	694.8	9.1	737.0	10.5
山 西	Shanxi	337.6	5.5	529.6	8.4	550.0	9.7
内蒙古	Inner Mongolia	225.3	3.2	248.9	2.5	277.4	2.2
辽 宁	Liaoning	779.1	11.3	819.1	14.0	856.7	13.2
吉 林	Jilin	331.6	3.3	359.4	4.2	392.1	5.3
黑龙江	Heilongjiang	450.0	8.2	470.6	6.8	493.1	7.2
上 海	Shanghai	939.5	2.5	898.9	6.1	904.1	6.6
江 苏	Jiangsu	1327.0	10.7	1420.7	12.3	1487.3	13.6
浙 江	Zhejiang	1610.8	22.2	1731.7	23.8	1826.1	22.6
安 徽	Anhui	422.0	5.6	457.9	8.8	473.2	8.1
福 建	Fujian	496.9	2.8	540.9	3.4	607.5	3.5
江 西	Jiangxi	387.9	3.0	410.9	5.5	431.5	4.5
山 东	Shandong	1276.1	10.8	1339.6	11.9	1371.9	11.2
河 南	Henan	655.5	3.5	720.6	4.8	773.1	4.6
湖 北	Hubei	481.0	4.5	522.6	4.0	556.9	5.7
湖 南	Hunan	635.5	7.0	693.8	7.8	731.2	8.3
广 东	Guangdong	2847.8	15.4	2962.8	16.7	3057.3	16.7
广 西	Guangxi	272.5	1.5	312.4	1.8	325.6	1.9
海 南	Hainan	104.0	0.3	119.5	0.4	123.4	0.3
重 庆	Chongqing	337.1	6.2	374.9	8.0	406.8	8.0
四 川	Sichuan	650.8	6.5	689.4	8.0	690.1	8.3
贵 州	Guizhou	194.0	2.2	238.2	2.7	260.4	2.3
云 南	Yunnan	243.4	3.6	295.3	4.0	334.3	4.4
西 藏	Tibet	11.8		14.2	0.1	14.8	
陕 西	Shaanxi	326.8	1.9	350.4	2.2	378.1	3.0
甘 肃	Gansu	150.2	1.4	158.5	1.8	167.7	1.8
青 海	Qinghai	45.6	0.5	49.2	0.6	52.3	0.6
宁 夏	Ningxia	58.3	0.3	63.9	0.4	72.7	0.5
新 疆	Xinjiang	274.6	2.0	294.1	2.4	309.5	2.5

9-21 续表 continued 4

单位：万人 (10 000 persons)

地 区	Region	2014		2015		2016	
		年末参保人数 Contributors at the Year-end	享受工伤保险待遇人数 Beneficiaries of Work Injury Insurance	年末参保人数 Contributors at the Year-end	享受工伤保险待遇人数 Beneficiaries of Work Injury Insurance	年末参保人数 Contributors at the Year-end	享受工伤保险待遇人数 Beneficiaries of Work Injury Insurance
全 国	**National**	**20639**	**198**	**21432**	**202**	**21889**	**196**
北 京	Beijing	961.0	5.0	1020.1	4.7	1060.2	4.6
天 津	Tianjin	345.2	3.3	385.6	3.4	388.1	3.4
河 北	Hebei	778.7	10.4	809.7	9.6	840.0	9.8
山 西	Shanxi	563.1	11.1	573.1	10.1	576.0	11.4
内蒙古	Inner Mongolia	289.9	2.3	297.1	2.4	303.2	2.7
辽 宁	Liaoning	903.1	13.2	918.6	13.8	886.6	13.8
吉 林	Jilin	415.6	4.6	435.6	11.3	440.7	4.9
黑龙江	Heilongjiang	505.5	6.3	512.0	6.5	522.2	6.5
上 海	Shanghai	920.5	6.9	932.9	7.0	943.5	6.5
江 苏	Jiangsu	1540.1	14.3	1594.1	14.7	1633.9	15.1
浙 江	Zhejiang	1899.4	22.6	1930.1	20.4	1880.7	18.7
安 徽	Anhui	508.3	8.3	528.9	8.3	544.6	8.7
福 建	Fujian	627.3	3.9	691.0	3.9	733.8	4.2
江 西	Jiangxi	461.2	4.7	500.6	4.6	502.1	4.5
山 东	Shandong	1421.5	11.8	1473.5	11.1	1510.9	11.1
河 南	Henan	805.7	4.6	856.7	5.0	877.0	4.8
湖 北	Hubei	576.7	4.9	640.1	4.9	651.1	7.9
湖 南	Hunan	747.9	8.7	778.0	9.3	773.3	11.1
广 东	Guangdong	3092.6	17.1	3122.7	16.8	3246.2	14.5
广 西	Guangxi	338.2	1.8	360.5	1.9	374.1	1.8
海 南	Hainan	126.1	0.3	131.5	0.3	137.4	0.3
重 庆	Chongqing	426.1	8.1	428.5	7.5	454.9	7.0
四 川	Sichuan	709.7	8.6	753.2	7.9	799.1	7.6
贵 州	Guizhou	275.4	2.3	290.2	2.8	305.0	2.5
云 南	Yunnan	341.7	4.0	368.1	4.3	372.8	3.7
西 藏	Tibet	24.3	0.1	26.9	0.1	26.9	0.1
陕 西	Shaanxi	404.0	2.9	427.3	3.0	441.6	3.0
甘 肃	Gansu	175.1	2.2	182.6	2.3	188.4	2.5
青 海	Qinghai	54.7	0.6	58.0	0.5	59.8	0.5
宁 夏	Ningxia	82.2	0.5	80.8	0.6	83.5	0.5
新 疆	Xinjiang	318.2	2.8	324.4	2.9	331.9	2.4

9-22 各地区工伤保险基本情况(2016年)

单位：人、亿元

地区	Region	参保人数(万人) Contributors at the Year-end (10 000 persons)	享受伤残待遇人数 Beneficiaries of Work Injury Insurance	#享受职业病待遇人数 Beneficiaries of Occupational Diseases	一至四级 Level 1 to Level 4 Disability	#职业病 Occupational Diseases	五至六级 Level 5 to Level 6 Disability
全国	**National**	**21889**	**1627656**	**94672**	**217255**	**51433**	**81528**
北京	Beijing	1060	38873	9320	8420	4734	3175
天津	Tianjin	388	32235	7912	7670	3943	3647
河北	Hebei	840	71530	3420	9557	2004	4215
山西	Shanxi	576	89012	2478	24409	2208	1686
内蒙古	Inner Mongolia	303	23871	1476	4273	389	2862
辽宁	Liaoning	887	119437	8865	25785	5797	14712
吉林	Jilin	441	44987	1363	7469	1019	6745
黑龙江	Heilongjiang	522	53679	3586	11909	2449	10283
上海	Shanghai	944	60057	1186	4071	791	808
江苏	Jiangsu	1634	130335	4496	12489	2415	2323
浙江	Zhejiang	1881	176786	162	2986	77	1609
安徽	Anhui	545	73804	3637	5560	1544	2734
福建	Fujian	734	36017	5056	2264	509	371
江西	Jiangxi	502	37334	5092	7780	4142	2204
山东	Shandong	1511	80989	8782	12334	3706	4786
河南	Henan	877	33283	2440	6263	1240	856
湖北	Hubei	651	73720	521	3825	329	1921
湖南	Hunan	773	92683	4973	4610	1576	5360
广东	Guangdong	3246	119530	668	3392	242	1420
广西	Guangxi	374	13248	458	2667	147	786
海南	Hainan	137	2646		185		49
重庆	Chongqing	455	57379	5056	9829	3037	1198
四川	Sichuan	799	61475	7295	13214	4314	3400
贵州	Guizhou	305	19713	1155	3373	486	747
云南	Yunnan	373	24566	1394	6365	1256	428
西藏	Tibet	27	441		14		5
陕西	Shaanxi	442	18819	244	3127	161	755
甘肃	Gansu	188	15308	1926	7130	1655	1339
青海	Qinghai	60	2646	182	664	157	85
宁夏	Ningxia	84	4208	375	948	326	147
新疆	Xinjiang	332	19045	1154	4673	780	872

注：工伤保险累计结余中含储备金。
a) Balance of work injury insurance includes reserves.

WORK INJURY INSURANCE BY REGION (2016)

(person, 100 million yuan)

	七至十级		其 他		基金收入	基金支出	累计结余
#职业病 Occupational Diseases	Level 7 to Level 10 Disability	#职业病 Occupational Diseases	Others	#职业病 Occupational Diseases	Revenue	Expenses	Balance at the Year-end
13932	**605132**	**15435**	**723741**	**13872**	**736.9**	**610.3**	**1410.9**
2572	16296	1912	10982	102	30.5	29.3	43.4
2265	11116	1675	9802	29	9.9	11.3	15.0
620	25804	558	31954	238	40.6	36.0	28.5
123	9250	122	53667	25	30.8	28.4	58.3
544	8131	245	8605	298	12.9	10.2	39.0
1759	49127	1111	29813	198	33.0	30.7	34.4
179	26722	153	4051	12	18.2	11.9	33.4
911	22727	171	8760	55	23.2	23.4	32.3
130	48409	265	6769		32.8	29.8	60.2
378	59686	683	55837	1020	78.1	55.2	110.5
15	69256	18	102935	52	52.8	45.1	86.4
504	22775	139	42735	1450	20.7	16.4	41.8
59	10197	219	23185	4269	17.6	13.5	58.1
279	6662	50	20688	621	16.3	12.2	37.1
1159	26234	2140	37635	1777	50.2	39.4	83.9
13	7755	397	18409	790	26.6	19.6	56.9
101	9486	82	58488	9	16.8	12.5	36.0
474	21642	894	61071	2029	36.5	27.7	58.6
39	61160	259	53558	128	58.9	47.7	252.6
92	3110	91	6685	128	10.2	5.2	34.4
	348		2064		3.8	1.4	12.9
244	26526	1733	19826	42	17.9	19.2	2.8
799	26420	1650	18441	532	29.3	23.8	60.9
186	10506	475	5087	8	12.5	11.9	20.0
43	5039	73	12734	22	12.7	11.8	23.9
	314		108		1.3	0.5	3.8
34	4866	48	10071	1	13.3	11.9	31.1
178	3371	84	3468	9	8.2	6.8	13.5
14	852	10	1045	1	3.3	2.6	7.1
10	2670	39	443		4.1	3.9	9.6
208	8675	139	4825	27	13.6	10.9	24.5

9-23 各地区工伤认定情况(2016年)

单位：人

地区	Region	当期认定(视同)工伤人数 合计 Total	认定工伤件数 小计 Sub-total	在工作时间和工作场所内因工作原因受到事故伤害 Injured by the Work Accident at the Workplace During the Work Time	工作时间前后在工作场所内从事与工作有关的预备性或者收尾性工作受到事故伤害 Injured by the Accident Related to the Preparation or Ending of Work at the Workplace During the Work Time	在工作时间和工作场所内因履行工作职责受到暴力等意外伤害 Injured by Non-work Accident such as Violence in Fulfilling Work-related Responsibilities at the Workplace During the Work Time	患职业病 Suffering from the Occupational Disease
全国	**National**	**1036139**	**1027421**	**860945**	**10915**	**10639**	**20812**
北京	Beijing	21734	21406	15570	370	303	999
天津	Tianjin	18156	18002	14939	334	238	550
河北	Hebei	51562	50989	44217	444	388	670
山西	Shanxi	19691	19367	16520	145	115	1271
内蒙古	Inner Mongolia	8969	8758	6362	109	126	434
辽宁	Liaoning	30397	29939	25975	283	327	407
吉林	Jilin	10673	10456	9093	116	158	278
黑龙江	Heilongjiang	13748	13426	12030	108	146	415
上海	Shanghai	49946	49650	38158	976	421	109
江苏	Jiangsu	110739	110264	89572	930	669	518
浙江	Zhejiang	150848	150480	135461	720	447	352
安徽	Anhui	31530	31344	25191	558	277	476
福建	Fujian	31340	31173	27041	240	213	711
江西	Jiangxi	20184	20029	16846	199	181	336
山东	Shandong	62074	61457	48790	586	486	1652
河南	Henan	22957	22442	17401	462	402	429
湖北	Hubei	23368	23154	18885	255	399	595
湖南	Hunan	43429	43203	37406	268	493	813
广东	Guangdong	150539	149584	133019	1097	1224	749
广西	Guangxi	10672	10501	8327	126	311	83
海南	Hainan	2463	2417	2002	20	66	1
重庆	Chongqing	42336	42180	35098	322	679	3771
四川	Sichuan	37059	36768	28451	652	1044	1760
贵州	Guizhou	15827	15676	11807	156	240	2037
云南	Yunnan	16145	15848	12411	165	302	492
西藏	Tibet	587	571	451	4	6	
陕西	Shaanxi	14631	14354	11173	380	242	437
甘肃	Gansu	4991	4871	4082	52	62	80
青海	Qinghai	2709	2670	2428	7	17	55
宁夏	Ningxia	4787	4731	3535	207	116	161
新疆	Xinjiang	12048	11711	8704	624	541	171

WORK INJURY CERTIFICATION BY REGION (2016)

(person)

Cases Certified(Cases Considered) as Suffering Work Injury							不予认定工伤人数 Cases Not be Certified or Considered as Suffering Work Injury	当期不予受理申请人数 Work Injury Certification Applications Not Accepted
Cases Certified as Suffering Work Injury			视同工伤件数 Cases Considered as Suffering Work Injury					
因工外出期间由于工作原因受到伤害或者发生事故下落不明 Injured by Work-related Accident or Missing Due to Accident When Outside the Workplace Due to Work-related Reasons	在上下班途中受到机动车事故伤害 Injured by Automobile Accident on the Road to Work from Home and Back Home from Work	其他应当认定为工伤的情形 Other Circumstances That Shall be Certified as Suffering Work Injury as Stipulated by Laws and Regulations	小　计 Sub-total	在工作时间和工作岗位突发疾病死亡或者在48小时之内经抢救无效死亡 Died Immediately or Within 48 Hours after Unsuccessful Salvage Due to Illness Outburst at the Workplace During the	在抢险救灾等维护国家利益、公共利益活动中受到伤害 Injured in Rescue Activities for Protecting the Common Good of the State and the Public in Case of Emergencies or Natural	因战、因公负伤致残到用人单位后旧伤复发 Recrudescing of Previous Injury as a Result of War or Public Activities on the Employee Who Hold an Honorable Disabled Veteran Certificate		
44029	**78792**	**1289**	**8718**	**8387**	**188**	**143**	**16355**	**5104**
2048	2107	9	328	322	3	3	173	51
712	1222	7	154	152		2	109	30
1720	3530	20	573	561	7	5	787	20
400	916		324	319		5	196	63
965	762		211	209		2	218	96
1058	1582	307	458	445	2	11	251	100
245	468	98	217	212	2	3	86	33
329	391	7	322	314	5	3	146	81
2908	7078		296	288	1	7	556	95
3160	15379	36	475	426	33	16	1377	338
3813	9634	53	368	345	22	1	586	588
1477	3361	4	186	178	7	1	341	91
1097	1871		167	163	2	2	300	142
759	1702	6	155	144	1	10	441	281
3245	6573	125	617	596	4	17	649	265
1247	2455	46	515	491	9	15	231	50
1125	1849	46	214	204	8	2	534	230
1634	2545	44	226	224	2		771	93
6884	6611		955	932	19	4	4874	1504
720	931	3	171	169	1	1	377	56
171	157		46	45		1	64	31
1043	1263	4	156	152	3	1	829	213
1912	2863	86	291	253	34	4	966	243
924	508	4	151	144	1	6	266	122
1527	786	165	297	279	4	14	424	67
95	15		16	16			17	11
1179	797	146	277	275	2		130	66
323	272		120	105	13	2	93	28
125	38		39	39			31	24
279	432	1	56	55	1		116	28
905	694	72	337	330	2	5	416	64

9-24 分地区因工死亡人员工伤认定情况(2016年)

单位：人

地 区	Region	当期认定(视同)工伤人数					
		合 计	认定工伤件数				
		Total	小 计 Sub-total	在工作时间和工作场所内因工作原因受到事故伤害 Injured by the Work Accident at the Workplace During the Work Time;	工作时间前后在工作场所内从事与工作有关的预备性或者收尾性工作受到事故伤害 Injured by the Accident Related to the Preparation or Ending of Work at the Workplace During the Work Time	在工作时间和工作场所内因履行工作职责受到暴力等意外伤害 Injured by Non-work Accident such as Violence in Fulfilling Work-related Responsibilities at the Workplace During the Work Time	患职业病 Suffering from the Occupational Disease
全 国	**National**	**22436**	**14003**	**7315**	**149**	**203**	**66**
北 京	Beijing	593	270	82		6	1
天 津	Tianjin	311	159	64			
河 北	Hebei	1784	1223	623			
山 西	Shanxi	664	345	181	6	5	
内蒙古	Inner Mongolia	472	263	143	1	2	2
辽 宁	Liaoning	896	451	238	2	7	6
吉 林	Jilin	400	187	111		6	9
黑龙江	Heilongjiang	530	213	139		9	2
上 海	Shanghai	733	445	208	6	5	3
江 苏	Jiangsu	1771	1344	666	13	12	6
浙 江	Zhejiang	1493	1144	647	13	18	9
安 徽	Anhui	523	342	144	8	4	
福 建	Fujian	683	520	312	1	2	2
江 西	Jiangxi	485	341	173	4	6	1
山 东	Shandong	1770	1172	507	8	11	6
河 南	Henan	1027	533	257	7	3	1
湖 北	Hubei	619	415	190	22	11	3
湖 南	Hunan	807	583	365	2	6	
广 东	Guangdong	2105	1165	542	3	33	8
广 西	Guangxi	367	198	105	1	6	
海 南	Hainan	91	46	25			
重 庆	Chongqing	502	349	235	11	2	2
四 川	Sichuan	827	567	323	5	15	2
贵 州	Guizhou	384	239	168	3	10	
云 南	Yunnan	636	356	222	1	2	1
西 藏	Tibet	42	26	13	2	1	
陕 西	Shaanxi	635	359	232	2	11	2
甘 肃	Gansu	263	155	100	1		
青 海	Qinghai	133	94	72			
宁 夏	Ningxia	178	122	48	4	5	
新 疆	Xinjiang	513	258	136	21	5	
新疆兵团	Xinjiang Production and Construction Crops	199	119	44	2		

WORK INJURY CERTIFICATION INVOLVING DEATHS BY REGION

(person)

Cases Certified(Cases Considered) as Suffering Work Injury							不予认定工伤人数	当期不予受理申请人数
Cases Certified as Suffering Work Injury			视同工伤件数 Cases Considered as Suffering Work Injury					
因工外出期间由于工作原因受到伤害或者发生事故下落不明 Injured by Work-related Accident or Missing Due to Accident When Outside the Workplace Due to Work-related Reasons	在上下班途中受到机动车事故伤害 Injured by Automobile Accident on the Road to Work from Home and Back Home from Work	其他应当认定为工伤的情形 Other Circumstances That Shall be Certified as Suffering Work Injury as Stipulated by Laws and Regulations	小计 Sub-total	在工作时间和工作岗位突发疾病死亡或者在48小时之内经抢救无效死亡 Died Immediately or Within 48 Hours after Unsuccessful Salvage Due to Illness Outburst at the Workplace During the	在抢险救灾等维护国家利益、公共利益活动中受到伤害 Injured in Rescue Activities for Protecting the Common Good of the State and the Public in Case of Emergencies or Natural	因战、因公负伤致残到用人单位后旧伤复发 Recrudescing of Previous Injury as a Result of War or Public Activities on the Employee Who Hold an Honorable Disabled Veteran Certificate	Cases Not be Certified or Considered as Suffering Work Injury	Work Injury Certification Applications Not Accepted
1728	**4512**	**30**	**8433**	**8387**	**37**	**9**	**2231**	**324**
97	84		323	322	1		61	4
30	65		152	152			21	6
72	528		561	561				
24	129		319	319			53	4
64	51		209	209			40	10
41	157		445	445			61	7
32	29		213	212	1		8	2
19	43	1	317	314	3		16	2
73	150		288	288			58	
117	527	3	427	426		1	134	13
109	347	1	349	345	4		55	12
36	148	2	181	178	3		36	4
60	143		163	163			52	2
31	126		144	144			68	6
138	484	18	598	596	2		112	17
73	189	3	494	491	1	2	78	3
38	150	1	204	204			92	7
50	160		224	224			241	16
224	355		940	932	8		424	170
39	47		169	169			82	7
7	14		45	45				
25	74		153	152	1		79	5
50	172		260	253	6	1	141	11
28	30		145	144		1	43	
76	53	1	280	279	1		131	10
9	1		16	16				
46	66		276	275	1		18	1
22	32		108	105	3		37	2
12	10		39	39			5	
15	50		56	55	1			
54	42		255	250	1	4	71	2
17	56		80	80			14	1

9-25 各地区劳动能力鉴定情况(2016)
WORK CAPACITY ASSESSMENT BY REGION

单位：人 (person)

地区	Region	申请鉴定人数 Work Capacity Assessment Applicants						评定伤残等级人数 Persons Assessed as Certain Level of Work-related Disable				存在生活自理障碍人数
		小计 Sub-total	初次申请 First Applications	再次申请 Second Applications	#改变结论 Conclusions Changed	复查申请 Reassessment Applications	#改变结论 Conclusions Changed	小计 Sub-total	一至四级 Level 1 to Level 4	五至六级 Level 5 to Level 6	七至十级 Level 7 to Level 10	Persons Assessed as Living-related Disable
全国	**National**	**616205**	**594232**	**14266**	**3366**	**7707**	**2495**	**535415**	**17022**	**17533**	**500860**	**5876**
北京	Beijing	14639	14055	123	7	461	408	12175	874	778	10523	156
天津	Tianjin	8628	8164	203	61	261	63	8051	164	376	7511	80
河北	Hebei	25764	24785	402	109	577	248	23859	681	803	22375	347
山西	Shanxi	15167	14760	253	73	154	50	14014	1461	960	11593	432
内蒙古	Inner Mongolia	6654	6374	184	64	96	56	5969	274	329	5366	144
辽宁	Liaoning	20303	18499	475	86	1329	161	17128	672	628	15828	265
吉林	Jilin	6863	6477	224	71	162	53	6023	265	257	5501	108
黑龙江	Heilongjiang	12158	11617	402	73	139	62	10674	469	505	9700	290
上海	Shanghai	43125	40211	981	383	1933	369	38973	228	392	38353	164
江苏	Jiangsu	75496	74301	799	59	396	88	66236	657	1170	64409	368
浙江	Zhejiang	79983	78124	1822	528	37	14	73449	565	1268	71616	311
安徽	Anhui	15646	15026	508	145	112	53	13874	552	534	12788	157
福建	Fujian	15815	15063	648	183	104	78	12677	656	480	11541	239
江西	Jiangxi	10381	9859	472	78	50	8	9297	308	425	8564	150
山东	Shandong	36348	35218	844	152	286	104	28614	908	1481	26225	398
河南	Henan	14572	13943	500	108	129	40	11073	444	523	10106	270
湖北	Hubei	11963	11176	622	170	165	75	10461	457	429	9575	230
湖南	Hunan	20456	20044	336	89	76	22	19088	581	554	17953	214
广东	Guangdong	71158	69747	1244	133	167	66	60409	658	1212	58539	293
广西	Guangxi	4689	4562	121	33	6	1	3460	103	155	3202	49
海南	Hainan	434	414	16	11	4	4	425	28	19	378	22
重庆	Chongqing	26256	24916	1013	223	327	211	23452	1259	505	21688	245
四川	Sichuan	28785	27608	932	221	245	76	22255	955	822	20478	344
贵州	Guizhou	13632	13252	263	77	117	42	12676	632	531	11513	122
云南	Yunnan	8293	8204	66	16	23	12	6777	522	263	5992	119
西藏	Tibet	554	545	6	3	3	1	473	19	56	398	11
陕西	Shaanxi	8141	7937	67	19	137	63	6662	308	317	6037	142
甘肃	Gansu	4334	4200	73	22	61	18	3818	442	196	3180	55
青海	Qinghai	1170	1148	14	8	8	4	1129	59	63	1007	19
宁夏	Ningxia	4682	4511	141	43	30	19	3590	745	219	2626	43
新疆	Xinjiang	8622	8031	495	104	96	23	7327	1046	1230	5051	61
新疆兵团	Xinjiang Production and Construction Crops	1494	1461	17	14	16	3	1327	30	53	1244	28

9-26 历年全国生育保险基本情况
MATERNITY INSURANCE

年 份 Year	年末参保人数 (万人) Contributors at the Year-end (10 000 persons)	基金收支情况(亿元) Revenue and Expenses(100 million yuan)		
		基金收入 Revenue	基金支出 Expenses	累计结余 Balance at the Year-end
绝对数 Absolute figure				
1993	557.2	0.8	0.5	0.8
1994	915.9	1.5	0.8	1.4
1995	1500.2	2.9	1.6	2.7
1996	2015.6	5.5	3.3	5.0
1997	2485.9	7.4	4.9	7.5
1998	2776.7	9.8	6.8	10.3
1999	2929.8	10.7	7.1	13.9
2000	3001.6	11.2	8.3	16.8
2001	3455.1	13.7	9.6	20.6
2002	3488.2	21.8	12.8	29.7
2003	3655.4	25.8	13.5	42.0
2004	4383.8	32.1	18.8	55.9
2005	5408.5	43.8	27.4	72.1
2006	6458.9	62.1	37.5	96.9
2007	7775.3	83.6	55.6	126.6
2008	9254.1	113.7	71.5	168.2
2009	10875.7	132.4	88.3	212.1
2010	12335.9	159.6	109.9	261.4
2011	13892.0	219.8	139.2	342.5
2012	15428.7	304.2	219.3	427.6
2013	16392.0	368.4	282.8	514.7
2014	17038.7	446.1	368.1	592.7
2015	17771.0	501.7	411.5	684.4
2016	18451.0	521.9	530.6	675.9
比上年增长(%) Increase over Preceding Year %				
1994	64.4	73.8	60.5	87.6
1995	63.8	99.4	95.3	91.7
1996	34.4	87.8	108.2	81.6
1997	23.3	34.9	49.4	51.2
1998	11.7	31.1	39.5	37.1
1999	5.5	10.1	4.1	34.9
2000	2.5	3.8	17.1	20.6
2001	15.1	23.1	14.9	22.7
2002	1.0	58.9	33.3	44.5
2003	4.8	18.3	5.6	41.3
2004	19.9	24.4	39.3	33.1
2005	23.4	36.4	45.7	29.0
2006	19.4	41.8	36.9	34.4
2007	20.4	34.6	48.3	30.7
2008	19.0	36.0	28.6	32.9
2009	17.5	16.4	23.5	26.1
2010	13.4	20.5	24.4	23.2
2011	12.6	37.8	26.7	31.0
2012	11.1	38.4	57.6	24.8
2013	6.2	21.1	28.9	20.4
2014	3.9	21.1	30.2	15.1
2015	4.3	12.5	11.8	15.5
2016	3.8	4.0	29.0	-1.2

9-27 历年各地区生育保险基本情况
MATERNITY INSURANCE BY REGION

单位：万人，万人次 (10 000 persons)

地 区	Region	2001 年末参保人数 Contributors at the Year-end	2001 享受待遇人次 Beneficiaries of Maternity Insurance	2002 年末参保人数 Contributors at the Year-end	2002 享受待遇人次 Beneficiaries of Maternity Insurance	2003 年末参保人数 Contributors at the Year-end	2003 享受待遇人次 Beneficiaries of Maternity Insurance	2004 年末参保人数 Contributors at the Year-end	2004 享受待遇人次 Beneficiaries of Maternity Insurance
全 国	**National**	**3455**	**24**	**3488**	**28**	**3655**	**36**	**4384**	**46**
北 京	Beijing								
天 津	Tianjin								
河 北	Hebei	131.5	0.8	95.4	0.7	94.1	0.4	114.1	0.4
山 西	Shanxi	108.0	0.3	84.3	0.3	84.3	0.2	93.2	0.2
内蒙古	Inner Mongolia	27.9	0.3	23.4	0.1	40.3	0.2	66.7	0.4
辽 宁	Liaoning	227.8	1.2	216.1	1.2	199.1	1.5	215.9	2.1
吉 林	Jilin	24.0	0.1	32.7	0.1	34.0	0.1	35.1	0.2
黑龙江	Heilongjiang	68.2	0.2	153.2	1.2	167.5	2.7	187.3	3.5
上 海	Shanghai	443.7	0.1	452.9	3.7	461.1	4.1	505.6	4.9
江 苏	Jiangsu	483.5	4.6	486.1	4.1	504.1	7.2	552.7	9.2
浙 江	Zhejiang	187.6	1.7	193.7	1.9	215.0	2.1	239.8	3.0
安 徽	Anhui	23.4	0.1	23.6	0.2	23.9	0.2	37.6	0.2
福 建	Fujian	118.2	0.9	123.7	1.0	139.4	1.4	146.5	1.7
江 西	Jiangxi	120.2	0.8	109.4	0.7	108.7	0.6	107.6	0.5
山 东	Shandong	331.8	3.4	322.8	3.8	336.5	4.1	390.8	4.7
河 南	Henan	196.4	1.1	205.9	1.1	199.2	1.1	201.2	1.5
湖 北	Hubei	182.1	1.1	182.7	0.8	182.1	0.6	179.9	0.6
湖 南	Hunan	3.7		3.4		3.3		212.9	0.5
广 东	Guangdong	250.1	2.4	258.7	2.5	330.8	3.0	376.7	3.6
广 西	Guangxi	113.5	1.2	106.8	1.1	111.1	1.2	134.8	1.6
海 南	Hainan	10.8	0.1	23.2	0.2	28.4	0.2	31.7	0.4
重 庆	Chongqing	23.6	0.2	19.9	0.1	16.5	0.1	12.9	
四 川	Sichuan	178.1	1.6	166.4	1.2	165.1	1.3	187.4	1.4
贵 州	Guizhou	1.1		0.9		0.9		2.3	
云 南	Yunnan	96.1	1.2	86.9	1.0	82.8	1.4	142.3	2.3
西 藏	Tibet								
陕 西	Shaanxi	4.6	0.1	5.4	0.1	14.6	0.1	36.2	0.2
甘 肃	Gansu	5.0		5.1		6.8		31.0	0.1
青 海	Qinghai	6.6	0.1	4.3		5.2	0.1	5.8	0.1
宁 夏	Ningxia	8.7	0.1	15.0	0.2	15.1	0.2	18.4	0.2
新 疆	Xinjiang	78.9	1.0	86.4	1.0	85.7	2.0	117.4	2.5

9-27 续表 1 continued

单位：万人，万人次 (10 000 persons)

地 区	Region	2005 年末参保人数 Contributors at the Year-end	2005 享受待遇人次 Beneficiaries of Maternity Insurance	2006 年末参保人数 Contributors at the Year-end	2006 享受待遇人次 Beneficiaries of Maternity Insurance	2007 年末参保人数 Contributors at the Year-end	2007 享受待遇人次 Beneficiaries of Maternity Insurance
全 国	**National**	**5408**	**62**	**6459**	**108**	**7775**	**113**
北 京	Beijing	226.1	1.1	263.3	6.7	290.6	9.8
天 津	Tianjin	157.4	0.6	180.1	7.7	194.0	3.9
河 北	Hebei	215.9	0.8	264.2	1.7	338.5	2.5
山 西	Shanxi	95.6	0.3	98.1	0.4	104.4	0.3
内蒙古	Inner Mongolia	105.8	1.5	122.1	2.1	139.1	1.7
辽 宁	Liaoning	220.1	2.7	378.7	4.9	423.0	13.2
吉 林	Jilin	35.3	0.8	117.7	0.6	173.6	1.6
黑龙江	Heilongjiang	156.6	2.9	172.7	3.1	216.8	3.1
上 海	Shanghai	539.3	5.8	555.1	16.8	592.0	7.3
江 苏	Jiangsu	630.9	11.2	711.5	12.8	794.1	14.5
浙 江	Zhejiang	284.9	3.7	382.7	6.9	505.0	6.1
安 徽	Anhui	53.5	0.5	78.6	1.0	175.6	1.9
福 建	Fujian	161.8	2.1	173.5	2.0	250.4	2.7
江 西	Jiangxi	117.8	0.8	123.2	1.1	137.8	0.8
山 东	Shandong	461.2	5.5	488.8	10.0	563.3	8.2
河 南	Henan	228.4	1.5	238.4	2.0	279.1	2.2
湖 北	Hubei	175.9	0.6	194.5	0.8	224.6	1.1
湖 南	Hunan	250.2	3.2	308.5	5.2	369.3	5.6
广 东	Guangdong	419.4	4.2	464.8	4.8	659.1	6.6
广 西	Guangxi	141.4	1.9	145.2	1.9	163.5	2.3
海 南	Hainan	34.9	0.5	40.6	0.7	66.7	0.8
重 庆	Chongqing			96.8	0.6	116.9	2.2
四 川	Sichuan	212.5	1.4	274.1	1.9	323.3	3.6
贵 州	Guizhou	52.1	0.0	72.1	0.7	89.1	1.2
云 南	Yunnan	156.1	2.5	159.5	2.6	165.1	2.2
西 藏	Tibet					9.4	0.0
陕 西	Shaanxi	43.1	0.8	86.3	0.5	120.9	0.9
甘 肃	Gansu	40.0	0.3	47.0	0.4	53.3	0.7
青 海	Qinghai	6.5	0.1	7.2	0.2	6.2	0.2
宁 夏	Ningxia	21.6	0.2	18.1	0.4	19.2	0.4
新 疆	Xinjiang	164.1	4.7	195.6	7.5	211.6	5.6

9-27 续表 2 continued

单位：万人，万人次 (10 000 persons)

地 区	Region	2008 年末参保人数 Contributors at the Year-end	2008 享受待遇人次 Beneficiaries of Maternity Insurance	2009 年末参保人数 Contributors at the Year-end	2009 享受待遇人次 Beneficiaries of Maternity Insurance	2010 年末参保人数 Contributors at the Year-end	2010 享受待遇人次 Beneficiaries of Maternity Insurance
全 国	**National**	**9254**	**140**	**10876**	**174**	**12336**	**211**
北 京	Beijing	324.1	11.8	346.8	12.8	372.2	12.6
天 津	Tianjin	196.5	4.7	204.6	4.8	212.0	5.6
河 北	Hebei	408.5	5.2	489.9	6.7	561.5	5.2
山 西	Shanxi	148.3	0.7	185.8	0.9	211.6	1.7
内蒙古	Inner Mongolia	154.6	1.6	182.9	2.0	233.9	2.2
辽 宁	Liaoning	460.2	11.7	531.2	13.5	593.0	13.5
吉 林	Jilin	227.9	2.5	289.9	4.6	310.5	5.6
黑龙江	Heilongjiang	241.9	3.2	270.0	3.3	290.1	3.4
上 海	Shanghai	609.9	7.1	625.1	6.5	657.3	7.7
江 苏	Jiangsu	907.2	19.5	962.5	23.3	1086.4	24.4
浙 江	Zhejiang	690.0	8.1	750.7	10.4	863.7	12.4
安 徽	Anhui	231.0	3.5	303.6	4.6	346.9	5.0
福 建	Fujian	273.9	3.2	317.8	4.5	374.4	4.9
江 西	Jiangxi	156.6	0.6	163.0	0.7	170.0	1.0
山 东	Shandong	638.0	10.3	703.0	14.4	774.1	18.0
河 南	Henan	313.4	2.8	379.8	4.0	412.9	5.3
湖 北	Hubei	278.0	2.9	357.1	6.5	381.8	11.0
湖 南	Hunan	431.5	6.2	502.4	9.0	527.1	12.1
广 东	Guangdong	1011.2	9.7	1586.3	12.5	2038.5	24.3
广 西	Guangxi	176.5	3.0	199.0	3.2	218.5	3.6
海 南	Hainan	79.8	1.1	85.0	1.2	92.6	1.5
重 庆	Chongqing	141.6	2.6	155.5	3.7	175.7	4.9
四 川	Sichuan	373.0	4.4	426.4	5.8	484.2	5.9
贵 州	Guizhou	135.9	1.8	152.5	1.9	164.3	2.3
云 南	Yunnan	168.4	2.6	181.1	2.8	210.2	4.0
西 藏	Tibet	12.4	0.1	14.2	0.2	14.8	0.3
陕 西	Shaanxi	147.6	1.6	164.4	2.1	180.1	2.4
甘 肃	Gansu	59.1	0.6	71.2	0.7	82.0	1.0
青 海	Qinghai	6.3	0.1	6.3	0.1	6.4	0.1
宁 夏	Ningxia	25.1	0.4	30.7	0.5	39.8	0.6
新 疆	Xinjiang	225.4	6.4	236.8	6.6	249.4	8.4

9-27 续表 3 continued

单位：万人，万人次 (10 000 persons)

地 区	Region	2011		2012		2013	
		年末参保人数 Contributors at the Year-end	享受待遇人次 Beneficiaries of Maternity Insurance	年末参保人数 Contributors at the Year-end	享受待遇人次 Beneficiaries of Maternity Insurance	年末参保人数 Contributors at the Year-end	享受待遇人次 Beneficiaries of Maternity Insurance
全 国	**National**	**13892**	**265**	**15429**	**353**	**16392**	**522**
北 京	Beijing	395.3	14.9	844.7	27.9	883.2	41.1
天 津	Tianjin	234.6	6.6	242.7	8.0	249.1	24.8
河 北	Hebei	593.1	5.5	634.8	9.7	667.6	15.7
山 西	Shanxi	253.7	2.1	407.6	3.1	445.6	5.2
内蒙古	Inner Mongolia	263.3	4.8	274.8	4.3	285.0	6.5
辽 宁	Liaoning	664.7	15.1	713.9	19.4	752.3	25.9
吉 林	Jilin	335.9	6.7	350.4	9.4	365.9	11.2
黑龙江	Heilongjiang	350.1	3.6	353.1	4.2	355.1	6.9
上 海	Shanghai	703.1	8.8	711.5	11.7	713.9	22.0
江 苏	Jiangsu	1199.2	44.2	1276.2	55.5	1355.6	78.7
浙 江	Zhejiang	979.8	14.9	1084.8	19.4	1173.2	39.9
安 徽	Anhui	400.1	6.3	430.1	9.0	458.5	10.6
福 建	Fujian	451.9	5.7	484.3	8.2	539.6	12.1
江 西	Jiangxi	200.1	0.8	204.2	2.0	217.8	2.5
山 东	Shandong	857.8	19.7	919.0	19.9	974.4	47.1
河 南	Henan	460.7	6.3	520.3	12.0	569.6	13.6
湖 北	Hubei	420.9	13.6	452.9	18.8	465.3	18.5
湖 南	Hunan	538.8	15.3	546.0	14.8	536.0	14.8
广 东	Guangdong	2339.7	32.6	2484.9	40.1	2711.6	45.0
广 西	Guangxi	243.8	3.9	254.7	5.1	270.2	7.7
海 南	Hainan	100.7	2.2	116.0	3.2	120.2	4.0
重 庆	Chongqing	216.6	5.4	253.5	8.2	280.4	10.2
四 川	Sichuan	601.7	6.8	654.4	12.5	689.1	18.0
贵 州	Guizhou	198.1	2.6	221.6	3.1	238.7	4.4
云 南	Yunnan	216.5	3.5	239.2	4.6	270.9	11.2
西 藏	Tibet	16.1	0.3	18.2	0.4	20.7	0.5
陕 西	Shaanxi	211.6	2.8	223.7	3.1	240.3	4.3
甘 肃	Gansu	110.1	1.7	129.5	2.5	135.1	3.2
青 海	Qinghai	6.7	0.2	33.8	0.3	42.8	1.7
宁 夏	Ningxia	59.3	1.0	66.4	1.9	68.4	3.7
新 疆	Xinjiang	268.1	7.0	281.6	10.3	296.1	11.1

9-27 续表 4 continued

单位：万人，万人次 (10 000 persons)

地 区	Region	2014		2015		2016	
		年末参保人数 Contributors at the Year-end	享受待遇人次 Beneficiaries of Maternity Insurance	年末参保人数 Contributors at the Year-end	享受待遇人次 Beneficiaries of Maternity Insurance	年末参保人数 Contributors at the Year-end	享受待遇人次 Beneficiaries of Maternity Insurance
全 国	**National**	**17039**	**613**	**17771**	**642**	**18451**	**914**
北 京	Beijing	915.6	53.2	941.6	52.8	981.0	51.9
天 津	Tianjin	260.7	22.2	269.7	19.4	285.0	28.1
河 北	Hebei	684.0	22.5	713.0	18.5	710.3	33.8
山 西	Shanxi	454.2	7.4	456.5	8.0	458.5	8.9
内蒙古	Inner Mongolia	293.7	8.0	302.6	7.8	305.3	8.5
辽 宁	Liaoning	783.9	28.5	789.3	29.6	790.1	31.7
吉 林	Jilin	367.0	14.0	367.5	14.0	367.8	17.1
黑龙江	Heilongjiang	356.1	7.8	357.1	6.4	358.0	9.4
上 海	Shanghai	717.5	24.0	735.4	22.9	956.1	28.2
江 苏	Jiangsu	1374.6	93.6	1471.7	95.3	1510.3	170.3
浙 江	Zhejiang	1248.9	46.1	1285.2	51.0	1294.4	62.1
安 徽	Anhui	482.8	13.6	499.3	15.9	517.6	21.8
福 建	Fujian	556.7	12.8	598.3	14.0	625.8	20.9
江 西	Jiangxi	241.1	3.3	251.3	4.7	258.9	7.8
山 东	Shandong	1046.5	56.2	1111.3	48.1	1139.1	73.4
河 南	Henan	590.2	15.7	609.5	16.5	646.8	24.5
湖 北	Hubei	480.6	19.9	500.2	22.3	511.9	30.2
湖 南	Hunan	537.6	17.0	544.0	20.5	542.9	27.4
广 东	Guangdong	2801.3	50.8	3081.8	67.0	3161.9	117.8
广 西	Guangxi	280.2	8.6	307.9	9.6	319.6	13.0
海 南	Hainan	122.0	3.8	127.1	4.7	136.5	6.0
重 庆	Chongqing	347.5	12.5	354.3	18.3	365.7	24.3
四 川	Sichuan	730.4	21.7	670.3	24.8	713.1	31.8
贵 州	Guizhou	248.8	6.4	263.6	7.5	286.3	10.8
云 南	Yunnan	279.3	13.2	289.8	12.0	295.9	16.2
西 藏	Tibet	22.8	0.5	23.8	0.7	24.9	0.9
陕 西	Shaanxi	250.8	5.3	265.3	6.4	283.4	9.1
甘 肃	Gansu	143.7	3.9	154.1	3.5	162.7	6.8
青 海	Qinghai	45.8	3.4	48.0	5.0	49.7	3.7
宁 夏	Ningxia	71.3	4.9	73.7	2.6	76.5	4.4
新 疆	Xinjiang	303.0	12.7	307.9	12.4	315.0	13.0

9-28 各地区生育保险基本情况(2016年)
MATERNITY INSURANCE BY REGION(2016)

单位：万人次、亿元 (10 000 persons, 100 million yuan)

地 区	Region	享受待遇人次 Beneficiaries of Maternity Insurance	基金收入 Revenue	基金支出 Expenses	累计结余 Balance at the Year-end
全 国	**National**	**914**	**521.9**	**530.6**	**675.9**
北 京	Beijing	51.9	56.7	53	36.8
天 津	Tianjin	28.1	9.1	11.4	17.7
河 北	Hebei	33.8	12.8	14.2	22.0
山 西	Shanxi	8.9	7.6	5.6	21.6
内蒙古	Inner Mongolia	8.5	8.4	5.4	17.1
辽 宁	Liaoning	31.7	20.3	20.0	14.6
吉 林	Jilin	17.1	7.4	5.8	13.9
黑龙江	Heilongjiang	9.4	6.3	6.9	15.0
上 海	Shanghai	28.2	65.1	50.6	31.6
江 苏	Jiangsu	170.3	38.9	60.1	45.6
浙 江	Zhejiang	62.1	37.8	36.7	41.4
安 徽	Anhui	21.8	12.0	12.9	14.0
福 建	Fujian	20.9	13.1	15.4	23.1
江 西	Jiangxi	7.8	4.7	4.4	10.5
山 东	Shandong	73.4	35.8	45.9	33.8
河 南	Henan	24.5	14.8	14.6	30.5
湖 北	Hubei	30.2	11.6	10.6	24.8
湖 南	Hunan	27.4	12.6	9.5	26.9
广 东	Guangdong	117.8	73.3	60.8	117.8
广 西	Guangxi	13.0	8.6	8.1	18.0
海 南	Hainan	6.0	2.6	2.4	5.4
重 庆	Chongqing	24.3	8.3	13.6	2.1
四 川	Sichuan	31.8	16.2	22.7	19.0
贵 州	Guizhou	10.8	5.5	4.9	9.1
云 南	Yunnan	16.2	8.6	12.3	9.3
西 藏	Tibet	0.9	1.7	1.0	2.0
陕 西	Shaanxi	9.1	4.4	4.6	15.0
甘 肃	Gansu	6.8	4.0	3.6	8.7
青 海	Qinghai	3.7	1.6	2.0	4.0
宁 夏	Ningxia	4.4	2.4	2.8	2.4
新 疆	Xinjiang	13.0	9.7	9.0	22.3

十、工会工作

TRADE UNION WORKS

10-1 各地区基层工会组织数(2016年)

单位: 个

地 区	Region	总 计 Total	国有企业 State-owned	集体企业 Urban Collective-owned	股份合作企 业 Coopera-tive	联营企业 Joint-owned	有限责任公 司 Limited Liability Corporations
全 国	**National**	**2824772**	**79049**	**67131**	**37774**	**7548**	**192585**
北 京	Beijing	34334	1439	1732	520	35	11240
天 津	Tianjin	18594	864	336	263	6	1321
河 北	Hebei	125925	3650	3469	948	408	3652
山 西	Shanxi	59529	3435	3001	454	91	3232
内蒙古	Inner Mongolia	66383	2014	734	589	106	6751
辽 宁	Liaoning	84757	2530	1456	665	103	4963
吉 林	Jilin	27767	1480	350	278	38	1542
黑龙江	Heilongjiang	66050	4819	1611	578	85	3322
上 海	Shanghai	51261	1933	2096	941	100	3770
江 苏	Jiangsu	168021	2632	3537	3175	585	10722
浙 江	Zhejiang	150155	2140	1428	6485	410	16115
安 徽	Anhui	127309	3166	5899	1851	256	8596
福 建	Fujian	115307	3714	1615	1193	477	4262
江 西	Jiangxi	83759	3498	1808	1814	343	3580
山 东	Shandong	194352	4905	5484	2128	264	12314
河 南	Henan	216605	5129	6246	2338	606	9740
湖 北	Hubei	131581	2672	4375	1818	687	6688
湖 南	Hunan	146572	4222	5085	2816	556	6635
广 东	Guangdong	257853	5718	5565	1884	378	15343
广 西	Guangxi	93756	3399	2088	611	755	4546
海 南	Hainan	19883	911	603	219	83	7220
重 庆	Chongqing	57750	938	896	838	205	4708
四 川	Sichuan	160568	2567	1570	1306	237	13044
贵 州	Guizhou	66634	2121	840	1500	227	4678
云 南	Yunnan	92339	1385	831	514	74	6305
西 藏	Tibet	5362	204	72	32	6	129
陕 西	Shaanxi	108883	3564	3463	1150	310	12209
甘 肃	Gansu	37134	1099	440	379	53	2042
青 海	Qinghai	15724	495	114	111	16	552
宁 夏	Ningxia	11835	425	62	57	2	544
新 疆	Xinjiang	28790	1981	325	319	46	2820

NUMBER OF GRASSROOTS TRADE UNION BY REGION (2016)

(unit)

股份有限公司 Share-holding Corporations Ltd.	私营企业 Private	其他内资企业 Other Enterprises of Domestic Funded	个体经营户 Individuals	港澳台商投资企业 Funded by Entrepreneurs from HongKong, Macao & Taiwan	外商投资企业 Foreign Funded	事业单位 Institutions	机关 Agencies and Organizations	其他 Others
68476	**1497510**	**11280**	**122995**	**30336**	**44446**	**322372**	**190011**	**153259**
1445	6927	61	997	357	897	4624	1679	2381
538	8666	25	264	223	827	2913	1214	1134
2194	64889	2889	4012	211	615	13229	10596	15163
1607	24131	63	2795	91	212	12007	5822	2588
1137	38127	33	1731	32	132	8234	5818	945
1861	44156	194	4321	352	1711	11488	5230	5727
971	12754	79	493	33	150	6526	2409	664
1571	33278	38	2751	105	360	8969	5410	3153
1473	25576	435	361	1822	4436	5677	1249	1392
4933	99768	731	2783	3985	7974	13406	6308	7482
5301	87475	390	1808	2149	3176	13853	7080	2345
3116	69403	141	8217	182	364	12907	6580	6631
2562	76635	1225	1209	2526	2771	8780	5551	2787
1516	44191	144	3012	297	1032	12319	7391	2814
5446	110940	623	11840	789	5981	17509	9645	6484
4010	126275	319	16672	173	294	23608	10969	10226
2677	75087	550	4197	313	643	16193	7054	8627
3309	77251	800	10318	153	300	15762	11271	8094
3483	156790	1576	12994	15328	9555	18517	9586	1136
2515	54108	206	3431	315	570	11138	6876	3198
732	3767	23	624	89	182	2342	1512	1576
1532	30500	81	6868	93	232	7026	3815	18
4676	59006	354	8626	386	838	24264	17625	26069
3218	24415	120	1233	29	71	9774	6850	11558
2511	58495	42	1401	119	248	8616	9097	2701
55	809	1	765		1	444	2221	623
2144	48740	94	5212	86	702	14006	7075	10128
675	15367	14	1028	37	69	7508	5815	2608
189	5925	5	1519	12	14	2351	2148	2273
204	5514	5	561	11	30	1744	1291	1385
875	8545	19	952	38	59	6638	4824	1349

10-2 各地区工会会员人数(2016年)

单位：人

地 区	Region	总 计 Total	内资企业 Enterprises of Domestic Funded					
			国有企业 State-owned	集体企业 Urban Collective-owned	股份合作企业 Coopera-tive	联营企业 Joint-owned	国有独资公司 State Funded Corporations	其他有限责任公司 Other Limited Liability Corporations
全 国	**National**	**302881049**	**25410104**	**7973019**	**6095384**	**1173005**	**3486424**	**17571392**
北 京	Beijing	4838337	591377	143239	69192	2801	164829	946755
天 津	Tianjin	4016050	385762	62077	101383	431	103618	323178
河 北	Hebei	14218621	1105380	354819	169888	81869	76351	451806
山 西	Shanxi	7992425	1745472	270447	161697	20630	132987	356078
内蒙古	Inner Mongolia	5846909	746678	96628	105489	44182	40086	457391
辽 宁	Liaoning	9381782	1339324	302534	111378	17260	147060	415804
吉 林	Jilin	3364280	671300	45948	66698	6280	85648	141637
黑龙江	Heilongjiang	7548130	1982357	148826	84244	10786	127856	314088
上 海	Shanghai	8571879	513890	501143	106660	13331	280998	450020
江 苏	Jiangsu	23526009	1462687	574517	698742	89311	164884	1299201
浙 江	Zhejiang	20565112	509697	230610	942695	64802	170285	2122110
安 徽	Anhui	10087865	822747	573252	248128	30155	73908	690172
福 建	Fujian	8762644	544991	98574	129751	73740	78153	250245
江 西	Jiangxi	8200168	778082	163272	399330	75450	61335	238477
山 东	Shandong	23839505	1505664	797321	584807	36314	276229	1683815
河 南	Henan	18323486	1504098	799065	429985	61075	184093	751943
湖 北	Hubei	13380571	886593	694771	241498	103904	152317	749694
湖 南	Hunan	12081529	833397	518970	327417	80155	109915	474251
广 东	Guangdong	29704678	1156920	663874	306755	114782	218547	1525344
广 西	Guangxi	7268726	816462	173396	107395	83176	124772	415699
海 南	Hainan	2491189	142852	34059	28752	6097	39316	300134
重 庆	Chongqing	7237374	293117	58270	87816	37250	102361	531959
四 川	Sichuan	20318528	995838	168151	217857	21295	159817	1060910
贵 州	Guizhou	7185568	598968	65429	50904	18259	97561	174906
云 南	Yunnan	5376429	507761	50284	45013	6950	126295	284873
西 藏	Tibet	280743	11136	4255	2264	242	1873	6859
陕 西	Shaanxi	8218516	1182461	259735	108886	49753	89494	658816
甘 肃	Gansu	3746087	449278	58601	72810	17578	27963	162970
青 海	Qinghai	1260537	168047	8878	13040	1273	15466	31901
宁 夏	Ningxia	1199720	139871	2498	9598	112	10827	32850
新 疆	Xinjiang	4047652	1017897	49576	65312	3762	41580	267506

TRADE UNION MEMBERS IN GRASSROOTS TRADE UNION BY REGION (2016)

(person)

内资企业 Enterprises of Domestic Funded				个体经营户 Individuals	港澳台商投资企业 Funded by Entrepreneurs from HongKong Macao&Taiwan	外商投资企业 Foreign Funded	事业单位 Institutions	机关 Agencies and Organization	其他 Others
国有控股公司 State-holding	其他股份有限公司 Other Share-holding Corporations Ltd.	私营企业 Private	其他企业 Others						
7836153	**7666508**	**112189561**	**1611318**	**12841313**	**8110524**	**9874198**	**34971600**	**16882389**	**28888157**
342492	171119	460614	3622	72745	66479	253101	650509	335746	263717
238054	67063	1437169	9624	146579	109216	344726	332866	137311	216993
295646	265266	5730320	308006	408117	82007	143041	1585757	924636	2235712
420761	171609	2254049	23569	407690	116548	35299	1124614	487664	263311
203885	173793	2566347	2379	76596	9303	29533	726843	432297	135479
322396	202915	2830307	18233	280558	56579	383387	1379513	531057	1043477
113916	129408	931053	4427	65771	11266	35528	678657	260923	115820
233172	123981	2142041	6750	301507	46491	68330	877040	481656	599005
577545	160921	3159022	164834	49733	463452	1005699	680133	152962	291536
331130	718595	10150835	107993	457545	920147	1738108	1792776	691233	2328305
332964	925962	10748360	85359	250073	552231	810181	1716360	506732	596691
298194	259791	3664070	22305	391317	45335	101585	1183253	484238	1199415
177635	245478	4434078	101771	124366	583582	461223	734497	388903	335657
66983	140755	3983057	11978	147601	106155	197161	1057999	590482	182051
557382	1025679	9509545	100979	1791357	182533	983974	2324741	1055865	1423300
298605	387050	6784938	39527	1138275	396193	61929	2784294	1238577	1463839
517310	277314	5182140	103171	388440	91723	143805	1594787	529291	1723813
193141	300090	5102370	101775	612498	41988	58218	1490838	1033487	803019
561987	620954	12676199	323997	1125853	3883121	2535333	2690180	886634	414198
150465	173259	2797088	12257	190633	72261	77851	1106651	472065	495296
94873	54430	204620	1242	12354	8845	26853	241776	516728	778258
129114	125079	2763236	11145	2003532	52183	46260	671648	312242	12162
354686	417359	4811473	27106	1459339	151869	140957	2814992	1410588	6106291
198849	62055	1496460	2576	106213	10726	19353	846269	551093	2885947
242338	108263	1653127	2583	109671	13710	37475	952655	780812	454619
2084	2572	28414	88	23843		28	37469	121060	38556
244676	189036	2229974	10228	359140	15974	101344	1114978	437615	1166406
158190	42160	1114585	748	97923	5741	10637	707963	447734	371206
33785	10946	323373	217	57870	1944	3755	152281	95473	342288
20904	31788	329970	167	42152	1127	7738	177395	91212	301511
122991	81818	690727	2662	142022	11795	11786	741866	496073	300279

10-3 各地区基层单位建立职工代表大会制度情况(2016年)
EMPLOYEE CONGRESS SYSTEM IN GRASSROOTS TRADE UNION BY REGION (2016)

地区	Region	建立职工(代表)大会制度的企事业单位(个) Number of Establishments with Employee Congress (unit)	本年度召开过职工(代表)大会的企事业单位(个) Number of Establishments with Congress Held (unit)	职工代表大会的职工代表(人) Congress Members (person)	#女职工代表 Female	实行厂务公开的企事业单位(个) Number of Establishments with Publishing Management Affairs (unit)
全　国	**National**	**5153940**	**3998648**	**23041799**	**6812391**	**5046846**
北　京	Beijing	80092	69798	306418	109483	75206
天　津	Tianjin	87898	86953	358660	119521	87970
河　北	Hebei	159756	89716	857532	215938	147748
山　西	Shanxi	154505	144984	741044	158046	154069
内蒙古	Inner Mongolia	73402	41231	546812	115646	73097
辽　宁	Liaoning	155302	116807	807211	204724	153423
吉　林	Jilin	60652	35561	265710	67597	56626
黑龙江	Heilongjiang	92774	74745	426095	116069	88233
上　海	Shanghai	227193	199404	668839	229513	229586
江　苏	Jiangsu	342643	287420	2430766	725765	326637
浙　江	Zhejiang	465430	343901	2118618	785666	464623
安　徽	Anhui	129857	80866	673044	222353	134713
福　建	Fujian	227101	171130	835561	227117	221652
江　西	Jiangxi	110777	78655	625652	136075	110960
山　东	Shandong	443750	376821	2060537	534914	443995
河　南	Henan	225788	172889	1301983	525032	221984
湖　北	Hubei	187222	142373	846782	257747	170067
湖　南	Hunan	170150	116843	778370	169160	164463
广　东	Guangdong	616695	425119	1851931	652885	594726
广　西	Guangxi	148308	136175	709306	224978	147123
海　南	Hainan	23691	17054	77608	25978	23691
重　庆	Chongqing	206681	198388	551337	131458	205232
四　川	Sichuan	299992	270993	1083191	300290	294465
贵　州	Guizhou	79909	56599	316927	72994	81319
云　南	Yunnan	103592	68001	341105	101992	99654
西　藏	Tibet	352	316	7549	846	269
陕　西	Shaanxi	148995	103585	684294	162424	147930
甘　肃	Gansu	59004	42102	335640	87664	58526
青　海	Qinghai	18774	12399	79935	18592	18528
宁　夏	Ningxia	15011	12638	84007	28674	13114
新　疆	Xinjiang	38353	24940	260590	79815	36988
国家机关	Government Agencies	254	206	8176	3157	201
中直机关	CCCPC Agencies	37	36	569	278	28

注：中直机关指中央直属机关(以下各表同)。

a) CCCPC Agencies are Agencies of Central Committee of the Communist Party of Chine (The same as in the following tables).

10-4 各地区基层以上工会职业培训机构情况(2016年)
VOCATIONAL TRAINING ORGANIZATIONS ABOVE GRASSROOTS TRADE UNION BY REGION (2016)

地 区	Region	工会开办的职业培训机构(个) Number of Vocational Training (Organizations)	本年度工会职业培训机构培训人次(人次) Trained Persons (person-time)	#农民工 Migrant Workers	#下岗失业人员人次数 Laid-off and Unemployment Persons	#经培训实现再就业人次数 Reemployees
全 国	**National**	**1560**	**1246800**	**614754**	**355746**	**185789**
北 京	Beijing	3	19134	2571	767	106
天 津	Tianjin	20	67496	24060	3298	2013
河 北	Hebei	79	41846	18968	12875	6376
山 西	Shanxi	54	27646	16356	8989	4391
内蒙古	Inner Mongolia	40	15821	5860	6668	4296
辽 宁	Liaoning	206	65865	20775	33969	17956
吉 林	Jilin	34	7743	2291	4517	1569
黑龙江	Heilongjiang	86	29626	8441	14962	5514
上 海	Shanghai	6	10339	2182	396	142
江 苏	Jiangsu	56	114703	49843	24578	12915
浙 江	Zhejiang	83	143051	81659	23851	8077
安 徽	Anhui	19	12740	4949	3946	1735
福 建	Fujian	26	8683	6389	1537	822
江 西	Jiangxi	27	14554	7741	4428	2521
山 东	Shandong	109	113575	57733	49762	34516
河 南	Henan	122	118035	74095	36371	17466
湖 北	Hubei	59	40434	19419	17859	7827
湖 南	Hunan	51	28617	16692	11449	5631
广 东	Guangdong	30	71776	17136	4192	2392
广 西	Guangxi	96	37333	20486	15480	11514
海 南	Hainan	4	7076	3547	523	260
重 庆	Chongqing	34	41470	24564	15201	8874
四 川	Sichuan	91	77969	54148	21388	12243
贵 州	Guizhou	32	36638	19835	7582	3747
云 南	Yunnan	14	28438	20321	5504	2137
西 藏	Tibet	2	314	157	40	40
陕 西	Shaanxi	72	31456	16654	11986	6684
甘 肃	Gansu	60	20354	12644	5945	2242
青 海	Qinghai	12	1140	495	345	132
宁 夏	Ningxia	23	6866	3066	3807	357
新 疆	Xinjiang	10	6062	1677	3531	1294

10-5 各地区基层工会开展合理化建议和劳动竞赛活动情况(2016年) CONDITION OF CARRYING OUT RATIONALIZED PROPOSALS AND LABOR EMULATION IN GRASSROOTS TRADE UNION BY REGION (2016)

地区	Region	本年度职工提出合理化建议件数(件) Rationalized Proposals Put Forward by the Staff and Workers This Year (case)	本年度已实施的合理化建议件数(件) Rationalized Proposals Practiced This Year (case)	本年度开展了劳动竞赛的基层工会(个) Grassroots Trade union Participating in Labor Emulation This Year (unit)	本年度参加劳动竞赛的职工(人次) Person/Time of Staff and Workers Participating in Labor Emulation (person-time)
全　国	**National**	**10913451**	**6456654**	**935721**	**96833883**
北　京	Beijing	303807	198675	5852	1709367
天　津	Tianjin	799204	560577	16246	4589334
河　北	Hebei	587376	304242	41514	5067714
山　西	Shanxi	393699	226553	18485	2639213
内蒙古	Inner Mongolia	132679	87327	41409	3633135
辽　宁	Liaoning	421376	282047	14286	1787095
吉　林	Jilin	628194	415146	13443	1221155
黑龙江	Heilongjiang	119266	79604	10484	1209269
上　海	Shanghai	1521395	1214762	12362	2741090
江　苏	Jiangsu	879807	503633	56119	5954771
浙　江	Zhejiang	362616	182664	77079	9185344
安　徽	Anhui	351600	205128	51927	3345348
福　建	Fujian	170456	103566	28883	1655101
江　西	Jiangxi	133683	25830	24924	2233848
山　东	Shandong	1080853	524932	84142	8948117
河　南	Henan	269537	165401	25501	2688987
湖　北	Hubei	381091	195417	32569	3593802
湖　南	Hunan	389735	170127	108839	6637276
广　东	Guangdong	589589	125390	64742	5792997
广　西	Guangxi	94791	62386	20225	1930310
海　南	Hainan	15385	11650	5573	475319
重　庆	Chongqing	478969	324887	24823	3037646
四　川	Sichuan	340036	183071	76634	8109958
贵　州	Guizhou	55131	37075	17804	1746947
云　南	Yunnan	78101	52326	22885	1524094
西　藏	Tibet	254	196	97	7935
陕　西	Shaanxi	117529	71545	15164	1460209
甘　肃	Gansu	123536	87247	9560	961646
青　海	Qinghai	8986	5150	3176	274470
宁　夏	Ningxia	40249	21940	5571	428663
新　疆	Xinjiang	42067	26927	5351	2231088
国家机关	Government Agencies	2429	1208	50	12110
中直机关	CCCPC Agencies	25	25	2	525

10-6 各地区基层工会参与调节劳动争议工作情况(2016年)
CONDITION OF GRASSROOTS TRADE UNION PATICIPATING IN MEDIATION LABOR DISPUTE BY REGION (2016)

地　区	Region	建立劳动争议调解委员会的基层工会(个) Units with Labor Dispute Mediation Committee (unit)	劳动争议调解委员会中工会成员(人) Union Member of Labor Dispute Mediation Committee (person)	本年度劳动争议调解委员会受理劳动争议件数(件) Cases Accepted by Labor Dispute Mediation Committee This Year (case)	#集体劳动争议 Collective Labor Dispute	本年度劳动争议调解委员会调解成功劳动争议件数(件) Cases Successfully Madiated by Labor Dispute Mediation Committee This Year (case)	#集体劳动争议 Collective Labor Dispute
全　国	**National**	**1091269**	**2634945**	**250476**	**42408**	**111884**	**21383**
北　京	Beijing	10215	28755	1339	92	922	82
天　津	Tianjin	13936	45901	19827	1423	17321	1030
河　北	Hebei	68305	181341	7649	1985	3501	1608
山　西	Shanxi	24469	74394	3225	321	1139	195
内蒙古	Inner Mongolia	28957	60378	5338	1933	3375	1801
辽　宁	Liaoning	32305	75522	10819	1465	1270	218
吉　林	Jilin	8226	16811	737	183	439	130
黑龙江	Heilongjiang	18751	35787	2226	1006	1435	995
上　海	Shanghai	25544	75822	3660	129	742	41
江　苏	Jiangsu	105841	268843	29135	3421	9546	1763
浙　江	Zhejiang	96653	226771	9705	917	5724	639
安　徽	Anhui	21541	60201	4095	1271	1275	338
福　建	Fujian	34036	75530	7014	544	1889	134
江　西	Jiangxi	66906	132193	14013	2832	3345	2032
山　东	Shandong	84445	233626	14741	2468	5501	1490
河　南	Henan	20605	62747	5379	717	1876	563
湖　北	Hubei	25703	75290	6612	453	1737	304
湖　南	Hunan	16170	47550	19775	11353	4379	748
广　东	Guangdong	118856	194407	38764	5005	21819	4503
广　西	Guangxi	34897	83136	7912	216	385	53
海　南	Hainan	2967	13996	504	22	132	8
重　庆	Chongqing	13945	47634	5115	728	3092	287
四　川	Sichuan	101304	236375	20356	2275	15053	1202
贵　州	Guizhou	21621	40560	2229	338	747	284
云　南	Yunnan	15004	39606	1244	127	566	83
西　藏	Tibet	86	316	32	4	17	4
陕　西	Shaanxi	49632	120953	4749	531	2466	411
甘　肃	Gansu	11988	32007	2068	380	1013	213
青　海	Qinghai	3822	9029	231	2	73	1
宁　夏	Ningxia	5912	13602	528	77	265	67
新　疆	Xinjiang	8556	25352	1445	190	837	156
国家机关	Government Agencies	71	510	10		3	
中直机关	CCCPC Agencies						

10-7 各地区基层以上工会职业介绍机构情况(2016年)
JOB EXCHANGES ABOVE GRASSROOTS TRADE UNION BY REGION (2016)

地 区	Region	工会开办职业介绍机构(个) Number of job Exchanges (unit)	#获得政府有关部门资质认定的机构 Qualificated by Labor and Security Bureau	本年度工会职业介绍机构成功介绍人次数(人次) Placed Jobseekers (person-time)	#农民工 Migrant Workers	#下岗失业人员人次数 Laid-off and Unemployed Persons
全 国	**National**	**1634**	**709**	**1201136**	**514533**	**340880**
北 京	Beijing	9	2	1605	921	663
天 津	Tianjin	24	4	13839	9771	2947
河 北	Hebei	95	64	34715	19311	11996
山 西	Shanxi	52	19	22897	11063	5444
内蒙古	Inner Mongolia	27	6	12369	2386	2741
辽 宁	Liaoning	139	71	52238	13322	24819
吉 林	Jilin	30	10	12297	4524	7480
黑龙江	Heilongjiang	59	25	16156	4099	8019
上 海	Shanghai	5	2	1974	114	382
江 苏	Jiangsu	50	33	62693	34487	22874
浙 江	Zhejiang	34	10	21941	10047	10945
安 徽	Anhui	45	9	30041	14755	13982
福 建	Fujian	23	9	29124	16307	4732
江 西	Jiangxi	21	8	14544	5870	3144
山 东	Shandong	86	30	80790	41461	25277
河 南	Henan	84	46	328363	87121	43860
湖 北	Hubei	57	27	59632	30925	24797
湖 南	Hunan	81	55	42921	26250	12420
广 东	Guangdong	393	128	27647	4674	5431
广 西	Guangxi	47	11	30478	14912	6315
海 南	Hainan	1	1	1375	493	814
重 庆	Chongqing	29	16	46875	29356	15695
四 川	Sichuan	70	37	80466	40232	32777
贵 州	Guizhou	51	22	54092	25075	16464
云 南	Yunnan	12	8	12386	8787	3408
西 藏	Tibet			55	52	
陕 西	Shaanxi	65	28	65788	34044	22136
甘 肃	Gansu	21	17	25507	15715	6137
青 海	Qinghai	3	2	945	644	241
宁 夏	Ningxia	14	5	12755	5740	3534
新 疆	Xinjiang	7	4	4628	2075	1406

十一、香港资料

MAIN INDICATORS OF HONG KONG

11-1 劳动人口及失业状况
LABOUR FORCE AND UNEMPLOYMENT

项　目	Item	2012	2013	2014	2015	2016
劳动人口数目 (万人)	Labour Force (10 000 persons)	378.2	385.5	387.1	390.3	392.0
男	Male	197.1	199.3	199.0	199.7	199.6
女	Female	181.1	186.2	188.1	190.6	192.4
劳动人口参与率 (%)	Labour Force Participation Rate (%)	60.5	61.2	61.1	61.1	61.1
就业人口 (万人)	Employed Persons (10 000 persons)	365.8	372.4	374.3	377.4	378.7
失业人口 (万人)	Unemployed Persons (10 000 persons)	12.4	13.1	12.8	12.9	13.3
失业率 (%)	Unemployment Rate (%)	3.3	3.4	3.3	3.3	3.4

注：数字是根据每年1月至12月进行的“综合住户统计调查”结果，以及由政府统计处与跨部门人口分布推算小组共同编制按区议会分区划分年中人口估计数字而编制。
2012年至2015年的年度数字已就2016年中期人口统计的结果而作出了修订。2016年中期人口统计的结果提供了一个基准，用作修订自2011年人口普查以来编制的人口数字。

a) Figures are compiled based on data collected in the General Household Survey from January to December of the year concerned as well as the mid-year population estimates by District Council district compiled jointly by the Census and Statistics Department and an inter-departmental Working Group on Population Distribution Projections.
Figures from 2012 to 2015 have been revised to take into account the results of the 2016 Population By-census which provided a benchmark for revising the population figures compiled since the 2011 Population Census.

11-2 按行业划分的就业人数
EMPLOYED PERSONS BY INDUSTRY

单位：万人 (10 000 persons)

行　　业 (按香港标准行业分类2.0版分类)	Industry (based on HSIC Version 2.0)	2012	2013	2014	2015	2016
制造	Manufacturing	13.3	12.6	13.0	11.3	11.8
建筑	Construction	29.0	30.9	31.0	31.7	32.8
进出口贸易及批发	Import/Export Trade and Wholesale	56.2	52.2	50.2	48.0	46.5
零售、住宿①及膳食服务	Retail, Accommodation① and Food Services	58.7	60.9	63.3	62.5	62.0
运输、仓库、邮政及速递	Transportation, Storage, Postal and Courier	43.4	44.4	44.6	45.5	45.0
服务、资讯及通讯	Services, Information and Communications					
金融、保险、地产、专业	Financing, Insurance, Real Estate,	69.1	71.4	73.3	75.0	76.2
及商用服务	Professional and Business Services					
公共行政、社会及个人服务	Public Administration, Social and	93.7	97.5	96.7	100.8	101.8
	Personal Services					
其它	Others	2.4	2.3	2.3	2.5	2.6
总计	**Total**	**365.8**	**372.4**	**374.3**	**377.4**	**378.7**

注：数字是根据每年1月至12月进行的“综合住户统计调查”结果，以及由政府统计处与跨部门人口分布推算小组共同编制按区议会分区划分年中人口估计数字而编制。

2012年至2015年的年度数字已就2016年中期人口统计的结果而作出了修订。2016年中期人口统计的结果提供了一个基准，用作修订自2011年人口普查以来编制的人口数字。

① 住宿服务包括酒店、宾馆、旅舍及其他提供短期住宿服务的机构单位。

② 零售、住宿及膳食服务业合计通常被称为「与消费及旅游相关行业」。

a) Figures are compiled based on data collected in the General Household Survey from January to December of the year concerned as well as the mid-year population estimates by District Council district compiled jointly by the Census and Statistics Department and an inter-departmental Working Group on Population Distribution Projections.

Figures from 2012 to 2015 have been revised to take into account the results of the 2016 Population By-census which provided a benchmark for revising the population figures compiled since the 2011 Population Census.

①Accommodation services cover hotels, guesthouses, boarding houses and other establishments providing short term accommodation.

②The retail,accommodation and food services industries as a whole is generally referred to as the consumpion- and tourism-related segment.

11-3 按每月就业收入划分的就业人数
EMPLOYED PERSONS BY MONTHLY EMPLOYMENT EARNINGS

单位：万人，另有注明除外 (10 000 persons, unless otherwise specified)

每月就业收入 (港元)	Monthly Employment Earnings (HKD)	2012	2013	2014	2015	2016
< 3000	< 3000	10.7	11.3	11.5	10.8	10.2
3000 - 3999	3000 - 3999	29.3	28.2	17.4	7.2	4.6
4000 - 4999	4000 - 4999	7.2	8.8	19.2	29.6	32.7
5000 - 5999	5000 - 5999	6.5	6.3	5.8	6.0	6.3
6000 - 6999	6000 - 6999	12.0	8.9	6.9	6.4	6.0
7000 - 7999	7000 - 7999	16.8	14.3	11.6	8.8	6.9
8000 - 8999	8000 - 8999	26.1	21.8	18.1	14.8	12.5
9000 - 9999	9000 - 9999	25.1	24.5	22.3	19.0	15.2
10000 - 11999	10000 - 11999	38.1	40.5	39.2	37.4	34.0
12000 - 13999	12000 - 13999	34.1	36.7	38.9	39.4	39.5
14000 - 15999	14000 - 15999	29.1	31.3	33.9	34.9	35.8
16000 - 17999	16000 - 17999	13.6	15.0	16.1	17.2	19.0
18000 - 19999	18000 - 19999	10.4	11.9	13.7	14.3	15.5
20000 - 24999	20000 - 24999	30.9	32.9	33.8	36.8	38.5
25000 - 29999	25000 - 29999	15.9	16.9	18.0	20.0	21.1
30000 - 34999	30000 - 34999	16.8	16.7	17.9	19.6	20.4
35000 - 39999	35000 - 39999	8.0	8.6	9.3	10.3	11.0
40000 - 44999	40000 - 44999	7.9	8.4	8.3	9.0	9.7
45000 - 49999	45000 - 49999	4.2	4.9	5.7	6.4	6.9
50000 - 59999	50000 - 59999	7.9	9.1	9.8	10.0	11.1
60000 - 79999	60000 - 79999	6.5	7.1	7.7	8.9	10.0
80000 - 99999	80000 - 99999	3.2	3.2	3.4	3.9	4.5
≧ 100000	≧ 100000	5.5	5.1	5.9	6.9	7.4
总计	Total	365.8	372.4	374.3	377.4	378.7
每月就业收入中位数	**Median Monthly Earnings**	**12000**	**13000**	**13400**	**14500**	**15000**

注：数字是根据每年1月至12月进行的“综合住户统计调查”结果，以及由政府统计处与跨部门人口分布推算小组共同编制按区议会分区划分年中人口估计数字而编制。

2012年至2015年的年度数字已就2016年中期人口统计的结果而作出了修订。2016年中期人口统计的结果提供了一个基准，用作修订自2011年人口普查以来编制的人口数字。

a) Figures are compiled based on data collected in the General Household Survey from January to December of the year concerned as well as the mid-year population estimates by District Council district compiled jointly by the Census and Statistics Department and an inter-departmental Working Group on Population Distribution Projections.

Figures from 2012 to 2015 have been revised to take into account the results of the 2016 Population By-census which provided a benchmark for revising the population figures compiled since the 2011 Population Census.

11-4 按行业划分督导级(不包括经理级与专业雇员)及以下雇员的工资指数
WAGE INDICES FOR EMPLOYEES UP TO SUPERVISORY LEVEL (MANAGERIAL AND PROFESSIONAL EMPLOYEES ARE NOT INCLUDED) BY INDUSTRY

(1992年9月=100) (September 1992=100)

行业主类	Industry Section	2012	2013	2014	2015	2016
名义工资指数	**Nominal Wage Index**					
制造	Manufacturing	172.8	180.9	191.1	199.1	206.8
进出口贸易、批发及零售	Import/Export, Wholesale and Retail Trades	195.1	198.8	204.7	210.5	216.3
运输	Transportation	166.4	173.2	181.7	189.1	195.3
住宿及餐饮服务活动①	Accommodation and Food Service Activities①	163.2	169.4	176.8	186.2	195.1
金融及保险活动	Financial and Insurance Activities	201.8	207.5	215.4	222.8	230.0
地产租赁及保养管理	Real Estate Leasing and Maintenance Management	199.8	219.2	223.6	231.7	239.9
专业及商业服务	Professional and Business Services	192.7	208.3	221.3	236.8	247.5
个人服务	Personal Services	240.7	253.8	271.9	287.8	301.9
所有选定行业②	All Selected Industries②	187.5	195.2	203.3	211.9	219.6
实际工资指数③	**Real Wage Index③**					
制造	Manufacturing	109.6	110.0	108.8	110.5	113.6
进出口贸易、批发及零售	Import/Export, Wholesale and Retail Trades	123.7	120.9	116.6	116.9	118.8
运输	Transportation	105.5	105.3	103.5	105.0	107.3
住宿及餐饮服务活动①	Accommodation and Food Service Activities①	103.5	103.0	100.7	103.4	107.2
金融及保险活动	Financial and Insurance Activities	128.0	126.2	122.7	123.7	126.3
地产租赁及保养管理	Real Estate Leasing and Maintenance Management	126.7	133.3	127.3	128.7	131.8
专业及商业服务	Professional and Business Services	122.2	126.7	126.0	131.5	135.9
个人服务	Personal Services	152.6	154.4	154.8	159.8	165.8
所有选定行业②	All Selected Industries②	118.9	118.7	115.8	117.7	120.7

注：指有关年度12月份的数字。
①住宿服务包括酒店、宾馆、旅舍及其他提供短期住宿服务的机构单位。
②指“劳工收入统计调查”内工资统计调查所涵盖的所有行业，包括并没有列出其统计数字的电力及燃气供应业、污水处理及废弃物管理业与出版活动业。
③实际工资指数是以名义工资指数扣除以2014/15年为基期的甲类消费价格指数而计算出来。

a) Figures refer to December of the year.
①Accommodation services cover hotels, guesthouses, boarding houses and other establishments providing short term accommodation.
②Figures refer to all industries covered by the wage enquiry of the Labour Earnings Survey, including the electricity and gas supply industry, sewerage and waste management activities industry and publishing activities industry, the statistics of which are not separately shown.
③The Real Wage Indices are derived by deflating the Nominal Wage Indices by the 2014/15-based Consumer Price Index (A).

11-5 消费价格指数（2014年10月-2015年9月=100）
CONSUMER PRICE INDICES (Oct. 2014 - Sep. 2015=100)

项　目	Item	权　数 Weight	2012	2013	2014	2015	2016
综合消费价格指数	**Composite Consumer Price Index**						
总指数	**All Items**	**100.00**	**89.6**	**93.5**	**97.7**	**100.6**	**103.0**
食品	Food	27.29	89.4	93.3	97.2	101.0	104.4
外出用膳	Meals Bought away from Home	-17.74	88.7	92.6	96.9	101.0	104.3
食品(不包括外出用膳)	Food(Excluding Meals Bought away from Home)	-9.55	90.4	94.3	97.7	100.9	104.5
住屋①	Housing①	34.29	84.4	90.1	96.0	101.0	104.7
私人房屋租金	Private Housing Rent	-29.92	85.7	91.1	96.6	101.1	104.5
公营房屋租金	Public Housing Rent	-1.94	65.7	76.2	90.2	100.0	107.2
电力、燃气及水	Electricity, Gas and Water	2.67	74.9	80.0	92.0	99.7	100.8
烟酒	Alcoholic Drinks and Tobacco	0.54	91.5	92.9	98.9	100.2	101.8
衣履	Clothing and Footwear	3.21	98.9	100.5	101.4	99.6	96.2
耐用物品	Durable Goods	4.65	112.9	108.1	104.4	98.5	93.3
杂项物品	Miscellaneous Goods	3.56	94.9	97.0	99.3	100.1	101.7
交通	Transport	7.98	96.0	98.3	100.3	99.9	101.5
杂项服务②	Miscellaneous Services②	15.81	92.8	96.3	99.2	100.3	102.6
教育服务	Educational Services	-3.91	90.3	93.6	97.3	100.9	104.8
资讯及通讯服务	Information and Communications Services	-2.33	97.4	97.4	100.0	99.5	99.8
医疗服务	Medical Services	-2.60	91.7	94.6	97.5	101.0	106.0

注：2014年10月起的消费价格指数是根据2014/15年住户开支统计调查所得的开支权数编制。较早的指数则是根据旧的开支权数而经过按比例换算与新基期的指数拼接。
①除"私人房屋租金"及"公营房屋租金"外，"住屋"类别还包括"管理费及其他住屋杂费"和"保养住所材料"。而丙类消费价格指数中的"住屋"类别并不包括"公营房屋租金"。
②"杂项服务"类别包括"教育服务"、"资讯及通讯服务"、"医疗服务"及其他杂项服务。

Notes: The CPIs from October 2014 onwards are compiled based on expenditure weights obtained from the 2014/15 Household Expenditure Survey. The CPIs for earlier periods are compiled based on old weights and have been re-scaled to the new base period for linking with the new index series.
①Apart from "Private Housing Rent" and "Public Housing Rent", the "Housing" section also includes "Management Fees and Other Housing Charges" and "Materials for House Maintenance". For CPI(C), the "Housing" section does not include "Public Housing Rent".
②"Miscellaneous Services" section includes "Educational Services", "Information and Communications Services", "Medical Services" and other miscellaneous services.

十二、澳门资料

MAIN INDICATORS OF MACAO

12-1 经济活动人口及失业状况
LABOUR FORCE AND UNEMPLOYMENT

项　　目	Item	2012	2013	2014	2015	2016
劳动人口（万人）	Labour Force (10 000 persons)	35.0	36.8	39.5	40.4	39.7
男	Male	18.1	18.9	20.7	21.3	20.6
女	Female	16.9	17.9	18.7	19.1	19.1
就业人口（万人）	Employed Population (10 000 persons)	34.3	36.1	38.8	39.7	39.0
失业人口（万人）	Unemployed Population (10 000 persons)	0.7	0.7	0.7	0.7	0.8
失业率（%）	Unemployment Rate (%)	2.0	1.8	1.7	1.8	1.9

12-2 按行业划分的就业人口
EMPLOYED POPULATION BY INDUSTRY

单位：万人　　(10 000 persons)

行　　业	Industry	2012	2013	2014	2015	2016
总数	**Total**	**34.32**	**36.10**	**38.81**	**39.65**	**38.97**
制造业	Manufacturing	1.03	0.90	0.74	0.69	0.79
水电及气体生产供应业	Electricity, Gas & Water Supply	0.15	0.15	0.11	0.12	0.12
建筑业	Construction	3.23	3.53	5.25	5.48	4.44
批发及零售业	Wholesale & Retail Trades	4.23	4.47	4.52	4.50	4.41
酒店及饮食业	Hotels, Restaurants & Similar Activities	5.30	5.43	5.48	5.50	5.72
运输、仓储及通信业	Transport, Storage & Communications	1.60	1.59	1.92	1.75	1.93
金融业	Financial Intermediation	0.82	0.93	1.07	1.08	1.04
不动产及工商服务业	Real Estate & Business Activities	2.43	2.76	3.04	2.98	3.04
公共行政及社保事务	Public Administration & Social Security	2.51	2.57	2.55	2.94	2.83
教育	Education	1.31	1.43	1.48	1.66	1.59
医疗卫生及社会福利	Health & Social Welfare	0.86	0.91	1.01	1.13	1.21
文娱博彩及其他服务业	Recreational, Cultural, Gaming & Other Services	8.95	9.34	9.40	9.42	9.27
家务工作	Domestic Work	1.80	2.03	2.19	2.36	2.53
其他及不详	Others and Unknown	0.09	0.06	0.07	0.05	0.05

12-3 按行业划分的月工作收入中位数
MEDIAN MONTHLY EMPLOYMENT EARNINGS BY INDUSTRY

单位：澳门元 (MOP)

行　　业	Occupation	2012	2013	2014	2015	2016
总数	**Total**	**11300**	**12000**	**13300**	**15000**	**15000**
制造业	Manufacturing	7500	8500	9000	10300	11300
水电及气体生产供应业	Electricity, Gas & Water Supply	16000	18000	21000	26000	23000
建筑业	Construction	11700	12000	13000	13000	15000
批发及零售业	Wholesale & Retail Trade	9000	10000	10000	12000	12000
酒店及饮食业	Hotels, Restaurants & Similar Activities	8300	8800	10000	10000	10000
运输、仓储及通信业	Transport, Storage & Communications	11000	12300	13000	14000	14000
金融业	Financial Intermediation	14000	16000	17000	18000	20000
不动产及工商服务业	Real Estate & Business Activities	8000	9000	9500	9500	10000
公共行政及社保事务	Public Administration & Social Security	25000	27200	30000	34800	35000
教育	Education	16000	19000	20000	22000	22000
医疗卫生及社会福利	Health & Social Welfare	15000	18200	16000	20000	20500
文娱博彩及其他服务业	Recreational, Cultural, Gaming & Other Services	14500	15300	17000	18000	19000
家务工作	Domestic Work	3100	3400	3500	3800	4000

12-4 消费物价指数
CONSUMER PRICE INDEX

2013年10月至2014年9月=100 (10/2013-09/2014=100)

项　目	Items	权数 Weight	2012	2013	2014	2015	2016
综合消费价格指数	**Composite Consumer Price Index**						
总指数	**Global Index**	**100.00**	**90.37**	**95.35**	**101.11**	**105.72**	**108.23**
食品及非酒精饮料	Food and Non-alcoholic Beverages	28.97	89.41	95.34	101.16	106.09	109.14
烟酒	Alcoholic Beverages and Tobacco	0.92	92.29	97.43	100.56	117.99	143.62
服装、鞋	Clothing and Footwear	6.46	96.71	98.67	100.55	100.47	98.13
住房及燃料	Housing and Fuels	26.70	82.85	91.09	101.95	110.17	110.85
家居设备及用品	Household Goods and Furnishings	3.29	91.00	96.00	100.53	105.56	108.24
医疗	Health	3.06	90.67	96.55	101.03	106.75	111.17
交通	Transport	10.96	96.82	98.76	100.75	101.58	108.68
通讯	Communications	2.53	102.42	100.07	99.76	99.50	98.61
康乐及文化	Recreation and Culture	4.79	92.61	96.81	100.98	102.21	102.74
教育	Education	2.91	97.63	96.26	98.51	103.33	112.00
其他商品及服务	Miscellaneous Goods and Services	9.41	95.38	97.34	100.72	103.13	104.19

十三、台湾资料

MAIN INDICATORS OF TAIWAN

13-1 劳动力和就业状况
LABOUR FORCE AND EMPLOYMENT

项　　目	Item	2012	2013	2014	2015	2016
劳动力人口（万人）	Labour Force (10 000 persons)	1134.1	1144.5	1153.5	1163.8	1172.7
男	Male	636.9	640.2	644.1	649.7	654.1
女	Female	497.2	504.3	509.4	514.1	518.6
就业人数（万人）	Employment (10 000 persons)	1086.0	1096.7	1107.9	1119.8	1126.7
男	Male	608.3	611.6	616.6	623.4	626.7
女	Female	477.7	485.1	491.3	496.4	500.0
就业者行业构成（%）	Distribution of Employment by Industry (%)	100.0	100.0	100.0	100.0	100.0
农、林、渔、牧业	Agriculture, Forestry, Fishery and Animal Husbandry	5.0	5.0	5.0	5.0	4.9
工业	Industry	36.2	36.2	36.2	36.0	35.9
矿业及土石采取业	Mining and Quarrying	0.04	0.04	0.04	0.0	0.04
制造业	Manufacturing	27.4	27.2	27.1	27.0	26.9
电力及燃气供应业	Electricity, Gas	0.3	0.3	0.3	0.3	0.3
用水供应及污染整治业	Water Supply and Pollution Management	0.8	0.8	0.7	0.7	0.7
建筑业	Construction	7.8	7.9	8.0	8.0	8.0
服务业	Services	58.8	58.9	58.8	59.0	59.2
批发及零售业	Wholesale and Retail Trades	16.6	16.6	16.5	16.4	16.5
运输及仓储业	Transport, Storage, Communications	3.8	3.9	3.9	3.9	3.9
金融及保险业	Finance, Insurance	3.9	3.8	3.8	3.8	3.8
咨讯及通讯传播	Information and Communication	2.1	2.1	2.2	2.2	2.2
住宿及餐饮业	Hotels and Restaurants	6.9	7.1	7.2	7.3	7.3
教育服务业	Education	5.8	5.8	5.8	5.8	5.8
公共行政	Public Administration	3.5	3.5	3.4	3.3	3.3
失业人数（万人）	Unemployment (10 000 persons)	48.1	47.8	45.7	44.0	46.0
失业率（%）	Unemployment Rate (%)	4.2	4.2	4.0	3.8	3.9

13-2 居民消费价格分类指数
CONSUMER PRICE INDICES

2011年=100 (2011=100)

年 份 Year	总指数 General Index	食品 Food	服装 Clothing	居住 Housing	交通&通讯 Transportation &Communications	医药保健 Medicines and Medical Care	教育娱乐 Education and Entertainment	杂项 Miscellaneous
2008	98.5	97.6	96.3	99.0	99.9	97.0	101.3	93.3
2009	97.7	97.2	95.6	98.7	95.9	97.6	99.5	95.8
2010	98.6	97.8	97.2	99.2	98.6	98.2	99.5	98.6
2011	100.0	100.0	100.0	100.0	100.0	100.0	100.0	100.0
2012	101.9	104.2	102.5	101.1	100.4	100.9	100.7	102.3
2013	102.7	105.5	102.3	102.1	100.9	102.1	101.0	102.7
2014	104.0	109.4	103.6	103.0	99.7	102.7	100.9	104.2
2015	103.7	112.8	103.1	101.8	94.0	102.9	100.9	104.5
2016	105.1	118.8	103.3	101.5	93.0	103.8	101.0	106.1

附录一、国外有关资料

MAIN INDICATORS OF OTHER COUNTRIES

附录1-1 全部就业人数
A1-1 EMPLOYMENT

单位：千人 (1000 persons)

国　别	Country	2010	2011	2012	2013	2014	2015	2016
阿根廷	Argentina	10531.9	10765.7	10843.6	10942.8	11047.2		
澳大利亚	Australia	11022.2	11215.0	11347.2	11465.3	11562.8	11746.5	11940
巴　西	Brazil	22019.0	22472.7	22956.4	23115.8	23087.1	23079.8	
加拿大	Canada	16964.3	17221.0	17438.0	17691.1	17802.2	17946.6	18080
埃　及	Egypt	23828.9	23345.8	23595.7	23973.6	23985.8	24778.0	
法　国	France	25690.4	25751.3	25749.0	25749.4	25769.4	26382.3	26583
德　国	Germany	38737.8	38787.2	39126.5	39531.4	39879.1	40211.1	41367
匈牙利	Hungary	3732.4	3759.0	3827.2	3892.8	4100.8	4210.5	4352
印度尼西亚	Indonesia	108207.8	109670.4	110808.2	112761.1	116400.0	114819.0	119530
意大利	Italy	22526.9	22598.2	22566.0	22190.5	22278.9	22464.8	22758
日　本	Japan	62570.0	62890.0	62700.0	63110.0	63510.0	63760.0	64400
韩　国	Korea, Republic of	23828.8	24244.2	24680.7	25066.4	25599.4	25936.3	26235
马来西亚	Malaysia	11776.8	12284.4	12723.2	13210.0	13532.1	14068.0	14229
墨西哥	Mexico	45600.0	46891.6	49003.4	49275.1	47372.7	50611.3	51595
荷　兰	Netherlands	8370.2	8368.7	8424.2	8364.8	8318.1	8318.7	8427
新西兰	New Zealand	2180.3	2215.4	2216.1	2262.3	2305.3	2356.9	2466
挪　威	Norway	2500.8	2535.5	2585.4	2601.6	2626.6	2641.0	2638
菲律宾	Philippines	36035.0	37192.0	37600.0	37917.0	38093.5	38489.5	40650
葡萄牙	Portugal	4898.4	4740.1	4546.9	4429.4	4499.5	4549.0	4605
罗马尼亚	Romania	8712.8	8528.2	8605.1	8549.1	8613.7	8535.4	8449
俄罗斯	Russian Federation	69803.6	70856.6	71545.4	71391.5	71539.0	72324.0	72393
南　非	South Africa	13061.0	13264.8	13522.7	14865.6	15317.0	15928.0	
西班牙	Spain	18724.5	18421.4	17632.7	17139.0	17344.2	17866.0	18342
瑞　典	Sweden	4523.7	4625.9	4657.1	4704.5	4772.1	4836.8	4910
泰　国	Thailand	38037.3	39317.2	39578.3	39112.4	38421.0	38016.0	
英　国	United Kingdom	29125.0	29282.1	29596.2	29952.5	30641.8	31105.1	31640
美　国	United States	139064.0	139869.0	142469.0	143929.0	146305.0	148834.0	151436

注：资料来源:国际劳工组织劳动统计数据库中劳动力调查数据(以下相关表同)。。
Date resources:ILO Labour Statistics Database (same as below).

附录1-2 按三次产业分就业人员构成
A1-2 EMPLOYMENT BY TYPE OF INDUSTRY

单位：% (%)

国家	Country	第一产业		第二产业		第三产业	
		2005	2016	2005	2016	2005	2016
孟加拉国	Bangladesh	48.1		14.5		37.4	
文　莱	Brunei Darussalam		0.6②		18.7②		80.8②
印　度	India	55.8		19.0		25.2	
印度尼西亚	Indonesia	45.2	32.9①	17.9	22.2①	36.9	44.9①
伊　朗	Iran	24.7	18.0①	30.4	32.5①	44.9	49.4①
以色列	Israel	2	1.0	21.4	17.3	75.7	79.8
日　本	Japan	4.4	3.5	27.5	24.3	66.9	70.7
哈萨克斯坦	Kazakhstan	32.4	18.0①	18.0	20.6①	49.6	61.4①
韩　国	Korea, Rep.	7.9	4.9	26.9	24.9	65.2	70.2
马来西亚	Malaysia	14.6	12.5①	29.7	27.5①	55.6	60.0①
蒙　古	Mongolia	39.9	28.5①	16.8	20.3①	43.3	51.3①
巴基斯坦	Pakistan	43.1	43.5②	20.3	22.5②	36.6	34.0②
菲律宾	Philippines	36	29.2①	15.6	16.2①	48.5	54.7①
新加坡	Singapore	1.1		21.7	16.3①	77.3	82.7①
斯里兰卡	Sri Lanka	30.7	28.2①	25.7	26.0①	25.9	45.2①
泰　国	Thailand	42.6	32.3①	20.3	23.7①	37.1	43.9①
越　南	Viet Nam		43.6①		23.1①		33.3①
埃　及	Egypt	30.9	25.8①	21.5	25.1①	47.5	49.1①
尼日利亚	Nigeria	58.3		3.4		38.3	
南　非	South Africa	7.5	5.6①	25.6	23.9①	66.6	70.5①
加拿大	Canada	2.1	1.6	22.7	19.6	75.2	78.8
墨西哥	Mexico	14.9	13.0	25.7	25.3	58.9	61.2
美　国	United States	1.6	1.6	20.6	18.4	77.8	80.0
阿根廷	Argentina	1.1	2.0②	23.5	24.6②	75.1	72.8②
巴　西	Brazil	20.5	10.3①	21.4	22.2①	57.9	77.3①
委内瑞拉	Venezuela	9.7		20.8		68.7	
捷　克	Czech Rep.	4	2.9①	39.5	38.0①	56.5	59.0①
法　国	France	3.6	2.8	23.7	20.1①	72.3	75.3
德　国	Germany	2.4	1.4①	29.8	27.7①	67.8	70.9①
意大利	Italy	4.2	3.8①	30.7	26.6①	65.1	69.7①
荷　兰	Netherlands	3.2	2.1①	19.6	15.2①	72.5	74.9①
波　兰	Poland	17.4	11.5①	29.2	30.4①	53.4	57.8①
俄罗斯	Russia	10.2	6.7①	29.8	27.2①	60.0	66.1①
西班牙	Spain	5.3	4.2	29.6	19.6	65.1	76.2
土耳其	Turkey	29.5	20.4①	24.8	27.2①	45.8	52.4①
乌克兰	Ukraine	19.4	15.3①	24.3	24.7①	56.4	60.1①
英　国	United Kingdom	1.4	1.1①	22.2	18.5①	76.2	79.7①
澳大利亚	Australia	3.6	2.6	21.1	19.5	75.1	78
新西兰	New Zealand	7.1	6.5	22.2	20.2	70.5	73.3

1)资料来源：世界银行数据库。
2)①2015年数据。②2014年数据。
a)Source: World Bank Database.
b)①Data refer to 2015.②Data refer to 2014.

附录1-3 失业人数
A1-3 UNEMPLOYMENT

单位：千人 (1000 persons)

国　别	Country	2010	2011	2012	2013	2014	2015	2016
阿根廷	Argentina	880.3	832.7	843.4	836.3	865.8		
澳大利亚	Australia	606.0	600.3	625.1	686.5	745.7	758.3	724.8
巴　西	Brazil	1591.3	1425.8	1338.2	1317.6	1175.6	1696.8	
加拿大	Canada	1486.3	1398.5	1371.6	1346.7	1322.3	1331.4	1360.6
埃　及	Egypt	2350.8	3183.3	3424.7	3648.9	3636.5	3652	
法　国	France	2504.9	2489.0	2677.4	2836.3	3032.6	3053.7	2970.3
德　国	Germany	2845.0	2398.8	2224.4	2181.8	2089.9	1949.6	1770.6
匈牙利	Hungary	469.4	466.0	473.2	441.0	343.3	307.8	234.6
印度尼西亚	Indonesia	8319.8	7700.1	7245.0	7410.9	7244.9	7560.8	7028.0
意大利	Italy	2055.7	2061.3	2691.0	3068.7	3236.0	3033.3	3012.0
日　本	Japan	3340.0	3020.0	2850.0	2650.0	2360.0	2220.0	2080.0
韩　国	Korea, Republic of	919.6	854.7	819.9	806.9	936.5	976.3	1011.9
马来西亚	Malaysia	395.8	391.4	396.3	424.6	399.5	450.3	509.5
墨西哥	Mexico	2596.2	2582.8	2522.0	2559.8	2508.6	2293.8	2085.2
荷　兰	Netherlands	389.9	434.3	515.8	647.0	659.7	613.8	538.5
新西兰	New Zealand	141.3	138.9	149.5	136.2	131.0	133.6	132.6
挪　威	Norway	91.3	84.2	83.3	92.2	94.8	118.5	129.5
菲律宾	Philippines	2859.0	2813.0	2826.0	2905.0	2728.0	2601.5	2359.5
葡萄牙	Portugal	591.2	688.2	835.7	855.2	726.0	646.5	573
罗马尼亚	Romania	651.7	659.4	627.2	653.0	628.7	623.9	529.9
俄罗斯	Russian Federation	5636.3	4922.4	4130.7	4137.4	3889.4	4263.9	4243.5
南　非	South Africa	4571.7	4645.3	4781.0	4894.3	5077.8	5353.7	
西班牙	Spain	4640.1	5012.7	5811.0	6051.1	5610.4	5056.0	4481.2
瑞　典	Sweden	426.2	391.6	403.6	412.0	412.4	388.3	369.0
泰　国	Thailand	402.2	262.4	230.8	305.6	326.6		
英　国	United Kingdom	2459.4	2559.2	2533.5	2437.6	1996.4	1746.6	1598.3
美　国	United States	14825.0	13747.0	12506.0	11460.0	9617.0	8296.0	7751.0

附录1-4 失业率
A1-4 UNEMPLOYMENT RATE

单位：%

国 家	Country	2000	2005	2010	2014	2015	2016
文 莱	Brunei Darussalam		4.1	2.7	6.9		
以色列	Israel	8.8	9.0	6.7	6.0	5.3	4.8
日 本	Japan	4.7	4.4	5.1	3.6	3.4	3.1
哈萨克斯坦	Kazakhstan	12.8	8.1	5.8	5.1	5.0	
韩 国	Korea, Rep.	4.4	3.7	3.7	3.5	3.6	3.7
马来西亚	Malaysia	3.1	3.6	3.3	2.9	3.2	3.5
巴基斯坦	Pakistan	7.8	7.7	5.6	4.1		
菲律宾	Philippines	11.2	8.7	7.4	6.6	6.3	5.5
新加坡	Singapore	3.7	4.1	2.1	1.7	1.7	
斯里兰卡	Sri Lanka	7.6	7.7	4.9	4.3	4.6	4.4
泰 国	Thailand	2.4	1.9	1.0	0.8	0.9	1.0
埃 及	Egypt	9.0	11.1	9.0	12.9		
南 非	South Africa	25.0	23.9	24.9	25.1	25.4	26.7
加拿大	Canada	6.8	6.8	8.1	6.9	6.9	7.0
墨西哥	Mexico	1.6	3.6	5.3	4.8	4.3	3.9
美 国	United States	4.0	5.1	9.6	6.2	5.3	4.9
阿根廷	Argentina	14.7	11.5	7.7	7.3		
巴 西	Brazil	9.2	9.8	6.7	4.9	6.8	11.5
委内瑞拉	Venezuela	14.0	12.2	8.5	7.0	6.8	
捷 克	Czech Rep.	8.8	7.9	7.3	6.1	5.1	4.0
法 国	France	8.5	8.9	9.3	10.3	10.4	10.1
德 国	Germany	6.9	11.7	7.7	6.7	4.6	4.1
意大利	Italy	10.1	7.7	8.4	12.7	11.9	11.7
荷 兰	Netherlands	3.7	5.9	5.0	7.4	6.9	6.0
波 兰	Poland	16.1	17.9	9.7	9.0	7.5	6.2
俄罗斯	Russia	10.7	7.6	7.5	5.2	5.6	5.5
西班牙	Spain	11.9	9.2	19.9	24.5	22.1	19.6
土耳其	Turkey	6.6	9.5	11.2	10.0	10.3	10.9
乌克兰	Ukraine	11.7	7.2	8.1	9.3	9.1	9.4
英 国	United Kingdom	5.5	4.8	7.9	6.2	5.4	4.9
澳大利亚	Australia	6.3	5.0	5.2	6.1	6.1	5.7
新西兰	New Zealand	5.9	3.9	6.1	5.4	5.3	5.0

资料来源：国际货币基金组织IFS数据库。
Sources: IMF IFS Database.

附录1-5 消费价格指数
A1-5 CONSUMER PRICE INDICES

(2010年=100) (2010=100)

国家或地区	Country or Area	2005	2012	2013	2014	2015	2016
孟加拉国	Bangladesh	69.2	117.6	126.4	135.3	143.7	151.6
文　莱	Brunei Darussalam	95.5	102.5	102.9	102.7	102.3	101.5
柬埔寨	Cambodia	67.8	108.6	111.8	116.1	117.5	121.0
印　度	India	65.8	119.0	132.0	140.8	147.7	155.0
印度尼西亚	Indonesia	68.7	109.9	116.9	124.4	132.3	137.0
伊　朗	Iran	48.6	153.6	214.0	250.8	285.2	309.7
以色列	Israel	87.8	105.2	106.8	107.3	106.7	106.1
日　本	Japan	100.4	99.7	100.0	102.8	103.6	103.5
韩　国	Korea, Rep.	86.1	106.3	107.7	109.1	109.8	110.9
老　挝	Laos	78.5	112.2	119.3	124.2	125.8	127.7
马来西亚	Malaysia	87.7	104.9	107.1	110.5	112.8	115.2
蒙　古	Mongolia	59.6	125.9	136.7	154.5	163.5	164.4
缅　甸	Myanmar	44.5	106.6	112.5	118.6	129.9	138.9
巴基斯坦	Pakistan	55.3	122.8	132.2	141.7	145.3	150.8
菲律宾	Philippines	78.7	108.0	111.2	115.8	117.4	119.5
新加坡	Singapore	88.0	110.0	112.6	113.8	113.2	112.6
斯里兰卡	Sri Lanka	58.3	114.8	122.7	126.1	128.9	134.1
泰　国	Thailand	86.6	106.9	109.3	111.4	110.4	110.6
埃　及	Egypt	57.8	117.9	129.0	142.1	156.8	178.5
尼日利亚	Nigeria	62.0	124.4	134.9	145.8	158.9	183.9
南　非	South Africa	71.6	110.9	117.3	124.4	130.1	138.4
加拿大	Canada	91.9	104.5	105.5	107.5	108.7	110.2
墨西哥	Mexico	80.5	107.7	111.8	116.3	119.4	122.8
美　国	United States	89.6	105.3	106.8	108.6	108.7	110.1
巴　西	Brazil	79.6	112.4	119.4	126.9	138.4	150.5
捷　克	Czech Rep.	87.0	105.3	106.8	107.2	107.5	108.2
法　国	France	92.8	104.1	105.0	105.6	105.6	105.8
德　国	Germany	92.5	104.1	105.7	106.7	106.9	107.4
意大利	Italy	91.0	105.9	107.2	107.4	107.5	107.3
荷　兰	Netherlands	92.6	104.9	107.5	108.5	109.2	109.5
波　兰	Poland	86.8	108.0	109.1	109.2	108.1	107.5
俄罗斯	Russia	61.4	113.9	121.6	131.2	151.5	162.2
西班牙	Spain	89.0	105.7	107.2	107.1	106.5	106.3
土耳其	Turkey	65.9	115.9	124.6	135.7	146.1	157.4
乌克兰	Ukraine	51.2	108.6	108.3	121.5	180.6	205.7
英　国	United Kingdom	87.4	107.4	110.2	111.8	111.8	112.6
澳大利亚	Australia	86.4	105.1	107.7	110.4	112.2	114.3
新西兰	New Zealand	87.0	105.4	106.7	107.7	108.1	109.2

资料来源：国际货币基金组织数据库。
Source: IFS Database, IMF.

附录二、主要统计指标解释

EXPLANATORY NOTES ON MAIN STATISTICAL INDICATORS

主要统计指标解释

就业人员 指在一定年龄以上，有劳动能力，为取得劳动报酬或经济收入而从事一定社会劳动的人员。具体指年满 16 周岁，为取得报酬或经营利润，在调查周内从事了 1 小时（含 1 小时）以上劳动的人员；或由于学习、休假等原因在调查周内暂时处于未工作状态，但有工作单位或场所的人员；或由于临时停工放假、单位不景气放假等原因在调查周内暂时处于未工作状态，但不满三个月的人员。

单位就业人员 指在各级国家机关、政党机关、社会团体及企业、事业单位中工作，取得工资或其他形式劳动报酬的全部人员。包括：在岗职工、再就业的离退休人员、民办教师以及在各单位中工作的外方人员和港澳台方人员、兼职人员、借用的外单位人员和第二职业者。不包括离开本单位仍保留劳动关系的职工。

在岗职工 指在本单位工作并由单位支付工资的人员，以及有工作岗位，但由于学习、病伤产假等原因暂未工作仍由单位支付工资的人员。

其他就业人员 各单位其他就业人员是指劳动统计制度规定不作职工统计，但实际参加各单位生产或工作并取得劳动报酬的人员。包括：再就业的离退休人员、民办教师以及在各单位中工作的外方人员和港、澳、台方人员。但不包括在各单位中工作并领取劳动报酬的在校学生。单位其他就业人员与在岗职工之和为该单位全部单位就业人员。

年末人数 指年末最后一天的实有人数。

国有单位 指资产归国家所有的经济组织。包括按《中华人民共和国企业法人登记管理条例》规定登记注册的非公司制的经济组织，以及中央、地方各级国家机关、事业单位和社会团体。

集体单位 指生产资料归集体所有，并按《中华人民共和国企业法人登记管理条例》规定登记注册的经济组织。

其他单位 包括股份合作单位、联营单位、有限责任公司、股份有限公司、港澳台商投资单位以及外商投资单位等其他登记注册类型单位。

使用的农村劳动力 指户粮关系在农村的职工。

第一产业 指农业（包括林、牧、渔业等）。

第二产业 指采矿业、制造业、电力、热力、燃气及水生产和供应业、建筑业。

第三产业 指上述第一、第二产业以外的其他行业。

企业 指从事商品生产、流通、经营和服务性经济活动，以营利为目的并在工商行政管理部门登记的独立核算单位。包括：农业企业，工业企业，建筑企业，交通运输和邮电通讯企业，商业企业，公共饮食企业，物资供销和仓储企业，房地产企业、居民服务企业和市内公共交通企业、文化企业，金融、保险企业（不包括中国人民银行总行），其他企业。

事业 指从事为生产和生活服务以及提高人民科学、文化水平和素质服务的独立核算单位。包括：农、林、牧、渔、水利事业，地质普查和勘探事业，勘察、建筑设计事业，交通运输事业，房地产管理、公用事业和咨询服务事业，卫生、体育和社会福利事业，教育、文化艺术和广播电影电视事业，科学研究和综合技术服务事业，其他事业。

机关 指具有代表国家权力和行使国家行政、检察、审判职能，组织协调社会、政治、经济、科技等活动的独立核算单位。包括：国家机关，政党机关和社会团体。

城镇单位就业人员工资总额 指各单位在一定时期内直接支付给本单位全部就业人员的劳动报酬总额。包括职工工资总额和其他就业人员工资总额。

工资总额 指各单位在一定时期内直接支付给本单位全部就业人员的劳动报酬总额。工资总额的计算应以直接支付给就业人员的全部劳动报酬为根据。各单位支付给就业人员的劳动报酬以及其他根据有关规定支付的工资，不论是计入成本的还是不计入成本的，不论是以货币形式支付的还是以实物形式支付的，均应列入工资总额的计算范围。工资总额包括计时工资、计件工资、奖金、津贴和补贴、加班加点工资、特殊情况下支付的工资。

其他就业人员工资总额 指各单位在一定时期内直接支付给本单位其他就业人员的全部劳动报酬。

平均工资 指企业、事业、机关等单位的就业人员在一定时期内平均每人所得的货币工资额。

计算公式为：

$$\text{平均工资}=\frac{\text{报告期实际支付的全部就业人员工资总额}}{\text{报告期全部就业人员平均人数}}$$

平均实际工资 指扣除物价变动因素后的就业人员平均工资。计算公式为：

$$\text{平均实际工资}=\frac{\text{报告期就业人员平均工资}}{\text{报告期城市居民消费价格指数}}$$

城镇失业人员 指城镇常住人口中一定年龄以上，有劳动能力，在调查期间无工作，当前有就业可能并以某种方式寻找工作的人员。在城镇劳动力调查中对城镇 1 6 岁及以上，具有劳动能力并同时符合以下各项条件的人员列为失业人员：

（1）在调查周内未从事为取得劳动报酬或经营利润的劳动，也没有处于就业定义中的暂时未工作状态；

（2）在某一特定期间内采取了某种方式寻找工作；

（3）当前如有工作机会可以在一个特定期间内应聘就业或从事自营职业。

城镇登记失业人员 是指有非农业户口，在劳动年龄(16 周岁至退休年龄)内，有劳动能力，无业而要求就业，并在当地就业服务机构进行求职登记的人员。不包括：(1)正在就读的学生和等待就学的人员；(2)已经达到国家规定的退休年龄或虽未达到国家规定的退休年龄但已经办理了退休(含离休)、退职手续的人员；(3)其他不符合失业定义的人员。

城镇失业率 指城镇失业人数同城镇就业人数、城镇失业人数之和的比。计算公式为：

$$\text{城镇失业率}=\frac{\text{城镇失业人数}}{\text{城镇就业人数}+\text{城镇失业人数}}\times 100\%$$

城镇登记失业率 城镇登记失业人员与城镇单位就业人员（扣除使用的农村劳动力、聘用的离退休人员、港澳台及外方人员）、城镇单位中的不在岗职工、城镇私营业主、个体户主、城镇私营企业和个体就业人员、城镇登记失业人员之和的比。

$$\text{城镇登记失业率}=\frac{\text{城镇登记失业人数}}{\begin{array}{l}\text{（城镇单位就业人员}-\text{使用的农村劳动力}-\text{聘用的离退休}\\\text{人员}-\text{聘用的港澳台及外方人员）}+\text{不在岗职工}+\text{城镇}\\\text{私营业主}+\text{城镇个体户主}+\text{城镇私营企业及个体就业人}\\\text{员}+\text{城镇登记失业人数}\end{array}}\times 100\%$$

城镇职工基本养老保险

1.（参保）职工人数 指报告期末按照国家法律、法规和有关政策规定参加基本养老保险并在社保经办机构已建立缴费记录档案的职工人数，包括中断缴费但未终止养老保险关系的职工人数，不包括只登记未建立缴费记录档案的人数。

2.（参保）离退休人员人数 指报告期末参加基本养老保险的离休、退休和退职人员的人数。

3.基金收入 指根据国家有关规定，由纳入基本养老保险范围的缴费单位和个人按国家规定的缴费基数和缴费比例缴纳的养老保险基金，以及通过其他方式取得的形成基金来源的收入。包括单位和职工个人缴纳的基本养老保险费、基本养老保险基金利息收入、上级补助收入、下级上解收入、转移收入、财政补贴和其他收入。

4 基金支出 指按照国家政策规定的开支范围和开支标准从养老保险基金中支付给参加基本养老保险的个人的养老金、丧葬抚恤补助，以及由于保险关系转移、上下级之间调剂资金等原因而发生的支出。包括离休金、退休金、退职金、各种补贴、医疗费、死亡丧葬补助费、抚恤救济费、社会保险经办机构管理费、补助下级支出、上解上级支出、转移支出、其他支出等。

5. 基金累计结余 指截止报告期末基本养老保险基金收支相抵后的累计余额。

基本医疗保险

1. 参保人数 指报告期末按国家有关规定参加相应基本医疗保险的人数。

2. 基金收入 指由用人单位和个人按照国家规定的缴费基数、缴费比例或缴费标准缴纳的基本医疗保险基金，财政补助资金以及通过其他方式取得的形成基金来源的款项，包括：单位缴纳收入、个人缴纳收入、财政补助收入（含医疗救助补助个人收入）、财政补贴收入、利息收入和其他收入。

3. 基金支出 指按照国家政策规定的开支范围和开支标准，从基本医疗保险基金中支付给参保人员的医疗保险待遇支出，以及其他支出。包括住院医疗费用支出、门急诊医疗费用支出、个人账户基金支出、其他支出。

4. 基金累计结余 指截止报告期末基本医疗保险基金累计结余金额。

失业保险

1. 参保人数 指报告期末按照国家法律、法规和有关政策规定参加了失业保险的城镇企业、事业单位的职工及地方政府规定参加失业保险的其他人员的人数。

2. 基金收入 指报告期内筹集的失业保险基金的总额，包括失业保险费收入、利息收入、财政补贴收入、其他收入、转移收入、上级补助收入、下级上解收入。

3. 基金支出 指报告期内为保障失业人员基本生活、促进其再就业等支出的基金总额，包括失业保险金支出、医疗补助金支出、丧葬补助金和抚恤金支出、职业培训和职业介绍补贴支出、农民合同制工人一次性生活补助支出、其他支出、转移支出、上级补助支出、下级上解支出。

4. 基金累计结余 指截止报告期末失业保险基金收支相抵后的累计余额。

工伤保险

1. 参加保险人数 指报告期末依据国家有关规定参加工伤保险的职工人数和有雇工的个体工商户的雇工数。

2. 享受保险待遇人数 指年初至报告期末因工伤或职业病而享受工伤保险待遇的人数。为享受工伤医疗待遇中未评定等级的人数、享受伤残待遇人数以及享受因工死亡待遇人数之和。

3. 基金收入 指根据国家有关规定，由参加工伤保险的单位按国家规定的缴费基数和缴费比例缴纳的工伤保险基金，以及通过其他形式取得的形成基金来源的款项。包括：单位缴纳的社会统筹基金收入、财政补贴收入、利息收入、其他收入。

4. 基金支出 指按照国家政策规定的开支范围和开支标准从工伤保险基金中支付给参加工伤保险的人员及供养直系亲属工伤保险待遇支出及其他支出。包括工伤医疗费、伤残补助金、工亡补助金、护理费、丧葬补助费、工伤预防费用、职业康复费用和其他支出。

5. 基金累计结余 指截止报告期末工伤保险基金累计结余金额。

生育保险

1. 参保人数 指报告期末依据有关规定参加生育保险的人数。

2. 基金收入　指根据国家有关规定，由参加生育保险的单位按照国家规定的缴费基数和缴费比例缴纳的生育保险基金，以及通过其他方式取得的形成基金来源的款项，包括：单位缴纳的基金收入、利息收入和其他收入。

3. 基金支出　指按照国家政策规定的开支范围和开支标准，从生育保险基金中支付给参加生育保险的职工，因妊娠、分娩和计划生育手术而享受的待遇及其他支出。包括：生育津贴、医疗费用支出及其他支出。

4. 基金累计结余　指截止报告期末生育保险基金累计结余金额。

Explanatory Notes on Main Statistical Indicators

Employed Persons refers to persons above a specified age who had labour capacity and performed some social work for compensation or business gains. Specifically, it refers to persons, aged 16 and over, who performed some work for compensation or business gains for one hour or more during the reference period; or persons who do not work for the reasons of study or on holiday, but had work units or sites during the reference period; or persons temporary absence from a job for disorganization or suspension of work, recession, etc, but not exceeding three months during the reference period.

Staff and Workers refers to those who work in (and receive income there from) units with state ownership, urban collective ownership, joint ownership, share holding stock ownership, limited liability corporations, foreign and Hong Kong, Macao, and Taiwan Chinese fund or other ownership and their affiliated units.

On-post Staff and Workers refer to those who are practically working in a certain urban unit, including those who are temporarily absent because of study, disease, vocation or other reasons.

Year-end Number refers to those who are employed on the last day of the year.

State-owned Units refers to various enterprises, institutions, and government administrative organizations at various levels, social organizations, etc., with state ownership of production means.

Collective-owned Units refers to various enterprises and institution with collective ownership of production means, including various rural economic organizations engaging in agriculture, forestry, animal husbandry and fishery, enterprises and institutions run by townships and villages; collective enterprises and institutions run by cities, counties, towns, and neighborhood committees.

Other Ownership Units involve joint ownership, share holding stock ownership, limited liability corporations, foreign and Hong Kong, Macao, and Taiwan Chinese fund or other ownership.

Employment in Urban Private Enterprises and Individual units refers to those who have their population records in urban area and take part in productions or operations in urban private enterprises or individual units, and get earnings from the units, including helpers, apprentices and employees.

Primary Industry refers to farming, forestry, animal husbandry and fishery.

Secondary Industry refers to mining manufacturing, electricity, production and supply of electriciy, heat, gas and water and construction.

Tertiary Industry refers to the sectors except primary industry and secondary industry.

Enterprises refer to those units engaged in economic activities such as production, circulation, operation or service, etc.

Institutions refer to those units engaged in service activities for production and daily life, such as transportation, real estate, public affairs, health care, sports, education, social welfare, communication, science research, etc.

Organizations refer to those units engaged in organizing and coordinating activities on society, politics, economics and science, such as government and Party agencies, communities, social and personal services, etc.

Total wages refer to total remuneration payment to all employment in various units in urban area (excluded urban private sectors and individuals) during a certain period of time, including staff and workers and other employment (i.e., reemployed retirees or those who are from Hong Kong, Macao, Taiwan or other countries).

Total Wage Bill of employees refers to total remuneration payment to all employees in various units in urban area (excluded urban private sectors and individuals) during a certain period of time. The calculation of total wage bill is based on the total remuneration payment. Therefore, wages and salaries and other payments to employees should be included at all and regardless of its resource, category, both in kind or cash.

Average Wage of employees refers to the average wage level in money terms per employee during a certain period of time, it is calculated as follows:

$$\text{Average Wage of Employees} = \frac{\text{Total Wage Bill of employees Average Wage of in Reference Period}}{\text{Average Number employees in Reference Period}}$$

Average Real Wage of employees refers to the average wage of employees after deducting consumer price index, which is calculated as follows:

$$\text{Average Real Wage of Employees} = \frac{\text{Average Wage of Employees in Reference Period}}{\text{Urban Consumer Price Index in Reference Period}}$$

Urban Unemployment refers to those urban inhabitants who (1) aged 16 or above, (2)be able to but not work, (3)meanwhile looking for a job, and (4)available for work within two weeks.

Urban Registered Unemployment refers to those who (1) with nonagricultural residence cards, (2) within a certain working age scope (16 to retired age), (3)be able to but not work, (4)want to work and have registered in the local labor exchanges for looking for jobs.

Urban Unemployment Rate refers to the ratio of unemployment in urban area to total employment and unemployment in urban area, which is calculated as follows:

$$\text{Urban Unemployment Rate} = \frac{\text{Urban Unemployment}}{\text{Urban Employment} + \text{Urban Unemployment}} \times 100\%$$

Urban Registered Unemployment Rate refers to the ratio of urban registered unemployment to the sum of employment in urban units (excluded those who have agricultural residence cards, reemployed retirees, and those who are from Hong Kong, Macao, Taiwan or other countries) and not-on-post staff and workers and employment in urban private sectors and individuals and urban registered unemployment. It is calculated as follows:

$$\text{Urban Registered Unemployment Rate} = \frac{\text{urban registered unemployment}}{\begin{array}{l}\text{(employment in urban units - those who have agricultural}\\ \text{residence cards - reemployed retirees - those who are from}\\ \text{Hong Kong, Macal, Taiwan or other countries + not - on - post}\\ \text{staff and workers + employment in urban private sectors and}\\ \text{individuals + urban registered unemployment.}\end{array}} \times 100\%$$

Basic Pension Insurance

1. Number of staff and workers covered refer to staff and workers participating in the basic pension insurance programme according to national laws, regulations and related policies at the end of the reference period, who have already had payment records in social security management agencies, including those who have interrupt payment without terminating the insurance programme. Those who have registered in the programme but with no payment records are not included.

2. Number of retirees participating in the basic pension insurance programme refer to the number of retirees participating in basic pension insurance programmes by the end of the reference period.

3. Revenue of the basic pension insurance programme refers to payments made by employers and individuals participating in the pension insurance programme in accordance with the basis and proportion stipulated in State regulations, and income from other sources that become source of pension insurance fund, including the premium paid by employers and staff and workers, interest income, subsidies from higher level agencies, income as transfer from subordinate agencies, transferred income, government financial subsidies and other income.

4. Expenditure of basic pension insurance programme refer to payment made on pensions and funeral subsidies to those retired and resigned people covered in pension insurance programmes according to related national policies on scope and standard of expenditure. Also included are expenditure which arises due to shift of the insurance relationship or adjustment of funds among agencies. More specifically, included are pensions for resigned people, pensions for retired people, pension for people quitting jobs, various subsidies, medical fees, funeral subsidies, compensation payments, management fees for social security agencies, expenses on subsidies to lower subordinates, expenses as transfer to agencies at higher level, transferred expenditure and other expenditure.

5. Balance of basic pension insurance programme refers to the balance of basic pension insurance funds at the end of the reference period after deducting expenses from revenue.

Basic Medical Care Insurance

1. Number of people participating in the insurance programme refers to people participating in the basic medical care insurance programme according to related regulations as at the end of reference period.

2. Revenue of the insurance programme refers to payments made by employers and individuals participating in the medical care insurance programme in accordance with the basis and proportion stipulated in State regulations, and income from other sources that become source of medical insurance fund, including income paid by units, individual paid income, financial assistance's income (including individual income from medicaid), financial subsidies' income, interest income and other income.

3. Expenditure of the insurance programme refers to payment made to people covered in basic medical care insurance programme within the scope and standards of expenditure according to related national policies, and medical care payment and other expenses, including medical expenses of hospital inpatients, medical expenses for outpatients and emergency patients, payment from individual accounts and other expenditure.

4. Balance of the basic medical care insurance programme refers to the balance of medical care insurance funds at the end of the reference period.

Unemployment Insurance

1. Number of people covered refers to staff and workers in urban enterprises or institutions who have participated in the unemployment insurance programme according to relevant policies and regulations, and other people who have participated according to local government regulations, as at the end of reference period.

2. Revenue of the unemployment insurance programme refers to the total unemployment insurance funds raised in the reference period, including unemployment insurance premium, interest income, financial subsidies, other income, transferred income, subsidies from higher level agencies and income as transfer from subordinate agencies..

3. Expenditure of the unemployment insurance programme refers to total expenses during the reference period to guarantee the basic livelihood of unemployed people, and to encourage their re-employment. Included are unemployment relief, medical fees, funeral subsidies, compensation payments, training expenses, management fees for unemployment insurance agencies, subsidies to lower level agencies, expenses as transfer to higher level agencies, transferred expenditure and other expenditure.

4. Balance of the unemployment insurance programme refers to the balance of revenue of the programme after deducting expenses at the end of the reference period.

Work Injury Insurance

1. Number of people covered refers to staff and workers who have participated in the work injury insurance programme and number of employees in private business according to relevant national regulations at the end of the reference period.

2. Number of beneficiaries refers to number of people benefited from work injury insurance, as a result of work injury or occupational disease. It is the sum of beneficiaries from the work injury medical treatment withut rating, disabilities and deaths at work places.

3. Revenue of the work injury insurance programme refers to payments made by employers participating in the work injury insurance programme in accordance with the basis and proportion stipulated in State regulations, and income from other sources that become source of work injury insurance fund, including income of social comprehensive funds paid by employers, government financial subsidies, interest income and other income.

4. Expenditure of the work injury insurance programme refers to payments made from work injury insurance funds to those who participated in the work injury insurance programme and their direct dependents within the scope and standards of expenditure according to related national policies, and other expenditure, including medical fees for work injury, injury and disability subsidies, death subsidies, nursing fees, funeral subsidies, injury prevention fees, occupational rehabilitation fees and other expenditure.

5. Balance of the work injury insurance programme refers to the balance of the work injury funds at the end of the reference period.

Maternity Insurance

1. Number of people covered refers to people who have participated in the maternity insurance programme according to relevant regulation at the end of the reporting period.

2. Revenue of maternity insurance refers to payments made by employers participating in the maternity insurance programme in accordance with the basis and proportion stipulated in State regulations, and income from other sources that become source of maternity insurance fund, including income of funds paid by employers, interest income and other income.

3. Expenditure of the maternity insurance programme refers to payments made from maternity insurance funds to staff and workers who participate in the maternity insurance programme within the scope and standards of expenditure in accordance with related national policies, expenses paid for pregnancy, child delivery or surgeries related to family planning, and other expenditure, including allowance for child bearing, medical fees and other expenditure.

4. Balance of the maternity programme refers to the balance of the maternity insurance funds at the end of reference period.